BILDCHRONIK DER WELT-GESCHICHTE

coventgarden

BILDCHRONIK DER WELT-GESCHICHTE

CHRIS SCARRE

coventgarden

coventgarden
BEI DORLING KINDERSLEY

Projektbetreuung
Corinne Roberts

Bildredaktion
Neville Graham

Bildbetreuung
Karen Ward

Redaktion
Roddy Craig, Louise Abbott, Claire Le Bas

Gestaltung
Steve Painter

Cheflektorat
Daphne Razazan

Chefbildlektorat
Carole Ash

Herstellung
Rosalind Priestley

Die Deutsche Bibliothek – CIP-Einheitsaufnahme

Ein Titeldatensatz für diese Publikation ist bei
Der Deutschen Bibliothek erhältlich.

Titel der englischen Originalausgabe: Timelines of the Ancient World

Übersetzung Gabriele von Groll-Ysenburg (Seiten 249–272), Christel Opeker und Karin Opeker (Seiten 15–141, 244–248), Jörg Savelsberg (Seiten 143–195), Dr. Michael Schmidt (Seiten 197–243)

Lektorat
Michael Holtmann

Satz
Verlagsbüro Michael Holtmann, Bayreuth

Umschlaggestaltung
Mark Thomson, International Design UK Ltd., London

ISBN 3-8310-9018-1

Printed and bound in Spain
by Artes Gráficas Toledo S.A.U.
D.L. TO: 730-2002

Besuchen Sie uns im Internet
www.dk.com

Dalmanites, ein Trilobit,
Silur (440–410 Mio. Jahre)

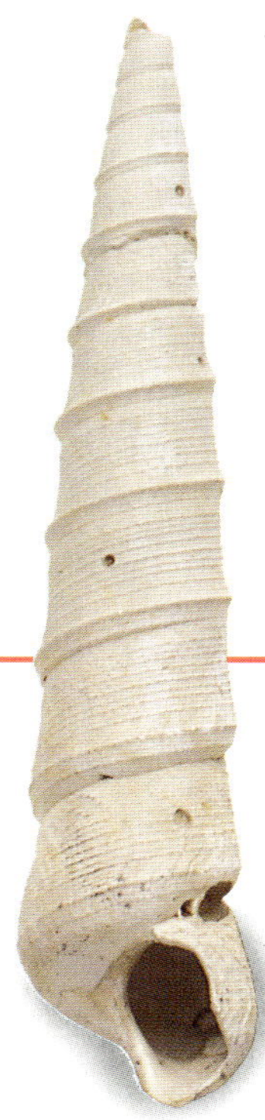

Turritella, ein Gastropode,
Eozän (56,5–35,4 Mio. Jahre)

Versteinerte Eiche,
Miozän (23,3–5,2 Mio. Jahre)

Schneidewerkzeug aus Stein,
Ägypten, 500 000–100 000 Jahre

Herausgeber

Dr. Chris Scarre ist Experte für die Urgeschichte Europas und des Mittelmeerraums. Weitere Arbeitsgebiete sind die alten Kulturen des Nahen Ostens sowie die griechische und römische Antike. Er war langjähriger Herausgeber verschiedener archäologischer Publikationen und hat Ausgrabungen an prähistorischen Siedlungen und Grabstätten in Frankreich geleitet.

Wissenschaftlicher Beirat der Smithsonian Institution

Dr. J. Daniel Rogers und **Dr. Jane MacLaren Walsh** leiteten den wissenschaftlichen Beirat der Smithsonian Institution für dieses Buch und zeichnen für den Großteil der Beiträge zur Geschichte Amerikas verantwortlich. Dr. Rogers leitet die archäologische Abteilung der Smithsonian Institution. Dr. Walsh ist Expertin für mesoamerikanische Kulturen.

Fachbeiträge und Beratung

Dr. Peter Andrews
Dr. Paul Bahn
Dr. Karen M. Dohm
Dr. Brian M. Fagan
Dr. William W. Fitzhugh
Dr. Josephine Flood
Dr. Jane McIntosh
Dr. Ramiro Matos
Dr. Betty J. Meggers
Peter Morgan
Dr. Donald J. Ortner
Dr. Ann Paludan
Dr. Richard B. Potts
Dr. Michael Roaf
Dr. Bruce D. Smith
Dr. Dennis J. Stanford
Dr. Chris Stringer
Dr. Paul Taylor
Dr. Melinda A. Zeder

Feuersteinspitze, Volgu, Frankreich, 19000–16000 v. Chr.

Obsidian, Melos, Griechenland, Gegenwart

Halskette aus Muscheln und Knochen, Mugharet el-Kebara, Israel, um 10000 v. Chr.

Clovis-Steinspitze, Colorado, 9200–8900 v. Chr.

INHALT

Terrakottafigur, Griechenland, 7. Jahrtausend v. Chr.

Azurit, ein Mineral, aus dem Felsenmaler blaue Farbe gewannen

Marmorfigur von den Kykladen, Griechenland, 2700–2400 v. Chr.

Projektilspitze aus Feuerstein, Nordamerika, um 2000 v. Chr.

Ritualgefäß aus Bronze, China, um 1500 v. Chr.

TEIL 3

Ausbreitung und Zerfall der Weltreiche, Anfänge der Demokratie und Begründung von Buddhismus, Christentum und Islam

•

TEIL 4

Austausch und Handel, Krieg und Diplomatie zwischen unterschiedlichen Kulturen; die großen Entdeckungsreisen

•

TEIL 5

Aufstieg und Fall der Kolonialreiche; Entwicklung der Technik von der industriellen Revolution bis zur Gegenwart

•

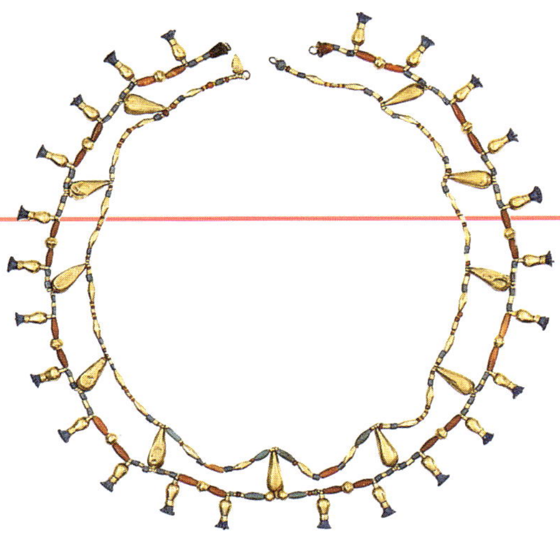

Goldhalskette, Ägypten, 1400–1200 v. Chr.

Kanope, Ägypten, 1000–500 v. Chr.

Bronzefiguren, Sardinien, 1000–800 v. Chr.

EINLEITUNG

Wer sind wir und woher kommen wir? Diese Fragen haben die Menschen schon immer beschäftigt. Bevor es die Archäologie gab, versuchten die Menschen sie durch Mythen und Legenden zu beantworten. Im *Popol Vuh*, dem *Buch des Rates* der Maya aus Mittelamerika, wird ein Schattenreich am Beginn der Zeit beschrieben, das von gefiederten Gottheiten bewohnt wird, die die ersten Menschen schufen. In der ägyptischen Mythologie erschafft sich der Gott Ra selbst aus dem Ur-Ozean Nun und bringt sodann ein ganzes Pantheon von Göttern hervor – darunter den widderköpfigen Khnum, der mittels einer Töpferscheibe die ersten Menschen aus Lehm formt. Diese Mythen entspringen dem Bedürfnis, sich ferne Vergangenheiten vorzustellen, über die die Maya und die Ägypter keine Informationen besaßen. Das, was die Menschheit seit dem 19. Jh. über ihre Entwicklung herausgefunden hat, hätte die Angehörigen dieser Kulturen sicher maßlos verblüfft.

Biblische Geschichten

Als sich die wissenschaftliche Archäologie im 18. und 19. Jh. in Europa und Nordamerika herausbildete, verblüfften ihre Ergebnisse auch viele Zeitgenossen. Damals galt die biblische Schöpfungsgeschichte unter Gelehrten durchaus noch als historisch verbindliche Wahrheit. Funde fossiler Tierknochen – unter anderem von Dinosauriern – wurden als Überreste biblischer Riesen eingestuft, oder sie wurden Tieren zugeordnet, die durch die Sintflut ausgestorben waren. Diese wörtliche Lesart nahm auch das »biblische Alter« von Noah

Teil eines bronzenen Pferdegeschirrs, China, 8. Jh. v. Chr.

Goldener Ohrschmuck, Peru, 7. Jh. v. Chr.

Blatt eines olmekischen Jadebeils mit eingraviertem Drachengott, Mexiko, 900–500 v. Chr.

Tonamphore für Wein oder Olivenöl, Römisches Reich, um 200 v. Chr.

(950 Jahre) und Methusalem (969 Jahre) als gegeben hin. Anhand dieser Angaben errechnete im Jahre 1650 James Usher, der Erzbischof von Armagh in Irland, dass die Schöpfung genau 4004 Jahre vor Christi Geburt stattgefunden haben musste.

Die Evolutionstheorie

Fortschritte in der Geologie und die Entwicklung der Evolutionstheorie stellten die biblische Schöpfungsgeschichte im 19. Jh. zunehmend in Frage. Es wurde immer klarer, dass die Erdschichten viel älter waren als bislang angenommen, und folglich mussten auch die in tieferen Schichten gefundenen Steinwerkzeuge wesentlich älter sein als 6000 Jahre. Genau datieren ließen sie sich nicht, aber Größenordnungen von mehreren zehn- oder gar 100 000 Jahren wurden immer plausibler. Ein entscheidendes Ereignis war 1859 die Veröffentlichung von Charles Darwins Buch *Die Entstehung der Arten durch natürliche Zuchtwahl*. Darwin zeigte, dass sich die Vielfalt der heutigen Tierwelt aus einer allmählichen Veränderung und Auslese sowohl innerhalb einer Art als auch zwischen konkurrierenden Arten herleiten lässt. Drei Jahre zuvor waren im Neandertal bei Düsseldorf Knochen entdeckt worden, die bewiesen, dass es eine frühere Form des Menschen gegeben hatte. Der Schluss lag nahe, dass auch der Mensch bereits mehrere 100 000 Jahre der natürlichen Auslese hinter sich hatte und dieselben Vorfahren hat wie die höheren Primaten.

Ohne die Arbeit von Archäologen hätten diese Theorien nie formuliert werden können. Die typische Arbeit des Archäologen ist das Ausgraben – die Spurensuche an

Turm aus Terrakotta als Grabschmuck, Han-Dynastie (202 v. Chr. bis 220 n. Chr.), China

Steinerner Buddha, Gandhara, Pakistan, 2. Jh. n. Chr.

Bronzemünze mit griechischer Inschrift, Axum, Äthiopien, 4. Jh. n. Chr.

Römische Silberlöffel, Mildenhall, England, 4. Jh. n. Chr.

historischen Stätten, die Indizien dafür liefert, wie die Menschen früherer Zeiten wohnten, was sie aßen und tranken und welche Werkzeuge sie bei ihrer täglichen Arbeit verwendeten. Die Geschichte der Ausgrabungen reicht ihrerseits sehr weit zurück. In Mesopotamien gefundene Tontafeln berichten, dass der babylonische König Nabonidus im 6. Jh. v. Chr. das Fundament der Zikkurat in Ur ausgraben ließ, weil er deren ursprüngliche Form rekonstruieren wollte. Seine Tochter Ennigaldi-Nanna richtete in ihrem Palast ein Museum für Altertümer ein. Und der sowohl bei Römern wie Chinesen vorherrschende Glaube an drei aufeinander folgende Weltalter – Stein, Bronze und Eisen – wurde von der modernen Archäologie in seinen Grundzügen bestätigt.

Keiner dieser Ansätze führte jedoch zu einem klaren Gesamtbild der menschlichen Vergangenheit oder zu systematischen Forschungen. Dies geschah erst im 18. und 19. Jh. in Europa und Nordamerika.

Wissenschaftliche Studien

Die erste Ausgrabung nach wissenschaftlichen Methoden wurde 1784 von Thomas Jefferson, dem späteren dritten Präsidenten der USA, auf einem prähistorischen Grabhügel auf seinem Anwesen in Virginia durchgeführt. Im 19. und 20. Jh. wurden die Methoden verfeinert. Ein Grundprinzip ist dabei die Stratigraphie – also die wissenschaftliche Nutzung der Tatsache, dass ältere Überreste von jüngeren überlagert werden. Wichtig ist auch das Prinzip der Typologie, das davon ausgeht, dass viele Arten von Objekten im Laufe der Zeit ihre Form

Trinkhorn aus Glas, Lombardei, Italien, 6. Jh. n. Chr.

Goldene Ohrringe, Königreich Shilla, Korea, 6. Jh. n. Chr.

Spielzeug mit Rädern, Tres Zapotes, Mexiko, um 500 n. Chr.

Weihrauchgefäß der Maya, Palenque, Mexiko, 600–800 n. Chr.

und ihr Dekor verändern, sei es durch technische Verbesserungen oder durch Modeerscheinungen. Sobald man eine typologische Sequenz erstellt hat – etwa für Bronzeschwerter, Knochenkämme oder Tonfiguren –, kann man mit ihrer Hilfe das relative Alter neuer Funde bestimmen.

Neue Methoden der Datierung

Bis zur Mitte des 20. Jahrhunderts war die Typologie neben geologischen Altersschätzungen die einzige Methode zur Datierung der Funde. Seither haben sich zahlreiche weitere Techniken entwickelt, die sich zum Großteil auf die Erkenntnisse der Kernphysik stützen. Das heute am häufigsten verwendete Datierungsverfahren ist die Radiokarbonmethode. Sie stützt sich auf die Tatsache, dass alle lebenden Organismen Karbon (Kohlenstoff) enthalten, von dem ein geringer Teil radioaktiv ist. Wenn ein Tier oder eine Pflanze stirbt, nehmen sie keinen radioaktiven Kohlenstoff mehr zu sich, und der im Gewebe verbliebene Anteil beginnt zu zerfallen. Indem man die Menge von radioaktivem Karbon misst und sie mit der Menge des nichtradioaktiven Karbons vergleicht, kann man feststellen, wann ein Organismus abgestorben ist. Diese Methode lässt sich auf Knochen, Muscheln, Samen, Holz und sogar Reste von Holzkohle anwenden. Organismen, die vor mehr als 50 000 Jahren gestorben sind, enthalten allerdings so wenig radioaktives Karbon, dass es fast nicht mehr messbar ist. Für sie gibt es andere Methoden, die ähnlich funktionieren, aber mit zunehmendem Zeitabstand immer ungenauer werden.

Ring und Siegel zur Bestätigung eines Landrechts, Gujarat, Indien, 7. Jh. n. Chr.

Silbernes Kreuz, Sudan, 8. Jh. n. Chr.

Geschnitzte Holzmaske, Sambia, zeitgenössisch

Keramikgefäß der Maya, El Salvador, 800 n. Chr.

So kann man ein 3500 Jahre altes Objekt auf 150 Jahre genau datieren; bei einem 35 000 Jahre alten Fund kann die Abweichung aber bis zu 4000 Jahre betragen. Den wissenschaftlichen Konventionen folgend, wird in diesem Buch die Angabe »v. Chr.« (vor Christi Geburt) nur für Daten verwendet, die weniger als 35 000 Jahre zurückliegen. Stattdessen geben wir ansonsten an, wie viele Jahre bzw. Jahrmillionen die jeweiligen Ereignisse zurückliegen. Die 2000 Jahre zwischen Christi Geburt und der Gegenwart können bei so langen Zeiträumen vernachlässigt werden.

Dank der neuen Datierungsmethoden ist es erstmals möglich geworden, auch geschichtliche Prozesse in Afrika, Australien und weiten Teilen der beiden amerikanischen Kontinente zu dokumentieren, über die es bis vor kurzem keine historischen Aufzeichnungen gab. Dies ermöglicht es uns, in diesem Buch eine im besten Sinne globale Darstellung der menschlichen Geschichte zu liefern.

Geschichtsschreibung

Selbstverständlich ist es für unser Verständnis der Geschichte enorm hilfreich, wenn schriftliche Quellen vorliegen. Dieses Kriterium unterscheidet gemeinhin die »Geschichte« von der »Vorgeschichte«. Texte machen die Archäologie aber keineswegs überflüssig, denn jede Gesellschaft, auch unsere heutige, hinterlässt Spuren, die archäologischer Forschung zugänglich sind. Zudem ist die Schrift eine relativ junge Erfindung – die ältesten schriftlichen Aufzeichnungen sind nur 5500 Jahre alt, und erst in den letzten Jahrhunderten wurde das Schreiben zu einer allgemein verbreiteten Kulturtechnik. Abgesehen

Keramikgefäß in Vogelform, Panama, um 1100 n. Chr.

Bronzestatue des Hindu-Gottes Shiva, Chola-Periode (9.–12. Jh. n. Chr.), Indien

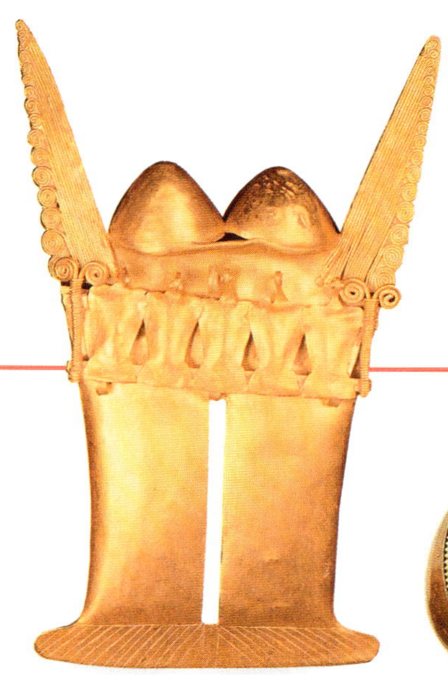

Sinu-Brustschmuck aus Gold, Kolumbien, um 1300 n. Chr.

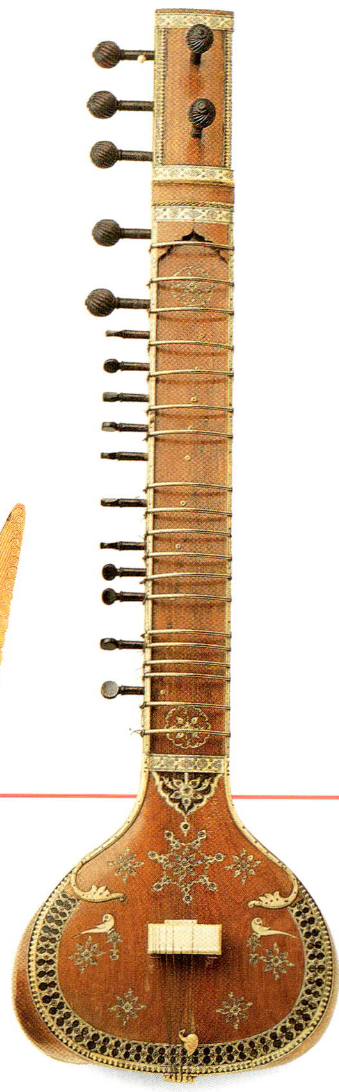

Sitar mit Intarsien, Indien, zeitgenössisch

davon gibt uns die Archäologie Aufschluss über die vielen Lebensbereiche, die in den Quellentexten unerwähnt bleiben. Wie ein römisches Haus genau aussah oder wie die chinesischen Bauern ihre Felder bewässerten, erfahren wir nur durch archäologische Zeugnisse.

Universalgeschichte
Dieses Buch nimmt diesen inflationär gebrauchten Begriff beim Wort, indem es das reichhaltige Korpus archäologischen Wissens nutzt, um die Entwicklung der Menschheit auf allen Kontinenten von den Anfängen bis zur Gegenwart in allgemein zugänglicher Form zu dokumentieren. Das besondere Augenmerk liegt dabei auf der Erkenntnis, dass der Reichtum und die Vielfalt menschlicher Kultur zu allen Zeiten weit mehr umfasst haben als die berühmten Reiche und Herrscher, von denen in den meisten Geschichtsbüchern herkömmlicher Art zu lesen ist. Die Zeitleisten, Karten und Hintergrundinformationen in diesem Buch zeigen die menschliche Geschichte in ihrer ganzen Fülle – denn so weit sie auch zurückliegen mag, letztlich fasziniert uns die Vergangenheit noch genauso, wie sie die alten Ägypter und die Maya faszinierte.

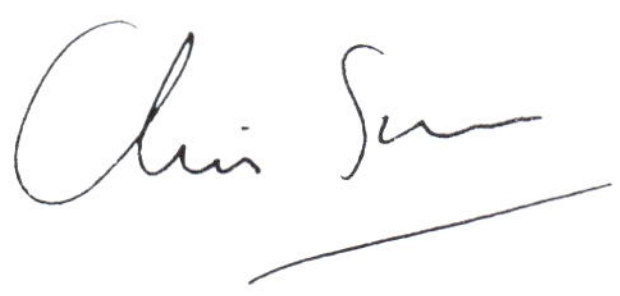

Chris Scarre
University of Cambridge

No-Theatermaske, Japan, 14. Jh. n. Chr.

Moscheenlampe aus Glas, Syrien, um 1400 n. Chr.

Lacktablett mit Blumenmuster, Ming-Dynastie (1368–1644), China

Katzenfigur, Key Marco, Florida, 15. Jh. n. Chr.

DER AUFBAU DES BUCHES

Dieses Buch behandelt die Zeitspanne von der Entstehung des Lebens auf der Erde bis zur Gegenwart. Es gliedert sich in 21 Kapitel, die Zeitleisten, Einleitungsseiten sowie meistens auch Karten und Hintergrundinformationen enthalten.

ZEITLEISTEN

Im Mittelpunkt jedes Kapitels stehen die Zeitleisten, die jeweils einen Teil der Epoche abdecken, um die es im aktuellen Kapitel geht. Sie setzen wichtige Ereignisse und Entwicklungen in verschiedenen Kulturen zueinander in Bezug. Fünf Regionen (Amerika, Ostasien & Australasien, Vorderasien & Südasien, Europa und Afrika) werden unter vier Aspekten behandelt: *Ernährung & Lebensraum* behandelt die Lebensgrundlagen Nahrungserwerb, Landwirtschaft und Medizin; *Wohnen & Bauen* behandelt typische Bauwerke, von der Grashütte bis zu Palästen und Tempeln; *Erfindungen & Entdeckungen* weist auf einschneidende technische Entwicklungen hin; *Kunst & Religion* untersucht Glaubenslehren, Begräbnisrituale, Kunst und andere kulturelle Praktiken.

Diese Zeitspanne wird auf der jeweiligen Doppelseite behandelt.

Die jeweilige Zeitleiste wird in den Gesamtzeitraum eingeordnet.

Die Informationen sind nach Region und Thema in einer Tabellenstruktur angeordnet.

Bauwerke der Epoche werden in Grafiken rekonstruiert.

Jede Region ist zur besseren Übersicht farbig markiert.

Die meisten Texte sind mit Bildern archäologischer Fundstücke illustriert.

EINLEITUNGSSEITEN

Jedes Kapitel beginnt mit einem einleitenden Text, der die jeweilige Epoche in den historischen Gesamtzusammenhang einordnet.

Ein Schaubild zeigt wichtige Ereignisse der betreffenden Zeit auf einen Blick. Fünf Karten dokumentieren besonders wichtige Entwicklungen in den unterschiedlichen Regionen wie etwa Klimaveränderungen, Eroberungszüge, Wanderbewegungen, Grenzveränderungen, kulturelle Einflüsse und die Entwicklung von Handelsrouten.

Falls Küstenlinien und Flussläufe damals anders verliefen als heute, wird auch dies in den Karten berücksichtigt.

Alle in den Karten verwendeten Zeichen werden in einer umfangreichen Legende genau erklärt.

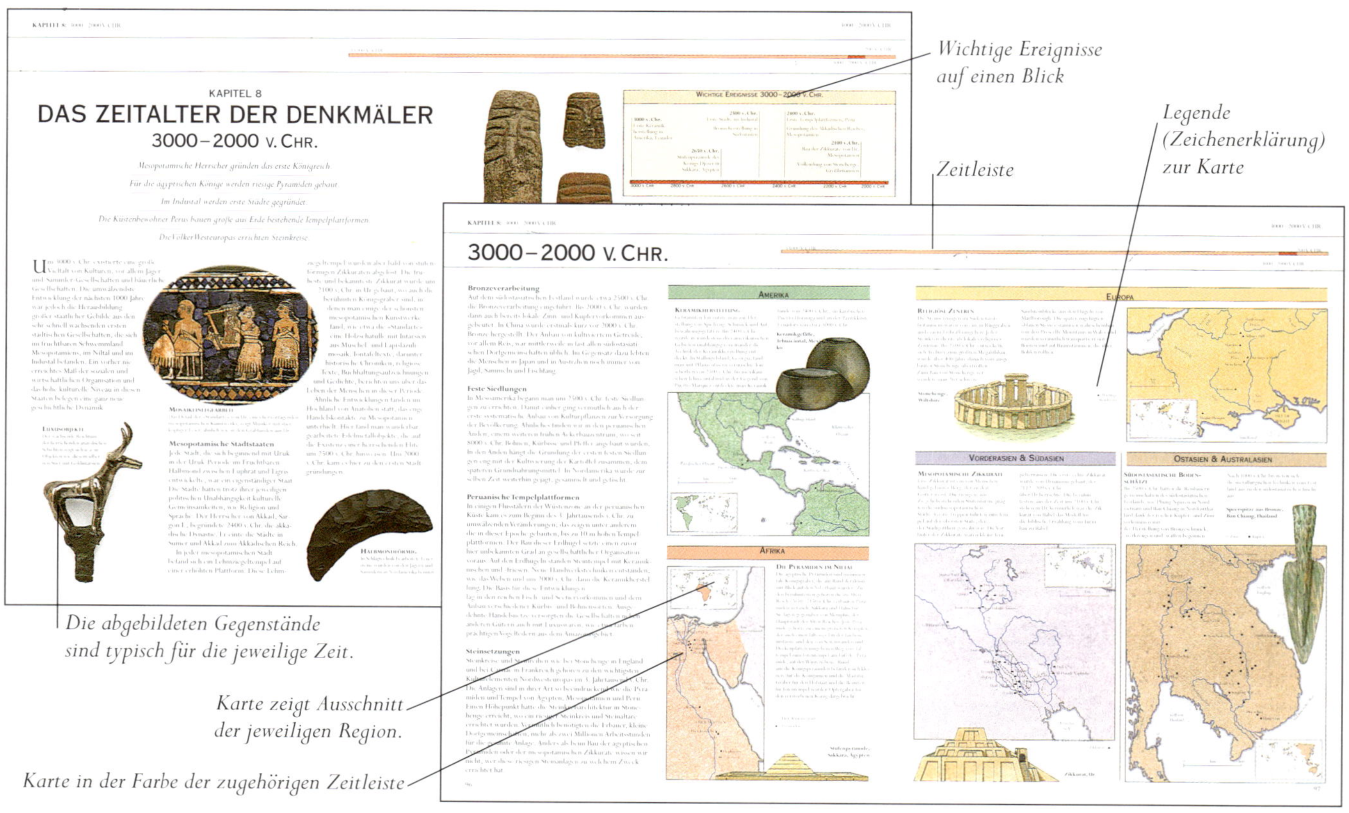

Wichtige Ereignisse auf einen Blick

Legende (Zeichenerklärung) zur Karte

Zeitleiste

Die abgebildeten Gegenstände sind typisch für die jeweilige Zeit.

Karte zeigt Ausschnitt der jeweiligen Region.

Karte in der Farbe der zugehörigen Zeitleiste

Hintergrundinformationen

Fast jedes Kapitel enthält Seiten mit interessanten Hintergrundinformationen zu speziellen Themen; dabei kann es um regionale Themen gehen, wie etwa die Lebensweise in einer bestimmten Gegend in einer bestimmten Epoche, oder aber um Dinge, die die geschichtliche Entwicklung insgesamt betreffen, wie etwa die Eiszeiten *(siehe Seiten 40–41)*.
Weitere Sonderseiten behandeln besonders faszinierende Bauwerke der Vergangenheit wie etwa die Pyramiden *(siehe S. 104–105* und *rechts)*. Karten zeigen ihre genaue Lage; anschauliches Bildmaterial, das unter Verwendung archäologischer Funde erstellt wurde, rekonstruiert das ursprüngliche Aussehen der Gebäude. Darüber hinaus wird ihre kulturelle und religiöse Bedeutung erläutert.

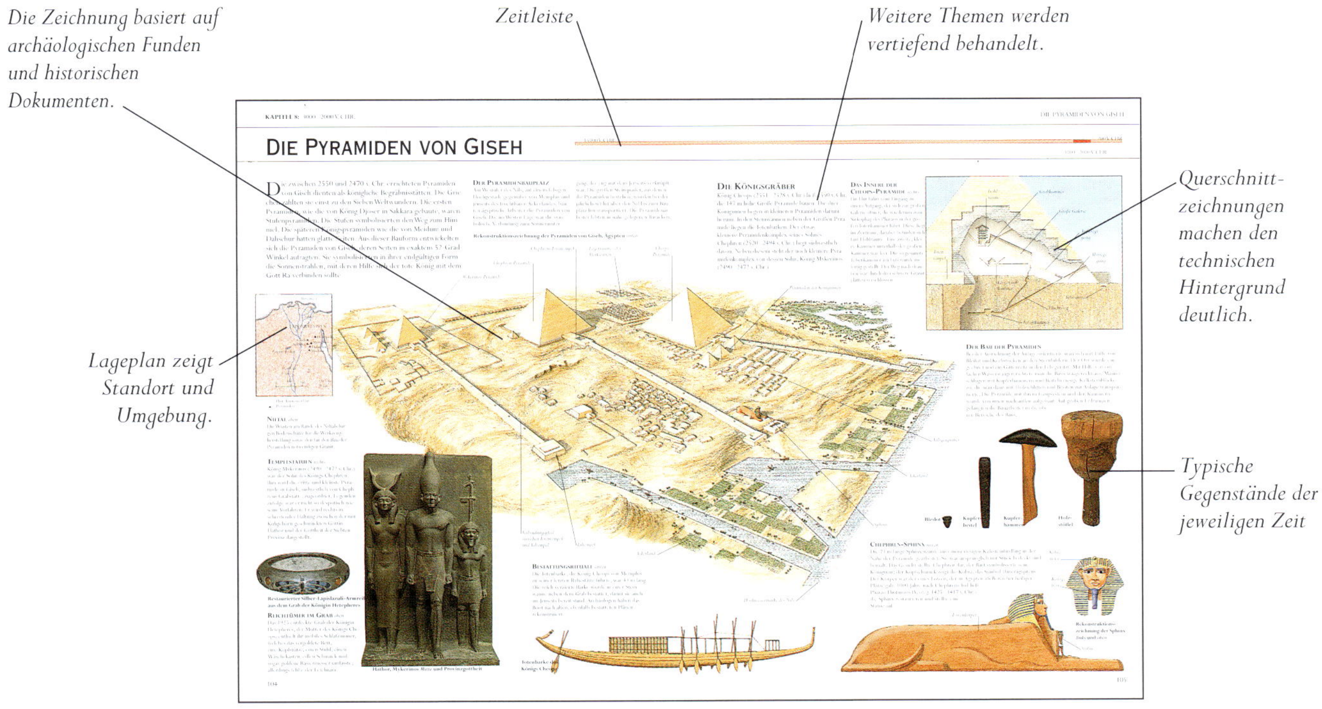

Geographische Bezeichnungen

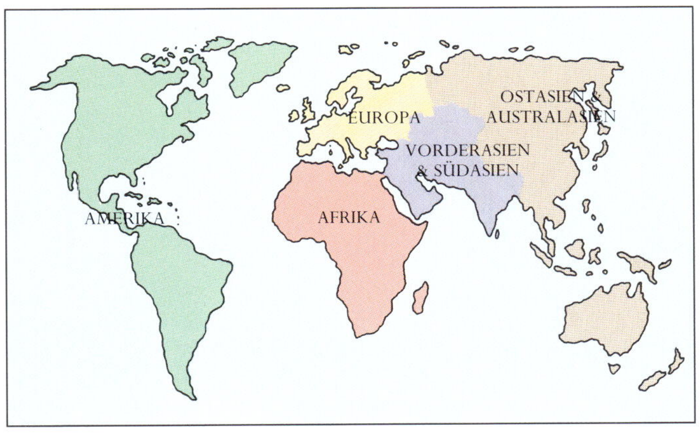

AMERIKA

OSTASIEN & AUSTRALASIEN: China, Japan, Korea, Südostasien, Malaysia, Australien und Pazifische Inseln

VORDERASIEN & SÜDASIEN: Türkei, Syrien, Libanon, Israel, Jordanien, Aserbaidschan, Armenien, Georgien, Arabische Halbinsel, Iran, Irak, Mittelasien und der indische Subkontinent

EUROPA: der europäische Kontinent bis zum Ural

AFRIKA

Die geographischen Bezeichnungen in diesem Buch orientieren sich in erster Linie an den Bezeichnungen für die historischen und archäologischen Stätten, so weit notwendig wurden diese Namen durch heute übliche Ortsnamen ergänzt. Innerhalb der fünf behandelten Großgebiete gibt es sehr viele kleinere Regionen, die man politisch, kulturell oder geographisch kennzeichnen kann. Im vorliegenden Glossar definieren wir die meisten der in diesem Buch benutzten Begriffe. Weitergehende Informationen liefern Ihnen die im Anhang befindlichen großen Karten, in denen Sie die archäologischen Fundstätten innerhalb der heute gültigen politischen Grenzen finden.

AMERIKA
Karibische Inseln: *Kuba, Dominikanische Republik und Haiti, Jamaika, Puerto Rico, Trinidad und Tobago und angrenzende Inseln*
Mittelamerika: *Guatemala, Honduras, El Salvador, Nicaragua, Costa Rica und Panama*
Großes Becken: *Tiefland und Bergregionen in Nevada und Utah*
Große Seen: *Seengebiet in Nordamerika (Oberer See, Michigansee, Huronsee, Eriesee, Ontariosee)*
Great Plains: *Ebene im mittleren Teil Nordamerikas, die von den Rocky Mountains bis zum Tal des Mississippi reicht*
Mesoamerika: *der vorspanische Kulturraum umfasst Mittel- und Südmexiko, ganz Guatemala, Belize und El Salvador sowie den Norden von Costa Rica, Nicaragua und Honduras*
Nordamerika: *Kanada, US-Bundesstaaten des Kontinents, Mexiko, Mittelamerika und Karibik*
Mittlerer Westen Nordamerikas: *Region südlich der Großen Seen und der Großteil der zentral gelegenen US-Bundesstaaten*
Südöstliches Nordamerika: *Südstaaten der USA vom Tal des Mississippi bis zum Atlantischen Ozean*
Südwestliches Nordamerika: *ganz Arizona, Teile von Nevada, Utah, Colorado, New Mexico und Nordmexiko*

OSTASIEN & AUSTRALASIEN
Australasien: *Südpazifische Inseln mit Australien, Neuseeland, Neuguinea und benachbarten Inseln*
Asiatische Inseln: *Indonesien (außer Irian Jaya), Brunei, die malaysischen Bundesstaaten Sabah und Sarawak, Philippinen*
Melanesien: *Inselgruppen des Bismarckarchipels, Salomoninseln, Vanuatu, Neukaledonien, Fidschi*
Mikronesien: *Marianen, Marshallinseln, Karolinen, Gilbertinseln*
Polynesien: *Hawaii-Inseln, Linieninseln, Phönixinseln, Tuvalu, Samoa, Tonga, Tokelau, Cookinseln, Tubuai-Inseln, Tuamotuinseln, Gesellschaftsinseln, Marquesasinseln und Osterinsel*
Südostasien: *Myanmar, Thailand, Kambodscha, Laos, Vietnam und die Halbinsel Malaysia*

VORDERASIEN & SÜDASIEN
Anatolien: *asiatische Halbinsel zwischen Schwarzem Meer, Ägäis und Mittelmeer, wird auch Kleinasien genannt*
Zentralasiatische Steppe: *Grasland nördlich und nordöstlich des Kaspischen Meeres, es erstreckt sich vom Don über Kasachstan ostwärts bis zum Altai und zum Tienschan.*
Dekhan: *dreieckiges Hochplateau, das fast die gesamte indische Halbinsel bedeckt*
Fruchtbarer Halbmond: *breiter Streifen fruchtbaren Landes, verläuft vom Persischen Golf entlang der Nordgrenze der Syrischen Wüste bis zur Küste von Israel und bis zur Grenze nach Ägypten*
Levante: *der Küstenstreifen Kleinasiens, Syriens und Ägyptens*
Mesopotamien: *historisch bedeutende Region in Südwestasien am Unterlauf von Euphrat und Tigris im heutigen Irak*
Südasien: *der Subkontinent umfasst Indien, Pakistan, Nepal, Bhutan, Bangladesh und Sri Lanka*

EUROPA
Balkanhalbinsel: *Region in Südosteuropa zwischen Adria, Ionischem Meer, Mittelmeer, Ägäis und Schwarzem Meer. Der Unterlauf der Donau bildet die nördliche Grenze.*
Kaukasus: *Berglandschaft zwischen Kaspischem Meer und Schwarzem Meer, umfasst fast den gesamten Süden Russlands sowie Armenien, Aserbaidschan und Georgien*

Afrika
Ostafrikanische Seen: *die Süßwasserseen des Ostafrikanischen Grabensystems, vom Malawisee im Süden über Victoriasee, Tanganjikasee, Rutanzigesee und Albertsee bis zum Turkanasee im Norden*
Maghreb: *westlicher Teil Nordafrikas mit Marokko, Algerien und Tunesien*
Nubien: *historisch bedeutende Region am Mittellauf des Nil, liegt im heutigen Südägypten und Nordsudan; Wüstengebiet*
Ostafrikanisches Grabensystem: *reicht von Syrien durch Ostafrika bis Moçambique*
Sahel: *Landschaftsgürtel südlich der Sahara, verläuft durch die heutigen Staaten Senegal, Mauretanien, Mali, Burkina Faso, Niger und Tschad*
Sudan: *das größte Land in Afrika, es erstreckt sich von Ägypten bis nach Kongo, Uganda und den Sümpfen des Sudd. Als historischer Begriff bezeichnet Sudan die Länder direkt südlich der Sahara (der heutige Sahel).*

TEIL EINS

VOR 4,6 MRD. JAHREN BIS 5000 V. CHR.

Für diese prähistorischen Epoche, vor dem Beginn der geschriebenen Geschichte, legt nur die Geologie mit ihren Fossilien Zeugnis ab von der Geschichte der Erde. Aus den ersten Lebensformen entwickelten sich langsam die Dinosaurier und ersten warmblütigen Säugetiere. Die Menschheit trat in der Entwicklungsgeschichte erst sehr spät auf. Sie breitete sich während der Eiszeiten über die Erde aus, wobei sie unterschiedliche Jäger-Sammler-Kulturen entwickelte.

Kohlezeichnung eines Pferdeumrisses an einer Höhlenwand, Niaux, Frankreich, ca. 13000 v. Chr.

KAPITEL 1

DIE ERSTEN LEBENSFORMEN

VOR 4,6 MRD. – 1 MIO. JAHREN

Chemische Verbindungen bilden die DNA, die Blaupause für jegliches Leben.

Fast 3 Mrd. Jahre lang sind Einzeller die einzigen Lebensformen.

Die ersten Wirbeltiere verlassen das Meer und besiedeln das Land.

Das Massensterben der Dinosaurier ermöglicht die Entwicklung der Säugetiere.

Das größere Gehirn ist ein Vorteil der frühen Hominiden gegenüber anderen Arten.

Als die Erde vor etwa 4,6 Mrd. Jahren entstand, enthielt die Atmosphäre vulkanische Gase mit wenig Sauerstoff. Chemische Verbindungen, die sich vervielfältigen und kombinieren konnten, führten vor etwa 3,5 Mrd. Jahren zum Auftreten der ersten einfachen Lebensformen. Langsam stieg der Sauerstoffgehalt. Die veränderten Umweltbedingungen ermöglichten die Entwicklung weiterer Lebensformen. Einfache Organismen – Einzeller, ähnlich den heutigen Algen – waren fast 3 Mrd. Jahre lang die vorherrschende Lebensform. Erst vor etwa 570 Mio. Jahren begann die Entwicklung komplexerer Organismen.

Steinerne Zeugen

Die Fossilien der letzten 570 Mio. Jahre zeugen von der Entwicklung des Lebens zu vielfältigen und immer höher entwickelten Formen. Erste Wirbeltiere erschienen vor etwa 500 Mio. Jahren, erste Landpflanzen vor etwa 430 Mio. Jahren, erste Landtiere vermutlich vor etwa 400 Mio. Jahren. In der Zeit vor 200–65 Mio. Jahren besiedelten Dinosaurier die Erde.

Das plötzliche Ende der Herrschaft der Dinosaurier ist bis heute nicht geklärt. Eine Theorie geht davon aus, dass ein großer Meteorit, der vermutlich im Gebiet des heutigen Golfs von Mexiko auf die Erde schlug, die Welt für lange Zeit in eine Staubwolke hüllte und Tod und Zerstörung brachte. Das Verschwinden der Dinosaurier gab den Weg frei für andere Tierarten, vor allem die Säugetiere. Vor 50 Mio. Jahren besiedelten verschiedene Säugetiere weiträumig die Erde, die Vorfahren heutiger Affen, Pferde, Elefanten und Katzen.

SUMPFWALD IM EOZÄN
Während des feucht-warmen Klimas des Eozäns breiteten sich Riesenpalmen und Gräser aus; die Säugetiere differenzierten und entwickelten sich weiter.

Affen und Menschen

Die Geschichte der Affen und der ersten Menschen beginnt vor etwa 25 Mio. Jahren mit *Proconsul*, einer frühen Affenart der ostafrikanischen Wälder. Vor etwa 4 Mio. Jahren trennten sich die Entwicklungslinien von Mensch und heutigen Menschenaffen (Gorillas und Schimpansen). Die Ersten, die unbestreitbar zur menschlichen Entwicklungslinie gehören, sind die Australopithecinen. Sie gingen im Unterschied zu den Affen auf zwei Beinen und benutzten bereits Steine und Knochen als einfaches Werkzeug. Die ersten echten Steinwerkzeuge wurden jedoch vor ca. 2,5 Mio. Jahren von einer neuen Spezies, dem *Homo habilis* (»geschickter Mensch«) angefertigt. Der *Homo habilis* verdankt seinen Erfolg zum Teil der Entwicklung eines größeren Gehirns.

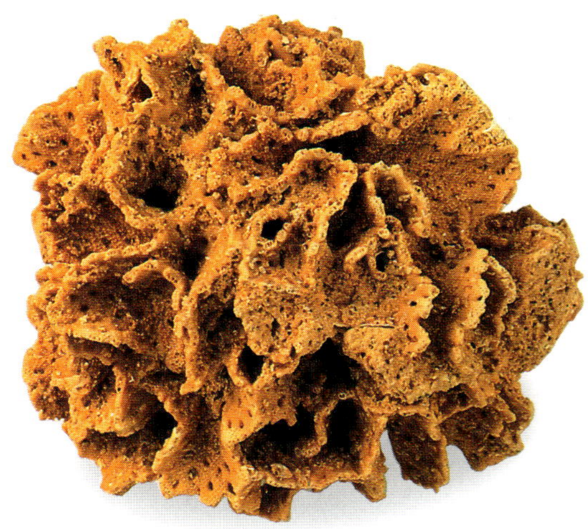

BESIEDLUNG DES MEERESBODENS
Winzige koloniebildende Organismen wie diese Moostierchen sind die ersten mehrzelligen Lebewesen. Auch Korallenriffe entstanden zu dieser Zeit.

Geologischer Zeitraum vor 570–1 Mio. Jahren

Das Präkambrium (vor 4,6 Mrd. – 570 Mio. Jahren) umfasst die Zeit vor der Entwicklung komplexer Lebensformen. Die letzten 570 Mio. Jahre, während der sich zunehmend komplexere Lebensformen auf der Erde entwickelten und ausbreiteten, wird in drei Ären unterteilt: Paläozoikum (Erdaltertum), Mesozoikum (Erdmittelalter) und Känozoikum (Neozoikum, Erdneuzeit). Die Zeitabschnitte werden im Paläozoikum und Mesozoikum weiter in Perioden und im Känozoikum in Epochen unterteilt. (Angaben in Millionen Jahren vor unserer Zeit)

Ära	Periode/Epoche	Mio. Jahre
PALÄOZOIKUM	Kambrium	570–510
PALÄOZOIKUM	Ordovizium	510–440
PALÄOZOIKUM	Silur	440–410
PALÄOZOIKUM	Devon	410–360
PALÄOZOIKUM	Karbon	360–290
PALÄOZOIKUM	Perm	290–245
MESOZOIKUM	Trias	245–208
MESOZOIKUM	Jura	208–146
MESOZOIKUM	Kreide	146–65
KÄNOZOIKUM	Paläozän	65–56,5
KÄNOZOIKUM	Eozän	56,5–35,4
KÄNOZOIKUM	Oligozän	35,4–23,3
KÄNOZOIKUM	Miozän	23,3–5,2
KÄNOZOIKUM	Pliozän	5,2–1,6

570 500 450 400 350 300 250 200 150 100 50 1

Zunehmende Gehirnmasse

Vor rund 1,7 Mio. Jahren entwickelte sich in Afrika *Homo erectus*, ein Hominide mit noch größerem Gehirn. Der Name bezieht sich darauf, dass er vollkommen aufrecht ging und stand. Die Entwicklung eines größeren Gehirns ist das bedeutendste Merkmal in der menschlichen Entwicklungsgeschichte. Beim modernen Menschen ist das Gehirn im Verhältnis zur Körpergröße dreimal so groß wie bei unserem nächsten lebenden Verwandten, dem Schimpansen.

***Parasaurolophus*-Schädel**
Dieser große pflanzenfressende Dinosaurier konnte mit seinem mächtigen Schnabel und Kiefer auch harte Pflanzen zermahlen.

Die hohle Knochenleiste diente vermutlich als Resonanzkörper.

Wegen des Hornschnabels werden diese Dinosaurier »Entenschnabel-Saurier« genannt.

Zähne zum Zerkleinern von Pflanzenmaterial

Abhängigkeit von elterlicher Pflege bewirkt eine lange Lernzeit.

Primatenfamilie
Der früheste Fossilfund von Vorfahren der heutigen Affen wie diesem Gibbon ist *Proconsul* in Afrika. Die heutigen Affen leben in Afrika und Asien.

Hirnschale

Die Augenbrauenwulst war auch bei Kindern vorhanden.

Hominidenschädel
Homo erectus breitete sich vor über 1 Mio. Jahren von Afrika bis nach Südostasien aus. Dieser Kinderschädel wurde in Mojokerto in Java gefunden.

Fertigkeiten und Strategien

Die Vergrößerung der Gehirnkapazität ermöglichte die Entwicklung vorausschauender Strategien und Fertigkeiten. Ein größeres Gehirn benötigt jedoch eine höhere Proteinzufuhr. Entscheidend für die Entwicklung war vielleicht der Übergang zu einer fleischhaltigen Ernährung. Der frühe Mensch war jedoch kein heldenhafter Jäger. *Homo habilis* war von kleiner Statur und selbst leichte Beute für Fleischfresser. Der sicherste Weg, Fleisch zu bekommen bestand darin, nach Tierkadavern zu suchen. *Homo erectus* hatte bereits die Fähigkeit, sich an unterschiedlichste Umweltbedingungen anzupassen. Fossilfunde von *Homo erectus* auf Java (1 Mio. Jahre vor unserer Zeit) gehören zu den ältesten Zeugnissen der Ausbreitung des Menschen.

VOR 4,6 MRD. – 410 MIO. JAHREN

VOR 4,6 MRD. JAHREN

MIKROORGANISMEN

Das Präkambrium wurde lange für eine Welt ohne Leben gehalten. Man fand jedoch präkambrisches Gestein, das winzige Fossilien einzelliger Organismen enthält: 3,5 Mrd. Jahre alte Prokaryonten (Zellen ohne Zellkern) und 1,75 Mrd. Jahre alte Eukaryonten (mit Zellkern).

PRÄKAMBRIUM (VOR 4,6 MRD.–570 MIO. JAHREN)
Vor etwa 2 Mrd. Jahren führte der zunehmende Sauerstoffgehalt der Atmosphäre zu Lebensbedingungen, unter denen sich die Eukaryonten entfalten konnten. Die frühesten Fossilien von Pflanzensporen findet man im späten Ordovizium.

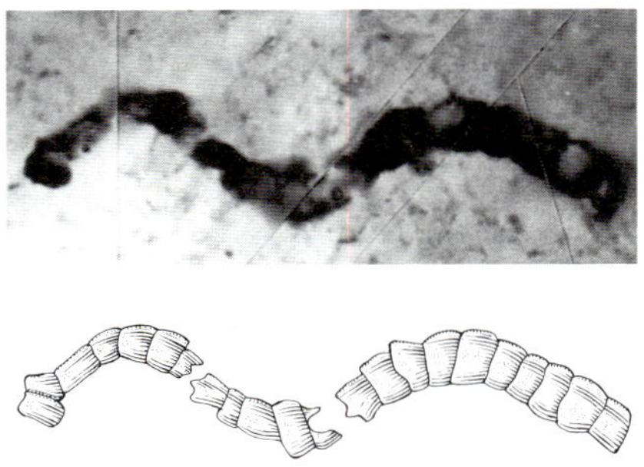

3,5 Mrd. Jahre alt
Dieser weniger als 0,1 mm lange Prokaryont ist in einem Gesteinsstück aus Westaustralien konserviert.

2,3 Mrd. Jahre alt
Diese Stromatolithen entstanden durch Blaualgenrasen, die Sedimentpartikel einbanden.

800 Mio. Jahre alt
Dieses Fossil der winzigen Alge *Valeria* lebte im Ozean des späten Präkambriums.

LANDTIERE UND SÜSSWASSERTIERE

Bis zum Silur gibt es keinen Nachweis landlebender Tiere. Erst dann traten Hundertfüßer und andere Arthropoden (Gliederfüßer) auf.

MEERESTIERE

Am Ausgang des Präkambriums erschienen im Meer die ersten mehrzelligen Tiere. Während des Kambriums nahmen die Zahl und der Artenreichtum von Wirbellosen mit hartem, als Versteinerung zurückbleibendem Skelett zu. Fische, die ersten Wirbeltiere, traten im Ordovizium auf.

PRÄKAMBRIUM (VOR 4,6 MRD. – 570 MIO. JAHREN)
Das Fossil *Tribrachidium* misst ca. 2 cm im Durchmesser. Es gehört zur spätpräkambrischen Ediacara-Fauna, die zuerst in Südaustralien entdeckt wurde. Zur Faunengemeinschaft gehörten u. a. Hohltiere, Ringelwürmer und Gliederfüßer.

Tribrachidium
Gegen Ende des Präkambriums gab es immer mehr komplexe mehrzellige Tiere wie dieses hier abgebildete.

KAMBRIUM (VOR 570 – 510 MIO. JAHREN)
Während des Kambriums entwickelten sich zahlreiche verschiedene Wirbellose mit hartem Außenskelett, z. B. Mollusken (Schnecken und Muscheln) und Trilobiten. Letztere häuteten sich während ihres Wachstums mehrfach. Das Skelett der meisten frühen Fossilien bestand aus Kalziumphosphat, später überwogen die Arten mit einem Skelett aus Kalziumcarbonat.

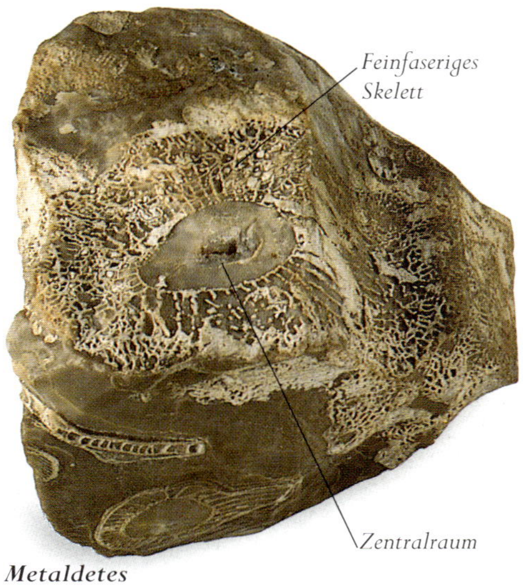

Metaldetes
Metaldetes gehört zu einem bereits im Kambrium wieder ausgestorbenen Stamm schwammähnlicher Tiere (Archaeocyatha), die als Riffbildner wirkten.

Burgess-Shale-Wurm
Burgess Shale ist eine kanadische Fossilfundstätte aus dem Kambrium mit einzigartigen Fossilien.

ORDOVIZIUM (VOR 510 – 440 MIO. JAHREN)
Im Gestein aus dem Ordovizium ist die lebendige Vielfalt des Meeres in Form von Fossilien erhalten. Die Wirbellosen breiteten sich weiter aus und besiedelten den Meeresgrund. Ihre Schalen formten mächtige Kalksteinbänke.

Didymograptus
Diese Kolonie aus winzigen Individuen gehörte zum Oberflächenplankton des Ozeans. Tote Kolonien sanken ab und wurden von Sediment bedeckt.

Stenaster
Das Skelett von Seesternen zerfällt sehr schnell. Fossilien wie dieser *Stenaster* aus dem Ordovizium sind daher selten.

Platystrophia *oben*
Zu den gängigen Fossilien des Ordoviziums gehören Armfüßer, die ein aus zwei Schalen bestehendes Gehäuse besitzen.

Chasmatopora *oben rechts*
Die Kolonien der Bryozoen oder Moostierchen wie *Chasmatopora* bestehen aus vielen winzig kleinen Individuen. Jedes von ihnen hat einen eigenen Verdauungstrakt.

Cothurnocystis
Cothurnocystis gehört zu den Seesternen oder zu den ersten primitiven Wirbeltieren. Der bewegliche Schwanz diente vermutlich der Fortbewegung.

VOR 1 MIO. JAHREN

VOR 4,6 MRD.–410 MIO. JAHREN

Landpflanzen

675 Mio. Jahre alt
Am Ausgang des Präkambriums begannen sich immer größere und komplexere Eukaryonten zu entwickeln.

Silur (vor 440–410 Mio. Jahren)

Sehr wahrscheinlich war während des Silurs der größte Teil der Erdoberfläche noch vegetationslos. Schon existierende Landpflanzen besiedelten vermutlich Feuchtgebiete im Gezeitenbereich. Einfache Gefäßpflanzen wie *Cooksonia*, deren Gewebe Wasser und Nährstoffe leiten konnte, siedelten neben Hornmoosen, Laubmoosen und Lebermoosen.

Cooksonia
Die älteste bekannte Landpflanze der Erde war nur wenige Zentimeter groß. An den Spitzen der sich verzweigenden schlanken Stängel saßen Sporenkapseln.

Silur (vor 440–410 Mio. Jahren)

Am Ausgang des Ordoviziums gingen viele marine Arten in einem Massensterben zugrunde. Bis zur Mitte des Silurs waren die Flachwasserbereiche jedoch schon wieder dicht von Schwämmen, riffbildenden Korallen und Schnecken besiedelt.

Orthoceras
Die Meeresschnecke *Orthoceras* kontrollierte ihren Auftrieb durch das Verhältnis von Flüssigkeit und Gas in den Kammern ihrer Schale.

Euomphalus *oben*
Im Silur gab es nur wenige Schneckenarten. *Euomphalus*, die sich vermutlich von Algen ernährte, war weit verbreitet.

Dalmanites
Dalmanites lebte vermutlich, wie der überwiegende Teil der Trilobiten, auf dem Meeresboden küstennaher Flachwasserbereiche.

Halysites *oben*
Die Skelette der Einzelpolypen dieser Riffkoralle sind in Bändern angeordnet.

Sagenocrinites *oben*
Die zeitlebens festsitzenden Seelilien des Silur saßen an oft sehr langen Stielen (bis zu 20 m).

Onnia
Der Körper der Trilobiten war durch einen dreiteiligen Rückenpanzer aus gelenkig verbundenen Abschnitten bedeckt.

Fossilfunde *links*
In diesem Muschelkalk aus Gotland, Schweden, ist ein klingenförmiger Wedel der Moostierchenkolonie *Ptilodictya* zu sehen.

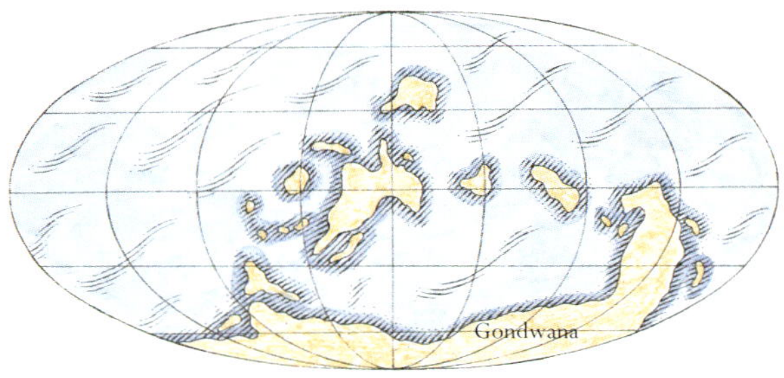

Gondwana

Im Laufe der Erdgeschichte verschoben sich die Kontinente, brachen auseinander und stießen wieder zusammen. Meere öffneten und schlossen sich. Das Aussehen und die Verteilung der Landmassen während des frühen Präkambriums ist nicht bekannt. Vor 500 Mio. Jahren erstreckte sich jedoch ein Großkontinent, Gondwana, über die Region des heutigen Südpols. Um den Äquator und auf der Nordhalbkugel lagen einige kleinere Landmassen.

VOR 410 – 245 MIO. JAHREN

LANDPFLANZEN

Im späten Paläozoikum (vor 410 – 245 Mio. Jahren) waren primitive, Sporen tragende Pflanzen wie Bärlapp und Schachtelhalm dominant. Sie bildeten im Karbon Wälder mit bis zu 45 m hohen Bäumen. Unter ihnen sammelte sich eine zunehmende Schicht abgestorbener Vegetation, die sich später in Kohle verwandelte.

Archaeopteris

DEVON (VOR 410 – 360 MIO. JAHREN)

Während des Devons traten zahlreiche, zum größten Teil Sporen tragende Pflanzenarten auf, die das Land mit einer dichten Vegetationsdecke überzogen. Die Gymnospermae (Nacktsamer), deren Samen durch einen Zapfen geschützt ist, erschienen erst gegen Ende des Devons. Einer ihrer Vorläufer war *Archaeopteris*, der bis zu 18 m hoch wurde.

KARBON (VOR 360 – 290 MIO. JAHREN)

Im Karbon entwickelten sich zahlreiche Arten von Bärlapp und Schachtelhalm. Beide Gruppen brachten auch Arten hervor, die als Bäume wuchsen. Der Name dieses Zeitraums geht auf Pflanzenreste zurück, die in den Kohlelagerstätten als Reihe von kohlehaltigen Gesteinsschichten zu finden sind.

Schachtelhalm

Die schmalen Blätter des Schachtelhalms sind in Wirteln um den Stängel angeordnet. Von den zahlreichen Formen aus der Zeit des Karbons ist nur eine Gattung übrig geblieben.

Heutiger Schachtelhalm

LANDTIERE UND SÜSSWASSERTIERE

Die ersten Wirbeltiere, die im Devon das Land besiedelten, waren Amphibien. Fast gleichzeitig traten die ersten Landinsekten wie z. B. Schaben auf. Die Reptilien waren dann an das Landleben bereits besser angepasst. Sie traten im Karbon auf und differenzierten sich während des Perms zu zahlreichen Arten.

DEVON (VOR 410 – 360 MIO. JAHREN)

In Süßwasserhabitaten lebten primitive Fische wie *Pteraspis*. Diese Kieferlosen sind mit heutigen Neunaugen und Schleimaalen verwandt.

Pteraspis

KARBON (VOR 360 – 290 MIO. JAHREN)

Im Karbon erschienen die ersten Fluginsekten, darunter auch Libellen mit bis zu 50 cm Flügelspannweite. Die Amphibien und Reptilien, die die Süßwassertümpel besiedelten, verbrachten nahezu ihr gesamtes Leben im Wasser. Die Amphibien waren im Gegensatz zu heutigen Fröschen und Molchen sehr massige Kreaturen.

Graephonus *oben*

Die ersten Spinnen hatten bereits Spinndrüsen zur Herstellung der Fangnetze.

Carbonicola *unten*

Muscheln wie Carbonicola lebten auf dem Schlammboden von Süßwasser- und Brackwassertümpeln.

MEERESTIERE

Fische traten erstmals im Ordovizium auf, im Devon jedoch nahmen sie an Zahl und Artenvielfalt zu. Die Schalentiere entwickelten sich weiter. Ungefähr 95% der Meeresbewohner verschwanden am Ausgang des Perms. Einige Wissenschaftler führen dieses Massensterben auf eine Klimaerwärmung zurück.

DEVON (VOR 410 – 360 MIO. JAHREN)

Zu den Meeresbewohnern des Devons gehörten zahlreiche Wirbellose, die den Meeresboden besiedelten, sowie räuberische Fische und Seeskorpione. Viele Arten des Devons starben allerdings am Ende dieses Zeitraums aus.

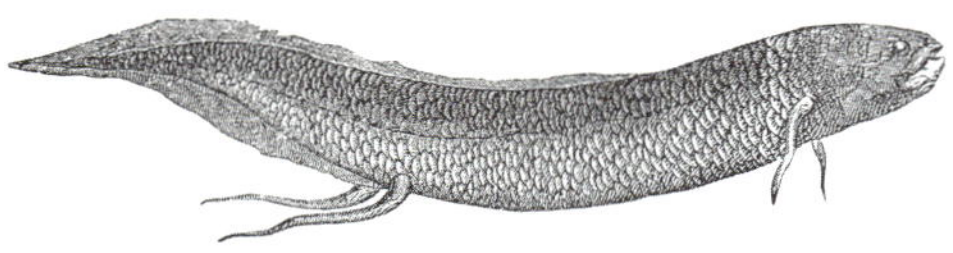

Rezenter Afrikanischer Lungenfisch

Chirodipterus *unten*

Die heutigen Lungenfische leben im Süßwasserbereich. *Chirodipterus*, ein Lungenfisch aus dem Devon, besiedelte marine Flachwasserbereiche. Lungenfische sind nahe Verwandte der ersten Landwirbeltiere.

Tubina

Diese Schale gehört zu den Bellerophontidae, einer ausgestorbenen Gruppe schneckenähnlicher Mollusken.

Bothriolepis *links*

Dieses fischähnliche Wirbeltier war stark mit Kopfschild und Körperschild gepanzert. Seine mit Gelenken versehenen Arme mochten zur Fortbewegung auf dem Meeresboden gedient haben.

Spirifer

Spirifer besitzt wie alle Armfüßer ein Gehäuse mit einer Rücken- und einer stärker gewölbten Bauchschale. Als Nahrung wurden Schwebstoffe und Plankton herbeigestrudelt.

KARBON (VOR 360 – 290 MIO. JAHREN)

Im Karbon breiteten sich die Haifische aus. Sie gesellten sich als weitere schwimmende Räuber zu den tintenfischähnlichen Kopffüßern. Brachiopoden (Armfüßer), Bryozoen (Moostierchen), Seelilien und Mollusken (Weichtiere) breiteten sich weiter auf dem Meeresboden aus. Die Korallen und Schwämme bildeten trotz ihrer großen Zahl nur selten Riffe.

VOR 1 MIO. JAHREN

VOR 410–245 MIO. JAHREN

Lepidodendron
Dieser Bärlapp, ein charakteristischer Baum der Kohlelagersümpfe, wurde bis zu 45 m hoch. Sein hoher Stamm trug eine kleine offene Krone mit Zweigen.

Rindenabdruck in Sandstein

Lepidostrobus
Die Zapfen von *Lepidodendron* haben einen eigenen Namen, da sie zunächst getrennt vom Rest des Baumes aufgefunden wurden.

Querschnitt durch den Zapfen

Perm (vor 290–245 Mio. Jahren)
Die Landflächen wurden während des Perms trockener. Samen tragende Pflanzen dominierten nun Sporen tragende Pflanzen, die ihre »Blütezeit« während des feuchteren Klimas des Karbons hatten. *Psaronius* ist ein Baumfarn aus dem Perm. Heute findet man nur noch in den Tropen Baumfarne.

Psaronius

Geschliffener Schnitt

Perm (vor 290–245 Mio. Jahren)
Im trockeneren Klima des Perms breiteten sich die Reptilien weiter aus. Ihre Eier hatten eine feste Schale, enthielten Amnionflüssigkeit und konnten auf trockenes Land gelegt werden. Die Pelycosaurier waren vermutlich die größten Landtiere zu Beginn des Perms.

Eryops
Diese Amphibie wurde bis zu 2 m lang und hatte die scharfen Zähne eines Fleischfressers. Die kräftigen Knochen der Gliedmaßen deuten auf Fortbewegung auf dem Land hin.

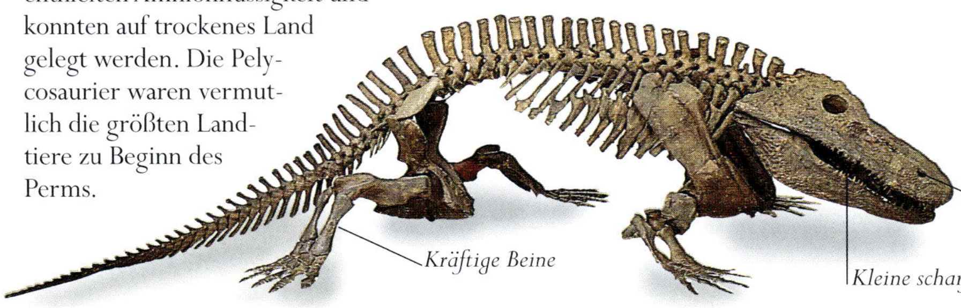

Dicke Schädelknochen

Kräftige Beine

Kleine scharfe Zähne

Knochenstachel des Rückensegels

Edaphosaurus
Das »Segel« auf dem Rücken der Pelycosaurier, wie z. B. dem Pflanzenfresser *Edaphosaurus*, war vermutlich mit einer dünnen Haut zur Regulierung der Körpertemperatur bedeckt.

Dolchartiger Zahn

Dimetrodon
Der Pelycosaurier *Dimetrodon* war ein Fleischfresser. Der Gang der Pelycosaurier war eher ein Kriechen als ein Gehen.

Fossilfundort
Die Stängel abgestorbener Seelilien sammelten sich auf dem Meeresboden des Karbons und bildeten Kalkstein wie etwa in Clitheroe in Nordengland.

Archimedes *unten*
Bei der Moostierchenkolonie *Archimedes* trug ein schraubenartiges Zentralskelett einen gedrehten, spitzenartigen Wedel aus einzelnen Individuen.

Spirale aus massivem Calcit

Perm (vor 290–245 Mio. Jahren)
Im Perm schritt die Entwicklung des Meereslebens weiter fort. Bereits vor dem Massensterben am Ende dieser Periode gab es jedoch einen Rückgang in der Vielfalt der marinen Lebensformen. Als sich die Kontinente verbanden, trockneten die sie umgebenden flachen Meere langsam aus und zahlreiche Besiedlungsräume wurden vernichtet.

Schwere Schuppen

Großes Auge

Palaeoniscus
Dieser primitive Knochenfisch gehört zur Gruppe der *Chondrostei*. Der Stör ist einer ihrer noch heute vorkommenden Vertreter.

Rekonstruktion von *Palaeoniscus*

Goniatites *links*
Vermutlich bewegte sich *Goniatites*, wie die heutigen Kopffüßer, mittels Rückstoßes durchs Wasser.

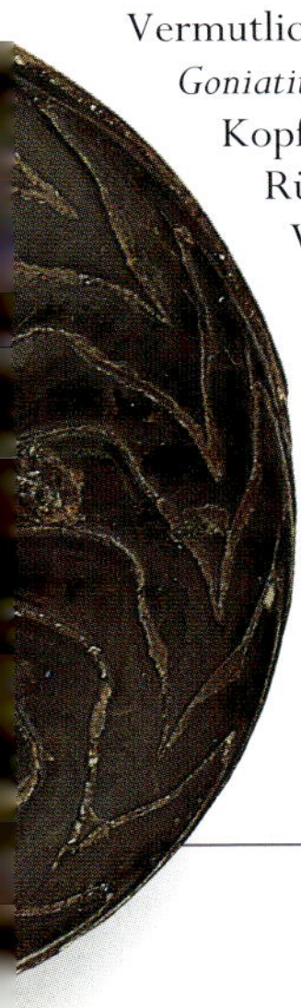

Versteinerte Korallen

Lonsdaleia
Im Karbon waren sowohl Einzelkorallen häufig als auch Korallen, die in Kolonien wuchsen. Die Koralle *Lonsdaleia* bestand aus polygonen (vielseitigen) Individuen mit jeweils einem zentralen Höcker.

Actinocrinites
Der robuste Kelch von *Actinocrinites* versteinerte leichter als der der meisten Seelilien. Die kräftigen Schuppen boten Schutz gegenüber Fraßfeinden.

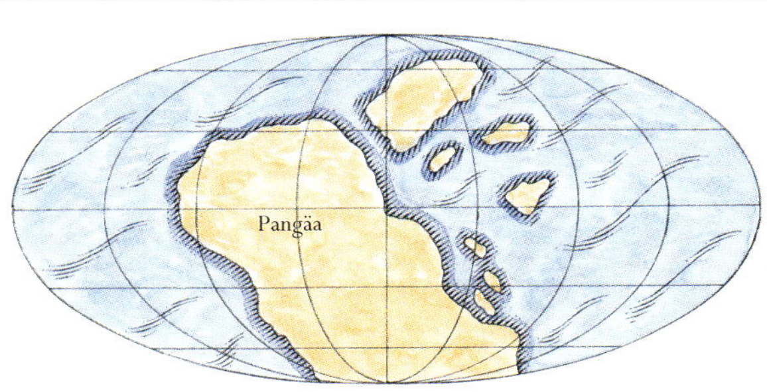

Superkontinent
Während des Devons bildete sich aus einer Gruppe kleinerer Kontinente nahe des Äquators der Old-Red-Kontinent. Er war durch einen Meeresarm von der Landmasse Gondwana im Süden getrennt. Der Superkontinent Pangäa entstand während des Karbons, als Gondwana und der Old-Red-Kontinent zusammenstießen. Pangäa wurde während des Perms noch größer, als der ehemals getrennte Sibirische Schild mit ihm verschmolz.

VOR 245–65 MIO. JAHREN

LANDPFLANZEN

Im Trias und Jura entfalteten sich Gymnospermae (Nadelhölzer, Ginkgogewächse und Palmfarne), die ihre Samen durch Zapfenbildung schützen. Angiospermae, Blütenpflanzen, die ihre Samen durch Fruchtbildung schützen, entwickelten sich während der Kreidezeit parallel mit den Insekten, die sie bestäuben.

Dicroidium

TRIAS (VOR 245–208 MIO. JAHREN)
Gestein aus dem Trias enthält die ersten Vertreter der Ginkgogewächse und Araukarien. Die häufigsten Pflanzen im Trias waren jedoch immer noch Farne. Der Samenfarn *Dicroidium* (*links*) wuchs vermutlich strauch- oder baumförmig.

JURA (VOR 208–146 MIO. JAHREN)
Im Jura breiteten sich Palmfarne, Nadelhölzer und Ginkgogewächse weiter aus und bildeten immergrüne Wälder. Das Fehlen der polaren Eiskappen erlaubte das Wachstum von Bäumen auch in hohen Breitengraden, wo die Photosynthese im Winter eingestellt wird.

Todites *unten*
Blätter von *Todites* sind fast identisch mit denen heutiger Farne.

Ginkgo *oben*
Von den zahlreichen Ginkgogewächsen des Jura blieb nur der Ginkgobaum übrig.

LANDTIERE UND SÜSSWASSERTIERE

Die bekanntesten Reptilien des Mesozoikums sind die Dinosaurier. Es entwickelten sich jedoch auch säugetierähnliche Therapsida, Flugsaurier, und erste Eidechsen und Krokodile. Säugetiere und Vögel erschienen nachweislich im Trias und Jura. Die Dinosaurier starben am Ende der Kreide aus.

TRIAS (VOR 245–208 MIO. JAHREN)
Die Wirbeltiere (Säugetiere, Dinosaurier, Krokodile und Frösche) differenzierten sich im Trias weiter. Die ersten flugfähigen Wirbeltiere, die Flugsaurier, erschienen.

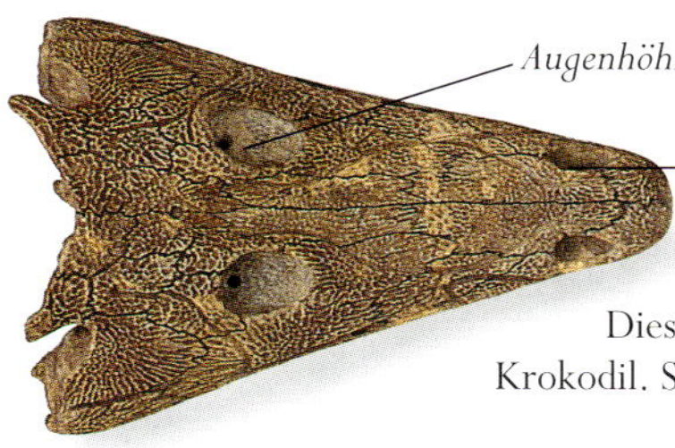

***Benthosuchus*-Schädel**
Diese Amphibie ähnelte einem Krokodil. Sie lebte im Süßwasser und ernährte sich von Fisch.

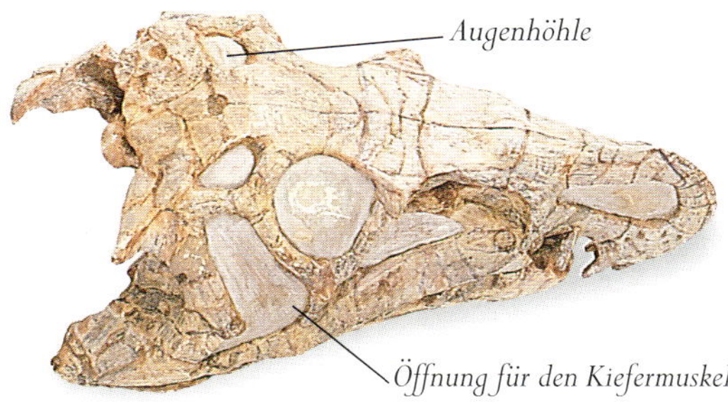

***Riojasuchus*-Schädel** *oben*
Dieses räuberisch lebende Tier gehörte zu den Thecodontia, die vielleicht die Vorläufer der Dinosaurier waren.

JURA (VOR 208–146 MIO. JAHREN)
Im Jura entwickelten sich zahlreiche Arten Pflanzen und Fleisch fressender Dinosaurier von teilweise enormer Größe. Es gab Dinosaurier mit kleinem Kopf, langem Hals und Schwanz wie z. B. *Diplodocus* und *Apatosaurus* oder gepanzerte Dinosaurier wie *Stegosaurus*.

Schwanz mit Wehrstacheln

MEERESTIERE

Während des Mesozoikums entwickelten sich räuberisch lebende Tiere wie Krabben und Knochenfische, die sich hauptsächlich von zweischaligen Mollusken ernährten. Diese reagierten darauf im Evolutionsprozess mit dickeren Schalen und lebten im Schlamm verborgen.

TRIAS (VOR 245–208 MIO. JAHREN)
Nach dem Massensterben im Perm entstanden neue Lebensformen. Mollusken, Korallen und Seelilien breiteten sich aus. Schildkröten und Ichthyosaurier traten auf.

Die Seelilie *Encrinus*

JURA (VOR 208–146 MIO. JAHREN)
Die Ozeane des Jura beherbergten zahlreiche Lebensformen: Zweischalige Mollusken und Seeigel lebten auf dem Meeresboden, Kopffüßer (mit Tentakeln und Augen) und Fische im offenen Wasser.

Cylindroteuthis *unten*
Der ausgestorbene tintenfischähnliche *Cylindroteuthis* hatte einen langen, konisch geformten Körper mit gas- und flüssigkeitsgefüllten Kammern zur Steuerung des Auftriebs. Kopf und Tentakeln wurden von einer inneren Stütze im Gleichgewicht gehalten.

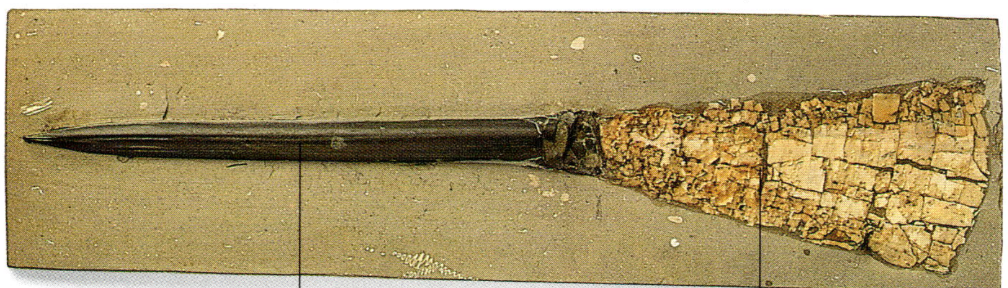

Pleurotomaria *oben*
Diese Schnecke aus dem Jura war – im Gegensatz zu den ersten räuberischen Vertretern ihrer Gruppe aus der Kreidezeit – ein Pflanzenfresser.

Gryphaea *unten*
Gryphaea ruhte mit ihrer großen Schale im Sediment des Meeresbodens, die kleinere Schalenklappe wurde zur Nahrungsaufnahme geöffnet.

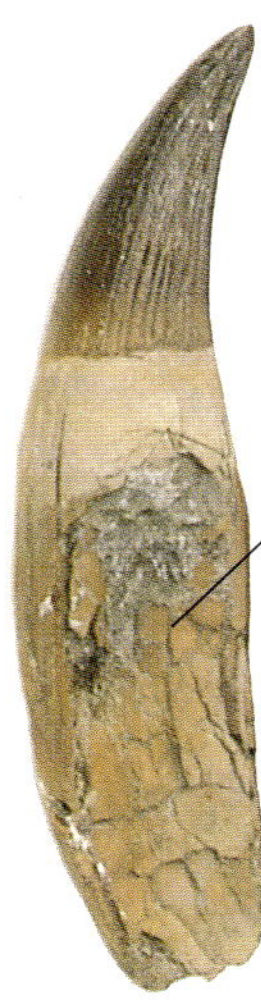

Plesiosaurier-Zahn
Die Fleisch fressenden Plesiosaurier, Reptilien mit langem Hals und Schwanz, bewegten sich mit vier paddelähnlichen Gliedmaßen fort.

Ichthyosaurus-Schädel *oben*
Der stromlinienförmige Räuber bewegte sich so schnell wie ein Hai durchs Wasser.

Rekonstruktion eines Ichthyosauriers

VOR 245–65 MIO. JAHREN

Araucaria
Die Araukarien sind primitive Nadelhölzer mit dicht wachsenden, ledrigen Blättern. Sie waren im Jura häufig und weit verbreitet. Heute gibt es sie noch in Australien, Neuseeland und in den Anden. Dieser Zapfen voller Details ist versteinert erhalten.

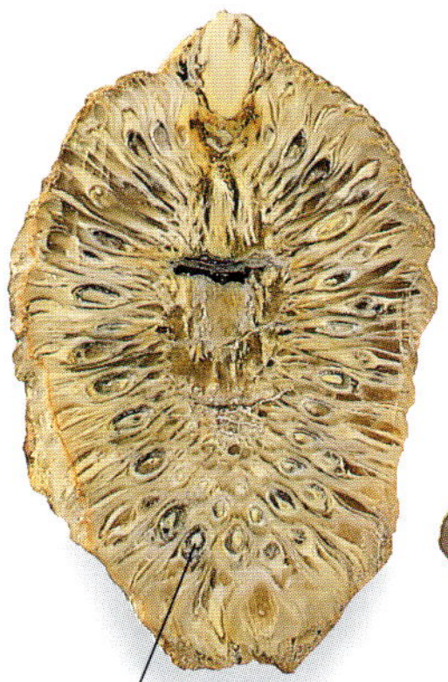

Kreide (vor 146–65 Mio. Jahren)

Die Cycadeen, Palmfarne ähnlich der heute auch als Zimmerpflanze bekannten Gattung *Cycas*, starben in der Kreidezeit aus. Viele andere Gruppen gediehen jedoch, wie Sykomoren, Palmen und Magnolien und vor allem Nadelhölzer.

Versteinerte Cycadeenblätter

Heutiger Palmfarn

Nadelholz
Die Nadelhölzer waren auch nach dem Erscheinen der Blütenpflanzen weiterhin die häufigsten Bäume der kälteren, höheren Breitengrade.

***Stegosaurus*-Skelett**
Die Knochenplatten des mehr als 6 m langen Stegosaurus dienten vermutlich der Regulierung der Körpertemperatur.

Turanophlebia
Der zarte Körper dieser Libelle wurde im ruhenden Schlamm konserviert.

***Phascolotherium*-Kiefer**
Dieses spitzmausähnliche Säugetier war vermutlich nachtaktiv und fraß Insekten.

Kreide (vor 146–65 Mio. Jahren)

Bis zum Massensterben am Ende der Kreide waren die Dinosaurier die dominierenden Landwirbeltiere. Während der Kreide entwickelten sich Entenschnabel- und Horn-Saurier wie *Iguanodon* und *Tyrannosaurus*. Schlangen erschienen, Frösche, Salamander und Eidechsen entwickelten sich weiter. Vögel und Flugsaurier konkurrierten um die Vorherrschaft in der Luft.

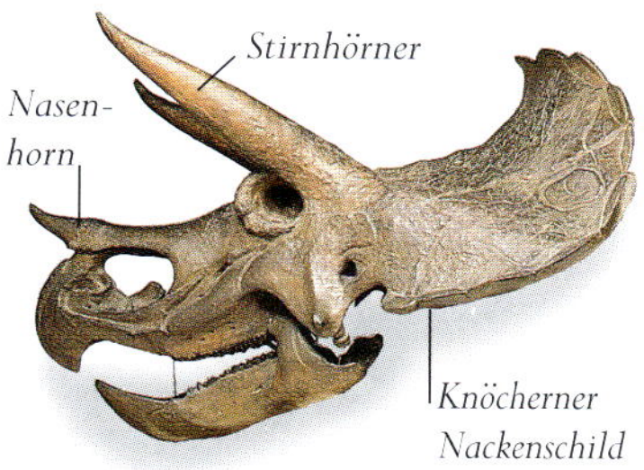

***Triceratops*-Schädel**
Dieser pflanzenfressende Dinosaurier aus der Oberkreide wog vermutlich mehr als 5 t.

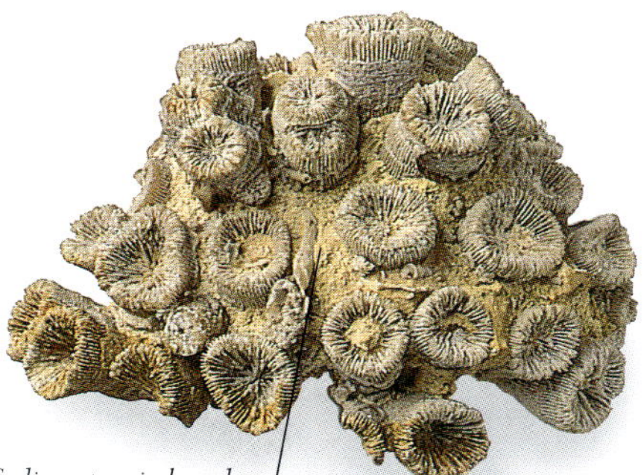

Thecosmilia *oben*
Die koloniebildende Koralle *Thecosmilia* besiedelte kleine Riffe.

Kreide (vor 146–65 Mio. Jahren)

Während der Kreide differenzierte sich die Meeresfauna weiter. Die Vorläufer vieler heutiger Tiergruppen entstanden. Mosasaurier (Meerechsen), Rudisten (festsitzende Muscheln) und weitere exotische Tiere besiedelten die Ozeane.

Fossilfundort *oben*
In den Kalkablagerungen der Kreidezeit (hier Nordfrankreich) findet man häufig die Schalen von *Inoceramus*.

Schildkrötenpanzer
Aus der Kreide sind Schildkröten mit mehr als 3,5 m Länge bekannt. Die meisten Arten waren jedoch so groß wie heutige.

Tylocidaris *rechts*
Reguläre Seeigel (mit radiärsymmetrischem Körper) wie *Tylocidaris* und Irreguläre Seeigel (mit zweiseitig symmetrischem Körper) besiedelten den Meeresboden.

Schlangensterne
Versteinerte Schlangensterne sind selten, da ihre zarten Kalkplatten nach ihrem Tod rasch zerfallen.

Knochenfisch
Die Knochenfische breiteten sich während der Kreide aus. Sie stellen heute mit u.a. Lachs, Kabeljau, Hering und Hecht den größten Teil der Fische.

***Ptychodus*-Zahn**
Ptychodus benutzte seine starken Zähne offensichtlich, um die Schalen von Mollusken zu knacken.

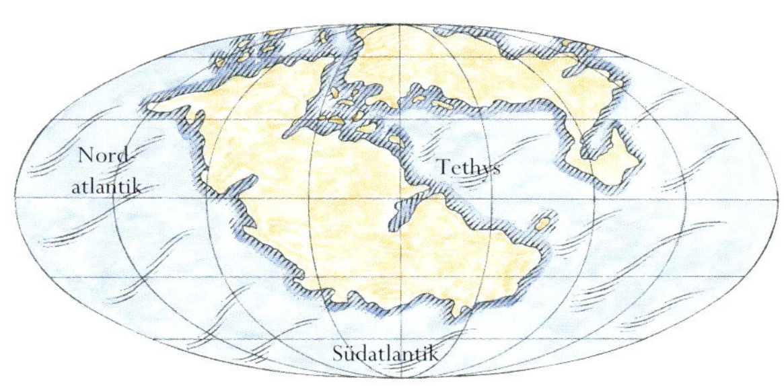

Neue Ozeane

Im Mesozoikum brach Pangäa in einen Nordteil (Nordamerika und Eurasien) und einen Südteil auseinander, und der Ozean Tethys entstand. Er reichte vom heutigen Mittelmeer bis zur heutigen Lage des Himalaja. Später brachen Nordamerika und Eurasien auseinander und der Nordatlantische Ozean öffnete sich. Der südliche Kontinent splittete sich auf, als sich der Südatlantik und weitere Meere öffneten.

VOR 65 – 1 MIO. JAHREN

LANDPFLANZEN

Die Pflanzen des Känozoikums (vor 65 – 1,6 Mio. Jahren) ähnelten den heutigen Pflanzen. Jedoch wurden erst vor etwa 15 Mio. Jahren Gräser und andere krautige Pflanzen häufig. Sie waren besser als die holzigen Pflanzen an das kühlere, trockenere und im Jahresverlauf schwankende Klima angepasst.

EOZÄN (VOR 56,5 – 35,4 MIO. JAHREN)
Während des Eozäns bildeten die Angiospermen (Blütenpflanzen, die ihre Samen mit einer Frucht schützen) die dominante Gruppe der Landpflanzen. Viele Arten entwickeln sich noch heute weiter, so z. B. die Rosen. Die ersten Gräser erschienen zu Beginn des Eozäns, Grasland entstand jedoch erst später.

***Ficus*-Samen**
Dieser versteinerte Samen einer Blütenpflanze war einmal von einer fleischigen Frucht umgeben.

Sabalpalme
Versteinerte Palmen gibt es selten, einige wenige sind aus der Kreidezeit bekannt.

LANDTIERE UND SÜSSWASSERTIERE

Die Entwicklung der Säugetiere schritt im Känozoikum rasch voran. Nach dem Aussterben der Dinosaurier vor etwa 65 Mio. Jahren konnten die Säugetiere neue ökologische Nischen bilden. Mit dem Erscheinen der ersten Hominiden beginnt die Geschichte der Menschheit.

EOZÄN (VOR 56,5 – 35,4 MIO. JAHREN)
Der Großteil der heutigen Säugetiere (u.a. Primaten, Nagetiere, Raubtiere und Fledermäuse) entwickelte sich während des Eozäns. Während der globalen Abkühlung am Ende des Eozäns starben jedoch einige Säugetiergruppen aus.

Planorbina *links*
Lungenschnecken wie *Planorbina* kamen zum Atmen an die Wasseroberfläche.

Prophaethon
Im Gegensatz zu den Fossilien von Watvögeln ist das eines Seevogels wie *Prophaethon* selten.

OLIGOZÄN (VOR 35,4 – 23,3 MIO. JAHREN)
Die Säugetiere, die die Abkühlung im späten Eozän überlebten, entwickelten sich im Oligozän weiter. Riesige Rhinozerosse wie *Indricotherium* mit seinen über 5 m Höhe waren weit verbreitet.

Abliguritor
Im Bernstein sind Insekten und Spinnen wie *Abliguritor* eingeschlossen.

MEERESTIERE

Im Känozoikum gab es eine enorme Zunahme der Meeresarten. Viele dieser Arten waren typisch für die neu entstandenen geographischen Regionen, in denen sie sich entwickelten. Das kühlere Klima und die Eiszeiten hatten auf das Meeresleben nur geringe Auswirkungen.

EOZÄN (VOR 56,5 – 35,4 MIO. JAHREN)
Im Eozän entwickelten sich große, primitive Wale. Die Tintenfische breiteten sich aus. Bei Schnecken und Muscheln kam es zu weiterführenden Entwicklungen.

Turritella
Schnecken sind häufige Fossilien aus dem Eozän. Turritella lebte im Sand verborgen, die meisten Schneckenarten lebten jedoch auf der Oberfläche des Meeresbodens.

Homarus
Krebse, wie z. B. diese Spezies aus dem Eozän, versteinern sehr selten, da ihre Panzer nach ihrem Tod rasch auseinander fallen.

Trionyx *oben*
Versteinerte Schädel und Panzer von Schildkröten findet man nur selten zusammen. Dieser Rückenpanzer stammt von *Trionyx*.

Venericardia *links*
Ein Großteil der eozänen Muscheln grub sich wie *Venericardia* ein und filterte mit einem Sipho Nahrungspartikel aus dem Wasser.

Sparnodus *links*
Der Knochenfisch *Sparnodus* ist mit den heutigen Rotbrassen oder Meerbrassen eng verwandt. Seit dem Eozän sind die Knochenfische die weitaus dominanteste Gruppe der Fische.

Oligozän (vor 35,4–23,3 Mio. Jahren)

Die Hälfte der Angiospermenarten aus dem Oligozän gibt es noch heute. In Sümpfen und Wäldern gediehen Gräser, bildeten jedoch noch keine offenen Grasländer. In Versteinerungen findet man häufig Sporen, Pollen und Samen aus dieser Zeit.

***Mastixia*-Samen**

Miozän (vor 23,3–5,2 Mio. Jahren)

Während des Miozäns nahm die Zahl der Grasarten immens zu. Heute zählt man ungefähr 10 000 verschiedene Arten. Die *Compositae*, eine Familie der Angiospermae, differenzierten sich ebenfalls. Zu ihnen gehören z. B. die Gänseblümchen.

***Populus* (Pappel)**
Dieses Pappelblatt aus dem Miozän unterscheidet sich kaum von einem heutigen.

Wachstumsringe des Kernholzes

***Quercus* (Eiche)**
Am Querschnitt durch einen versteinerten Eichenstamm sind schmalere und breitere Wachstumsringe zu sehen.

Diplocynodon *rechts*
Die Alligatoren – unter ihnen auch *Diplocynodon* aus dem Oligozän – haben eine lange Geschichte. Ihr Aussehen hat sich im Lauf der Zeit jedoch kaum verändert.

Augenhöhle

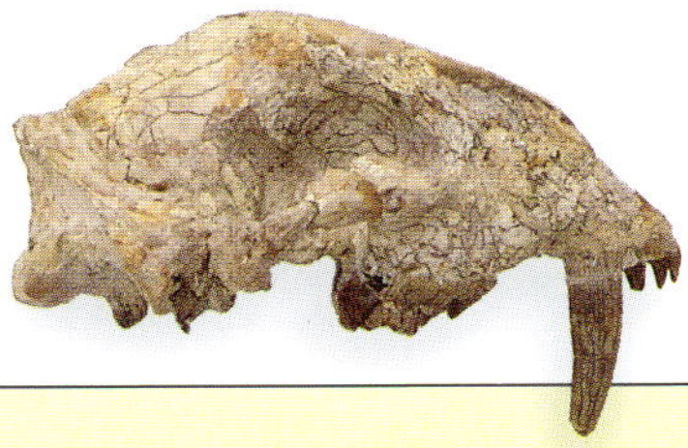

Hoplophoneus *links*
Ausgestorbene Katzen, wie *Hoplophoneus*, entwickelten große Eckzähne um ihre Beute zu erlegen – daher der Name »Säbelzahn«.

Miozän (vor 23,3–5,2 Mio. Jahren)

Die Säugetiere setzten ihre Entwicklung im Miozän fort: Rotwild, Antilopen, Rinder und Schafe traten auf. Mit der fortschreitenden Bildung offener Grasländer erschienen Singvögel, Schlangen und Nagetiere. Die Entwicklung von *Proconsul* bereitete den Auftritt der ersten Hominiden vor (vgl. S. 28–31).

Orycteropus
Dies ist der Schädel von *Orycteropus*, einem Erdferkel aus dem Miozän mit langem Rüssel und langer Zunge, das sich von Termiten ernährte.

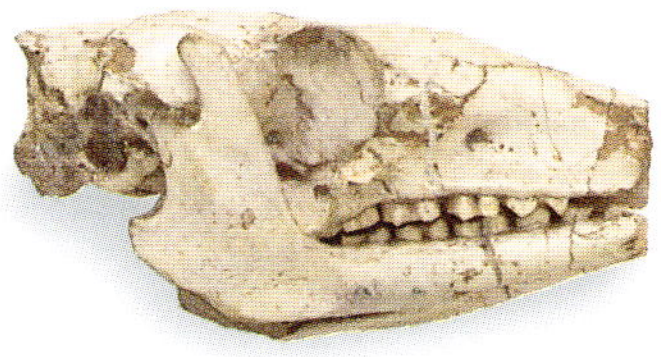

Proconsul
Von den zahlreichen Menschenaffenarten, die sich im Miozän entwickelten (u.a. *Proconsul*), leben heute nur noch Gibbons (Kleine Menschenaffen), Schimpansen, Orang-Utans und Gorillas.

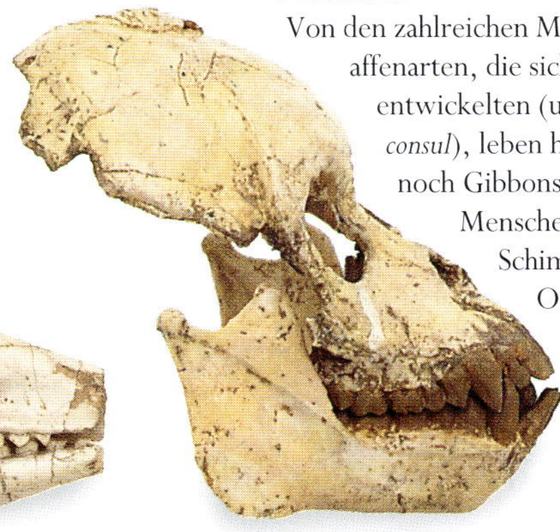

Miozän (vor 23,3–5,2 Mio. Jahren)

Zu Beginn des Miozäns gab es bereits Delfine und fast alle Familien der heutigen Wale. Auf dem Meeresboden lebten Muscheln, Schnecken, Riffkorallen, Moostierchenkolonien und Stachelhäuter (z. B. Seeigel wie *Clypeaster*).

Fünfstrahlige Symmetrie

Clypeaster

Fossilfundort
Einige marine Lagerstätten aus dem Pliozän enthalten viele Muschel- und Schneckenschalen – wie hier in Florida.

Gravierung von *Carcharadon*

***Carcharadon*-Zahn**
Die Zähne dieses Haies können bis zu 11 cm lang sein. Das lässt vermuten, dass einige Haie aus dem Pliozän über 12 m lang waren.

Pliozän (vor 5,2–1,6 Mio. Jahren)

Die Meeresfauna des Pliozäns ähnelte der heutigen. Zahlreiche Arten, vor allem Bewohner des Meeresbodens wie Muscheln und Schnecken, haben bis heute überlebt.

Einzelkoralle

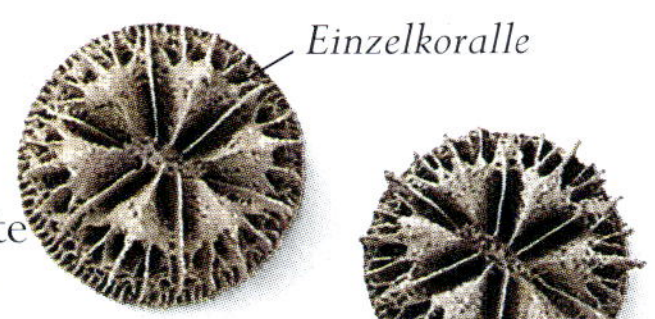

Stephanophyllia
Das Korallenskelett dieser Solitärkoralle aus dem Pliozän besteht aus gehärtetem Sekret. Sie betäubte ihre Beute mit den Nesselzellen ihrer Tentakel.

Schizoretepora
Häufig sind von den Kolonien dieses Moostierchens nur Fragmente versteinert, da sie oft auseinander brachen.

Pecten
Diese Kammmuschel hat eine fächerförmige Schale und eine lange Geschichte als Fossil.

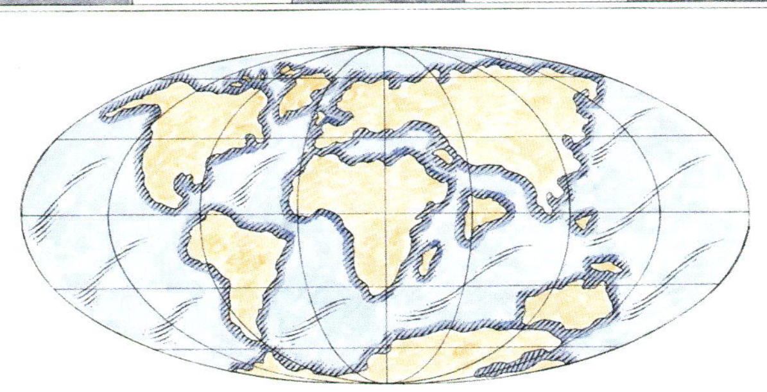

Vertraute Welt

Die Kontinente und Ozeane erhielten im Känozoikum ihre heutige Gestalt. Der Ozean Tethys wurde durch die Nordwärtsdrift Afrikas und Indiens allmählich geschlossen. Der Zusammenstoß von Indien und Asien führte zur Auffaltung des Himalaja. Unterdessen verbreiterte sich der Atlantik und Amerika wurde weiter von Europa und Afrika getrennt. Die Landbrücke von Panama verbindet seit etwa 3,4 Mio. Jahren Nord- und Südamerika.

Unsere Urahnen: Die Primaten

VOR 4,6 MRD. JAHREN

Die Geschichte des Menschen beginnt mit der Geschichte der Menschenaffen. Diese gehören wie die Menschen zu den Primaten. Fossilfunde, die auf ein Alter von etwa 55 Mio. Jahren datiert werden, zeigen Primaten, die den heutigen kleinen, nachtaktiven Primaten ähneln. Vor 36 Mio. Jahren erschienen die ersten Vorfahren der Affen und Menschenaffen. Die ersten Menschenaffen, die vor etwa 25 Mio. Jahren auftraten, begründeten die Überfamilie Hominoidea. Sie umfasst heute Menschen, Gorillas, Schimpansen, Orang-Utans und Gibbons. 10 Mio. Jahre lang waren die frühen Menschenaffen auf Afrika beschränkt. Vor etwa 12 Mio. Jahren hatten sie sich über die Türkei bis nach Indien und Pakistan ausgebreitet. Während der nächsten 6 oder 7 Mio. Jahre entwickelten sich die ersten Hominiden.

Affen
Die heutigen Affen – leichte, behände Baumbewohner – teilen sich in zwei Gruppen: die Affen der alten Welt (Cercopithecoidea) und die Affen aus Südamerika (Ceboidea) wie dieser Kapuzineraffe.

Menschenaffen
Menschenaffen und Menschen gehören zur Gruppe der Hominoidea. Einige der größeren Menschenaffen, etwa Gorillas, verbringen viel Zeit auf dem Erdboden. Hier können sie ihre Hände z. B. für die Fellpflege benutzen.

Proconsul

Die ersten Menschenaffen gehörten zur Gruppe *Proconsul* und lebten vor 25 Mio. Jahren in Ostafrika. Solche frühen Funde waren sehr unvollständig. Dieser Schädel aus späterer Zeit, den Dr. Mary Leakey 1948 in Kenia fand, ist etwa 18 Mio. Jahre alt. Zu dieser Zeit lebten verschiedene Arten von *Proconsul* in Ostafrika. Obwohl er ein Vorfahr der heutigen Menschenaffen ist, sah er doch noch eher wie ein Affe aus. Seine Zähne waren hervorragend an die Ernährung mit weichen Früchten angepasst; sie lassen darauf schließen, dass *Proconsul* ein Waldbewohner war.

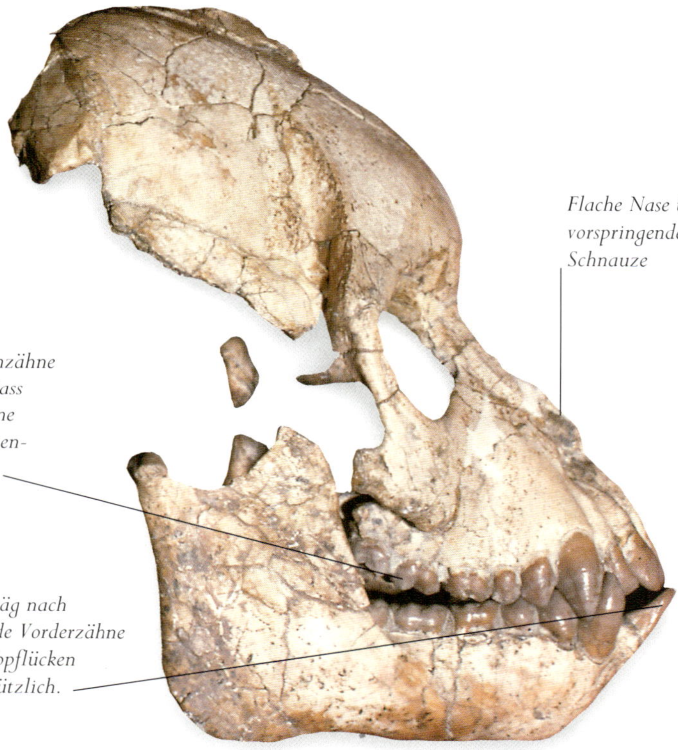

Die heutigen Menschenaffen
Die Großen Menschenaffen (Gorillas, Schimpansen und Orang-Utans) werden oft den Kleinen Menschenaffen (Gibbons) gegenübergestellt. Heute leben in Asien mindestens sechs Gibbonarten. Mit ihren langen kräftigen Armen bewegen sie sich hangeld-kletternd durch die Äste der Bäume und können auf diese Art bis zu 10 m weit springen.

Gibbon

Kenyapithecus

Das Auftauchen von *Kenyapithecus* vor 15 Mio. Jahren markiert die erste Veränderung in der Evolution der Menschenaffen. Dicker Zahnschmelz ermöglichte es *Kenyapithecus* auch harte Früchte zu essen und deshalb in andere Lebensräume zu wechseln. Die Entwicklung des dicken Zahnschmelzes begann mit *Afropithecus* vor etwa 17 Mio. Jahren. Er ist vermutlich ein Vorfahr von *Kenyapithecus*. Auch bei *Griphopithecus*, einem möglichen Nachkommen von *Afropithecus*, findet man Zähne mit dickem Schmelz. Die unten abgebildeten Kieferteile von *Kenyapithecus* stammen aus Fort Ternan, Kenia.

Die afrikanischen Affen
In Afrika leben drei Menschenaffenarten: Gorillas, Schimpansen und Bonobos. Die Schimpansen leben in großen Gruppen und sind in der Regel gesellig. Sie stehen dem Menschen in der genetischen Verwandtschaft von allen Menschenaffen am nächsten. Schimpansen und Menschen könnten, wenn man ihre »genetische Distanz« betrachtet, derselben Gattung zugeordnet werden.

Schimpanse

Die Schritte der Evolution

Die Entwicklung der ersten Vorfahren des Menschen aus der Entwicklungslinie, die auch zu den heutigen Menschenaffen führte, begann in der Zeit vor 8–4 Mio. Jahren (*s. nächste Seite*). Der Mangel an Fossilfunden aus diesem Zeitraum hindert uns daran, die Geschichte der Menschheit ganz zu begreifen und die Reihen aller heutigen höheren Primaten zurückzuverfolgen. Die Entdeckungen, die gemacht wurden, sind so fragmentarisch, dass sie eher Fragen aufwerfen als beantworten. Die Entwicklungsstadien von den frühen Primaten zu den modernen Menschen lassen sich über die Jahrtausende skizzieren. Die Glieder zwischen den einzelnen Stadien und somit die aktuelle Entwicklungslinie kann jedoch nicht genau festgelegt werden, bis weitere Beweise ans Tageslicht gelangen.

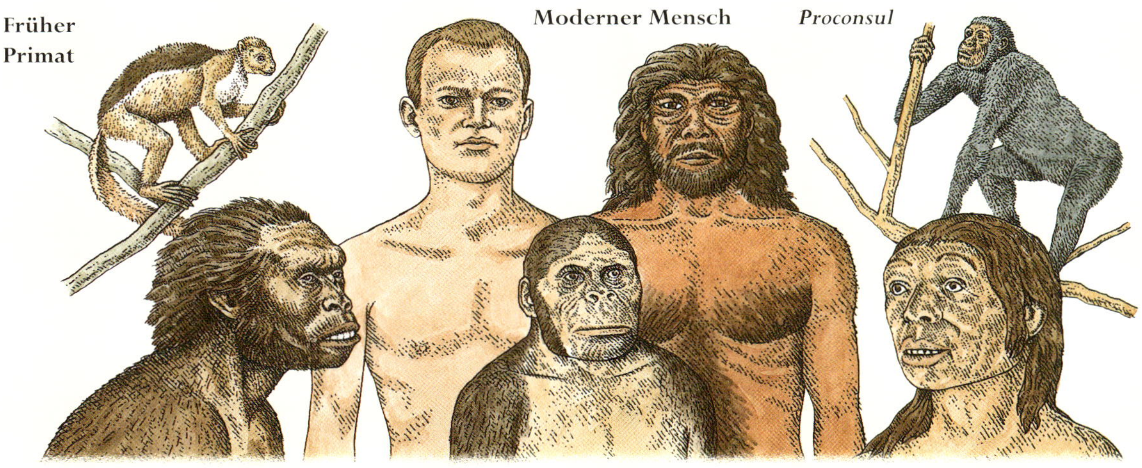

Sivapithecus

Sivapithecus lebte vor 11–7 Mio. Jahren in Indien und Pakistan. Er ist vermutlich ein Nachfahr von *Kenyapithecus*. Seine Zähne haben Zahnschmelz, und sein Schädel hat bereits viele Merkmale mit heutigen Orang-Utans gemeinsam. Er ist mit ziemlicher Sicherheit einer ihrer Vorfahren. Dieser 8 Mio. Jahre alte Schädel aus einer Fundstätte in Potwar, Pakistan, ist das vollständigste Exemplar aus dieser Zeit.

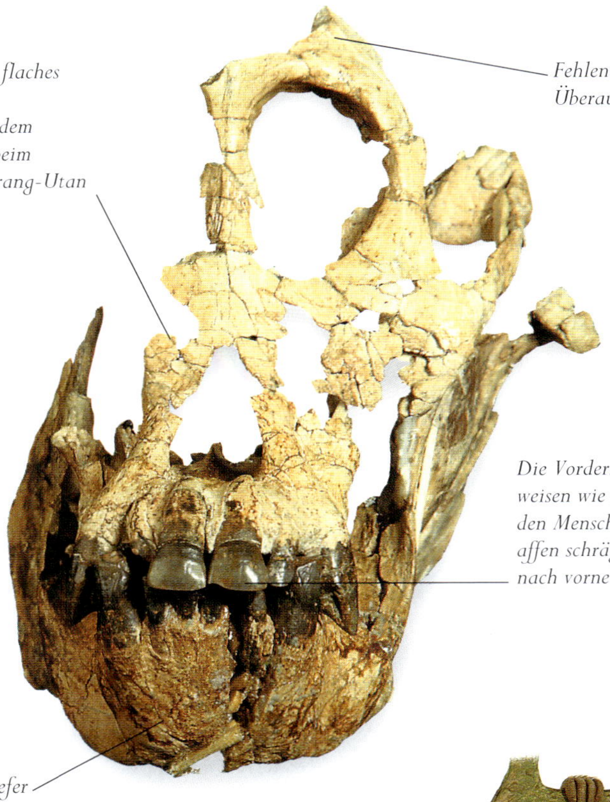

Die asiatischen Affen

In Asien leben Gibbons und Orang-Utans. Als einer der wenigen gesicherten Vorfahren des heutigen Orang-Utans (*rechts*) gilt der fossile Affe *Sivapithecus*. Der Orang-Utan war zunächst nur auf dem asiatischen Kontinent verbreitet, dem Verbreitungsgebiet von *Sivapithecus*. Heute lebt der Menschenaffe mit dem charakteristischen orangefarbenen Haar nur noch in den tropischen Wäldern Borneos und Sumatras.

Kiefervergleich

Der Vergleich der Schnauzenlängen unterstützte verschiedenste Evolutionstheorien. Man kann z. B. feststellen, dass ausgehend vom gemeinsamen Vorfahr *Kenyapithecus* die Entwicklungslinie hin zum modernen Menschen ein flaches Gesicht hervorgebracht hat, während die Entwicklung zum Schimpansen in einem längeren und stärkeren Gebiss resultierte.

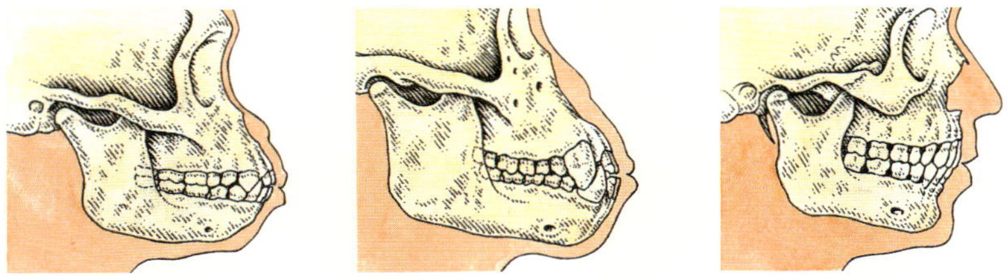

Kenyapithecus Mittlere Kieferlänge mit großen Schneide- und Eckzähnen

Schimpanse Längerer Kiefer mit großen, sich überschneidenden Eckzähnen

Moderner Mensch Kurzer Kiefer mit kleinen Eckzähnen, Kaubewegung seitwärts

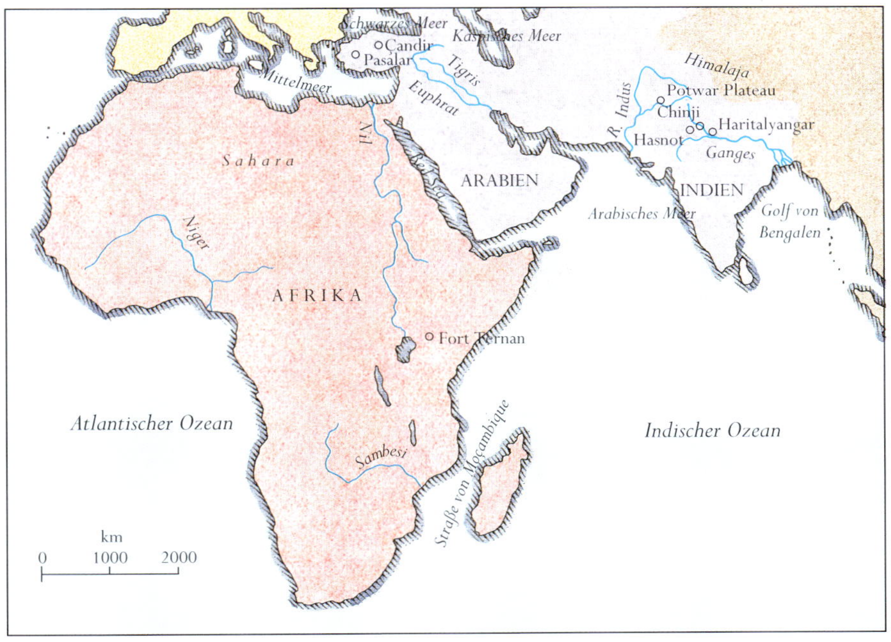

○ Fundstätte fossiler Affen

Verbreitung der Fundstätten fossiler Affen

Menschenaffen findet man heute nur noch in den afrikanischen und asiatischen Tropen. Die Fundstätten fossiler Menschenaffen lassen jedoch darauf schließen, dass es eine Zeit gab, zu der sie auch in Teilen Südeuropas, in Vorderasien und Pakistan verbreitet waren. Die Entwicklung des Zahnschmelzes, der eine abwechslungsreichere Ernährung ermöglichte, war entscheidend für die Ausbreitung der Menschenaffen.

Unsere Urahnen: Die Hominiden

Fossilien belegen zweifelsfrei, dass sich vor 4 Mio. Jahren die menschliche Entwicklungslinie von der der anderen Primaten trennte. Die Entwicklung der Hominiden vor 4–1 Mio. Jahren unterteilt sich in die Entwicklung des *Australopithecus* und die Entwicklung von *Homo habilis* und *H. erectus*. *Australopithecus* wurde als Name für einen Fossilfund mit menschenaffenartigen und menschlichen Merkmalen in Südafrika geprägt. Sein Entdecker, Raymond Dart, glaubte, ein frühes Stadium der menschlichen Evolution gefunden zu haben. Erst nach weiteren Entdeckungen von Australopithecinen und Mitgliedern der Spezies *Homo* wurde seine Ansicht übernommen. Wir kennen den genauen Verwandtschaftsgrad der frühen Hominiden nicht, sie repräsentieren jedoch aufeinander folgende Stadien menschlicher Entwicklung.

Affenschädel (heutiger Gorilla)

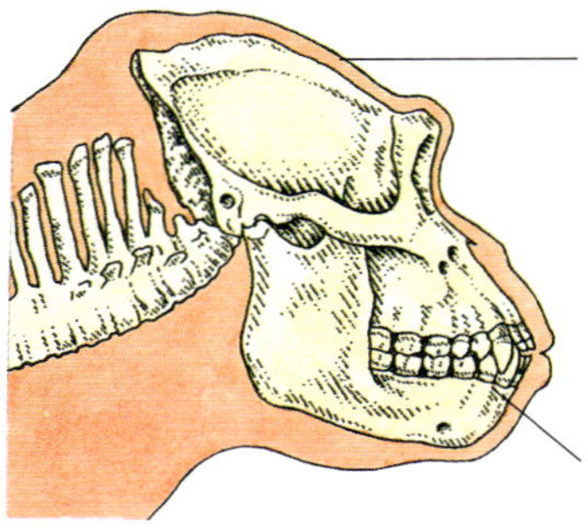

Schädel eines modernen Menschen

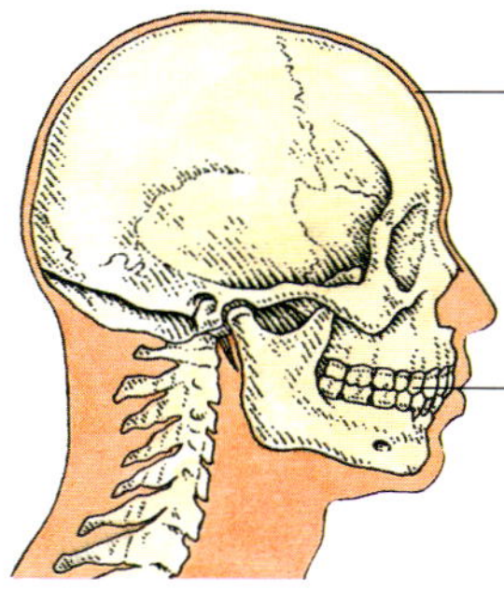

Vergleich der Schädelformen
Das entscheidende Merkmal, das *Homo habilis* und *Homo erectus* mit dem modernen Menschen gemeinsam haben, ist die größere Hirnkapazität. Der menschliche Schädel (Cranium) ist gewölbt. Er sitzt der Wirbelsäule obenauf und ermöglicht so die ständig aufrechte Haltung. Die Menschenaffen können sich dagegen jeweils nur für kurze Zeit aufrecht halten. Die Zähne des Menschen sitzen senkrecht unter den Brauen, vielleicht weil die Nahrung eher mit den Händen als mit dem Mund gesammelt wurde.

Australopithecus

Die früheste Spezies der Australopithecinen war *Australopithecus afarensis*, die zuerst in Äthiopien entdeckt wurde. Das Skelett dieser jungen Frau, die vor etwa 3 Mio. Jahren gelebt hatte, erhielt den Spitznamen Lucy. Eine grazilere und kleinwüchsigere Art sowie eine robustere Art wurden später entdeckt. Der lang erwartete Nachweis, dass die Australopithecinen stehen und aufrecht gehen konnten, wurde in Aufsehen erregender Weise 1978 durch die Entdeckung von Fußspuren belegt, die in der gehärteten Asche eines zur Zeit der Australopithecinen aktiven Vulkans konserviert worden waren. Die Abdrücke zeigen, dass an einem Tag vor etwa 3,6 Mio. Jahren drei Australopithecinen durch die Asche gingen.

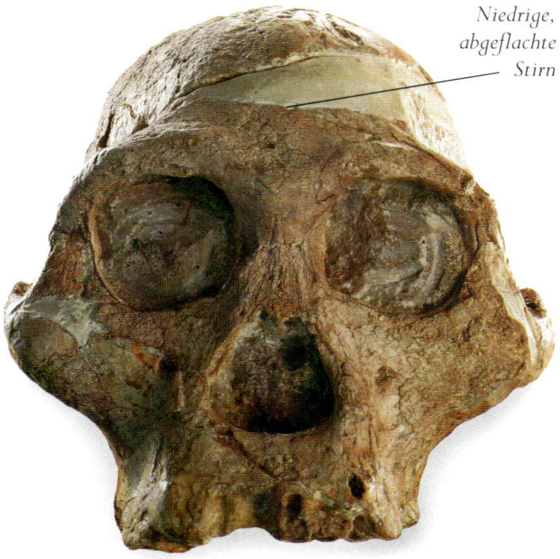

Australopithecus africanus
Dieser erste grazile, kleinwüchsige Australopithecine wurde in Taung, Südafrika, gefunden. Es wird noch diskutiert, ob *A. africanus* als der nächste Verwandte aus den Australopithecinen in der Entwicklungslinie des Menschen angesehen werden kann.

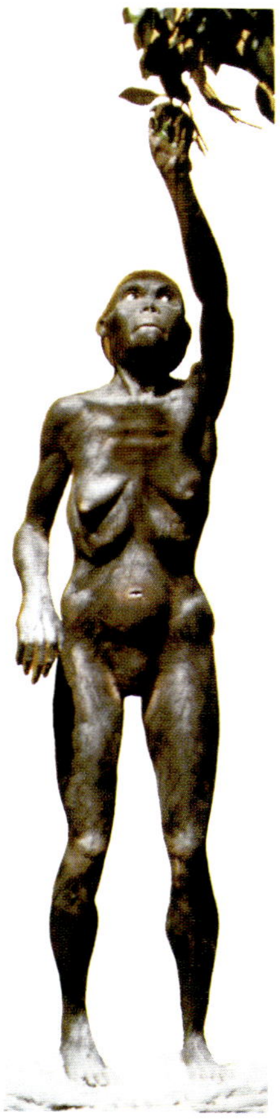

Lucy (*A. afarensis*)
Die Australopithecinen ernährten sich wie Lucy (*rechts*) hauptsächlich von Pflanzen. Ihre aufrechte Haltung, die geschickten Hände und harte Zähne ermöglichten ihnen eine abwechslungsreiche vegetarische Ernährung.

Modell von Lucy

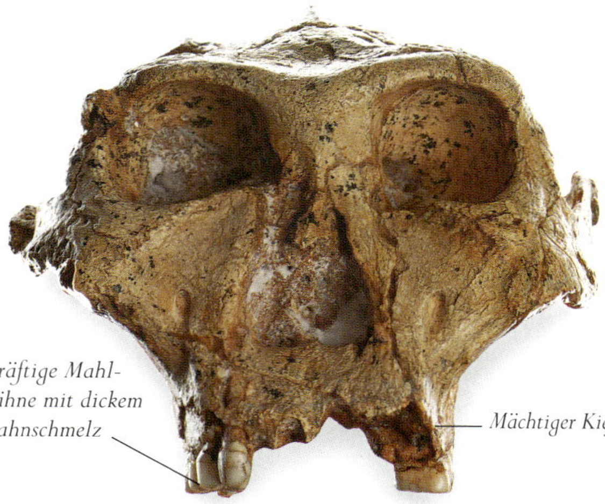

Australopithecus robustus
A. robustus entdeckte man in südafrikanischen Höhlen. Eine ähnliche Form, *A. boisei*, lebte ungefähr zur selben Zeit in Ostafrika. Beide waren hervorragend an harte, faserreiche pflanzliche Nahrung angepasst. Ihre mächtigen Kiefer erforderten starke Kaumuskeln, die an einem Knochenkamm entlang des Schädeloberteils ansetzten.

Homo habilis

Die ersten »geschickten Menschen« (*Homo habilis*) lebten vor rund 2 Mio. Jahren. Viele Gründe sprechen dafür, dass *Homo habilis* ein Verbindungsglied zwischen den Australopithecinen und den späteren Menschen darstellt. *Homo habilis* hatte ein relativ großes Gehirn und besaß neue Fertigkeiten – er stellte erste Steinwerkzeuge her.

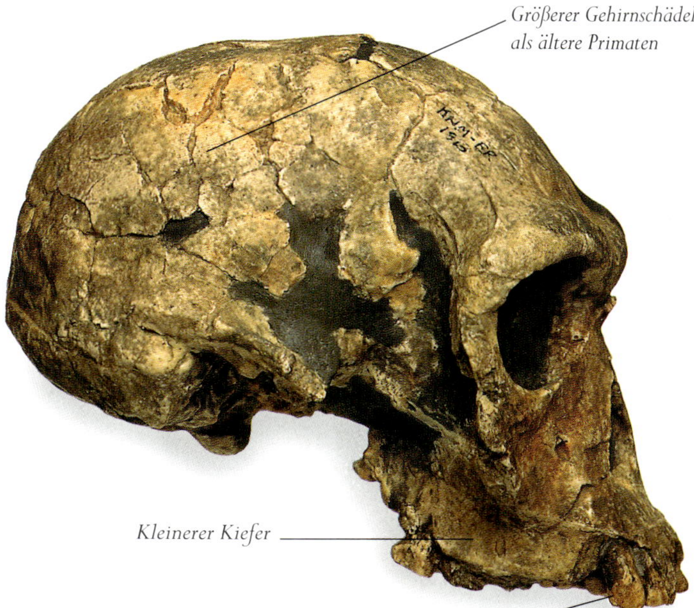

Geschickte Menschen
Homo habilis benutzte Werkzeug, um Werkzeug herzustellen, eine entscheidende Neuerung. Er war vermutlich auch der erste Hominide, der regelmäßig Fleisch aß. Diese beiden Entwicklungen gingen Hand in Hand: Das Steinwerkzeug war nötig, um die aufgefundenen Tierkadaver in transportierbare Stücke zu zerteilen.

Vergleich der Gehirnschädel

Die Chronologie der fossilen Schädel zeigt die zunehmende Größe des Gehirnvolumens. Größe und Gewicht der Hominiden nahmen zu, die Zunahme des Gehirnvolumens war jedoch überproportional groß.

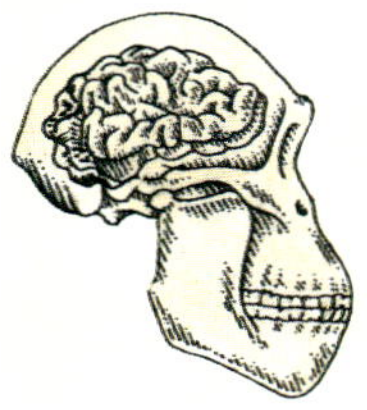

Australopithecus
Das Schädelvolumen der Australopithecinen betrug 350 – 600 ml.

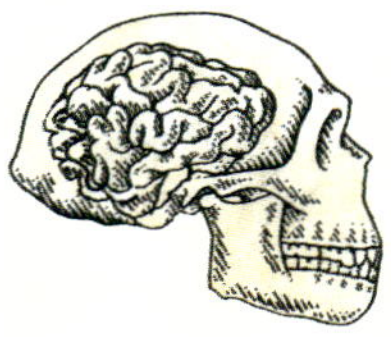

Homo erectus
Die Gehirngröße von *H. erectus* lag zwischen 700 und 1250 ml.

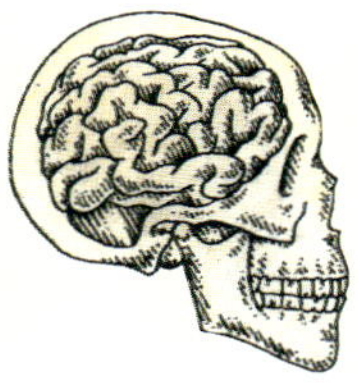

Moderner Mensch
Das Schädelvolumen von *Homo sapiens sapiens* beträgt 1200 – 1600 ml.

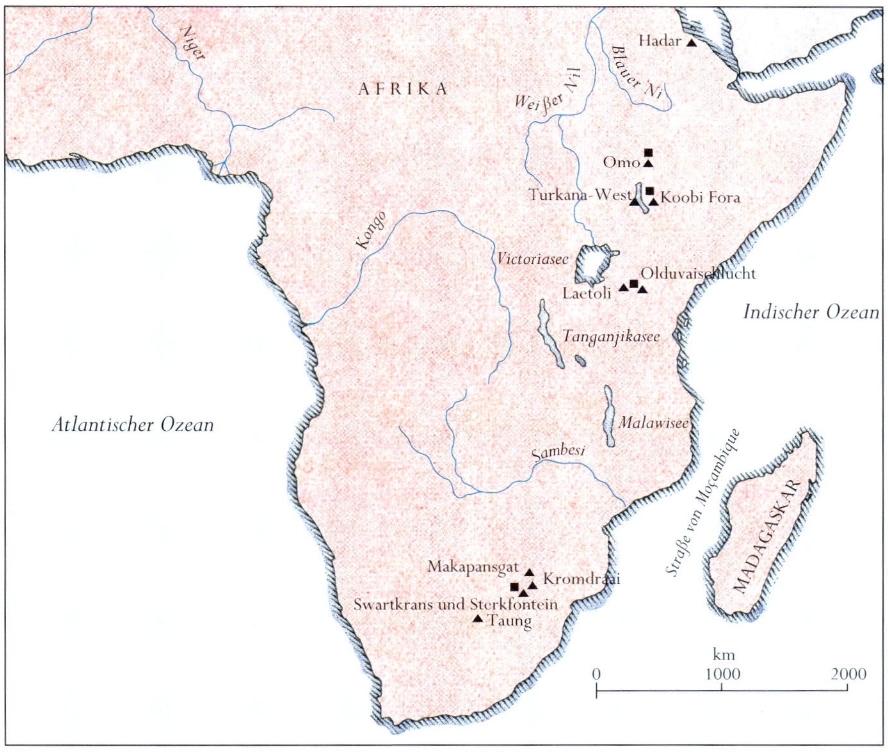

Verbreitung der Funde von *Australopithecus* und *Homo habilis*

Alle wichtigen Funde der verschiedenen *Australopithecus*-Arten wurden in zwei Regionen Afrikas gemacht: den südafrikanischen Höhlen und den zerstreut liegenden Stätten im Gebiet des Ostafrikanischen Grabens (Tansania, Kenia, Äthiopien). Obwohl auch anderswo Belege für *Homo habilis* gefunden wurden, liegt der vollständigste fossile Nachweis für *Homo habilis* in Ostafrika. Einer der reichsten Fundorte dort ist die Olduvaischlucht in Nordtansania (vgl. Seite 32 – 33). Hier wurde sowohl *H. habilis* als auch *Australopithecus boisei* zuerst gefunden. Diese und weitere entscheidende Funde wurden von Louis und Mary Leakey, dem Archäologenehepaar gemacht, dessen Name untrennbar mit Olduvai verknüpft ist.

Homo erectus

Vor etwa 1,7 Mio. Jahren, als die letzten »geschickten Menschen« und robusten Australopithecinen noch in Afrika lebten, erschien eine neue Spezies: der *Homo erectus* (aufgerichteter Mensch). Dieser neue Mensch ging völlig aufrecht, war groß, langbeinig, hatte schmalere Hüften und ein größeres Gehirn. Im Vergleich zu früheren Formen war der Schädel von *Homo erectus* etwas Besonderes: länger und dickwandiger, mit einem ausgeprägten knöchernen Brauenbogen, der über die Augen ragte. Vor etwa 1 Mio. Jahren hatte sich *Homo erectus* von Afrika bis nach Asien, Südostasien und vermutlich auch Europa ausgebreitet. Dieser Schädel stammt aus Trinil in Java, einem Gebiet, das damals Teil des südostasiatischen Festlands war.

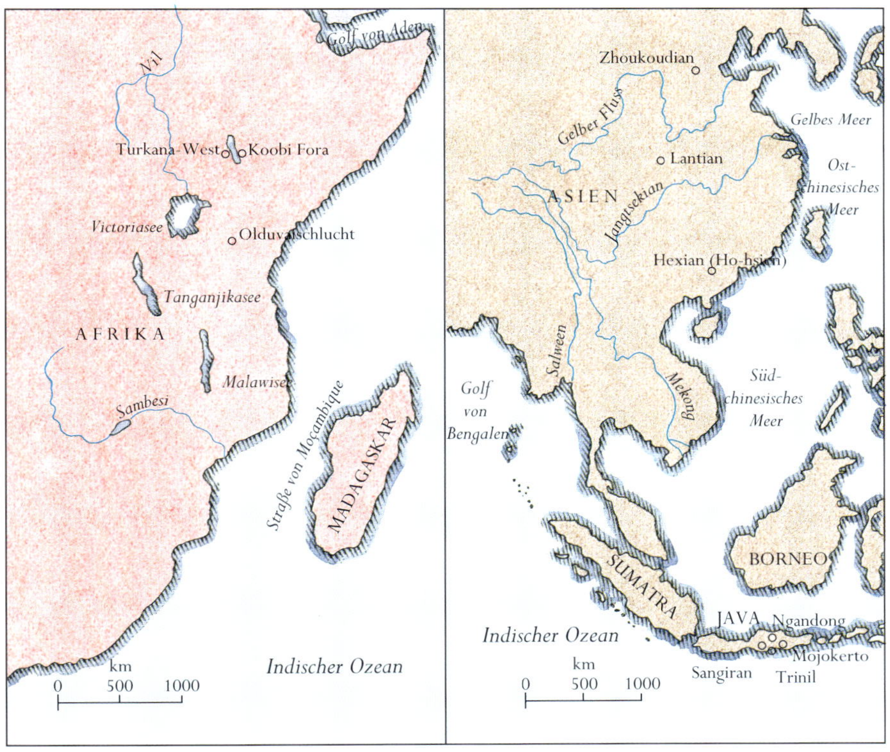

○ *Homo erectus*-Fundstätte

Verbreitung der Fundorte von *Homo erectus*

Fossilfunde belegen, dass vor 1,5 Mio. Jahren verstreute Gruppen von Hominiden nach Norden in die Levante wanderten (den Küstenstreifen von Syrien, Libanon und Israel) und weiter in die damals tropische Waldlandschaft von Arabien und dem Iran. *Homo erectus* entwickelte sich vermutlich in Afrika und begann bald abzuwandern. Vor etwa 1 Mio. Jahren war er dazu fähig, im kühleren Klima zu überleben. Er besiedelte Europa und Asien vom Kaukasus bis nach China und Java. Zu den zahlreichen Nachweisen des *Homo erectus* in Java gehört auch eine Sammlung von Schädeldecken und weiteren Knochen aus dem Flusstal des Solo.

Aufrechte Menschen
Dank seines größeren Gehirns war *H. erectus* geschickt und erfinderisch. Seine Erfindungen ermöglichten es den Hominiden, ihre tropische Heimat zu verlassen. *H. erectus* erfand den Faustkeil, das nützlichste und am weitesten verbreitete Werkzeug für die nächsten Jahrmillionen. Vor etwa 1 Mio. Jahren entdeckten Hominiden, wie man Feuer macht und nutzt – die wohl größte Entdeckung in der Menschheitsgeschichte.

DIE OLDUVAISCHLUCHT

Die Olduvaischlucht ist einer der wichtigsten Orte der Welt für das Studium der menschlichen Entwicklung: eine Trockenschlucht am Rand der Serengeti in Nordtansania. Hier war einst ein Seengebiet, umgeben von üppiger Vegetation und somit ein Anziehungspunkt für Tiere und Hominiden – zunächst für Australopithecinen und später für die Gattung *Homo* (*H. habilis* und *H. erectus*). Die Fundstätten enthalten zahlreiche fossile Knochen und Artefakte. Hier wurden die ältesten, nachweislich hergestellten Steinwerkzeuge gefunden. Die Forschungsarbeit der beiden Archäologen Louis und Mary Leakey in Olduvai erwies, dass die Heimat unserer ältesten menschlichen Vorfahren in Afrika liegt. Ihre Entdeckungen belegten, dass es mehr als eine Entwicklungslinie der Hominiden gibt und dass die Entwicklungsstadien nicht aufeinander folgten, sondern über viele Jahrtausende nebeneinander bestanden.

NAHRUNGSKONKURRENZ *unten*
Die frühen Hominiden waren einfallsreiche Nahrungssucher. Sie ergänzten ihre pflanzliche Ernährung mit Fleisch. Fundstätten in Olduvai und auch anderswo in Afrika lassen auf eine gewisse Planung bei der Nahrungssuche schließen. In Olduvai brachten die Hominiden wiederholt Fleisch, Werkzeuge und Steine zu bestimmten Stellen am Seeufer. Anhäufungen wie diese sind der älteste Beweis dafür, dass Hominiden Nahrung an verschiedenen Stellen angesammelt haben. Die Steine, die zur Werkzeugherstellung benutzt wurden, sind bis zu 10 km von den Stellen entfernt, an denen das Fleisch zerlegt wurde. Keine dieser Stellen kann jedoch als Niederlassung betrachtet werden.

EINE MARKANTE LANDSCHAFT
Die Olduvaischlucht entstand, als das alte Seebecken angehoben und durch Flüsse ausgetieft wurde. Die vereinten geologischen Kräfte von Erosion und Erdbewegung entlang der Verwerfungen brachten zahlreiche Gesteinsschichten an die Oberfläche, die Fossilien und menschliche Artefakte enthielten. Zwischen diese Gesteinsschichten sind Eruptionsablagerungen nahe gelegener Vulkane eingebettet. Da vulkanische Asche radioaktives Kalium enthält, können sie genau datiert werden. Ausgrabungen trugen ebenfalls dazu bei, die Schichten, die die Überreste zahlreicher Phasen der Menschheitsgeschichte konservieren, präzise zu bestimmen und zu datieren.

ZINJ-SCHÄDEL
1959 entdeckte Dr. Mary Leakey in Ostafrika den ersten Hominiden aus früher Vorzeit. Er ist 1,75 Mio. Jahre alt und wurde zunächst der Gattung *Zinjanthropus* zugeordnet. Als spätere Ausgrabungen die neue Gattung *Australopithecus* begründeten, wurde »Zinj« als *Australopithecus bosei* klassifiziert.

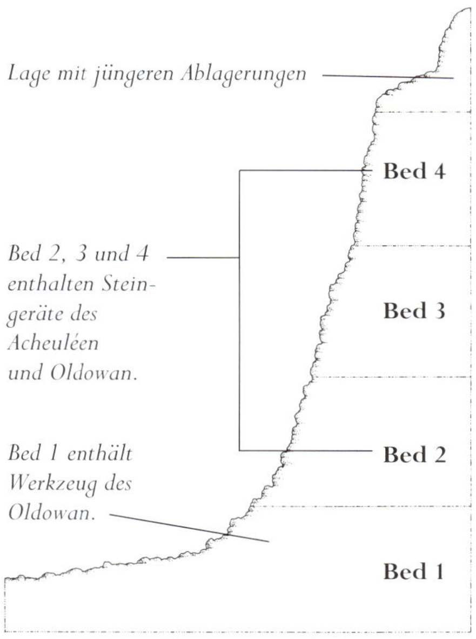

Aufbau der Schlucht *oben*

Die gut unterscheidbaren Gesteinslagen der Olduvaischlucht (Bed 1 – 4) berichten von Perioden der Ablagerung, der Erosion, der Landschaftsveränderung und dem menschlichen und tierischen Leben der letzten 2 Mio. Jahre.

Bed 1 und 2 (etwa 1,9 – 1,2 Mio. Jahre alt): Diese beiden Schichten liegen direkt auf dem Grund des alten Seebeckens, das durch einen ausgedehnten Lavastrom geformt wurde. Der See war zu verschiedenen Zeiten unterschiedlich groß. Diese beiden Lagen sind für Paläontologen von großem Interesse. In Bed 1 wurden Werkzeuge aus dem Oldowan und Überreste von *Homo habilis* und *Australopithecus boisei* entdeckt. In Bed 2 wurden Überreste von *Homo erectus*, frühe Steingeräte aus dem Acheuléen (typisch sind die tränenförmigen Faustkeile) und weiterentwickelte Werkzeuge aus dem Oldowan ausgegraben.

Bed 3 und 4 (etwa 1,2 Mio. bis 700 000 Jahre alt): Nachdem Erdbewegungen und ein zunehmend trockeneres Klima den See zum Verschwinden gebracht hatten, ließen hauptsächlich Flüsse diese Ablagerungen zurück. Aus diesen beiden Lagen wurden Steinwerkzeuge und Tierfossilien geborgen, nur selten findet man Hominidenknochen. Die jüngere Schicht (Bed 4, etwa 700 000 Jahre alt) enthält auch Knochen noch heute lebender Tiere.

Werkzeug des Oldowan

Diese einfachen Steinwerkzeuge wurden zum Zerlegen von Fleisch und zur Zubereitung pflanzlicher Nahrung benutzt. Sie spiegeln den fortschreitenden Prozess in der Steingeräteherstellung wider. Schaber, Faustkeile und andere nützliche Dinge wurden mittels Zuschlags-, Abschlags- und Drucktechnik gewonnen.

Scheibenförmiger Zuschlag

Steinamboss mit Gebrauchsspuren

Lava-faustkeil

Elephas recki

Skizze eines Fundortes *links*

Mit dem Fortgang einer Ausgrabung werden die Positionen der Objektfunde akribisch vermerkt. Diese Fundortskizze basiert auf einem Plan, der von Dr. Mary Leakey gemacht wurde. In Bed 1 wurde das fossile Skelett eines ausgestorbenen Elefanten (*unten*) gefunden, das von den Knochen anderer Tiere und von Steingeräten des Oldowan umgeben war. Einkerbungen auf den Knochen weisen darauf hin, dass Fleisch von den Knochen geschnitten wurde. Einige Tierknochen zeigen Einkerbungen, die über den Nagespuren von Raubtieren liegen. Dies lässt vermuten, dass vorsichtige Hominiden von den Resten gerissener Tiere nahmen, nachdem der Räuber seine Beute verlassen hatte.

Antilopenunterkiefer

Beinknochen einer Antilope

Fossile Tierknochen *links*

In Bed 1 und 2 sind die Skelette von Antilopen, Zebras, Schweinen, Affen, Giraffen, Flusspferden und Rhinozerossen konserviert. Anhand der Tierknochen lässt sich sagen, welchen Tierarten die frühen Hominiden begegneten und welche Möglichkeiten sie hatten, Fleisch zu essen. Zwar spielten auch Pflanzen in der Ernährung der Hominiden eine Rolle, von ihren Mahlzeiten sind jedoch nur die Knochen übrig geblieben.

Unter dem Mikroskop

Das REM (Rasterelektronenmikroskop) half dabei, die Beschädigungen an den versteinerten Knochen der Olduvaischlucht zu verstehen. Nicht versteinerte Knochen wurden unterschiedlich gekerbt und durch das REM betrachtet. Unter hoher Auflösung wurde deutlich, dass Werkzeuge, Tierzähne und Beschädigungen durch die Ausgrabung jeweils andere Spuren hinterlassen. Die Abfolge (*rechts*) zeigt die unterschiedlichen Kerben.

Die Kerbe auf dem Knochen kann von einer Klinge oder einem Zahn stammen.

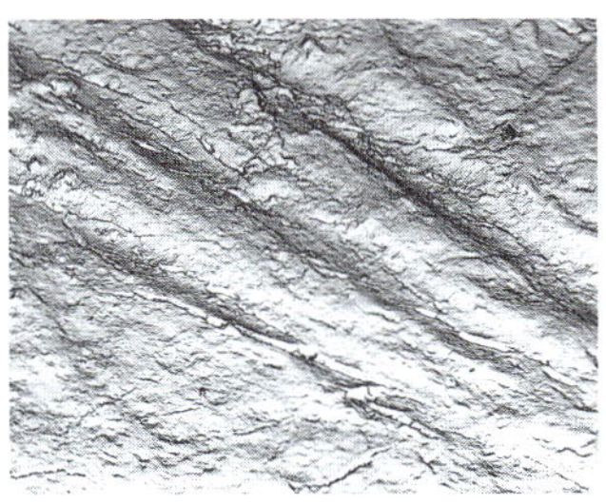

Kerben, die von einem Hyänenzahn stammen, sind glatt und gerundet.

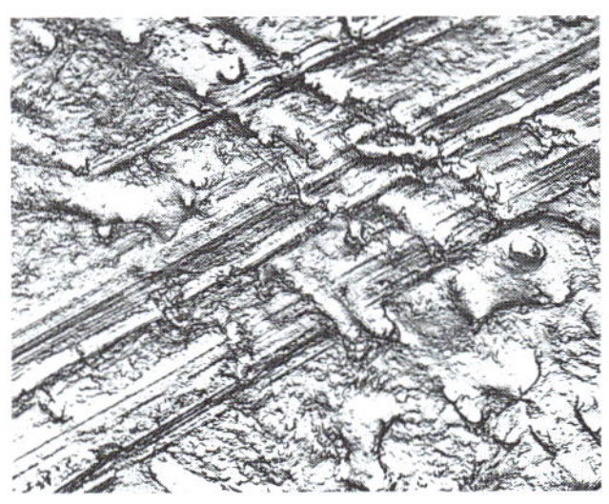

Schnitte mit einem Lava-Abschlag hinterlassen winzige parallele Linien.

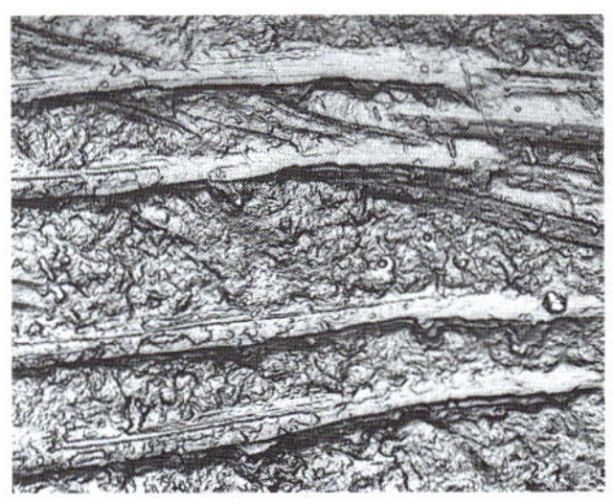

Der fossile Knochen zeigt unter dem REM winzige parallele Linien.

KAPITEL 2

ÜBERLEBENDE DER EISZEIT

VOR 1 MIO. BIS 100 000 JAHREN

Die Eiszeiten formen die Landschaft.

Tiere und Pflanzen passen sich dem Klimawandel an.

Die Hominiden besiedeln die kühleren nördlichen Breitengrade.

Neue Jagdwaffen und effizientere Steinwerkzeuge werden hergestellt.

Der Homo sapiens – »wissender Mensch« – erscheint auf der Bildfläche.

Nur wenige Gruppen von Lebewesen waren ähnlich erfolgreich wie der Mensch, der sich über die ganze Erde ausgebreitet hat. Vor etwa 1 Mio. Jahren besiedelte *Homo erectus* den gesamten afrikanischen Kontinent, die Levante (das Küstengebiet von Syrien, Libanon und Israel), Arabien und Iran, China und Südostasien. Die ersten Nachweise aus Europa stammen aus der Vallonet-Höhle an der französischen Mittelmeerküste und datieren vor 950 000 Jahren.

Schwankende Temperaturen

Die erfolgreiche Ausbreitung der frühen Hominiden über die tropische Zone hinaus ist besonders bemerkenswert, weil sie vor dem Hintergrund häufiger werdender Eiszeiten stattfand. Die Ära der Eiszeiten und Zwischeneiszeiten (Interglaziale) begann vor etwa 2 Mio. Jahren. Während der Eiszeiten, die ungefähr alle 100 000 Jahre auftraten, breitete sich die Eisbedeckung von Norden kommend über den Großteil Eurasiens und Nordamerikas aus. Während der Interglaziale, die in der Regel 20 000 Jahre andauerten, waren die Temperaturen ähnlich oder höher als heute. Innerhalb der Eiszeiten gab es ebenfalls ab und zu wärmere Phasen. Pflanzen und Tiere antworteten auf diese Temperaturschwankungen, indem sie sich während milderer Perioden weiter nordwärts ausbreiteten und sich wieder nach Süden zurückzogen, wenn die Gletscher erneut wuchsen.

Schutzbauten und Kleidung

Die frühen Hominiden folgten vermutlich dem Vormarsch und Rückzug der Pflanzen und Tiere. Sich warm zu halten, war ebenso wichtig wie die Nahrungssuche. Der Schutz vor der Kälte war eines der zentralen Probleme der frühen Hominiden.

Die Kälte wurde jedoch nicht durch die evolutionsbedingte Anpassung an die neuen Umweltbedingungen gemeistert, sondern durch den dem Menschen eigentümlichen Drang, mit Werkstoffen zu experimentieren und die Fähigkeit, Dinge wie Schutzbauten und Kleidung herzustellen.

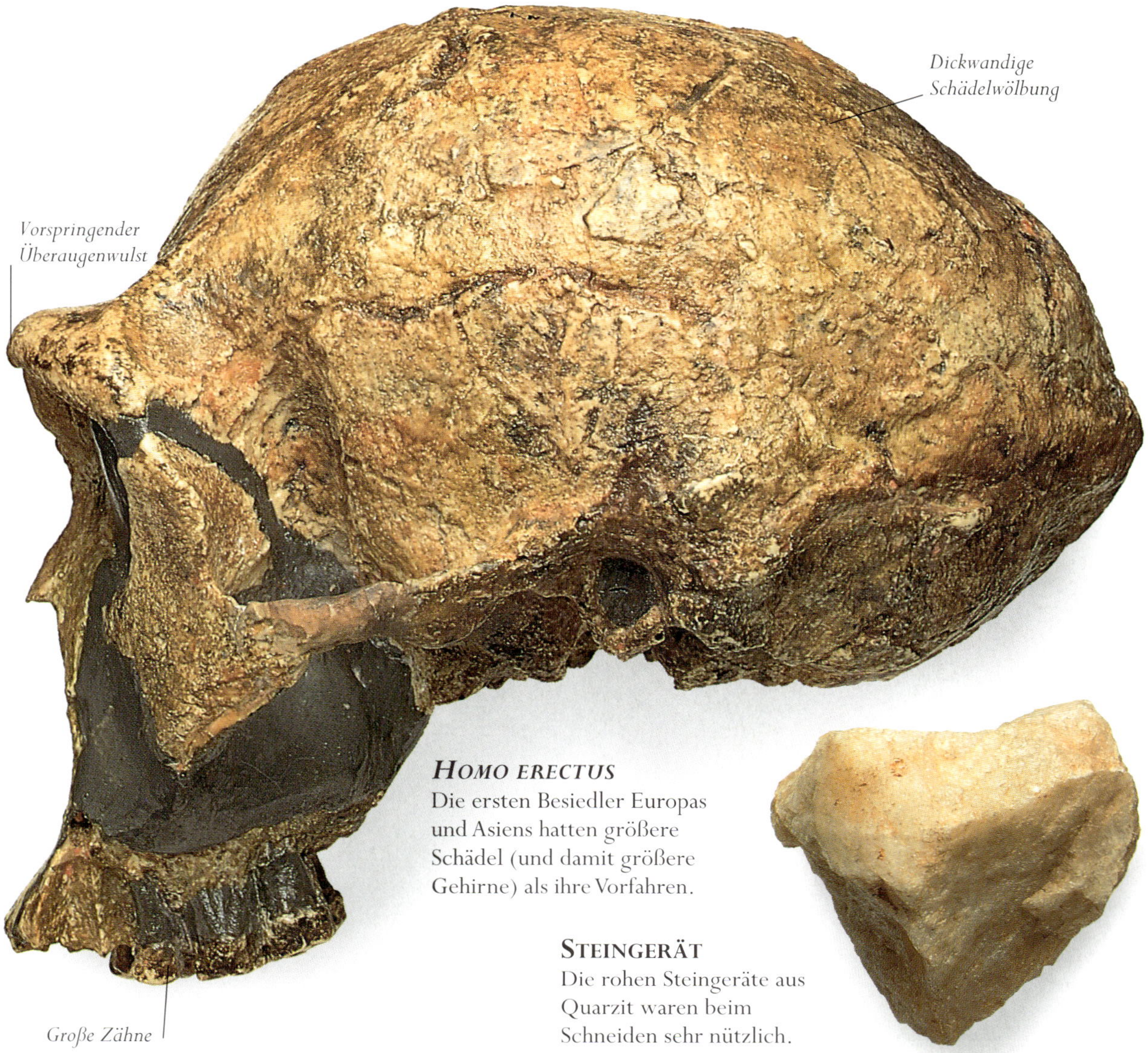

HOMO ERECTUS Die ersten Besiedler Europas und Asiens hatten größere Schädel (und damit größere Gehirne) als ihre Vorfahren.

STEINGERÄT Die rohen Steingeräte aus Quarzit waren beim Schneiden sehr nützlich.

Die Beherrschung des Feuers

Es ist fraglich, ob das Feuer wichtiger war als Schutzbauten und Kleidung. Die frühesten Hominiden waren mit den Feuern vertraut, die in der Natur auftraten. Erst vor 1 Mio. Jahren lernten sie selbst Feuer zu machen und für eigene Zwecke einzusetzen. Für viele Gebiete der Erde lässt sich der Zeitpunkt der ersten Nutzung von Feuer nicht belegen. Es ist jedoch nachgewiesen, dass die Höhlenbewohner aus Zhoukoudian in Nordchina vor etwa 460000 Jahren Feuer nutzten.

Feuer spendete nicht nur Wärme, sondern bot auch Schutz vor Raubtieren und wurde zum Kochen benutzt. Gekochte Nahrung lässt sich leichter kauen und ist leichter verdaulich. Mit Feuer wurde das Fleisch aufgetaut, das im gefrorenen Boden gelagert war. Die Nutzung von Nahrungsvorräten legt nahe, dass sich eine Sozialstruktur herausbildete. Das Feuer, das ständig gehütet werden musste, bildete den Mittelpunkt einer Gemeinschaft.

In einigen Teilen Europas und Asiens gab es bewohnbare Höhlen. Wo nicht, bauten die Hominiden Windschirme aus Felsen und Steinen oder stellten einfache Schutzbauten aus hölzernen Stangen her, die mit Zweigen oder Tierhäuten bedeckt wurden. Da die Gruppen nomadisch lebten, wurden die Lagerplätze nur vorübergehend genutzt. Bevorzugte Orte wurden jedoch Jahr für Jahr aufgesucht. An solchen Orten sammelten sich zahlreiche Steingeräte und andere Überbleibsel an – z. B. in Olorgesailie in Ostafrika.

***HOMO-SAPIENS*-SCHÄDELFRAGMENT**
Dieser Schädel aus Swanscombe, England, ist etwa 225000 Jahre alt. Er gehört zu einer frühen Form unserer eigenen Art *Homo sapiens*. (Ansicht von oben)

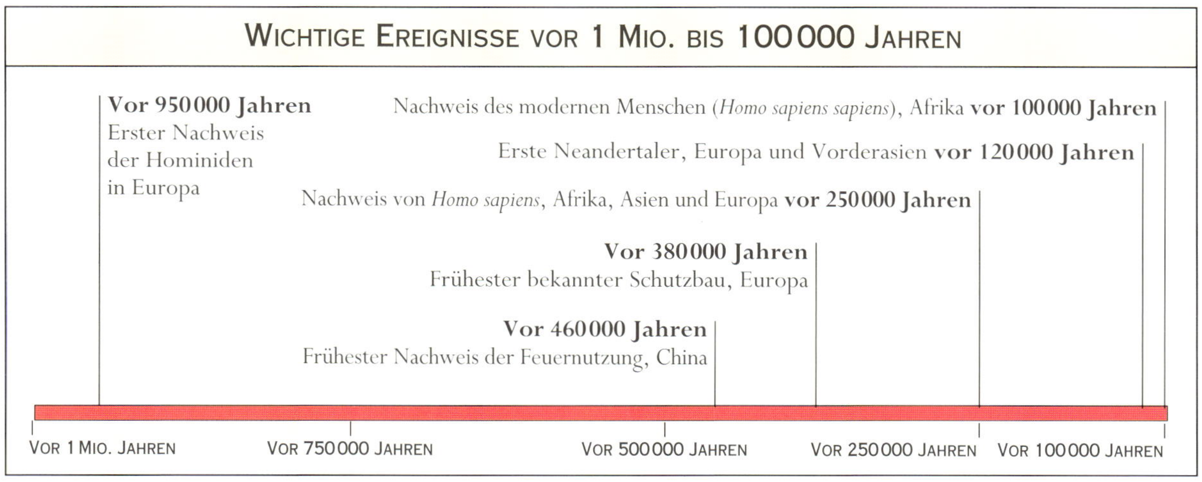

FAUSTKEILE
Aus den ersten roh behauenen Faustkeilen vor 1,3 Mio. Jahren wurden sorgfältig gearbeitete Werkzeuge. Diese Beispiele sind 300000–70000 Jahre alt.

Frühe Techniken

Aus diesen Ansammlungen lässt sich ablesen, was die Menschen in vielen tausend Jahren erreicht hatten. Sorgfältig geformte Steingeräte belegen die Fertigkeiten von *Homo erectus* in der Werkzeugherstellung. Mit den Steinwerkzeugen wurde Fleisch zerlegt, es wurden Häute bearbeitet, Zweige geschnitten und pflanzliche Nahrung zubereitet. Auch hölzerne Werkzeuge fanden Verwendung. Da Holz ein vergänglicher Stoff ist, gibt es jedoch nur wenige Nachweise. Erwähnenswerte Funde sind ein Weidenbrett aus Israel und eine scharfe Eibenspitze aus Clacton-on-Sea, England. In Ostasien wurde zur Herstellung scharfer Werkzeuge und Speere vermutlich Bambus verwendet.

Die ersten Speere und andere Waffen leiteten eine Revolution der Jagdmethoden ein. Menschen begannen erstmals, auch größere Tiere zu bejagen. Diese Hominiden besaßen keine komplexe Sprache. Heutige Tiere, die bei der gemeinschaftlichen Jagd bestimmte Geräusche und Gesten benutzen, zeigen uns, dass Sprache nicht nötig ist, um komplizierte Jagdmanöver zu koordinieren. Während die Hominiden kleine oder schwache Tiere durch hölzerne Speere mit feuergehärteten Spitzen erlegten, konstruierten sie für größere Tiere verschiedene Gruben und Fallen. Auch im Meer lebende Tiere wie Schalentiere und Robben waren Teil der Nahrung.

Der »wissende Mensch«

Vor etwa 250000 Jahren hatten sich die Menschen weit von ihren ostafrikanischen Vorfahren fortentwickelt. Sie wurden aufgrund ihrer intellektuellen Fähigkeiten einer neuen Art, *Homo sapiens*, dem »wissenden Mensch« zugeordnet. Vor etwa 100000 Jahren hatten sich diese Frühmenschen in zwei Gruppen entwickelt: die Neandertaler und die modernen Menschen wie wir (*H. sapiens sapiens*).

VOR 1 MIO. BIS 500 000 JAHREN

VOR 1 MIO. JAHREN

Amerika

Ernährung & Lebensraum

Bis zu dieser Zeit keine Nachweise menschlicher Besiedlung gefunden.

Wohnen & Bauen

Bis zu dieser Zeit keine Nachweise menschlicher Besiedlung gefunden.

Ostasien & Australasien

Ernährung & Lebensraum

LANDSCHAFTEN
Die ersten Hominiden besiedelten die vielgestaltige Landschaft Nordchinas. An einem der ersten Siedlungsplätze wurden Überreste von mehr als 95 Säugetierarten gefunden. Dazu gehörten wassergebundene Tiere wie Wasserbüffel, Waldbewohner wie Makaken und Wildschweine, sowie Steppentiere wie Pferde, Gazellen und der Chinesische Riesenhirsch. Einige dieser Tiere wurden auch bejagt.

Chinesischer Riesenhirsch

Wohnen & Bauen

ZHOUKOUDIAN-HÖHLE
Die Kalksteinhöhlen der kälteren Breitengrade Nordchinas waren zweckmäßige Wohnplätze für die frühen Hominiden. Am bekanntesten ist die Zhoukoudian-Höhle westlich von Peking. Die weiträumige Höhle ist 175 m lang und 50 m breit. Sie wurde vor 700 000 Jahren das erste Mal bewohnt und vor 200 000 Jahren immer noch benutzt. Dass einige der Höhlenbewohner auch dort starben, bezeugen die Funde von mindestens 40 Individuen von *Homo erectus*.

Vorderasien & Südasien

Ernährung & Lebensraum

BEUTESAMMLER
Am Ufer eines zurückweichenden Sees (Ubeidiya im Jordantal) liegt eine der ältesten Lagerstätten der frühen Hominiden außerhalb von Ostafrika. Die sumpfige Umgebung zog Flusspferde an, und in den nahe gelegenen Hügeln gab es Wild. Für die Hominidengruppe, die an dieser Stelle lagerte, wäre es schwierig gewesen, ein Flusspferd zu erlegen, sie nutzten jedoch das Fleisch verendeter Tiere. Man fand hier ein fast vollständiges Flusspferdskelett zusammen mit Steinwerkzeugen.

Wohnen & Bauen

SEEUFERLAGER
An der Lagerstelle früher Hominiden in Ubeidiya im Jordantal wurden keine Reste von Bauten gefunden. Vereinzelte Steingeräte und Knochen – auch solche von *Homo erectus* – bezeugen die Anwesenheit von Hominiden. Das Lager wurde zu verschiedenen Gelegenheiten aufgesucht, vermutlich aber jeweils nicht länger als einige Tage benutzt. Die meisten Spuren menschlicher Aktivität wurden im Sediment des früheren Seebettes gefunden. Das Lager selbst war am angrenzenden Ufer.

Europa

Ernährung & Lebensraum

STEPPEN UND WÄLDER
Die frühen Hominiden besiedelten vor etwa 1 Mio. Jahren die abwechslungsreiche Landschaft Europas. In den Wäldern und Steppen gab es Nashörner, Bisons, Bären und Elefanten und reichlich Pferde und Rotwild. Die Nashörner wurden von den Hominiden bejagt, jedoch nur die jungen, alten oder kranken Tiere waren leichte Beute.

Europäisches Nashorn

Wohnen & Bauen

WINDSCHIRME AUS STEIN
Als sich die frühen Hominiden nordwärts nach Europa ausbreiteten, mussten sie mit wesentlich kälteren Bedingungen fertig werden als ihre Vorfahren aus dem tropischen Afrika. Sie stellten daher einfache Schutzbauten und Windschirme her. Auf einem offenen, sandigen Lagerplatz in Soleilhac, Frankreich, stehen die Reste einer roh gearbeiteten Mauer aus Basalt- und Granitblöcken: 6 m lang und 1,5 m breit. Das Lager liegt neben einem Vulkankratersee und war mit Unterbrechungen vor 970 000–730 000 Jahren bewohnt.

Afrika

Ernährung & Lebensraum

Dschelada

PAVIANJAGD
In Olorgesailie, einer frühen Seeuferlagerstätte in Südkenia, wurden angehäufte Reste heute ausgestorbener Riesendscheladas gefunden. Einige Archäologen vermuten, dass Hominiden, die wiederholt hier lagerten, die in den nahe gelegenen Bäume lebenden Paviangruppen angriffen. Andere glauben, dass die Knochen durch die Wasserströmung an diesen einen Ort verdriftet wurden.

Wohnen & Bauen

Faustkeil, Olorgesailie, Kenia

BESONDERE LAGER
Die frühen Hominiden nutzten unterschiedliche Lagerstellen zu unterschiedlichen Zwecken. In Olorgesailie in Südkenia liegen einige dieser besonderen Lager an den Ufern ehemaliger Seen. Hier wurden Tausende von Faustkeilen in Anhäufungen gefunden, die auf niedrigen Felsvorsprüngen lagen oder aus dem sandigen Bett ausgetrockneter Wasserläufe ausgegraben wurden.

VOR 35000 JAHREN

VOR 1 MIO. BIS 500000 JAHREN

Erfindungen & Entdeckungen	Kunst & Religion
Bis zu dieser Zeit keine Nachweise menschlicher Besiedlung gefunden.	Bis zu dieser Zeit keine Nachweise menschlicher Besiedlung gefunden.
Abschlags- und Zuschlagstechnik Es gibt zwei primäre Methoden der Steinbearbeitung: bei der Zuschlagstechnik ergibt der Kern des bearbeiteten Steins das gewünschte Werkzeug, bei der Abschlagstechnik die Abschläge. In Lantian, Zentralchina, stellte *Homo erectus* Schaber, Faustkeile, Steinkugeln und schwere Spitzen aus Steinkernen her, in der Zhoukoudian-Höhle dienten die Abschläge als kleinere, leichtere Werkzeuge.	Bis zu dieser Zeit kein Nachweis für Kunst oder Religion gefunden.
Steingeräteherstellung Die ersten Hominiden, die in Ubeidiya lagerten, stellten die unterschiedlichsten Steingeräte her. Ein Großteil war schwer und roh gearbeitet, z. B. Feuersteinkeile und scharfkantige, beidseitig bearbeitet Basaltstücke. Kleinere Werkzeuge zum Zerteilen von Fleisch und zur Zubereitung pflanzlicher Nahrung wurden aus Abschlägen hergestellt.	Bis zu dieser Zeit kein Nachweis für Kunst oder Religion gefunden.
Kalkstein- und Quarzitgeräte Die Bewohner einer kleinen Höhle in Vallonnet, Südfrankreich, verwendeten einfache Steingeräte aus Kalkstein und Quarzit und vermutlich auch Tierknochen und Hörner als Werkzeug. Diese Höhle wurde erstmals vor 900000 oder 950000 Jahren besiedelt und ist damit die älteste bewohnte Höhle Europas.	Bis zu dieser Zeit kein Nachweis für Kunst oder Religion gefunden.
Faustkeile Der Faustkeil, ein schweres Steingerät, war für Hunderttausende von Jahren das Standardwerkzeug in Afrika, Europa und Westasien. Ein Stein wurde so beschlagen, dass ein zugespitztes Werkzeug mit einer scharfen Kante entstand. Der Faustkeil ersetzte die einfacheren Steingeräte des Oldowan vor etwa 1 Mio. Jahren.	Bis zu dieser Zeit kein Nachweis für Kunst oder Religion gefunden.

Große Spitze (*links*) und Schaber (*oben*), Lantian, China

Kalksteinfaustkeil, Ubeidiya, Israel

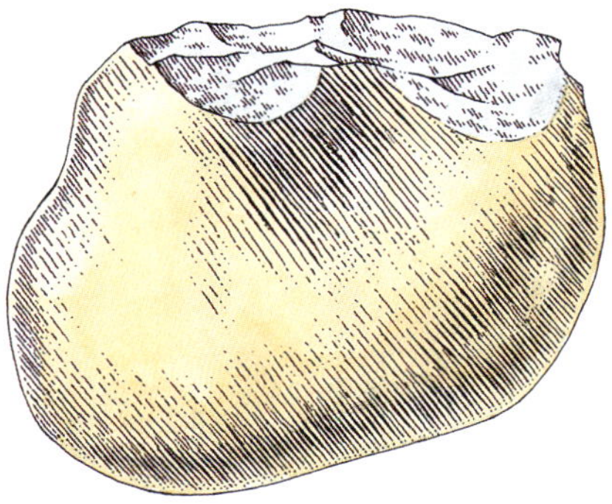

Faustkeil, Vallonnet-Höhle, Frankreich

Herstellung von Faustkeilen (*links*)

Faustkeil aus Vulkangestein (*oben*) und Quarzit (*rechts*), Olduvaischlucht, Tansania

VOR 500 000 – 100 000 JAHREN

VOR 1 MIO. JAHREN

Amerika

Ernährung & Lebensraum

Bis zu dieser Zeit keine Nachweise menschlicher Besiedlung gefunden.

Wohnen & Bauen

Bis zu dieser Zeit keine Nachweise menschlicher Besiedlung gefunden.

Ostasien & Australasien

Ernährung & Lebensraum

ERNÄHRUNG

Vor etwa 400 000 Jahren ernährten sich die Bewohner der Zhoukoudian-Höhle, Nordchina, von gemischter Kost. In der Höhle fand man Nahrungsreste von Früchten – vor allem Zürgelbaumfrüchte –, von Schösslingen, Knollenfrüchten, Insekten, Reptilien, Vögeln, Eiern sowie von Ratten und großen Säugetieren.

Zürgelbaumfrucht

Wohnen & Bauen

ZEITWEILIGE LAGERSTELLEN

Vor 200 000 Jahren hatte *Homo erectus* das gesamte Festland Ostasiens besiedelt. Er wohnte in Höhlen, unter Felsüberhängen (in sogenannten Abris) und hatte Lagerstellen auf dem Hochgestade. Diese ersten Jäger und Sammler zogen im Lauf eines Jahres von Ort zu Ort und nutzten die jeweils vorhandenen Nahrungsquellen.

Vorderasien & Südasien

Ernährung & Lebensraum

KLIMAVERÄNDERUNGEN

Jäger-Sammler-Gesellschaften breiteten sich überall dort aus, wo genügend Nahrungsressourcen verfügbar waren. Auch das sich verändernde Klima spielte bei ihren Wanderungen eine große Rolle. Bis vor etwa 100 000 Jahren war die Region der Wüste Thar, Nordwestindien, nur spärlich besiedelt. Vor etwa 100 000 Jahren wurde das Klima jedoch feuchter, und die Wüste verwandelte sich in offenes Grasland – ideal für die Jagd.

Wohnen & Bauen

DAUERHAFTE LAGER

Unter Felsschutzdächern (in Abris) und in offenen Lagern waren die frühesten Lagerstellen in Südasien vor etwa 250 000 Jahren. In Bhimbetka, Zentralindien, befindet sich ein typischer, großer Abri, der viele tausend Jahre bewohnt war. Die offenen Lagerstellen in Hunsgi, Südindien, wurden dagegen vermutlich nur kurze Zeit benutzt, einige nur ein einziges Mal.

Europa

Ernährung & Lebensraum

Waldelefant

TIERBESTAND

In Torralba und Ambrona, Spanien, gab es vor 700 000 – 300 000 Jahren zwei große Seeufersiedlungen. Hier fand man Reste von Waldelefanten, Pferden und anderen Tieren zusammen mit Steinwerkzeugen. Viele Knochen wurden hier von Flüssen abgelagert, einige Knochenwerkzeuge wurden jedoch vermutlich auch hierher gebracht, um Tiere zu töten und zu zerlegen.

Wohnen & Bauen

HÜTTEN AUS ZWEIGEN

In Terra Amata, Südfrankreich, gibt es Nachweise für eine Folge von 15 kurzen Aufenthalten von Hominiden vor etwa 380 000 Jahren. Sie bauten kleine Feuerstellen und errichteten ovale Hütten oder zeltähnliche Bauten auf den Stranddünen. Das Lager wurde nur im späten Frühling oder frühen Sommer bewohnt.

Hütte, Terra Amata, Nizza, Frankreich

Afrika

Ernährung & Lebensraum

KÜSTENRESSOURCEN

In Südafrika liegt der älteste Nachweis der Welt für die Nutzung von Küstenressourcen, also von Nahrung (hauptsächlich Tiere aber auch Pflanzen) aus dem Meer. Die Bewohner der Klasies-River-Mouth-Höhle an der südafrikanischen Küste ernährten sich vor etwa 120 000 Jahren von marinen Tieren wie Napfschnecken und Miesmuscheln. Gelegentlich wurden Bärenrobben und Pinguine getötet, es gibt jedoch keinen Nachweis für Fischfang.

Napfschnecken

Miesmuscheln

Wohnen & Bauen

SCHUTZBAUTEN

In ganz Afrika errichteten die frühen Hominiden vermutlich bis zu dieser Zeit einfache Schutzbauten, von denen nur wenige Reste erhalten sind. Die sechs Halbkreise aus Stein in Orangia, Südafrika, jeder mit 2 – 3 m Durchmesser, waren vielleicht die Basis für Bauten, die während der Jagdsaison zum Schlafen oder als Schutz genutzt wurden. Alle Öffnungen lagen nach Westen, der Boden war leicht eingetieft. Es ist möglich, dass ursprünglich bis zu zwölf dieser Bauten existierten, die 20 – 30 Individuen Schutz boten.

VOR 35 000 JAHREN

VOR 500 000 – 100 000 JAHREN

Erfindungen & Entdeckungen

Bis zu dieser Zeit keine Nachweise menschlicher Besiedlung gefunden.

Beherrschung des Feuers

Die Hominiden in Afrika könnten bereits vor mehr als 1 Mio. Jahren gelernt haben, das Feuer zu beherrschen. Der erste gesicherte Nachweis für die Nutzung von Feuer wurde in der Zhoukoudian-Höhle gefunden und liegt 460 000 Jahre zurück. Die Feuer, die hier brannten, hinterließen bis zu 6 m dicke Ascheschichten sowie Unmengen verkohlter Knochen und Steine. Die Wärme des Feuers und der Schutz, den es vor wilden Tieren bot, waren von unschätzbarem Wert.

Von Steinen umgebenes, heutiges Lagerfeuer

Holzbearbeitung

Sehr wahrscheinlich stellten die frühen Hominiden auch Werkzeuge und Utensilien aus Holz her, deren Reste jedoch selten erhalten blieben. Ein über 240 000 Jahre altes hölzernes Brett aus dem Jordantal bildet eine Ausnahme. Das aus Weidenholz gefertigte Brett ist 25 cm lang, 13,5 cm breit und 4 cm dick. Eine Seite ist eben und glattpoliert.

Teil eines polierten Bretts, Gesher Benot Ya'aqov, Israel

Schneidegeräte

In Hoxne, Ostengland, fand man zahlreiche Faustkeile. Einige zeigen Abnutzungsspuren, die darauf hinweisen, dass damit Fleisch geschnitten wurde. Für die Jagd wurden auch hölzerne Speere mit feuergehärteten Spitzen hergestellt, obwohl man das Wild wohl leichter in Fallen und Gruben fangen konnte.

Faustkeil, Hoxne, England

Zweckmässige Steinwerkzeuge

Viele Steinwerkzeuge der frühen Hominiden in Afrika waren multifunktional. Dieser beidseitig bearbeitete Faustkeil mit scharfer Kante konnte zum Hacken, Schneiden, Schaben und Stampfen benutzt werden. Die frühesten Werkzeuge dieses Typs wurden vor etwa 200 000 Jahren hergestellt.

Handgerecht bearbeitete Basis

Steinwerkzeug, Ägypten

Kunst & Religion

Bis zu dieser Zeit keine Nachweise menschlicher Besiedlung gefunden.

Bis zu dieser Zeit kein Nachweis für Kunst oder Religion gefunden.

Bis zu dieser Zeit kein Nachweis für Kunst oder Religion gefunden.

Rote Farbe

In Becov, Böhmen, fand man einen etwa 250 000 Jahre alten Reibestein aus Quarzit und einen Klumpen roter Ockerfarbe. Ockerpulver, das man nahebei fand, wurde eventuell mit Blut und Fett gemischt, um die rote Farbe herzustellen. Wofür sie verwendet wurde, ist unklar.

Ocker, Becov, Böhmen

Bis zu dieser Zeit kein Nachweis für Kunst oder Religion gefunden.

DER ZYKLUS DER EISZEITEN

VOR 1 MIO. JAHREN

Die Eiskappen der Pole bedecken heute ein Zehntel der Erdoberfläche. Wenn die Durchschnittstemperatur der Erde um nur 4,5 °C sinken würde, wäre ein Drittel des Globus mit Eis bedeckt. In den letzten 2 Mio. Jahren traten immer wieder große Klimaveränderungen auf: die Eiszeiten. Der Vormarsch und Rückzug von Gletschern und Eisschilden hatte wesentliche Auswirkungen auf die Erdoberfläche. Die Erosion, die durch die Gletscher verursacht wurde, gestaltete die Landschaft. Es entstanden tiefe Täler und Seen, zerklüftete Gipfel und Bergketten. Als das Eis schmolz, bildeten sich Flüsse und Wasserfälle, eiszeitliche Täler wurden zu Fjorden oder zu tief eingeschnittenen Buchten. Die Vereisung verringerte die verfügbare Wassermenge, der Meeresspiegel sank, und die Niederschläge gingen zurück. Der Effekt kehrte sich während eines Interglazials, der wärmeren Periode zwischen den Eiszeiten, um. Die abwechselnde Speicherung und Freisetzung großer Wassermassen hatte weit reichende Folgen für die Flora und Fauna der Erde – und auch für den Menschen.

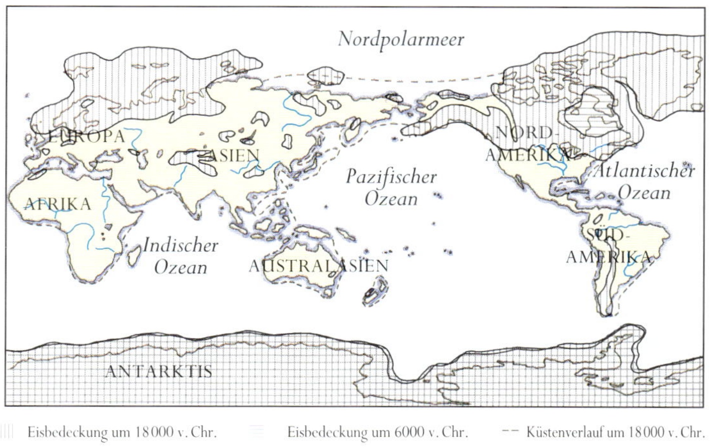

AUSDEHNUNG DER VEREISUNG *oben*
Am Höhepunkt der letzten Eiszeit waren weite Teile Europas, Asiens und Nordamerikas von Eis bedeckt. Der Meeresspiegel war um mehr als 100 m gesunken und hatte neues Land entlang der Küstenlinien und Landbrücken zwischen zuvor getrennten Landmassen freigegeben. Die Beringbrücke war über 1000 km breit; Australien, Tasmanien und Neuguinea bildeten einen Kontinent; Großbritannien war mit Europa verbunden, und Indonesien gehörte zum Festland Südostasiens.

KLIMAVERÄNDERUNG *rechts*
Das Zeitalter der Vereisungen begann vor etwa 2 Mio. Jahren. Die Eiszeiten wurden von etwa 20 000 Jahre andauernden, wärmeren Perioden, den Interglazialen, unterbrochen. Die Spuren der Klimaveränderungen findet man in Ablagerungen, Pollen und in geologischen Bohrkernen aus dem Meeresboden. Die letzte Eiszeit begann vor etwa 110 000 Jahren. An ihrem Höhepunkt vor 25 000–15 000 Jahren erreichte die Durchschnittstemperatur der Erde ihren tiefsten Punkt. Die Eisschilde hatten ihre größte Ausdehnung, und der Meeresspiegel lag wesentlich niedriger als heute. Das letzte Interglazial begann vor etwa 10 000 Jahren und dauert bis heute an.

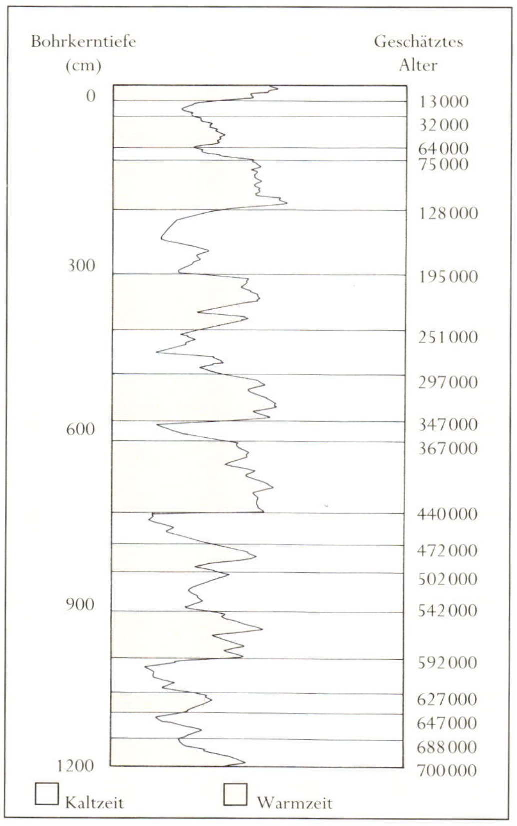

GLAZIALLANDSCHAFT *rechts*
Wenn mehr Schnee fällt als taut, kann das entstehende kompakte Eis eventuell anfangen, sich unter dem Einfluss seines eigenen Gewichts zu bewegen. Es bildet einen Gletscher (oder »Eisstrom«), der dramatische Auswirkungen auf die Landschaft hat. Die Geschwindigkeit, mit der sich Gletscher bewegen, liegt zwischen wenigen Zentimetern und 4–5 m pro Tag. Der darunter liegende Fels wird vom Eis und von mitgeführten Steinen abgeschliffen und ausgeschürft. Trogtäler mit typischer U-Form entstehen – tiefe Täler mit steilen Wänden. An der Grenze des Gletschers werden die vom Eis mitgeführten Schuttmassen als Moränen abgelagert.

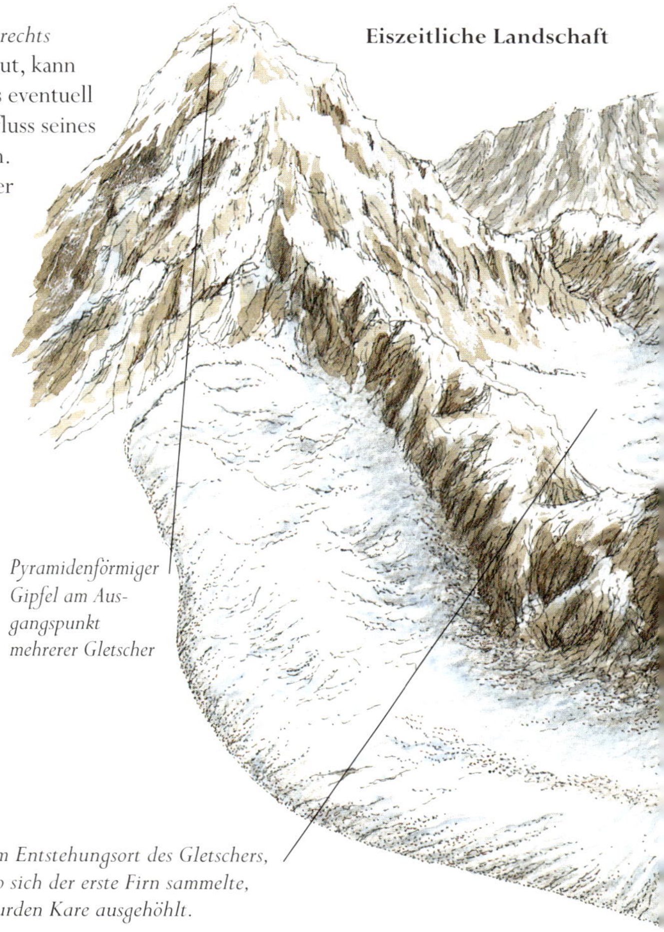

TIERE DER EISZEIT *unten*
Die charakteristischen Tiere der Kaltzeiten waren in den nördlichen Breitengraden massig, dickfellig und kältetolerant wie das Woll-Mammut und das Woll-Nashorn. In der waldarmen Tundra wurden Mammutknochen für den Bau von Hütten verwendet. Am Ausgang der letzten Eiszeit starben viele dieser gut angepassten Tiere, ihrer natürlichen Umgebung beraubt, aus.

Ausgrabung eines gefrorenen Mammutjungtieres, Sibirien

TIERWANDERUNGEN
Während der sinkenden Temperaturen eines Glazials breitete sich die Eisbedeckung weiter aus, und die Wälder wurden von offener Landschaft ersetzt. Tiere starben entweder aus, passten sich in ihrer Ernährung und Lebensweise an oder folgten den zurückweichenden Wäldern. Moschusochse und Rentier wanderten bis zu den heutigen warmen Zonen Europas. Eine eiszeitliche Darstellung eines Rentiers in Spanien zeigt, dass Rentiere auch dort lebten.

Rentier- und Fuchsgravierung, Altxerri-Höhle, Spanien

VOR 35 000 JAHREN

VOR 1 MIO. BIS 100 000 JAHREN

WÜSTENBILDUNG *unten*
Die Eiszeiten waren sehr trocken, da das zu Eis gefrorene Wasser dem Wasserkreislauf nicht mehr zugänglich war. Die Wüsten waren trockener und ausgedehnter als heute. Versteinerte Sanddünen aus dem Sahel zeigen, dass sich die Sahara einst weiter nach Süden erstreckte und dass der Regenwald kleiner war. Am Ende eines Glazials wurde der Staub aus den Trockenwüsten und der Staub der vom Eis zermahlenen Felsen aus den Kältewüsten als Löss abgelagert. Zusammen mit der zunehmenden Wassermenge förderte der daraus entstehende fruchtbare Boden die Entstehung neuer Vegetation.

Südrand des Tassili-Massivs, Algerien

VEGETATION *unten*
Die geographische Verteilung von Pflanzen und Tieren variiert mit den Klimabedingungen. Die fortschreitende Eisbedeckung verlagerte die Vegetationszonen der Erde. So ersetzte die Tundra den Wald der nördlichen Breitengrade, und Nadelbäume, vermischt mit kältetoleranten Laubarten wie Birken und Weiden, breiteten sich auch im Süden Europas aus.

Weißbirke

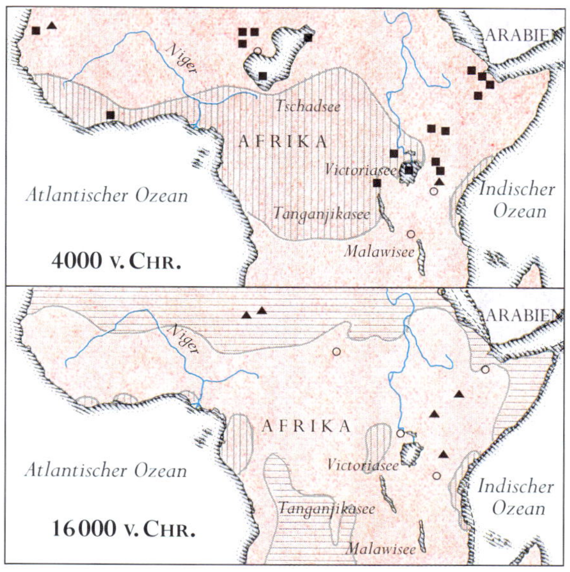

-- Küstenverlauf um 16 000 v. Chr.
Tiefland-Regenwald
Wüste
■ Tiefer See
▲ See mittlerer Tiefe
○ Flacher See

LANDSCHAFTSVERÄNDERUNGEN *oben*
In Afrika zeigen Wasserspiegel von Seen und versteinerte Pollen die eiszeitlichen Landschaftsveränderungen in den Tropen: Während des gesamten Zyklus der Eiszeiten veränderte sich die Verteilung von Wald, Savanne und Wüste. Zur kältesten Zeit des letzten Glazials (*Karte*: 16 000 v. Chr.) gingen die Regenwälder und Seen zurück, die Wüsten erreichten ihre größte Ausdehnung. Nach dem Ende der Eiszeit dehnten sich die Seen und Wälder weiter als heute aus (*Karte*: 4000 v. Chr.).

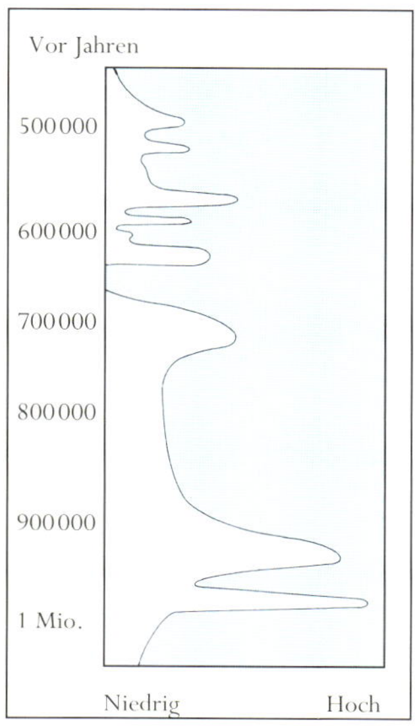

SEEPEGELSTÄNDE IN OLORGESAILIE *oben*
Die Fossilien von Seeorganismen und die wechselnden Uferlinien zeigen die starken Schwankungen des Seespiegels in Olorgesailie, Kenia. Die gleichzeitig erfolgenden Vegetations- und Landschaftsveränderungen wirkten sich auf das Überleben von Mensch und Tier aus. Am Ende der letzten Eiszeit entstanden zahlreiche Schmelzwasserseen, z. B. die Großen Seen Nordamerikas.

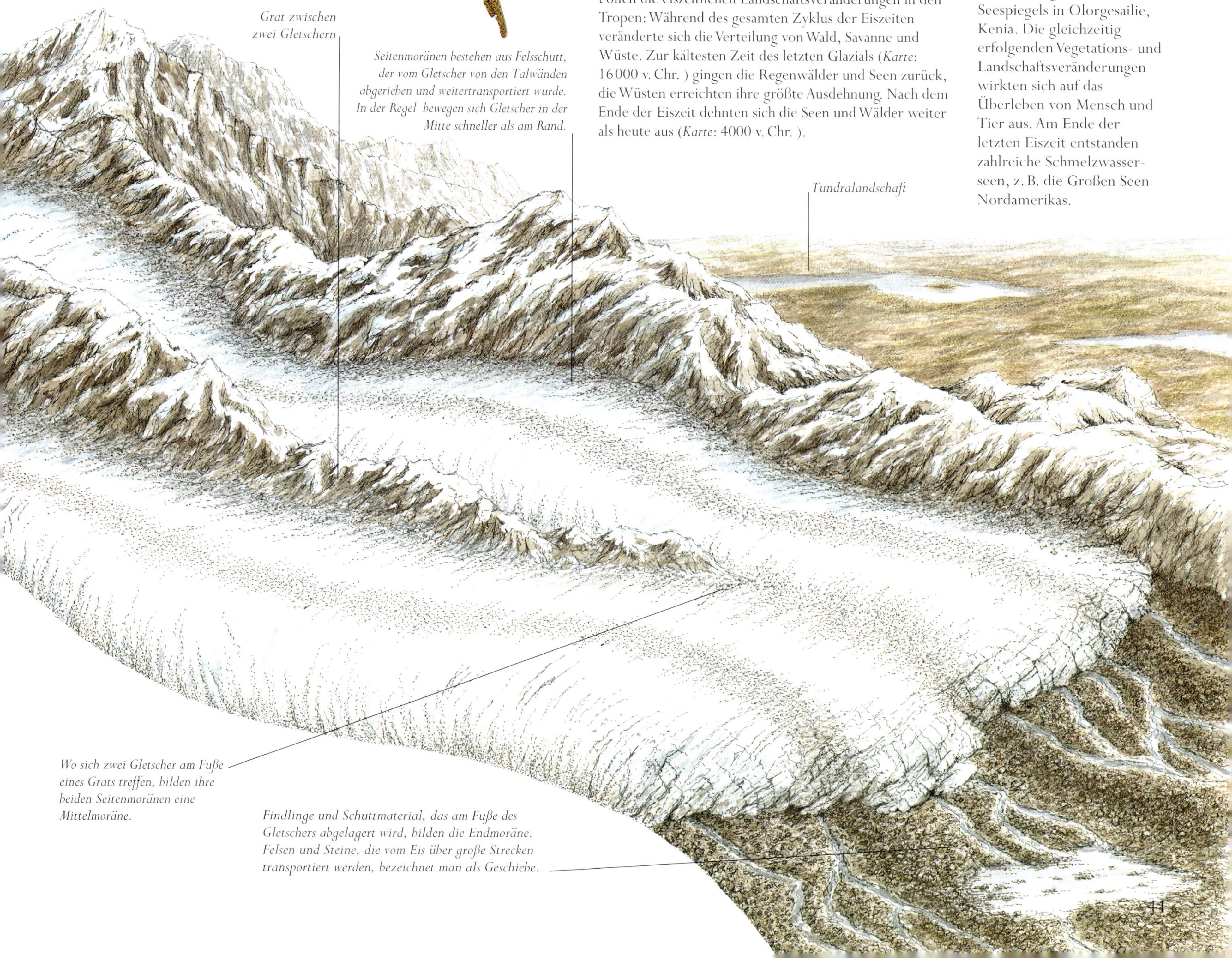

KAPITEL 3

DIE ERSTEN MODERNEN MENSCHEN

VOR 100 000 – 35 000 JAHREN

Die Eiszeit ist eine Herausforderung für Neandertaler und moderne Menschen.

Bestattungen markieren den Beginn von Ritual und Religion.

Das Meer zwischen Asien und Australien wird überquert.

Erste Kunst entsteht: Plastiken, Felsmalereien und Felsritzungen.

Homo sapiens sapiens – »der wissende Wissende« – wird einzige menschliche Art.

In der Zeit vor 100 000 – 35 000 Jahren musste sich die frühe Menschheit bewähren. Trotz der bitterkalten Bedingungen der Eiszeit überlebte *Homo sapiens* nicht nur, er wanderte sogar in vorher unbewohnte Regionen, z. B. nach Australien. Hier liegen die Stätten der frühesten Felskunst, das erste Zeichen einer sich entwickelnden Kreativität.

Zwei Menschentypen

Überall auf der Welt entwickelten sich unterschiedliche Formen von *Homo sapiens*. Unter den Fossilfunden, die vor 100 000 Jahren datieren, dominieren zwei Typen. Die beiden Unterarten in Europa und Vorderasien, deren Ursprung in Afrika liegt, sind *Homo sapiens neanderthalensis* (der Neandertaler) und *Homo sapiens sapiens*, »der wissende Wissende«, der moderne Mensch.

ARBEITSGERÄT
Mit diesem sorgfältig gearbeiteten Feuersteinschaber aus der Neandertal-Zeit wurden Häute bearbeitet. Er hat eine regelmäßig gebogene, scharfe Kante.

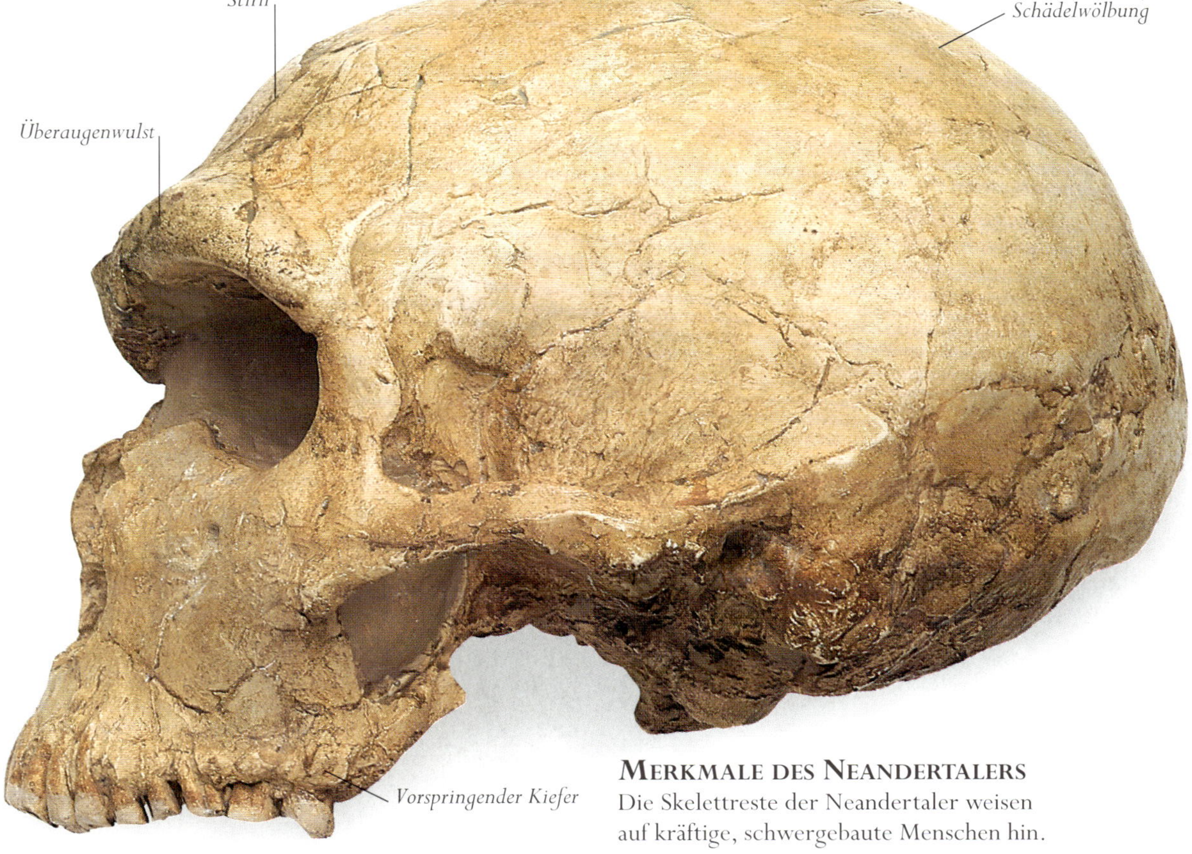

MERKMALE DES NEANDERTALERS
Die Skelettreste der Neandertaler weisen auf kräftige, schwergebaute Menschen hin.

Die Neandertaler sind nach den ersten Knochenfunden dieser Menschenform im Neandertal bei Düsseldorf benannt. Sie lebten ab der Zeit vor 120 000 Jahren in Europa und Vorderasien. Obwohl ihr Aussehen der gängigen Vorstellung des »Höhlenmenschen« entspricht, waren ihre Gehirne mindestens so groß wie die der modernen Menschen. Wie die modernen Menschengruppen begruben die Neandertaler manche ihrer Toten und schmückten ihre Gräber. Fleisch und Werkzeug, das man in Neandertalergräbern fand, weisen auf einen Jenseitsglauben hin. Ein Mann, der vor 60 000 Jahren in der Shanidar-Höhle, Irak, beerdigt worden ist, hatte während seines Lebens einen Arm und vermutlich auch ein Auge verloren, beide Beine waren verkrüppelt. Da er bis zu seinem vergleichsweise hohen Alter von 40 Jahren überlebt hat, muss er von seiner Gemeinschaft versorgt worden sein. Dies weist auf einen hohen Grad an sozialer Solidarität in Neandertalergruppen hin.

INDIVIDUELLER SCHMUCK
Dieser gut geeignete Stein wurde vor etwa 35000 Jahren in Europa zu einem Anhänger geformt und dann verziert.

Die modernen Menschen

Die ältesten, etwas mehr als 100000 Jahre alten Fossilien des modernen Menschen fand man in Afrika. Vor etwa 100000 Jahren, also nur kurz darauf, trat er in Israel auf. Hier stand er in direktem Kontakt mit Neandertalergruppen. Um in kühlere Breitengrade vordringen zu können, waren die modernen Menschen dazu gezwungen, neue Strategien zu entwickeln. Sie wurden dank ihrer verbesserten Geräte und Waffen geschickte Jäger. Kleinere Klingen und Spitzen, in Griffe aus Holz oder Knochen eingesetzt, waren effizienter als schwere Werkzeuge aus einem Stück. Sie konnten zudem auf vielfältigere Weise geformt werden.

Sprache und Ausdruck

Obwohl sich die Neandertaler in gewisser Hinsicht wie moderne Menschen verhielten, war ihre Sprachfertigkeit vermutlich nicht sehr hoch entwickelt. Die Beherrschung der Sprache ermöglichte den modernen Menschen, über die Vergangenheit zu sprechen und in die Zukunft zu planen. Das verlieh einen gewaltigen Vorteil. Die modernen Menschen besaßen auch die Fähigkeit, sich abstrakt auszudrücken. Fragmente gravierter Tierknochen und Spuren von rotem Ocker (einem Naturpigment) beweisen das Aufkommen künstlerischer Tätigkeit in vielen Regionen.

WICHTIGE EREIGNISSE VOR 100000–35000 JAHREN

Vor 100000 Jahren
Moderne Menschen, Vorderasien

Erste Begräbnisstätte, Vorderasien

Vor 75000 Jahren
Eisbedeckung weitet sich aus, Nordhalbkugel

Vor 55000 Jahren
Besiedlung Australiens

Erste Felskunst, Australien **vor 45000 Jahren**

Zusammengesetzte Werkzeuge, Afrika **vor 40000 Jahren**

Aussterben der Neandertaler **vor 35000 Jahren**

VOR 100000 JAHREN · VOR 85000 JAHREN · VOR 75000 JAHREN · VOR 65000 JAHREN · VOR 55000 JAHREN · VOR 45000 JAHREN · VOR 35000 JAHREN

Ausbreitungsdrang

Vor etwa 60000 Jahren waren die modernen Menschen auch in Südostasien heimisch geworden. Sie besaßen die Fähigkeit vorauszuplanen und Handlungen zu koordinieren. Sie begannen Gebiete zu besiedeln, die zuvor nicht von Menschen besiedelt werden konnten. Für die Überquerung des Meeres von Südostasien nach Australien wurden seetüchtige Boote hergestellt, da mindestens 60 km über offenes Meer zurückgelegt werden mussten. Vor 55000 Jahren ließen sich dann in Nordaustralien die ersten Menschen nieder. Hier kann man die ältesten Kunstwerke der Welt sehen: Die Felsgravierungen von Panaramitee sind 45000 Jahre alt und damit die älteste bekannte Felskunst der Welt.

Aussterben der Neandertaler

Vor 45000–35000 Jahren besiedelten die modernen Menschen ganz Europa. Die verbesserte Werkzeugtechnik der Neuankömmlinge beeinflusste die Werkzeugherstellung der indigenen (einheimischen) Neandertaler. Die Neandertaler profitierten letztendlich jedoch nicht von diesem Kontakt. Vor 35000 Jahren haben die modernen Menschen aus noch ungeklärten Gründen die Neandertaler vollkommen ersetzt. Dieser rasche und endgültige Wechsel steht im Gegensatz zu den Hunderttausenden von Jahren, in denen die ersten Hominiden nebeneinander existierten. Als die Temperatur weiter fiel und die Eiszeit ihr Kältemaximum erreichte, war *Homo sapiens sapiens* die einzige menschliche Art in einer zunehmend unwirtlichen Welt.

NEANDERTALERWERKZEUG
Homo erectus stellte Werkzeug meist zum sofortigen Gebrauch her, *H. sapiens* fertigte es für spezielle Zwecke; das zeigt dieser »Werkzeugkasten«.

VOR 100 000 – 50 000 JAHREN

VOR 1 MIO. JAHREN

ERNÄHRUNG & LEBENSRAUM / WOHNEN & BAUEN

AMERIKA

Ernährung & Lebensraum: Bis zu dieser Zeit keine Nachweise menschlicher Besiedlung gefunden.

Wohnen & Bauen: Bis zu dieser Zeit keine Nachweise menschlicher Besiedlung gefunden.

OSTASIEN & AUSTRALASIEN

RIESENBEUTLER

Als die modernen Menschen vor etwa 55 000 Jahren Australien erreichten, war der Kontinent von großen Beuteltieren wie Riesenkängurus, Wallabys und dem pflanzenfressenden Diprotodon besiedelt, das bis zu 2 t wog. Dieser Riesenbeutler starb hauptsächlich wegen der Bejagung durch den Menschen aus.

Diprotodon

FELSÜBERHÄNGE

Die ältesten Lagerplätze Australiens sind die Felsüberhänge im Sandstein von Malakunanja und Malangangerr. Sie liegen am Fuße des Arnhemland-Plateaus, nahe der nördlichen Küste des Kontinents. Die modernen Menschen, die sich vor 55 000 Jahren hier niederließen, sind vermutlich Nachfahren der ersten Menschen, die Australien von Südostasien aus besiedelten.

VORDERASIEN & SÜDASIEN

Bezoar-Ziege

WILDZIEGEN

Die Bezoar-Ziege, der wilde Vorfahr der Hausziege, war vor etwa 50 000 Jahren eine der Hauptnahrungsquellen der modernen Menschen in den Bergen Westasiens. Wie die meisten Wildziegen wurde sie bejagt, indem man die Herden in einen Hinterhalt oder eine natürliche Sackgasse trieb, um sie dort zu schlachten.

KALKSTEINHÖHLE

Die Kalksteinhöhle in Kebara, Israel, wurde vor etwa 60 000 Jahren von Neandertalern benutzt. Feuerstellen und Ascheschichten zeigen, dass sie als Wohnung diente. Höhlen wurden als Schutz gegen die harten Bedingungen der letzten Eiszeit besonders geschätzt. Wo keine Höhlen zur Verfügung standen, bauten die Menschengruppen sich Schutzhütten aus Holz oder Knochen und Tierhäuten.

Kebara-Höhle, Israel

EUROPA

EFFIZIENTE JAGD

Die Entwicklung effizienter Jagdmethoden wird durch das Auftauchen spezieller Schlachtlager in Südfrankreich belegt. In diesen Lagern wurden große Tiere wie Steppenbison und Auerochse (Wildrind) in Mengen getötet und zerlegt. In einem Lager in Mauran in den Pyrenäen wurden zahlreiche Knochenstücke von über 100 Tieren gefunden; das entspricht Hunderten Tonnen von Fleisch.

Europäischer Steppenbison

WINDFANGBAUTEN

Die Wohnlichkeit der Höhlen wurde manchmal durch Wetterschutzbauten am Eingang verbessert. Diese Windfänge oder Zäune wurden vermutlich durch im Boden verankerte Pfosten gestützt. Ein kleines Loch am Eingang einer Höhle in Combe Grenal, Frankreich, hielt vielleicht einen dieser Pfosten. Der Abdruck, der hier genommen wurde, war wie ein zugespitzter Pfahl geformt.

Gussform eines Pfostenlochs, Combe Grenal, Frankreich

AFRIKA

Elenantilope

ELENANTILOPE UND BÜFFEL

Vor etwa 60 000 Jahren war in der heutigen Kapprovinz, Südafrika, die Elenantilope weit verbreitet. Dieses Herdentier wurde in der Regel bei einer Treibjagd getötet. Beim wehrhaften Kaffernbüffel konnten nur die schwächsten Individuen gejagt werden. Meist wurde das Fleisch von bereits toten Tieren genommen. In zu dieser Zeit bewohnten südafrikanischen Höhlen fand man sowohl Knochen der Elenantilope als auch Büffelknochen.

SAISONALE LAGER

Das große Lager in Haua Fteah an der libyschen Küste war vor 60 000 Jahren regelmäßig besetzt. Vermutlich war es ein saisonales Lager, das während der trockenen Sommermonate bewohnt wurde, um die Nahrungsquellen an den Küsten zu nutzen. Während des feuchten Winters zogen die Bewohner zu den Grasländern des Inlandes, wo es zahlreiches jagdbares Wild gab.

VOR 35000 JAHREN

VOR 100000–50000 JAHREN

Erfindungen & Entdeckungen	Kunst & Religion

Bis zu dieser Zeit keine Nachweise menschlicher Besiedlung gefunden.

Bis zu dieser Zeit keine Nachweise menschlicher Besiedlung gefunden.

Holzbearbeitung

Der älteste Nachweis einer Holzarbeit in Ostasien ist eine Planke aus Nishiyagi, Japan, die vor 70000–50000 Jahren gefertigt wurde. Dieses dünne, schmale Maulbeerbaumbrett ist 27 cm lang, 5 cm breit und bis zu 7 mm dick. Es ist quer zu den Jahresringen geschnitten und zeigt noch Schnitzspuren. Wozu es benutzt wurde, ist nicht bekannt.

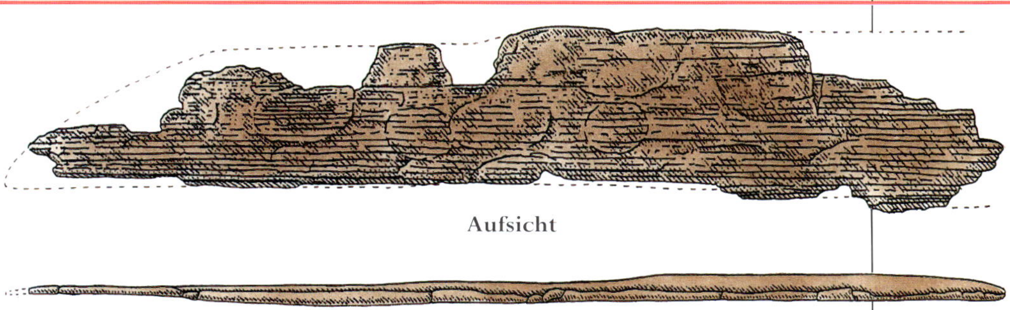

Maulbeerbaumbrett, Nishiyagi, Japan

Bis zu dieser Zeit kein Nachweis für Kunst oder Religion gefunden.

Steinvorbereitung

Vor 60000 Jahren wurde in Vorderasien und Europa eine neue Technik zur Steinbearbeitung entwickelt. Feuersteinknollen wurden so zugerichtet, dass Abschläge einer bestimmten Form gewonnen werden konnten. Diese neue Methode wird nach dem Fundort Levallois, Frankreich, Levalloistechnik genannt.

Feuersteinabschlag nach Levalloistechnik

Erste Bestattungen

Die ersten Bestattungen sind in der Qafzeh-Höhle in Israel nachgewiesen. Vor 100000 Jahren wurden in dieser Höhle vier moderne Menschen begraben. Das bemerkenswerteste Grab ist das einer etwa 20-jährigen Frau, zu deren Füßen ein sechs Jahre altes Kind bestattet liegt. Das rechteckige Grab war in die Schuttablagerungen des Höhlenbodens gegraben worden. Nahebei lag das Grab eines 13-jährigen Jungen, dem ein Damhirschgeweih über Hände und Brust gelegt worden war.

Werkzeugherstellung

Bei einigen Felsüberhängen in Südwestfrankreich, die vor 80000 bis vor 35000 Jahren bewohnt waren, fand man Ansammlungen unterschiedlicher Steinwerkzeuge. Die Werkzeuge spiegeln die Aktivitäten an den Lagerplätzen wider. Einige Plätze waren Basislager, wo Nahrung zubereitet und Werkzeug hergestellt wurde. Andere, an denen die Funde von Steinspitzen überwiegen, waren vorübergehend genutzte Jagdlager.

Werkzeug der Neandertaler

Bis zu dieser Zeit kein Nachweis für Kunst oder Religion gefunden.

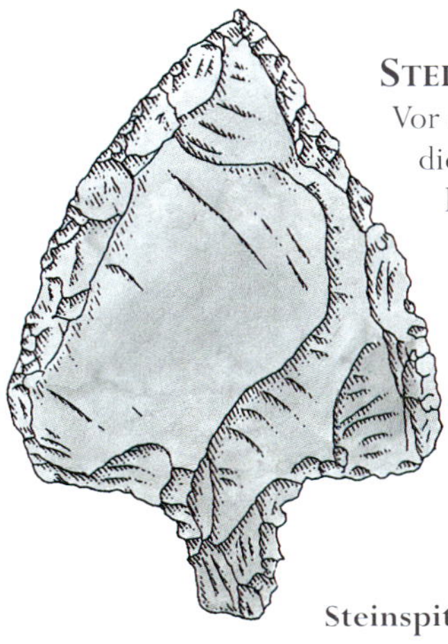

Steinbearbeitung

Vor etwa 100000 Jahren benutzten die in der Sahara lebenden Gruppen kleinere, differenziertere Abschläge. Diese steinzeitliche Kulturgruppe wird nach Bir el-Ater, Tunesien, Atérien benannt. Typisch sind dreieckige Spitzen mit Stiel, die als Speerspitzen auf einen hölzernen Schaft gesetzt wurden, und scharfe Schaber mit Stiel.

Steinspitze, Atérien

Bis zu dieser Zeit kein Nachweis für Kunst oder Religion gefunden.

VOR 50 000–35 000 JAHREN

VOR 1 MIO. JAHREN

AMERIKA

Ernährung & Lebensraum

Bis zu dieser Zeit keine Nachweise menschlicher Besiedlung gefunden.

Wohnen & Bauen

Bis zu dieser Zeit keine Nachweise menschlicher Besiedlung gefunden.

OSTASIEN & AUSTRALASIEN

Ernährung & Lebensraum

RAUBBEUTLER

Zu den wenigen Fleisch fressenden Räubern, auf die die ersten Australier trafen, gehörte der Beutelwolf (Tasmanischer Tiger). Er starb vor etwa 3000 Jahren in Australien durch die Konkurrenz des anspruchsloseren und anpassungsfähigeren Dingo aus. In Tasmanien lebte er noch bis vor etwa 100 Jahren.

Beutelwolf

Wohnen & Bauen

KALKSTEINHÖHLEN

Borneo mit seinem Verbund großer Kalksteinhöhlen in Niah, Sarawak, hat die längste Geschichte menschlicher Besiedlung von allen Inseln Südostasiens. Die wichtigste Höhle dort, die Great Cave, ist am Eingang 250 m weit und innen bis zu 60 m hoch. Der Höhlenboden umfasst etwa 260 m². Dieser wunderbare, natürliche Schutzbau wurde erstmals vor etwa 40 000 Jahren von modernen Menschen bewohnt.

VORDERASIEN & SÜDASIEN

Ernährung & Lebensraum

Schafgarbe

Johanniskraut

BLÜTENPFLANZEN

Pollenfunde aus der Shanidar-Höhle, Irak, zeigen, dass das Klima vor rund 50 000 Jahren dem heutigen ähnlich war. Die Pflanzen jener Zeit wachsen auch heute noch dort: Schafgarbe, Johanniskraut, Stockrose, Kreuzkraut und Traubenhyazinthe. Einige sind bekannte Heilkräuter, ob sie jedoch schon zu jener Zeit medizinisch genutzt wurden, ist unbekannt.

Wohnen & Bauen

SAISONALE LAGER

Vor etwa 50 000 Jahren bewohnte eine Gruppe Neandertaler die Shanidar-Höhle in den Hügeln am Fuße des Zagrosgebirges. Von der Höhle aus wurde Pflanzennahrung gesammelt, und man ging in den umliegenden Bergen auf die Jagd nach der Bezoar-Ziege. Den Rest des Jahres verbrachten die Bewohner vermutlich in niedrigeren Lagen.

EUROPA

Ernährung & Lebensraum

WINTERSCHLAF

Der heute ausgestorbene Höhlenbär hielt in Höhlen seinen Winterschlaf. Viele der Tiere starben auch dort. Der Höhlenbär ist doppelt so groß wie ein Braunbär. Zähne und Zusammensetzung der Knochen zeigen, dass er ein Pflanzenfresser war. Seine Knochen findet man oft gemeinsam mit Steinwerkzeugen und anderen Spuren menschlicher Niederlassungen.

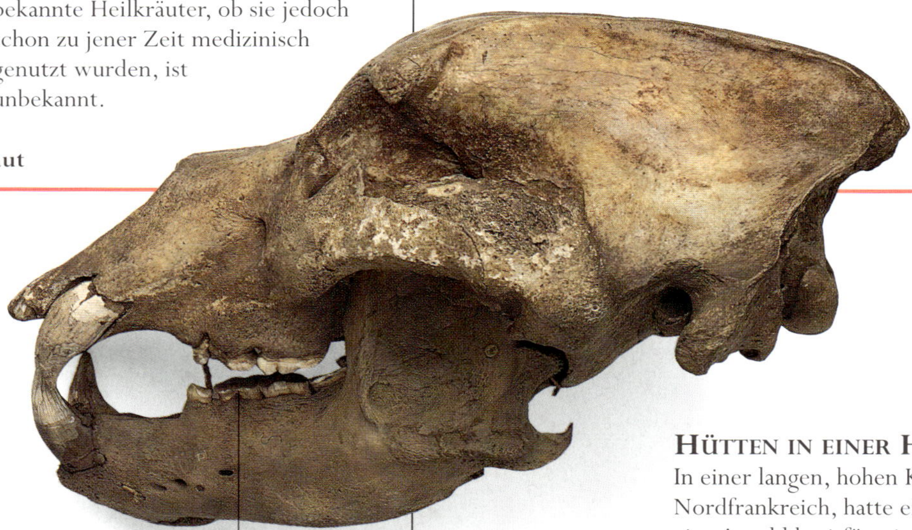

Höhlenbärenschädel, Deutschland

Wohnen & Bauen

HÜTTEN IN EINER HÖHLE

In einer langen, hohen Kammer der Grotte du Renne, Nordfrankreich, hatte eine Gruppe von Neandertalern eine Anzahl kreisförmiger Hütten gebaut. Die Fußböden der Hütten waren von Kalksteinplatten umgeben, und Mammutstoßzähne standen in Pfostenlöchern. Einige kleine Feuerstellen enthielten gebrannten Ocker.

AFRIKA

Ernährung & Lebensraum

Strauß

KLIMAVERÄNDERUNG

Vor etwa 45 000 Jahren war die Sahara sehr viel feuchter als heute. Immergrüne Vegetation wuchs auf den Hügeln, und Flüsse durchflossen die unterhalb der Hügel gelegenen trockenen Grasebenen. Die Siedler am Ufer eines flachen Sees in Bir Tarfawi, Ägypten, konnten Gazellen, Warzenschweine und Strauße jagen. Dies änderte sich, als das Klima vor 38 000 Jahren trockener wurde und die Menschen dazu zwang, sich an die Ränder der Sahara zurückzuziehen.

Wohnen & Bauen

Kalambo-Felsüberhang, Ostsambia

ZWISCHENSTATIONEN

Felsüberhänge waren für die frühen afrikanischen Jäger und Sammler praktische Lagerplätze. Viele wurden als Zwischenstationen von kleinen Gruppen genutzt, die auf der Suche nach Jagdwild und Wildfrüchten umherzogen; einige wie Schonghong, Lesotho, und Kalambo, Sambia, wurden erstmals vor 35 000 Jahren genutzt.

VOR 50000–35000 JAHREN

Erfindungen & Entdeckungen

Bis zu dieser Zeit keine Nachweise menschlicher Besiedlung gefunden.

Äxte mit Griff

Zu den ersten Spuren menschlicher Besiedlung auf Neuguinea gehören schwere Steinäxte mit geschärften Schneiden. Diese Äxte wiesen auf beiden Seiten Kerben auf, die eine Taille bildeten, wo ein Holzgriff angebracht werden konnte. Auf der Halbinsel Huon waren diese Äxte vor 40000 Jahren in Gebrauch.

Taillierte Axt, Huon-Halbinsel, Neuguinea

Kleinere Werkzeuge

Vor etwa 45000 Jahren begannen die Menschen in Vorderasien damit, kleinere Feuersteinklingen in hölzerne oder knöcherne Griffe einzusetzen. In den Karmel-Höhlen, Israel, fand man zahlreiche Werkzeuge dieser Art. Diese leichten Steinwerkzeuge kennzeichnen die Kulturperiode des Aurignacien. Sie umfasste später ganz Südeuropa.

Aurignacien-Werkzeug, Israel

Châtelperronien

Die letzten Neandertaler Westeuropas stellten ähnliche Steinwerkzeuge her wie die modernen Menschen weiter östlich. Das Werkzeug war kleiner als zuvor und wurde in Griffe eingesetzt.

Dieser nach einem Fund bei Châtelperron benannte Stil ist gekennzeichnet durch kleine Spitzen mit gebogenem Rand, die vermutlich schräg in Knochen- oder Holzgriffe gesetzt waren.

Châtelperronien-Spitze

Dabba-Kultur

Als die Sahara vor etwa 38000 Jahren zunehmend trockener wurde, entstanden neue Niederlassungen und neue Werkzeuge. Die Dabba-Kultur, nach ed-Dabba, Lybien, ist durch kleine Feuersteinklingen gekennzeichnet, die mit Holz- oder Knochenschäften versehen sind. Sie beschränkt sich auf den Küstenbereich, da das Innere Afrikas unwirtlich trocken war.

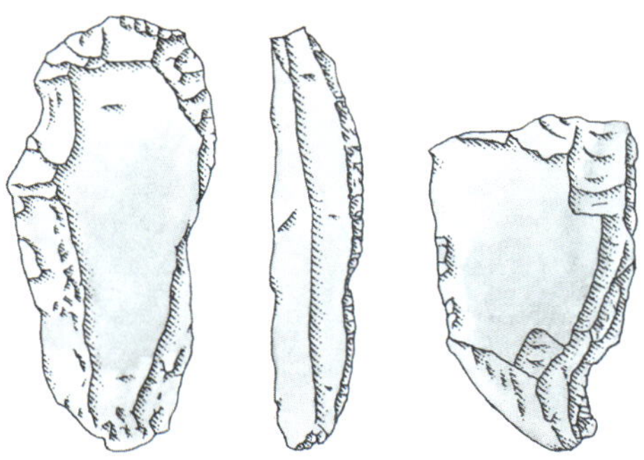

Dabbéen-Werkzeug, Haua Fteah, Libyen

Kunst & Religion

Bis zu dieser Zeit keine Nachweise menschlicher Besiedlung gefunden.

Felsgravierungen

Die ältesten Felsgravierungen der Welt sind einfache abstrakte Darstellungen auf Felsoberflächen in Australien. Die mit 45000 Jahren ältesten Petroglyphen (Felsgravierungen) wurden in Panaramitee, Südaustralien, gefunden. Die Motive sind Spiralen, Kreise, Punkte und Halbkreise. Sie markieren den Beginn einer kontinuierlichen Kunsttradition, die bis zum heutigen Tag anhält.

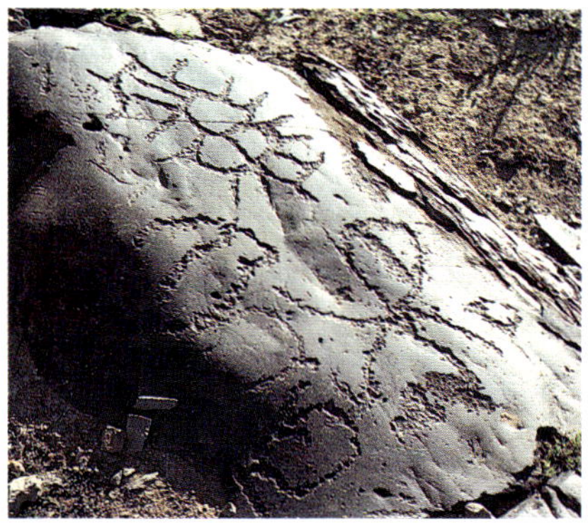

Petroglyphen, Panaramitee, Australien

Bestattungsrituale

Die Neandertalergemeinschaft, die vor 50000 Jahren in der Shanidar-Höhle in Nordirak lebte, bestattete ihre Toten. In der Höhle fand man die sterblichen Reste von mindestens neun Individuen. Einige waren vielleicht Opfer eines Steinschlags, andere wurden aber absichtlich hier begraben. Pollenreste weisen darauf hin, dass ein Erwachsener auf ein Bett aus Zweigen gelegt und mit verschiedenen, bunten Blumen umgeben worden war.

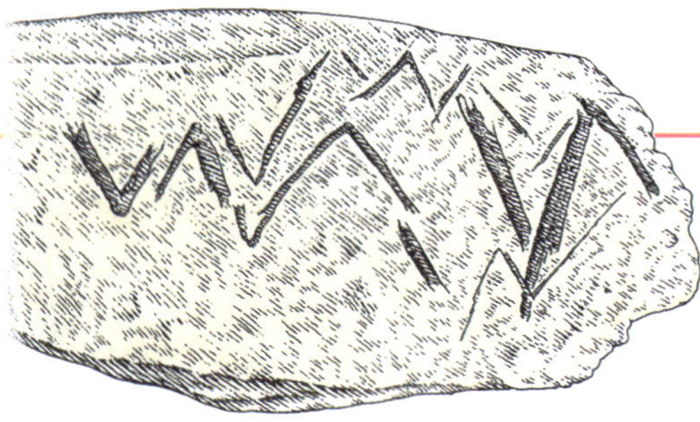

Gravierter Knochen, Bacho Kiro, Bulgarien

Ritzmuster

In Europa begann die Verzierung von Knochen vor etwa 50000 Jahren. Das Knochenfragment aus einer Höhle in Bacho Kiro, Bulgarien, trägt Zickzackmarkierungen, die nicht zufällig entstanden sein können, sondern bewusst eingraviert wurden.

Zählvorrichtung

Einfache Zählvorrichtungen werden in Afrika seit 37000 Jahren hergestellt. In der Border-Cave-Höhle, Südafrika, fand man zwischen gravierten Holz- und Knochenstücken ein Pavianwadenbein mit 29 parallelen Markierungen. Es ähnelt den hölzernen Kalenderstäben, die heute noch von einigen Buschmanngruppen in Südwestafrika benutzt werden.

Pavianknochen, Border Cave, Südafrika

DIE NEANDERTALER

VOR 1 MIO. JAHREN

Das Skelett des modernen Menschen – *Homo sapiens sapiens* – unterscheidet sich kaum vom unsrigen, und seine geistigen Fähigkeiten waren unseren gleich. Als die letzten Neandertaler vor 35000 Jahren ausstarben, existierte nur noch eine einzige Hominidenart, unsere eigene. Aber wie unterscheiden wir uns von den Menschen, die vor uns da waren? Und ist es erwiesen, dass die älteren, indigenen Bevölkerungen der ganzen Welt – wie der Neandertaler – von den modernen Menschen, deren Ursprung in Afrika liegt, verdrängt wurden? Darwins Evolutionstheorie postulierte, dass wir und die Menschenaffen gemeinsame Vorfahren haben – wir stammen nicht, wie häufig gesagt, von ihnen ab. Jüngste Nachweise zeigen, dass die Neandertaler nicht unsere Vorfahren sondern unsere Verwandten waren, die wie wir von *Homo erectus* abstammen.

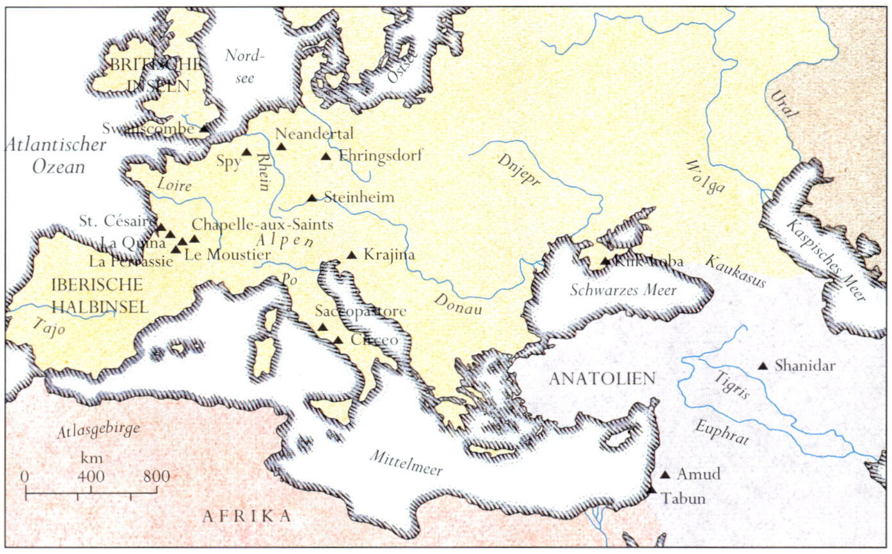

VERBREITUNG DER NEANDERTALER

Die Spuren der Neandertaler wurden in Europa, Irak, der Levante und in Usbekistan gefunden. Während der kältesten Phase der Eiszeit isolierten die Eisschilde die Neandertaler in Europa von ihren Verwandten in Vorderasien.

MENSCHEN DER EISZEIT

Homo sapiens neanderthalensis lebte ab der Zeit vor 120000 Jahren in Europa und Vorderasien und bis vor 35 000 Jahren in Westeuropa. Trotz einiger Ähnlichkeiten unterschieden sich die Neandertaler in bestimmten Punkten von den modernen Menschen. Mit ihrer größeren Muskelmasse, größeren Körperkraft und einem gedrungenen Körperbau waren sie ideal an die raue kalte Umwelt angepasst. Die Lebensweise der Neandertaler war vermutlich der unserer Spezies sehr ähnlich. Die voll entwickelte Sprache scheint der Hauptgrund für die Überlegenheit von *Homo sapiens sapiens* gegenüber den Neandertalern gewesen zu sein.

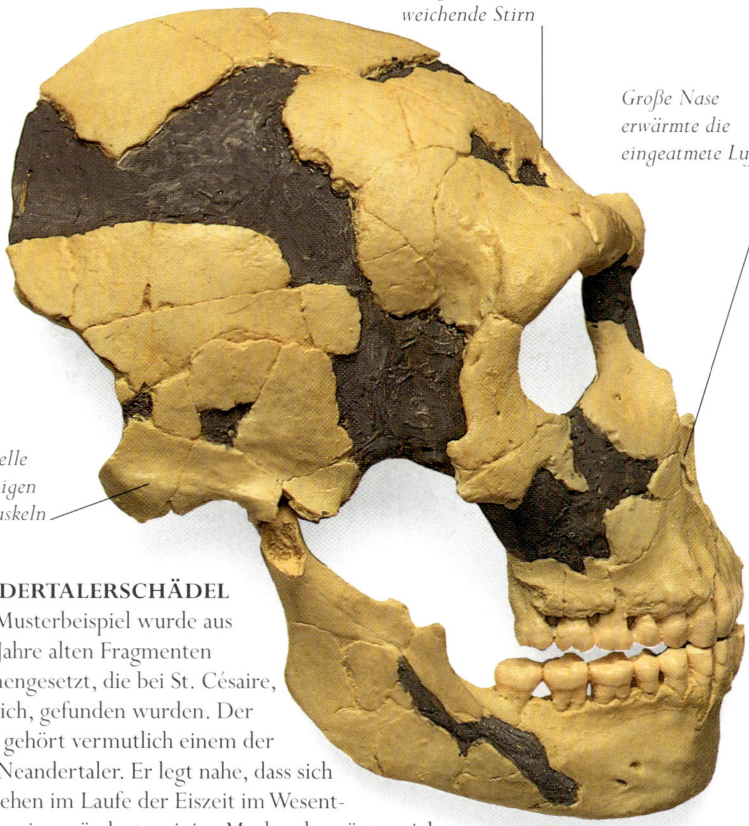

NEANDERTALERSCHÄDEL

Dieses Musterbeispiel wurde aus 36000 Jahre alten Fragmenten zusammengesetzt, die bei St. Césaire, Frankreich, gefunden wurden. Der Schädel gehört vermutlich einem der letzten Neandertaler. Er legt nahe, dass sich ihr Aussehen im Laufe der Eiszeit im Wesentlichen wenig veränderte, einige Merkmale prägten sich eventuell weiter aus. Interessanterweise wurden zusammen mit diesem Schädel Werkzeuge im Stil der modernen Menschen gefunden. Das weist darauf hin, dass die späten Neandertaler die Technik der Werkzeugherstellung veränderten, vielleicht durch den Kontakt mit modernen Menschen.

BESTATTUNGSZEREMONIE *oben*

Einige Neandertaler begruben ihre Toten; sie kennzeichneten und beklagten den Verlust eines Mitglieds ihrer Gemeinschaft – ein Charakteristikum, das sie mit den modernen Menschen teilten. Belege für Zeremonien fand man in Europa und Vorderasien. Einige Gräber enthalten Beigaben, die den Verstorbenen für das Leben im Jenseits ausstatten, einige sogar verbrannte Knochen, so als ob die Toten auch mit Nahrung versorgt worden wären. In Shanidar, Irak, liegt ein Grab, das mit Blumen geschmückt gewesen war. Oft wurden Kinder auf diese Weise begraben. In La Ferrassie, Frankreich, fand man einen Kinderschädel unter einer verzierten Platte in einer Art Familiengrab.

WERKZEUGE *unten*

Die Neandertaler stellten Werkzeuge aus vorbereiteten Steinkernen her, von denen jeweils mehrere scharfe Abschläge abgespalten werden konnten. Zu ihren Geräten gehörten Schaber und Pfrieme zur Herstellung warmer Kleidung aus Häuten. Die Werkzeuge der modernen Menschen – einseitig geschärfte Messer und blattförmige Klingen – sind feiner gearbeitet.

Abschlagswerkzeug der Neandertaler

ANFÄNGE DER KUNST *rechts*

Die einfachen Markierungen an den wenigen Kunstobjekten der Neandertaler lassen sich nicht mit der späteren, zahlreich gefundenen Kunst des *Homo sapiens sapiens* – Felsgravierungen, Felsmalereien, Figurinen – vergleichen. Die Kunstobjekte der Neandertaler – Grabplatten, gravierte Knochen oder die sehr frühen Funde aus Ungarn (*rechts*) – belegen den aufkommenden Sinn für Dekorationen, die womöglich auch symbolische Bedeutung hatten.

Mammut-Elfenbeinplatte, Tata, Ungarn

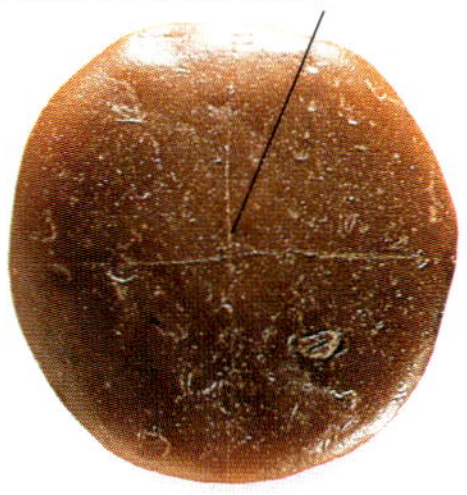

Gravierung, Tata, Ungarn

Vergleich des Skeletts

Die Neandertaler waren stämmig und kraftvoll gebaut, die Knochen der Gliedmaßen kräftig und manchmal gebogen. Der Schädel war niedrig, flach gewölbt, mit einem rückseitigen Schädelvorsprung. Die hier ansetzende Nackenmuskulatur stützte den Kopf gegen die Kraft des tätigen Kiefers. Das Gesicht war groß: starke Zähne, ausgeprägte Nase, charakteristischer Überaugenwulst, kein Kinn. Das Skelett des modernen Menschen ist größer und nicht so kräftig, mit höherer Schädelwölbung, kleineren Zähnen, vorspringendem Kinn und kürzerem, flacherem Gesicht.

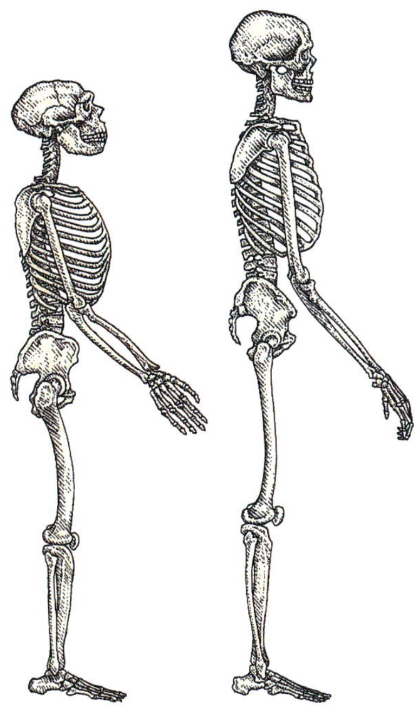

Neandertaler **Moderner Mensch**

Steinplatten und Tierhörner – möglicherweise Ritualobjekte – umgaben den Kopf mancher Bestatteter.

Möglicherweise begrub man mit dem Verstorbenen dessen Werkzeuge als Ausstattung für das Jenseits.

Flache, becherförmige Vertiefungen

Neandertaler-Grabplatte, La Ferrassie, Frankreich

Diskussionen um den Ursprung

Das bis heute ungelöste Schicksal der Neandertaler stand stets im Mittelpunkt der Diskussionen um den Ursprung des modernen Menschen. Gehört *Homo sapiens neanderthalensis* mit zu unseren Vorfahren oder verdrängten die aus Afrika stammenden modernen Menschen ihn bloß – sei es mit Gewalt oder durch größeres Geschick beim Nahrungserwerb oder dadurch, dass sie die Neandertaler mit Krankheiten infizierten, gegen die diese keine Abwehr besaßen? Einige archäologische Entdeckungen und die genetischen Daten unterstützen die »Out of Africa«-Theorie. Das wissenschaftliche Lager, das für die Vermischung der beiden Gruppen spricht, wird durch den Skelettfund eines 4-jährigen Kindes 1999 in Portugal unterstützt. Dieses Skelett stellt ein Mosaik der Merkmale beider Gruppen dar: Der Körperbau entspricht dem eines modernen Menschen, die Beine sind jedoch so kurz wie bei den Neandertalern.

Zhoukoudian-Schädel *unten*

Die Fundstücke aus China unterstützen die Theorie der parallelen Entwicklung von modernem Mensch und Neandertaler. Die untere Höhle von Zhoukoudian bei Peking ist ein bekannter Wohnort einer *Homo-erectus*-Gemeinschaft vor 450 000 Jahren. Die Schädel dieser Individuen unterscheiden sich etwas von den Funden in Afrika und anderswo. Einige dieser Unterschiede treten auch beim Schädel eines modernen Menschen auf (*unten*), der in der oberen Höhle von Zhoukoudian gefunden wurde. Dies könnte ein Hinweis auf die Kontinuität der Entwicklung von *Homo erectus* zum modernen Menschen, *Homo sapiens sapiens*, sein.

Qafzeh-Schädel *unten*

Die »Out of Africa«-Theorie, nach der sich die modernen Menschen in Afrika entwickelten und von dort ausgehend andere menschliche Gruppen verdrängten, wird durch Fossilfunde aus Afrika und Vorderasien belegt. Dieser Schädel aus Qafzeh, Israel, scheint zur modernen Menschenform zu gehören. Sein Alter wurde auf 100 000 Jahre datiert. Wir wissen, dass die Neandertaler vor 120 000 Jahren bis vor 60 000 Jahren noch in dieser Region lebten. Die Koexistenz dieser zwei physisch unterschiedlichen Gruppen wird als Beweis dafür angeführt, dass zwischen ihnen keine Verwandtschaftsbeziehung besteht.

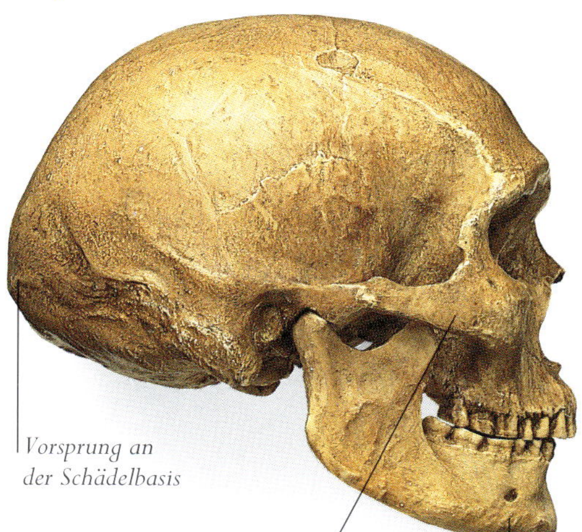

Vorsprung an der Schädelbasis

Breiter, vorspringender Backenknochen

Mächtiger Kiefer

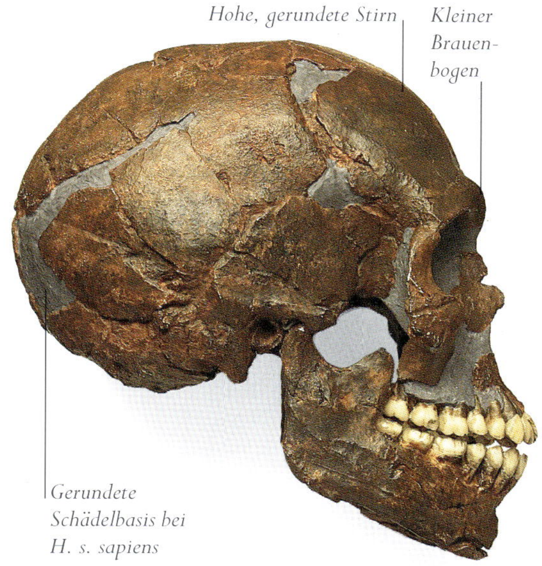

Hohe, gerundete Stirn

Kleiner Brauenbogen

Gerundete Schädelbasis bei H. s. sapiens

Genetische Daten

Gene, Träger der Erbinformation, bestehen aus DNS (Desoxyribonucleinsäure). Genetische Daten sprechen dafür, dass Afrika der Geburtsort der modernen Menschen war. Afrikaner weisen die größte genetische Vielfalt auf, d.h. sie haben einen langen Stammbaum. Die größere genetische Ähnlichkeit der nicht-afrikanischen Erdbevölkerung deutet auf deren gemeinsamen Ursprung hin. Auch die parallele Entwicklung moderner Menschen in verschiedenen Weltregionen wurde diskutiert, da frühe moderne Menschen gewisse Merkmale mit *H. erectus* teilen.

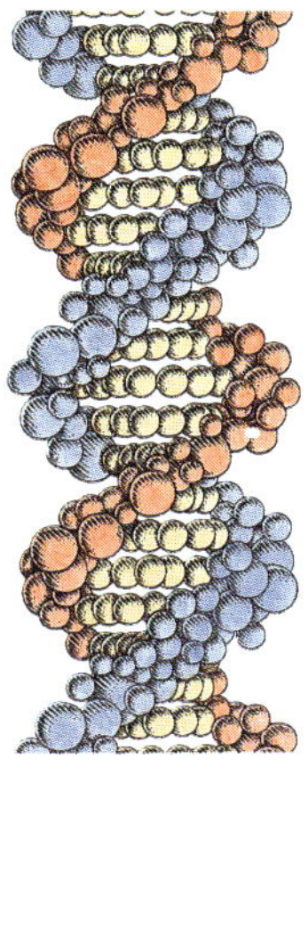

Doppelhelixmodell der DNS

Darwinismus

Als die Wissenschaft eben die Theorie der menschlichen Entwicklung zu formulieren begann, lieferte die Entdeckung eines Neandertalerschädels 1856 den entscheidenden Beweis. Zu dieser Zeit glaubten die meisten Menschen der westlichen Welt an die Schöpfungsgeschichte der Bibel, nach der der Mensch vor etwa 6000 Jahren von Gott erschaffen wurde. Der Neandertalerschädel zeigte deutlich, dass einst andere Hominidenformen existierten und wieder ausstarben. Die Entdeckung unterstützte auch Darwins Theorie, nach der alle heutigen Lebewesen das Produkt von Jahrmillionen der Evolution sind. Darwins Werk *The Origin of Species* wurde 1859 veröffentlicht.

Charles Darwin (1809–1882)

KAPITEL 4

DIE BESIEDLUNG AMERIKAS

33 000 – 13 000 v. Chr.

(Ab der Zeit von vor 35 000 Jahren [33 000 v. Chr.] ist die Anwendung der n./v. Chr. Datierung üblich.)

Die kälteste Phase der Eiszeit fordert den menschlichen Einfallsreichtum heraus.

Sibirische Jäger wandern über die Bering-Landbrücke nach Nordamerika.

Geschäftete Steinklingen dienen als dauerhafte Werkzeuge.

In Vorderasien wird Wildgetreide geerntet und gemahlen.

Vor etwa 20 000 Jahren lagen mit dem eiszeitlichen Kältemaximum die globalen Temperaturen bis zu 15 °C niedriger als heute. In den Eisschilden waren so große Mengen Wasser festgesetzt, dass der Meeresspiegel 100 m niedriger lag als heute und Landbrücken Kontinente verbanden, die zuvor durch Meere getrennt waren. Die Niederschläge gingen zurück und ausgedehnte tropische Gebiete wurden zu Wüsten. Im nördlichen Eurasien und in Nordamerika verursachte die Bewegung der riesigen Eisschilde starke arktische Winde. Pflanzen, Tiere und Menschen mussten sich diesen extremen Umweltbedingungen anpassen.

Überlebensstrategien

Zu diesem Zeitpunkt war *Homo sapiens sapiens* die einzige überlebende menschliche Art. Körperlich weniger robust als die Neandertaler, mussten die modernen Menschen ihre Geschicklichkeit und ihren Einfallsreichtum nutzen, um gegen die Kälte zu bestehen. Einfallsreich und erfinderisch verwerteten sie die Rohstoffe ihrer Umgebung. Sie nutzten nicht nur Stein auf eine neue Weise, sondern auch Knochen, Haut und Horn. Sie entwickelten Waffen mit großer Reichweite und Treffsicherheit wie Speerschleudern, Pfeil und Bogen, Bumerange und Harpunen mit Widerhaken; auch fanden sie eine Technik der Bekleidungsherstellung mit Hilfe von Nadeln mit Öhr, Knöpfen und weichen Lederstreifen und bauten wetterfeste Unterkünfte.

Solide Behausungen

Größere und länger haltbare Behausungen wurden zu dieser Zeit in vielen Teilen der Welt gebaut: Spuren solcher Behausungen fand man sowohl in Zentraleuropa, in Dolní Vestonice, Moravien, als auch im vorderasiatischen Ohalo, Israel. Die gebräuchlichste Form war wahrscheinlich ein mit Tierhäuten bedecktes Gerüst aus Holzpfosten. Einige hatten einen tiefer gelegten Boden und eine Feuerstelle. Sehr bemerkenswert sind die damals im Osten Europas gebauten Wohnstätten aus Mammutknochen. Sie zeigen, dass der Mensch fähig war, ungewöhnliche Materialien zu nutzen, wenn die Umstände es erforderten. Nach wie vor boten auch Höhlen in vielen Gebieten der Erde Schutz.

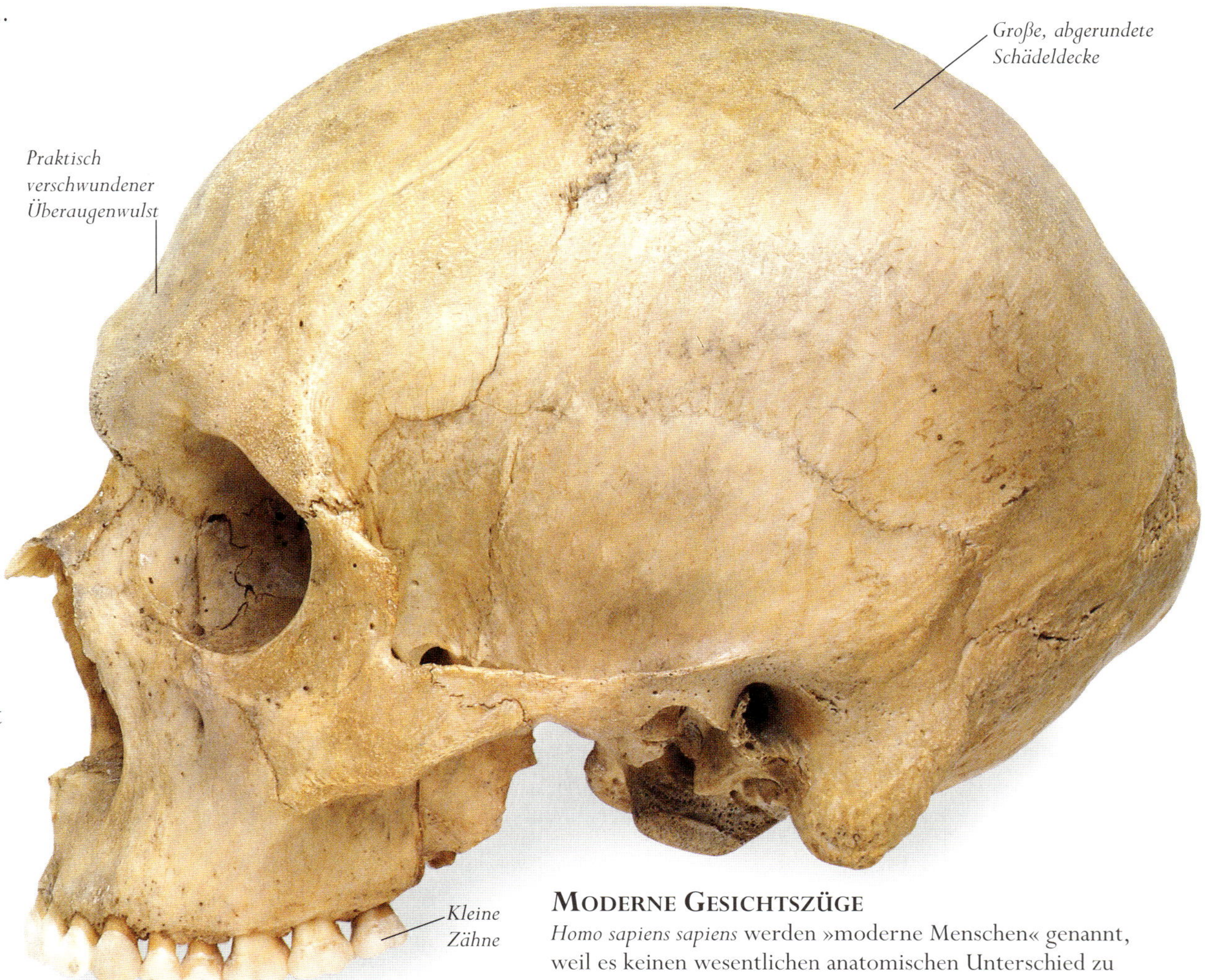

Moderne Gesichtszüge
Homo sapiens sapiens werden »moderne Menschen« genannt, weil es keinen wesentlichen anatomischen Unterschied zu heutigen Menschen gibt.

TIERZEICHNUNGEN
Umrisszeichnungen von Tieren, wie diese aus einer Höhle in Santimamiñe, Nordspanien, waren die häufigste Form der europäischen Höhlenkunst dieser Zeit.

Wichtige Ereignisse 33000–13000 v. Chr.

- **13000 v. Chr.** Frühester Nachweis der Besiedlung Nordamerikas
- Weltweit erste Tonstatuette, Europa **23000 v. Chr.**
- **17000 v. Chr.** Sammeln von Wildgetreide, Vorderasien
- Erste Felsmalerei, Afrika **24000 v. Chr.**
- **25000 v. Chr.** Beginn der kältesten Phase der Eiszeit
- **18000 v. Chr.** Kältemaximum der letzten Eiszeit

33000 v. Chr. – 30000 v. Chr. – 25000 v. Chr. – 20000 v. Chr. – 13000 v. Chr.

Jagdgebiete

Unter den harten Bedingungen der Eiszeit wurde die Überlebensfähigkeit des modernen Menschen geprüft – und er bestand. Die verstreuten Jäger- und Sammlergruppen überlebten, einige wanderten sogar nach Norden in die vereisten Steppen von Sibirien. Geschick bei der Jagd, verbesserte Waffen und voll ausgebildete Sprachfähigkeit, gepaart mit genauer Kenntnis der Verhaltensweisen und Ernährungsgewohnheiten der Tiere mündeten in die Suche nach neuen Jagdgebieten.

Die Kolonisierung Amerikas

Der genaue Zeitpunkt der Ankunft der ersten Jäger- und Sammler-Gruppen in Amerika ist bis heute nicht mit Sicherheit bekannt. Archäologen nehmen an, dass die ersten Menschen die Beringbrücke, die die sibirische Landmasse mit dem amerikanischen Kontinent verbindet, vor 15000 Jahren überquerten. Andere Ansichten, nach denen Felshöhlen in Brasilien schon vor 40000 Jahren bewohnt waren, können nicht als gesichert gelten. Das jüngere Datum ist durch Funde in der westlichen Yukonregion in Kanada nachgewiesen. Gruppen von Jägern und Sammlern erreichten zwar Nordamerika, aber ihren Weg nach Süden blockierten die beiden nordamerikanischen Eisschilde: das Kordillereneis in den nördlichen Rockies und das Laurentische Inlandeis im Gebiet der Hudsonbai.

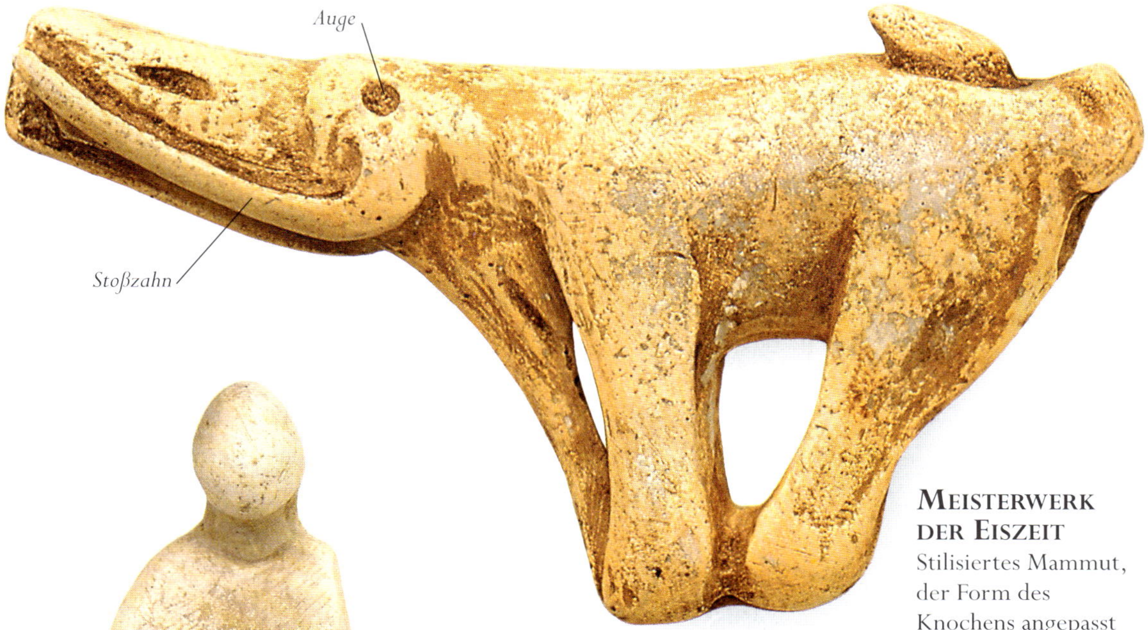

MEISTERWERK DER EISZEIT
Stilisiertes Mammut, der Form des Knochens angepasst

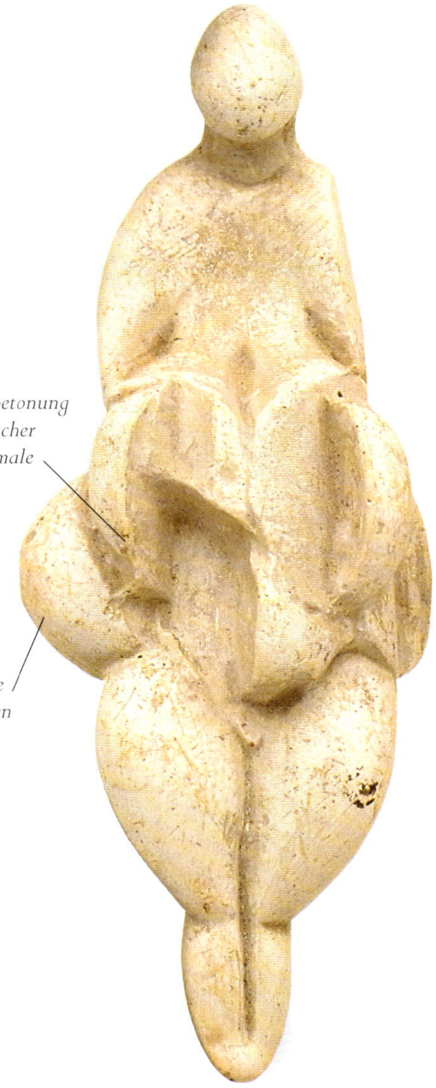

FRUCHTBARKEITSSYMBOLE
Statuetten schwangerer Frauen wie diese aus Lespugue, Frankreich, wurden vor 25000 Jahren in ganz Europa hergestellt. Besondere Merkmale sind die überbetonten Brüste und das Gesäß.

Kulturelle Ausdrucksformen

Mit der Besiedlung Amerikas hatten sich auf jedem Kontinent der Erde gut funktionierende Gemeinschaften etabliert, die wirkungsvolle Jagd- und Sammeltechniken besaßen. Zu dieser Zeit fanden nicht nur umfangreiche Wanderungsbewegungen statt, es war auch eine Zeit neuer kultureller Ausdrucksformen, nämlich der Felsmalereien Afrikas, Europas und Australiens. In Afrika und Europa ist die Felsmalerei mehr als 25000 Jahre alt. In Australien ist sie mindestens 18000 Jahre alt; noch älter sind hier die Petroglyphen (Felsgravierungen). Die berühmtesten Fundorte polychromer Felskunst aus dieser Zeit in Europa sind die Höhlen von Lascaux und Pech-Merle in Frankreich und Altamira in Spanien. Auch die reiche Tradition afrikanischer Felskunst nahm in dieser Zeit ihren Anfang, einige der ältesten Beispiele finden sich in der Apollo-II-Höhle in Namibia.

33 000 – 13 000 v. Chr.

33 000 V. CHR.

Rituale und Traditionen

In vielen Teilen der Welt schufen menschliche Gemeinschaften Skulpturen und Gravierungen in Knochen, Stein und Elfenbein, sowie gebrannte Tonstatuetten. Die wenigen erhaltenen Exemplare lassen den Reichtum der künstlerischen Ausdrucksformen nur erahnen; es kann weitere Kunstformen auf vergänglichem Material wie Holz, Häuten oder dem menschlichen Körper gegeben haben; ebenso mündliche Überlieferungen wie das Erzählen von Mythen oder Geschichten. Bei vielen Gruppen waren zu dieser Zeit Bestattungen üblich, aber über ihre Jenseitsvorstellungen ist nichts bekannt. Die früheste bekannte Einäscherung der Welt fand am Mungo Lake in Südostaustralien vor 26 000 Jahren statt. Zusammen mit den anspruchsvollen Felsmalereien und Gravierungen bezeugt dies die Komplexität des Zeremoniallebens der Aborigines.

Werkzeugtechnik

Immer kleinere Steinspitzen- und klingen entstanden in verschiedenen Teilen der Welt und zum ersten Mal wurden Knochen und Geweihe ausgiebig genutzt. Die Erfindung der Mikrolithen in Afrika vor etwa 35 000 Jahren war ein weiterer Fortschritt. Diese winzigen Klingen wurden in Holz oder Knochen gefasst, um so mehrteilige Werkzeuge herzustellen. Beschädigte Klingen konnten dann einzeln ersetzt werden. Diese verbesserte Werkzeugtechnik setzte sich auch in Europa und in Vorderasien durch.

Neue Verwendungszwecke für Werkzeuge

In Vorderasien gab es zwei wichtige Werkzeugtraditionen: die Baradostische (um 32 000 – 18 000 v. Chr.), so benannt nach den Baradostbergen in Südkurdistan, und die Kebarische (um 18 000 – 12 500 v. Chr.), nach der Kebara-Höhle in Israel benannt. Die Kebarische Werkzeugherstellung umfasst Mikrolithen aus Feuerstein, aus denen mehrteilige Werkzeuge wie etwa Sägemesser hergestellt wurden, aber auch Mahlsteine, die von den Jägern und Sammlern zur Verarbeitung von Wildgetreiden und anderen Samen benutzt wurden. Diese Leute waren die Vorgänger der Natufien-Gemeinschaften (benannt nach Wadi en-Natuf in Israel), die gegen Ende dieser Periode in der Levante, dort wo heute Syrien, der Libanon und Israel an das Mittelmeer grenzen, intensiv Wildgetreide ernteten.

Das Eis geht zurück

Um 13 000 v. Chr. war die schlimmste Phase der Eiszeit überstanden. Die Gesamtbevölkerungszahl der Erde war sehr gering, jedoch konnten die Menschen die in der Eiszeit entwickelten Fähigkeiten nach dem Abtauen der Eismassen unter leichteren Lebensbedingungen weiter entfalten. Das mildere Klima sorgte für die Ausdehnung der Vegetation auf fruchtbare Böden (z. B. Löss), und die Erntevölker Vorderasiens machten den nächsten Schritt in der Entwicklung der Menschheit.

Amerika

Wanderungen der Eiszeit

Während des Kältemaximums der letzten Eiszeit lag der Meeresspiegel 100 m unter dem heutigen. Eine Landbrücke auf dem Gebiet der Beringstraße verband Sibirien mit Alaska und dem Nordwesten Kanadas. Höchstwahrscheinlich wanderten die Menschen und Tiere der Eiszeit, wie etwa das Mastodon, in dieses Gebiet ein. Im Süden wurden sie jedoch durch die beiden großen nordamerikanischen Eisschilde, das Laurentische Inlandeis und das Kordillereneis, blockiert.

-- Hist. Küstenverlauf
☐ Vermutliche Ausdehnung der Vereisung

Mastodon

Afrika

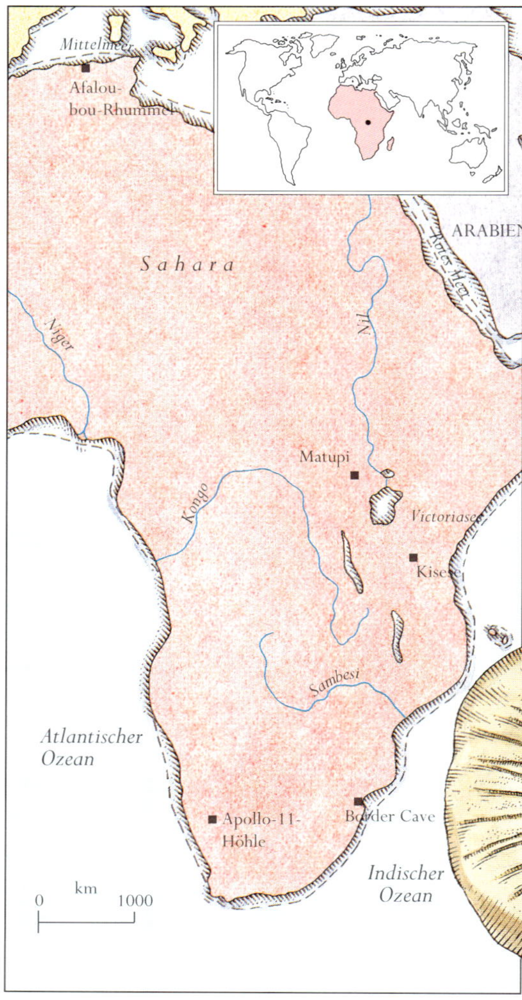

Höhlenkunst

In Kisese in Zentraltansania wurden Ockerfarben und Paletten mit Ocker, die 29 000 Jahre alt sind, bei bemalten Felsüberhängen gefunden. Die in Namibia entdeckten bemalten Felsplatten sind möglicherweise 26 000 Jahre alt. Kleinplastiken wie die Terrakottastatuetten aus Afalou-bou-Rhummel in Algerien, Objekte mit Einritzungen und Gravuren aus der Borderhöhle in Südafrika und ein perforierter Stein mit eingeritzten Linien aus der Dem. Rep. Kongo (*unten*) werden auf ein Alter von 20 000 Jahren datiert.

-- Hist. Küstenverlauf
■ Felsbilder

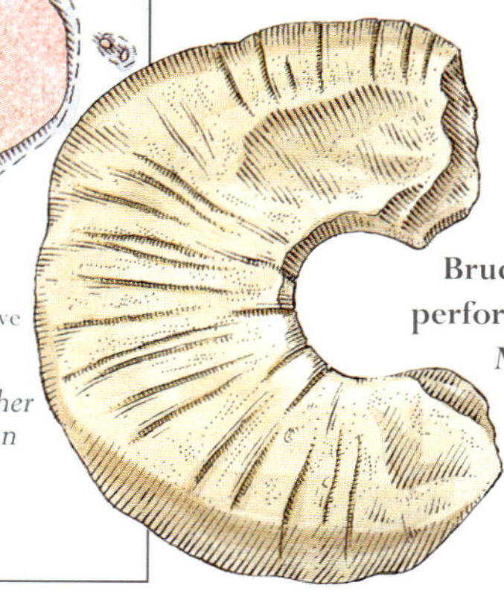

Bruchstück eines perforierten Steins, Matupihöhle, Dem. Rep. Kongo

Europa

Kleinplastiken

Unter den zahlreichen Schnitzereien, die auf den Höhepunkt der letzten Eiszeit (etwa vor 25 000 – 15 000 Jahren) datiert werden, ist die bemerkenswerteste ein geschwungenes Stück eines Mammutstoßzahnes aus einer Höhle in Oblazowa, Polen. Mit einem Alter von 23 000 Jahren ist dies wohl der älteste Bumerang der Welt. Die Spannweite von 70 cm und die abgeflachten Enden machen ihn zu einer hervorragenden Jagdwaffe, die zielgenau auf eine Distanz von 200 m geworfen werden konnte. Zusammen mit weiteren Funden in Europa, darunter wundervoll geschnitzte Speerwerfer aus Horn in Le Mas-d'Azil und Bruniquel in Südfrankreich, bezeugen diese Stücke die intellektuellen und schöpferischen Leistungen der Jäger-und-Sammler-Gemeinschaften der Eiszeit.

Hist. Küstenverlauf --
Vermutliche Ausdehnung der Vereisung □
Kleinplastik-Fundstätte der Eiszeit ▲

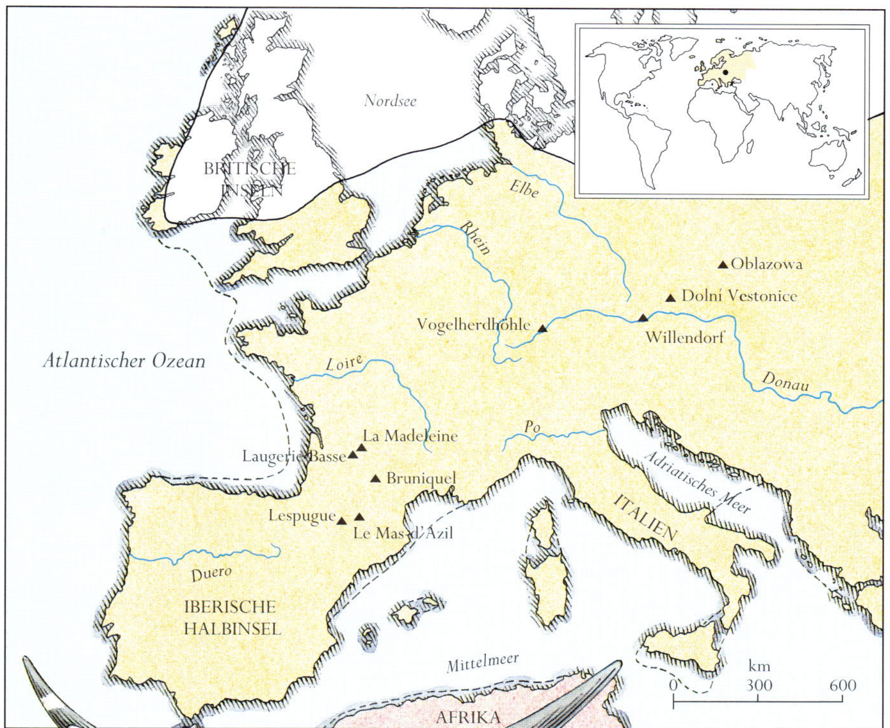

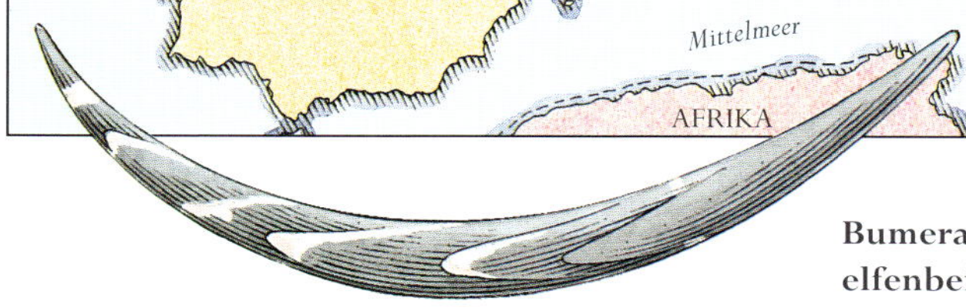

Bumerang aus Mammutelfenbein, Oblazowa, Polen

Ostasien & Australasien

Felsgravierungen

Die relativ kleine Zahl nomadischer Jäger und Sammler in Australien hatte zu dieser Zeit komplexe Kunstformen entwickelt: Felsmalereien und Petroglyphen (Felsgravierungen). Die mit 45 000 Jahren älteste wurde in Panaramitee in Südaustralien gefunden, sie markiert den Beginn einer kontinuierlichen Kunsttradition, die bis zum heutigen Tag anhält. Viele der Petroglyphen wurden auf Steinplatten entdeckt, überzogen mit einer natürlichen Patina, dem »Wüstenlack«. Diese dunkle Schicht braucht viele tausend Jahre um sich aufzubauen. Die Motive der Petroglyphen sind lineare und abstrakte Zeichen, die häufig Känguru- und Vogelspuren darstellen, sowie Spiralen, Kreise und Halbkreise. Diese Spuren von Menschen und Tieren symbolisieren Wesen, die von einem Betrachter aus der Vogelperspektive gesehen werden.

-- Hist. Küstenverlauf
□ Vermutliche Ausdehnung d. Vereisung
■ Panaramitee-Fundstätte

Petroglyph, Panaramitee, Australien

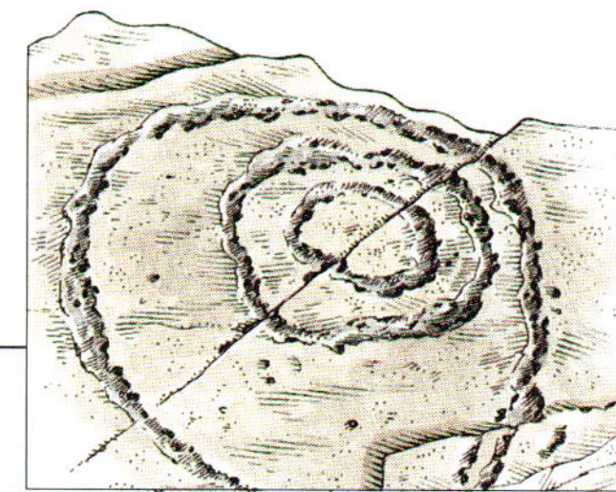

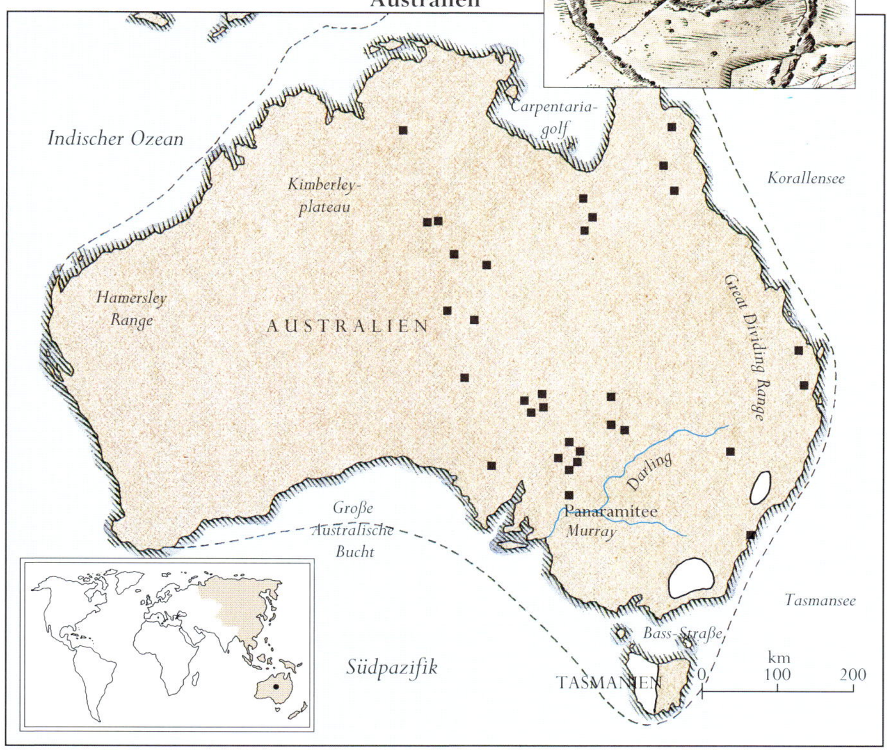

Vorderasien & Südasien

Künstlerisches Schaffen

Die früheste Felskunst aus Zentralarabien und aus Bhimbetka in Indien stammt wahrscheinlich aus der kältesten Phase der letzten Eiszeit. Unter den wenigen Kleinkunstwerken befindet sich ein gravierter Kiesel aus Urkan e-Rub in Israel, ein Straußenei mit Gravuren aus Patne in Zentralindien, sowie ein aus einem Kalksteinkiesel geschnitzter menschlicher Kopf aus Aq Kupruk, Afghanistan. Dieser Kopf ist möglicherweise 20 000 Jahre alt; er ist 6 cm hoch, er hat eine flache Nase und einen merkwürdig geformten Mund. Solche Stücke sind der Nachweis der künstlerischen Aktivitäten in der gesamten Region zu dieser Zeit.

Hist. Küstenverlauf --
Vermutliche Ausdehnung der Vereisung □
Kleinplastikfundstätte der Eiszeit ■

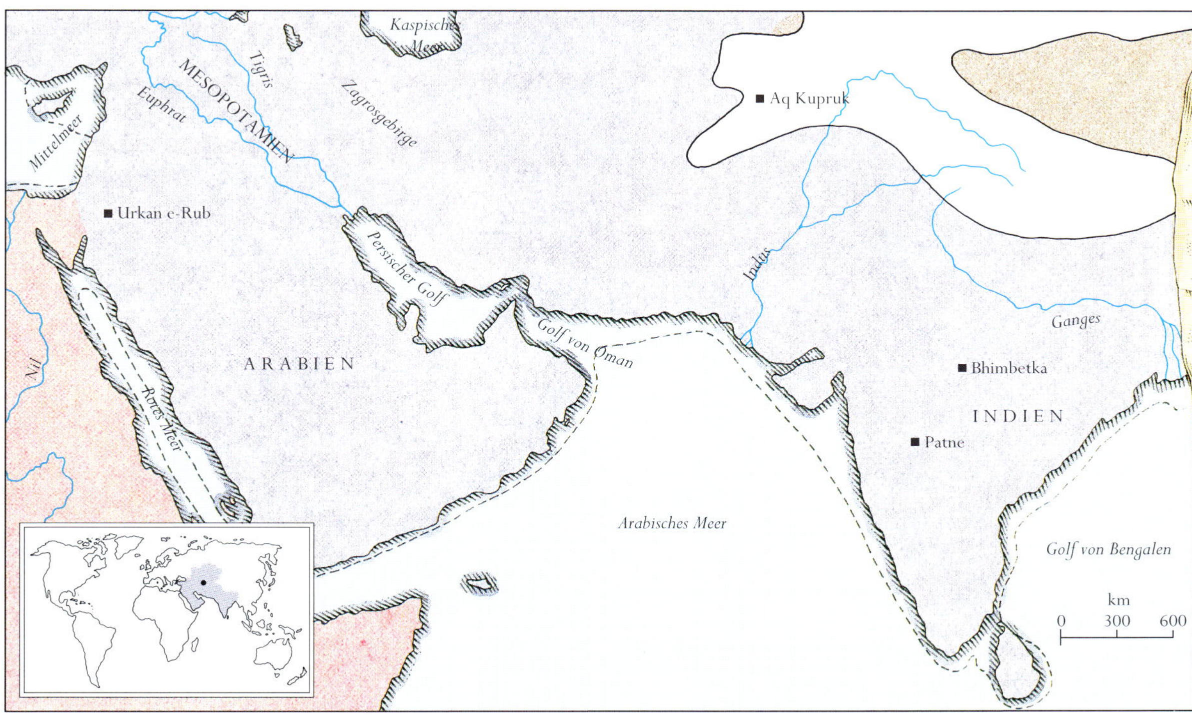

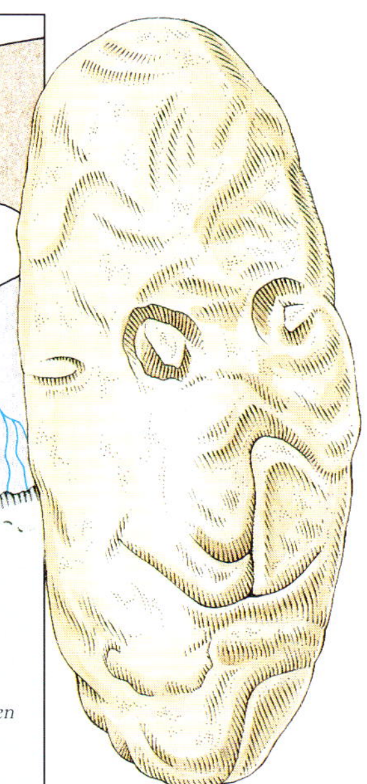

Geschnitzter Kopf, Aq Kupruk, Afghanistan

33 000–18 000 V. CHR.

33 000 V. CHR.

Amerika

Ernährung & Lebensraum

Bis zu dieser Zeit keine Nachweise menschlicher Besiedlung gefunden.

Wohnen & Bauen

Bis zu dieser Zeit keine Nachweise menschlicher Besiedlung gefunden.

Ostasien & Australasien

Ernährung & Lebensraum

Schalentiere

Das Willandra-Seengebiet im ariden Teil von Neusüdwales in Australien wurde von Aborigine-Gruppen häufig aufgesucht. Deren Grundnahrungsmittel waren Schalentiere und Muscheln. Am Ufer einer der Seen fanden sich große Mengen Muschelabfälle, die von Aborigines vor 36 000 – 31 000 Jahren aufgehäuft worden sind.

Muschelabfälle, Neusüdwales, Australien

Wohnen & Bauen

Lagerplätze

Die Lagerplätze an den Ufern des Mungo-Sees im Willandra-Seengebiet in Neusüdwales, Australien, wurden mehrere tausend Jahre über von Aborigine-Gruppen aufgesucht. Deutliche Überreste sind in den Feuerstellen zu finden, die Knochen von Fischen, Vögeln und Säugetieren enthalten. Neben den Feuerstellen fand man an einigen der Lagerplätze flache Vertiefungen im Boden, in denen vermutlich Tonklumpen erhitzt wurden, auf denen gekocht wurde. Einen Teil des Jahres verbrachten die Aborigine-Gruppen in anderen Gegenden, wo sie weitere Nahrungsvorkommen nutzen konnten.

Vorderasien & Südasien

Ernährung & Lebensraum

Gefleckter Hirsch

Leben am See

In Pushkar, im Nordwesten von Indien, zog eine Reihe von Seen in einem ansonsten trockenen Gebiet Jäger-und-Sammler-Gruppen an, die sich hier vor 30 000 Jahren niederließen. Zunehmende Trockenheit machte die Seen zur lebenswichtigen Quelle von Wasser auch für den Gefleckten Hirsch. Lagerstätten, erkennbar an herumliegenden Steinwerkzeugen und Abfällen, gab es in größerer Zahl an den Ufern der Seen.

Wohnen & Bauen

Schutzhöhlen der Jäger

Die Höhlen am Karmelberg an der Küste von Israel sind seit 100 000 Jahren immer wieder bewohnt worden. Vor 34 000 Jahren bot die El-Wad-Höhle einer Gruppe moderner Menschen Schutz, die in den Hügeln Damwild jagten. Sie verbrachten hier vermutlich mehrere Monate des Jahres, bevor sie im Winter weiter ins Landesinnere zogen.

El-Wad-Höhle, Karmelberg, Israel

Europa

Ernährung & Lebensraum

Pferdefleisch

Im Europa jener Zeit bevölkerten Pferde die offene Grassteppe. Sie sahen den heutigen mongolischen Wildpferden und dem Przewalskipferd ähnlich und waren wichtige Fleischlieferanten für den prähistorischen Mensch. An Wohnstätten finden sich häufig Pferdeknochen; Pferde sind zudem ein immer wiederkehrendes Motiv der Felsmalereien dieser Periode.

Przewalskipferd

Wohnen & Bauen

Hütten aus Lehm und Kalkstein

Vor etwa 24 000 Jahren hatten europäische Jäger und Sammler großes Können beim Bau dauerhafter Siedlungen erworben. Eine der Hütten von Dolní Vestonice in Mähren hatte eine niedrige Außenwand aus Lehm und Kalkstein mit Vertiefungen für Pfosten, die ein Dach aus Häuten und Reisig stützten. In der Mitte der Hütte gab es eine Feuerstelle aus Lehm und Stein.

Querschnitt einer Hütte, Dolní Vestonice, Mähren

Afrika

Ernährung & Lebensraum

Hartebeest

Flora und Fauna

Funde von Kohle und Pollen in südafrikanischen Höhlen zeigen, dass die Vegetation zu dieser Zeit aus Büschen und Bäumen bestand, die wenig Früchte trugen. Die Tierwelt dominierten grasende Tiere wie Riesenarten des Büffels, das Pferd und das Hartebeest. Diese Arten starben aus, als sich Klima und Vegetation veränderten, erst im 17. Jh. n. Chr. wurde das Pferd wieder nach Südafrika eingeführt.

Wohnen & Bauen

Boomplaas-Höhle, Südafrika

Günstiger Stützpunkt

In Südafrika waren nur wenige Höhlen ständig bewohnt. Die meisten wurden nur gelegentlich als Stützpunkte für besondere Aktivitäten wie die Herstellung von Waffen oder an der Küste als Ausgangspunkt zum Sammeln von Schalentieren genutzt. Höhlen wie die Boomplaas-Höhle, die in der Nähe eines wildreichen Gebietes liegt, wurden allerdings noch bis in die jüngste Vergangenheit bewohnt.

200 V. CHR.

33 000–18 000 V. CHR.

Erfindungen & Entdeckungen

Bis zu dieser Zeit keine Nachweise menschlicher Besiedlung gefunden.

Geschliffene Axtschneiden

Die australischen Aborigines entwickelten vor über 30 000 Jahren die Technik des Schleifens von Steinklingen zur Herstellung von Äxten. Äxte wie die hier abgebildeten aus Kakadu in Nordaustralien wurden oft über Hunderte von Kilometern gehandelt. Sie dienten wahrscheinlich dem Entasten von Bäumen. Die älteste geschliffene Axt wurde in Sandy Creek in Queensland gefunden. Sie ist 32 000 Jahre alt.

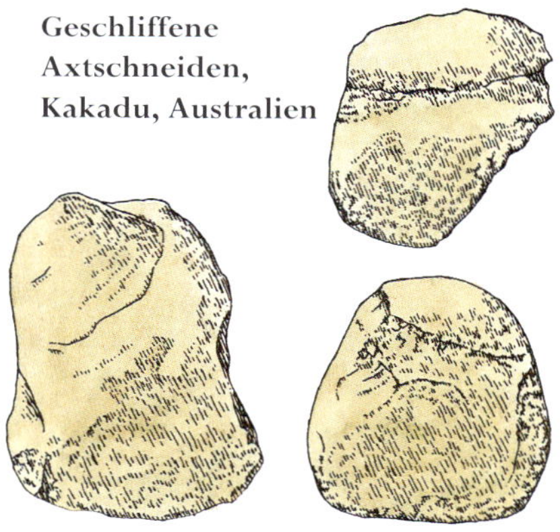

Geschliffene Axtschneiden, Kakadu, Australien

Klingen

Zwischen 32 000 und 18 000 v. Chr. erweiterten Menschen in Irak und Iran ihr Repertoire an Steinwerkzeugen um schlanke, blattförmige Klingen, die wohl als Speerspitzen Verwendung fanden. Der Trend zu kleineren und filigraneren Werkzeugen, die nach den Höhlen im Baradostberg in Kurdistan Baradostisch genannt werden, setzte sich auch in Afrika und Europa durch.

Baradostische Steinwerkzeuge, Shanidar, Irak

Technischer Wandel

Die vor 32 000–19 000 Jahren in Westeuropa hergestellten Werkzeuge werden dem Aurignacien zugeordnet, so benannt nach dem Fundort Aurignac in Südfrankreich. Das Geräteinventar umfasst Feuersteinklingen, die feiner gearbeitet sind als die der Neandertaler, sowie Knochen- und Geweihwerkzeuge, vor allem Spitzen mit gespaltener Basis.

Hackstein des Aurignacien, Belgien

Mikrolithen aus Quarz

Im Nordosten der Dem. Rep. Kongo begannen Jäger und Sammler vor etwa 35 000 Jahren mit der Produktion kleinster Steinklingen aus lokalem Quarz. Diese kleinen Klingen werden Mikrolithen genannt. Indem man sie in Schäfte aus Holz oder Knochen einsetzte, konnte man mehrteilige Werkzeuge herstellen.

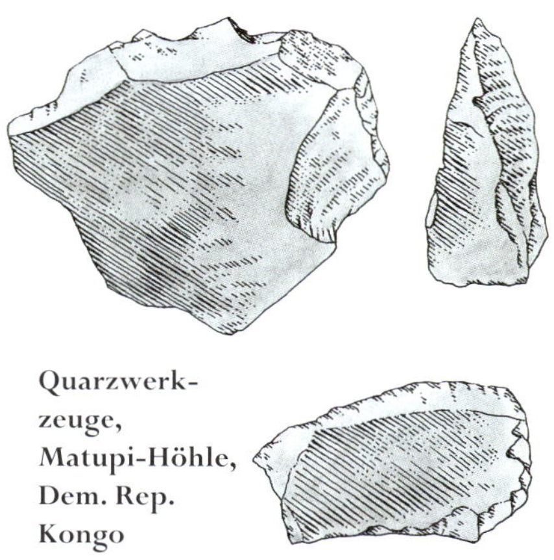

Quarzwerkzeuge, Matupi-Höhle, Dem. Rep. Kongo

Kunst & Religion

Bis zu dieser Zeit keine Nachweise menschlicher Besiedlung gefunden.

Überreste einer Kremation, Mungo-See, Australien

Kremation und Bestattung

Die Überreste der ältesten bekannten Kremation (Einäscherung) der Welt vom Ufer des Mungo-Sees, Australien, sind etwa 26 000 Jahre alt. Neben der Einäscherung praktizierten die Aborigine-Gemeinschaften weitere Bestattungsriten, wie das Grab eines erwachsenen Mannes zeigt, das mit rotem Ocker bestreut war.

Gravierte Eierschalen

Die ältesten Kleinkunstwerke Südasiens sind gravierte Straußeneier aus der Zeit vor 40 000–25 000 Jahren. Das am besten erhaltene Exemplar ist ein Fragment aus Patne in Zentralindien, das ein Muster aus Kreuzlagen aufweist. Die vollständigen Eierschalen könnten als Behälter gedient haben.

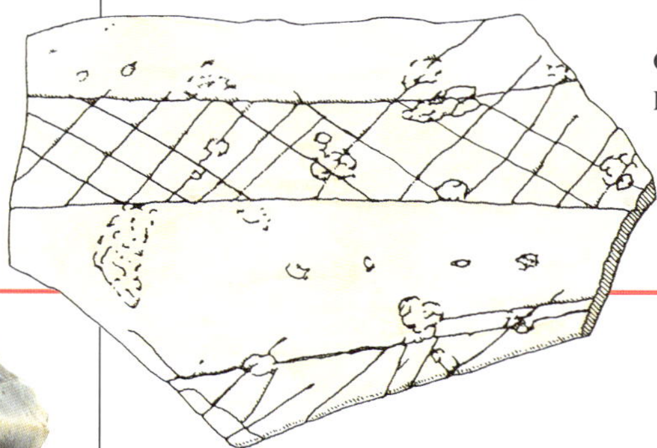

Graviertes Eierschalenfragment, Patne, Indien

Elfenbeinschnitzereien

In Europa wurden die ersten Kleinplastiken vor 30 000 Jahren geschaffen. Diese geschnitzte Elfenbeinstatuette, die »Löwenfrau« aus der Höhle in Hohlenstein-Stadel in Deutschland, zeigt einen Menschen mit Katzenkopf. Gefunden wurde sie im Inneren der Höhle, im Eingangsbereich eines Wohnplatzes. Mit etwa 32 000 Jahren ist sie die älteste bekannte Figurine der Welt.

Statuette, Hohlenstein-Stadel-Höhle, Deutschland

Höhlenkunst

Die ältesten Felsmalereien Afrikas wurden in der Apollo-II-Höhle in Namibia gefunden; sie sind zwischen 26 000 und 19 000 Jahre alt. Man fand sie auf Felsplatten, die unter Siedlungsschichten (Hinterlassenschaften aufeinander folgender Bewohner) begraben waren, was eine genaue Datierung ermöglichte. Die Malereien sind in Schwarz oder Rot und stellen u. a. Tiere wie das Rhinozeros und das Zebra dar.

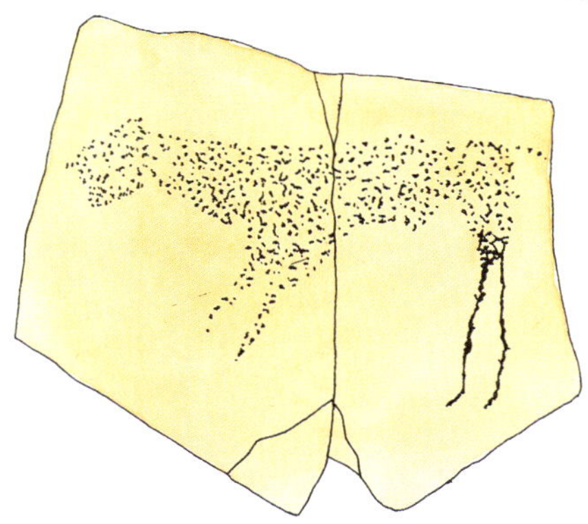

Felsmalereien, Apollo-II-Höhle, Namibia

18 000–13 000 V. CHR.

33 000 V. CHR.

Amerika

Ernährung & Lebensraum

JAGDWILD DER TUNDRA
In der kältesten Phase der letzten Eiszeit, vor etwa 20 000 Jahren, war das amerikanische Festland mit Sibirien durch die Bering-Landbrücke verbunden. Jäger-und-Sammler-Verbände siedelten zunächst auf der Landbrücke selbst. Sie erreichten den nordamerikanischen Kontinent vor etwa 15 000 Jahren. Als Großwildjäger der Tundra waren sie auf die Jagd nach Mammuts, Bisons, Karibus und Kamelen spezialisiert.

Wohnen & Bauen

DIE HÖHLEN VON YUKON
Die ersten Tundrajäger, die Nordamerika vor 15 000 Jahren erreichten, suchten vor dem harten arktischen Klima Schutz in Höhlen. Steinwerkzeuge und Knochenartefakte, ähnlich denjenigen, die in Sibirien gefunden wurden, sowie Überreste von eiszeitlichen Tieren, die in diese Zeit datiert werden, dokumentieren die Anwesenheit von Tundrajägern in der Bluefish-Höhle im westlichen Yukongebiet von Kanada.

Ostasien & Australasien

Ernährung & Lebensraum

Langschnäuziger Ameisenigel

VERÄNDERUNG DER KÜSTENLINIE
Felsbilder an der heutigen Nordküste von Australien, auf denen ausschließlich Landtiere dargestellt sind, unter anderem auch der heute in Australien ausgestorbene aber noch in Neuguinea vorkommende langschnäuzige Ameisenigel, beweisen, dass die Küstenlinie früher weiter nördlich gelegen sein muss. Die Felsbilder sind mit 18 000 Jahren die ältesten dieser Art in Australien.

Wohnen & Bauen

DIE SÜDLICHSTE SIEDLUNG
Die südlichste Siedlung der Eiszeit ist eine Höhle in Kutikina in Südwesttasmanien, die sich 175 m in Kalksteinklippen hineinzieht. Sie liegt am Unterlauf des Franklinflusses in einem abgelegenen Regenwaldgebiet der Insel. Außerordentlich große Mengen an Funden verbargen sich hier hinter einem Vorhang aus Stalaktiten. Vor 20 000–15 000 Jahren war die Höhle für jeweils einige Wochen oder Monate im Jahr von etwa 20–30 Personen bewohnt, die auf die Jagd auf das Wallaby spezialisiert waren. Die Höhle enthält gefasste Feuerstellen und hat Öffnungen in der Decke, die für Licht sorgten. Unter diesen Lichtschächten fanden sich große Mengen Abfälle aus der Produktion von Steinwerkzeugen wie Schaber, Hacksteine und Klingen.

Vorderasien & Südasien

Ernährung & Lebensraum

WILDGETREIDE
Der früheste Nachweis der Ernte von Wildgetreide stammt von Ohalo, einem großen Winterlager am Ufer des See Genezareth in Israel. Hier wurden Körner der Wildformen von Gerste und Weizen gefunden, die 19 000 Jahre alt sind. Weitere Grundnahrungsmittel der Bewohner dieses Winterlagers waren Fisch, Früchte und andere pflanzliche Kost.

Wilder Weizen

Wohnen & Bauen

WINTERLAGER
Das Winterlager in Ohalo an den Ufern des See Genezareth erstreckte sich über eine Fläche von 1500 m². Dies belegen Überreste einer Hütte, zweier weiterer Bauten, einer Kochstelle, eines Steinkreises und mehrerer Feuerstellen. Die Holzhütte war 4,5 m breit und in mindestens drei verschiedenen Perioden bewohnt.

Europa

Ernährung & Lebensraum

RENTIERJAGD
Viele Jäger-und-Sammler-Gesellschaften im Europa dieser Zeit waren auf das Rentier angewiesen. Es lieferte nicht nur Fleisch, sondern Häute, Sehnen, Knochen und Horn, begehrte Rohstoffe zur Herstellung von Werkzeugen, Kleidung und Kunstgegenständen. Rentiere zogen während der Eiszeit, wie andere nördliche Tierarten auch, bis in den Süden Europas.

Rentier

Wohnen & Bauen

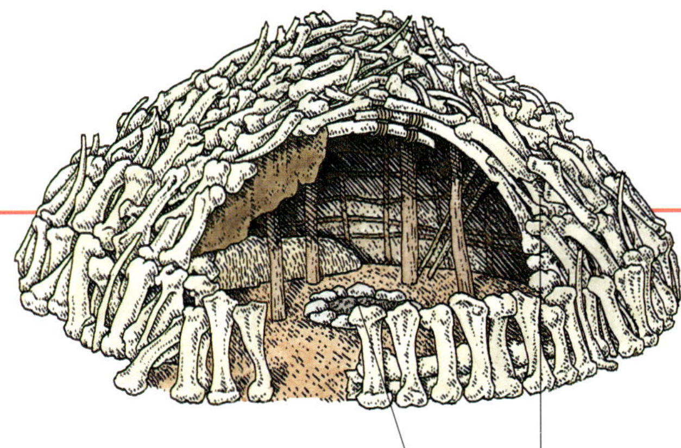

Hütte aus Mammutknochen, Mezhirich, Ukraine

HÜTTEN AUS MAMMUTKNOCHEN
In Mittel- und Zentraleuropa, wo Holz knapp war, griffen Jäger und Sammler zu Knochen und Stoßzähnen, um Hütten zu bauen. Die in Mezhirich, Ukraine, gefundenen Hütten hatten einen Durchmesser von 4–8 m und waren wahrscheinlich mit Tierhäuten bedeckt. Sie sind zwischen 18 000 und 12 000 Jahre alt.

Afrika

Ernährung & Lebensraum

VERÄNDERTE BEDINGUNGEN
Durch den steigenden Meeresspiegel versanken vor 15 000 Jahren küstennahe Gebiete Afrikas im Wasser. Die Jäger, die die Nelson Bay Cave und die Eland's Bay Cave bewohnten, mussten auf Nahrung aus dem Meer zurückgreifen, als die offene Grassteppe, vormals 12 km von der Küste entfernt, überschwemmt wurde. Der Lebensraum des Kapbüffels, des Jagdwildes der Höhlenbewohner, war unter dem Wasser versunken.

Kapbüffel

Wohnen & Bauen

KÜSTENNAHE HÖHLEN
Die Eland's Bay Cave, an der Südwestküste Südafrikas, lag Tausende von Jahren verlassen, bevor sie von Jäger-und-Sammler-Verbänden vor 20 000 Jahren wieder bewohnt wurde. Obwohl die Höhle nur wenige Wochen oder Monate im Jahr genutzt wurde, sammelte sich hier eine 3 m tiefe Siedlungsschicht an.

Erfindungen & Entdeckungen

Werkzeuge aus Yukon
In der Bluefish-Höhle im westlichen Yukongebiet wurden Mikrolithen (winzige Steinklingen), ein keilförmiger Kernstein und andere Steinwerkzeuge gefunden, die der Jagd und der Verarbeitung von Tierkörpern und Tierfellen gedient haben.

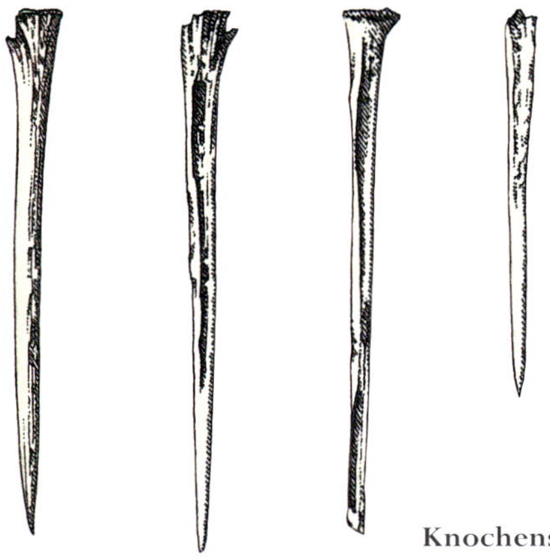

Knochennadeln
In Australien wurden Knochenwerkzeuge zur Bearbeitung von Tierfellen und Pflanzenfasern benutzt. In der Cave-Bay-Höhle auf einer Insel nahe Tasmanien wurde eine schmale, scharfe, 9 cm lange Knochenspitze aus dem Schienbeinknochen eines Wallabys gefunden. Sie ist 18 550 Jahre alt und wurde wahrscheinlich als Pfriem zur Verarbeitung von Fellen oder als Nadel zur Herstellung von Netzen und Körben benutzt.

Knochenspitzen, Cave-Bay-Höhle, Tasmanien

Kebara-Technik
Im Zeitraum vor 20 000 – 14 500 Jahren verwendeten nomadische Jäger und Sammler, die die Kebara-Höhle in Israel und andere Plätze in der Umgebung bewohnten, so genannte Kebara-Werkzeuge. Dazu gehören Feuerstein-Mikrolithen (winzige Klingen) und Mahlgeräte wie Mörser und Stößel.

Kebara-Steinwerkzeuge, Libanon

Präzise Bearbeitung
In Westeuropa entwickelten die Menschen der Solutréen-Kultur zwischen 19 000 und 16 000 v. Chr. eine Werkzeugtechnik, mit der kleinste Splitter von einem Feuersteinkern abgespalten werden konnten. Manchmal wurde dieser zur präziseren Bearbeitung auch erhitzt. So erhielt man u. a. elegante, beidseitig bearbeitete lorbeerblattförmige Spitzen.

Lorbeerblatt-Spitzen des Solutréen, Volgu, Frankreich

Knochenwerkzeuge
Funde in Ishango an den Ufern des Rutanzigesees in der Dem. Rep. Kongo, die auf ein Alter von 20 000 Jahren datiert werden, dokumentieren die lange Dauer der Besiedlung durch Jäger-und-Sammler-Verbände. Außer Fisch- und Tierabfällen fanden sich in einem ganzen Hügel aus Hinterlassenschaften auch roh gearbeitete Quarz-Mikrolithen (winzige Klingen) und große Mengen von Knochengeräten, vor allem Harpunenspitzen. Die älteren sind beidseitig gezähnt, die jüngeren nur einseitig.

Kunst & Religion

Bis zu dieser Zeit kein Nachweis für Kunst oder Religion gefunden.

Handnegative
Einige der Handumrisse an den Wänden der Wargata-Mina-Höhle im Südwesten von Tasmanien sind 15 000 Jahre alt. Es gibt hier 16 Negativabdrucke der linken und der rechten Hand von fünf Personen, die durch Besprühen von mit Wasser gemischten Farbpigmenten entstanden. Im stockdunklen Inneren der Höhle wurden sie wahrscheinlich im Zusammenhang mit Initiationsriten oder von Initianden und Ältesten aufgesucht.

Handnegative, Wargata-Mina-Höhle, Tasmanien

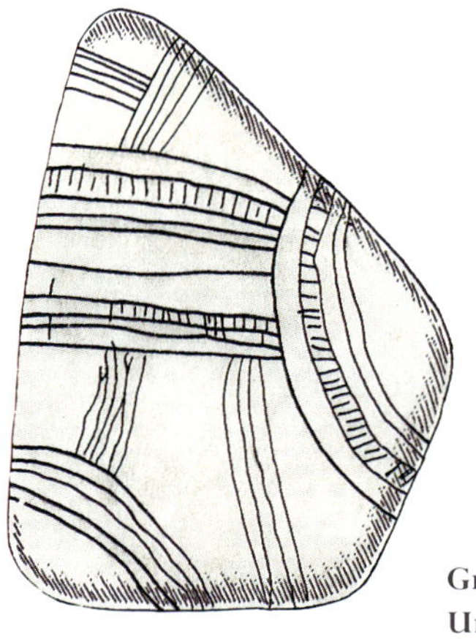

Gravierungen
Von den vor 15 000 Jahren von den Jäger-und-Sammler-Verbänden der Levante (Mittelmeerküste von Syrien, Libanon und Israel) hergestellten dekorierten Objekten sind nur wenige erhalten geblieben. Nur ein Kleinkunstwerk, ein gravierter Kalkkiesel mit eingeschnittenem »Leiter«-Motiv und parallelen Linien wurde in Urkan e-Rub in Israel gefunden. Diese Jäger und Sammler bestatteten ihre Toten, was Gräber im Boden von bewohnten Höhlen und anderen Wohnstätten belegen.

Gravierter Kiesel, Urkan e-Rub, Israel

Rentier aus Elfenbein, Bruniquel, Frankreich

Elfenbeinschnitzereien
In Westeuropa stellten Jäger und Sammler vor 20 000 Jahren eine große Bandbreite von Kleinstkunstwerken her, die von einfachen Gravierungen auf Steintafeln oder Steinplatten bis zu geschnitzten Elfenbeinskulpturen wie diesem Rentier aus Bruniquel in Südwestfrankreich reichten. Die Kleinplastiken stellen häufig Rentiere dar.

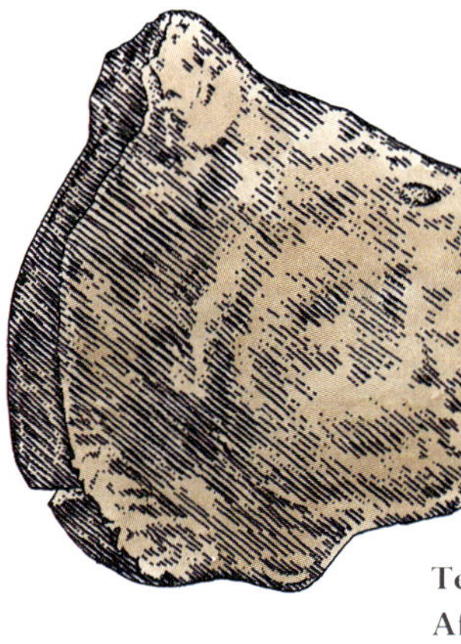

Terrakottastatuetten
In Nordafrika findet man die frühesten afrikanischen Kleinplastiken: einfache Terrakottastatuetten wie diesen kleinen, mit der Hand modellierten Kopf eines gehörnten Tieres aus Afalou-bou-Rhummel in Ostalgerien, der 15 000 Jahre alt ist.

Terrakottakopf, Afalou-bou-Rhummel, Algerien

HÖHLENKUNST

33 000 V. CHR.

Die Felskunst Europas gehört zu den beeindruckendsten Zeugnissen menschlicher Errungenschaften der Eiszeit. Die meisten Darstellungen fand man im Inneren von Höhlen, aber auch Felswände im Freien wurden verziert. Die Felskunst im Freien, zwischen 35 000 und 20 000 Jahre alt, ist durch Witterungseinflüsse weniger gut erhalten als die Kunst im dunklen Inneren der Höhlen, die meist zwischen 20 000 und 10 000 Jahre alt ist. Sie umfasst eine erstaunliche Breite an Motiven und Techniken, von Handnegativen, Umrisszeichnungen und mehrfarbigen Malereien bis hin zu Gravierungen, Flachreliefen und Lehmplastiken. Die Künstler brachten Farbpigmente mit den Fingern, mit Pinseln aus Tierhaar, Kissen (vielleicht aus Fell) oder Sprühtechniken auf. Einige der Kunstwerke liegen versteckt, andere sind leicht zugänglich. Das kann bedeuten, dass der Schaffensakt wichtiger war als das Bildwerk selbst. Frühere Interpretationen der Höhlenkunst als künstlerischer Selbstzweck, als Jagd- oder Fruchtbarkeitsmagie gelten inzwischen als überholt, Grundlage der Höhlenkunst sind vielmehr komplexe religiöse Vorstellungen.

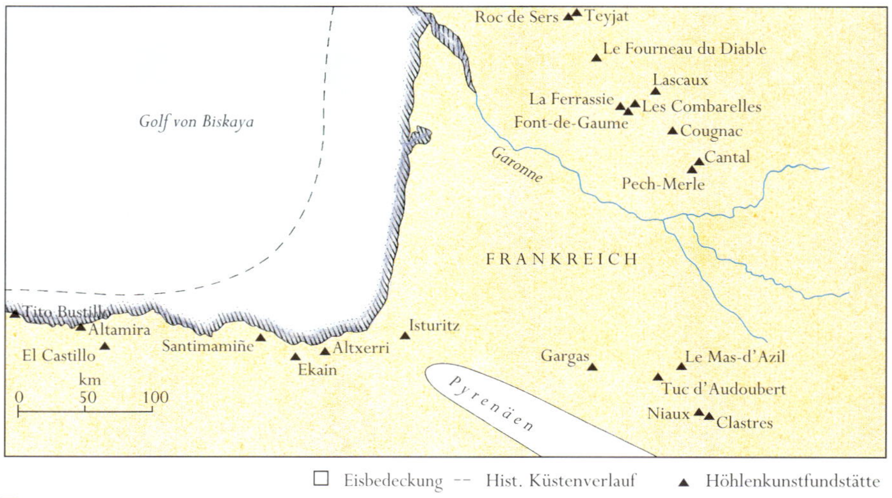

ZENTREN DER EISZEITKUNST
Das reiche Vermächtnis der Höhlenkunst im Südwesten Frankreichs und Norden im Spaniens erlaubt einen Blick auf das kulturelle Leben menschlicher Gemeinschaften in der letzten Eiszeit. Häufig dargestellt sind große Tiere wie Pferd, Wisent und Hirsch.

KÜNSTLER BEI DER ARBEIT *rechts*
Pferd, Wisent und Rind dominieren die Höhlenwände, aber auch abstrakte Zeichen wie Punkte, Rechtecke und Linien sind häufig. Die Künstler benutzten Holzgerüste, um hohe Wände und Decken zu erreichen. In der Höhle von Lascaux in Frankreich sind Fassungen für eine Plattform aus Holzpfählen erhalten geblieben. Brennendes tierisches Fett, das auf flachen oder ausgehöhlten Steine verbrannt wurde, erleuchtete die Höhle. Auch Kinder beteiligten sich an den Malereien der Erwachsenen; das zeigen einige der mit den Fingern gezogenen Linien und einfachere Figuren sowie Fußspuren von Kindern in den Höhlen.

Entstehung einer Höhlenmalerei

Pinsel aus Tierhaar bzw. zerquetschten oder gekauten Pflanzenfasern

Fettlampen mit einem Docht aus pflanzlichem Material spendeten gedämpftes, flackerndes Licht.

Mörser und Stößel zum Zerstoßen von Pigmenten

Pigmente wurden im Feuer erhitzt, um unterschiedliche Schattierungen zu erzeugen.

FARBIGKEIT
In der Regel bestanden die meisten Figuren aus Umrissen, wie hier die Kohlezeichnung eines Pferdes an der Wand der Höhle von Niaux in den französischen Pyrenäen. Einige Figuren waren teilweise oder ganz ausgemalt. Auf einem Fries der Höhle von Pech-Merle in Frankreich sind die Pferdekörper mit Punkten ausgefüllt. Die berühmten Bildergalerien von Lascaux in Frankreich und Altamira in Spanien sind in ihrer Mehrfarbigkeit eine Ausnahme.

PIGMENTHERSTELLUNG
Die Höhlenkünstler stellten Pigmente aus verschiedenen, zu Pulver vermahlenen Mineralien her. Rote Pigmente wurden aus Hämatit hergestellt (Eisenoxid oder roter Ocker), weiße aus Kaolin oder Kalk, schwarze entweder aus Manganoxid oder Holzkohle. Manche Gemeinschaften erhitzten Mineralien, um unterschiedliche Farben zu erhalten. Die Mineralien waren meist leicht vor Ort zugänglich, manchmal mussten sie aber auch abgebaut werden. So wurden in Afrika Ockerminen entdeckt, die vor 42 000 Jahren genutzt wurden.

Handschrift

Handnegative sind weit verbreitet und dominieren oft ganze Abschnitte einer Höhle. Das Sprühverfahren bestand darin, die Hand als Schablone auf die Wand zu drücken und mit dem Mund die Farbe auf die Wand zu sprühen oder zu spucken. Bei einigen der Hände, vor allem in der Gargas-Höhle in Frankreich (*links*), sind die Fingerglieder unvollständig. Es ist nicht ganz eindeutig, ob die Glieder tatsächlich fehlten oder nur umgeknickt waren und so vielleicht ein Zeichensystem darstellten.

Holzplattformen verschaffen Zugang zu Wänden und Decken.

Kinder malten mit den Fingern einfache Linien und Figuren.

Handnegative im Sprühverfahren

Beleuchtung der Höhlen

Nur 300 Lampen wurden für den gesamten Zeitraum der 25 000-jährigen Höhlenkunst gefunden, sodass die Beleuchtung der Höhlen noch etwas rätselhaft ist. Beispiele wie die wunderschön verzierte Lampe aus Lascaux sind sehr selten. Im Allgemeinen benutzte man wahrscheinlich Fackeln oder einfache Lampen aus flachen Steinen, in denen Tierfett verbrannt wurde.

Verzierte Lampe, Lascaux, Frankreich

Skulpturen

Die Höhlenkunst besteht nicht nur aus den spektakulären Malereien von Lascaux oder Altamira. Weitaus häufiger wurden Darstellungen in die Felsen eingraviert. Die Künstler waren auch äußerst geschickt in dreidimensionalen Techniken. Sie bezogen die natürliche Felsgestalt in ihre Kompositionen ein, um ihnen Plastizität zu geben und stellten Flachreliefs und Lehmskulpturen her.

Zusammenstoß zweier Steinböcke

Kalksteinskulpturen *oben*

Flachreliefs sind nur in West- und Zentralfrankreich anzutreffen, wo der weiche Kalkstein leicht zu bearbeiten war. Solche Arbeiten befinden sich im Tageslicht, frühe Werke eher auf Felsblöcken als auf Wänden. Die Steinböcke sind ein Teil von Darstellungen auf Felsblöcken, die im hinteren Bereich des Felsdaches von Roc de Sers in einem Halbkreis angeordnet sind. Die meisten Flachreliefs waren koloriert, aber nur wenige Pigmentspuren sind erhalten geblieben.

Gravierungen *links*

Gravierungen reichen von tiefen Linien bis feinen Ritzungen wie dieser Stierkopf aus Teyjat, Frankreich. Für solche Arbeiten wurden scharfe Werkzeuge aus Feuerstein benutzt. Die feinen Gravierungen sind bei frontaler Beleuchtung kaum zu erkennen, die Künstler müssen eine Lichtquelle seitlich gehalten haben, um zu vermeiden, dass der Schatten ihrer Hand auf das Bild fiel.

Lehmarbeiten

Die großartigsten Lehmfiguren aus der letzten Eiszeit sind zwei Wisentskulpturen aus Tuc d'Audoubert in Frankreich. Sie messen ein Sechstel der Lebensgröße und lehnen sich tief im Inneren der Höhle an einen Felsblock. Es sieht so aus, als hätten die Künstler diesen Ort nur einmal betreten, nach Beendigung der Arbeiten aufgeräumt und als seien sie nie wieder zurückgekehrt. Lehmskulpturen wurden nur in den Pyrenäen entdeckt.

KAPITEL 5
DAS EIS TAUT
13000–8000 v. Chr.

Mit steigenden Temperaturen beginnen die Eisschilde zu schmelzen.

Die heutigen Kontinente nehmen mit steigendem Meeresspiegel Gestalt an.

Jäger und Sammler erreichen die Südspitze Amerikas.

Die ersten Bauern kultivieren Pflanzen in Vorderasien.

Japanische Jäger und Sammler stellen die erste Keramik her.

Als das Eis vor 15000 Jahren in Eurasien und Nordamerika zurückging, brachte das für die ganze Welt einschneidende Veränderungen. Die globalen Temperaturen waren seit dem Kältetiefpunkt der letzten Eiszeit (vor etwa 20000 Jahren) ständig gestiegen und hatten um 8000 v. Chr. fast den heutigen Stand erreicht. Als das Eis schmolz, wurden große Mengen Wasser freigesetzt, dadurch stieg der Meeresspiegel bis zu 100 m und überflutete vormals trockene Ebenen wie die Beringbrücke, den Golf von Thailand, die Nordsee und das Sahulschelf (zwischen Australien und Neuguinea). Mit größeren Wassermengen gingen höhere Niederschläge einher; die ausgedehnten Wüsten in den Tropen schrumpften.

Bevölkerungsanstieg

Die klimatischen Veränderungen schufen für den Menschen, dessen Überlebensstrategien durch die harten Bedingungen der Eiszeit hoch entwickelt waren, neue Möglichkeiten. Das mildere Klima ermöglichte Pflanzen und Tieren, immer mehr Regionen der Welt zu besiedeln, einschließlich vormals unbewohnbarer Gebiete in Europa und Nordamerika. Die reichen Ressourcen dieser Gegenden glichen den Verlust der überschwemmten Landflächen mehr als aus. Tatsächlich beschleunigte der Zugang zu neuen Nahrungsquellen das kontinuierliche Wachstum der menschlichen Bevölkerung, das bis heute anhält. Auch die vollständige Besiedlung Amerikas wurde durch das milde Klima ermöglicht. Jäger-und-Sammler-Gruppen drangen südlich der zurückgehenden Eisschilde vor und verbreiteten sich in ganz Nordamerika. Um 11000 v. Chr. waren Menschen bis nach Südamerika gekommen, das zeigt eine Siedlung in Monte Verde in Zentralchile, wo Überreste von Feuerstellen und Unterkünften gefunden wurden. Spätestens um 9000 v. Chr. hatten sie Patagonien, die Südspitze des Kontinents, erreicht.

Paläo-Indianische Werkzeuge
Dünne, scharfe Schneiden wurden von einem Kernstück abgeschlagen (*oben links*). Knochenwerkzeug (*oben rechts*) diente zum Abkratzen des Fleisches.

Großwildjagd

Die ersten Nordamerikaner waren von ihrer sibirischen Heimat durch das Beringmeer abgeschnitten und wagten sich auf der Suche nach Jagdgebieten Richtung Süden vor. In kleinen Gruppen folgten sie dem Wild über weite Entfernungen und entwickelten eine gemeinsame Steinwerkzeugtechnik. Der früheste Typ ist die Clovis-Spitze, die Mammuthaut durchbohren konnte, der spätere die Folsom-Spitze, die mit Kraft geworfen einen Bison tötete. Städte in Neumexiko, die Fundorte der ersten Exemplare, gaben ihnen ihre Namen. Die Verbreitung der Clovis-Spitzen zeigt die Ausdehnung der Abschlagstechnik und den Austausch von Materialien und Techniken zwischen einzelnen Gruppen.

Jagdwild
In den nordamerikanischen Ebenen lebten Großwildherden wie Bison und Mammuts (*oben*). Das Mammut starb in dieser Region um 9000 v. Chr. aus.

MIKROLITHISCHE TECHNIK
Um 13000 v. Chr. waren Mikrolithen-Werkzeuge in fast ganz Afrika verbreitet und kamen später auch nach Europa und Asien. Diese Mikrolithen stammen aus Gamble's Cave, Kenia.

WICHTIGE EREIGNISSE 13000–8000 V. CHR.

13000 v. Chr. Der steigende Meeresspiegel überschwemmt tief liegende Küstengebiete.

11000 v. Chr. Erster Nachweis domestizierter Hunde, Vorderasien

Erster Nachweis menschlicher Besiedlung, Südamerika

10500 v. Chr. Erster Nachweis von Keramikgefäßen, Japan

9000 v. Chr. Beginn des Ackerbaus, Vorderasien

Mammut stirbt aus, Nordamerika.

8000 v. Chr. Große bäuerliche Siedlungen, Vorderasien

13000 V. CHR. – 12000 V. CHR. – 11000 V. CHR. – 10000 V. CHR. – 9000 V. CHR. – 8000 V. CHR.

Umweltveränderungen

Vielleicht trug der Erfolg der frühen Jäger zum Aussterben des Mammuts und anderer Tiere am Ende der Clovis-Periode in Nordamerika bei. Aber auch Faktoren wie Klima und Vegetation können ausschlaggebend gewesen sein. Um 8000 v. Chr. herrschten in Nordamerika Umweltbedingungen, die den heutigen ähnlich waren.

Die Menschengruppen wurden sesshaft und spezialisierten sich auf die Jagd auf in ihrem Lebensraum lebende Tiere – Karibus im Norden, Rotwild im Waldland im Osten, Fisch und Meeressäuger in Küsten-, Seen-, und Flussgebieten, kleines Wild im Buschland und den ariden Gebieten des Südwestens und der Bison auf den Great Plains.

Blühende Kulturen

In Afrika und Australasien entstand durch das feuchtere Klima am Ende der Eiszeit aus Wüstengebieten Grasland, das attraktiver für Jäger und Sammler war. In den fruchtbaren Gegenden Afrikas wie dem Niltal begannen Menschengruppen damit, ihre Toten auf Friedhöfen zu bestatten, die manchmal bis zu 20 Gräber umfassten.

Sowohl in Afrika als auch Australien wurde die Tradition der Felskunst weitergeführt. Die südasiatische Felskunst dieser Periode erlaubt Einblicke in das Alltagsleben; besonders lebensnah sind die Felsbilder in Bhimbetka in Zentralindien, die Jagd- und Fischfangszenen zeigen.

HANDNEGATIVE
In der australischen Felskunst ist das Handnegativ weit verbreitet. Die Farbpigmente werden mit dem Mund um die ausgestreckte Hand gesprüht.

Frühe Anbaumethoden

Die bedeutsamsten Veränderungen dieser Periode spielten sich in Vorderasien ab. Wilder Weizen und Gerste waren im Hochland der Südtürkei und dem Fruchtbaren Halbmond heimisch, einem breiten Bogen, der sich von der Levante bis zum Zagrosgebirge südlich des Kaspischen Meeres zieht. In der Levante sammelten die Menschen seit etwa 17000 v. Chr. Samen dieser Wildgetreide und vermahlten sie mit Reibsteinen zu Mehl. 13000 v. Chr. intensivierten ihre Nachfahren, die Menschen der Natufien-Kultur (so benannt nach dem Fundort Wadi an-Natuf in Israel) die Ernte der Wildgetreide. Von hier aus war es nur noch ein Schritt zur bewussten Kultivierung einiger Getreidearten.

Dieser Prozess stand am Beginn des Anbaus in Vorderasien um 9000 v. Chr. Die Langzeitwirkungen waren enorm. Ganze Gemeinschaften konnten sich von den Anbaupflanzen ernähren; die ganzjährige Vorratshaltung des Getreides ermöglichte eine sesshafte Lebensweise. Die nomadischen Jäger und Sammler, die ständig auf Wanderschaft waren, um saisonale Nahrungsangebote auszuschöpfen, wurden in dem Maße sesshaft, in dem sie kultivierte Pflanzen nutzten.

MAHLEN VON GETREIDE
Mit Mörser und Stößel wurden in den frühen Bauerngemeinschaften Vorderasiens die harten Getreidekörner zu Mehl vermahlen, das zu Brot oder Bier verarbeitet wurde.

13 000–8000 v. Chr.

33 000 V. CHR.

Wachsende Siedlungen

Der Wechsel zu dauerhafteren Siedlungen zeigt sich besonders deutlich in Jericho im Jordantal, wo es eine natürliche Quelle und damit fruchtbares Land gab – ideal für den Getreideanbau. Um 8000 v. Chr. hatten die Bauern hier auf einer Fläche von 2,5 ha eine blühende Siedlung aufgebaut; klein nach heutigem Standard, aber groß im Vergleich zu allem, was vorher da gewesen war.

Verschwinden von Lebensräumen

Der Rückzug der Eisflächen veränderte die Umwelt Eurasiens dramatisch. Mammut und Woll-Nashorn waren um 10 000 v. Chr. ausgestorben. Zwergmammuts könnten bis vor 4000 Jahren auf Wrangel-Island vor der Küste Sibiriens überlebt haben. Die Ursache des Aussterbens war vermutlich eine Kombination aus Überjagung durch den Menschen und dem schrittweisen Verlust des Lebensraumes der Tiere. Laubwälder, die bis dahin auf die südlichsten Regionen Europas mit gemäßigtem Klima beschränkt waren, verbreiteten sich nach Norden und boten neuen Lebensraum für Rotwild, Wildeber und Auerochse (Wildrind).

Neue Grundnahrungsmittel

In ganz Eurasien nutzten menschliche Gemeinschaften den durch das wärmere Klima zunehmenden Reichtum an Pflanzen, Tieren und Meeresfrüchten, vor allem Fisch und Schalentieren. Die Lager entlang der Küsten Nordwesteuropas, die von Jäger-und-Sammler-Gruppen genutzt wurden, kann man an den zurückgelassenen Muschelschalenhaufen (»midden«) erkennen.

Auch in den Jäger-und-Sammler-Gemeinschaften in Ost- und Südostasien spielten Meeresfrüchte eine große Rolle. In Japan nutzten Jäger und Sammler der *Jômon*-Kultur im Frühjahr und im Sommer die reichen Fischbestände an der Ostküste der Insel Honshu. Angehörige der Jômon-Kultur waren die Ersten, die Keramikgefäße herstellten. Ihre Kultur ist nach den Jômon-Mustern benannt, was so viel wie Schnurabdruck bedeutet und charakteristisch für diese auf die Zeit um 10 000 v. Chr. datierte Keramik ist.

Ebenso wichtig war pflanzliche Nahrung. Zwar sind gewöhnlich nur wenige Nachweise für bestimmte Arten erhalten, in Spirit Cave in Thailand fand man jedoch Überreste von 22 verschiedenen Pflanzen. Aus einigen von ihnen wurde wahrscheinlich Gift zum Bestreichen von Pfeilen gewonnen.

Grundlegende Veränderungen

Die Landwirtschaft, die im Fruchtbaren Halbmond schon Fuß gefasst hatte, entwickelte sich bald auch in China, Südostasien, Europa und Amerika und wurde bis heute zum tragenden Faktor menschlicher Existenz. Ob die Abwendung von der Lebensform des Jagens und Sammelns auf lange Sicht eine gute Sache für die Menschheit war, mag dahingestellt sein. Aber was auch immer die Nachteile einer bäuerlichen Lebensweise waren – zum Beispiel die Gefährdung durch Infektionskrankheiten, die eine Konsequenz der sesshaften, landwirtschaftlichen Existenz ist – einen Weg zurück gab es nicht.

Amerika

Migration nach Süden

Wahrscheinlich wanderten die Tundrajäger durch einen eisfreien Korridor zwischen den Kordilleren und dem Laurentischen Eisschild nach Süden. Möglicherweise folgten sie aber auch mit Booten der Pazifikküste, falls dieser Korridor verschlossen war. Die vielleicht frühesten menschlichen Siedlungen in Amerika werden Prä-Clovis genannt, aber ihre Authentizität wird nicht von allen Archäologen anerkannt. Die frühesten Fundorte menschlicher Besiedlung, die von allen Archäologen anerkannt werden, sind die der Clovis-Kultur wie Murray Springs und Blackwater.

Früher Jäger

- - Küstenverlauf um 13 000 v. Chr.
▲ Wichtige Clovis-Siedlung
➔ Ausbreitungsroute nach Süden
△ Prä-Clovis-Siedlung
☐ Vermutliche Ausdehnung der Vereisung

Sammeln von Pflanzen

Zu Überresten von Wildpflanzen, die am Monte Verde in der Andenregion von Zentralchile gefunden wurden, gehören auch Knollenfrüchte und Zuckerrohr, die in entfernteren Gebieten gesammelt wurden.

Die aus solchen Pflanzen gewonnene Pflanzenmedizin wird von indigenen (einheimischen) Andenbewohnern heute noch angewandt. Die Kenntnis der medizinischen Wirksamkeit von Pflanzen kann nur durch viele Jahre der Erfahrung erworben werden und spricht für eine dauerhafte Besiedlung des Gebietes seit 11 000 v. Chr.

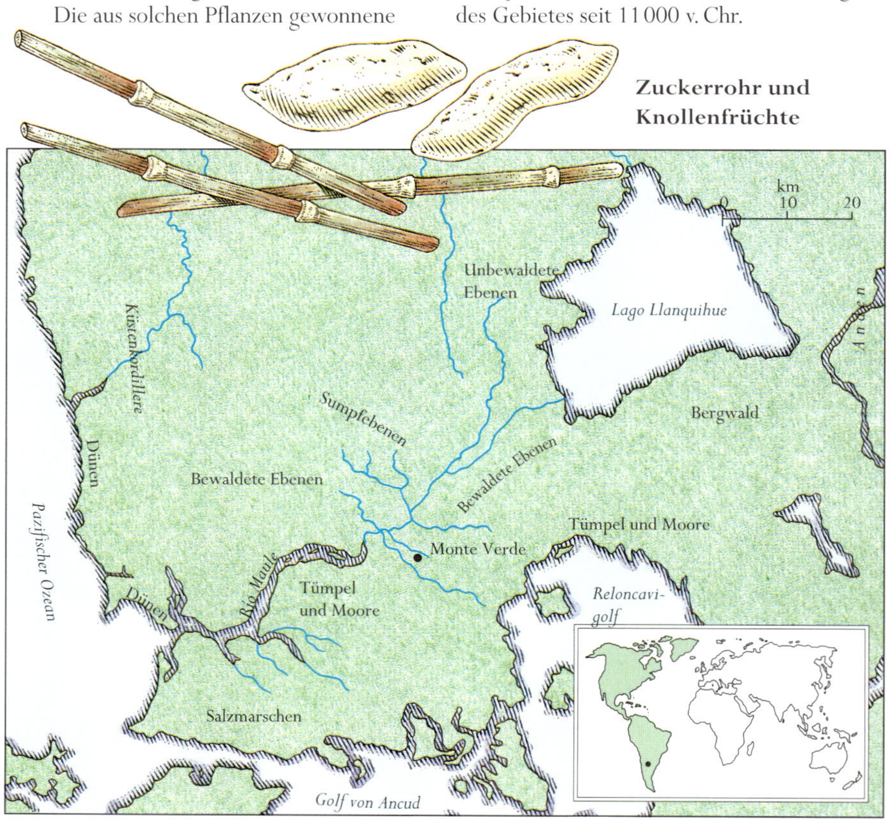

Zuckerrohr und Knollenfrüchte

Afrika

Jäger und Sammler

Afrikanische Jäger und Sammler in den Tälern des Nils und des Nigers verbrachten den größten Teil des Jahres in dauerhaften Basislagern, wo sie von Fisch, Wildgetreide und Knollenfrüchten lebten. Das Hochland der Sahara war die Heimat sehr beweglicher Gruppen, die vor allem Gazellen jagten. Andere sammelten in den Waldgebieten West- und Zentralafrikas Pflanzen und erbeuteten kleine Baumbewohner. Nomadische Jäger und Sammler lebten in den Savannen und halb-ariden Landstrichen des östlichen und südlichen Afrikas, unter anderem im Gebiet der heutigen Kalahari-Wüste.

Vermutliche Ausdehnung tropischer Wälder
Vermutliche Ausdehnung der Wüste
■ Jäger/Sammler

Reisighütte der Jäger und Sammler der Kalahari, südliches Afrika

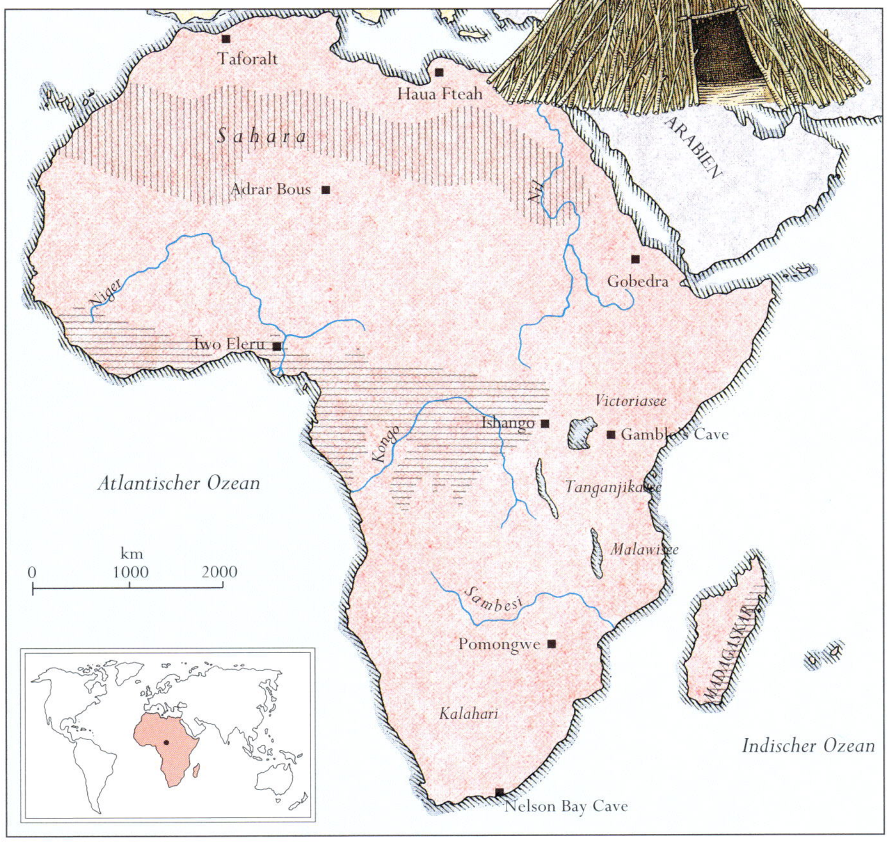

Europa

Der Wald als Ressource

Gegen Ende der letzten Eiszeit boten das mildere Klima und die Laubwälder reiche Nahrungsquellen für kleine Gruppen von Jägern und Sammlern, die ihre Basislager in Tälern und an Seeufern aufschlugen. Diese Orte waren oft sumpfig und reich an essbaren Wurzeln und Knollen. Fisch und Wild gab es im Überfluss, was den Anstoß für die Entwicklung neuer Techniken und Werkzeuge gab. Die Siedler von Star Carr an den Ufern des alten Lake Pickering in Yorkshire, England, waren besonders geschickt in der Jagd auf Rotwild, Auerochse, Elch und Wildeber. Sie benutzten Spitzen mit Widerhaken und Harpunen aus Geweihknochen.

Harpune, Star Carr, Yorkshire, England

Vermutliche Ausdehnung der Laubwälder
Jäger/Sammler-Lager ■
Küstenverlauf um 13 000 v. Chr. - -

Ostasien & Australasien

Meeresspiegel in Südostasien

Der steigende Meeresspiegel gegen Ende der letzten Eiszeit (vor etwa 10 000 Jahren) verursachte die Überschwemmung großer Küstengebiete in Südostasien, aus denen die Inseln Borneo, Java und Sumatra herausragten. Mit steigenden Temperaturen wurde die Vegetation dichter. Küsten und Mündungsgebiete am Golf von Tongking im heutigen Vietnam boten reiche Nahrungsquellen. Die Siedlungsplätze dieser Periode sind an den zurückgelassenen Muschelschalenhaufen zu erkennen. Andere Jäger und Sammler bewohnten die Höhlen und Felsdächer der Hochebenen. Siedlungsplätze auf dem Festland sind durch Funde von Abschlagswerkzeugen aus Kieseln belegt, die, nach der Fundstätte Hoa Binh in Vietnam, als Hoabinhien benannt sind. Fundstätten auf Inseln weisen Klingen oder Abschläge aus Hornstein (eine kristalline Form der Kieselsäure) oder Obsidian (schwarzes vulkanisches Glas) auf.

Hoabinhien-Steingeräte ▲
Steinsplitter und Klingen △
Küstenverlauf um 12 000 v. Chr. - -

Hoabinhien-Werkzeug, Quarzitflusskiesel, Vietnam

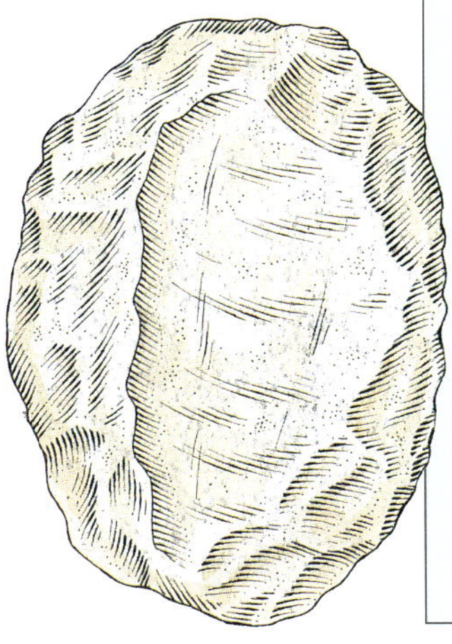

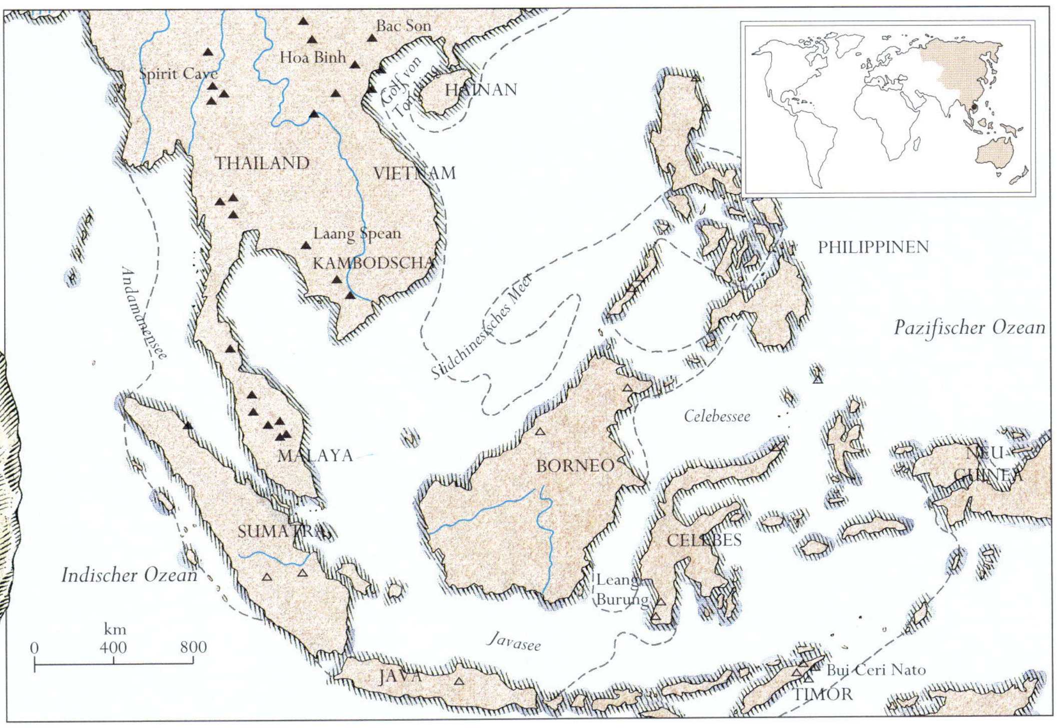

13 000 – 10 000 V. CHR.

33 000 V. CHR.

AMERIKA

ERNÄHRUNG & LEBENSRAUM

SCHLACHTWERKZEUGE
Auf dem amerikanischen Kontinent belegen weit verbreitete Funde von Schlachtwerkzeugen die Bedeutung von Fleisch als Grundnahrungsmittel. Dieses Quarzit-Messer aus Colorado ist typisch für Werkzeuge an Fundstätten, an denen Großwild geschlachtet wurde. Die aus großen, dünnen Feuersteinabschlägen hergestellten Werkzeuge eigneten sich hervorragend zur Zerteilung der Tiere.

Schlachtmesser, Colorado

WOHNEN & BAUEN

WOHNHÄUSER AUS HOLZ
Der früheste Beleg für den Bau von Wohnhäusern in Amerika stammt aus Monte Verde in Chile und wird auf das 12. Jahrtausend v. Chr. datiert. Es sind Überreste von zehn Hütten, die zusammenhängend in zwei parallelen Reihen standen. Jede bestand aus einem Holzgerüst, das mit Tierhäuten bedeckt war und einer kleinen, mit Lehm begrenzten Grube zum Kochen und Heizen. Außerhalb gab es eine große Feuerstelle, Anzeichen für ein ausgeprägtes Sozialleben.

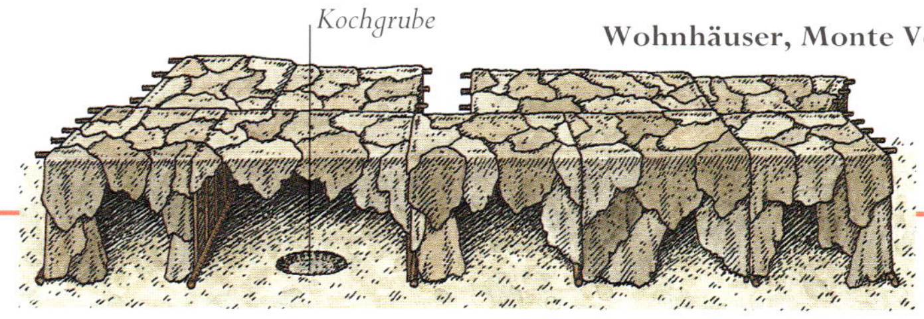

Wohnhäuser, Monte Verde, Chile

OSTASIEN & AUSTRALASIEN

ERNÄHRUNG & LEBENSRAUM

FISCHFANG UND JAGD
Die früheste Bevölkerung Japans lebte von Meeresfrüchten und der Jagd auf Waldtiere wie Hirsch und Wildschwein. Die Küstenbewohner sammelten Schalentiere. Bevorzugte Stellen an der Ostküste von Honshu, wo durch die warme Strömung des Pazifiks ein Überfluss an Fisch und anderen maritimen Nahrungsmitteln herrschte, wurden jedes Jahr im Frühling und Frühsommer besucht, wie große Muschelschalenhaufen an den jahreszeitlichen Lagerplätzen zeigen. Die Nahrungsquellen im Landesinneren waren im Herbst wichtig. Die Jäger benutzten Pfeilspitzen aus Stein und Steinschaber, um Häute zu bearbeiten.

WOHNEN & BAUEN

HÖHLEN
In Japan waren Höhlen beliebte Wohnstätten der Jäger und Sammler; einige waren über Tausende von Jahren bewohnt. Die vor 13 000 Jahren bewohnte Fukui-Höhle in der Nähe von Nagasaki im Süden Japans war wahrscheinlich die früheste von Menschen besiedelte Höhle Japans. Aus dieser Zeit stammen auch Funde der ältesten Keramik der Welt. Die Höhle wurde vermutlich zu bestimmten Jahreszeiten von Menschen bewohnt, die die Nahrungsquellen der Küstenebene nutzten.

VORDERASIEN & SÜDASIEN

ERNÄHRUNG & LEBENSRAUM

DOMESTIZIERTE HUNDE
Der Hund ist das erste domestizierte Tier. Sein wilder Vorfahre war wahrscheinlich eher der Wolf als der Schakal. Der früheste Beleg für domestizierte Hunde stammt aus Israel (um 11 000 v. Chr). Möglicherweise wurden Wölfe schon früher gezähmt und als Jagdgehilfen abgerichtet.

Der Wolf, wilder Vorfahre des Hundes

WOHNEN & BAUEN

RUNDHÜTTEN
Vor etwa 12 000 Jahren waren Rundhütten mit eingetieftem Boden in der Levante (dem Küstenstreifen von Syrien, Libanon und Israel) verbreitet. Die Bewohner sammelten und lagerten Wildgetreide, sodass sie das ganze Jahr an einem Ort leben konnten.

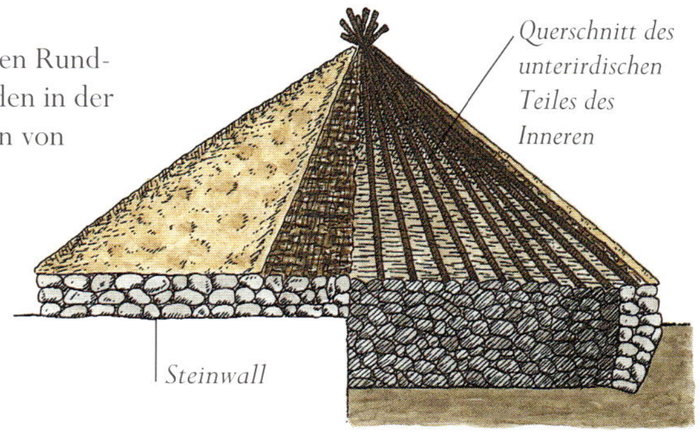

Rundhütte, Ain Mallaha, Israel

EUROPA

ERNÄHRUNG & LEBENSRAUM

DAS MAMMUT STIRBT AUS
In Europa starben vom Kältetiefpunkt der letzten Eiszeit vor etwa 20 000 Jahren bis 10 000 v. Chr. immer mehr große Säugetierarten aus, die zuvor die Tundragebiete bevölkert hatten. Darunter waren das Woll-Mammut (ein Vorfahre des heutigen Elefanten, der gegen das harte Klima durch ein dickes, warmes Fell geschützt war), das Woll-Nashorn und der Riesenhirsch. Neben klimatischen Veränderungen war vermutlich auch der Mensch mit seiner verbesserten Jagdtechnik und Ausrüstung für das Aussterben dieser Tiere verantwortlich.

WOHNEN & BAUEN

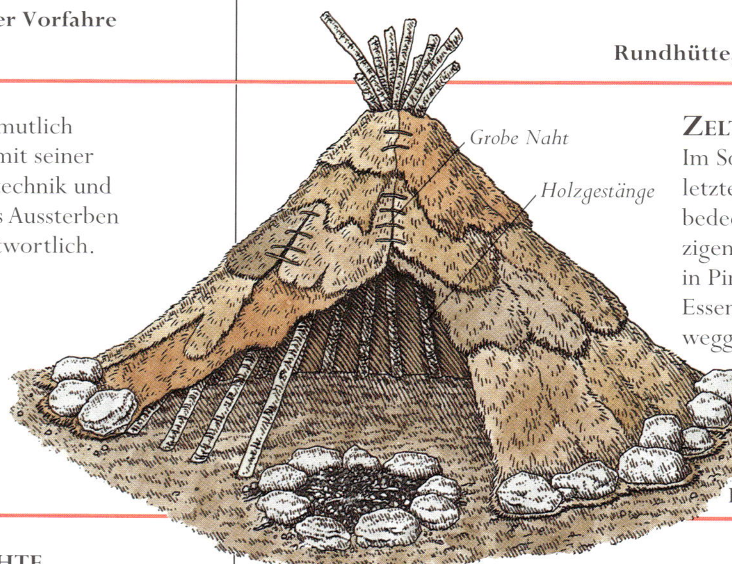

ZELTE FÜR DEN SOMMER
Im Sommer lebten die Jäger der letzten Eiszeit in Zelten aus fellbedeckten Holzgerüsten. Die einzigen Überreste eines solchen Lagers in Pincevent in Frankreich sind Essensreste, Herdasche, ein paar weggeworfene Feuersteinwaffen und ein Steinring, der die Zeltbasis stabilisierte.

Zelt, Pincevent, Frankreich

AFRIKA

ERNÄHRUNG & LEBENSRAUM

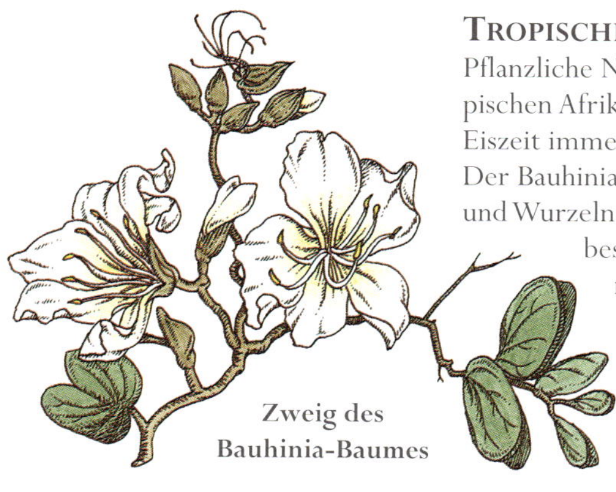

Zweig des Bauhinia-Baumes

TROPISCHE FRÜCHTE
Pflanzliche Nahrung gewann im tropischen Afrika gegen Ende der letzten Eiszeit immer mehr an Bedeutung. Der Bauhinia-Baum, dessen Früchte und Wurzeln die Jäger und Sammler besonders gerne im Sommer nutzten, ist heute noch das Grundnahrungsmittel der San und anderer Gruppen in Südafrika.

WOHNEN & BAUEN

SCHÜTZENDE ORTE
Höhlen und Felsdächer, von denen aus die weiten, wildreichen Ebenen zu überblicken waren, blieben weiterhin wichtige Wohnstellen der afrikanischen Jäger und Sammler. Sie boten Schutz vor Raubtieren und Unterschlupf bei schlechtem Wetter. Die meisten Gruppen nutzten sie über Generationen jeweils für eine kurze Zeit im Jahr, etwa wenn dort Pflanzen reif waren oder Schalentiere gesammelt werden konnten. Die Küste Südwestafrikas war die Heimat vieler Jäger und Sammler, die dort mehrere Monate im Jahr Wild und Seesäuger jagten und in Höhlen Unterschlupf fanden. Eine dieser Höhlen liegt an der Mündung des Klasies-Flusses in Südafrika. Die vor 120000 Jahren zum ersten Mal bewohnte Höhle wurde noch vor 1000 Jahren genutzt.

Erfindungen & Entdeckungen

Steintechnik

In Monte Verde in Chile wurden auf 11 000 v. Chr. datierte, beidseitig durch Absplitterung (Retusche) bearbeitete Steinspitzen gefunden. Die Technik gibt es auch bei über 20 000 Jahre alten Funden aus Nordostasien – Nachweis der Verbindung zwischen Asien und den ersten Amerikanern.

Steingeschossspitzen, Monte Verde, Chile

Gefäß, Nasunahara, Japan

Die erste Keramik

Die frühesten Keramikgefäße der Welt wurden vor über 12 000 Jahren von Jäger-und-Sammler-Gemeinschaften in Japan hergestellt. Gefäße mit abgerundetem Boden wie dieses aus Nasunahara werden Vor-Jômon genannt, da sie die Vorläufer der *Jômon*-(Schnurabdruck)-Gefäße aus dem 10. Jahrtausend v. Chr. sind.

Mahlsteine

Vor etwa 12 000 Jahren waren die Bewohner der Hügelgebiete des Fruchtbaren Halbmondes zunehmend auf das Sammeln von Wildgetreide und anderen Samen angewiesen. Zur Ernte benutzten sie Sicheln, die aus Mikrolithen (kleinsten Steinspitzen) und einem Knochen- oder Holzgriff bestanden. Die Samen wurden mit technologisch neuen Mahlsteinen gemahlen, und langsam entwickelten sich Stößel und Mörser.

Verbessertes Material

Gute Rohstoffe zur Werkzeugherstellung waren überlebenswichtig. Eines der besten Materialien war Obsidian (schwarzes vulkanisches Glas), der durch Absplittern rasiermesserscharfe Klingen lieferte. Schon um 11 000 v. Chr. segelten die Bewohner der Franchthi-Höhle im Süden Griechenlands über 130 km in einfachen Booten zur Kykladeninsel Melos, um von dort den begehrten Obsidian zu holen.

Obsidian, Melos, Griechenland

Speere mit Steinspitzen

Die Speere afrikanischer Jäger bestanden aus Mikrolithen (kleinsten Klingen), oft aus Obsidian (schwarzem vulkanischen Glas), die in Holzschäften befestigt waren. Solche Klingen waren in Zentral- und Westafrika schon vor 35 000 Jahren in Gebrauch, im östlichen Rift Valley tauchten sie erst vor 13 000 Jahren auf.

Obsidian-Mikrolithen, Gamble's Cave, Kenia

Kunst & Religion

Kulturelle Verbindungen

Roter Ocker, ein Pigment, das durch Reiben eisenhaltiger Erze wie Hämatit gewonnen wird, wurde auf unterschiedliche Art von den ersten Amerikanern genutzt: zum Schutz der Haut vor Insektenstichen und Sonnenbrand, zur Verarbeitung von Tierfellen und zu rituellen Zwecken. Roter Ocker stellt eine kulturelle Verbindung zwischen Amerika und Eurasien (und auch Australien) dar, wo er auf ähnliche Weise benutzt wurde.

Hämatit-Erz

Eisenerzklümpchen

Mahlstein

Gravierte Geweihstücke

Das früheste Kleinkunstwerk aus China ist 13 000 Jahre alt. Es wurde in der Longgu-Höhle gefunden. Das Geweihstück ist mit drei verschiedenen Mustern verziert: einer Wellenlinie, langen, parallelen Rillen und regelmäßigen Kerben; die Präzision der Gravierungen ist beeindruckend. Das Stück war ursprünglich mit rotem Ocker bemalt.

Graviertes Geweih, Longgu-Höhle, China

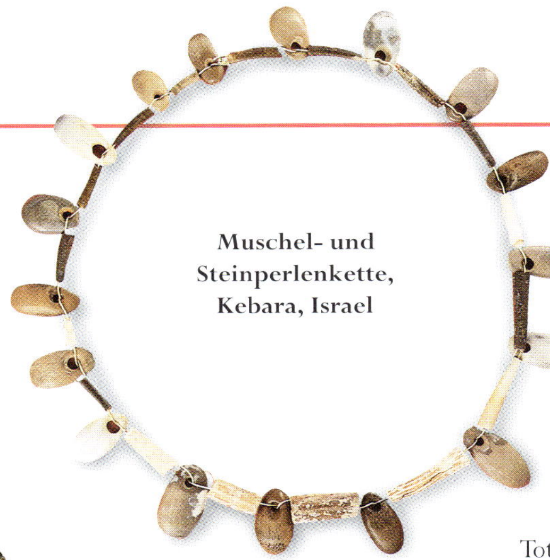

Muschel- und Steinperlenkette, Kebara, Israel

Grabbeigaben

In Europa und Asien gibt es seit 100 000 Jahren Bestattungen; Bestattungsfunde sind jedoch selten. Um 10 000 v. Chr. waren in Vorderasien Bestattungen unter den Häusern und auf Friedhöfen allgemein verbreitet. Häufig wurden Halsketten, Armreifen und Fußreifen mit den Toten begraben.

Kalender

Rituale wurden möglicherweise in bestimmten Zeitabständen durchgeführt. Ein 9 cm langes Knochenstück aus der Grotte du Tai in Frankreich, datiert auf 10 000 v. Chr., ist vielleicht der älteste Kalender der Welt. Jede der 1000 Markierungen auf seiner Oberfläche könnte ein Tag sein, die Gruppierung der Striche deutet auf eine Einteilung in Jahre hin.

Knochen, Grotte du Tai, Frankreich

Schmuck

Straußeneier waren ein wertvolles Rohmaterial, aus dem Perlen hergestellt werden konnten. Kleine Stücke wurden mit Hilfe eines Steinbohrers durchbohrt, auf eine Schnur aufgezogen und in eine einheitliche, runde Form geschliffen. Daraus stellte man Halsketten und Amulette her; manchmal wurden mit den Perlen Mützen oder das Haar verziert. Kleine Stücke solcher Straußeneierperlen, 12 000 Jahre alt, wurden in Gräbern in einer Höhle in Taforalt in Algerien gefunden.

10000–8000 V. CHR.

33000 V. CHR.

	Ernährung & Lebensraum	Wohnen & Bauen

Amerika

Erste Domestikation

Zwar wurden Hunde zuerst in Vorderasien und Europa domestiziert (in Haustiere umgewandelt), sie kamen aber auch schon mit den ersten Siedlern nach Amerika. Sie könnten als Tragtiere und Schlittenhunde sowie zur Jagd eingesetzt worden sein. Die frühesten Überreste (etwa 8000 v. Chr.) fand man an der Jones-Miller-Fundstätte in Colorado, wo Bisonherden in den Tod getrieben wurden.

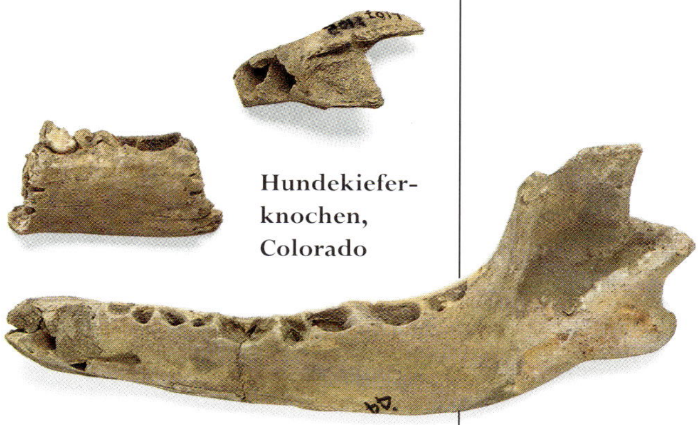

Hundekieferknochen, Colorado

Hütten aus Tierhaut

Den frühesten Beleg für den Bau von Wohnstätten in Nordamerika liefern Pfostenlöcher. An der Hell-Gap-Fundstätte in Wyoming bilden kreisrunde Anordnungen von Pfostenlöchern die Überreste von Zelten, die mit Tierhäuten oder Reisig bedeckt waren. Die geringe Größe der Zelte lässt vermuten, dass hier nur je eine Familie lebte. Im Gegensatz dazu steht eine Reihe von Pfostenlöchern in Virginia in rechteckiger Anordnung; hier war Platz für mehrere Familien.

Ostasien & Australasien

Mandeln

Waldgebiete

Die Wälder Südostasiens boten Jäger-und-Sammler-Gruppen wie der kleinen Gruppe, die um 10000 v. Chr. die Spirit-Höhle in Thailand bewohnte, ein reichhaltiges Nahrungsangebot. Sie sammelten Fisch und Schalentiere in einem nahe gelegenen Fluss und Mandeln im Wald. Der Saft giftiger Pflanzen wurde auf Pfeile gestrichen, mit denen man Gibbons, Makaken und Eichhörnchen jagte.

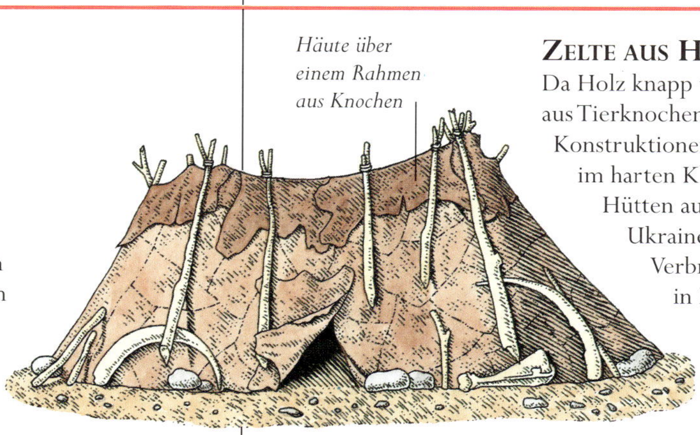

Zelt aus Haut und Knochen, Sibirien

Zelte aus Haut und Knochen

Da Holz knapp war, bauten sibirische Jäger Zelte aus Tierknochen und Häuten. Diese einfachen Konstruktionen ermöglichten das Überleben im harten Klima; sie sahen den früheren Hütten aus Mammutknochen in der Ukraine ähnlich. Das deutet auf die Verbreitung der Zeltbautechniken in Richtung Osten hin.

Vorderasien & Südasien

Kultivierung

Um 9000 v. Chr., nachdem sie ein Jahrtausend lang Wildgetreide gesammelt hatten und zur Jagd gegangen waren, begannen die Menschen in Vorderasien Weizen und Gerste zu kultivieren und Tiere zu domestizieren. Zunächst wurden der asiatische Mufflon und die Bezoar-Ziege (die wilden Vorfahren von Schaf und Ziege) nur in Herden gehalten und erst später gezielt weiter vermehrt, wodurch sich die Skelettgröße veränderte. Ähnlich entstanden aus gezieltem Ernten und Pflanzen neue Getreidearten. Die ganzjährige Nahrungsversorgung ermöglichte ein sesshaftes Leben in Dörfern – die Grundlage späterer Zivilisationen.

Wachsende Siedlungen

In Vorderasien war Jericho zu dieser Zeit mit über 1000 Einwohnern die größte Siedlung, im Gegensatz zu vielen anderen Orten, die höchstens ein paar Hundert Bewohner zählten. Jericho war von einem 650 m langen Steinwall und einem Graben umgeben. Innerhalb des Walls befand sich ein 10 m hoher Turm.

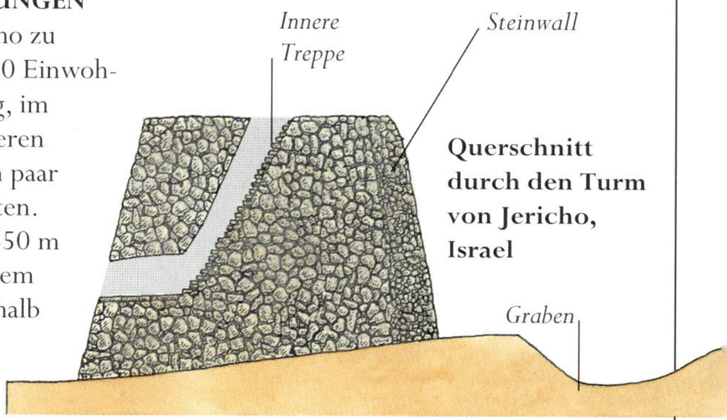

Querschnitt durch den Turm von Jericho, Israel

Europa

Jagd

Die Überreste von Tieren bergen manchmal Spuren der Angriffe früher Jäger. So wurden im Skelett eines Auerochsen in Dänemark drei Feuersteinpfeilspitzen gefunden; das Verheilen einer früheren Wunde zeigt, dass zwei Angriffe stattgefunden haben müssen. Die Jäger hatten vermutlich Hunde als Jagdgehilfen; die frühesten Hinweise für den Gebrauch von Hunden in Europa werden auf 8500 v. Chr. datiert.

Auerochse

Saisonale Lagerplätze

Star Carr, an den Ufern des alten Lake Pickering in Yorkshire gelegen, war eine für Europa typische Siedlung, die als Winterlager von einer Gruppe von Jägern und Sammlern genutzt wurde. Sie bauten trockene Plattformen aus Birkenreisig und vermutlich auch einfache Schutzdächer. Das Lager war wahrscheinlich eines von mehreren, die von derselben Gruppe zu verschiedenen Jahreszeiten aufgesucht wurden, um unterschiedliche Nahrungsquellen zu nutzen.

Afrika

Flüsse, Seen und das Meer

Von 10000 v. Chr. an wurden die Jagdmethoden der Afrikaner immer weiter verfeinert, vor allem durch leichtgewichtige und differenzierte Waffen. Viele Gruppen lebten in der Nähe der Flüsse und Seen, wo sie die reichen Fisch- und Muschelvorkommen nutzten. Seesäuger waren wichtig für Küstensiedlungen.
Die Fähigkeit, all diese Ressourcen zu nutzen, ermöglichte es vielen Gruppen, den größten Teil des Jahres an einem Ort zu verbringen. Zur selben Zeit war die Sahara ein semiarides Grasland mit flachen Seen, die kleinere Gruppen von Jägern anzogen, die durch ein großes Jagdgebiet zogen. Anderswo lebten die Afrikaner zunehmend ortsgebunden und ernährten sich von den reichhaltigen Nahrungsquellen, die in einem begrenzten Gebiet zugänglich waren.

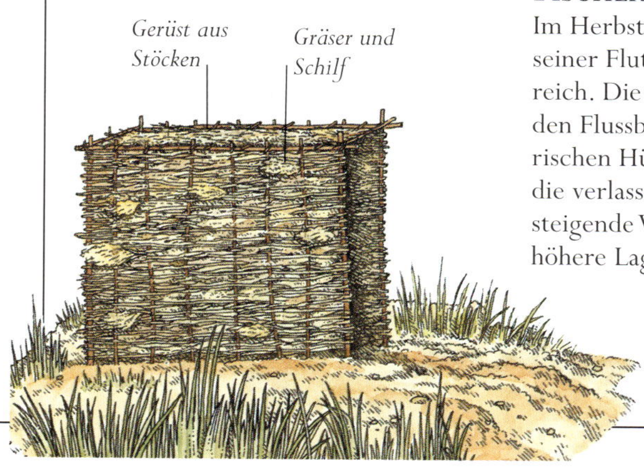

Schutz aus Gras und Matten, Niltal

Fischerhütten

Im Herbst war durch den Rückgang seiner Fluten der Nil besonders fischreich. Die Fischergemeinschaften an den Flussbänken lebten in provisorischen Hütten aus Gras und Matten, die verlassen wurden, sobald das ansteigende Wasser die Menschen in höhere Lagen zwang.

Erfindungen & Entdeckungen

Jagdwaffen

Die nordamerikanischen Jäger der Clovis- und Folsom-Kultur (um 9200–8500 v. Chr.) verwendeten Geschoss-Spitzen mit Schäftungsrinnen. Clovis-Spitzen fand man in Verbindung mit der Mammutjagd, mit Folsom-Spitzen wurden Bisons erlegt. Ihre weite Verbreitung zeugt von der großen Mobilität der frühen Jäger Amerikas.

Folsom- und Clovis-Spitzen, Colorado

Vielzweckwerkzeuge

Auf dem südostasiatischen Festland verwendeten Jäger und Sammler um 8000 v. Chr. einfache Abschlagswerkzeuge aus Flusskieseln, die vielseitig verwendbar waren, z. B. auch um Tiere zu zerlegen. Äxte aus größeren Steinen erhielten durch Schleifen regelmäßige und scharfe Schneiden. Neben den Steinwerkzeugen wurden auch Knochenspitzen benutzt, vermutlich zum Nähen von Tierhäuten.

Knochenwerkzeuge

Die Natufien-Leute (so genannt nach der Fundstätte Wadi en-Natuf in Israel), lebten seit 13000 v. Chr. in Dörfern in der Levante, dem Küstenstrich von Syrien, Libanon und Israel. Sie produzierten eine große Bandbreite an Knochenwerkzeugen, wie Ahlen und Nadeln zur Bearbeitung von Häuten, ferner Angelhaken, Spatel und Erntemesser, in die kleine Feuersteinklingen eingesetzt wurden. Einige dieser Geräte waren mit geometrischen Mustern oder mit Tierdarstellungen wie Hirschköpfen verziert.

Organische Materialien

Neben Stein nutzten die frühen Nordeuropäer ausgiebig Knochen, Geweihe, Holz und Pflanzenfasern zur Werkzeugherstellung. Im Winterlager in Star Carr in England fanden sich Nachweise für eine Reihe von Gegenständen aus organischem Material, zum Beispiel eine Holzhacke und Spitzen mit Widerhaken aus Elch- oder Hirschgeweih. Ein Holzpaddel belegt den Gebrauch von Kanus.

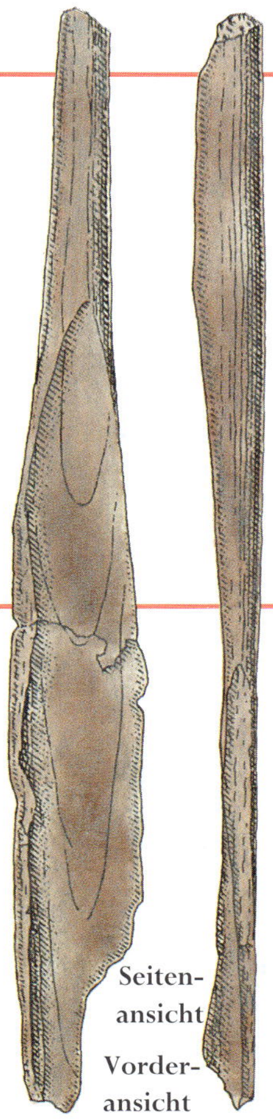

Holzpaddel, Star Carr, England

Mikrolithen

Um 8000 v. Chr. stellte man in weiten Teilen Afrikas Mikrolithen (kleinste Steinklingen) her; die ältesten, aus der Dem. Rep. Kongo bekannten Fundstücke datieren dabei auf eine Zeit vor 35000 Jahren. Jäger und Sammler entwickelten Werkzeuge für bestimmte Zwecke: Schaber zur Holzbearbeitung und zur Verarbeitung von Tierhäuten zu Umhängen für Frauen.

Steinschaber, Gamble's Cave, Kenia

Kunst & Religion

Schmuck

Diese Perlen aus Wyoming wurden um 8000 v. Chr. aus Venusmuschelschalen hergestellt. Der seltene Fund zeigt, dass dekorative Gegenstände mehr und mehr geschätzt wurden. Für eine Halskette wurden die Muschelschalen mit einem scharfen Bohrer durchbohrt und dann auf dünne Sehnen aufgezogen. Frühe Funde verzierter Knochen und Kiesel sind selten.

Muschelperlen, Wyoming (*oben*) und gravierte Knochenscheiben (*ganz rechts*)

Jômon-Keramik

Die Jômon-Keramik (Schnurabdruck-Keramik), die während des 10. Jahrtausends v. Chr. in Japan hergestellt wurde, zeichnet sich durch eine spitze Basis aus. Die Gefäße wurden aus Tonwülsten geformt, und die Abdruckmuster waren oft sehr komplex. Wahrscheinlich wurden sie eher bei religiösen Gelegenheiten als im Alltag verwendet.

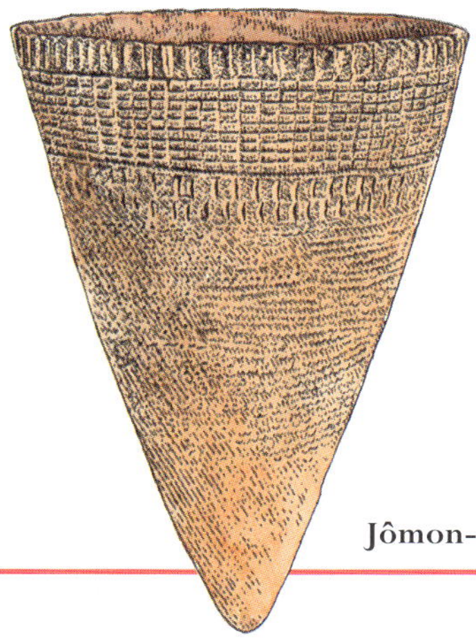

Jômon-Gefäß, Japan

Felsmalerei

Die Tradition der Felsmalerei von Bhimbetka in Zentralindien, die schon vor 11000 v. Chr. begonnen hatte, blühte weiterhin. Einige der Malereien bestehen nur aus Umrissen, andere sind mehrfarbige Darstellungen von Tieren, Fischern und Jägern, Szenen aus dem Alltags- und Familienleben und von Tänzen.

Felsmalerei eines Bisons, Bhimbetka, Indien

Kopfschmuck aus Geweihen

Über das religiöse Leben der frühen nordeuropäischen Gesellschaften ist wenig bekannt; allerdings fand man in Star Carr in England eine Reihe von Halbmasken aus Hirschgeweihen, die vielleicht bei der Jagd oder bei Fruchtbarkeitsritualen getragen wurden.

Hirschmaske, Star Carr, England

Gegenständliche Kunst

Um 8000 v. Chr. bildeten Jäger-und-Sammler-Gruppen in Nordafrika Tiere und Menschen auf unterschiedlichen Medien ab. An einem Felsen in Taforalt, Algerien, gibt es eine grobe Gravierung männlicher und weiblicher Genitalien. Andere Funde aus der Region sind Straußeneierschalen mit eingeritzten Mustern, die Tierfiguren verkörpern, auf Kiesel eingravierte Elefanten und Steinanhänger mit eingeschnitzten Masken und phallischen Symbolen.

DIE GROSSWILDJÄGER

33 000 V. CHR.

Die ersten Amerikaner waren die Nachfahren der sibirischen Großwildjäger der Arktis; sie entwickelten während der letzten Eiszeit ihre erfolgreiche Überlebensstrategie. Gegen Ende der Eiszeit zogen sie entlang der zurückgehenden Eisschilde auf der Suche nach neuen Jagdgebieten nach Süden. Sie fanden weite, wildreiche Grasländer und jagten mit ihren differenzierten Waffen Mammuts, Bisons und andere nordamerikanische Tiere, die keine Furcht vor dem Menschen kannten, etwa Kamel und Pferd. Um 9000 v. Chr. gingen die Tage der großen eiszeitlichen Säugetiere, zum Beispiel des Mammuts, zu Ende, und die Jäger wandten sich anderem Jagdwild zu. Auf den großen Ebenen wandten sie ihre hervorragenden Techniken für die Bisonjagd an.

LAND DER BÜFFEL
Wie heute die Bisons auf der Zapata-Ranch in Colorado, so sammelten sich in prähistorischer Zeit die Bisons an Wasserlöchern und Seen. Dort überfielen die Jäger der Folsom-Kultur sie aus dem Hinterhalt. Sie benutzten Speere mit Schäftungsrinnen, ähnlich denen der Clovis-Kultur, aber wesentlich kleiner.

STEINBEARBEITUNG *unten*
Die Werkzeugmacher der frühesten amerikanischen Werkzeugtechnik, der Clovis-Kultur, wählten ihr Rohmaterial mit großer Sorgfalt aus. Sie bevorzugten feinkörnige, haltbare und farbige Steine wie Hornstein und Achate, für die sie weite Strecken reisten. In einem Steinbruch wurden große Mengen Rohlinge hergestellt: dünne ovale Steine, die durch beidseitige Abschläge entstanden. Dadurch konnte die Qualität des Steins begutachtet werden, und das Gewicht für den Transport reduzierte sich. Die Rohlinge trug man zur weiteren Verarbeitung bei sich, bis ein neues Werkzeug gebraucht wurde. Rohlinge wurden auch gehandelt.

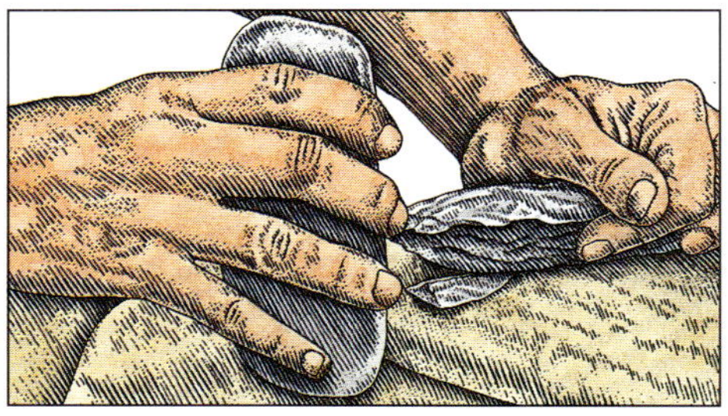

1 *Der experimentelle Archäologe Errett Callahan rekonstruierte die Herstellung von Clovis-Spitzen. Zunächst werden mit einem Hammer aus Geweihknochen von beiden Seiten des Rohlings Abschläge abgenommen, bis er flach genug ist.*

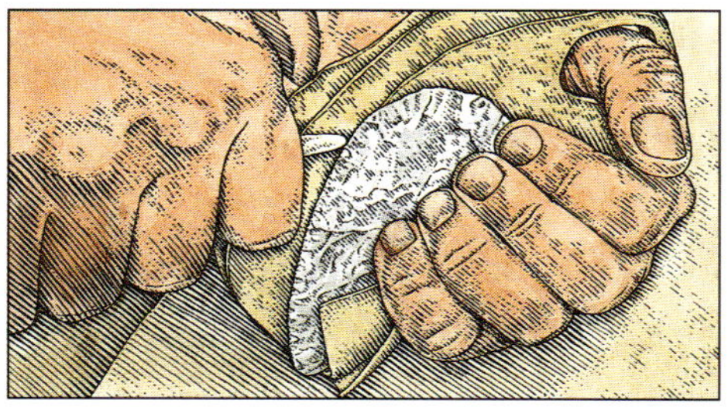

2 *Die Kanten erhalten ihre endgültige Form durch Abschlagen schmaler Splitter mit der Spitze eines Geweihs; ein Lederstück schützt die Handfläche.*

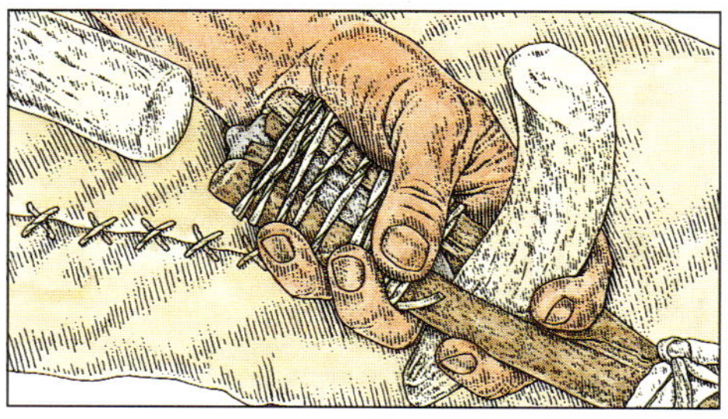

3 *Zum Ausschlagen der charakteristischen Schäftungsrinne wird der Rohling in eine Halterung fest eingebunden. Auf die Mitte der Basis wird ein spezielles Schlagstück angesetzt und mit einem Hammer in den Rohling geschlagen.*

Geschäftete Spitze, die in der Gegenwart mit der Clovis-Technik hergestellt wurde

Fein gearbeitete Kante, die sogar Elefantenhaut schneiden konnte

Sehnenumwicklung zur Befestigung der Spitze

MAMMUTJAGD *unten*
Ein erlegtes Mammut lieferte genug Fleisch, um eine Gruppe mehrere Monate zu ernähren, daneben Haut, Stoßzähne und Knochen für Werkzeuge, Unterkünfte und Kleidung. Diese riesigen Tiere waren sehr gefährlich und kaum in einem direkten Angriff zu töten. Deshalb wurden sie aus dem Hinterhalt überfallen und mit Speeren oder Pfeilen verwundet, die eventuell mit Gift bestrichen waren und mit einer Speerschleuder geworfen wurden. Die Jäger folgten dann dem verwundeten Mammut, bis es sich an einem Wasserloch ausruhte, und schossen währenddessen nach Möglichkeit weitere Pfeile ab. Einige warteten auf den Tod des Tieres, während andere ins Lager gingen, um Hilfe für das Schlachten und den Transport des Fleisches zu holen.

Stelle, an der ein Mammut erlegt wird

Weitere Pfeile werden geworfen, um den Tod zu beschleunigen.

Sterbendes Mammut am Wasserloch

Brunnen, von den Jägern gegraben, um das Tier anzulocken

Während die Jäger auf den Tod des Mammuts warten, reparieren sie ihre Ausrüstung.

Das Zerlegen

EIN JAGDLAGER *oben*
Die Aktivitäten, die abliefen, wenn eine kleine Bisonherde erlegt wurde, kann man aufgrund von Belegen von Fundstätten wie Stewart's Cattle Guard in Colorado rekonstruieren. Eine Gruppe baute ein Lager an Ort und Stelle und begann mit der Verwertung der Tierkörper. Es wurde in Teams gearbeitet: die geschicktesten Metzger zerlegten das Fleisch zur Weiterverarbeitung; es wurde getrocknet und mit Fett und Beeren zu Wegzehrung zerstampft. Aus den Knochen extrahierte man das Mark, aus den Häuten stellte man Leder her. Das Lager bestand vielleicht nur so lange, wie es dauerte, die Werkzeuge zu reparieren und Verpflegung für die Gruppe zuzubereiten, bevor sie sich auf die Suche nach der nächsten Jagdbeute begab.

CLOVIS-SPITZEN *rechts*
Diese vollständig erhaltenen Spitzen wurden in einem Mammut in Arizona gefunden; es handelt sich vermutlich um ein Tier, das den Jägern entkommen ist.

Acht Clovis-Spitzen

AUSGESTORBENE TIERE *unten*
Um 9000 v. Chr. trugen klimatische Veränderungen und wahrscheinlich Überjagung zum Aussterben der großen eiszeitlichen Säugetiere und anderer einheimischer Tierarten bei.

Eiszeit-Bison
(Bison bison antiquus)

Einheimisches Kamel

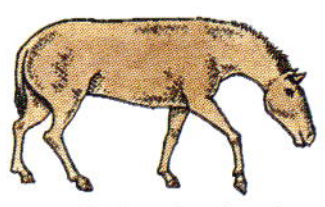

Einheimisches Pferd

BISONJAGDSTELLE *oben*
Tiere in eine Falle zu treiben war nur bei genauer Kenntnis ihres Verhaltens und ihrer Wanderbewegungen möglich. Die Überreste von fast 300 Bisons an der Jones-Miller-Fundstätte beweisen die Wirksamkeit dieser Methode. Die Bisons wurden entweder in einen Abgrund getrieben oder in ein Gatter, wo man sie erlegte. Das verarbeitete Fleisch reichte bis zum Frühjahr.

KAPITEL 6

BAUERN, JÄGER UND SAMMLER 8000–5000 V. CHR.

Das Bevölkerungswachstum erfordert zuverlässige Nahrungsversorgung.

Erster Hirseanbau am Gelben Fluss in China

Beginn des Anbaus in saisonalen Siedlungen in Mexiko

In Vorderasien verbessern Bewässerungssysteme das Ackerland.

Die Verzierung von Keramik mit Farbpigmenten führt zu ersten metallurgischen Experimenten.

Während vor 10 000 Jahren in Teilen Vorderasiens die Landwirtschaft langsam Fuß fasste, ernährte sich noch fast die gesamte Weltbevölkerung von der Jagd und vom Sammeln. Daran hatte sich auch 3000 Jahre später nicht viel geändert. Nur in China, Amerika, dem Niltal und der Sahara entwickelten Gemeinschaften unabhängig voneinander Methoden der Pflanzenkultivierung. Landwirtschaftliche Techniken verbreiteten sich von Vorderasien aus über Handelswege nach Europa. Währenddessen waren in Australien die Jagd und das Sammeln nach wie vor die einzige Wirtschaftsform. Die Felsmalereien der Aborigines, wie die aus Ingaladdi im Nordterritorium, zeigen die Flora und Fauna, von der die Menschen sich ernährten.

Neue Nahrungsquellen

Der steigende Bedarf an Nahrungsmitteln für eine wachsende Bevölkerung gab den Ausschlag für die Entwicklung der Landwirtschaft. Nach dem Ende der letzten Eiszeit vor 10 000 Jahren ließ ein üppiges Nahrungsangebot die Gemeinschaften schnell wachsen, und die Ressourcen mussten sorgfältig eingeteilt werden. Der Schritt zu einer zuverlässigen Nahrungsversorgung durch Kultivierung von Wildpflanzen und Domestizierung von Wildtieren lag nahe, da Jagen und Sammeln die Ernährung der größeren Gemeinschaften nicht mehr sicher stellte.

Siedlungen in Asien

Die Anfänge der Landwirtschaft in Südasien um 6500 v. Chr. liegen in Mehrgarh, einer Dorfsiedlung in den westlich vom Industal gelegenen Hügeln. Anfänglich ergänzte der Anbau von Weizen und Gerste die Jagd und das Sammeln nur. Außerdem wurden Schafe, Ziegen und Rinder gehalten. Grabbeigaben wie Schildpatt und Lapislazuli aus Zentralasien und Afghanistan zeigen die Bedeutung von Handelsbeziehungen.

Die Geschichte der Landwirtschaft in China begann um 6000 v. Chr. im fruchtbaren Tal des Gelben Flusses. Die Bauern lebten in Dörfern mit runden oder rechteckigen Hütten. Sie bauten Hirse an und hielten Schweine, Hunde und Hühner. Reis wurde zunächst in Süd- und Zentralchina kultiviert; der Reisanbau verbreitete sich von dort nach Norden und erreichte um 5000 v. Chr. den Gelben Fluss.

TERRAKOTTASTATUETTEN
Die frühen Bauerngemeinschaften in Osteuropa modellierten stilisierte menschliche Figuren und Gefäße aus Lehm, die anschließend gebrannt wurden.

Saisonale Siedlungen

Ähnlich sahen die Anfänge der Kultivierung in Amerika aus. Eine oder zwei Pflanzenarten wurden als Ergänzung zur Jagd und zum Sammeln angebaut. In Mexiko zog man 5500 v. Chr. in saisonalen

GARTENKÜRBIS
Im Tehuacántal in Mexiko experimentierte man mit der Kultivierung verschiedener Pflanzen, unter anderem mit dem Kürbis, der ersten kultivierten Pflanze Mesoamerikas.

Knochenharpunen
Nilfischer benutzten im 8. und 7. Jahrtausend v. Chr. Knochenharpunen zum Jagen von Fischen. Ähnliche Harpunen waren in der damals noch feuchteren Südsahara in Gebrauch.

Wichtige Ereignisse 8000–5000 v. Chr.

7500 v. Chr. Frühester Nachweis von Fischergesellschaften, Südsahara

Früheste bekannte Begräbnisstätte Nordamerikas

6500 v. Chr. Getreideanbau, Europa

Früheste bekannte Metallherstellung, Vorderasien

6000 v. Chr. Hirseanbau, China

Haustierhaltung, Sahara

5500 v. Chr. Erste chinesische Keramik, China

Pflanzenkultivierung, Mexiko

8000 v. Chr. – 7500 v. Chr. – 7000 v. Chr. – 6500 v. Chr. – 6000 v. Chr. – 5500 v. Chr. – 5000 v. Chr.

Siedlungen Chilis, Kürbisse und Avocados – 1000 Jahre bevor Mais zur wichtigsten Kulturpflanze wurde. In weiten Teilen Amerikas lieferten die Jagd und das Sammeln weiterhin den größten Teil der täglichen Nahrung. Die Menschen passten sich veränderten Umweltbedingungen an. So zogen sie mit den Büffelherden mit, als diese um 5000 v. Chr. aus dem westlichen Teil der Great Plains abwanderten.

Künstliche Bewässerung

In Vorderasien entwickelten sich zu dieser Zeit neue Anbautechniken. Die ersten Bauern hatten sich zur Bewässerung noch auf Regenfälle verlassen.

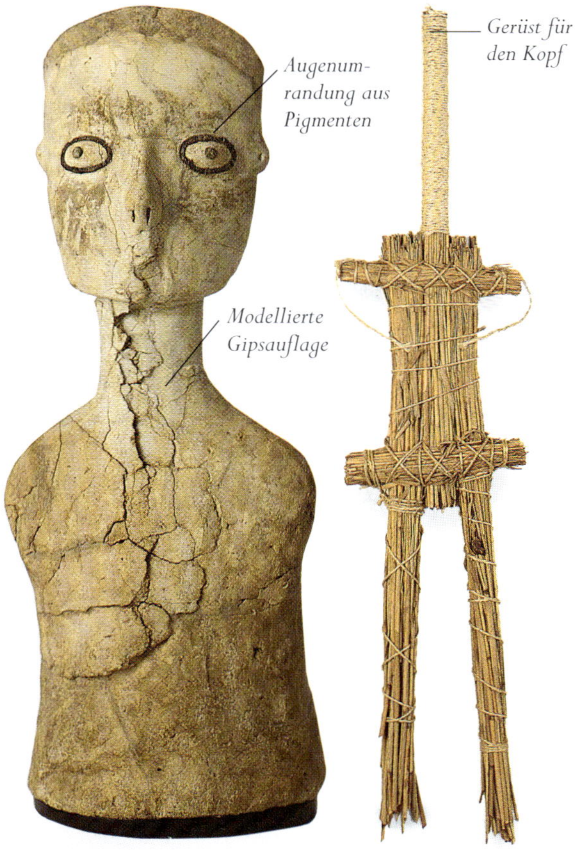

Skulpturen mit Gipsüberzug
Die ersten menschlichen Skulpturen in Lebensgröße stammen aus Ain Ghazal in Jordanien. Büsten und ganze Figuren bestehen aus einem Rohrgerüst (*rechts*) mit Gipsüberzug.

Tierdarstellungen
Felskunst der nacheiszeitlichen Periode in Australien: Die Malereien zeigen häufig Tiere, wie diese unter einem Felsschutzdach in Ingaladdi, Nordterritorium.

In Mesopotamien wurden die Böden mit dem Wasser der Flüsse Euphrat und Tigris und ihrer Zuflüsse künstlich bewässert und waren deshalb sehr fruchtbar. Gegen Ende des 7. Jahrtausends v. Chr. begannen die Bauern mit der Konstruktion eines Kanalsystems. Diese Kanäle wurden um 5900–4300 v. Chr. durch die Bauern der Obeid-Kultur (so benannt nach der Fundstelle Tell Obeid in Südmesopotamien) weiterentwickelt. Letztlich war es die erfolgreiche künstliche Bewässerung, welche die wirtschaftliche Grundlage für die ersten Städte in Mesopotamien schuf.

Sesshafte Bauerngemeinschaften

Die frühen Bauerndörfer in Vorderasien waren durch soziale Beziehungen, Heiratsallianzen und Handel verbunden. Ein deutlicher Beleg für den Handel dieser Periode ist Obsidian (schwarzes vulkanisches Glas), der ein ideales Rohmaterial für die Herstellung scharfer Werkzeuge ist und über große Entfernungen aus der Osttürkei bezogen wurde. Durch Handelsbeziehungen zwischen anatolischen Bauern und Gruppen in Südosteuropa verbreitete sich die Landwirtschaft um 6500 v. Chr. nach Europa.

Die Übernahme der Landwirtschaft in Europa und Asien ging mit einer wichtigen Neuerung einher, der Ausbreitung der Gebrauchskeramik. Die ersten Tongefäße wurden zwar schon vor 12 000 Jahren von einer Jäger-und-Sammler-Gemeinschaft in Japan hergestellt, aber erst um 7000 v. Chr. entwickelten Gemeinschaften in Vorderasien, Europa, Südasien und Afrika unabhängig voneinander Brenntechniken zur Herstellung gebrannter Keramikgefäße. Mit der Ausbreitung der Landwirtschaft in Europa ging eine Vielzahl unterschiedlicher Keramikstile einher. Die Terrakottastatuetten entstanden vermutlich in einem kultischen Zusammenhang. In Vorderasien wurden menschliche Figuren aus Gips geformt.

8000–5000 V. CHR.

Gebrauchskeramik

Die schweren und zugleich zerbrechlichen Keramikgefäße waren nur von Nutzen für Gruppen, die lange an einem Ort blieben. Die im Niltal und in der Sahara gefundenen Gefäße aus Ton von 7000 v. Chr. zeigen, dass die dortigen Jäger und Fischer zu einem relativ sesshaften Leben übergegangen waren. An den Süßwasserseen des Ostafrikanischen Grabensystems in Kenia und Tansania blühten Gesellschaften, die vom Fischfang lebten.

Experimente mit Keramikverzierungen

Erste Hinweise darauf, dass mineralische Erze, die erhitzt werden, eine reine Substanz mit anderen Eigenschaften ergeben, resultierten wahrscheinlich aus Experimenten mit farbigen Verzierungen für Keramik. Die frühen Töpfer verarbeiteten gemahlene Mineralerze zu Farbpigmenten, mit denen sie die Gefäße bemalten. Vielleicht fasziniert von den leuchtenden Farben der Kupfererze wie Malachit oder Azurit, mussten sie feststellen, dass die Farbe, mit der sie die Töpfe verzieren wollten, nach dem Brennen nicht Blau oder Grün erschien, sondern nur als glänzende Kupfertröpfchen.

Metallurgie in Vorderasien

Die ersten Versuche zur Kupferverhüttung gab es um 6500 v. Chr. in Vorderasien. Obwohl der Beginn der Metallurgie ein Meilenstein in der Entwicklung der Menschheit war, hatte sie nicht die revolutionären Auswirkungen auf den Alltag wie die neuen Techniken der Nahrungsmittelproduktion. Im frühen Stadium wurden nur einfache Gegenstände aus Kupfer, Gold und Blei hergestellt, alles weiche und leicht zu verarbeitende Materialien, die bei niedrigen Temperaturen schmelzen. Die Bewohner von Çatal Hüyük in der Türkei machten um 6000 v. Chr. Perlen und Schmuckstücke aus Kupfer und Blei, 1000 Jahre später experimentierten auch die bäuerlichen Gemeinschaften in Südosteuropa mit Kupfer und Gold.

Obwohl es auch Äxte und Messer aus Kupfer gab, waren Gegenstände aus Kupfer wahrscheinlich zunächst reich verzierte Prestigegüter, die den Status einer Person anzeigten und weniger für den Alltagsgebrauch bestimmt waren. Das Fällen von Bäumen und die Holzbearbeitung wurden durch die Entwicklung von härteren Kupferlegierungen wie Bronze sicherlich einfacher, aber Steinäxte waren nach wie vor in Gebrauch.

Auswirkungen der Landwirtschaft

Die entscheidende Entwicklung dieser Zeit war die Gründung von bäuerlichen Siedlungen. Dennoch spielte die nichtkultivierte Nahrung nach wie vor eine große Rolle, die Lebensform des Jagens und Sammelns bestand nicht nur dort weiter, wo das Land nicht zu kultivieren war, wie in arktischen Gebieten und in Wüsten. In den ortsfesten Siedlungen begannen die Einwohner in Gemeinschaftsprojekten wie Bewässerungssystemen zusammen zu arbeiten. Dadurch wurde die Entwicklung größerer und komplexerer Gemeinschaften vorangetrieben – die Vorläufer späterer Zivilisationen.

AMERIKA

Das Klima der Great Plains

Eine Periode geringer Niederschläge und steigender Temperaturen, die vor 5000 v. Chr. begann, bestimmte das Klima der Great Plains in Nordamerika für die nächsten 3000 Jahre. Die Weideflächen für den Bison gingen zurück, und die Herden wanderten nach Osten. Die Jäger, deren Überleben vom Bison abhängig war, folgten den Herden und hinterließen dünn bevölkerte Landstriche. Das enge Verhältnis zwischen Mensch und Bison bestimmte das Leben auf den Great Plains für Tausende von Jahren und wurde noch intensiver mit der Einführung des Pferdes 1600 n. Chr.

Amerikanischer Bison

Wanderung des Wildes
Vermutliche Ausdehnung der Trockenzone

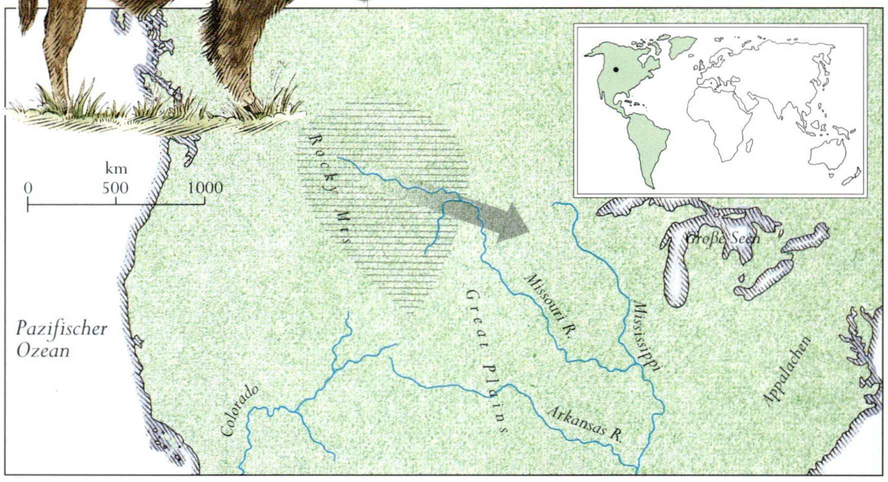

AFRIKA

Felskunst der Sahara

Zwischen 8000 und 5000 v. Chr. boten die waldreichen Gebirge, die semi-ariden Steppen und die flachen Seen der heutigen Sahara Jägern und Sammler als Lebensgrundlage Süßwasserfisch, essbare Pflanzen, Auerochsen und Gazellen. Nach 6000 v. Chr. zwang die zunehmende Trockenheit in der Sahara Menschen und Tiere, sich auf die wenigen zuverlässigen Wasserquellen wie Seen und Quellen zu konzentrieren. Die Jäger domestizierten Rinder und zogen als Hirten durch ihre vormaligen Jagdgebiete. Diese Veränderung ist in der Felskunst der Sahara dokumentiert. Vor 6000 v. Chr. sind nur Wildtiere dargestellt, danach auch domestizierte Rinder. Als die Sahara immer trockener wurde, zogen sich die Hirten in die Randgebiete mit beständigen Wasserquellen zurück.

Felskunst, Gazellendarstellung, Tassili-Massiv, Sahara

Hist. Küstenverlauf
Vermutliche Regionen mit Felskunst

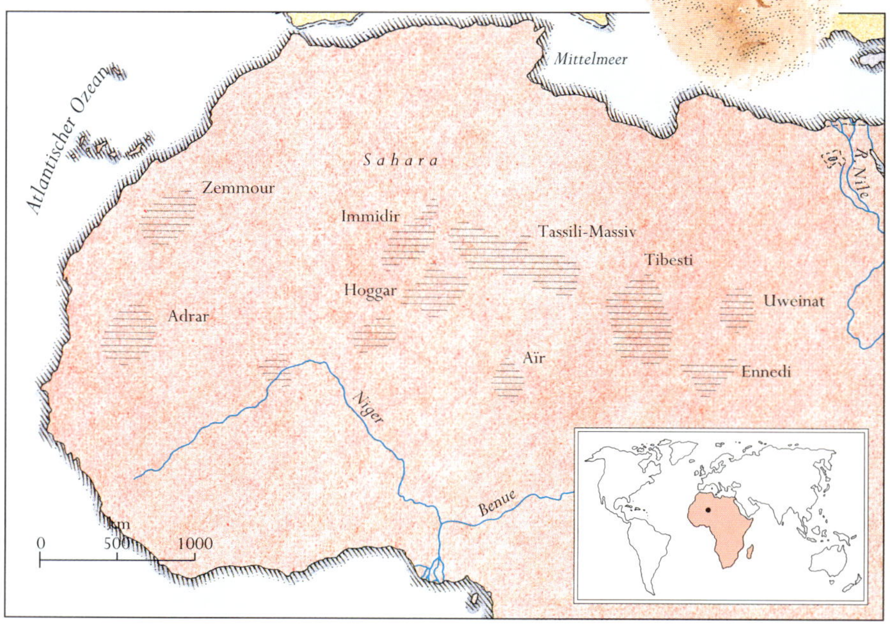

Europa

Landwirtschaft

Auf dem Balkan wurden Landwirtschaft und Töpferei kurz nach 6500 v. Chr. von Bauern aus Anatolien (heutige Türkei) übernommen. Die neue Lebensweise in ortsfesten Siedlungen breitete sich fast auf dem gesamten Kontinent aus und erreichte Südfrankreich und die Niederlande um 5000 v. Chr. In vielen Gebieten gab es immer noch Jäger-und-Sammler-Gesellschaften. Die im Mittelmeerraum lebenden Gemeinschaften übernahmen von Seeleuten und Fischern Kulturpflanzen, Tierhaltung und Töpferei und gaben sie weiter. Die typische Frühkeramik des Mittelmeerraumes wird Cardiumkeramik genannt, nach ihrem *Cardium*- oder Herzmuschelmuster. Nördlich der Alpen wurde die bäuerliche Lebensweise von ungarischen Siedlungsgruppen in Zentraleuropa rasch verbreitet. Sie entwickelten den *Bandkeramik*-Stil, der durch lineare Ritzornamente gekennzeichnet ist. An anatolischen Keramikfunden ist auch abzulesen, wo sich die frühen bäuerlicher Siedlungen befanden.

***Bandkeramik*-Gefäß, Langweiler, Deutschland**

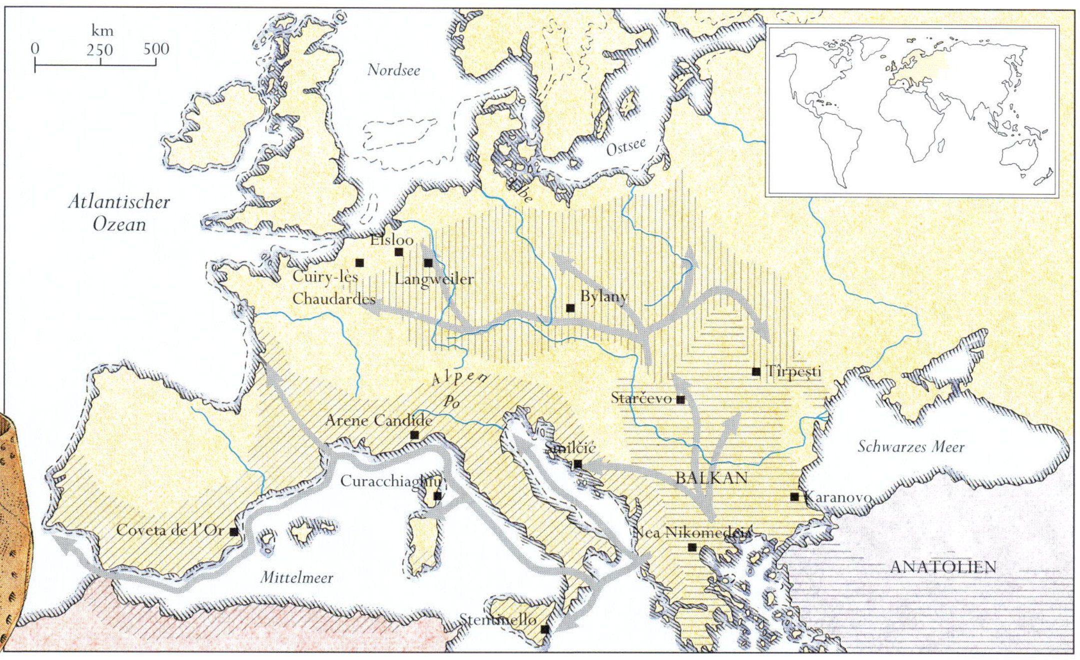

Hist. Küstenverlauf
Ausbreitung der Landwirtschaft
Frühe bäuerliche Siedlung
Verbreitung der *Bandkeramik*
Verbreitung der *Cardium*keramik
Verbreitung Anatolischer Keramik

Vorderasien & Südasien

Handel in Vorderasien

Obsidian (schwarzes vulkanisches Glas) wurde von den bäuerlichen Gemeinschaften Vorderasiens wegen der Schärfe der Abschläge, aus denen Klingen hergestellt wurden, hoch geschätzt. Da die chemische Zusammensetzung von Obsidian sich je nach seiner Herkunft unterscheidet, kann man seine Wege von den Fundplätzen in Siedlungen zu den Vorkommen zurückverfolgen und erhält so einen Plan der damaligen Handelswege, auf denen er weitergegeben wurde. Das ausgedehnte Handelsnetz zeigt, dass die bäuerlichen Gemeinschaften der verschiedenen Regionen regelmäßige Beziehungen unterhielten. Die wertvollsten und wichtigsten Obsidianvorkommen waren erloschene Vulkane in Zentral- und Ostanatolien. Die einzigartige Zusammensetzung dieses Obsidians erlaubte die Herstellung von besonders scharfen Klingen.

Unbearbeiteter Obsidian

Hist. Küstenverlauf
Frühe bäuerliche Siedlung
Verbreitung von Obsidian aus Acigöl
Verbreitung von Obsidian aus Çiftlik
Verbreitung von Obsidian aus Nemrut Dag

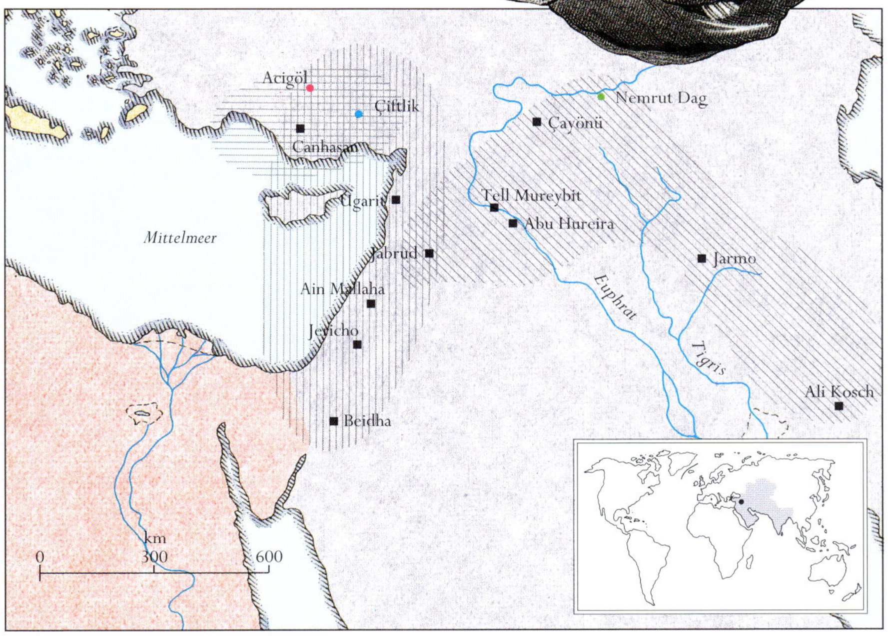

Ostasien & Australasien

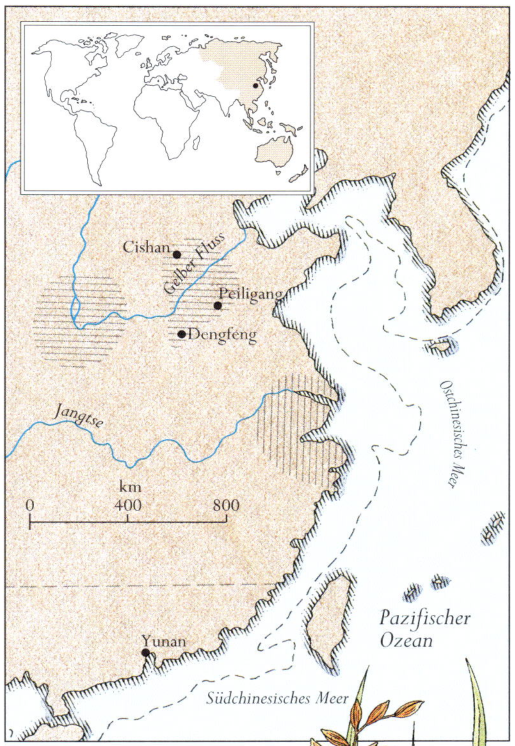

Hist. Küstenverlauf
Verbreitung von Wildreis
Verbreitung des Hirseanbaus
Verbreitung des Reisanbaus

Anbau in China

Es gab mindestens zwei Zentren der Getreidekultivierung in Ostasien. Das früheste Zentrum, um 6000 v. Chr., befand sich in der Nordchinesischen Ebene, im Gebiet des Gelben Flusses und seiner Nebenflüsse, wo hauptsächlich Sorghum und Borstenhirse kultiviert wurden. In Süd- und Zentralchina war Reis die früheste und bedeutendste kultivierte Pflanze. Wildreis wuchs auf einem breiten Landstrich, der sich von Nordindien bis zu den Gebirgen des südasiatischen Festlands und nach Südchina zog. Zunächst waren es Jäger-und-Sammler-Gruppen, die Reis kultivierten. Nach und nach breitete sich die Methode nach Norden aus. Um 5000 v. Chr. war sie im Jangtsedelta üblich.

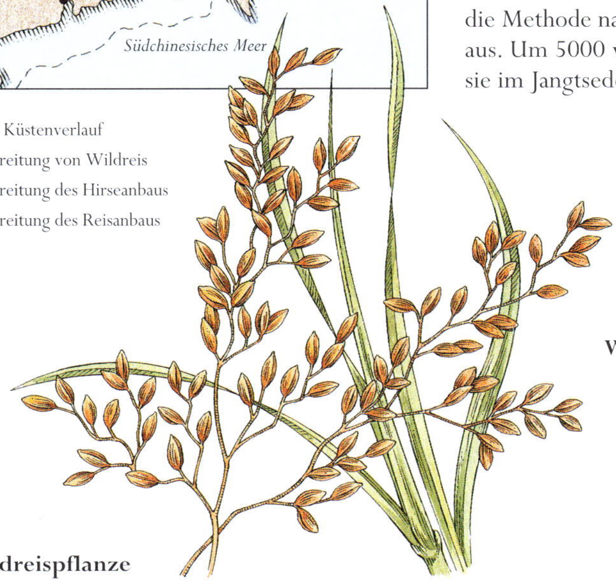

Wildreispflanze

Wildreiskörner

8000–7000 V. CHR.

33000 V. CHR.

Amerika

Ernährung & Lebensraum

Eicheln als Nahrung
Laubwälder, in erster Linie Eichen und Hickorybäume, breiteten sich mit zunehmender Erwärmung nach dem Ende der letzten Eiszeit (vor etwa 10000 Jahren) in weiten Teilen des Ostens von Nordamerika aus. Der hohe Stärkegehalt und die unproblematische Lagerung machten verschiedene Eichelsorten für Tausende von Jahren zu einer wertvollen Nahrungsquelle.

Eicheln

Wohnen & Bauen

Steinmetzhütte
In der Nähe eines Steinbruchs in New Mexico fand man die Umrisse der Hütte eines Steinmetzes, eine flache kreisrunde Vertiefung, mit einem Halbkreis aus Steinen umgeben. Im Inneren der Hütte fanden sich zerbrochene Werkzeuge in unterschiedlichen Bearbeitungsstadien, ferner Arbeitsmaterial und abgenutzte Werkzeuge.

Steinmetzhütte, New Mexico

Ostasien & Australasien

Ernährung & Lebensraum

Wildreis

Wildreis
Die Jäger und Sammler in Ost- und Südostasien nutzten tierische Nahrungsmittel und verschiedene Wildpflanzen, einschließlich Reis. Frühe Funde lassen annehmen, dass Reis in Südostasien, China und Nordindien einheimisch war. An der Küste Südchinas wurden verkohlte Reiskörner, aufgebrochene Schalen und Halme und deren Abdrücke in Lehm gefunden.

Wohnen & Bauen

Windschirm aus Zweigen, Australien

Windschirme
In den Wüsten von Zentralaustralien, wo Nahrung und Baumaterial knapp waren, befanden sich nomadische Gruppen ständig auf Wanderschaft. Da es weder große Bäume noch Höhlen gab, errichteten sie Windschirme aus Zweigen, die sowohl Abgeschiedenheit als auch Schatten spendeten. Wenn die Temperaturen nachts unter den Gefrierpunkt sanken, spendeten kleine Feuer und die Hunde, an die man sich kuschelte, die nötige Wärme.

Vorderasien & Südasien

Ernährung & Lebensraum

Schweine und Rinder
Die wilden Vorfahren von Hausschwein und Rind, der Wildeber und der heute ausgestorbene Auerochse, wurden erst nach Schaf und Ziege domestiziert. Wildeber und Auerochse waren in Europa einheimisch. Ein Domestikationszentrum war vermutlich die Türkei, aber unabhängig davon wurden sie auch in anderen Regionen domestiziert. Schweine erwiesen sich als sehr nützlich, da sie in den menschlichen Siedlungen die Abfälle beseitigten. Man kann über den Nutzen der Domestikation des wilden und gefährlichen Auerochsen spekulieren, denn Rinder wurden erst später wegen der Milch und als Arbeitstiere gehalten.

Wohnen & Bauen

Baumaterialien
Schlamm ist ein außergewöhnlich gutes Baumaterial in trockenem Klima; er hat gute bauliche und isolierende Eigenschaften und ist überall vorhanden, wo es Landwirtschaft gibt. Schlammziegel wurden ab etwa 9000 v. Chr. von Hand geformt und in der Sonne getrocknet und mit Hilfe von Lehmmörtel gemauert. Nach 8000 v. Chr. wurden Schlammziegel in Holzformen in großen Mengen produziert.

Schlammziegel, Jericho, Israel

Europa

Ernährung & Lebensraum

Austernschalen

Proteine aus dem Meer
Nach dem Ende der letzten Eiszeit vor ungefähr 10000 Jahren waren Austern und andere Schalentiere eine wichtige Proteinquelle für die Küstenbewohner Europas. Große Muschelhaufen sind an der Atlantikküste von der Iberischen Halbinsel bis Dänemark an Orten erhalten geblieben, an die Jäger-und-Sammler-Verbände Jahr für Jahr zu bestimmten Jahreszeiten zurückkehrten.

Wohnen & Bauen

Holz und Schilf
Die frühesten bekannten Häuser auf den Britischen Inseln wurden um 7500 v. Chr. von einer kleinen Jäger- und Sammlergruppe auf einer niedrigen Erhebung über dem Fluss Bann in Nordirland gebaut. Biegsame Holzpflöcke wurden im Boden verankert, dann nach innen gebogen, bis sie sich in der Mitte trafen und eine Kuppel bildeten. Die Lücken wurden mit Ästen und Rohr gefüllt. Die Hütten waren wahrscheinlich nur zeitweise bewohnt und nicht als dauerhafte Wohnstätten gedacht, aber der Ort selbst wurde in einem Zeitraum von 500 Jahren immer wieder aufgesucht.

Afrika

Ernährung & Lebensraum

Leben am Fluss
Die Bewohner des Niltals waren auf Flussfische für ihren Lebensunterhalt angewiesen. Tausende von Fischen strandeten im seichten Wasser, wenn der Nil jedes Jahr im Spätsommer nach der Überflutung zurückwich. Netze aus Schilfrohr und Papyrus wurden das ganze Jahr zum Fischfang benutzt.

Fischnetz aus Schilf- und Papyrusschnur, Ägypten

Wohnen & Bauen

Mattenflechterei
Afrikaner verwenden seit langem unterschiedliche Materialien zum Hausbau. Von den prähistorischen Zeiten bis heute fertigten sie aus Palmwedeln oder anderem fasrigen Material zum Teil reich verzierte Matten, die nicht nur als Bett dienten, sondern auch als luftige Wände, ideal für Häuser in heißem Klima, denn sie können nach Belieben verschoben oder ersetzt werden.

Matte, Afrika

Erfindungen & Entdeckungen

Vielzweckwaffen

Die nordamerikanischen Jäger entwickelten Waffen, die auch als Werkzeug zu gebrauchen sind. Man befestigte zunächst Speerspitzen aus Hornstein (eine kristalline Form der Kieselsäure) auf einem kurzen Griff und montierte sie dann auf einen Speerschaft. Eine Atlatl (Speerschleuder) diente der Wurfbeschleunigung. Nachdem ein Tier mit dem Speer erlegt war, konnte der vordere Schaft mit Spitze separat als Messer benutzt werden, um das Tier auseinander zu nehmen.

Hell-Gap-Spitze, Jones-Miller-Bison-Kill, Colorado

Jagdwaffen

Steinwerkzeuge sind die einzigen Geräte, die von den Jäger-und-Sammler-Kulturen in China erhalten geblieben sind. Im Norden wurden, wie seit 4000 Jahren, weiterhin Mikrolithen (winzige Steinklingen) hergestellt, im Süden waren die Geräte größer, und im Südwesten bestanden sie vielleicht aus scharfem Bambus.

Speer- und Pfeilspitze aus Stein, China

Steingutgefässe

Vor der Erfindung der Töpferei bestanden Gefäße aus ungebranntem, sonnengetrocknetem Lehm oder aus Steingut. Die Steingutgefäße wurden mit einer Mixtur aus Kalk und grauer Asche um ein Korbgefäß herum aufgebaut, das kurz vor dem Brennen entfernt wurde. Solche Gefäße waren um 7000 v. Chr. für einige Jahrhunderte in der Levante (der Küste von Syrien, Libanon und Israel) und in der Südtürkei in Gebrauch.

Steingutgefäß, Abu Hureira, Syrien

Standardisierte Klingen

Mikrolithen aus Feuerstein sind das Kennzeichen des europäischen Mesolithikums, der Periode zwischen dem Ende der letzten Eiszeit (vor etwa 10 000 Jahren) und den Anfängen der Landwirtschaft (um 6500 v. Chr.). Die Klingen hatten alle die gleiche Form und wurden in Holzschäfte eingesetzt; so entstanden Messer, Speere und Pfeilspitzen.

Mikrolithen aus Feuerstein, Sheffield, England

Jagdtechniken

Afrikanische Jäger verwendeten leichtgewichtige, zusammengesetzte Speere, Bögen und Pfeile. Die scharfen Spitzen der Waffen aus Knochen oder Holz waren oft mit Widerhaken besetzt und mit Gift bestrichen. Wenn ein Tier getroffen war, brach die auf einem kurzen Vorschaft montierte Spitze ab. Die Jäger konnten sie durch andere Spitzen ersetzen, die sie in Köchern mit sich führten.

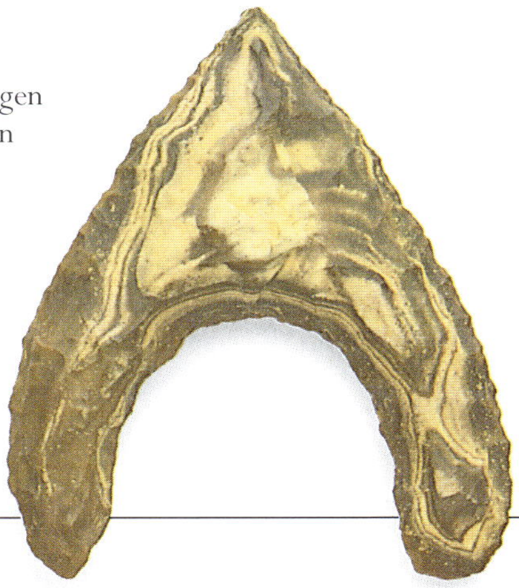

Pfeilspitze, Ägypten

Kunst & Religion

Grabbeigaben

Die Begräbnisstätte von Sloan wird auf 7500 v. Chr. datiert und ist der früheste bekannte Friedhof in Nordamerika. Depots mit unbenutzten oder unfertigen Geschossspitzen und anderen Geräten waren vielleicht Grabbeigaben, die einen zeremoniellen Zweck erfüllten und auf Jenseitsvorstellungen hinweisen.

Geschossspitzen, Fundstelle Sloan, Arkansas

Knochenverzierungen

In Nordchina und der Mandschurei tauchte um 7500 v. Chr. zum ersten Mal persönlicher Schmuck auf, der von Jägern hergestellt wurde, die die Knochen von Tigern, Leoparden, Bären und Hirschen zu Nadeln und Spitzen verarbeiteten und Muster in Geweihstücke gravierten. Die Zähne vom Dachs und von anderem Wild wurden mit Löchern versehen und zu Halsketten, Anhängern und Ohrringen verarbeitet.

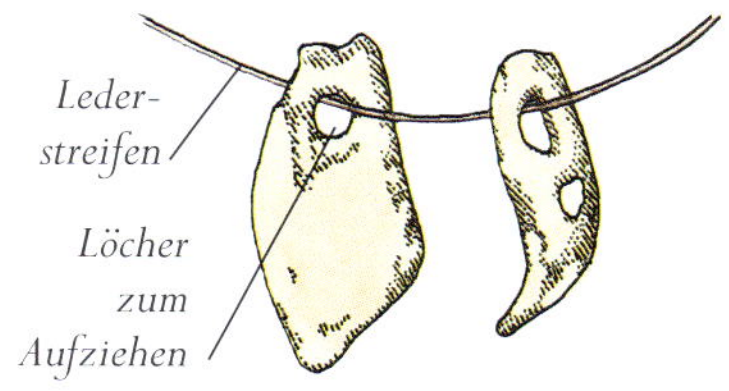

Durchbohrte Zähne, Zhoukoudian-Höhle, China

Ahnenverehrung

In der Levante fand man unter Häusern in Bauerndörfern kopflose Skelette. Einige der Schädel, die vermutlich im Haus oder in besonderen Hütten untergebracht waren, haben einen modellierten Überzug und Muschelschalen in den Augenhöhlen. Sie standen vermutlich mit Ahnenverehrung in Zusammenhang.

Übermodellierter Schädel, Jericho

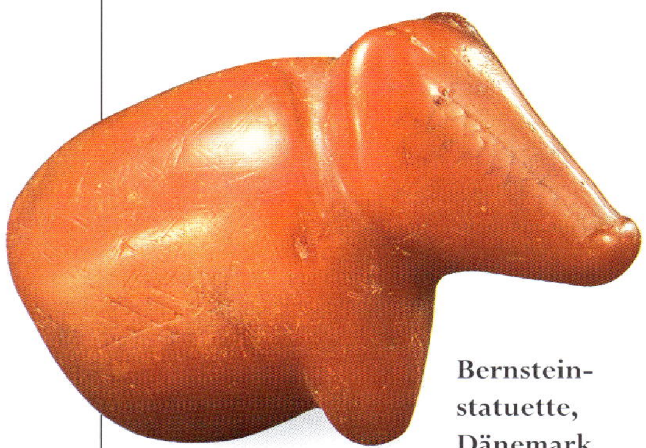

Bernsteinstatuette, Dänemark

Tierstatuetten

In Dänemark und Südschweden gab es geschnitzte Tierdarstellungen ab 7000 v. Chr. Sehr anmutig sind kleine Statuetten wie ein Elchkopf oder ein Wildschwein aus Bernstein. Neben diesen Statuetten findet man Gravierungen auf Geräten und anderen Gegenständen aus Knochen und Horn, auch stilisierte menschliche Formen und eine detailgenaue Darstellung eines Rothirsches.

Malen mit Pigmenten

Roter Ocker kommt in der Natur vor und kann aus jedem eisenhaltigem Mineral gewonnen werden, unter anderem aus braunem Lehm. Afrikanische Jäger benutzten Farbe aus rotem Ocker, um ihre Körper mit komplizierten Mustern zu verzieren. Pulverisierter Ocker wurde über die Toten im Grab gestreut. Künstler in Südafrika benutzten roten Ocker in der Höhlen- und Felsmalerei.

Braune Lehmbrocken

7000–6000 v. Chr.

33000 V. CHR.

Amerika

Ernährung & Lebensraum

Vitamine und Fette

Chilis und Avocados bereicherten die Ernährung in Mesoamerika schon seit 7000 v. Chr. Während Kürbis, Mais und Bohnen den Grundbedarf an Kohlenhydraten und Proteinen deckten, lieferten Chilis zusätzlich Geschmack und Vitamine; mit den Fetten aus der Avocado konnten andere Nährstoffe verwertet werden.

Avocado und Chili

Wohnen & Bauen

Temporäre Siedlungen

Die frühen Jäger und Sammler im Westen Nordamerikas wohnten zu bestimmten Jahreszeiten für kurze Zeit in kleineren Siedlungen, zu denen sie meist jedes Jahr zurückkehrten. Die provisorischen, oft in Flusstälern gelegenen Hütten bestanden aus einem leichten Holzrahmen, der mit Stroh bedeckt war. Die Feuerstelle lag außerhalb. Bei jedem Besuch wurden die Hütten neu errichtet.

Hütte, Icehouse Bottom, Tennessee

Ostasien & Australasien

Ernährung & Lebensraum

Entwässerungssysteme

In Südostasien basierte die allmähliche Übernahme der Landwirtschaft auf einheimischen Pflanzen wie Wildreis und der Knollenfrucht Taro, die zunächst auf kleinen Parzellen direkt neben den Siedlungen kultiviert wurden. Ein ähnlicher Prozess fand in kleinem Umfang schon 7000 v. Chr. in Neuguinea statt. Hier bemühten sich die Menschen, einen sumpfigen Talboden im Hochland der Insel trockenzulegen, um ihn für den Anbau nutzbar zu machen, indem sie einen Kanal aushoben, der das von Seitenkanälen eingeleitete Wasser abtransportierte. 1000 Jahre später wurde das System noch weiter ausgebaut. Das so gewonnene Land wurde wahrscheinlich mit Taro bepflanzt. Obwohl Taro in Neuguinea wild wächst, zeigen die ausgedehnten Entwässerungssysteme, dass seine kultivierte Form ein wichtiges Grundnahrungsmittel war.

Wohnen & Bauen

Witterungsschutz

Manche Felsschutzdächer, wie beispielsweise die in Ingaladdi im australischen Nordterritorium, waren über mehrere tausend Jahre bewohnt. Seit 7000 v. Chr. bis in unsere Zeit hinein fanden Menschen hier Schutz vor der Sonne und den tropischen Regengüssen der heißen und feuchten Sommer.

Vorderasien & Südasien

Ernährung & Lebensraum

Indisches Zebu

Bauerndörfer

Mehrgarh in den Hügeln westlich des Industals war zunächst eine von Jägern und Hirten nur zeitweilig bewohnte Siedlung. Um 6500 v. Chr. begannen die Leute Weizen und Gerste anzupflanzen und hielten Schafe, Ziegen und Rinder. Das Zeburind war vermutlich einheimisch, das Getreide und die kleineren Tiere stammten ursprünglich aus anderen Gegenden.

Wohnen & Bauen

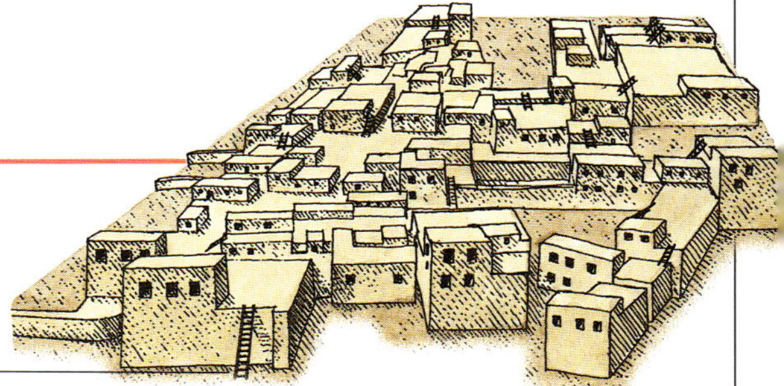

Çatal Hüyük, Türkei

Leiter als Zugang zum Dach

Ein grosses Dorf

Çatal Hüyük in Südanatolien war schon wegen seiner Größe die vielleicht bemerkenswerteste frühe bäuerliche Siedlung im 7. Jahrtausend v. Chr. Die Siedlung bedeckte 13 ha. Häuser und Kultstätten aus Lehmziegeln waren direkt aneinander gebaut, ohne trennende Straßenzüge, nur gelegentlich mit einem Hinterhof. Der Zugang erfolgte mit Leitern von den flachen Dächern aus.

Europa

Ernährung & Lebensraum

Landwirtschaft in Europa

In Europa wurde seit etwa 6500 v. Chr Landwirtschaft betrieben, sie war aber anfänglich auf den äußersten Südosten des Kontinents – auf Griechenland und den Balkan – beschränkt. Diese Gebiete lagen Vorderasien, wo die Landwirtschaft schon 1000 Jahre früher Fuß gefasst hatte, am nächsten. Es ist offensichtlich, dass die frühen europäischen Bauern die Ideen und Techniken von ihren Nachbarn übernommen haben. Die ersten Bauern Europas pflanzten aus Vorderasien stammenden Weizen an (Emmer und Einkorn), und sie hielten Schafe, Ziegen und Rinder. Vom Südosten aus verbreitete sich die neue Lebensform weiter nach Westen und Norden.

Wohnen & Bauen

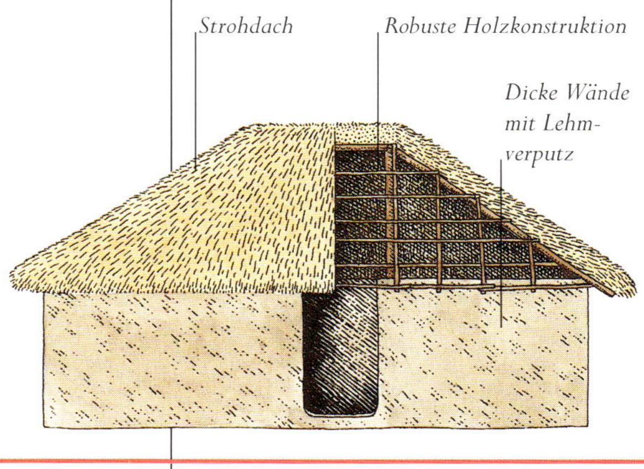

Bauernhäuser

Die Häuser der ersten Bauern im Südwesten Europas hatten einen rechteckigen oder quadratischen Grundriss, Wände aus lehmverputztem Flechtwerk und ein Dach aus Stroh oder Schilf. Der einzige Raum des Hauses besaß einen erhöhten Herd, einen Ofen und manchmal ein Vorratsgefäß aus Ton für Mehl oder Getreide.

Haus, Nea Nikomedia, Griechenland

Afrika

Ernährung & Lebensraum

Jamspflanzungen

Die Randzonen des afrikanischen Regenwaldes beherbergen einen großen Artenreichtum essbarer Pflanzen. Wilder Jams etwa ernährte die Menschen für Tausende von Jahren, und manche Gruppen nutzten ihn intensiv, indem sie den oberen Teil abschnitten und wieder einpflanzten, sodass er im feuchten Boden erneut wurzeln konnte. Solche einfache Formen der Kultivierung gab es in einigen Gegenden schon sehr früh, vielleicht zur gleichen Zeit oder sogar früher als die Kultivierung von Weizen und Gerste in Europa und Westasien. Diese bis heute angewandte Art der Kultivierung ist eine effektive und rationelle Methode, die Nahrungsmenge zu erhöhen.

Wohnen & Bauen

Eingetiefte Hütten

Um 6500 v. Chr. lebten die ersten Siedler von Nabta Playa, einem Dorf in den semi-ariden Grasländern östlich des Niltals, in ovalen Hütten, die in den Boden eingelassen und mit Tierfellen und Gras gedeckt waren. Diese Konstruktion bot Schutz vor den heißen Tagen und den bitterkalten Nächten. Sie war viele Jahrhunderte im Nordostafrika weit verbreitet.

Ovales Haus, Nabta Playa, Ägypten

Erfindungen & Entdeckungen

Holzbearbeitung

Die frühen Jägergesellschaften von Nordamerika fingen bei Ausdehnung der Wälder nach der letzten Eiszeit (etwa vor 10 000 Jahren) an, das Holz zu verwerten. Zwar sind nur wenige Holzgegenstände aus dieser Zeit erhalten geblieben, dafür werden häufig die für die Holzbearbeitung typischen Geräte aus Stein gefunden: Querbeile mit charakteristisch abgerundeten Kanten.

Beil, Advance Lowland, Missouri

Steinspaten

Steinspaten, Shandong, China

In den Küstenregionen Chinas brachte die frühe Kultivierung von Knollenfrüchten wie Taro und Jams eine Verbesserung der Grab- und Pflanzwerkzeuge mit sich. Im oberen Teil dieses Spatens befinden sich Bohrungen, an denen ein Holzstiel befestigt gewesen sein kann. Mit Taro- und Jamsfasern kalfaterte man Boote und fertigte Netze und Leinen zum Fischen an.

Frühe Techniken

Die Töpferei war in Vorderasien nach 7000 v. Chr. allgemein verbreitet. Die frühesten Gefäße hatten zwar noch eine rohe Form und waren schlecht gebrannt, die Entwicklung ging jedoch schnell. Innerhalb von 1000 Jahren wurde von Westiran bis Anatolien fein gearbeitete, mit komplizierten Mustern bemalte und geritzte Keramik hergestellt. Im Norden von Mesopotamien produzierten kuppelförmige Brennöfen Temperaturen, die hoch genug waren, um eine außergewöhnliche, bemalte Keramik hervorzubringen, die nach dem Fundort Hassuna in Zentralmesopotamien Hassuna-Keramik genannt wird. In diesen Brennöfen konnte auch Kupfer geschmolzen werden, und es ist kein Zufall, dass hier die ersten metallurgischen Versuche gemacht wurden.

Bemalte Keramik

Töpferwaren wurden auch in Europa zuerst von den ersten bäuerlichen Gesellschaften hergestellt. Wie die Landwirtschaft war auch dies eine Entwicklung, die aus Vorderasien übernommen worden war.
Die frühe Keramik in Südosteuropa wurde ohne Töpferscheibe mit der Hand geformt. Dennoch war die mit geometrischen Mustern in Rot oder Schwarz verzierte Ware gut gearbeitet.

Bemalte Keramik

Wellenmusterkeramik

Wellenmusterkeramik, Ägypten

In Afrika wurde die früheste Keramik um 7000 v. Chr von Jägern und Fischern hergestellt, die in einem Gebiet in der südlichen Sahara lebten, das sich von Mali im Westen bis nach Khartum im Niltal im Osten erstreckte. Die Keramik wurde mit Wellenmustern verziert, die im Osten mit Hilfe eines Fischstachels eingeritzt wurden, solange der Ton noch feucht war. Im Westen erzielte man den gleichen Effekt mit einer Holz- oder Knochenspitze.

Kunst & Religion

Tonstatuetten

Die frühen ungebrannten menschlichen Tonstatuetten Nordamerikas weisen eingeritzte Verzierungen auf, aber keine geschlechtsspezifischen Merkmale. Vollständigen Figuren fehlen die Gesichtszüge, einige Fragmente haben Augenhöhlen und Nasen, die durch Zusammendrücken geformt wurden. Die Bedeutung ist unbekannt, aber sie sind mit Gegenständen aufgefunden worden, die eher Individuen als einer sozialen Gruppe zuzuordnen sind.

Statuette, Cowboy Cave, Utah

Gravierte Vogelspuren, Yiwarlarlay, Australien

Felsgravierungen

Unter einem Felsdach in Ingaladdi im australischen Nordterritorium wurde ein mit Vogelspuren und parallelen Linien graviertes Sandsteinfragment in Schichten gefunden, die vor 6000 v. Chr. datiert werden. Ähnliche Zeichen gibt es auch auf anderen Felsdächern wie in Yiwarlarlay. Sie stehen möglicherweise mit der Jagdmagie in Zusammenhang.

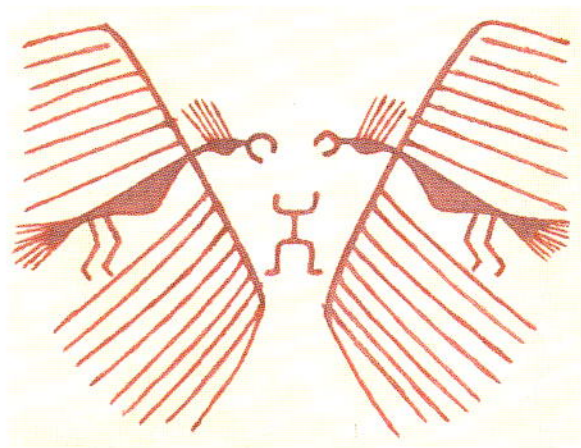

Wandgemälde mit Vögeln, Çatal Hüyük, Türkei

Kultstätten

Ein Drittel der Gebäude von Çatal Hüyük in Südanatolien wurde als Kultstätten identifiziert. Sie waren mit Wandgemälden und plastischen Darstellungen von Leoparden, Stierköpfen und Stierhörnern ausgestattet. Eines der Gemälde zeigt Vögel, die nach kopflosen Körpern hacken – möglicherweise die Praxis der öffentlichen Leichenschau.

Terrakottastatuetten

Auch die Herstellung von Terrakottastatuetten übernahmen die frühen bäuerlichen Gemeinschaften Europas von ihren Nachbarn in Vorderasien. Frauenfiguren mit ausgeprägtem Gesäß sind der häufigste Typ, zwei von ihnen wurden zusammen in einer Kultstätte in Nea Nikomedia in Griechenland gefunden.

Terrakottastatuette, Nea Nikomedia, Griechenland

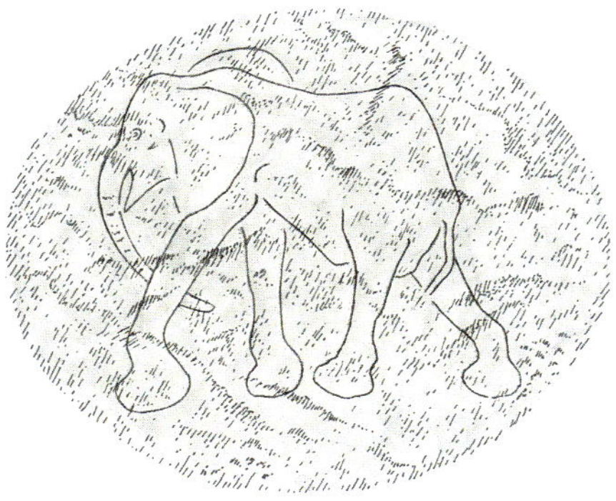

Felsmalerei, Tassili-Massiv, Sahara

Felskunst

Felsbilder aus der Sahara zeigen das Leben der Jäger, die hier um 6000 v. Chr. umherzogen. Auf Gemälden in Höhlen und auf Felsdächern findet man Tiere, die in dieser Region seit langem ausgestorben sind: *Bubalus antiquus* (eine ausgestorbene Büffelart), Giraffe, Elefant, Rhinozeros und Flusspferd. Erst nach 6000 v. Chr. wurden auch domestizierte Rinder abgebildet.

6000–5000 v. Chr.

33000 V. CHR.

	Ernährung & Lebensraum	Wohnen & Bauen

Amerika

Ernährung & Lebensraum

Agave

Agave

Die amerikanische Agave blüht nur einmal in zehn bis 30 Jahren. Sie ist eine einheimische tropische Pflanze Mesoamerikas und wurde seit frühesten Zeiten vielseitig genutzt. Sie war sowohl eine wichtige Nahrungsquelle, aus der auch Getränke gewonnen werden können (aus einigen Sorten können berauschende Getränke hergestellt werden, z. B. Tequila), wie auch Lieferant von Fasermaterial, aus dem in den kühleren Hochlandregionen von Mexiko und Guatemala Stricke und Kleidung hergestellt wurden.

Wohnen & Bauen

Wohnhöhlen

Obwohl die globalen Temperaturen um 8000 v. Chr. fast den heutigen Stand erreicht hatten, blieb die Andenhochebene in Südamerika kalt. Die Jäger und Sammler lebten in Höhlen und unter Felsdächern. Junin, eine 4000 m hoch gelegene Siedlung der zentralen Sierra von Peru, war einer der ersten Orte, an denen Lamas und Alpakas domestiziert wurden. Es wurden mehrere Höhlen gefunden, die zwischen 10000 und 4000 v. Chr. durchgehend bewohnt waren und in denen sich hoch stilisierte Darstellungen von Lamas und Alpakas sowie von Jagdszenen befanden.

Ostasien & Australasien

Ernährung & Lebensraum

Landbau

Die kurz vor 6000 v. Chr. am Gelben Fluss in der Nordchinesischen Ebene eingeführte Kultivierung von Hirse hatte sich nach 6000 v. Chr. durchgesetzt. Das Gebiet eignete sich gut für Landwirtschaft, geringe Regenfälle ließen den Wald nicht zu üppig werden, sodass er leicht gerodet werden konnte, während jährliches Hochwasser den Boden fruchtbar machte.

Wohnen & Bauen

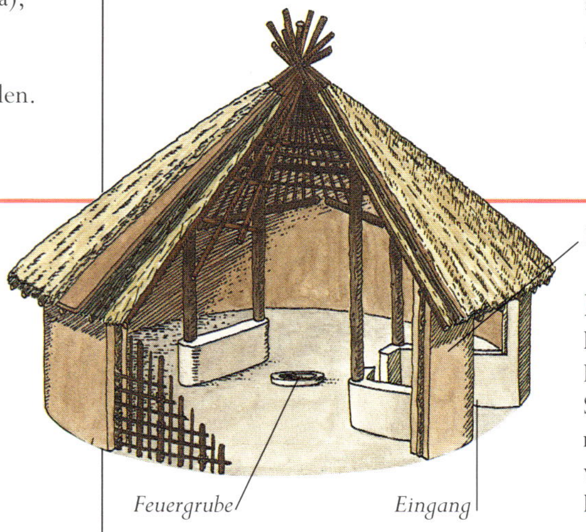

Frühes Holzhaus, Banpo, Shaanxi, China

Hütten aus Holz

Die frühen Bauern der Nordchinesischen Ebene lebten in semi-permanenten Siedlungen, die sie verließen, wenn sie neues Land brauchten. War der Boden wieder fruchtbar, kehrten sie zurück. Die Häuser waren in die Erde eingelassen oder ebenerdig, rund oder rechteckig, mit Wänden aus lehmverputztem Flechtwerk. Das Dachgebälk war mit Hirsestroh, Schilf und Lehm gedeckt.

Vorderasien & Südasien

Ernährung & Lebensraum

Dattelpalmen

Dattelpalmen spielten eine große Rolle für die ersten Bauern in Südmesopotamien. Jeder Teil der Palme wurde genutzt: Die nahrhaften Früchte waren leicht aufzubewahren und zu transportieren, und die Wedel lieferten wertvolles Baumaterial. Die Fasern wurden zu Schnüren und Seilen gezwirnt und aus den Blättern Matten und Körbe geflochten.

Dattelpalmen

Wohnen & Bauen

Obeid-Tempel

Um 5900 v. Chr. erblühte im Süden Mesopotamiens die Obeid-Kultur (nach dem Fundort Tell Obeid), 500 Jahre später beherrschte sie ganz Mesopotamien einschließlich des Nordens, wo sie die Halaf-Kultur ablöste. Eridu, eine der ältesten Siedlungen der Obeid-Kultur, besaß eine Reihe von Tempeln, die jeweils auf den Ruinen der älteren errichtet waren. Der älteste bestand aus einem einzigen Lehmziegelraum mit einem Altar und einem Opfertisch.

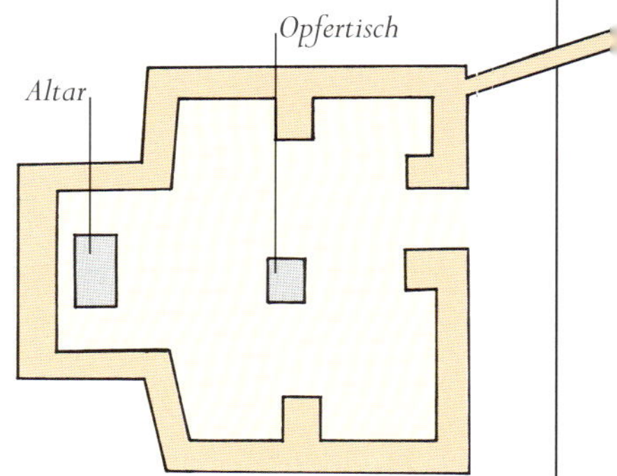

Tempel von Eridu, Mesopotamien

Europa

Ernährung & Lebensraum

Landwirtschaft

6000 v. Chr. war die Landwirtschaft in Europa immer noch auf Griechenland und den Balkan beschränkt, 1000 Jahre später hatte sie sich bis nach Iberien verbreitet, wo Überreste von Getreide in Höhlensiedlungen wie in Coveta de l'Or an der Südküste Spaniens gefunden wurden. Im Mittelmeerraum wurde die Pflanzenkultivierung und Tierdomestikation, die Grundlage der neuen Wirtschaft, von einer Gemeinschaft zur nächsten weitergegeben, um schließlich Portugal zu erreichen. In Zentraleuropa dagegen rückten Bauern entlang des Donautals nach Westen ins Rheinland und das Pariser Becken vor. Diese Pioniere zogen es vor, Pflanzungen auf den leichten Böden der Flussufer auf kleinen Feldern oder in Gärten in der Nähe der Siedlungen anzulegen.

Wohnen & Bauen

Langhäuser

Die frühen Bauern in Zentraleuropa lebten in einer waldreichen Umgebung und konnten Häuser aus Holz errichten, die bis zu 45 m lang waren. Ein Gerüst aus Stützbalken bildete die Grundstruktur. Die Außenwände bestanden aus Flechtwerk mit Lehmbewurf und einem steilen, mit Schilf oder Stroh gedeckten Satteldach, das Regen und Schnee abhielt. Jedes Langhaus beherbergte eine oder mehrere Familien mit ihren Haustieren und Getreidevorräten.

Langhaus aus Holz, Bylany, Mähren

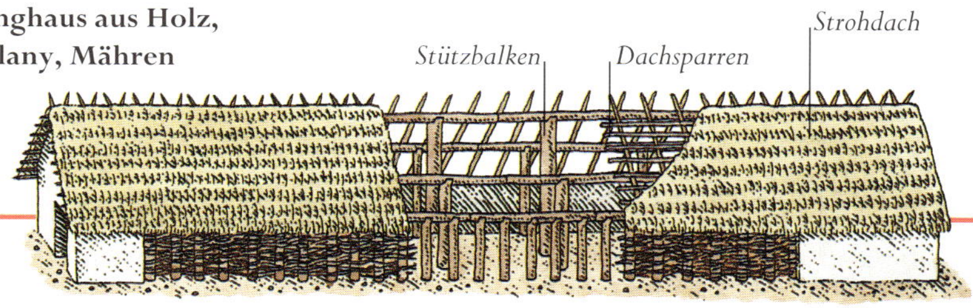

Afrika

Ernährung & Lebensraum

Domestizierte Nutztiere

Um 6000 v. Chr. wurden in der Sahara Rinder domestiziert und kurze Zeit später auch im Niltal. Es ist nicht bekannt, ob dies unabhängige Entwicklungen waren oder ob sie auf Einflüsse aus Vorderasien zurückzuführen sind. Rinderherden erlangten in der Sahara und im Sudan große Bedeutung, bis das Gebiet nach 4000 v. Chr. zur Wüste wurde.

Afrikanisches Rind

Wohnen & Bauen

Windschirme

Die Jäger und Sammler, die am Rande der großen zentralafrikanischen Regenwälder lebten, benötigten keine festen Siedlungen. Ständig unterwegs auf der Suche nach Wild und pflanzlicher Nahrung, bauten sie aus dem reichlich vorhandenen Material temporäre Unterkünfte. Eine niedrige Bauweise mit Zweigen und Blättern, die oft mit Pflanzenfasern verbunden waren, schützte vor Regen und Wind. Aus Pflanzenfasern wurde auch Kleidung hergestellt und wurden Matten geflochten, die als Schlafunterlage und Schirme dienten.

ERFINDUNGEN & ENTDECKUNGEN

ANGEPASSTE TECHNIKEN

Mit dem Anstieg der Bevölkerung nach der letzten Eiszeit (etwa vor 10000 Jahren) passten sich die Menschen in den Wüsten und Gebirgen Südkaliforniens den veränderten Lebensbedingungen an, indem sie z. B. Geräte entwickelten, die neue Möglichkeiten der Nahrungszubereitung eröffneten. Mit der Ausbreitung der Waldgebiete wurden Mahlsteine für Nüsse und Samen immer wichtiger.

Mahlstein, Buena Vista Lake, Kalifornien

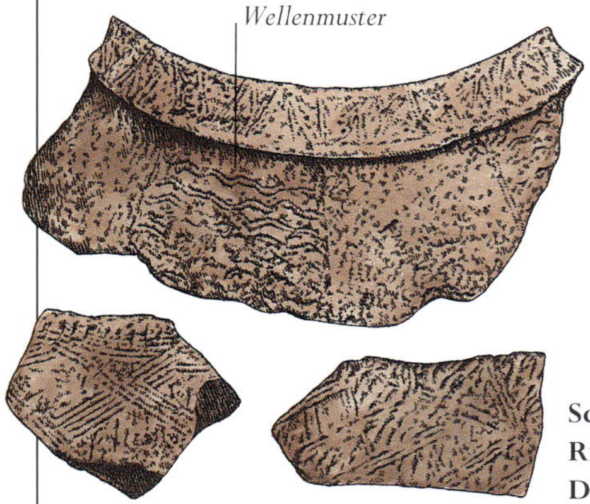

KERAMIK MIT RITZDEKOR

Chinas früheste Keramik stammt aus Fischerdörfern der Südküste. Aus dickem, körnigem Ton machte man helle, gelbbraune und braune Schüsseln und große kugelförmige Töpfe. Verzierungen auf dem Gefäßkörper entstanden durch Abdrücke von Faserschnüren oder Ritzungen mit einem Steinmesser.

Schnurabdrücke und Ritzungen auf Scherben, Dapenkeng, Taiwan

SIEGELSTEMPEL

In Vorderasien drückte man nach 6000 v. Chr. Siegelstempel in Ton, wahrscheinlich im Zusammenhang mit der Entwicklung einer Verwaltung und von Privateigentum zu dieser Zeit, da keine älteren Abdrücke von Siegelstempeln gefunden wurden. Die Stempel trugen zunächst einfache geometrische Muster, später Abbildungen von Menschen und Tieren.

Siegelstempel, Tepe Gijan, Iran

Keramik mit Banddekor

VERZIERTE KERAMIK

Mit der Landwirtschaft verbreitete sich entlang des Rheins und der Donau auch die Töpferei. Wegen ihrer Verzierung durch eingeritzte Linien, die oft mit Mustern ausgefüllt sind, wird diese frühe europäische Keramik *Bandkeramik* genannt. Man findet sie von Frankreich bis zur Ukraine.

FISCHFANG MIT HARPUNEN

An den frühen Siedlungsplätzen in der Nähe der seichten Gewässer des Nils oder der ostafrikanischen Seen mit ihren großen Vorkommen an Katzenfischen und anderen Grundfischen finden sich häufig Geräte für den Fischfang. Die Siedler entwickelten Knochenharpunen mit Widerhaken, die an einem Holzschaft befestigt wurden. Der Fisch wurde getrocknet.

Knochenharpunen, Ägypten

KUNST & RELIGION

KUNST DES AMAZONAS

Im nördlichen Amazonasgebiet von Südamerika fanden sich unzählige, in Felsbrocken eingravierte Bildnisse. Einige zeigen Tiere sowie Geräte und Waffen für die Jagd und den Fischfang. Andere, wie das hier abgebildete, sind einfache Darstellungen menschlicher Körper. Die Zeichen könnten Symbole der natürlichen Umgebung sein.

Felsgravierung, Venezuela

IMPORTIERTE JADE

Jade aus reinem Nephrit, die einzig bekannte Jade in China zu dieser Zeit, wurde schon um 6000 v. Chr. aus Zentralasien und vom Baikalsee in Sibirien durch Menschen der nördlichen Mandschurei eingeführt. Das zeigt, dass diese Gesellschaften komplex genug waren, um Handel zu treiben und Spezialisten zu beschäftigen. Jade wurde von jeher mit Ritualen oder Opferhandlungen assoziiert; ihre Reinheit, Härte, Luminiszenz und unterschiedliche Farbigkeit verkörperten ideale Eigenschaften. Jade kann selbst mit Stahl nicht geschnitten werden, und musste deswegen geschliffen werden: Sie schien unzerstörbar und symbolisierte Unsterblichkeit. Objekte aus Jade gab man den Toten mit, und sie waren ein Mittel der Kommunikation mit den Geistern.

GRABBEIGABEN

Gräber in Mehrgarh in den Hügeln westlich des Industals zeigen, dass zwischen 6000 und 5000 v. Chr. die Toten in Gruben neben einer Wand aus Lehmziegeln bestattet wurden. Die Grabbeigaben bestanden unter anderem aus Schildpattperlen aus Zentralasien und Lapislazuli aus Afghanistan – Anzeichen für einen Fernhandel. Eine Statuette, die denen aus dem Zagrosgebirge im Iran ähnlich ist, belegt, dass Handel mit noch weiter entfernten Gegenden betrieben wurde. Auch in Kindergräbern fand man reiche Grabbeigaben; die Kinder erbten offensichtlich den sozialen Status ihrer Eltern.

FLUSSGÖTTER

In Lepenski Vir in Serbien, am Ufer der Donau, entwickelte eine blühende Gemeinschaft von Fischern, Jägern und Sammler, die noch keine Landwirtschaft betrieben, einen außergewöhnlichen künstlerischen Stil. Ihre an Feuerstellen in den Häusern platzierten Fischskulpturen verkörperten möglicherweise Flussgottheiten.

Fischskulptur, Lepenski Vir, Serbien

FELSKUNST DER SAHARA

Domestizierte Rinderherden sind in der Felskunst der Sahara zwischen 6000 und 4000 v. Chr. auffallend häufig vertreten. Viele der Szenen zeigen sowohl Rinder mit kurzen und langen Hörnern, als auch ihre menschlichen Begleiter. Dieselben Künstler schufen auch erstaunliche szenische Kompositionen von übernatürlichen Wesen und religiös-kultischen Objekten.

Felsmalerei, Jabbaren, Sahara

Beginn der Landwirtschaft

33 000 V. CHR.

Etwa vor 10 000 Jahren verursachte in Vorderasien das Zusammenspiel von Umweltverhältnissen sowie biologischen und kulturellen Faktoren eine dramatische Wende in der Nahrungsgewinnung, die die Beziehung zwischen Mensch und Umwelt grundlegend verändern sollte. Im Gebiet des so genannten Fruchtbaren Halbmonds, der sich in einem Bogen vom Zagrosgebirge im Iran bis in die südliche Levante (südliches Israel und Jordanien) zog, wurden zum ersten Mal Pflanzen und Tiere domestiziert und die ersten nahrungsproduzierenden Gemeinschaften gegründet. Domestikation heißt, dass die Reproduktion von Pflanzen und Tieren kontrolliert wird, um die Erträge zu steigern. Der ersten Domestikation folgte nicht immer Anbau oder Viehzucht, und viele Arten wurden an unterschiedlichen Orten und zu verschiedenen Zeiten domestiziert. Ausschließlich auf Landwirtschaft basierende Gemeinschaften etablierten sich in Vorderasien erst 1000 Jahre später.

Pflanzenkultivierung

Die Domestikation verändert die Physiologie der Pflanzen, sie werden nützlicher für den Menschen, aber auch abhängiger von ihm. Kultivierte Pflanzen können in Gebieten gedeihen, die für Wildpflanzen nicht geeignet sind. Die schwachen Halme und leicht abbrechenden Ähren von wildem Weizen und wilder Gerste ermöglichen eine eigenständige Aussaat, machen aber Ernte und Transport des reifen Getreides schwierig. Kultiviertes Getreide hat dagegen größere Samen und stabile Halme; dadurch ist es leichter zu ernten und dorthin zu transportieren, wo es verarbeitet und gelagert wird.

Wege zur Nahrungsmittelproduktion *unten*

Vor ungefähr 20 000 Jahren begannen die Bewohner der levantinischen Hügellandschaften zunehmend Wildgräser zu nutzen, und seit 8000 v. Chr. kultivierten sie Pflanzen. Bis 7000 v. Chr. wurden vor allem Gazellen gejagt, ab dann belegen archäologischen Quellen domestizierte Schafe. In den rauen Zagrosbergen herrschten dagegen wenig ertragreiche Wildgräser vor, und Gazellen waren selten. Vor 20 000 bis 10 000 Jahren scheint pflanzliche Nahrung für die Bevölkerung dieser Region eine kleinere Rolle gespielt zu haben. Man konnte dafür auf die weit verbreiteten wilden Ziegen und Schafe zurückgreifen. Die Domestikation von Ziegen und Schafen ging in den Zagrosbergen der Kultivierung von Getreide voran. Sie ist hier für die Zeit ab 7500 v. Chr. belegt.

ANATOLIEN

Çayönü Neolithisches Dorf (um 7000 v. Chr.) mit kultiviertem Getreide, vermutlich mit domestizierten Schafen.

Çatal Hüyük Große Siedlung (um 6500 – 5500 v. Chr.) mit Obsidianabbau und Obsidianhandel, Hinweise auf Rinderverehrung und Domestikation von Rindern

LEVANTE

Ain Mallaha Großes semi-permanentes Lager (um 8000 v. Chr.), Belege für Getreidebevorratung, -verarbeitung, Gräber und Kunstobjekte.

Tell Aswad Früheste Belege für voll domestizierten Emmer um 7800 v. Chr., das heißt Domestikation hat schon stattgefunden.

Beidha Belege für das Hüten von Wildziegen (um 7000 v. Chr.). Bauweise ändert sich von kleinen separaten Rundhäusern in der frühen Jungsteinzeit (um 7000 v. Chr.) zu größeren rechteckigen Häusern um 6500 v. Chr. Hinweise auf Umbauten und Erweiterungen.

Jericho Frühe Belege für domestizierte Ziegen um 7000 v. Chr., großer Steinturm, Vorratsräume und eine Begrenzungsmauer deuten auf den Ausbau des Gemeinschaftswesens.

Ain Ghazal Frühes Dorf (7000 – 5500 v. Chr.), Belege für Blüte und Zusammenbruch einer Bauern- und Hirtenkultur. Zahlreiche Gipsfiguren jüngerer Schichten* weisen auf ausgeprägte künstlerische und rituelle Tätigkeiten hin.

Abu Hureira Ältere Schichten* (um 10 000 v. Chr.) zeigen Abhängigkeit von Wildgetreide, Jagd auf Gazellen und Wildesel. Jüngere Schichten* (um 7000 v. Chr.) zeigen Übergang zu Anbau und Weidewirtschaft.

Tell Mureybit Siedlungsstätte vom späten Natufien (*s. S. 67*) bis zum frühen Neolithikum (um 9000 – 7500 v. Chr.), Funde zeigen Abhängigkeit vom Sammeln von Wildgetreide, Jagd auf Gazellen und Wildesel.

Bougras Spätes präkeramisches, neolithisches Dorf (um 6500 v. Chr.) mit sowohl kultiviertem Getreide als auch domestizierten Ziegen und vor allem mit domestizierten Schafen.

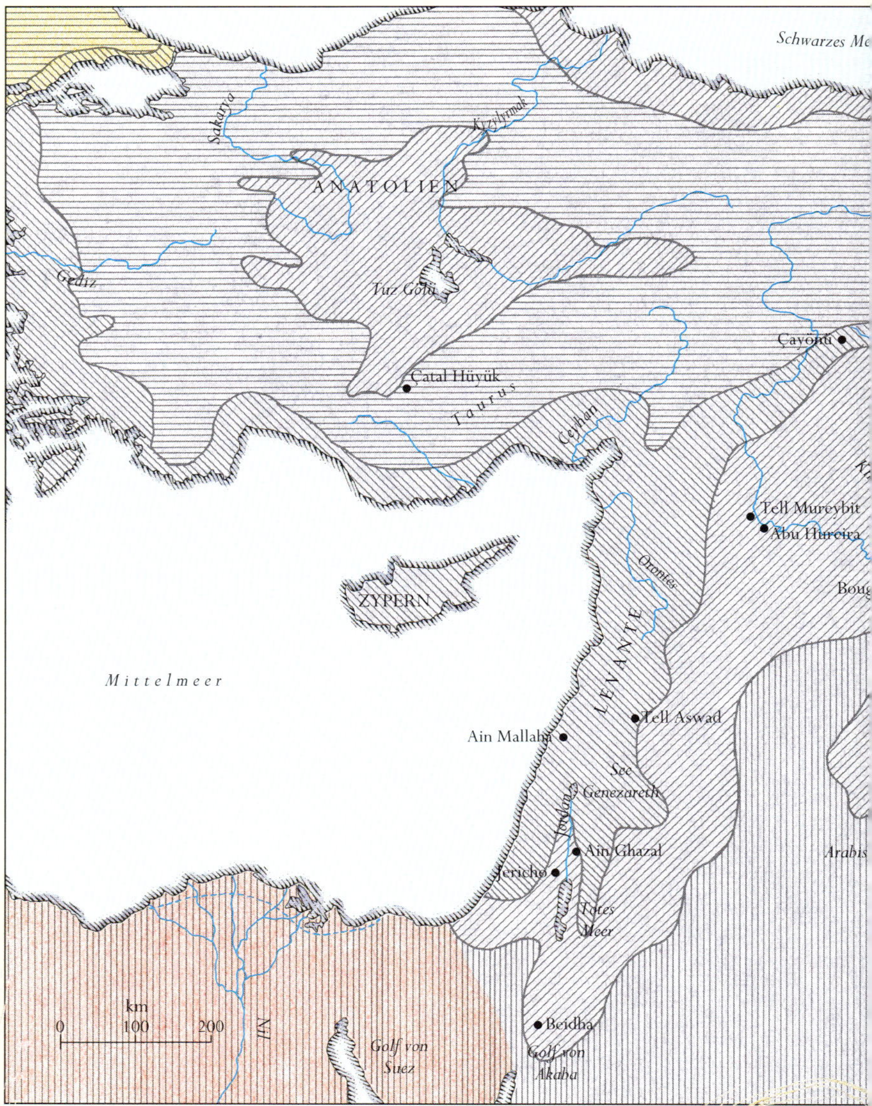

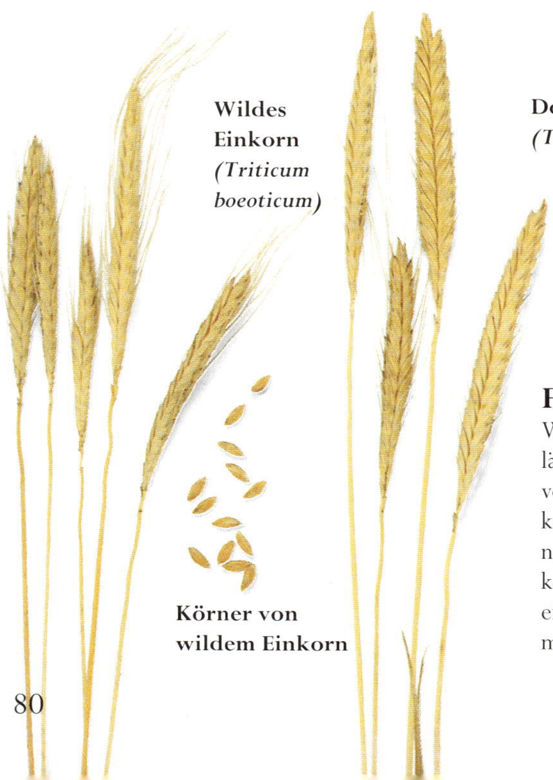

Wildes Einkorn *(Triticum boeoticum)*

Domestiziertes Einkorn *(Triticum monococcum)*

Körner von wildem Einkorn

Früher Weizen

Wildes Einkorn ist der Vorläufer einer der ersten Formen von kultiviertem Weizen und kommt in Vorderasien immer noch vor. Domestiziertes Einkorn hat größere Körner und einen stärkeren Halm, und es muss gedroschen werden.

Wilder Emmer *(Triticum dicoccoides)*

Früher Emmer

Wie Einkorn besitzt auch Emmer im Gegensatz zu seiner Wildform einen bruchfesten Halm. Anders als Einkorn ist das Vorkommen von Emmer auf die Levante beschränkt, wo er heute noch in dichten Beständen zu finden ist.

Körner des domestizierten Emmer

Domestizierter Emmer *(Triticum dicoccum)*

200 V. CHR.

8000 – 5000 V. CHR.

-- Hist. Küstenverlauf

Vegetationszonen zu dieser Zeit

Wald

Steppen-Weideland

Subtropisches Waldland

Wüsten-Weideland

Erläuterungen: *Schicht = Schuttschicht erfolgreicher Ansiedlung

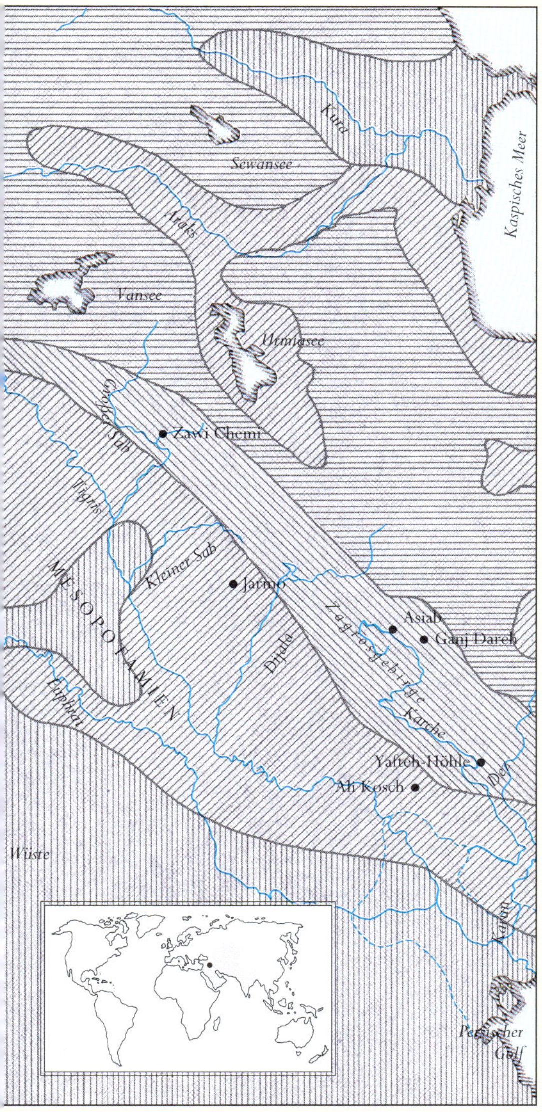

ZAGROSGEBIRGE
Yafteh-Höhle In der Jüngeren Altsteinzeit (um 18 000 v. Chr.) bewohnt, Hinweise auf intensive Nutzung von wilden Schafen und Ziegen.
Zawi Chemi Freilandsiedlung (um 10 000 v. Chr.), Hinweise auf Zubereitung von Nahrungspflanzen, intensive Nutzung von wilden Schafen und Ziegen, möglicherweise mit Hüten von Schafherden.
Asiab Freilandsiedlung (um 8000 v. Chr.), Belege für die Nutzung erwachsener Ziegenböcke.
Ganj Dareh Ältere Schichten* (um 7500 v. Chr.) deuten auf ein vorübergehendes Lager im Hochland, Nachweise von kultiviertem Getreide, vorwiegend Nutzung wilder Ziegen – neben gezähmten Tieren. Jüngere Schichten* zeigen eine ortsfeste bäuerliche Siedlung, die auf Herdenhaltung von Ziegen basiert.
Ali Kosch Ältere Schichten* (um 7500 v. Chr.) belegen ein Lager im Tiefland, vermutlich mit Anbau von kultiviertem Getreide und großer Bedeutung von Ziegen im Übergangsstadium von wild zu domestiziert. Jüngere Schichten* (um 6700 v. Chr.) weisen auf eine permanente Siedlung mit Nutzung von domestiziertem Getreide, Ziegen und Schafen, daneben spielte die Jagd eine große Rolle.
Jarmo Siedlung um 6000 v. Chr. mit domestiziertem Getreide, Schafen und Ziegen und frühem Beleg für die Domestikation von Schweinen.

Zikkurat, Ur, in der heutigen Wüste im Südirak

UMWELTZERSTÖRUNG *links*
Unumkehrbare Veränderungen der Umwelt begleiteten den anfänglichen Erfolg und den späteren Zusammenbruch von Anbau und Viehzucht im labilen Lebensraum Vorderasiens. Die Bewässerung und die zunehmende Abhängigkeit von Herdentieren reduzierten die biologische Vielfalt und veränderten die Landschaft für immer.

Gipsskulptur, Ain Ghazal, Jordanien

KULTURELLE FOLGEN *links*
Die Möglichkeit, Nahrung zu bevorraten und zu teilen, veränderte das soziale Leben. Kunstgegenstände wie diese Gipsfigur aus Ain Ghazal, Jordanien, könnten mit neuen Formen sozialer Beziehungen, der Familie oder der Religion in den sesshaften Gemeinschaften zusammenhängen.

DOMESTIKATION VON TIEREN

Möglicherweise waren die ersten Veränderungen des Körperbaus von domestizierten Tieren das Produkt einer bewussten oder unbewussten Selektion durch den Menschen, der bestimmte Tiere wegen ihrer Eigenschaften schätzte; vielleicht waren sie aber auch das Ergebnis der häuslichen Haltung. Schafe, Ziegen, Schweine und Rinder nahmen an Körpergröße ab, entweder durch schlechtere Ernährung oder aufgrund der Selektion von besonders folgsamen, kleinen und lenkbaren Tieren. Die kontrollierte Zucht bei Schafen, Ziegen und Rindern machte die großen Hörner, die in der Wildnis für die Paarung und den Kampf notwendig waren, überflüssig.

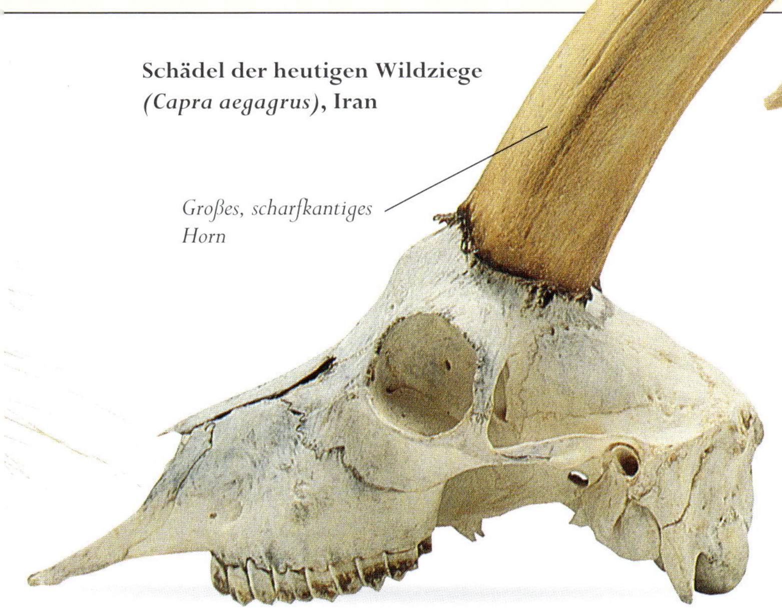

Schädel der heutigen Wildziege *(Capra aegagrus)*, Iran

Großes, scharfkantiges Horn

Kleineres, gedrehtes und flaches Horn

Schädel der heutigen domestizierten Ziege *(Capra hircus)*, Iran

FOLGEN DER DOMESTIKATION
Der wilde Ziegenbock (Bezoarziege) hat lange, geschwungene Hörner, die Partner anlocken und Rivalen abschrecken. In domestizierten Herden bestand hierfür keine Notwendigkeit, auch Tiere mit kürzeren, gedrehten Hörnern konnten sich fortpflanzen. Mit der Zeit setzten sich die kleinen, abgeflachten und gedrehten Hörner durch. Archäologen können anhand solcher Veränderungen wilde von domestizierten Tieren unterscheiden.

KNOCHENBAU *unten*
Die Knochen des heute ausgestorbenen Auerochsen (wilder Ochse) sind größer als die seiner domestizierten Nachfahren. Der Vergleich zwischen dem domestizierten Rind im Osten Syriens im 5. Jahrtausend v. Chr. und dem heutigen domestizierten Rind der Region zeigt die Verkleinerung des mittleren Zehenknochens. Auerochsen wurden als Jagdwild geschätzt, während ihre domestizierten Artgenossen wegen ihrer Milch und ihres Fleisches sowie als Zugtiere gehalten wurden.

Mittlerer Zehenknochen, syrisches Wildrind *(Bos primigenius)*

Mittlerer Zehenknochen, syrisches Hausrind *(Bos taurus)*

TEIL ZWEI

5000 v. Chr.

bis

500 v. Chr.

Mit der wachsenden Bevölkerungszahl entwickelten sich weltweit neue, unterschiedliche Lebensweisen. In manchen Gegenden wurden Jagd und Fischfang durch Ackerbau und Viehzucht ersetzt. Es entstanden erste Städte, und das parallel zu neuen Formen der politischen Organisation, wie Staaten und Reichen, sowie zu neuen Formen des kulturellen Ausdrucks, wie etwa riesigen Zeremonialbauten und reich ausgestatteten Grabstätten.

Die Wandmalerei zeigt einen von Frau und Tochter begleiteten Adligen auf der Vogeljagd am Nil, Ägypten um 1400 v. Chr.

33 000 V. CHR.

KAPITEL 7

VOM DORF ZUR STADT

5000–3000 v. Chr.

In der fruchtbaren mesopotamischen Ebene entstehen erste frühe Staatengebilde.

Mesopotamische Händler und Buchhalter erfinden das erste Schriftsystem.

König Narmer vereinigt Ägypten und wird zum ersten Pharao.

Siedler aus Mexiko fahren mit Einbäumen zu den karibischen Inseln.

Westeuropäische Bauern bauen riesige Steingräber.

Bis 5000 v. Chr. hatten Klima und Geographie der Erde in etwa ihre heutige Ausformung erreicht, die Temperaturen waren möglicherweise etwas höher. Nahezu überall auf der Welt ernährten sich Menschen von Sammeln und Jagen, wenn auch in Nordchina, in Vorderasien, Europa, dem Niltal und dem Hügelland westlich des Indus seit nun über 1000 Jahren bäuerliche Siedlungen bestanden. Auch in Mittel- und Südamerika war der Ackerbau zu einer wichtigen Wirtschaftsweise geworden. Nach 5000 v. Chr. führten u.a. gesellschaftliche Veränderungen, ferner die Organisation von Handwerkern und eine effizientere Nahrungsmittelproduktion dazu, dass sich aus bäuerlichen Siedlungen komplexere Gesellschaften bildeten. Am Ende der Entwicklung standen Städte, Stadtstaaten und Reiche.

Die Entstehung der Städte

In Mesopotamien entwickelten sich in der nach dem Fundort Tell Obeid in Südmesopotamien benannten Späten Obeid-Periode (5400–4300 v. Chr.) zunehmend komplexere Gesellschaften. In der nach einem der ersten mesopotamischen Stadtstaaten benannten Uruk-Periode (4300–3100 v. Chr.) kam es zu einem umwälzenden Urbanisierungsprozess. Die Entwicklung der mesopotamischen Stadtstaaten wurde durch die landwirtschaftliche Nutzung des fruchtbaren Schwemmlandes und durch eine gute Wasserversorgung möglich. Ein ausgefeiltes Kanalsystem transportierte Wasser aus den Flüssen Euphrat und Tigris zu den Feldern. Mit teilweise mehreren Ernten pro Jahr konnten zahlreiche Stadtbewohner versorgt werden. Allerdings fehlte es in der mesopotamischen Ebene an Rohstoffen wie Holz, Steinen und Metall. Diese mussten im Rahmen eines ausgedehnten Handelssystems von den höher gelegenen Regionen des Libanon, aus Südanatolien in der heutigen Türkei und vom westlichen Zipfel des Iranischen Hochlandes importiert werden. Zur Verwaltung der Güter und Nahrungsmittel, die immer zahlreicher gehandelt wurden, entwickelte man um 3300 v. Chr. ein frühes Bilderschriftsystem, die erste Keilschrift.

Geistwesen aus der Sahara
Die Felskunst des Tassili-Gebirges in der Zentralsahara zeigt u.a. mystische Wesen und fantastische Tiere. Die Glaubensvorstellungen, aus denen sie entstanden, sind wenig bekannt.

Mit den Stadtstaaten entstand auch die erste Massenproduktion von Gütern des täglichen Gebrauchs, wie etwa der »Glockentöpfe«, konischer Gefäße mit schräg geschnittenem Rand. Tempel waren die wichtigen religiösen und gleichzeitig ökonomischen Zentren einer jeder Stadt. Die aus Lehmziegeln bestehenden und reich verzierten Tempel standen auf hohen, die Stadt überragenden Plattformen.

Ähnliche Entwicklungen wie in Mesopotamien finden wir auch an anderen Orten der Welt, wo fruchtbares Land eine wachsende Bevölkerung mit Nahrungsmitteln versorgen konnte. Auch dort mündete die Entwicklung in die Entstehung großer Städte, wie zum Beispiel im hügeligen Gebiet westlich des Industals oder im Niltal, wo die Übernahme des in Vorderasien üblichen Anbaus von Weizen und Gerste um 5000 v. Chr. zunächst zur Gründung bäuerlicher Siedlungen geführt hatte.

200 V. CHR.

5000–3000 V. CHR.

Verzierte Keramik
Die frühzeitliche Keramik aus der Ukraine war oft von hoher Qualität. Um 4000 v. Chr. wurden große Urnen teilweise mit feinen Verzierungen, wie etwa roten geometrischen Mustern, versehen.

Wichtige Ereignisse 5000–3000 v. Chr.

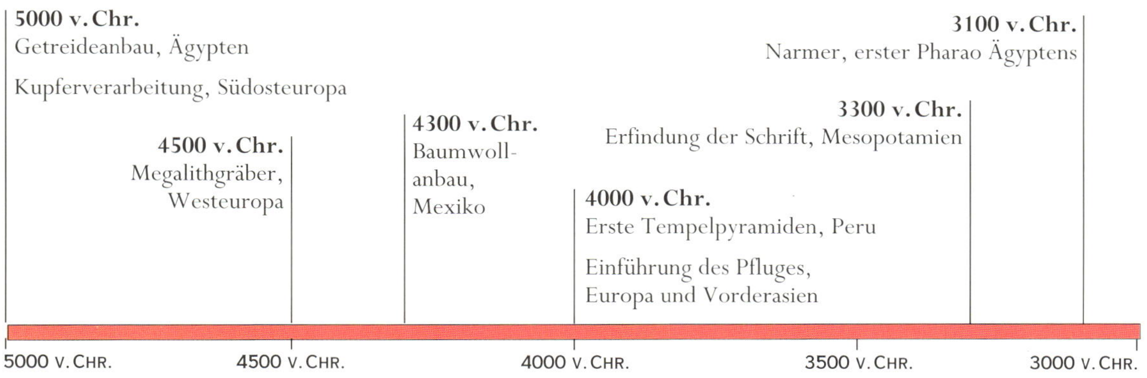

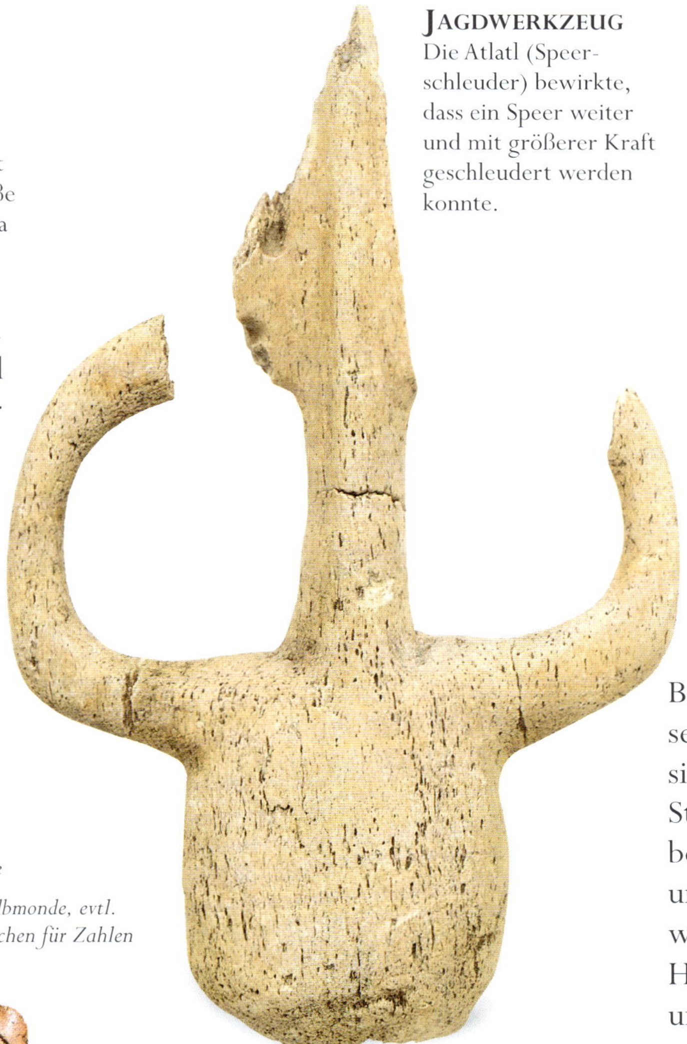

Jagdwerkzeug
Die Atlatl (Speerschleuder) bewirkte, dass ein Speer weiter und mit größerer Kraft geschleudert werden konnte.

Messerscharfes Werkzeug
Das vor allem in Mexiko genutzte natürliche Vulkanglasgestein Obsidian kann zu messerscharfen Klingen verarbeitet werden.

Komplexe asiatische Gesellschaften

Die bäuerlichen Siedlungen im Hügelland westlich des Industals waren die Vorläufer der Städte, die in den folgenden Jahrhunderten im Industal entstanden.
In den Dörfern schufen hervorragende Handwerker seit dem 5. Jahrtausend v. Chr. feine Keramik- und Kupferwaren. Mit der Einführung von Bewässerungssystemen und den damit erzielten reichen Ernten wurden die Dörfer seit 4000 v. Chr. immer größer und wohlhabender.

Buchhaltung auf Tafeln
Die Zeichen auf dieser mesopotamischen Tontafel (vor 3000 v. Chr.), evtl. eine Auflistung von Ernteerträgen, sind die früheste Stufe der Schriftentwicklung.

Weiter im Norden, in Ostasien, wurde der Ackerbau allmählich von einer wachsenden Anzahl bäuerlicher Gemeinschaften übernommen. In Nordchina, einem der frühesten Ackerbauzentren, begannen die Bauern mit verschiedenen wilden Getreidesorten zu experimentieren. Es formten sich größere und entwickeltere Gesellschaften, die es in der Jadebearbeitung und in der Herstellung fein verzierter Keramik zur Meisterschaft brachten. Die Dörfer wurden nun nach einem regelrechten Plan errichtet. Wohnort, Arbeitsort und Begräbnisplatz waren mittlerweile getrennte Bereiche. Es handelt sich hier schon um sehr komplexe Gesellschaften, in denen sich unterschiedlicher gesellschaftlicher Status auch in den entsprechenden Grabbeigaben wie Jadeschnitzereien, Perlen und Schalen zeigt. Die Verstorbenen wurden im Grab genau nach den vier Himmelsrichtungen ausgerichtet, um ihnen eine leichte Reise ins Jenseits zu ermöglichen.

Die Vereinigung Ägyptens

Eine Ansammlung von befestigten Städten im Süden des Landes, in Oberägypten, bildete um 4000 v. Chr. den Kern eines kleinen Staates, der im Lauf der Jahrhunderte immer reicher und mächtiger wurde. Um 3100 v. Chr. griff der Herrscher dieses Staates, König Narmer, erfolgreich die Nildeltaregion (Unterägypten) an. Er begründete ein vereintes Ägypten und wurde zum ersten Pharao. Damit war die protodynastische Epoche (5000–3100 v. Chr.) abgeschlossen.

5000–3000 v. Chr.

33 000 V. CHR.

Jäger und Viehzüchter

In der für Siedlungen aufgrund ihrer Trockenheit nicht geeigneten Sahara zogen Gruppen von Jägern und Viehzüchtern durch das halbtrockene Grasland rund um die zentralafrikanischen Plateaus und die Sahelzone, die südliche Grenze der Sahara. Diese nomadischen Gruppen hinterließen weiterhin in den Felsformationen der Hochebene eine ganze Reihe von Felsmalereien. Neben Darstellungen von Tierherden findet man auch mystische und fantastische Kreaturen, möglicherweise Geister oder Dämonen, dies vor allem in den vom Wind geformten Felsformationen des Sefar-Gebietes im Tassili-Gebirge. Geistwesen spielen auch in der Felsmalerei Australiens eine große Rolle, die sich nach der Eiszeit in ganz Australien ausbreitete.

Amerikanische Gesellschaften

Der Anbau wurde in den mesoamerikanischen und den andinen Kulturen immer wichtiger, wenn es sich auch noch um einen Wanderfeldbau handelte. Feste Dörfer kamen erst im 3. Jahrtausend v. Chr. auf. Viele Gesellschaften basierten jedoch nach wie vor auf der Jagd und dem Sammeln. Einige nordamerikanische Gruppen in der Nähe der Großen Seen verarbeiteten um 3000 v. Chr. in geringem Umfang Kupfer. In Mittel- und Südamerika wurde die Metallverarbeitung jedoch erst später bekannt. Im Nordteil der Labradorhalbinsel entwickelten sich komplexe Gesellschaften, denen vor allem die zahlreich vorhandenen Land- und Seesäuger als Nahrung dienten. Gleichzeitig setzten in den Tropen einzelne Gruppen mit Hilfe von Einbäumen vom Festland auf die karibischen Inseln über.

Erfindungen in Europa

In Osteuropa hielten sich weiterhin die aus rechtwinkligen Häusern bestehenden bäuerlichen Siedlungen. Die größer werdenden Dörfer waren zum Schutz vor Angreifern von Wassergräben und Palisaden umgeben. Die Keramiken wurden feiner und waren jetzt oft mit teilweise zwei- bis dreifarbigen Mustern versehen. Osteuropäische Gesellschaften begannen allmählich, Balkan-Kupfer zur Herstellung von Werkzeugen und Schmuck zu verwenden. Um 4000 v. Chr. wurde der Ackerbau dank der Erfindung des Pfluges effizienter. Die Anbauflächen konnten ausgeweitet werden.

Riesige steinerne Grabkammern sind die typischen Hinterlassenschaften der damaligen Westeuropäer. Die meisten dieser Gräber waren von Erdhügeln oder Bruchsteinen bedeckt. In vielen befanden sich Megalithen (große Steine; aus dem griechischen *megas* = groß und *lithos* = Stein), die teilweise mit Ritzmustern verziert waren. Die Steingräber dienten oft Dutzenden, wenn nicht Hunderten von Toten als Grabstätte. Die dem zugrunde liegenden Glaubensvorstellungen und Kulte sind bis heute jedoch noch nicht vollständig erforscht. Im restlichen Europa findet man andere Grabformen, darunter auch Einzelgräber auf Friedhöfen.

Amerika

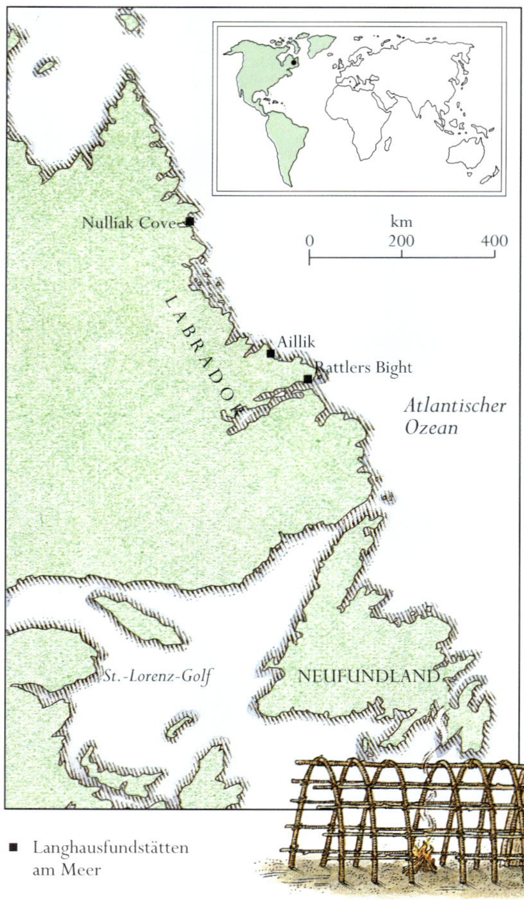

Subarktische Langhäuser

Frühzeitliche indianische Kulturen dehnten sich vom Sankt-Lorenz-Golf hinauf bis zur Labradorhalbinsel aus. Die Ernährung der hier lebenden Menschen sicherten die zahlreich vorkommenden Karibus, Seesäuger, Fische und Seevögel. Die frühzeitlichen indianischen Gesellschaften entwickelten ausgefeilte Techniken zur Herstellung von Werkzeugen und Alltagsobjekten. Die Toten wurden in Grabhügeln begraben, Güter über ausgedehnte Handelsnetze getauscht. Die Menschen lebten in Dörfern in bis zu 100 m langen Langhäusern, die Platz für acht bis 30 Familien boten.

Langhaus, Labradorhalbinsel, Kanada; der vordere, hier unbedeckte Teil zeigt die Bauweise.

Besiedlung der Karibik

Mit Hilfe von Einbäumen begann zwischen 5000 und 4000 v. Chr., vermutlich von Yucatán aus, die Besiedlung der karibischen Inseln. Die bei Levisa auf Kuba und bei Barrera-Mordan in der Dominikanischen Republik gefundenen Steinwerkzeuge weisen auf eine Jäger-und-Sammler-Gesellschaft hin. Es gibt keine Hinweise auf feste Siedlungen. Casimiran, nach einer Fundstätte benannte Werkzeugtypen, wurden wahrscheinlich nur auf den Großen Antillen verwendet.

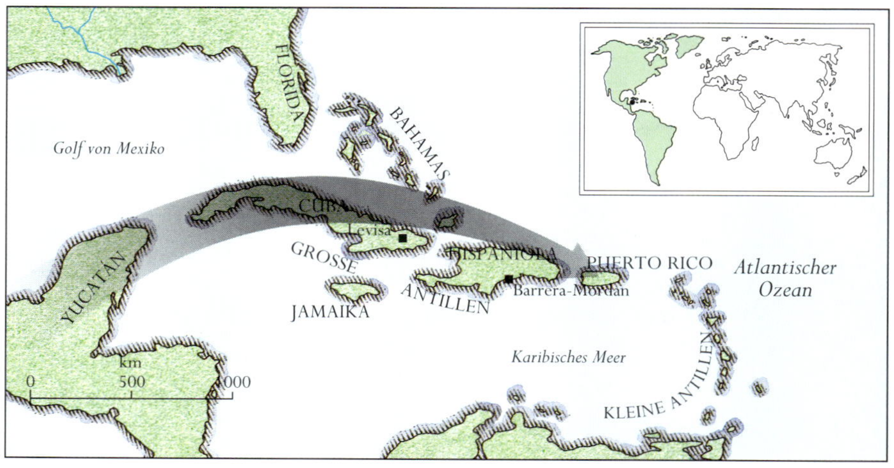

Amerikanisches Kanu, nach einer Zeichnung europäischer Entdecker

Afrika

Anbau im Schwemmland des Niltals

Während der protodynastischen Periode (5000–3100 v. Chr.) entwickelten sich auf dem fruchtbaren Schwemmland des Nils bis hinauf zum Ersten Katarakt, inklusive dem Faijum-Becken, frühe dörfliche Siedlungen, die vor allem für ihre hervorragenden Keramikerzeugnisse bekannt sind. Sie schlossen sich allmählich zu größeren Gebilden unter der Führung eines Herrschers zusammen, etwa bei Hierakonpolis in Oberägypten, wo die lokalen Herrscher neben dem zunehmenden Handel entlang des Nils auch vom Goldabbau in der östlich gelegenen Wüste profitierten. Etwa 3250 v. Chr. erbaute man in Hierakonpolis und Nagada die ersten befestigten Städte. Narmer, einer der Herrscher dieser Region, eroberte schließlich 3100 v. Chr. Unterägypten und schuf das Ägyptische Reich mit der neuen Hauptstadt Memphis. Damit begann die Erste Dynastie (3100–2685 v. Chr.).

Protodynastische Keramik, Graburne, Nekhen/Hierakonpolis, Oberägypten

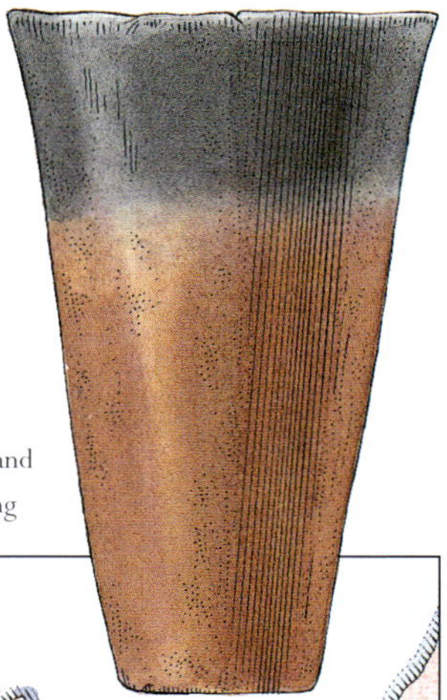

-- Hist. Küstenverlauf
□ Befestigte Stadt
Fruchtbares Schwemmland
■ Frühe bäuerliche Siedlung

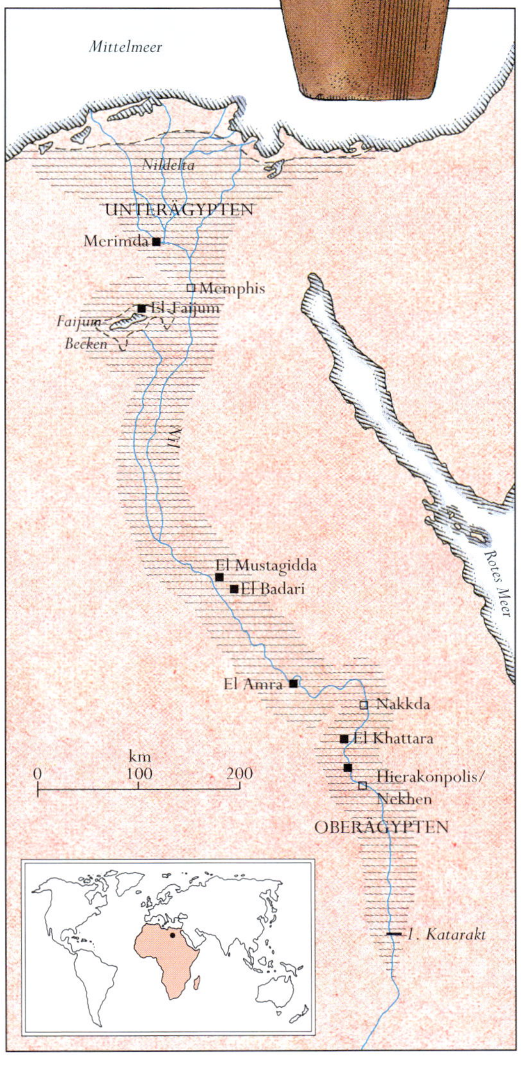

Europa

Megalithgräber

Die dörflichen Gesellschaften in Nord- und Westeuropa bauten um 4500 v. Chr. riesige Grabkammern für ihre Toten. Die Anzahl der hier gefundenen Überreste lässt den Schluss zu, dass es sich hier jeweils um Grabstätten für die ganze Siedlung handelte. Aus dem Aufwand zur Errichtung eines solchen Steingrabes kann man schließen, dass die betreffenden Gesellschaften ein hoch entwickeltes Gemeinwesen gehabt haben müssen. Die kunstvollsten dieser Grabstätten, etwa in Newgrange, Irland, waren mit komplexen Ritzmustern verziert.

Wichtige Grabkammerfundstätte ■
Verteilung megalithischer Grabkammern

Megalithgrab, Poulnabrone, County Clare, Irland

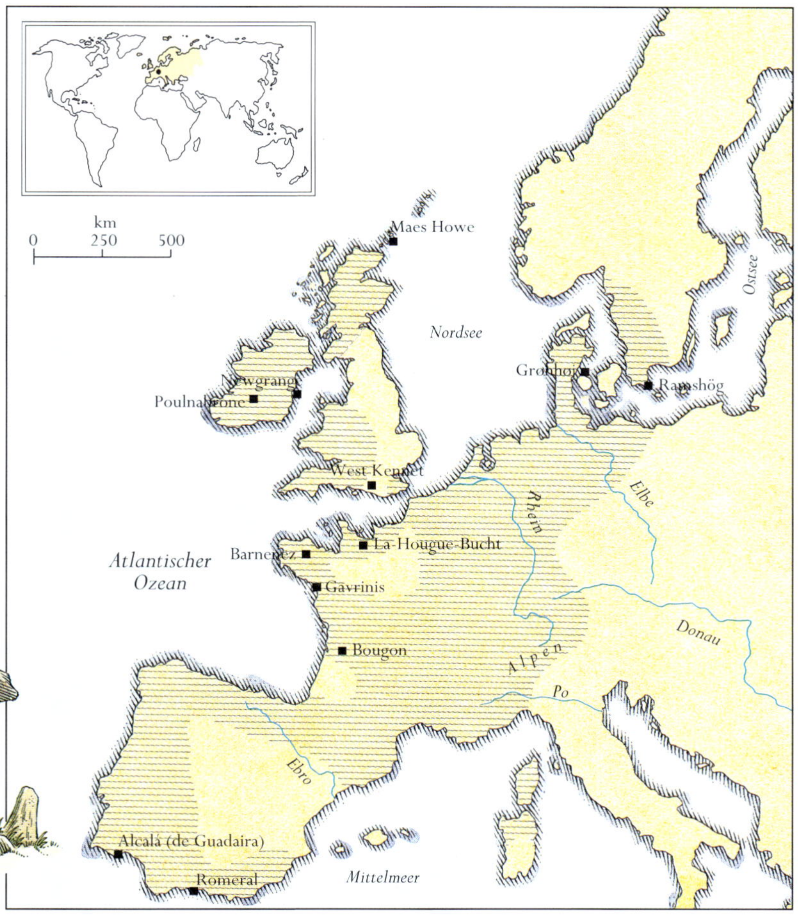

Ostasien & Australasien

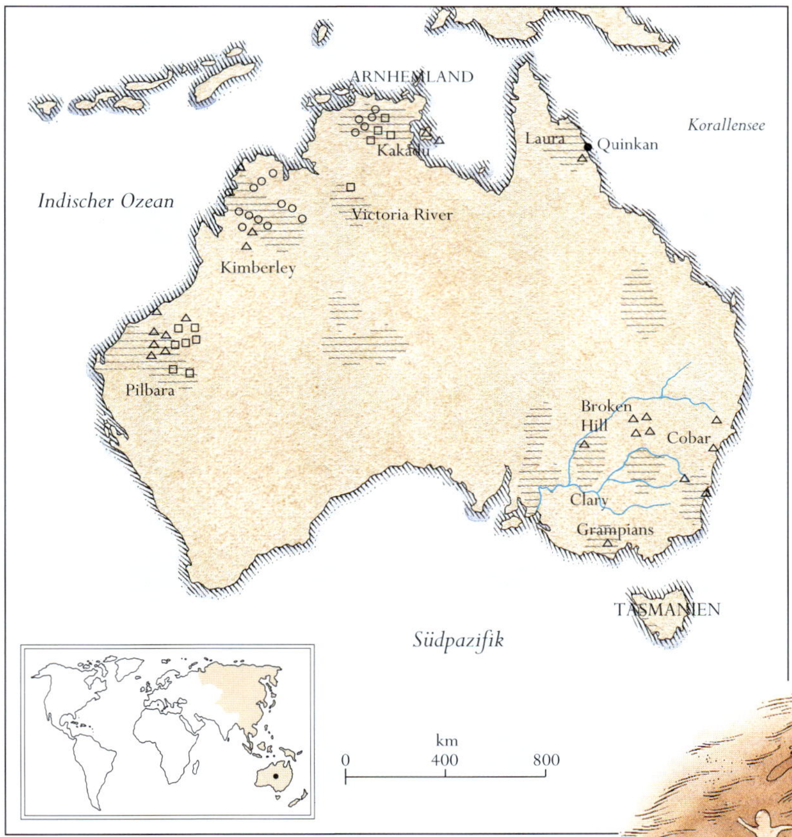

Felskunstfunde
△ Einfacher gegenständlicher Stil
○ Komplexer gegenständlicher Stil
□ Einfacher und komplexer Stil

Australische Felskunst

Die australische Felskunst nach dem Ende der letzten Eiszeit (vor etwa 10000 Jahren) ist von der Entwicklung eines figürlichen Stils und einer großen Diversifizierung geprägt. Einfache figürliche Malereien und Petroglyphen (Felsritzungen) zeigen Umrisse oder ausgefüllte Zeichnungen von Tieren oder Menschen. Die reichhaltigen Felsritzungen von Pilbara beinhalten unter anderem sehr dynamische Szenen aus der Welt der Jagd, des Fischfangs und der Liebe. Der komplexe Kunststil zeichnet sich durch eine Betonung des Ornaments, der feinen polychromen Zeichnungen aus. Der so genannte Röntgenstil des Arnhemlandes zeigt die inneren Organe oder Knochen verschiedener Wesen. Die Darstellungen der Wondschinas, Geistwesen der Kimberley Mountains, weisen Heiligenscheine auf, Augen und Nase, jedoch erstaunlicherweise keinen Mund.

Einfache gegenständliche Felskunst, Magnificent Shelter, Quinkan, Australien

5000–4000 V. CHR.

33 000 V. CHR.

ERNÄHRUNG & LEBENSRAUM	WOHNEN & BAUEN

AMERIKA

MAISDOMESTIZIERUNG

Zum ersten Mal wurde in Mexiko zwischen 4500 und 3500 v. Chr. Zuchtmais aus einer wild wachsenden Süßgrassorte (Teosinte) gezüchtet. Zahlreiche, weit verstreute archäologische Funde zeigen, dass in dieser Zeit in ganz Mesoamerika mit unterschiedlichen Maissorten Zuchtversuche gemacht wurden.

Maiskolbenfund: Man sieht deutlich die Kerne.

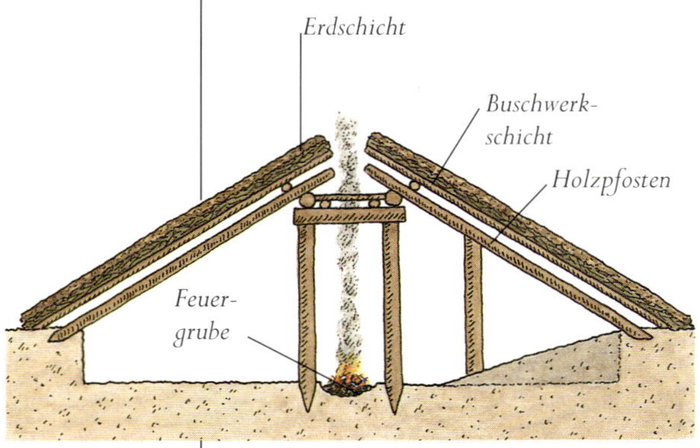

Aufrisszeichnung eines Grubenbaus, Surprise Valley, Kalifornien

GRUBENHÄUSERSIEDLUNGEN

In Nordostkalifornien errichteten Jäger-und-Sammler-Kulturen Siedlungen, die aus mehreren Grubenbauten mit je einem Raum und einer Feuerstelle bestanden. Ständer und Dach waren aus mit Strauchwerk und Gras bedeckten Holzpfosten.

OSTASIEN & AUSTRALASIEN

NASSREISANBAU

Der Reisanbau in China war bis 5000 v. Chr. im Jangtsedelta verbreitet. Darauf weisen die zahlreichen Funde von Kulturreis und Knochen bei Hemudu im Delta hin. Reis war das ideale Getreide für das von Monsunregen geprägte Asien. Er ist sehr nahrhaft, ein Selbstbefruchter und ermöglicht bis zu drei Ernten pro Jahr. Beim arbeitsintensiven Nassreisanbau werden die Felder in knietiefem Wasser angelegt. Der zur Bewässerung notwendige Bau von Dämmen, Deichen und Kanälen erforderte eine gut organisierte Kooperation der Arbeitskräfte, die in diesem Ausmaß in anderen vergleichbaren Gesellschaften nicht bekannt war.

REGENSCHUTZ

Der riesige schattige Felsüberhang in Garnawala im Nordterritorium, Australien, wurde von Familien genutzt, die sich hier in der Regenzeit aufhielten. Sie hinterließen reich verzierte Felswände mit Darstellungen ihrer Ahnen und eines vergangenen mythischen Zeitalters. Man fand um die Höhle herum viele Steinwerkzeuge zum Schaben, Kratzen und Schneiden.

Felsmalerei, Garnawala, Australien

VORDERASIEN & SÜDASIEN

NEUERUNGEN BEIM ACKERBAU

In Mehrgarh, im Hügelland westlich des Industals, kommt es in dieser Epoche zu zahlreichen Neuerungen. Der westasiatische Emmer, eine alte Weizensorte, kreuzte sich mit dem lokalen Ziegengras (*Aegilops tauschii*) zu Brotweizen, der dann kultiviert wurde. Es ist nicht bekannt, ob dies spontan oder durch menschlichen Eingriff geschah. Es wurden auch Obst- und Gemüsesorten kultiviert, so z. B. die Dattel. Man findet außerdem Reste von Baumwollpflanzen, ein Hinweis auf eine beginnende Textilherstellung.

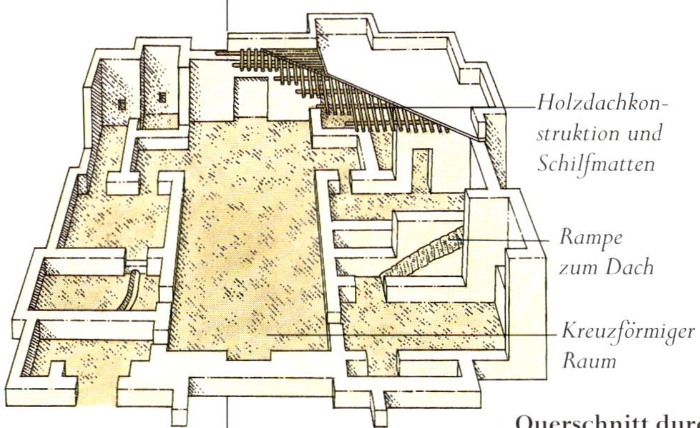

Querschnitt durch dreiteiliges Haus, Tell Madhur, Irak

DREITEILIGE HÄUSER

In ganz Mesopotamien findet man in der Späten Obeid-Periode (um 5400–4300 v. Chr.) dreiteilige Lehmziegelhäuser. Ein kreuzförmiger, langer Raum unterteilt das Haus. Auf jeder Seite zweigt eine Reihe kleiner Räume von ihm ab. Die Zeichnung zeigt ein damals im Dörfchen Tell Madhur stehendes Haus.

EUROPA

RODUNGEN

In den gemäßigten Zonen Europas rodeten die ersten Bauern und Bäuerinnen die Wälder, um auf den Lichtungen ihre Siedlungen und Felder anzulegen. Bäume, die zu groß und zu hart zum Fällen waren, wie Eichen oder Ulmen, wurden mit Hilfe von großen Kerbungen zum Absterben gebracht. Kleinere Bäume und Wurzeln konnte man von Hand oder mit Hilfe von Feuersteinäxten oder harten Steinen fällen, die etwa aus den Alpen oder dem Lake District in England stammten. Diese Steine und Steinwerkzeuge gab es also nicht überall, sodass sich hier ein kleiner Fernhandel entwickelte. Die landwirtschaftliche Bedeutung der Axt machte sie zu einem Statussymbol, das entsprechend aufwändig gearbeitet wurde.

GANGGRÄBER

Die frühen bäuerlichen Gesellschaften Westeuropas bestatteten ihre Toten in Steingräbern oder Megalithgräbern, die von einem Erdhügel bedeckt waren. Einige der Grabanlagen waren begehbar. Sie enthielten einen Gang oder eine Galerie, die zur Grabkammer führten, und erlaubten damit das spätere Hinzulegen von Toten und die Entfernung von Knochen, die möglicherweise für Rituale außerhalb des Grabes benötigt wurden.

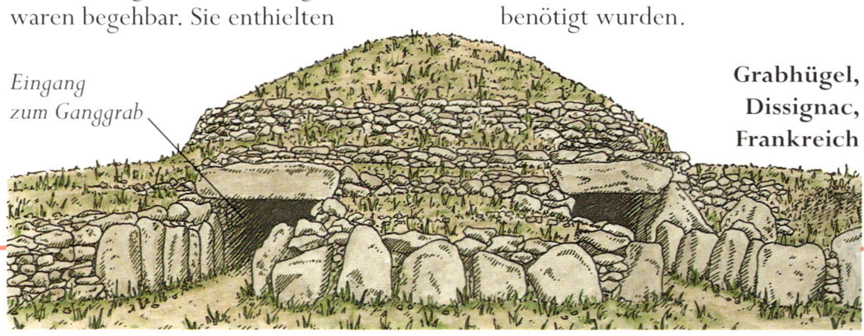

Grabhügel, Dissignac, Frankreich

AFRIKA

GETREIDEANBAU

Weizen und Gerste wurden zuerst 5000 v. Chr. in der Ostsahara und im Niltal kultiviert. Die neue Nahrungsquelle errang entlang des Nils schnell eine große Bedeutung und war zusammen mit anderen neuen Kulturpflanzen bald ein Grundnahrungsmittel. Das Getreide wurde mit unterschiedlichen Mahlsteinen gemahlen, die aus den schon zur Verarbeitung von Wildgetreide dienenden Formen entwickelt worden waren.

Mahlstein und Mahlfläche, Ägypten

NOMADISCHE BAUWEISEN

Etwa um 5000 v. Chr. begannen nomadische Viehzüchter weiträumig in den Grassteppen der Sahara, des Sahels und Nubiens umherzuziehen. Sie lebten mit ihren Herden in kleinen, aus kuppelförmigen Hütten bestehenden temporären Siedlungen. Dornenhecken schützten vor gefährlichen Tieren. Leichte Flechtwerke aus Ästen junger Bäume bildeten das Grundgerüst, das mit Gras gedeckt wurde. Die Hütten waren nicht für Dauersiedlungen angelegt. In der Regel nutzte man jeweils das vor Ort vorgefundene Baumaterial.

Erfindungen & Entdeckungen

Fischereitechniken

In den Flüssen des nordwestlichen Nordamerika fingen Fischer Lachse und andere Wanderfische mit Hilfe von aus Mattengeflecht errichteten Fischzäunen; oder sie jagten sie mit Speeren von Felskanten oberhalb der Stromschnellen aus. Zum Befestigen und Beschweren der Fischzäune benutzte man Flusskiesel.

Netzgewicht aus Flusskiesel, Hood River, Oregon

Keramische Techniken

Die Herstellung von Keramikwaren wurde in dieser Epoche vor allem in China weiter verfeinert. Wunderbar verzierte Tonware wurde als Grabbeigabe oder für rituelle Zwecke produziert. Haushaltsgefäße wie das sich selbst auffüllende Wassergefäß weisen auf fortgeschrittene Technik hin. Die Gefäßform sorgte für eine kontinuierliche Auffüllung, sobald man das Gefäß in fließendes Wasser gelassen hatte.

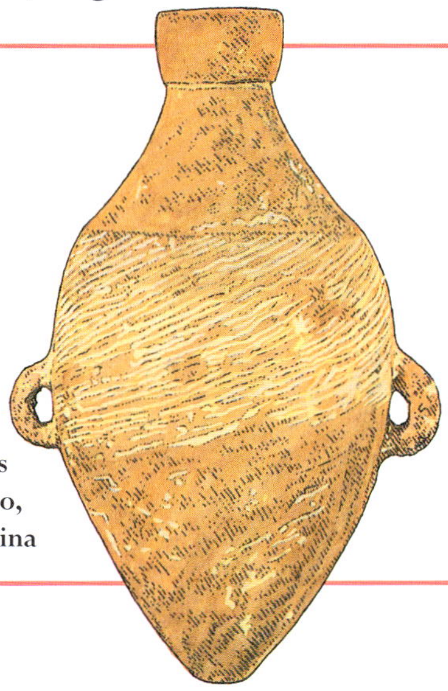

Selbstauffüllendes Wassergefäß, Banpo, China

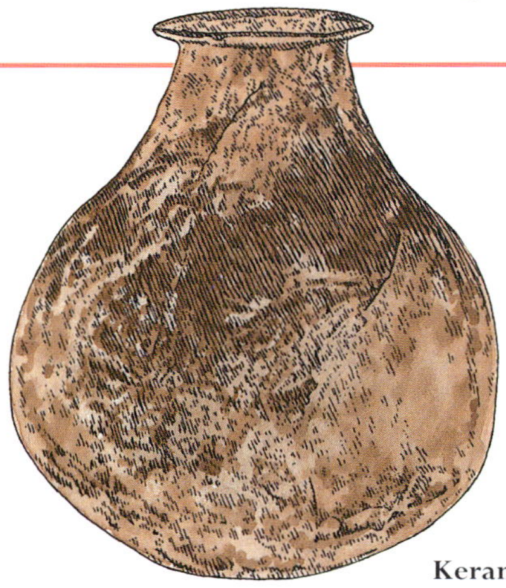

Bemalte Keramik

Die mit Pech ausgekleideten Körbe wurden in Mehrgarh um 5000 v. Chr. von Keramikgefäßen ersetzt. In den nächsten 1000 Jahren stellte man in dieser Gegend sehr feine bemalte Keramik her.

Keramikgefäß, Mehrgarh, Industal

Frühe Metallurgie

Erste Techniken zur Metallverarbeitung wurden kurz nach 5000 v. Chr. in Südosteuropa entwickelt. Zunächst verarbeitete man Kupfer und Gold. Schon bald wurden mit Hilfe des Formgusses Kupferperlen, Dolche und schweres Werkzeug, wie Äxte, hergestellt. Der Rohstoff für die Weiterverarbeitung war überall in den Flüssen und Strömen des Balkans leicht zu finden. Nachdem diese Quellen versiegt waren, begann man um 4500 v. Chr. mit dem Metallbergbau.

Keramik aus El Badari, Ägypten

Gebrannte Keramik

Die Menschen aus El Badari im Niltal (etwa 5000–4500 v. Chr.) sind für ihre fein gearbeitete, dünnwandige, polierte, meist bei sehr hohen Temperaturen gebrannte Keramik bekannt. Man fand rote und schwarze Schalen sowie rote Schalen mit schwarzem Rand. Manche dieser Gefäße haben ein wahrscheinlich mit einem Kamm auf dem weichen Ton aufgebrachtes Rippenmuster.

Kunst & Religion

Tempelpyramiden

In der südamerikanischen Andenregion baute man um 4000 v. Chr. Tempel und Denkmäler für rituelle Zwecke. Zu den ältesten Bauwerken Amerikas gehört El Aspero im Supetal an der Nordküste Perus. Das Gebäude steht auf einer erhöhten Plattform. Es besteht aus einer Pyramide, in der man unter anderem Überreste menschlicher Bestattungen fand sowie aus Hunden und Meerschweinchen bestehende Opfergaben. Das Gebäude ist zum Meer hin ausgerichtet.

Die Grabausrichtung

Nach den Chinesen basierte irdisches Wohlbefinden auf einer harmonischen Beziehung zum Himmel. Die vier Himmelsrichtungen waren durch mythische Tiere symbolisiert. Eine genaue Ausrichtung der Bestatteten nach den vier Himmelsrichtungen sicherte die Reise ins Jenseits. Ein Grabfund zeigt neben dem von Nord nach Süd liegenden Bestatteten einen Steindrachen (Symbol des Ostens) und einen Steintiger (Symbol des Westens).

Statuetten in Menschenform

In der Späten Obeid-Periode brannte man in Mesopotamien Statuetten in Menschenform mit Reptilienköpfen, die teilweise als Grabbeigaben dienten. Inwieweit die Kopfgestaltung auf hybride (zwitterhafte) Wesen deutet, ist unklar. Es fehlen Hinweise, die diese Statuetten als Darstellungen von Gottheiten kennzeichnen könnten.

Eidechsenköpfige Statuette, Ur, Irak

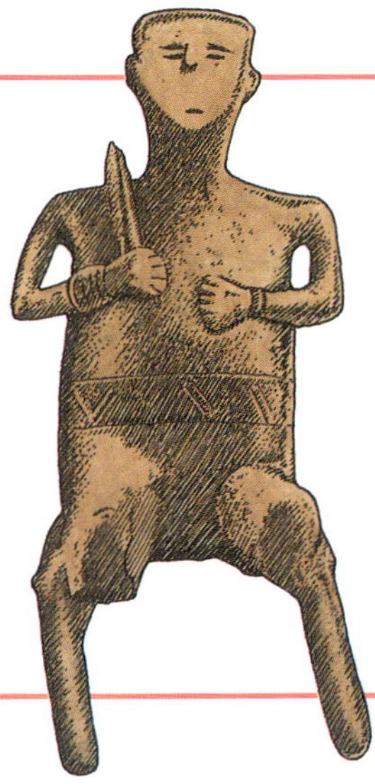

Frühe Kultplastik

Gebrannte Kultstatuetten gehören zu den raren Fundstücken, die uns etwas über die religiösen Vorstellungen der osteuropäischen bäuerlichen Bevölkerung sagen können. Die meisten Kunststatuetten stellen Frauen dar, nur diese Figur aus Szegvár-Tüzköves zeigt eindeutig einen Mann. Die Sichel über der Schulter verweist möglicherweise auf seinen Status oder auf eine Gottheit.

Sitzende Figur eines Mannes, Szegvár-Tüzköves, Ungarn

Vogelgottheit

Die Keramikstatuette zeigt vielleicht eine Vorläuferin der Fruchtbarkeitsgöttin Nechbet, der Schutzgottheit der protodynastischen Völker Unterägyptens (etwa 5000–3100 v. Chr.).

Frauenfigur, Ägypten

4000 – 3000 v. Chr.

33000 V. CHR.

	Ernährung & Lebensraum	Wohnen & Bauen

Amerika

Baumwollanbau
In Amerika gibt es zwei Sorten kultivierter Baumwolle: *Gossypium hirsutum* wurde um 4300 v. Chr. im Tehuacántal, Mexiko, domestiziert und gelangte später über Handelswege nach Nordamerika; *Gossypium barbadense* dagegen wurde zwischen 3300 – 3100 v. Chr. in Peru und Ecuador domestiziert.

Aufbrechende Baumwollkapsel

Flechtwerkhütten
Die Jäger und Sammler im südwestlichen Nordamerika bauten auf ihren Wanderungen kleine aus Gras und Zweigen bestehende Hütten. Gras und Buschwerk wurden dabei auf einem Holzgerüst befestigt. Die Hütten einer Siedlung standen oft 1 – 2 m voneinander entfernt, mit einer Feuerstelle auf dem Gemeinschaftsplatz zwischen den Hütten.

Kleine Hütte, New Mexico

Ostasien & Australasien

Obstanbau
In der nordchinesischen Ebene wurden bei verschiedenen Funden Vorratsbehälter mit wilden Samen entdeckt. Dies weist darauf hin, dass die Siedler mit verschiedenen Wildsamen experimentierten. Parallel dazu bereicherten weiter im Osten manche Menschen ihren Speiseplan schon mit angebauten Obstsorten, wie uns Melonen- und Pflaumenfunde zeigen.

Ast eines Pfirsichbaums

Dorfplanung
Die 4000 v. Chr. von einer bäuerlichen Bevölkerung angelegten Dörfer in Nordchina wurden nach einem genauen Plan erbaut. Die Wohnplätze waren dabei von den Arbeits- und den Bestattungsplätzen getrennt. Das Dorf Banpo in der Provinz Shaanxi erstreckte sich über eine Fläche von 50 000 m². Das Dorfzentrum war von einem 5 – 6 m tiefen und breiten Graben umgeben. In dieser zentralen Zone fand man Vorratsgruben, Ställe sowie kleine um ein Langhaus herum erbaute Gebäude. Im Osten des Grabens befanden sich Keramikbrennöfen und Werkstätten. Der Erwachsenenfriedhof lag im Norden; Kinder wurden in Keramikgefäßen innerhalb der Siedlung bestattet.

Vorderasien & Südasien

Bewässerungsmethoden
In den trockenen indo-iranischen Grenzgebieten machte die Landwirtschaft mit der Erfindung der unterirdischen Bewässerungskanäle (Kanate) einen großen Fortschritt. In den Kanälen wurde das Grund- und Sickerwasser aufgefangen und weitergeleitet. Die Siedlungen wurden größer und komplexer; es entstand eine monumentale Architektur, wie in Mundigak, Afghanistan.

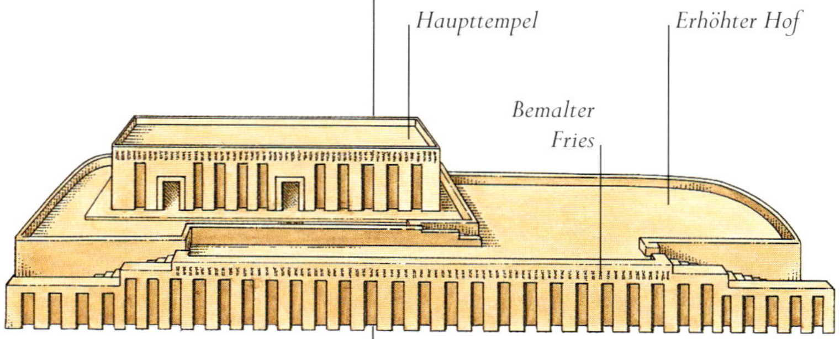

Tempel, Uqair, Irak

Verzierte Tempel
Während der Uruk-Periode (4300 – 3100 v. Chr.) wurden die Tempel in der Regel nach einer ähnlichen Dreiteilung gebaut wie die Häuser der Späten Obeid-Periode (um 5400 – 4300 v. Chr.). Sie waren allerdings stärker verziert und wiesen sorgsam gearbeitete Strebepfeiler und Nischen auf, und sie standen auf Plattformen. Die aufwändige Bauweise weist auf die zentrale Rolle der Religion in der Gesellschaft hin.

Europa

Einfacher Pflug
Die frühen europäischen Bauern bearbeiteten ihre Felder noch lange mit der Hacke. Die Arbeit wurde jedoch mit der Einführung eines einfachen, von einem Ochsen gezogenen Pfluges (oder Stabpflugs) wesentlich effizienter. Mit diesem Werkzeug ließ sich harte Erde besser bearbeiten, womit es möglich wurde, neue Gebiete urbar zu machen. In der Nähe von Grabhügeln gefundene Bodenspuren zeigen, dass der Stabpflug nur enge Furchen zog. Man musste kreuz und quer pflügen, um die Erde wirklich aufzulockern. Weizen und Gerste bildeten die Grundnahrungsmittel, ergänzt von Hülsenfrüchten, wilden Nüssen und verschiedenen Obstsorten.

Haus, Hornstaad/Hörnle, Deutschland

Holzbauweise
Die europäischen Bauern lebten in Holzhäusern, die immer wieder erneuert werden mussten. An einem Fundort konnte man anhand der Jahresringe im verwendeten Holz nachweisen, dass um 3586 v. Chr. das Holz ausgewachsener Eichen verwendet worden war. 40 Jahre später baute man dann mit dem Holz junger Eichen. 3507 v. Chr. wurden wieder alte Bäume verwendet – allerdings importierte Eichen, da die eigenen Bestände erschöpft waren.

Afrika

Keramikkästchen aus Gerzean, Ägypten

Antilopenjagd
Die Bauern am Nil ergänzten ihre Nahrung durch im Nil gefangene Fische und durch die Jagd auf das Wild in der nahe gelegenen Steppe und an den Wasserläufen am Rand der Wüste. Dieses Keramikkästchen aus der Gerzean-Kultur (Oberägypten, etwa 3400 – 3100 v. Chr.) zeigt die Jagd auf Antilopen.

Kleine Dörfer
Die Bauern der Gerzean-Kultur bewirtschafteten das Schwemmland des Nils in Oberägypten. Ihre kleinen Dörfer standen auf dem Hochgestade über dem Flussufer. Die nach unten hin dicker werdenden Hauswände bestanden aus einem mit Lehmputz versehenen Flechtwerk, das Dach aus Lehm und Stroh, Türen und Fenster aus Holzbalken.

Modell eines Gerzean-Hauses, Ägypten

Erfindungen & Entdeckungen

Verbesserte Waffen

Gewichte aus Steinkernen oder aus Stein wurden an den Griffen der Atlatl (Speerschleuder) angebracht. Mit diesem Hilfsmittel beschleunigten Speere wesentlich stärker, und sie flogen auch weiter. Sie trafen ihr Ziel außerdem mit größerer Wucht als ein ohne Schleuder geworfener Speer.

Atlatl-Gewicht aus Stein, Knoll-Kultur-Fundstätte, Kentucky

Spezialwerkzeuge

Um 3000 v. Chr. kam es in Australien zu einer erstaunlichen Entwicklung. Die zuvor genutzten Werkzeuge waren große, mit der Hand zu haltende Arbeitsgeräte, die vielfältigen Zwecken dienten. Plötzlich tauchten, möglicherweise aus Asien kommend, kleine Steinwerkzeuge ohne direkte Vorläufer in Australien auf, darunter sorgfältig in Schlagtechnik bearbeitete Mikrolithen, winzige Feuersteinartefakte.

Frühe Schriften

Die Schrift wurde im 4. Jahrtausend v. Chr. in Mesopotamien erfunden. Diese Tontafeln aus Syrien von 3300 v. Chr. könnten zur frühesten Phase der Schriftentwicklung gehören. Die Kreise stehen für die Zahl 10, die Zeichen zeigen Tiere: eine Ziege und möglicherweise ein Schaf. Die in Uruk in Südmesopotamien gefundenen Tafeln könnten aus einer späteren Periode stammen. Sie weisen abstraktere Zeichen auf.

Tontafeln, Tell Brak, Syrien

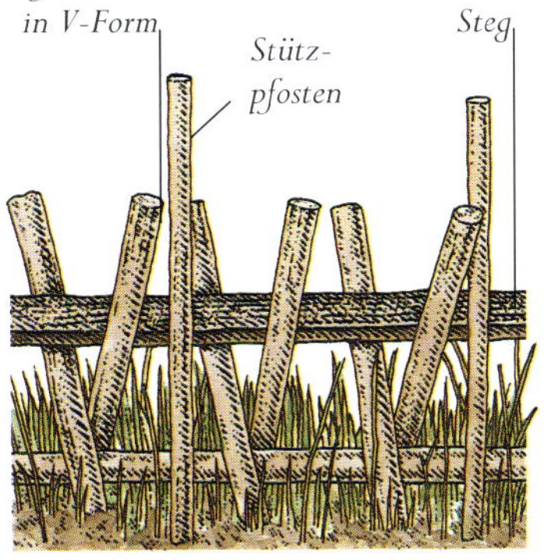

Stegebau

In den feuchten und sumpfigen Ebenen Europas errichteten die Bauern Wegenetze aus Holzstegen, um trockenere Gebiete miteinander zu verbinden. Der im Winter 3807/3806 v. Chr. erbaute Sweet Track in Südwestengland gehört zu den ältesten Holzstegen. Er verband über einen Schilfsumpf hinweg die Anhöhe von Somerset mit Westhay Island.

Sweet Track, Somerset, England

Zeremonialwaffen

In der protodynastischen Periode (5000 – 3100 v. Chr.) entwickelten die Ägypter besondere Fertigkeiten bei der Steinbearbeitung, wie die Zeremonialmesser und Dolche zeigen. Große Feuerkeile dienten als Ausgangsmaterial, aus dem diese feinen, zierlich geschwungenen Objekte herausgearbeitet wurden. Knochen oder Elfenbein, sorgfältig mit geschnitzten Tierdarstellungen verziert, dienten als Griff.

Feuersteinmesser, Nagada, Ägypten

Kunst & Religion

Tierdarstellungen

Die aus gespaltenen Zweigen geflochtenen Tierfiguren sind typisch für die Handwerkskunst des südwestlichen Nordamerika um 3500 – 1500 v. Chr. Wahrscheinlich stellen sie Hirsche dar. Man findet sie in der Regel in der Nähe von Jagdgegenständen in trockenen Felshöhlen im Gebirge und fast nie in Wohnhäusern.

Flechtfigur, Coconino County, Arizona

Landschaftskünstler

Nach den Vorstellungen der australischen Aborigenes schufen Regenbogenschlangen (mythische schlangenähnliche Wesen) die Landschaft entlang des Traumpfades, dem sie auf dem Weg vom Meer ins Landesinnere folgten. Die ersten Darstellungen der Regenbogenschlange sind etwa 6000 Jahre alt. Der Regenbogenschlangenmann Gorrondolmi und seine Frau sollen sich selbst an die Felswand bei Wirlin-gunyang gemalt haben.

Regenbogenschlange, Wirlin-gunyang, Australien

Statussymbole

Die Verteilung von Luxusgütern wurde in Mesopotamien und in den Gesellschaften in der Gegend des heutigen Israel, des Libanon und Syriens von der herrschenden Elite kontrolliert. Der Hortfund aus Nahal Mishmar in Israel zeigt Statusobjekte aus purem Kupfer und Kupferlegierungen in der Technik des »Gusses in verlorener Form«: Ein aus Wachs modellierter Prototyp wird dabei mit Ton bedeckt und ausgeschmolzen. Der dann zurückbleibende Tonmantel bildete die Gussform für das flüssige Metall.

Statusobjekte, Nahal Mishmar, Israel

Kunstvolle Megalithgräber

In manchen Gegenden Europas verzierte man die Megalithgräber mit Ritzzeichnungen. Meist waren diese abstrakt, manchmal kann man aber auch Brüste oder Äxte erkennen. In Newgrange, Irland, sind die Steine der Grabkammer und der Einfassung des Grabhügels mit feinen Spiralen, Zickzackmustern und Mäandern verziert.

Verzierter Stein, Newgrange, Irland

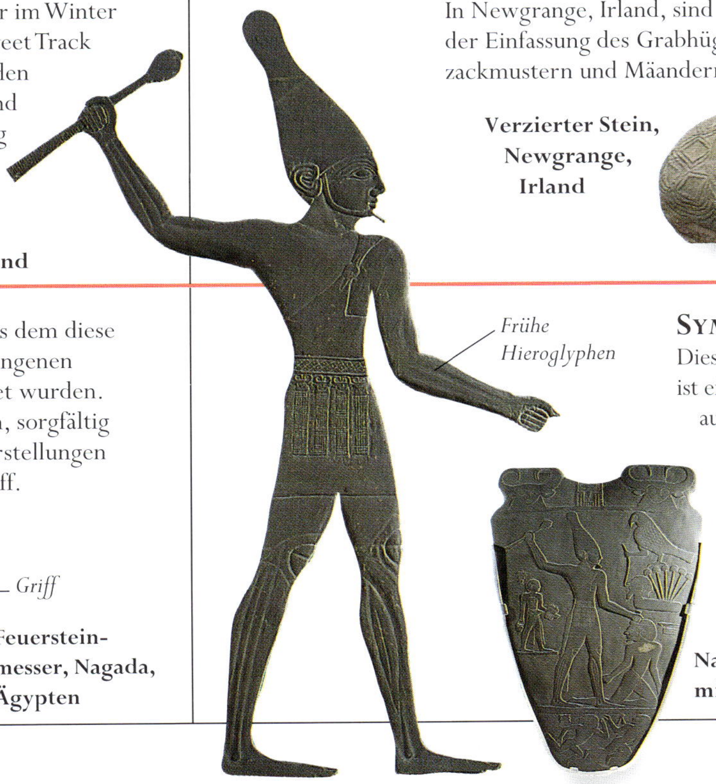

Symbole der Macht

Diese auf beiden Seiten verzierte Platte ist ein Symbol der Macht. Sie weist auf die Einigung Ägyptens um 3100 v. Chr. durch König Narmer hin. Der Pharao mit der Krone Oberägyptens schlägt seine Feinde nieder, während der Gott Horus als Falke das Volk von Unterägypten am Nasenring gefangen hält.

Narmer-Platte mit Detailansicht, Ägypten

DER STADTSTAAT URUK

33000 V. CHR.

Uruk in Südmesopotamien war schon um 3500 v. Chr. eine ungewöhnlich große Siedlung. In den darauf folgenden Jahrhunderten kam es hier jedoch zu spektakulären Entwicklungen. Uruk erstreckte sich bald über eine Gesamtfläche von 400 Hektar und war damit um das Sechsfache gewachsen. Möglicherweise war Uruk die erste Stadt der Erde. Eine noch nie da gewesene Bevölkerungskonzentration ermöglichte grundlegend neue Lebensformen. Trotz der reichlich vorhandenen Ressourcen und der ausgeklügelten Bewässerungssysteme musste die Stadt bald Nahrungsmittel importieren. Die Entwicklung von Uruk beeinflusste die Kultur der Menschen entlang der Handelsrouten. Bis 3000 v. Chr. war die Stadt zum Zentrum eines eng geknüpften Netzwerkes vorderasiatischer Kulturen geworden.

-- Hist. Küstenverlauf und Flüsse

MESOPOTAMISCHE SIEDLUNGEN

Im Gefolge des Aufstiegs des Stadtstaates Uruk in Südmesopotamien entstanden in Vorderasien weitere Siedlungen und Städte. Auch hier fand man die typischen Tontafeln, glockenförmigen Schalen und Stift-Mosaiken.

STIFT-MOSAIKEN *unten*

Die Stadt Uruk wuchs rund um zwei religiöse Zentren: dem »Bereich des Gottes Anu« und dem Eanna-Komplex, der der Göttin Inanna (die spätere Ischtar) geweiht war. Die zum Eanna-Komplex gehörenden Gebäude waren sehr aufwändig und nach komplexen Plänen erbaut worden. Alle Gebäude waren, ähnlich dem »Mosaikhof«, dessen Wände mit einer Schicht aus farbigen Ton- oder Steinstiften überzogen waren, reich verziert und mit Nischen versehen. Das Ansehen des Stadtherrschers zeigte sich in der aufwändigen Tempelarchitektur und den dabei verwendeten seltenen Baumaterialien wie wertvollen, extra für den Tempelbau importierten Metallen und Edelsteinen.

HAUSHALTSGEGENSTÄNDE *unten*

Die glockenförmigen Gefäße sind typisch für die Uruk-Kultur. Sie waren Massenware, hergestellt aus mit Häcksel vermischtem Ton und dann in Formen gedrückt. Sie wurden in ganz Vorderasien gehandelt.

NATURALISMUS UND LEBENSFÜLLE *unten*

Dieses Steinfragment ist nur 13 cm groß. Es zeigt zwei bärtige Figuren, von denen die eine mit zwei Stieren ringt. Der Ringkampf wird auch als Kampf zwischen Menschen und Natur gedeutet. Die Szene taucht in der späteren mesopotamischen Kunst wieder auf, wo sie als Teil des Gilgamesch-Epos verstanden wird. Diese Sage berichtet von den Abenteuern des Königs Gilgamesch von Uruk auf der Suche nach dem ewigen Leben.

EINE KULTVASE

Auf dem oberen Teil der im Tempelbezirk von Uruk gefundenen Vase (*oben*) wird der Herrscher der Stadt vor einer Priesterin oder möglicherweise der Göttin der Liebe und des Krieges (Inanna) gezeigt. Die Reihenfolge der Darstellungen zeigt die hierarchische Gliederung der Gesellschaft von unten nach oben.

Rekonstruktionszeichnung, Stift-Mosaik-Verzierungen, Uruk

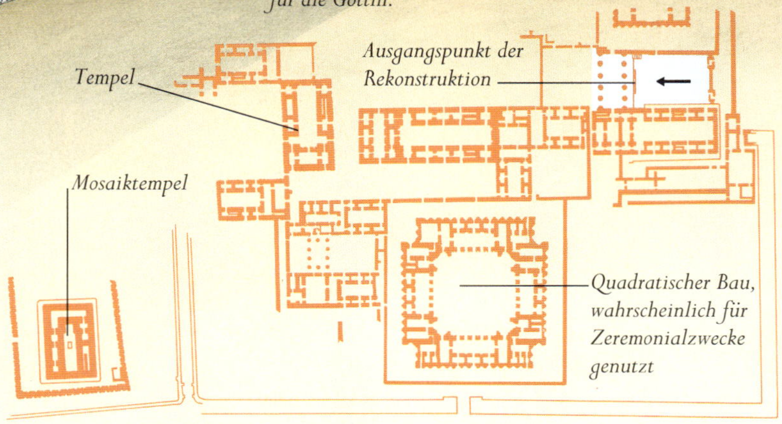

PLAN DES TEMPELBEZIRKS VON URUK

Der Mosaikhof war Teil eines heiligen Bezirks. Jenseits davon befanden sich einige Gebäude, die als Tempel identifiziert worden sind.

Mesopotamische Schrift

Die frühesten Zeugnisse der mesopotamischen Schrift waren einfache Marken, die man auf der Oberfläche einer hohlen Tonkugel einritzte. Kleine Tonmarken in Form der gehandelten Güter, wie etwa Schafe, Ziegen, Ölkrüge, wurden in eine Tonkugel gebettet. Sie dienten als Buchhaltungsnotizen. Siegel auf den Tongefäßen bezeichneten die Marken im Inneren. Zunächst standen die einzelnen Tonmarken für die entsprechenden Waren. Die Schriftzeichen auf dem Behälter dienten nur als Information zum Inhalt. Die Tonkügelchen sowie die Schriftzeichen setzten sich immer mehr durch. Sie wurden schließlich von den Tontäfelchen ersetzt, deren Ritzzeichnungen zu den frühesten Schriftfunden der Welt gehören.

Verwaltungstexte
Die Schrift auf den Blau-Steinen, die nach einem früheren Besitzer, Dr. A. Blau, benannt sind, zählt zu den frühesten Zeugnissen der Keilschrift (*siehe unten*). Die Kreise und breiten Linien sind Zähleinheiten, die Schrift zeigt wahrscheinlich einen Verwaltungstext.

Bildzeichen als Zahl

Frühe Bildzeichen *rechts*
Tempelverwalter und Kaufleute benötigten zur Buchhaltung ein Bilderschriftsystem. Die in den Ton eingedrückten Kreise sind Zahlen. Die meisten Tontäfelchen, auch dieses, zeigen Wirtschaftsverwaltungsaufzeichnungen, von der Einnahme und Verteilung bestimmter Güter bis zum Berechnen der erwarteten Gersteernte.

Zeichen für »Kopf« und »Ration«

Zahl als Bildzeichen

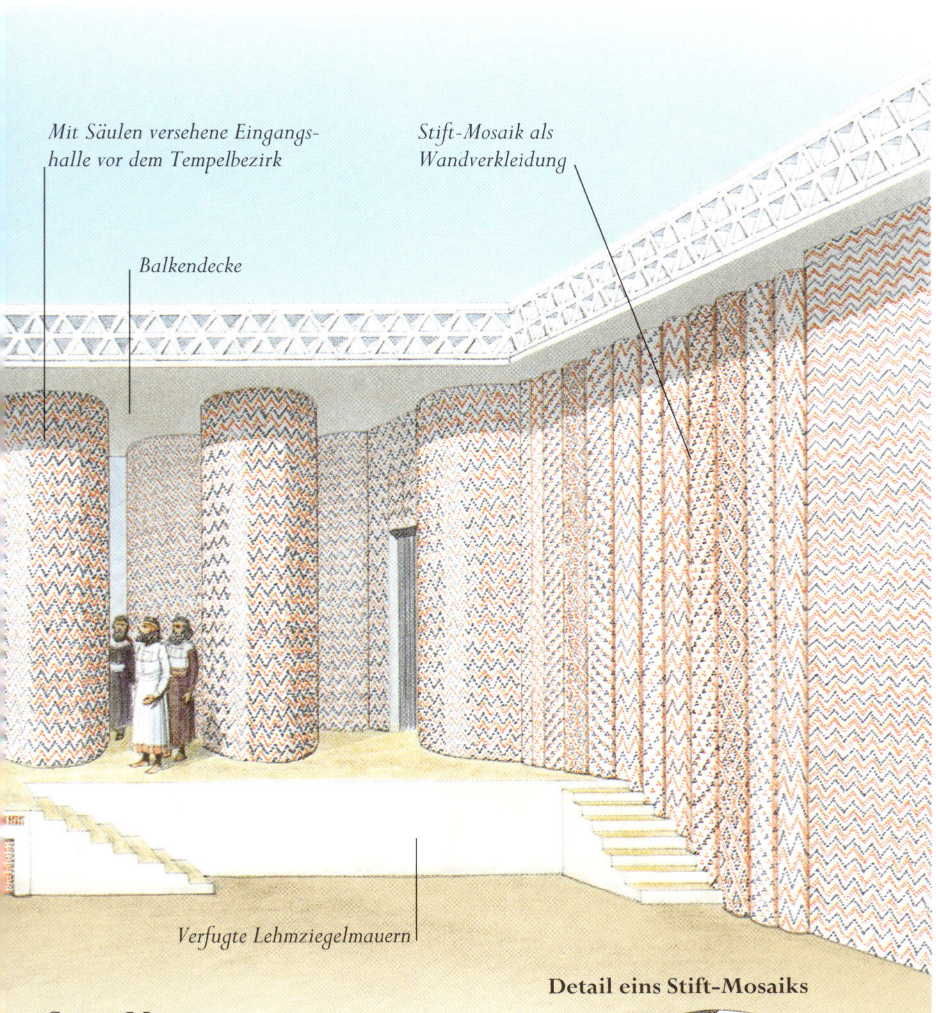

Mit Säulen versehene Eingangshalle vor dem Tempelbezirk

Stift-Mosaik als Wandverkleidung

Balkendecke

Verfugte Lehmziegelmauern

Keilschrift

Ton war überall in Mesopotamien vorhanden und jederzeit zugänglich. Er eignete sich ideal als Beschreibstoff. Da das Einritzen von Zeichen in gebrannten Ton sehr schwer ist, wichen die Schreiber auf ungebrannten Ton aus. Sie drückten einen Griffel mit dreieckigem Querschnitt in den feuchten Ton. Das Eindrücken hinterließ keilförmige Zeichen, aus denen ein Symbol zusammengesetzt wurde. Die meisten Zeichen hatten ihren Ursprung in Abbildungen realer Objekte.

BILDZEICHEN, UM 3100 V. CHR.						
INTERPRETATION	Stern	Fluss	Gerste	Stierkopf	Schale	Kopf und Schale
FRÜHE KEILSCHRIFT, UM 2400 V. CHR.						
SPÄTERE KEILSCHRIFT, UM 700 V. CHR.						
BEDEUTUNG	Gott, Himmel	Wasser, Saat, Sohn	Gerste	Ochse	Essen, Brot	Zuteilung

Stift-Mosaike

In Uruk schmückte man die Wände nun mit farbigen Ton- oder Steinstiften, die mosaikartig angeordnet wurden. Die Stifte wurden dabei in den noch feuchten Mörtel gedrückt. Unterschiedliche Mosaikmuster verzierten die Tempelmauern. Auch in anderen alten Siedlungsgebieten Vorderasiens fand man Überreste farbiger Keramikstifte.

Detail eins Stift-Mosaiks

Tonstift

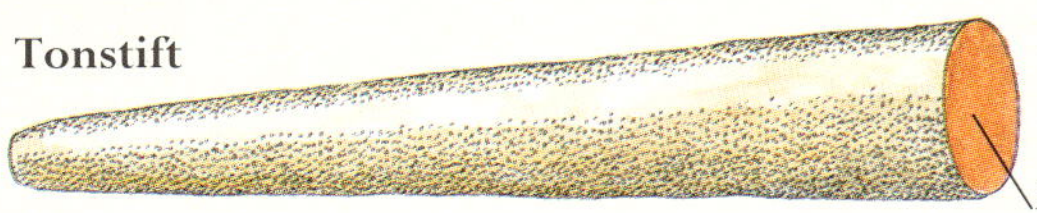

Farbige Aufsichtsfläche des Tonstiftes

Tonstifte werden in den feuchten Mörtel gedrückt.

Stempel und Muster *unten*

Um 3400 v. Chr. erfanden die Tempelverwalter in Südmesopotamien das Rollsiegel, einen zylinderförmigen Stempel mit eingedrücktem Muster und einer Durchbohrung in der Längsachse. Damit konnte man Muster und Marken in langen Reihen einfach durch Rollen auf eine Fläche aufbringen. In der Regel waren Siegel mit figürlichen Darstellungen versehen.

Abdruck eines Rollsiegels

Rollsiegel

KAPITEL 8

DAS ZEITALTER DER DENKMÄLER

3000–2000 v. Chr.

Mesopotamische Herrscher gründen das erste Königreich.

Für die ägyptischen Könige werden riesige Pyramiden gebaut.

Im Industal werden erste Städte gegründet.

Die Küstenbewohner Perus bauen große aus Erde bestehende Tempelplattformen.

Die Völker Westeuropas errichten Steinkreise.

Um 3000 v. Chr. existierte eine große Vielfalt von Kulturen, vor allem Jäger-und-Sammler-Gesellschaften und bäuerliche Gesellschaften. Die umwälzendste Entwicklung der nächsten 1000 Jahre war jedoch die Herausbildung großer staatlicher Gebilde aus den sehr schnell wachsenden ersten städtischen Gesellschaften, die sich im fruchtbaren Schwemmland Mesopotamiens, im Niltal und im Industal befanden. Ein vorher nie erreichtes Maß der sozialen und wirtschaftlichen Organisation und das hohe kulturelle Niveau in diesen Staaten belegen eine ganz neue geschichtliche Dynamik.

Luxusobjekte
Der wachsende Reichtum der herrschenden anatolischen Schichten zeigt sich u. a. in Objekten wie diesem silbernen Stier mit Goldintarsien.

Mosaikeinlegearbeit
Das Detail der »Standarte« von Ur, eines hervorragenden mesopotamischen Kunstwerks, zeigt Musiker mit stierköpfiger Leier, ähnlich wie in den Grabfunden aus Ur.

Mesopotamische Stadtstaaten

Jede Stadt, die sich beginnend mit Uruk in der Uruk-Periode im Fruchtbaren Halbmond zwischen Euphrat und Tigris entwickelte, war ein eigenständiger Staat. Die Städte hatten trotz ihrer jeweiligen politischen Unabhängigkeit kulturelle Gemeinsamkeiten, wie Religion und Sprache. Der Herrscher von Akkad, Sargon I., begründete 2400 v. Chr. die akkadische Dynastie. Er einte die Städte in Sumer und Akkad zum Akkadischen Reich.

In jeder mesopotamischen Stadt befand sich ein Lehmziegeltempel auf einer erhöhten Plattform. Diese Lehmziegeltempel wurden aber bald von stufenförmigen Zikkuraten abgelöst. Die früheste und bekannteste Zikkurat wurde um 2100 v. Chr. in Ur gebaut, wo auch die berühmten Königsgräber sind, in denen man einige der schönsten mesopotamischen Kunstwerke fand, wie etwa die »Standarte« – eine Holzschatulle mit Intarsien aus Muschel- und Lapislazulimosaik. Tontafeltexte, darunter historische Chroniken, religiöse Texte, Buchhaltungsaufzeichnungen und Gedichte, berichten uns über das Leben der Menschen in dieser Periode.

Ähnliche Entwicklungen fanden im Hochland von Anatolien statt, das enge Handelskontakte zu Mesopotamien unterhielt. Hier fand man wunderbar gearbeitete Edelmetallobjekte, die auf die Existenz einer herrschenden Elite um 2500 v. Chr. hinweisen. Um 2000 v. Chr. kam es hier zu den ersten Stadtgründungen.

Halbmondförmig
In Schlagtechnik bearbeitete Feuersteine wurden von den Jägern und Sammlern in Nordamerika benutzt.

3000–2000 V. CHR.

Menschendarstellungen
Die stark stilisierten Steinstatuetten (etwa 3000 v. Chr.) aus Valdivia, Ecuador, gehören zu den frühesten bekannten Menschendarstellungen der Kunst Amerikas.

Wichtige Ereignisse 3000–2000 v. Chr.

3000 v. Chr.
Erste Keramikherstellung in Amerika, Ecuador

2650 v. Chr.
Stufenpyramide des Königs Djoser in Sakkara, Ägypten

2500 v. Chr.
Erste Städte im Industal

Bronzeherstellung in Südostasien

2400 v. Chr.
Erste Tempelplattformen, Peru

Gründung des Akkadischen Reiches, Mesopotamien

2100 v. Chr.
Bau der Zikkurate von Ur, Mesopotamien

Vollendung von Stonehenge, Großbritannien

3000 v. Chr. | 2800 v. Chr. | 2600 v. Chr. | 2400 v. Chr. | 2200 v. Chr. | 2000 v. Chr.

Frühe ägyptische Städte

Das Ackerland im Schwemmlandbereich des Nils bot ausreichende Ressourcen für eine Kultur, deren Ausprägung mit der Einigung Ägyptens um 3100 v. Chr. noch beschleunigt wurde. Die Entwicklung der Schrift ist eng mit dem Wachstum der Städte und den größeren Anforderungen an die Verwaltung der Güter verbunden.

Die Gräber der Elite, darunter auch die Pyramiden, wurden in einiger Entfernung von den Wohnsiedlungen erbaut. Zum Bau der Pyramiden musste der gesamte ägyptische Staat mobilisiert werden. Grabstätten gehören zu den wichtigsten Denkmälern dieser ägyptischen Epoche. Da man das Überdauern des Körpers als notwendige Voraussetzung für ein Leben nach dem Tod betrachtete, begann man mit Mumifizierungstechniken zu experimentieren. In den Gräbern der Reichen findet man auch kleine Statuetten, die die Verstorbenen darstellen, in gelber Farbe die Männer, in weißer die Frauen.

Städte im Industal

Der fruchtbare Boden des Industals ist die Grundlage für die Entwicklung einer – nach den Funden zu urteilen – sehr modernen Stadtkultur um 2500 v. Chr, der dritten großen Kultur dieser Zeit. Die Städte wiesen ein sehr ausgefeiltes Kanalisationssystem auf, an das jedes Haus angeschlossen war. Zu den bekanntesten Städten gehörten Mohenjo-Daro und Harappa, die beide jeweils über 60 ha Land bedeckten und an die 40 000 Einwohner hatten. Vieles weist darauf hin, dass es sich bei den Industal-Städten um demokratische und autonome Einheiten handelte, im Gegensatz zu den unter feudaler Herrschaft stehenden Städten Ägyptens etwa.

Graburnen
Graburnen aus Keramik, wie diese in der Provinz Gansu, China, gefundene (etwa 2500 v. Chr.), waren mit einem Wirbelmuster verziert.

Hetepheres und Katep
Statuen eines wohlhabenden ägyptischen Paares: Die helle Farbe der Frauenfigur weist darauf hin, dass eine reiche Frau nicht arbeiten musste.

Asiatisches Handwerk

Die chinesischen bäuerlichen Gemeinschaften dieser Epoche widmeten sich der Weiterentwicklung ihrer Techniken und Werkzeuge. Sie erfanden neue Techniken und entwickelten neue Produktionsmethoden, unter anderem die Seidenraupenzucht. In der Longshan-Kultur wurde die Töpferscheibe erfunden. Die damit produzierte Keramik war außergewöhnlich fein. Auch die nicht ganz so fein gearbeiteten, bemalten Keramikurnen aus Westchina von etwa 2500 v. Chr. sind sehr beeindruckend. Daneben machte man in der Steinbearbeitung große Fortschritte, wie viele Ritualobjekte, etwa aus Jade, zeigen.

3000–2000 V. CHR.

33 000 V. CHR.

Bronzeverarbeitung

Auf dem südostasiatischen Festland wurde etwa 2500 v. Chr. die Bronzeverarbeitung eingeführt. Bis 2000 v. Chr. wurden dann auch bereits lokale Zinn- und Kupfervorkommen ausgebeutet. In China wurde erstmals kurz vor 2000 v. Chr. Bronze hergestellt. Der Anbau von kultiviertem Getreide, vor allem Reis, war mittlerweile in fast allen südostasiatischen Dorfgemeinschaften üblich. Im Gegensatz dazu lebten die Menschen in Japan und in Australien noch immer von Jagd, Sammeln und Fischfang.

Feste Siedlungen

In Mesoamerika begann man um 2500 v. Chr. feste Siedlungen zu errichten. Damit einher ging vermutlich auch der erste systematische Anbau von Kulturpflanzen zur Versorgung der Bevölkerung. Ähnliches finden wir in den peruanischen Anden, einem weiteren frühen Ackerbauzentrum, wo seit 8000 v. Chr. Bohnen, Kürbisse und Pfeffer angebaut wurden. In den Anden hängt die Gründung der ersten festen Siedlungen eng mit der Kultivierung der Kartoffel zusammen, dem späteren Grundnahrungsmittel. In Nordamerika wurde zur selben Zeit weiterhin gejagt, gesammelt und gefischt.

Peruanische Tempelplattformen

In einigen Flusstälern der Wüstenzone an der peruanischen Küste kam es zum Beginn des 3. Jahrtausends v. Chr. zu umwälzenden Veränderungen; das zeigen unter anderem die in dieser Epoche gebauten, bis zu 10 m hohen Tempelplattformen. Der Bau dieser Erdhügel setzte einen zuvor hier unbekannten Grad an gesellschaftlicher Organisation voraus. Auf den Erdhügeln standen Steintempel mit Keramiknischen und -friesen. Neue Handwerkstechniken entstanden, wie das Weben und um 2000 v. Chr. dann die Keramikherstellung. Die Basis für diese Entwicklungen lag in den reichen Fisch- und Seetiervorkommen und dem Anbau verschiedener Kürbis- und Bohnensorten. Ausgedehnte Handelsnetze versorgten die Gesellschaften neben anderen Gütern auch mit Luxuswaren, wie etwa farbenprächtigen Vogelfedern aus dem Amazonasgebiet.

Steinsetzungen

Steinkreise und Steinreihen wie bei Stonehenge in England und bei Carnac in Frankreich gehören zu den wichtigsten Kulturelementen Nordwesteuropas im 3. Jahrtausend v. Chr. Die Anlagen sind in ihrer Art so beeindruckend wie die Pyramiden und Tempel von Ägypten, Mesopotamien und Peru. Einen Höhepunkt hatte die Steinkreisarchitektur in Stonehenge erreicht, wo ein riesiger Steinkreis und Steinaltäre errichtet wurden. Vermutlich benötigten die Erbauer, kleine Dorfgemeinschaften, mehr als zwei Millionen Arbeitsstunden für die gesamte Anlage. Anders als beim Bau der ägyptischen Pyramiden oder der mesopotamischen Zikkurate wissen wir nicht, wer diese riesigen Steinanlagen zu welchem Zweck errichtet hat.

AMERIKA

KERAMIKHERSTELLUNG

Gebrannten Ton nutzte man zur Herstellung von Spielzeug, Schmuck und Aufbewahrungsgefäßen. Bis 2400 v. Chr. wurde in mindestens drei amerikanischen Gebieten unabhängig voneinander die Technik der Keramikherstellung entdeckt. In Stallings Island, Georgia, fand man mit Pflanzenfasern vermischte Tonscherben von 2500 v. Chr. Im mexikanischen Tehuacántal und in der Gegend von Puerto Marquez entdeckte man Keramikfunde von 2400 v. Chr., im karibischen Puerto Hormiga und an der Pazifikküste Ecuadors von etwa 3000 v. Chr.

Keramikgefäße, Tehuacántal, Mexiko

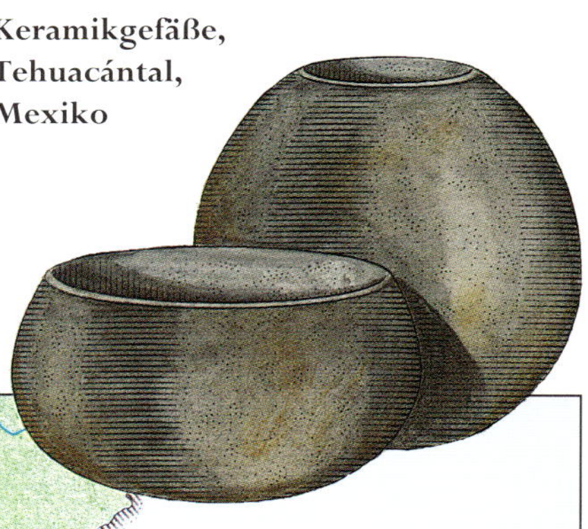

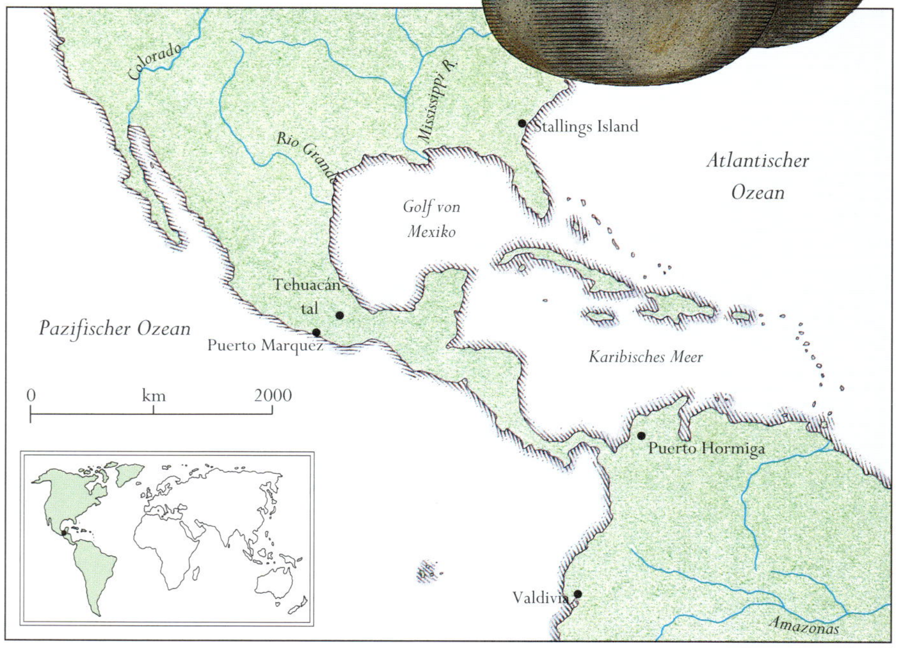

AFRIKA

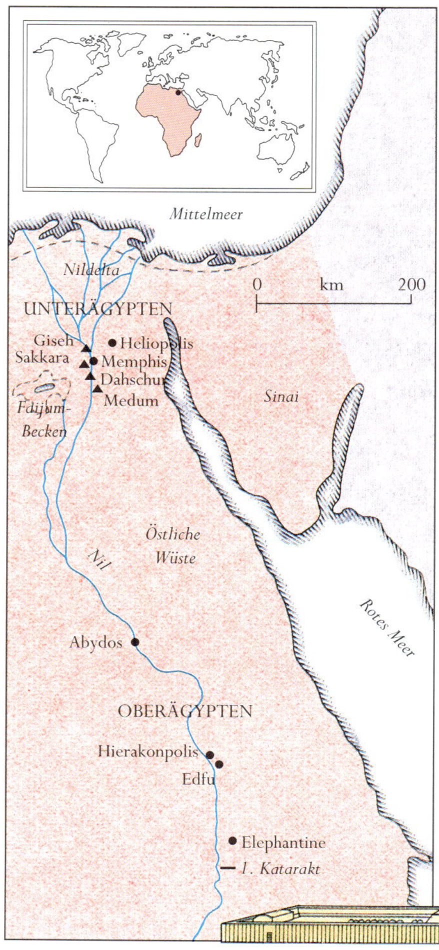

DIE PYRAMIDEN IM NILTAL

Die ägyptische Pyramiden sind monumentale Königsgräber, die am Rand der Wüste mit Blick auf den Nil erbaut wurden. Zu den berühmtesten gehören die im Alten Reich (2650–2150 v. Chr.) erbauten Pyramiden in Giseh, Sakkara und Dahschur. Sie lagen gegenüber von Memphis, der Hauptstadt des Alten Reiches. Jede Pyramide gehörte zu einem größeren Komplex, der auch einen Taltempel in der Talebene umfasste und den von Seitenwänden und Deckenplatten umgebenen Weg vom Taltempel zum Totentempel am Fuß der Pyramide, auf der Wüstenebene. Rund um die Königspyramiden befanden sich kleinere für die Königinnen und die Mastaba-Gräber für den Hofstaat und die Beamten. Im Totentempel wurden Opfergaben für den verstorbenen König dargebracht.

-- Hist. Küstenverlauf

▲ Pyramiden

Stufenpyramide, Sakkara, Ägypten

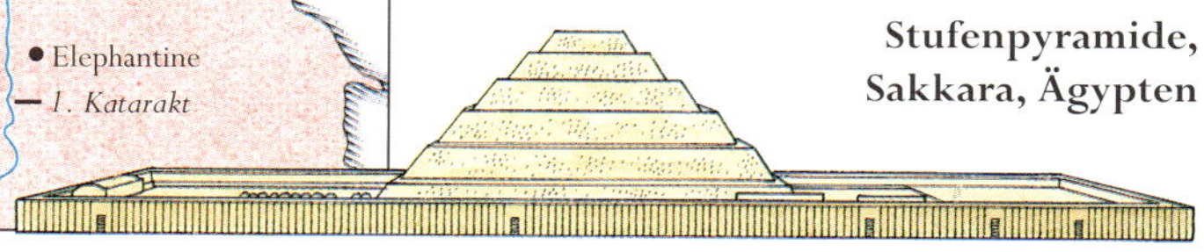

Europa

Religiöse Zentren

Die Steinsetzungen im Süden Großbritanniens waren von einem Ringgraben und einem Erdwall umgeben. Jeder Steinkreis diente als lokales religiöses Zentrum. Bis 2500 v. Chr. entwickelte sich Avebury zum größten Megalithbau, wurde aber 400 Jahre danach vom ausgebauten Stonehenge übertroffen. Zum Bau von Stonehenge verwendete man 26 t schwere Sandsteinblöcke aus den Hügeln von Marlborough. Die später zugefügten »blauen Steine« stammen wahrscheinlich von den Prescelly Mountains in Wales und wurden vermutlich transportiert mit Booten und auf Baumstämmen, die über Bohlen rollten.

Stonehenge, Wiltshire

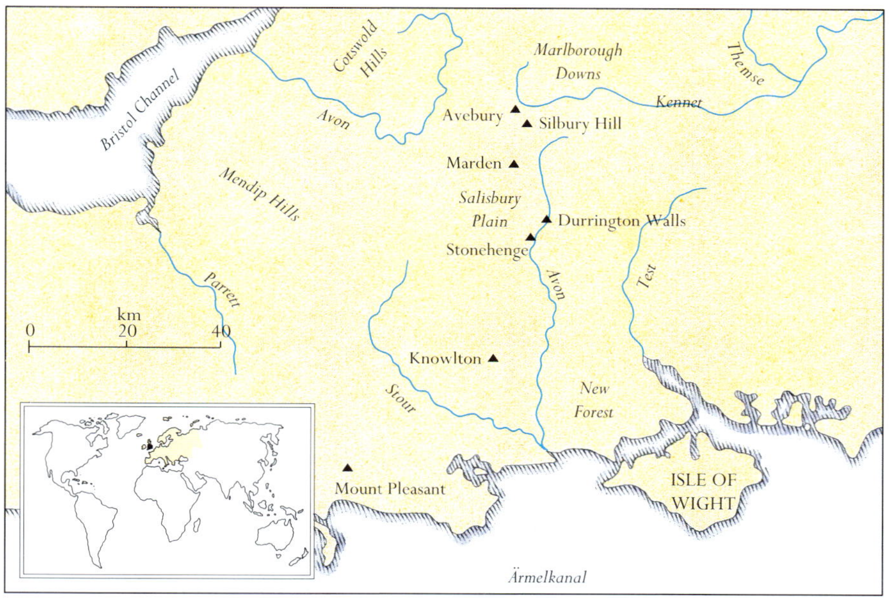

▲ Wichtige Steinkreise

Vorderasien & Südasien

Mesopotamische Zikkurate

Eine Zikkurat ist ein von Menschenhand gebauter Berg, der zu den Götter weist. Die riesigen, aus Ziegeln bestehenden Stufentürme prägten die südmesopotamischen Städte. Große Treppen führten zum Tempel auf der obersten Stufe, der der Stadtgottheit geweiht war. Die Vorläufer der Zikkurate waren kleine Tempelterrassen. Die erste echte Zikkurat wurde von Urnammu gebaut, der 2112–2095 v. Chr. über Ur herrschte. Die berühmtesten, aus der Zeit um 2100 v. Chr., stehen in Ur. Vermutlich war die Zikkurat von Babel das Modell für die biblische Erzählung vom Turmbau zu Babel.

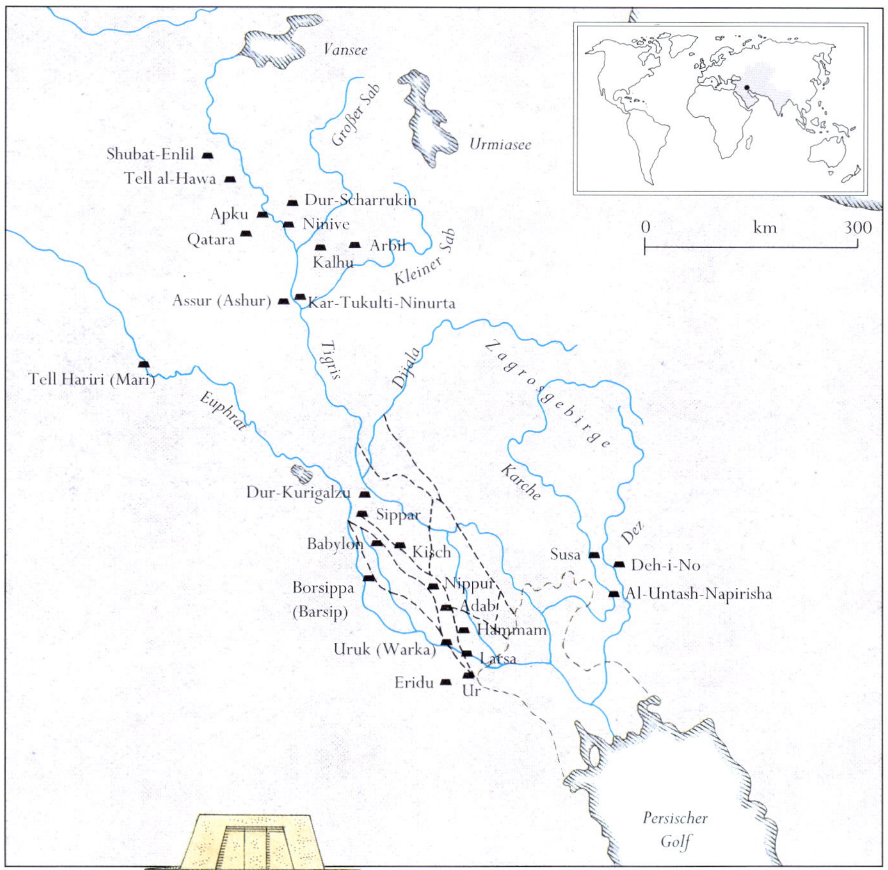

Hist. Küstenverlauf und Flüsse --

Zikkurat ▲

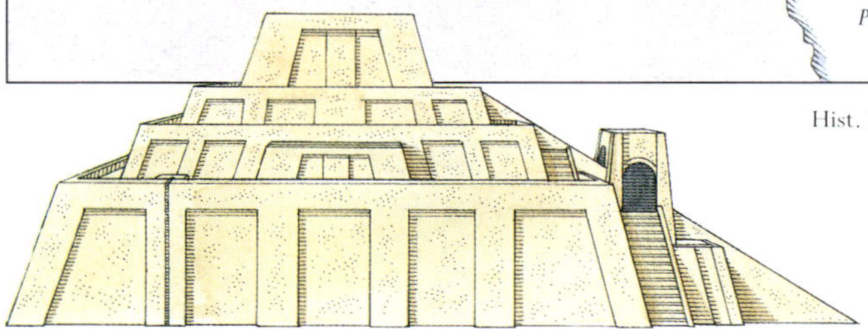

Zikkurat, Ur

Ostasien & Australasien

Südostasiatische Bodenschätze

Bis 2500 v. Chr. hatten die Reisbauerngemeinschaften des südostasiatischen Festlands, wie Phung Nguyen in Nordvietnam und Ban Chiang in Nordostthailand dank der reichen Kupfer- und Zinnvorkommen mit der Herstellung von Bronzeschmuck, -werkzeugen und -waffen begonnen. Nach 1000 v. Chr. breiteten sich die metallurgischen Techniken vom Festland aus zu den südostasiatischen Inseln aus.

Speerspitze aus Bronze, Ban Chiang, Thailand

□ Zinn ■ Kupfer

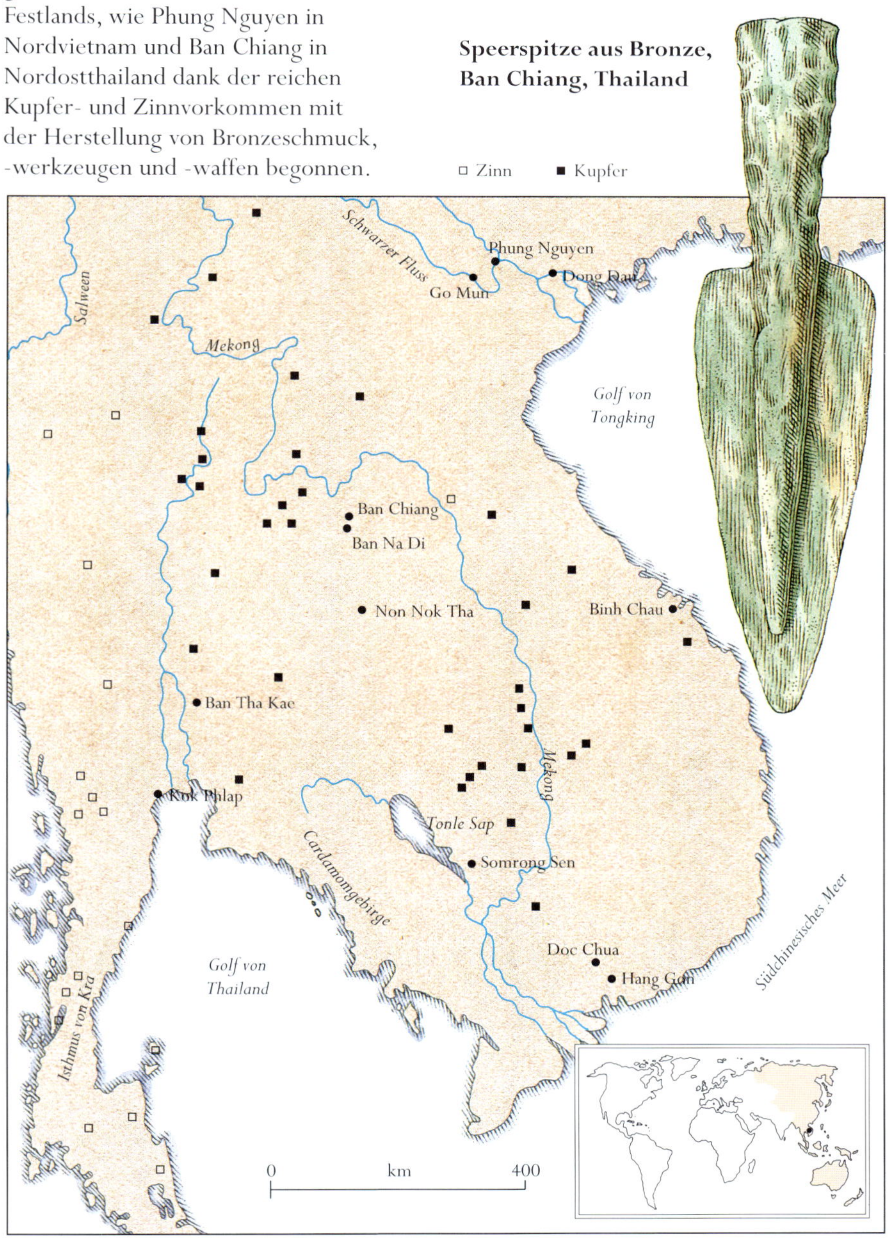

3000–2600 V. CHR.

Amerika

Ernährung & Lebensraum

Ritualpflanzen

Auf den tiefer gelegenen Abhängen der Anden wurde für den rituellen, aber auch für den täglichen Gebrauch Koka angepflanzt. Das Kauen der Kokablätter führte zu einem milden Rauschzustand, der Hunger und Kälte sowie die Belastung durch die Arbeit in großen Höhen – oft über 4000 m ü. M. – besser ertragen ließ. Außerdem enthalten Kokablätter sehr viel Vitamin C und Kalzium.

Kokablätter

Wohnen & Bauen

Dorfgesellschaften

In den Tälern der peruanischen Anden lebten die Menschen in Weilern und Dörfern. Die Arbeit in den Gärten und die handwerklichen Tätigkeiten wurden gemeinschaftlich organisiert, wie beispielsweise im Dorf Asia an der peruanischen Küste, das von Fischfang und Gartenbau lebte.

Ostasien & Australasien

Ernährung & Lebensraum

Seidenraupe in Maulbeerbaumblättern

Ursprünge der Seidenherstellung

Als Erfinderin der Seidenraupenzucht und des Webens wird Leizi angesehen, die Gattin des chinesischen Urkaisers Huangdi, der selbst als Erfinder des Ackerbaus gilt. Dass in China schon um 2700 v. Chr. Seidenraupen gezüchtet und deren Spinnfäden für die Stoffherstellung genutzt wurden, beweisen Funde von aufgeschnittenen Seidenraupenkokons und Stein- oder Keramikwirteln.

Wohnen & Bauen

Gemeinschaftshäuser

In China stellte man große Gemeinschaftshäuser auf den Dorfplatz. Dieses Haus aus Banpo in Nordchina war z. B. über 20 m lang und 12,5 m breit. Den Dorfplatz umgaben Einzelhäuser, deren Eingangstüren auf das Gemeinschaftshaus zeigten.

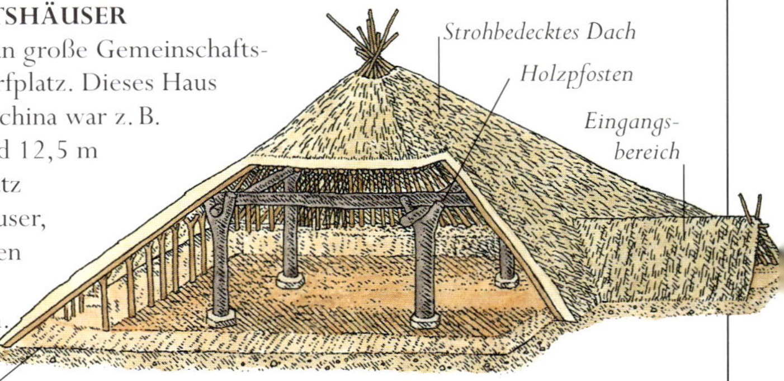

Großes Gemeinschaftshaus, Banpo, China

Vorderasien & Südasien

Ernährung & Lebensraum

Reiche Ernten

Die Bauern Südmesopotamiens waren so erfolgreich, dass sie permanenten Überschuss erzeugten. Vermutlich wurden Getreide und Stoffe bis in das Iranische Hochland gehandelt und dort gegen Gold, Silber, Lapislazuli und Karneol sowie gegen grüne und graue Chloritgefäße (wie dieses mit einer Schlangengottheit verzierte) aus dem Südiran getauscht.

Chloritgefäß, Südiran

Wohnen & Bauen

Überschwemmungssichere Häuser

Aufgrund der ständigen Überschwemmungsgefahr war das fruchtbare Schwemmland des Industals nicht leicht kultivierbar. Im frühen 3. Jahrtausend v. Chr. jedoch gelang es ersten Siedlern, das Problem zu lösen, indem sie ihre Siedlungen nach Plan bauten und sie dabei mit einem schützenden Ziegelwall umgaben. Zu den frühesten Siedlungen gehören Kot-Diji und vermutlich Mohenjo-Daro im Industal sowie Kalibangan auf den östlich gelegenen Hügeln.

Europa

Ernährung & Lebensraum

Nahrung aus der Wildnis

Die Nahrungsrestefunde aus Skara Brae, einer Küstensiedlung auf den Orkneyinseln im Norden von Schottland, zeigen die anhaltende Bedeutung des Sammelns und Jagens für die Ernährung, vor allem in rauen und menschenfeindlichen Regionen. Neben Haustierknochen fand man auch zahlreiche Fischgräten und Napfschneckenschalen. Möglicherweise wurden die Schnecken als Köder zum Fischfang benutzt. Vermutlich wurden sie lebend in kleinen, wassergefüllten und mit Lehm versiegelten Steinbecken aufbewahrt, wie man sie in den Häusern fand. Krebse, Wildbret und Vogeleier bereicherten ebenfalls den Speisezettel in Skara Brae. Zu den Nutzpflanzen gehörten Weizen, Gerste und Haselnuss.

Wohnen & Bauen

Häuser aus Bruchstein

Die Siedler von Skara Brae auf den Orkneyinseln bauten in Gruppen ihre Steinhäuser, die durch schmale Wege verbunden waren. Die Häuser wurden als Schutz gegen das raue Klima mit Sand und Schutt umgeben. Da Holz sehr selten war, bestanden Möbel und Einrichtung in der Regel aus Stein.

Haus, Skara Brae, Schottland

Afrika

Ernährung & Lebensraum

Domestizierter Esel, Ägypten

Domestizierte Esel

Vor allem in Ägypten transportierte man Getreide und andere Güter auf Eseln von Dorf zu Dorf, so wie es viele ägyptische Bauern noch heute handhaben. Der wilde Esel wurde schon um 3000 v. Chr. im Niltal gezähmt. Er war bis zur Zähmung des Kamels das wichtigste für den Fernhandel eingesetzte Lasttier.

Wohnen & Bauen

Stadthäuser

Ab 3000 v. Chr. lebte die Mehrheit der ägyptischen Bevölkerung in kleinen Dörfern auf dem Schwemmland des Nilufers oder im Nildelta, meist auf dem Hochgestade, das die Fluten des Nils nicht erreichen konnten. Die Häuser bestanden gewöhnlich aus mehreren Räumen. Sie waren aus luftgetrockneten Lehmziegeln erbaut, hatten dicke Mauern und kleine, hohe Fenster zum Schutz gegen die Sonneneinstrahlung. Die mit einer Lehm-Stroh-Mischung gedeckten Dächer waren flach. Die Palmpfosten, die das Dach trugen, waren so stark, dass man sogar auf dem Dach schlafen konnte.

Erfindungen & Entdeckungen

Keramikstatuetten

Die ältesten Keramikfunde Amerikas stammen von der Valdivia-Kultur an der Küste Ecuadors. Die einfach gearbeiteten, nackten Körper stehen in auffallendem Gegensatz zur sehr individuell gearbeiteten Haarpartie. Die meisten Statuetten stellen Frauen dar. Die Gesichter sind meist unbemalt, Körper und herausgearbeitete Teile des Kopfes sind mit einer glänzenden roten Farbe versehen.

Keramikstatuette, Valdivia, Ecuador

Töpferscheibe

Um 3000 v. Chr wurde in der Longshan-Kultur in Nordostchina die Töpferscheibe entwickelt. Damit konnten die Kunsthandwerker ausgefeiltere Formen herstellen. Außerdem erleichterte sie die Massenproduktion von Keramikgefäßen. Einige Zeit später entdeckte man, unabhängig von den Entwicklungen in China, auch in Süd- und Westafrika die Töpferscheibe.

Rekonstruktion eines Schlittens aus einem Königsgrab, Ur, Irak

Transport

Auf Tontafeln aus Uruk in Südmesopotamien findet man Zeichnungen von Schlitten aus der Zeit um 3200 v. Chr. Auf späteren Tafeln tauchen auch mit Rädern versehene Fahrzeuge auf. Es ist allerdings immer noch umstritten, ob das Rad tatsächlich hier erfunden wurde. Radfahrzeuge und Schlitten aus der Zeit von 2700 v. Chr. bis 2400 v. Chr. fand man auch in den Königsgräbern von Ur und Kish.

Bootsmodell aus Blei, Naxos, Kykladen, Griechenland

Ägäische Seefahrer

Auf den Inseln der Ägäis müssen Boote einen wichtigen Teil zum zunehmenden Wohlstand der Bevölkerung im 3. Jahrtausend v. Chr. beigetragen haben. Wenn man nach den auf Naxos gefundenen Bootsmodellen aus Blei geht, die aus dieser Zeit stammen, handelte es sich dabei um einfache Einbäume, deren Rumpf durch Planken verstärkt war.

Schmuckdesign

Ägyptische Goldschmiede schufen außergewöhnlich fein gearbeitete Schmuckstücke. Sie fassten Türkise und andere Halbedelsteine in Gold, das aus den reichen Goldlagerstätten der Wüste Sinai und aus Nubien stammte. Schmuck stellte ein wichtiges Statussymbol dar. Am mumifizierten Arm einer in Abydos, in Oberägypten um 2800 v. Chr. bestatteten Königin fand man vier Goldarmreifen mit Edelsteinen.

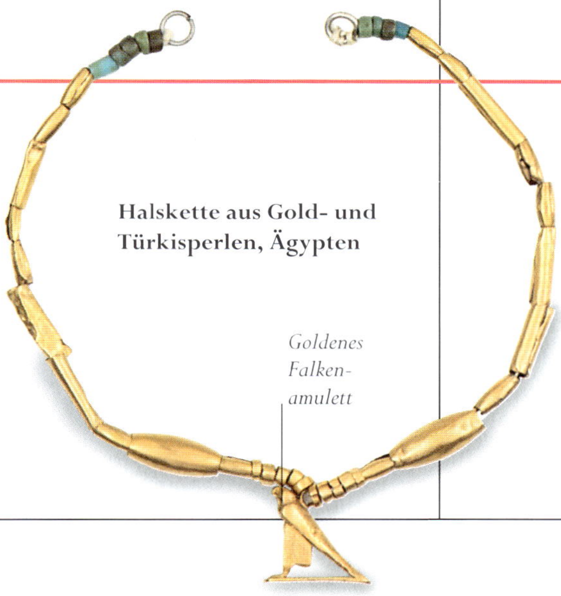

Halskette aus Gold- und Türkisperlen, Ägypten

Kunst & Religion

Frühe Mumifizierung

Die frühesten Hinweise auf Mumifizierungstechniken in Südamerika stammen aus Chinchorros in Nordchile, wo man eine Reihe von mumifizierten Bestatteten fand. Um dem Toten ein Leben im Jenseits zu ermöglichen, versuchte man seinen Körper vor der Verwesung zu bewahren, indem man ihn mit Lederbinden umwickelte und das Gesicht teilweise mit sonnengetrocknetem Ton und Pech rekonstruierte.

Mumienfund, Chinchorros, Chile

Himmelssymbol

Chinesischen Vorstellungen entsprechend war der Himmel rund und die Erde quadratisch. Bei sakralen Menschenopfern wurden durchlöcherte Scheiben aus Jade und Nephrit benutzt, ein Symbol für den Himmel. Solche, nur den herrschenden Schichten vorbehaltenen Scheiben, wurden auf den geopferten Leichnam gelegt, um den Himmel um Schutz zu bitten.

Nephritscheiben, Ostchina

Ewiges Gebet

Sehr üppig ausgestattete Tempel prägten das Leben der südmesopotamischen Städte und bedienten so die religiösen Bedürfnisse der Bewohner. Männer und Frauen brachten kleine Beterstatuetten zu den Tempelheiligtümern, die an ihrer Stelle für ihr Wohlergehen beten sollten.

Statuette einer Betenden, Irak

Schistplatten

In portugiesischen Gräbern aus der Zeit um 3000–2500 v. Chr. findet man oft Schistplatten (schieferartige Steinplatten) mit Gravuren. Die geometrischen Muster im unteren Bereich weisen vermutlich auf verschiedenfarbige Kleidung hin, ein Paar runder Augen im oberen Bereich eventuell auf ein Geistwesen oder einen Gott. Ähnliche Muster findet man auch auf Steinhaken und Krummstäben, die vielleicht mit dem Totenbrauch in Zusammenhang stehen.

Kleindenkmäler

Abydos in Oberägypten war von 3100–2650 v. Chr. ein königlicher Bestattungsort. Die ersten Pharaonen wurden in unterirdischen Kammergräbern aus ungebrannten Lehmziegeln mit flachem Dach bestattet. Zusätzlich wurden Grabstelen mit Texten und Bildern errichtet, die auf das Leben des Verstorbenen eingingen.

Grabstele des Königs Chasechemui (Peribsen), Abydos, Ägypten

2600–2400 V. CHR.

ERNÄHRUNG & LEBENSRAUM | WOHNEN & BAUEN

AMERIKA

Andenkartoffeln

KNOLLENFRÜCHTE

In den Andenregionen kultivierte man zwischen 3000 und 2500 v. Chr. die Kartoffel. Ihre genetische Ausstattung ist so flexibel, dass sie vielfältige Züchtungen zuließ. Die weißen und roten Sorten haben sich im Gegensatz zu lokalen Züchtungen weltweit verbreitet. Es wurde auch Mashua (Knollenkapuzinerkresse), Ulluco (eine Art Spinat) und Oca (Knolliger Sauerklee) angebaut.

Hütte, Chilca, Peru

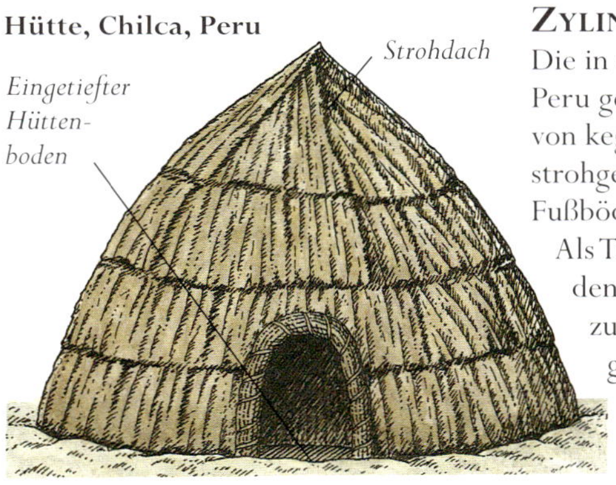

ZYLINDERFÖRMIGE HÜTTEN

Die in der Archaischen Epoche in Peru gebauten Häuser waren rund, von kegelförmigem Zuschnitt, mit strohgedeckten Dächern, vertieften Fußböden und schmalen Türen. Als Tragegestell diente ein in den Boden gestecktes und oben zusammengebundenes Stangengerüst. Sie boten fünf Menschen Platz zum Schlafen. Alle anderen Tätigkeiten fanden draußen statt.

OSTASIEN & AUSTRALASIEN

TROPISCHE FRÜCHTE

Auf dem südostasiatischen Festland und auf den Philippinen gehörte die Brotfrucht zu den Grundnahrungsmitteln. Brotfruchtbäume wurden vermutlich schon um 2500 v. Chr. in sorgfältig gepflegten Pflanzungen angebaut. Die gekochte Frucht ist weich und schmeckt nach getoastetem Brot.

Brotfrucht

WÜSTENLAGER

In der australischen Wüste, wo Wasser und Schatten selten sind, gehörten bis in die jüngste Vergangenheit die Felsüberhänge in der Nähe von Wasserlöchern zu den bevorzugten Lagerorten der Aborigines. Unter dem riesigen Felsüberhang bei Walga Rock in Westaustralien fand man unzählige von den Bewohnern der letzten 5000 Jahre zurückgelassene Schuttschichten. Auch bei Ayers Rock (Uluru) in Zentralaustralien kann man ähnliche Plätze finden.

Felsüberhang bei Walga Rock, Westaustralien

VORDERASIEN & SÜDASIEN

Königliche »Standarte«, Detail, Ur, Irak

HAUSTIERE

Die Muschel- und Lapislazuliintarsien auf der königlichen »Standarte«, einem flachen, mit Einlegearbeiten verzierten Holzkasten aus den Königsgräbern von Ur (etwa 2500 v. Chr.) zeigen unter anderem Haustiere. Schafe, Ziegen und Kühe wurden wegen ihres Fleisches, ihrer Milch und ihrer Wolle gehalten; Ochsen und Esel mussten Pflüge, Karren und Wagen ziehen.

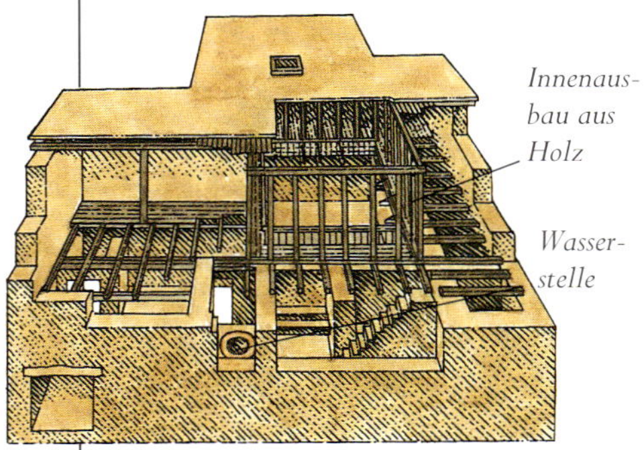

Haus, Mohenjo-Daro, Industal

STANDARDHAUSBAU

Die Bevölkerung der größer werdenden Städte im Industal hatte einen hohen Lebensstandard. Ihre in der Größe leicht unterschiedlichen Häuser waren nach einem genormten Plan gebaut. Alle Häuser bestanden aus standardisierten Ziegeln gleicher Größe und enthielten einen Hof, mehrere Zimmer sowie Badezimmer und Toilette. Die Technik der Wasserversorgung und Abwasserentsorgung ist selbst von heute aus betrachtet noch beeindruckend.

EUROPA

FRÜHER WEINBAU

In frühen Siedlungen an den Küsten des Mittelmeers und im wärmeren Teil Europas fand man unter anderem auch Traubensamen. Sie zeigen, dass die frühen Jäger und Sammler sich schon um 9000 v. Chr. von wilden Trauben ernährten. Die ersten Bauern begannen vor etwa 5000 Jahren Weinreben anzubauen. Die Weinerzeugung wurde etwa 2500 v. Chr. in Vorderasien erfunden, von wo aus sie sich schnell Richtung Westen bis nach Südeuropa verbreitete.

Trauben

UMZÄUNUNGEN AUS BRUCHSTEIN

In Südfrankreich wurden um 2500 v. Chr. Pferche aus Bruchsteinmauern gebaut, die eine Reihe von runden Steinhütten miteinander verbanden. Möglicherweise wurden in diesen Pferchen Schafe gehalten. Die Dächer bestanden aus kuppelförmig über den Kragsteinen angeordneten Steinen. Jede Steinreihe überlappte die vorhergehende, sodass kein Spalt offen blieb.

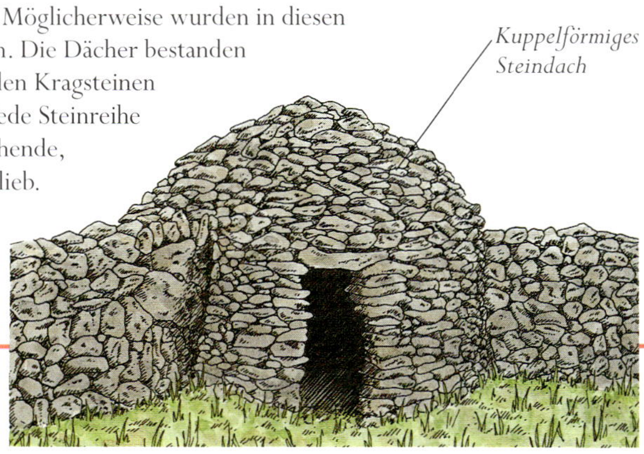

Umzäunung, Boussargues, Frankreich

AFRIKA

GEFLÜGEL UND WILDVÖGEL

Grabmalereien des Alten Reiches (2650–2150 v. Chr.) zeigen, dass Enten, Gänse und andere Vögel zum ägyptischen Speiseplan gehörten. Enten und Gänse wurden vermutlich für die Tische der Adligen gemästet. Im Frühling und im Herbst fingen Jäger Tausende von Wildvögeln.

Gänse in einer Wandmalerei, Ägypten

TEMPORÄRE SIEDLUNGEN

In der nur zeitweise bewohnten Siedlung von Gwisho in Sambia siedelten erstmals 5000 v. Chr. Jäger und Sammler. Sie kamen im Laufe der folgenden Jahrhunderte immer wieder an diesen Ort, an dem sich auch heiße Quellen befanden. Sie schliefen in mit Gras ausgelegten Höhlen, geschützt von einfachen Windschirmen. Die Gwisho-Menschen begruben ihre Toten innerhalb der Siedlung: Man fand hier 35 menschliche Skelette. Weitere Fundstücke wie Grabestöcke und Feuerbohrer weisen auf ihr Leben als Jäger und Sammler hin.

200 V. CHR.

2600 – 2400 V. CHR.

Erfindungen & Entdeckungen

Waffenspitze, Afton, Oklahoma

Messerscharfe Klingen

In der Jäger-und-Sammler-Periode Nordamerikas (etwa 8000 – 1000 v. Chr.) kristallisierten sich weitere regionale Unterschiede in der Bearbeitung von Speerspitzen heraus. So wurden etwa in Ostoklahoma nun auch sehr fein gearbeitete Waffenspitzen hergestellt, wie diese aus der Gegend von Afton. Die Schärfung der Klingen erforderte großes Können.

Hochtemperaturbrand

Um 2500 v. Chr. führten einige Erfindungen in der Tonbearbeitung und beim Brennen zur Entwicklung des nach dem Ort Banshan in der Provinz Gansu benannten Banshan-Stils. Große bauchigen Urnen aus feingekörntem Ton, teilweise mit langem Hals, sind typisch für ihn. Auch die Verzierung ist sehr auffallend: dicke, enge Wirbel mit geschlossenen Wirbelkernen in Rot, Schwarz, Braun und Purpur. Bei hohen Temperaturen gebrannt, wurde das Steingut hellrot, die farbigen Linien erhielten einen Sepiaton. Die Technik wurde für Grabbeigaben und für Haushaltsware genutzt, wenn auch immer noch viele Alltagsobjekte aus weniger feinem Lehm bei niedrigen Temperaturen gebrannt wurden.

Behauener Hornsteinblock

Steingewichte, Mohenjo-Daro, Industal

Würfelförmige Gewichte

Die meisten der in Mohenjo-Daro gefundenen Gewichte waren würfelförmige Klötzchen aus Hornstein (einer kristallinen Form der Kieselsäure). Das nächsthöhere Gewicht war jeweils doppelt so schwer wie das vorhergehende, also von 1 über 2, 4, 8 bis 64. Das auf 64 folgende Klötzchen hatte 160-mal das Gewicht des ersten; danach wurde alles mal 160 genommen. Die kleinsten Gewichte fand man in einem Schmuckgeschäft. Die schwersten konnten nicht mehr von Menschenhand bewegt werden.

Feuersteinhandel

In Grand Pressigny in Frankreich wurde ein hochwertiger Feuerstein abgebaut, der zwischen 2800 und 2400 v. Chr. zu hohen Preisen über weite Entfernungen gehandelt wurde. Die honiggelbe Farbe und der Umstand, dass sich bis zu 40 cm lange Klingen aus ihm herstellen ließen, machten ihn zu einer begehrten Handelsware.

Feuersteinkern, Grand Pressigny, Frankreich

Staatsbürokratie

Zur komplexen Sozialstruktur im ägyptischen Alten Reich gehörte eine ganze Reihe professioneller und gut ausgebildeter Verwalter, in deren Händen die nun voll entwickelte Staatsbürokratie des Reiches lag. Viele Angehörige dieser Verwaltungselite waren nicht von Adel, darunter der berühmte Imhotep. Der Arzt und Priester war auch der Baumeister der um 2650 v. Chr. erbauten Stufenpyramide in Sakkara.

Statue des Architekten Imhotep, Ägypten

Kunst & Religion

Atlatl-Gewicht, Ohio

Kunstsinn

Die in dieser Periode in Nordamerika hergestellten Atlatls (Speerschleudern) lassen auf einen ausgeprägten Kunstsinn schließen. Zur Herstellung verwendete man unterschiedlichste metamorphe oder vulkanische Gesteine, daneben aber auch Hämatit oder Kristall.

Vorbereitung auf das Jenseits

Da man in China zu dieser Zeit glaubte, dass das Jenseits dem Diesseits ähnlich sei, wurden die Toten mit Alltags- wie mit Statusobjekten versehen auf die Reise geschickt. Die unterschiedlich reichen Grabbeigaben weisen deutlich auf eine stark hierarchisierte Gesellschaft und auf das Aufkommen einer aristokratischen Elite hin. Von einigen wenigen Objekten in den Gräbern der einfachen Leute bis zu über 180 Objekten in den Gräbern der Reichen reichten die um die Toten aufgebauten Grabbeigaben, darunter vor allem Keramiktöpfe, aber auch Ackerbaugeräte, Schildkrötenschalen, Knochenobjekte, Ritualgefäße und Jadeobjekte.

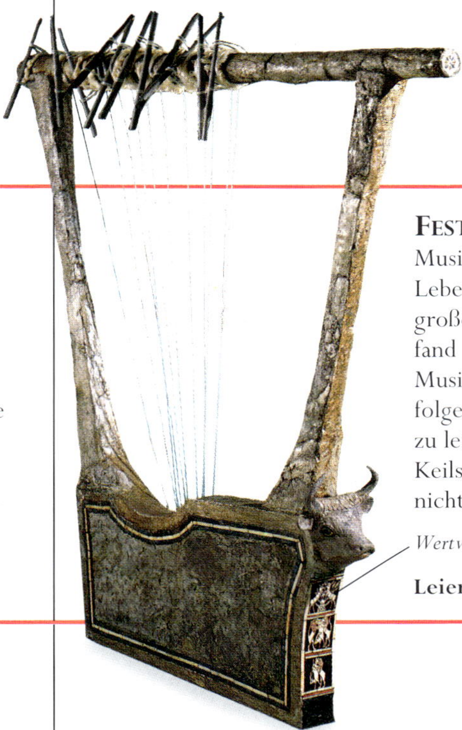

Feste und Musik

Musik und Gesang spielten sowohl im religiösen Leben als auch im Alltag Mesopotamiens eine große Rolle. In den Königsgräbern von Ur fand man auch die Überreste von Musikanten und Musikantinnen, die ihren Herrschern in den Tod folgen mussten, um ihnen im Jenseits Gesellschaft zu leisten. Die Noten der Lieder sind auf manchen Keilschrifttafeln überliefert, allerdings weiß man nicht, wie sie klangen.

Wertvolle Einlegearbeit

Leier, Ur, Irak

Marmorfiguren

Die frühen Bewohner der ägäischen Kykladen nutzten die reichen Marmorvorkommen auf Paros und den Nachbarinseln zur Herstellung aufwändig gearbeiteter Statuetten, meist Frauenfigürchen, die sie den Toten ins Grab mitgaben. Farbreste lassen vermuten, dass die Figürchen ursprünglich bemalt waren.

Typisch verschränkte Arme

Marmorstatuette, Kykladen, Griechenland

Mumifizierung

In der Annahme, dass der Verstorbene im Jenseits seinen Körper benötigte, mumifizierten die Ägypter die Leichen der Reichen und Mächtigen. Ranefer, ein in Meidum in Unterägypten bestatteter Adliger, gehört zu den ältesten aufgefundenen Mumien. Seine inneren Organe wurden in Leinenbinden gewickelt und in Grabnischen aufbewahrt. Der Leichnam selbst wurde mit in Harz getränkten Leinenbinden gefüllt und mit ebensolchen Binden umwickelt. Die Partie über dem Gesicht wurde nachträglich modelliert und mit einem Porträt bemalt, das den Toten darstellen sollte.

2400–2000 V. CHR.

33000 V. CHR.

Ernährung & Lebensraum | Wohnen & Bauen

Amerika

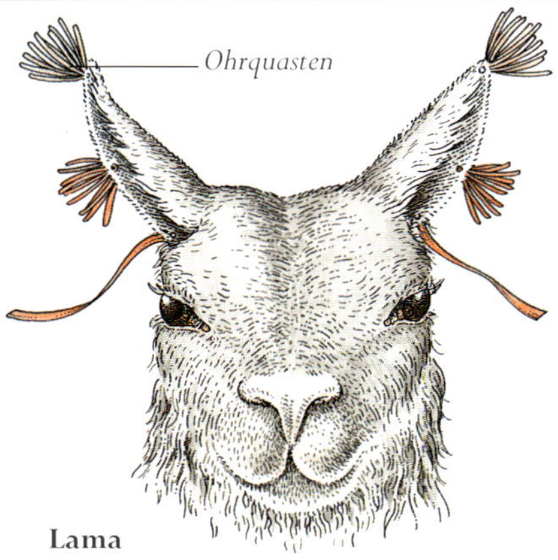

Lama

Kameldomestizierung
Lama und Alpaka, zwei der in den Anden lebenden Kamelarten, wurden zwischen 4000 und 2000 v. Chr. domestiziert. Sie lieferten Fleisch und Wolle und dienten als Transporttiere. Die gezähmten Tiere waren mit Troddeln am Ohr geschmückt. Die beiden anderen Kamelarten, Vicuña und Guanaco, wurden bis vor kurzem noch als Wildtiere gejagt.

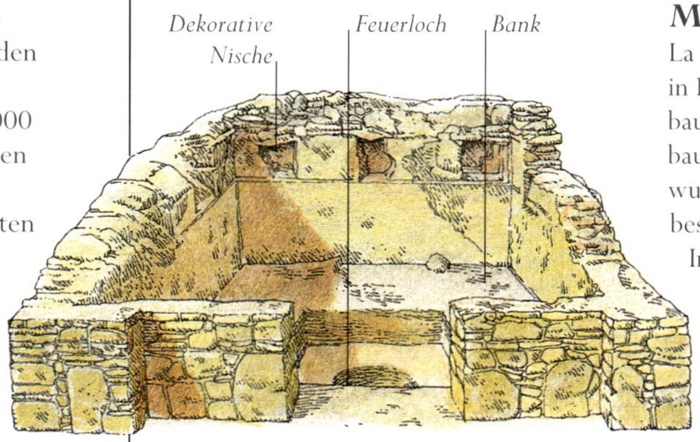

Monumentalbauten
La Galgada, eine riesige Tempelanlage in Peru, wurde um 2300 v. Chr. gebaut und für Bestattungs- und Ackerbaurituale genutzt. Nichtadlige wurden außerhalb des Tempels bestattet, während die Gräber im Inneren der Elite vorbehalten waren. Die Stein-Lehm-Mauern waren verputzt und bemalt.

Tempelkammer, La Galgada, Peru

Ostasien & Australasien

Wildreis, Fisch und Muscheln
Nahrungsrestefunde aus Kok Phanom Di in Südthailand zeigen, dass die Bewohner dieser frühen Siedlung sich hauptsächlich von Reis (Wildreis) ernährten. Das Grundnahrungsmittel wurde ergänzt durch Fisch, Schalentiere, Schildkröten und Krebse. Dies weist eindeutig darauf hin, dass der Ort damals näher am Meer lag als heute. Der Wildreis wurde in der näheren Umgebung gesammelt.

Zwar wurde schon um 5000 v. Chr. in China Reis angebaut, in Südostasien hat man jedoch vermutlich noch einige Zeit Wildreis gesammelt, bis auch hier die Menschen aufgrund immer größerer Siedlungen und eines entsprechend erhöhten Reisbedarfs gezwungen waren, Reisfelder anzulegen.

Fischerdörfer
In Japan fand man Überreste von Fischerdörfern aus dieser Zeit, deren Häuser in Grubenbauweise oder ebenerdig gebaut waren. In der Mitte der runden oder rechteckigen, aus Holz und Stroh gebauten Hütten befand sich eine Feuerstelle. Das Dach wurde von gleichmäßig verteilten Pfosten getragen. Auf der Nordwestseite befand sich ein Steinaltar.

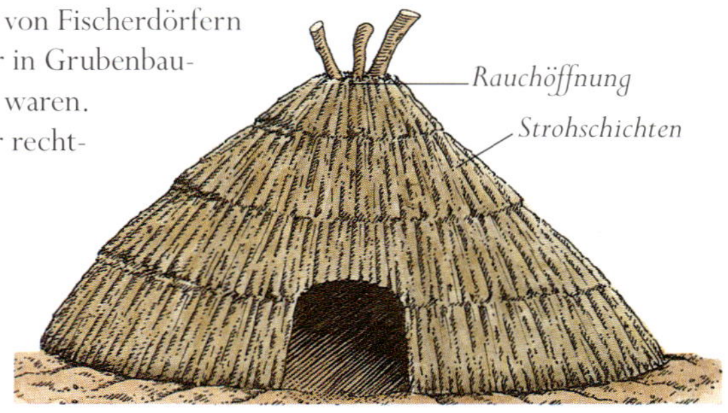

Rundhütte, Honshu, Japan

Vorderasien & Südasien

Reiches Industal
Die Städte im Industal, wie Harappa und Mohenjo-Daro, verdankten ihren Wohlstand vor allem den jährlichen Überschwemmungen des Indus, die stets fruchtbaren Schlick und genug Wasser hinterließen, um die Wasserversorgung mit Hilfe von Wasserbecken auch in der Trockenzeit zu sichern. Weizen und Gerste waren wichtigstes Grundnahrungsmittel. Daneben hielt man Zebus, Schafe, Ziegen, Elefanten, Schweine und Kamele.

Stiersiegel (*oben*) **und Siegelabdruck** (*oben rechts*), **Mohenjo-Daro, Industal**

Hausbaumaterialien
Die traditionellen Häuser Vorderasiens bestanden nunmehr aus mit Lehm und Erde bedeckten Holzgerüsten und hatten flache Dächer. Wo man nicht viel Holz zur Verfügung hatte, verwendete man Lehmziegel von der Art, wie man sie auch in unterirdischen Gräbern aus der Zeit bis 4000 v. Chr. fand. 2000 Jahre später nutzte man Lehmziegel dann schon, um große Gebäude, wie etwa Tempel und Paläste, zu bauen. Für die wertvollsten Bauten im mesopotamischen Tiefland verwendete man jedoch Baumstämme aus dem Libanon (der Heimat der Zedern), dem Amanos in der Südtürkei und aus dem westiranischen Hochland.

Europa

Glockenbecher-Kultur
Die glockenförmigen Becher, die typische, um 2400 v. Chr. in weiten Teilen Westeuropas genutzte Keramik, gaben einer ganzen Kultur ihren Namen. Die Gefäßform war so beliebt wie möglicherweise ihr Inhalt: eine honiggesüßte Flüssigkeit, wie man sie in Glockenbecherfunden aus Schottland nachweisen konnte.

Glockenbecher, Barnack, Cambridgeshire, England

Palisaden
Die frühen europäischen Bauernsiedlungen waren sehr friedlich. Um 2200 v. Chr. änderte sich dies jedoch deutlich. In Großbritannien begannen sich miteinander um Nahrung und Land konkurrierende Gemeinschaften zu bekriegen. In dieser Zeit wurden auch die ersten Palisaden zur Verteidigung gebaut. Der in Mount Pleasant gefundene Verteidigungszaun hatte ein massives Tor, das von 1,5 m dicken Holzpfosten eingerahmt war.

Osttor, Mount Pleasant, Dorset, England

Afrika

Jäger-Sammler
Während man in Ägypten den Ackerbau weiter entwickelte, widmeten sich die subsaharischen Kulturen Afrikas der Verfeinerung und Weiterentwicklung ihrer Jagd- und Sammeltechniken.

Etwa 200 000 Menschen waren um 2000 v. Chr. Angehörige der Jäger-Sammler-Kultur, etwa doppelt so viele wie 8000 Jahre früher. Die einzelnen lokalen Gruppen waren hoch spezialisiert. Sie waren etwa Experten bei der Jagd auf Seesäuger, beim Sammeln von Schalentieren, beim Fangen langsamer Fische im Flachwasser oder beim Sammeln essbarer Wildpflanzen. Selbst in mageren Jahren hatten sie immer noch genug Alternativen, um zu überleben.

Tempelobelisken
Einige ägyptische Herrscher der 5. Dynastie (2465–2323 v. Chr.) errichteten zu Ehren des Sonnengottes Ra massive Tempel. Der um 2400 v. Chr. bei Abu Ghurab gebaute Tempel wird von einem riesigen, im Hof stehenden Obelisk überragt.

Ra-Tempel, Abu Ghurab, Ägypten

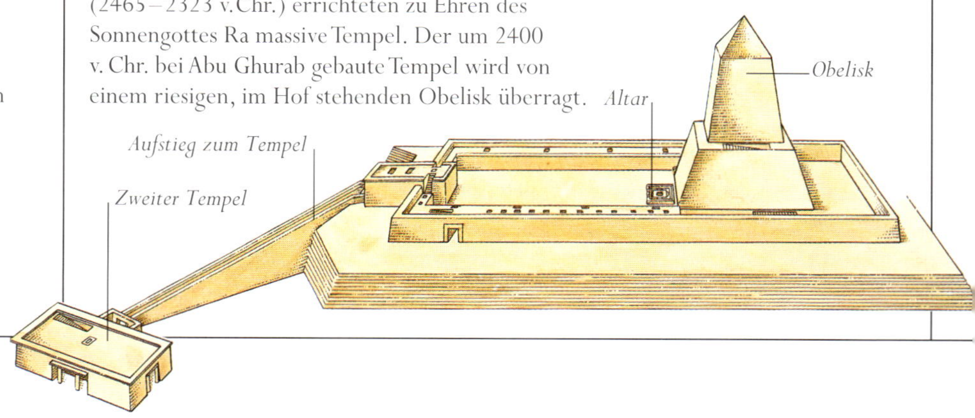

Erfindungen & Entdeckungen

Fischfallen
Entlang der nordamerikanischen Ostküste errichteten die Indianer in den Flussmündungen Fischzäune. Diese Zäune bestanden aus Holzstangen, die in den Flussboden gesteckt wurden und mit Matten oder Buschwerk überzogen waren. Die Wanderfische konnten bei Flut stromaufwärts schwimmen, bei Ebbe wurden sie in Körben gefangen oder mit Speeren erlegt.

Fischzaun und Fischer bei Back Bay, Virginia, Aquarell

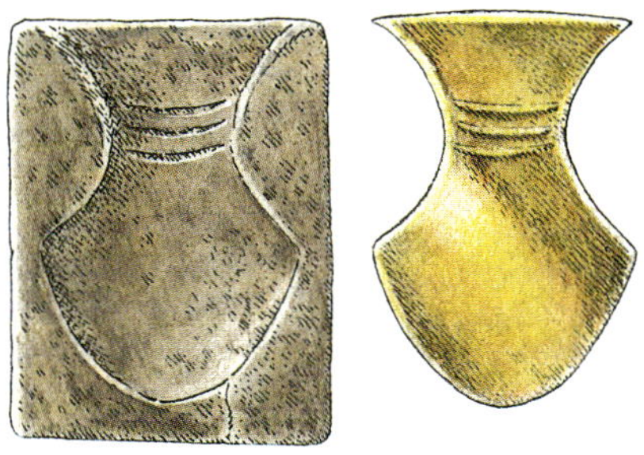

Bronzeaxtklinge und Gussmodell (*oben*), Thailand

Frühe Bronzebearbeitung
Zwei nordostchinesische Ahlen aus der Zeit um 2000 v. Chr. gehören zu den frühesten chinesischen Fundstücken aus Kupfer-Zink-Blei-Legierungen. In Nordostthailand fand man bei Ban Chiang und Non Nok Tha in kleinen Sandsteinformen gegossene, echte Bronzeklingen aus Kupfer-Zinn-Legierungen.

Königliche Reformen
Schulgi, der südmesopotamische Herrscher der 3. Dynastie von Ur (2095 – 2047 v. Chr.) führte eine Reihe von Reformen durch, darunter auch ein neues Steuersystem mit unterschiedlichen Steuerbelastungen für das Kernland und die Randzonen seines Staatsgebiets. Außerdem führte er ein neues Kalendersystem ein, entwickelte den ältesten je gefundenen Gesetzeskodex, richtete Schreiberschulen ein und reformierte das Maß- und Gewichtssystem.

Legierungen
Viele der frühen europäischen Bronzefunde sind Statusobjekte, da die Verbindung von Kupfer und Zinn zum Erhalt von Bronze anfangs sehr aufwändig war. Um 2000 v. Chr. war die Bronzeverarbeitung in ganz Europa verbreitet und Ausgangsprodukt bei der Herstellung unterschiedlichster Werkzeuge und Waffen.

Bronzestabdolch, Deutschland

Maurerwerkzeug
In den späten Phasen des Alten Reiches (2650 – 2150 v. Chr.) bauten die ägyptischen Maurer trotz ihrer einfachen Werkzeuge immer aufwändigere und ausgefeiltere Pyramiden und Tempel. Schwere Stößel aus hartem Gestein, wie dieser Doleritstößel, wurden beim Pyramidenbau zusammen mit Holzhämmern zum Behauen von Granitblöcken verwendet.

Doleritstößel, Ägypten

Kunst & Religion

Gravierte Anhänger
Die frühen Küstenbewohner der Labradorhalbinsel in Nordostkanada trugen mit Gravuren verzierte Specksteinanhänger als Amulett. Die in Grabfunden und Langhausfunden entdeckten Anhänger haben Skelett- oder Zweigmuster. Die Form erinnert an die zerklüftete Bergspitze des Bishop's Mitre, der Heimat einer wichtigen Lokalgottheit.

Gravierte Anhänger, Labrador, Kanada

Eierschalenkeramik
Die nach einer Fundstätte an der ostchinesischen Küste benannte Longshan-Kultur befand sich zwischen 2500 und 2000 v. Chr. auf ihrem Höhepunkt. Die Künstler stellten Jadeobjekte und schwarze, nur 1 – 3 mm dicke, auf der Töpferscheibe gedrehte Keramikware her. Auffallend schön sind vor allem die Vasen mit ihren vor dem Brennen eingeritzten einfachen Verzierungen.

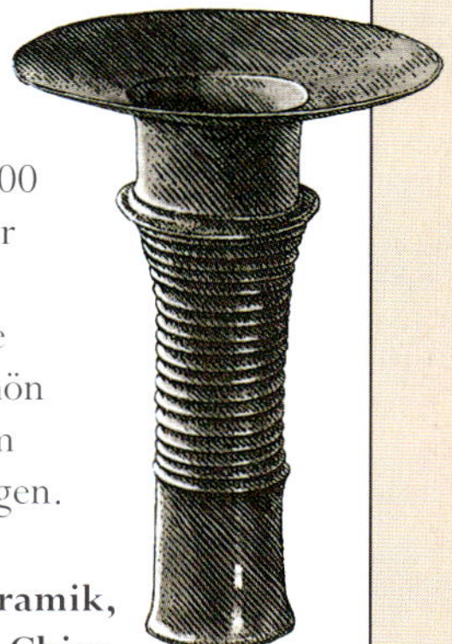

Schwarze Longshan-Keramik, Weifang, Shandong, China

Gottkönigtum
König Naramsin von der akkadische Dynastie, die von 2334 – 2154 v. Chr. den ganzen mesopotamischen Süden kontrollierte, war der erste vorderasiatische Herrscher, der sich noch zu Lebzeiten zum Gottkönig erklärte. Seine möglicherweise aus Sippar im heutigen Irak stammende Siegesstele wurde später als Beute in das westiranische Susa gebracht. Sie zeigt, wie der mit Hörnern als göttlichem Attribut geschmückte König seine Feinde zerstampft.

Stele des Naramsin, Susa, Iran

Menhire
In Südfrankreich und auf Korsika findet man eine Reihe von anthropomorphen (menschenähnlichen) Steinaufstellungen aus dieser Zeit. Besonders betont sind die Augen, die manchmal oberhalb und an den Seiten von geometrischen Mustern umgeben sind. Die Menhire auf dem Festland weisen oft Halsbänder und Gürtel sowie eine angedeutete Brust auf. Die Steine auf Korsika zeigen durchweg Männer, oft mit Dolchen oder Messern ausgestattet.

Totenstatuen
Nenkhefta war ein ägyptischer Adliger, der irgendwann in der 5. Dynastie lebte. Die rot bemalte Statue aus seinem Grab bei Deshasha zeigt ihn in vorwärts schreitender Haltung, der typischen Pose von Totenstatuen. Statuen, die Männer darstellten, wurden traditionell rot bemalt. Solche Statuen sollten symbolisch von den dem Toten geopferten Speisen essen.

Nenkhefta, bemalte Kalksteinstatue, Deshasha, Ägypten

DIE PYRAMIDEN VON GISEH

Die zwischen 2550 und 2470 v. Chr. errichteten Pyramiden von Giseh dienten als königliche Begräbnisstätten. Die Griechen zählten sie einst zu den Sieben Weltwundern. Die ersten Pyramiden, wie die von König Djoser in Sakkara gebaute, waren Stufenpyramiden. Die Stufen symbolisierten den Weg zum Himmel. Die späteren Königspyramiden wie die von Meidum und Dahschur hatten glatte Seiten. Aus dieser Bauform entwickelten sich die Pyramiden von Giseh, deren Seiten in exaktem 52-Grad-Winkel aufragten. Sie symbolisierten in ihrer endgültigen Form die Sonnenstrahlen, mit deren Hilfe sich der tote König mit dem Gott Ra verbinden sollte.

DER PYRAMIDENBAUPLATZ

Am Westufer des Nils, auf einem felsigen Hochgestade gegenüber von Memphis und jenseits des fruchtbaren Ackerlandes, bauten ägyptische Arbeiter die Pyramiden von Giseh. Die im Westen Lage war die symbolische Verbindung zum Sonnenuntergang, der eng mit dem Jenseits verknüpft war. Die großen Steinquader, aus denen die Pyramiden bestehen, wurden bei der jährlichen Flut über den Nil bis zum Bauplatz hin transportiert. Die Pyramidenarbeiter lebten in nahe gelegenen Baracken.

Rekonstruktionszeichnung der Pyramiden von Giseh, Ägypten *unten*

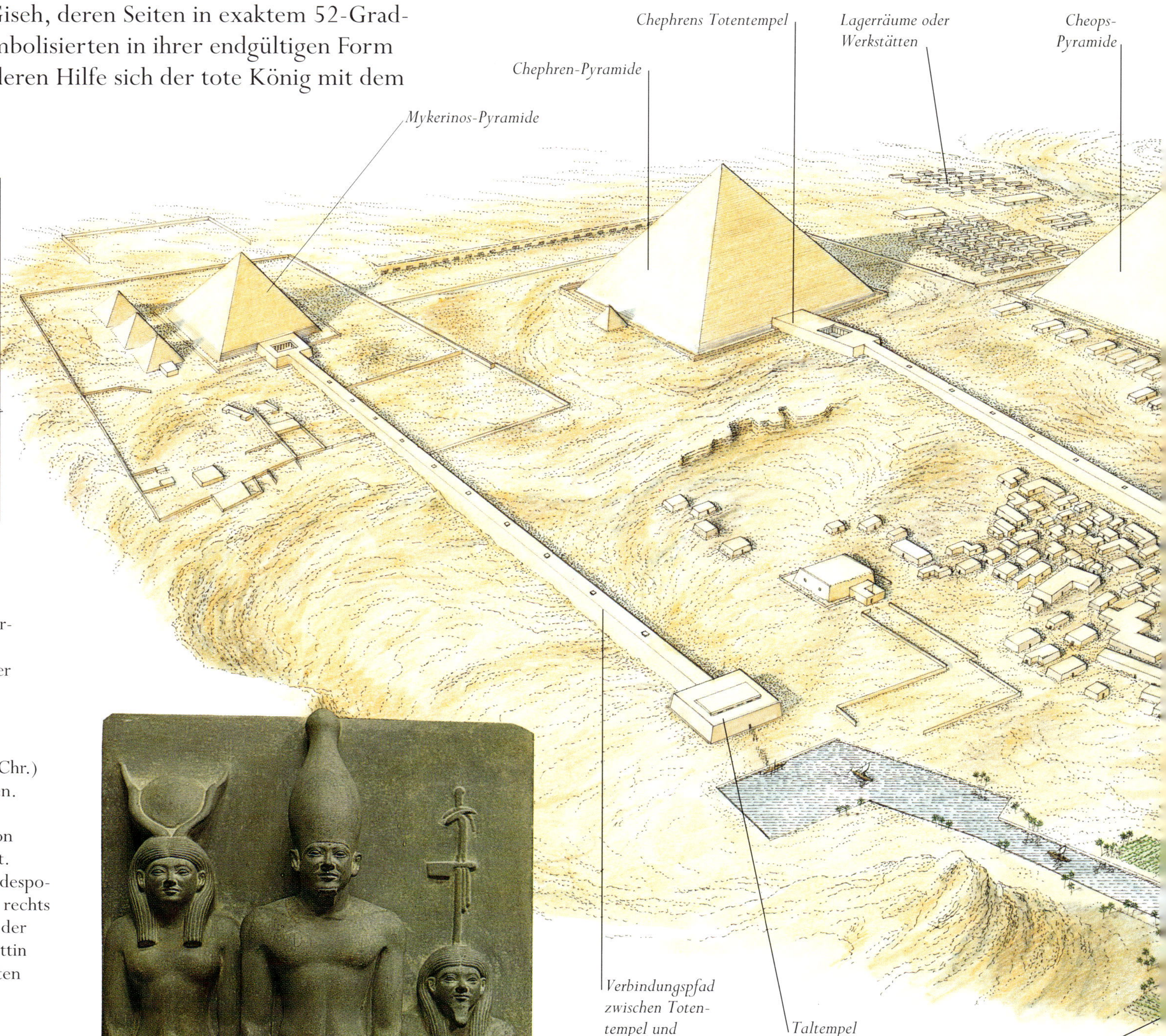

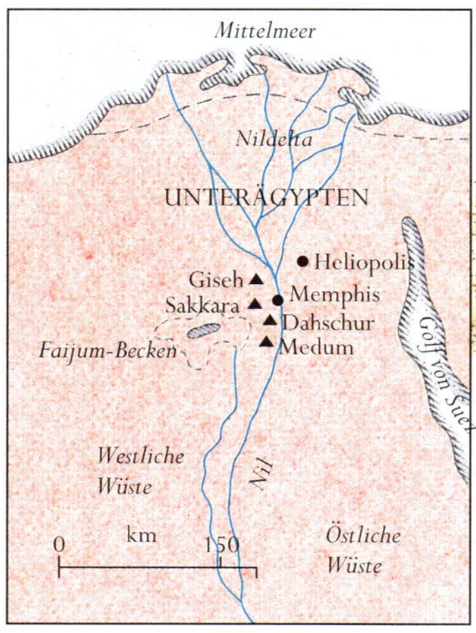

-- Hist. Küstenverlauf
▲ Pyramiden

NILTAL *oben*
Die Wüsten am Rande des Niltals bargen Bodenschätze für die Werkzeugherstellung sowie den für den Bau der Pyramiden notwendigen Granit.

TEMPELSTATUEN *rechts*
König Mykerinos (2490–2472 v. Chr.) war der Sohn des Königs Chephren. Ihm wird die dritte und kleinste Pyramide in Giseh, südwestlich von Chephrens Grabstätte, zugeordnet. Legenden zufolge war er nicht so despotisch wie seine Vorfahren. Er wird rechts in schreitender Haltung zwischen der mit Kuhgehörn geschmückten Göttin Hathor und der Gottheit der Siebten Provinz dargestellt.

Restaurierter Silber-Lapislazuli-Armreif aus dem Grab der Königin Hetepheres

REICHTÜMER IM GRAB *oben*
Das 1925 entdeckte Grab der Königin Hetepheres, der Mutter des Königs Cheops, enthielt ihr mobiles Schlafzimmer, welches das vergoldete Bett, eine Kopfstütze, einen Stuhl, einen Wäschekasten, edlen Schmuck und sogar goldene Rasiermesser umfasste; allerdings fehlte der Leichnam.

Hathor, Mykerinos *Mitte* **und Provinzgottheit**

BESTATTUNGSRITUALE *unten*
Die Totenbarke, die König Cheops von Memphis zu seiner letzten Ruhestätte führte, war 43 m lang. Die reich verzierte Barke wurde in einer Steinwanne neben dem Grab bestattet, damit sie auch im Jenseits bereit stand. Archäologen haben das Boot nach alten, ebenfalls bestatteten Plänen rekonstruiert.

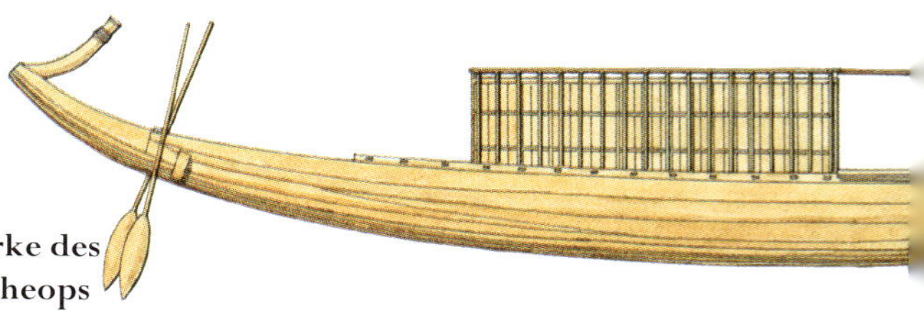

Totenbarke des Königs Cheops

Die Königsgräber

König Cheops (2551 – 2528 v. Chr.) ließ 2550 v. Chr. die 147 m hohe Große Pyramide bauen. Die drei Königinnen liegen in kleineren Pyramiden darum herum. In den Steinwannen neben der Großen Pyramide liegen die Totenbarken. Der etwas kleinere Pyramidenkomplex seines Sohnes Chephren (2520 – 2494 v. Chr.) liegt südwestlich davon. Neben diesem steht der noch kleinere Pyramidenkomplex von dessen Sohn, König Mykerinos (2490 – 2472 v. Chr.).

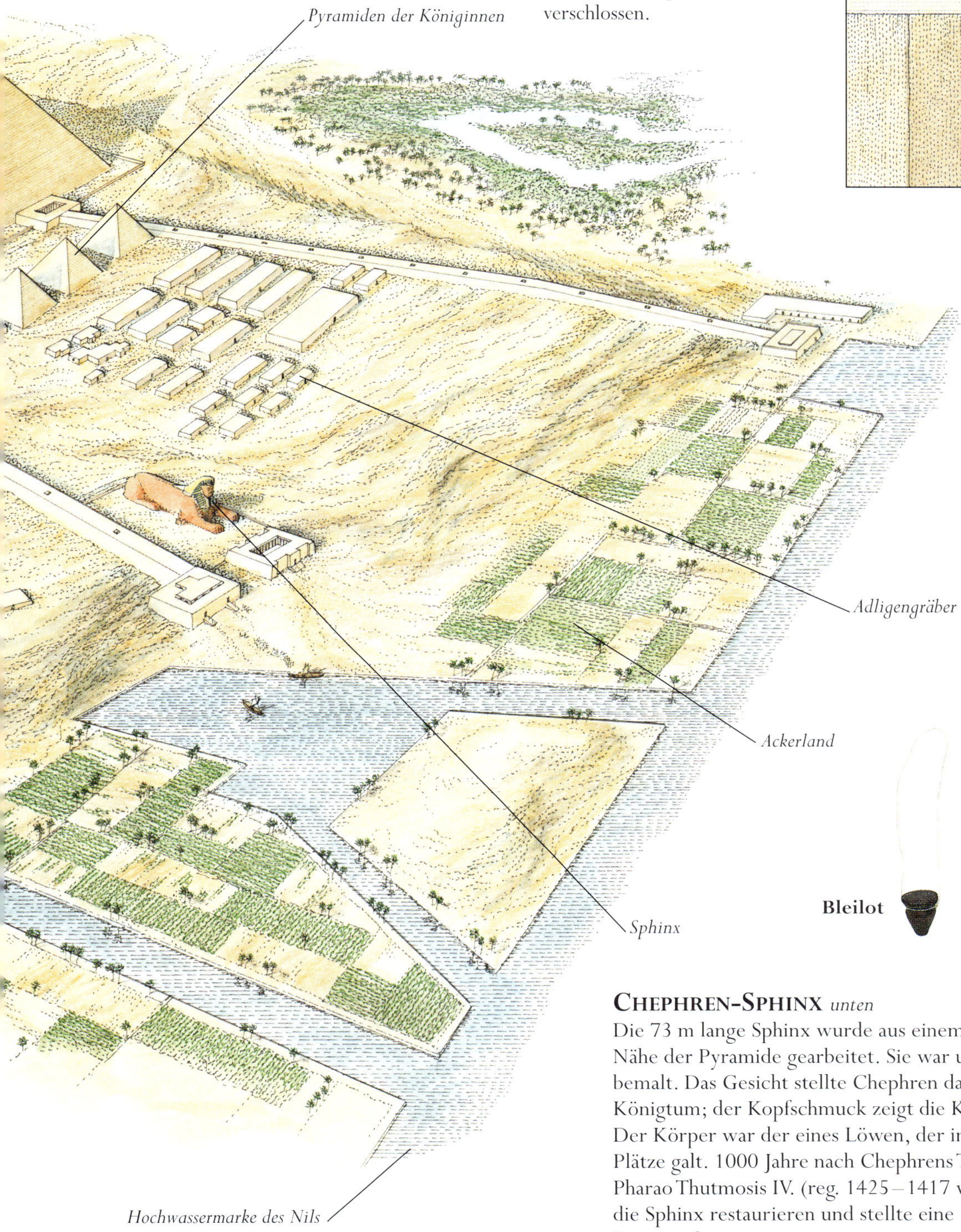

Das Innere der Cheops-Pyramide *rechts*

Ein Flur führt vom Eingang zu einem Aufgang, der sich zur großen Galerie öffnet, die wiederum zum Sarkophag des Pharaos in der großen Totenkammer führt. Diese liegt im Zentrum, darüber befinden sich fünf Hohlräume. Eine zweite, kleine Kammer unterhalb der großen Kammer war leer. Die so genannte Felsenkammer am Fuß wurde nie fertig gestellt. Der Weg nach draußen war durch drei schwere Granitplatten verschlossen.

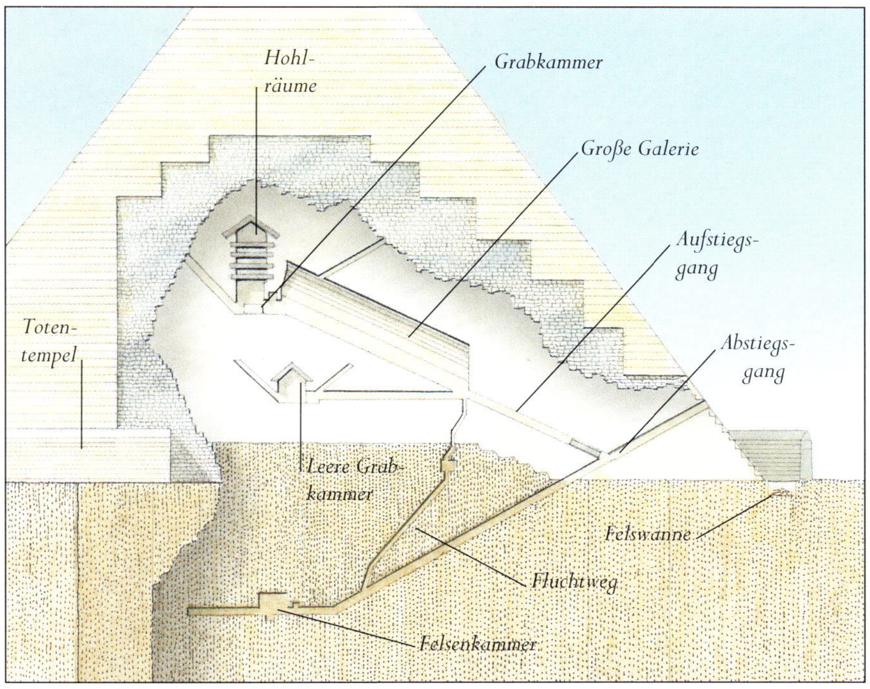

Der Bau der Pyramiden

Bei der Ausrichtung der Anlage orientierte man sich mit Hilfe von Bleilot und Kerbstöcken an den Sternbildern. Der Ort wurde eingeebnet und ein Gitternetz in den Fels geritzt. Mit Hilfe von einfachen Wasserwaagen richtete man die Basis waagerecht aus. Maurer schlugen mit Kupferhämmern und Beiteln riesige Kalksteinblöcke zu, die man dann mit Holzschlitten und Booten zur Anlage transportierte. Die Pyramide mit ihrem Gangsystem und den Kammern wurde von innen nach außen aufgebaut. Auf großen Erdrampen gelangten die Bauarbeiter in die oberen Bereiche des Baus.

Chephren-Sphinx *unten*

Die 73 m lange Sphinx wurde aus einem riesigen Kalksteinfindling in der Nähe der Pyramide gearbeitet. Sie war ursprünglich mit Stuck bedeckt und bemalt. Das Gesicht stellte Chephren dar, der Bart symbolisierte sein Königtum; der Kopfschmuck zeigt die Kobra, das Symbol Unterägyptens. Der Körper war der eines Löwen, der in Ägypten als Bewacher heiliger Plätze galt. 1000 Jahre nach Chephrens Tod ließ Pharao Thutmosis IV. (reg. 1425 – 1417 v. Chr.) die Sphinx restaurieren und stellte eine Statue auf.

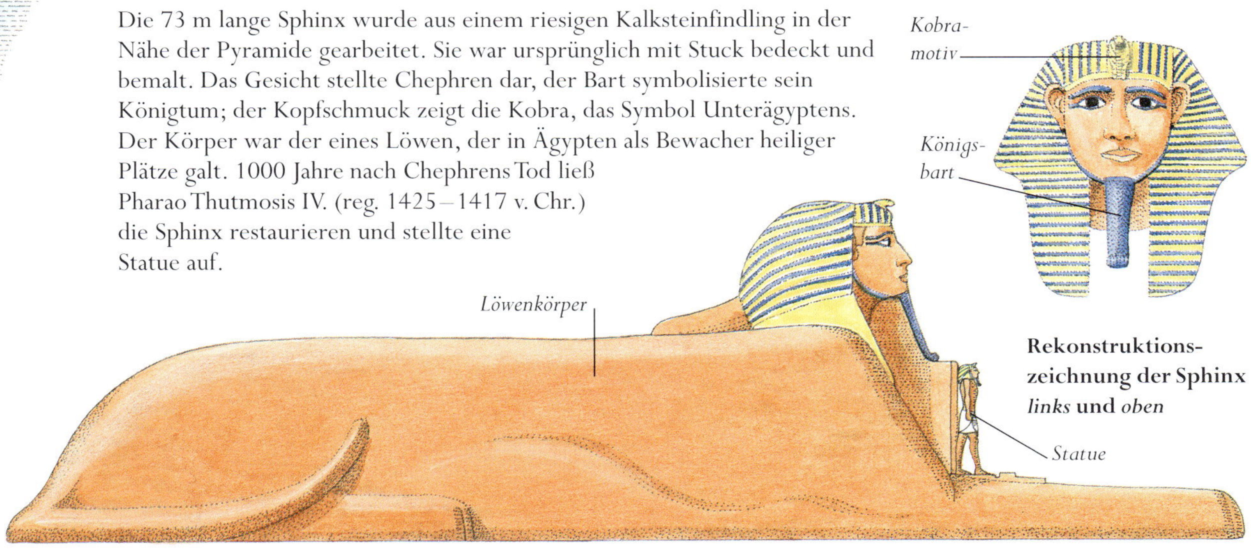

Rekonstruktionszeichnung der Sphinx *links* **und** *oben*

KAPITEL 9
ENTWICKLUNG DER KULTUREN
2000–1600 V. CHR.

Im minoischen Kreta entstehen Palastzentren.

Vorderasien wird von kriegerischen Stadtstaaten beherrscht.

Die Küstenbewohner Perus entwickeln Bewässerungssysteme.

Die großen Städte des Industals werden aufgegeben.

In der nordchinesischen Ebene entstehen befestigte urbane Zentren.

Archäologische Zeugnisse und schriftliche Überlieferung zeigen die weltweit zunehmende Entwicklung der Kulturen im frühen 2. Jahrtausend v. Chr. In Europa, Afrika und Amerika überwogen kleine Gemeinschaften. In Nordchina und im östlichen Mittelmeerraum tauchten neue, städtisch geprägte Gesellschaften auf, während sich die vorhandenen städtischen Gesellschaften in Mesopotamien und Ägypten weiterentwickelten.

Die Bronzezeit in Europa
Nördlich der Alpen kam es im 2. Jahrtausend v. Chr. zu umwälzenden technischen und sozialen Neuerungen. Schon bald nach dem Beginn der Frühen Bronzezeit (etwa 2300–1800 v. Chr.) hatten die Metallhandwerker ein sehr hohes technisches und künstlerisches Niveau erreicht. Sie schufen für die örtlichen Eliten, die sich nunmehr herausbildeten, wunderbar gearbeitete Schwerter und Dolche. Die wachsende Macht dieser neuen Eliten zeigt sich auch an den riesigen, reich ausgestatteten Grabhügeln, die in vielen Regionen Europas zu dieser Zeit zu finden waren. Die »Fürstengräber« enthielten als Ausstattung u. a. wertvollen Schmuck sowie Gold- und Bronzewaffen. Auch die frühen Flursysteme weisen auf den Wandel der Gesellschaft hin. Sie zeigen, dass Acker- und Weideland rar war und der Landbesitz wichtiger wurde.

Das minoische Kreta
Auf der Mittelmeerinsel Kreta entwickelten sich aus den im 3. Jahrtausend v. Chr. entstandenen Dorfsiedlungen bis zum 2. Jahrtausend v. Chr. kleine Palastzentren, die die sie umgebenden Städte und Dörfer beherrschten. Der um 2000 v. Chr. gebaute Palast von Knossos gehört zu den ältesten Palastzentren der Insel. Weitere Palastzentren entstanden in Phaistos, Mallia und Kato Zakros. Alle Zentren waren eng an den örtlichen und an den Fernhandel angebunden. Intensive Handelskontakte bestanden etwa zu Ägypten und zur Levante (die syrisch-libanesisch-israelische Küstenzone) sowie zum griechischen Festland. Um 1700 v. Chr. wurden die Paläste von Erdbeben zerstört, danach aber sehr rasch wieder aufgebaut.

BRONZEWAFFE
Der verzierte, mit einem Heft versehene Metalldolch aus Italien war auch ein Statussymbol.

KRIEGERISCHE POSE
Götterstatuetten in kriegerischer Pose waren Teil der syrischen Religion im 2. Jahrtausend v. Chr.

Politische Bündnisse
In Vorderasien kämpften zu dieser Zeit in unterschiedlichen, komplexen Allianzen verbundene Stadtstaaten um die militärische und politische Vorherrschaft. Das Regierungsgeschehen ist auf Tontafeln festgehalten worden, die man bei Ausgrabungen im nordmesopotamischen Mari und im westsyrischen Ebla fand. Die Tafeln verzeichnen Zölle und Steuern sowie die Anzahl von Sklaven und Künstlern, ferner Geschäftsbeziehungen zu den Nachbarstädten. Kleinere Städte gingen politische Bündnisse ein mit Babylon, Larsa, Eschnunna oder Qatna. Der wichtigste historische König Vorderasiens ist sicher Hammurapi (1792–1750 v. Chr.), der Herrscher Babylons. Er herrschte zeitweilig über fast ganz Mesopotamien. In seinem »Codex Hammurapi« hinterließ er 282 Rechtssätze zu Themen wie Handel, Heirat und Landrecht.

ASSUANGRANIT
Bei Königsstatuen verwendete man bevorzugt rosafarbenen Granit aus Assuan; Statue des Königs Sobkemsaf I. (etwa 1642 – 1626 v. Chr.).

Wichtige Ereignisse 2000 – 1600 v. Chr.

2000 v. Chr. Bau der Palastanlage von Knossos, Kreta

Erste Stadtstaaten, Anatolien

Bau des Templo de los Manos Cruzados, Peru

1900 v. Chr Gründung der ersten Städte, China

1876 v. Chr. Erste dokumentierte Eklipse, China

1800 v. Chr. Beginn der Mittleren Bronzezeit, Europa

Aufgabe der Städte, Industal

1700 v. Chr. Zerstörung der frühen minoischen Paläste, Kreta

Bau des religiösen Zentrums La Florida, Peru

1640 v. Chr. Hyksos-Dynastie besetzt Nildelta, Ägypten.

Ende des Mittleren Reiches, Ägypten

2000 v. Chr. | 1950 v. Chr. | 1900 v. Chr. | 1850 v. Chr. | 1800 v. Chr. | 1750 v. Chr. | 1700 v. Chr. | 1650 v. Chr. | 1600 v. Chr.

Handelskontakte

Die Palastzentren Mesopotamiens und Syriens unterhielten intensive Handelskontakte mit Stadtstaaten aus Anatolien, die dort um 2000 v. Chr. erstmals aufkamen. Tontafeln aus Kanesch, einem urbanen anatolischen Zentrum, belegen, etwa dass assyrische Händler aus dem mesopotamischen Aschur um 1950 v. Chr. hier eine Handelskolonie aufbauten. Die Händler waren vor allem vom anatolischen Gold und Silber angezogen, das sie gegen mesopotamische Stoffe tauschten. Auch zwischen den südmesopotamischen Städten, den Industal-Städten und den Siedlungen von Failaka und Bahrain im Persischen Golf gab es intensive Handelsbeziehungen.

Das Mittlere Reich

Ägypten erholte sich zu Beginn dieser Zeit von einem Jahrhundert großer Unruhe. Unter den Pharaonen des Mittleren Reiches (2040 – 1640 v. Chr.) wurde jedoch die Ordnung im Reich wieder hergestellt und die Macht ausgebaut. Die Grenzen wurden bis zum Dritten Nilkatarakt in Nubien ausgedehnt. Die Festungen, die man im Süden baute, dienten wohl vor allem dazu, die nubischen Goldvorkommen und die Handelsrouten zu kontrollieren. Ägypten verlor jedoch im 17. Jahrhundert v. Chr. erneut an Macht. Um 1640 v. Chr. errang die levantische Hyksos-Dynastie die Kontrolle über das Nildelta und später über ganz Ägypten. Kurz danach bildete sich in Nubien ein eigenes Königreich mit Kerma als Hauptstadt heraus.

Amerikanische Entwicklungen

In Amerika lebten immer noch viele Menschen vom Sammeln und Jagen. In Mesoamerika und in den peruanischen Anden entstanden jedoch schon um 2500 v. Chr. landwirtschaftliche Siedlungen und in der mittleren Küstenzone Perus traten um 2000 v. Chr. Ackerbaugesellschaften auf, die ausgeklügelte Bewässerungssysteme kannten.

In Peru markiert der Bau des riesigen Zeremonialzentrums La Florida um 1700 v. Chr. einen neuen Abschnitt. Der Bau der Anlage war nur durch die enge Zusammenarbeit mehrerer Gemeinschaften zu bewältigen, worin der Beginn der Entwicklung eines staatlichen Gebildes in Südamerika gesehen werden kann. In Nordamerika gab es im frühen 2. Jahrtausend v. Chr. zwei zentrale Entwicklungen. Im Osten wurden verschiedene Pflanzen wie Sonnenblumen, Gänsefußgewächse (*Chenopodiaceae*), Schlagkraut (*Iva annua*) und Kürbis kultiviert. Im Nordosten entstanden Fernhandelsnetze, in denen Kupfer und Ramah-Hornstein, (eine kristalline Form der Kieselsäure) gehandelt wurden.

KUPFERMESSER
Das Kupfer für dieses Messer wurde im Bereich der Großen Seen in Nordamerika abgebaut.

DURCHSICHTIGE STEINE
Hornsteinspitzen (eine kristalline Form der Kieselsäure) wurden um 2000 v. Chr. in Nordostamerika gehandelt.

2000–1600 V. CHR.

33 000 V. CHR.

Regionale Entwicklungen

In ganz Mesoamerika war bis 2000 v. Chr. die Nutzung von Keramikgefäßen üblich, vor allem von randlosen Krügen und flachen Schalen. Mit der Entstehung von permanenten Ackerbausiedlungen und mit deren Diversifizierung zwischen 2000 und 1600 v. Chr. kam es auch zur Herausbildung unterschiedlicher Lokalstile bei der Formgebung und Verzierung der Keramik.

Der Niedergang der Industal-Kultur

Die großen Städte der Industal-Kultur, darunter Mohenjo-Daro und Harappa, wurden zwischen 2000 und 1800 v. Chr. aus heute noch nicht genau geklärten Gründen aufgegeben. Möglicherweise führte die zunehmende Trockenheit dazu, dass die Städte und das umgebende Ackerland unter Wassermangel litten. Auch Kriege und Epidemien könnten ihren Teil zur Flucht aus den Städten beigetragen haben. Nach 1800 v. Chr. lebten die Menschen schließlich wieder vermehrt in kleinen, verstreut liegenden Siedlungen. Städte von der Größe Harappas entstanden hier erst wieder 1000 Jahre später.

Die Ursprünge der chinesischen Städte

Mit dem Entstehen der ersten befestigten Siedlungen vor 2000 v. Chr. in Nordchina, in Henan und auf der Shandong-halbinsel, entwickelte sich in China eine urbane Kultur. Die erste Stadtgründung erfolgte in Erlitou am Hwangho. Erlitou war größer als alle vorhergehenden Siedlungen und wies eine über 100 m² große Palastplattform auf. Man findet hier auch Hinweise auf typisch städtische Handwerksprodukte wie Bronzewerkzeug, Waffen und Gefäße, fein geschnitzte Jadeobjekte und Keramik. Möglicherweise war Erlitou eine der Hauptstädte der legendären chinesischen Xia-Dynastie, die bis zum Auftreten der Shang-Dynastie China beherrscht haben soll.

Wildpflanzen und Kulturpflanzen

Städte gab es im 2. Jahrtausend v. Chr. nur in wenigen Teilen der Welt. Daneben entwickelten sich weiterhin andere, kleinere Gemeinschaften, deren Lebensunterhalt teilweise auf Anbau, teilweise aber immer noch auf Jagd, Fischfang und Sammeln basierte. Die Menschen der *Jômon*-Kultur in Japan, die ihren Namen der japanischen Schnurkeramik (*Jômon*) verdankten, lebten etwa zu dieser Zeit als Jäger, Sammler und Fischer in kleinen Siedlungen. Südlich der Sahara gab es gleichzeitig kleine Hüttensiedlungen von Ackerbauern und Hirten. Daneben gab es auch hier immer noch überwiegend Jäger-Sammler-Gesellschaften, vor allem im Süden Afrikas.

Wildpflanzen blieben das Grundnahrungsmittel südostasiatischer Dörfer, obwohl mittlerweile auch Kulturreis angebaut wurde. In den Seeufersiedlungen des Alpengebiets lebten die Menschen ebenfalls neben dem Ackerbau von Wildpflanzen, eine noch heute in weiten Teilen der Welt übliche Wirtschaftsweise.

Amerika

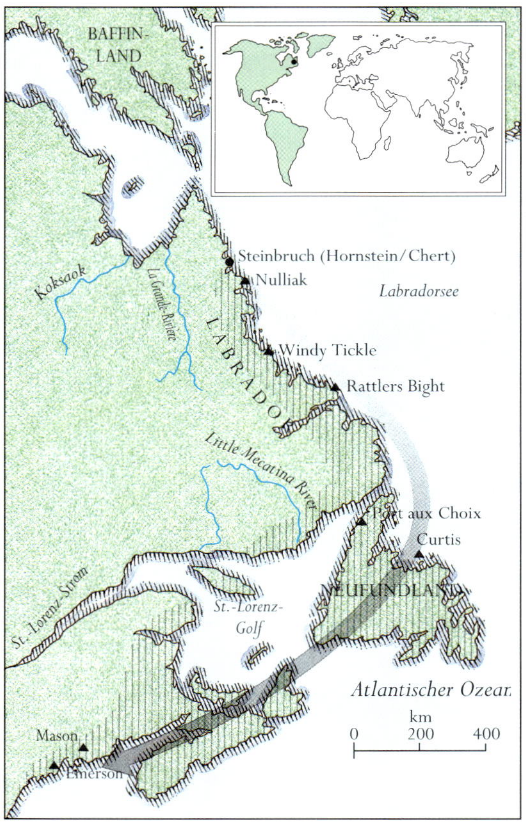

Der Hornsteinhandel

Die frühen, zwischen Maine und Nordlabrador lebenden nordamerikanischen Küstenbewohner bestatteten ihre Toten auf großen Friedhöfen. In den Gräbern wurden neben verzierten Waffen auch umfangreiche Eisenockerfunde entdeckt. Die Opfergaben bestanden zum Teil aus sehr seltenen Materialien, wie etwa Ramah-Hornstein (ein durchsichtiger Stein, der in Steinbrüchen in Nordlabrador abgebaut wurde), Kupfer, Grünstein und Birkenrinde. Die Grabbeigaben wurden in der Regel rituell »getötet«, das heißt, man zerschlug sie, bevor man sie mit dem Toten begrub. Der Geist dieser Gaben sollte dann die Toten im Jenseits unterstützen.

➔ Hornsteinhandelsroute
Hornsteinverteilung
▲ Siedlung und Grabstätte

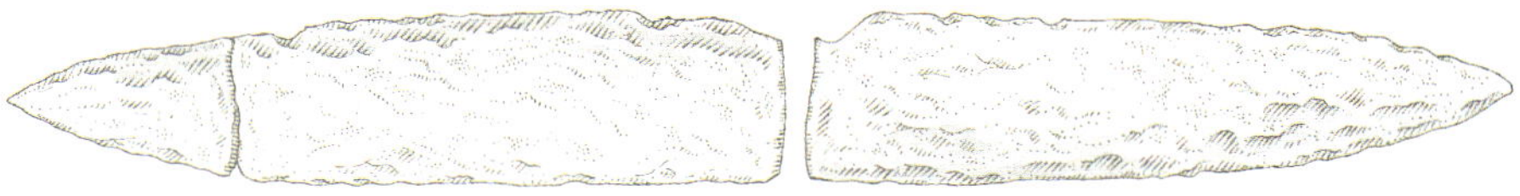

»Getötetes« Werkzeug aus Ramah-Hornstein, Grabbeigabe, Rattlers Bight, Kanada

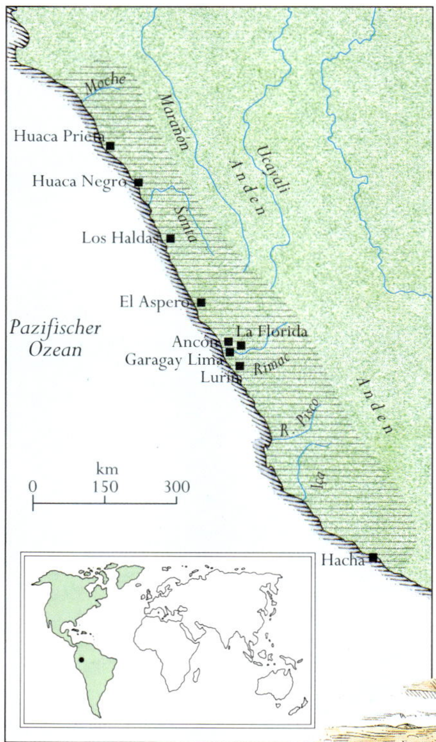

Vermutliche Ausdehnung des Bewässerungsgebietes
■ Bewässerungssystem

Peruanische Bewässerung

An der peruanischen Pazifikküste hatte die Pflanzenkultivierung um 2000 v. Chr. ein entscheidendes Stadium erreicht. Die peruanischen Küstenbewohner dieser Zeit konstruierten komplexe Bewässerungsanlagen, um mit Hilfe des Wassers das trockene, aber von vielen Flussläufen geprägte Land fruchtbar zu machen. Damit gelang es ihnen, eine große Spannbreite unterschiedlichster Pflanzen anzubauen. Sie bauten außerdem U-förmige Tempel wie in La Florida und im Rimactal.

Bewässerungssystem, Rimactal, Peru

Vorderasien & Südasien

Seehandelsrouten

Keilschriften belegen Handelskontakte zwischen sumerischen Städten und den damaligen Ländern Dilmun, Magan und Meluchcha. Dilmun konnte als Failaka und Bahrain im Persischen Golf identifiziert werden. Siegel aus Dilmun wurden sowohl im Irak als auch in Indien gefunden. Magan lag wahrscheinlich im heutigen Oman, Meluchcha muss die Industal-Kultur umfasst haben. Die in Oman, Irak, Bahrain und Failaka entdeckten Siegel, Schriften und Karneolperlen der Industal-Kultur sprechen ebenfalls dafür. Die mesopotamischen Handelswaren Silber, Öl, Stoffe und Gerste wurden in Oman gegen Kupfer getauscht, in Indien gegen Holz und Edelsteine und im Persischen Golf gegen Perlen. Dieser Fernhandel wurde um 1800 v. Chr. mit dem Niedergang der Industal-Kultur eingestellt. Auch südmesopotamische Städte wurden um 1740 v. Chr. aufgegeben.

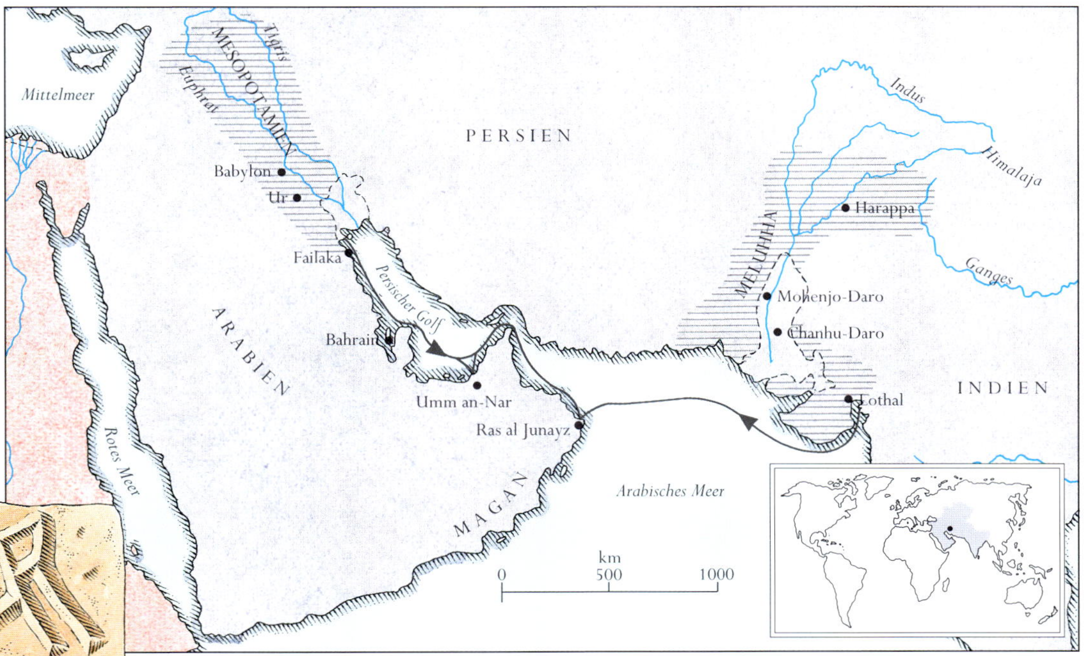

Terrakottamodell eines Handelsschiffes, Mohenjo-Daro, Industal

-- Hist. Küstenverlauf
➔ Handelsroute
Bewirtschaftete Fläche

Afrika

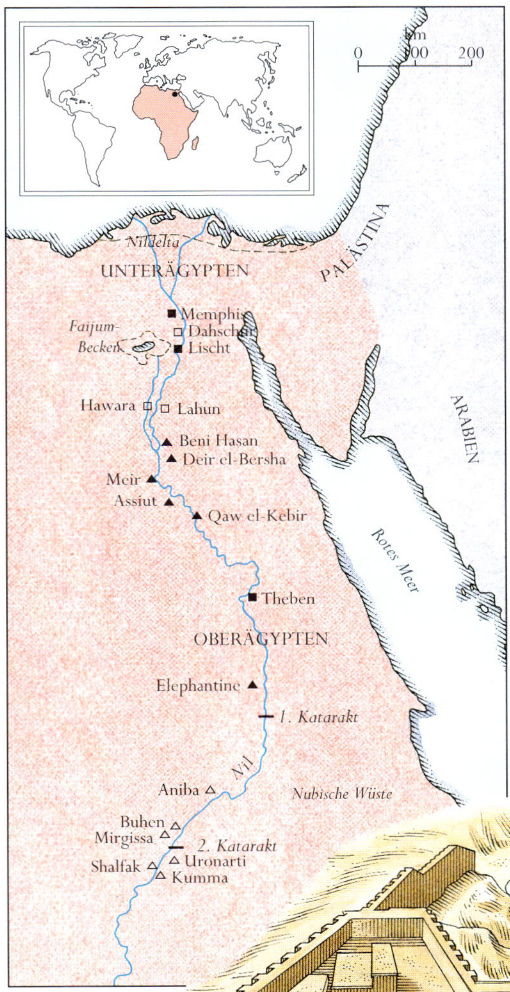

Mittleres Reich

100 Jahre dauerte die durch asiatische Eroberer und innerägyptische Machtkämpfe verursachte Instabilität. Die erneute Einigung Ägyptens unter dem thebanischen Pharao Mentuhotep II. (2060–2010 v. Chr.) markiert den Beginn des Mittleren Reiches (2040–1640 v. Chr.). Die Handelskontakte nach Vorderasien und in den östlichen Mittelmeerraum wurden wieder aufgenommen und noch ausgebaut. Ein großer Teil Nubiens jenseits des Ersten Nilkatarakts wurde besetzt. Festungen wie Shalfak kontrollierten den Nilhandel. Die neue Residenz baute man in el-Lischt.

-- Hist. Küstenverlauf
△ Festungen der Mittleren Dynastie
▲ Wichtige Provinzgrabstätte
□ Königliches Grab
■ Hauptstadt

Festung von Shalfak, Mittelnubien

Ostasien & Australasien

-- Hist. Küstenverlauf
■ Jômon-Siedlung

Japanische Fischersiedlungen

In Japan lebten die Menschen, anders als in China, weiterhin ausschließlich von der Jagd, dem Fischfang und dem Sammeln. Die Gründe liegen u.a. in den reichen Fischgründen vor der japanischen Ostküste, vor allem um Honshu, der Heimat der Jômon-Kultur. Die Menschen fischten u.a. mit den hier gefundenen Angelhaken aus Knochen, dies vor allem im Frühjahr und Frühsommer; sie fingen Tunfische und andere Tiefseearten, die in diesen Jahreszeiten in die flachen Küstengewässer zogen. Im Herbst wurden Früchte, Nüsse und Samen gesammelt, die man in unterirdischen Vorratsgruben aufbewahrte.

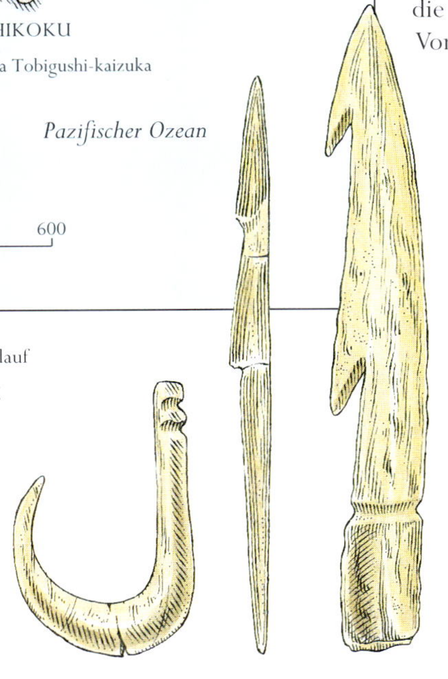

Angelhaken aus Knochen, Jômon-Kultur, Japan

2000–1800 V. CHR.

33000 V. CHR.

Amerika

Ernährung & Lebensraum

Meerschweinchen

Proteinquellen

Bis 2000 v. Chr. war das Meerschweinchen in vielen Regionen Südamerikas, darunter im zentralen Andenhochland in Peru und in den westlichen Andenausläufern in Kolumbien, zum Haustier und wichtigsten Proteinlieferant geworden.

Wohnen & Bauen

Ritualgebäude

Um 2100 v. Chr. begann man in Huari in den nordperuanischen Anden Ritualkammern zu bauen. Zu den wichtigsten Entdeckungen von etwa 2000 v. Chr. gehört eine eingelassene Feuergrube zur Verbrennung von Opfergaben. Ofen und Fußboden waren verputzt, die Wände bestanden aus mit Lehm beworfenem Flechtwerk.

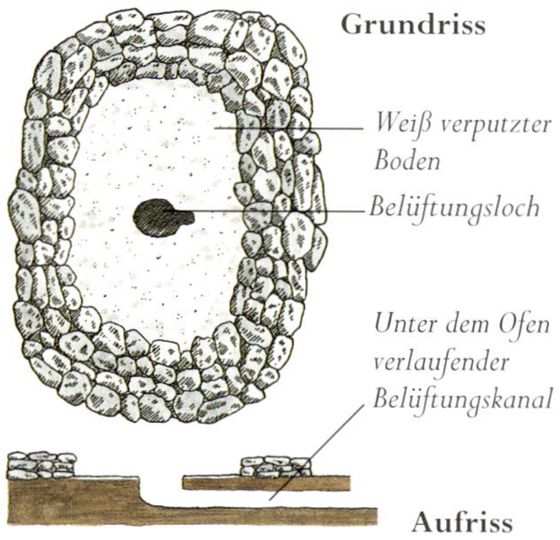

Zeremonialofen, Huari, Peru

Ostasien & Australasien

Vielfältige Nahrung

Zum Grundnahrungsmittel der japanischen Küstenbewohner gehörten um 2000 v. Chr. weiterhin Tunfische und Schalentiere wie Herzmuscheln und Strandschnecken. Daneben jagten sie Rotwild und Schweine und sammelten Walnüsse, Kastanien, Eicheln, Lilienwurzeln, Samen und Früchte. Sie gewannen Stärke aus Gemüse und schabten mit Werkzeugen das Mark aus den Knochen.

Strandschnecken

Herzmuscheln

Stampflehmboden

Eine Art Stampflehm (chin. *hangtu*) wird seit frühesten Zeiten in der chinesischen Architektur als wasserdichtes Baumaterial für Fundamente und Mauern benutzt. Dabei wurden Holzverschalungen errichtet, in die man dann den Lehm in mehreren Schichten einfüllte und mit Hilfe einer Art Steinkeule feststampfte. Um 2000 v. Chr. wurde in ganz China auf diese Weise gebaut.

Vorderasien & Südasien

Wandel und Niedergang

Während die blühenden mesopotamischen Stadtstaaten weiterhin untereinander um die Vorherrschaft kämpften, befand sich die Industal-Kultur im Niedergang. Die möglicherweise gleichzeitig im Industal aktiven indoarischen Krieger können allerdings nicht für den dramatischen Zerfall verantwortlich gemacht werden. Eine sehr viel wahrscheinlichere Ursache ist hingegen die Austrocknung des Saraswati-Fluss-Systems, das parallel zum Indus verläuft. Vielleicht spielte auch die Einführung des Reisanbaus und von verschiedenen Hirsesorten aus Afrika eine Rolle, denn das machte dem restlichen indischen Subkontinent den Ackerbau möglich. Der Niedergang der Städte zeigt sich auch darin, dass die Bewohner ihre Toten in verlassenen Häusern bestatteten. Die gefundenen Skelette weisen Krankheitsspuren auf, in erster Linie von Malaria.

Tempelverzierungen

Die Wände mesopotamischer Tempel waren traditionell mit vielfältigen Nischen und Vertiefungen versehen. Nach 2000 v. Chr. wurde diese Verzierung noch kunstvoller. Man verschönerte die Tempelfassaden nun auch mit Säulen in Form gedrehter Zuckerstangen oder Palmstämme. Dafür verwendete man speziell geformte Lehmziegel.

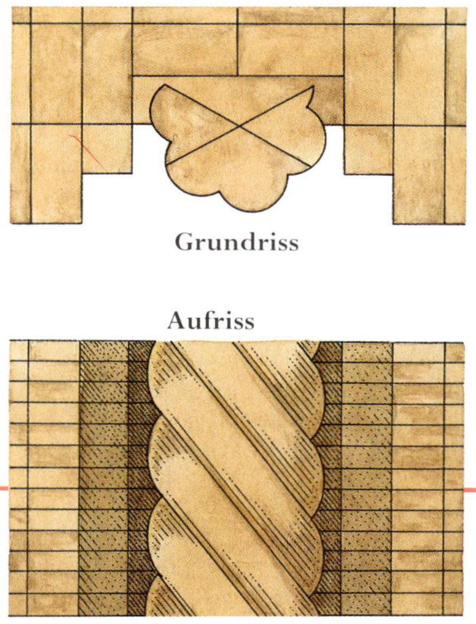

Spiralförmige Säule, Tell al-Rimah, Irak

Europa

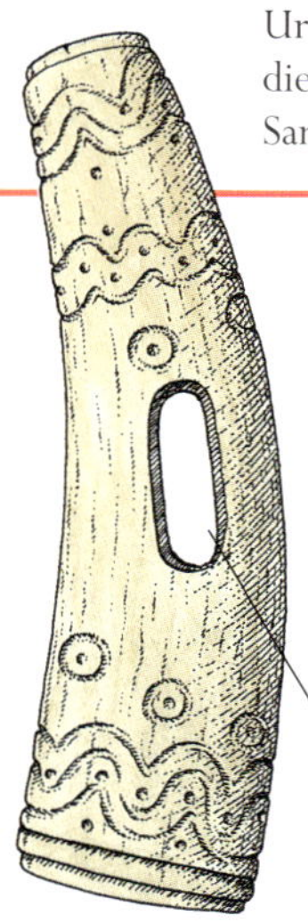

Querteil einer Trense, Vattina, Rumänien

Pferdedomestizierung

In den Steppen der Ukraine wurden vor etwa 6000 Jahren erstmals Pferde domestiziert. Allerdings breitete sich die Pferdehaltung nur langsam in ganz Osteuropa und bis in den Westen hinein aus. Dieses rumänische Trensenstück zeigt, dass Pferde u. a. zum Ziehen von Karren und Wagen benutzt wurden. Bis 2000 v. Chr. waren sie jedoch auch als Reittiere, etwa im Krieg, üblich geworden.

Bescheidene Tempel

Den Beispielen aus dem rumänischen Salacea zufolge waren die osteuropäischen Heiligtümer und Tempel jener Zeit sehr einfach gebaut. Hier entdeckte man ein quadratisches Gebäude aus mit Lehm beworfenem Flechtwerk, das sich nur durch zwei Altäre auf jeder Seite der Tür von einem Wohnhaus unterschied. Im Heiligtum selbst fand man Tonstatuetten, kleine Wagenmodelle, ein Bootsmodell aus Ton und ein Altarmodell. Vor der Tür war eine Grube, in der man die Knochen eines Kindes fand, das möglicherweise als Opfergabe hier bestattet wurde. Der Tempel befand sich innerhalb einer befestigten Siedlung.

Afrika

Jahrgangsweine

In Ägypten kelterte man Wein aus Trauben. Anhand von Resten in den Weinkrügen in ägyptischen Adligengräbern konnte man verschiedene Jahrgänge und sogar unterschiedliche Weinproduzenten, etwa aus Syrien, nachweisen. Um 1900 v. Chr. bezog Ägypten seinen Wein zum Teil wohl auch aus Kreta. Zur Konservierung setzte man den Weinen Harz zu.

Traubenlese, Wandmalerei, Ägypten

Ackerbaudörfer

Die jährlichen Überschwemmungen machten das Land rund um den Tschadsee in Nordnigeria extrem fruchtbar. Die ersten Siedlungsnachweise hier sind 4000 Jahre alt. Die älteste dieser Siedlungen, Bornu 38, wurde wahrscheinlich um 2000 v. Chr. mehrere Jahrhunderte lang von einer Hirten-Bauern-Gesellschaft bewohnt. Man fand einen 3 m hohen Ton- und Schutthügel, darunter Keramik, Steinäxte, Knochenspitzen und Mahlsteine. Die aufeinander folgenden Tonschichten waren ursprünglich die Böden der Häuser.

Erfindungen & Entdeckungen

Kupferverarbeitung

In der Gegend der Großen Seen in Nordamerika gab es reiche Kupfervorkommen, die von der Bevölkerung zur Herstellung von Kupferobjekten, wie etwa Speerspitzen, ausgebeutet wurden. In einiger Entfernung zu den Kupfervorkommen waren Kupferobjekte eher Schmuck als Gebrauchsgegenstände. Große Schachtminen zeigen, wie intensiv der Kupferbergbau damals betrieben wurde.

Kupferspeerspitze, Wisconsin

Astronomische Aufzeichnungen

Frühe chinesische Chroniken halten u. a. auch astronomische Großereignisse, wie etwa eine Sonnenfinsternis, fest. Damit kann man die Frühgeschichte Chinas sehr genau datieren. Die früheste berichtete Eklipse ereignete sich im fünften Regierungsjahr des Königs Zhong Kong, des vierten Königs der im Norden herrschenden Xia-Dynastie, im letzten Herbstmonat (wahrscheinlich Oktober). Es wird berichtet, dass sie die Menschen in Verwirrung stürzte. Man vermutet aufgrund der vorliegenden Daten den 16. Oktober 1876 v. Chr. als Datum der Finsternis.

Brief und Umschlag, Keilschriftfund, Kanisch, Anatolien

Briefe und Umschläge

Die vorderasiatischen Schreiber steckten ihre Tontafeln in Tonbriefumschläge. Frühe Beispiele fand man im südanatolischen Kanisch (Kültepe), wo Händler aus dem assyrischen Assur lebten. Auf dem Umschlag befand sich eine Zusammenfassung oder Kopie des Briefes im Inneren zum Vergleich. Als zusätzlicher Schutz dienten Siegel.

Bronzeaxtklinge, Fluss Vecker, Ungarn

Bronzewaffen

Äußerst geschickte Handwerker der Frühen Bronzezeit (etwa 2300 – 1800 v. Chr.) stellten die in Ungarn um 2000 v. Chr. entstandenen Waffen her, darunter mit Gravur verzierte Bronzeschwerter sowie einfache Werkzeuge, wie die in einem ausgetrockneten Flussbett gefundene Axtklinge.

Türkisimitationen

Die Ägypter schätzten Türkis als Material für Schmuckstücke so sehr, dass sie den recht kostbaren Stein mit Fayence imitierten. Teilweise wurde die glasartige Substanz auf Quarzbasis den Ausgangsstoffen wie Ton beigemischt, teilweise tauchte man die Objekte nach dem Brand in ein Glasbad. Man stellte so Perlen, Amulette und kleine Statuetten her.

Gegossenes Fayence-Flusspferd, Ägypten

Kunst & Religion

Manos Cruzados, Rekonstruktionszeichnung, Huanacotal, Peru

Frühe Tempel

Innerhalb der frühgeschichtlichen Zeremonialanlage Kotosh im zentralperuanischen Huanacotal befindet sich der Manos Cruzados. Der um 2000 v. Chr. gebaute Tempel gehört zu den ältesten Sakralgebäuden Südamerikas. Die in einem Flachrelief dargestellten gekreuzten Hände gaben dem Tempel seinen spanischen Namen. Die Wände waren ursprünglich verputzt und bemalt.

Grabbeigaben

In ganz Südostasien wurden die Toten zusammen mit Grabbeigaben bestattet. Auf einem Friedhof in Ban Kao in Südostthailand fand man 44 Gräber mit Grabbeigaben aus feiner Keramik, aus Tierknochen und Steinäxten. Die rot-schwarzen Gefäße könnten ursprünglich Essen enthalten haben.

Topf, Grabbeigabe, Ban Kao, Thailand

Regierung von »Gottes Gnaden«

Nach mesopotamischer Vorstellung wurde das Recht zur Herrschaft direkt vom Himmel einer Stadt übertragen, die über alle anderen Städte herrschen durfte, bis die Götter dieses Recht auf eine andere Stadt übertrugen. Damit war jeder mesopotamische Herrscher durch den Himmel legitimiert. Diese Kopie einer frühen Königsliste (um 1820 v. Chr.) stammt aus dem südmesopotamischen Isin in Sumer.

Kopie einer sumerischen Königsliste, Isin, Irak

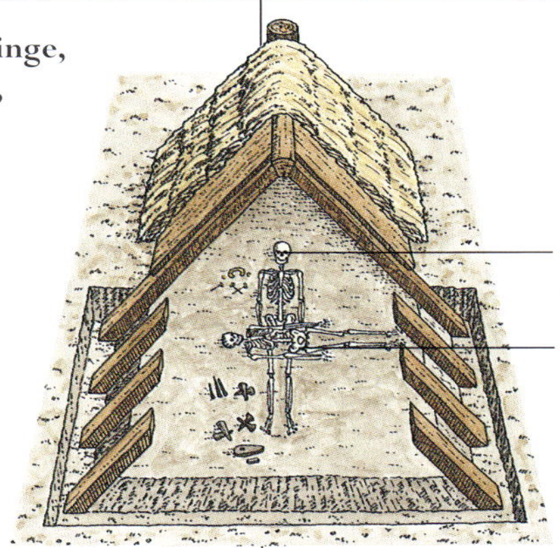

Das Innere eines Grabhügels, Leubingen, Deutschland

Grabhügel

In Mittel- und Westeuropa wurde die herrschende Elite der Frühen Bronzezeit in mächtigen Grabhügeln beigesetzt. In diesem Grab in Deutschland entdeckte man Bronzeäxte, Dolche und Goldschmuck. Neben dem Verstorbenen fand man ein weiteres Skelett, möglicherweise eine Verwandte oder Konkubine.

Totenstatuen

In Ägypten stellte man in die Gräber wohlhabender Verstorbener Statuen, die diese repräsentierten. Sie sollten als Ersatz dienen, falls der mumifizierte Körper zerstört würde. Im Mittleren Reich (2040 – 1640 v. Chr.) stellte man oft auch in den örtlichen Tempeln solche Statuen auf. Hier konnte man dann dem Verstorbenen Opfergaben darbringen. Die Statue des adligen Beamten Ankhreku datiert von 1850 v. Chr.

Ankhreku, Sitzfigur, Ägypten

1800–1600 V. CHR.

33 000 V. CHR.

	Ernährung & Lebensraum	Wohnen & Bauen

Amerika

Ernährung & Lebensraum

Gänsefußgewächssamen

Sonnenblumensamen

Ernährung im Winter

An der Ostküste Nordamerikas wurden unabhängig von anderen Pflanzenkultivierungszentren und mit großen Auswirkungen auf die traditionelle Lebensweise etwa zwischen 1800–1600 v. Chr. Gänsefußgewächse und Sonnenblumen kultiviert. Die Samen dieser Pflanzen waren wichtig für die Menschen, denn sie konnten als Wintervorrat aufbewahrt werden.

Wohnen & Bauen

Pyramidengräber

Um 1800 v. Chr. war es in den Anden üblich, große Anlagen zu bauen, wie Huaca (Grabhügel) de los Idolos in El Aspero an der Zentralküste Perus. Die Anlage besteht aus einer Reihe von quadratischen Einfriedungen auf einer Pyramide. Steine und Adobe-Ziegel bilden die Pyramidenplattform.

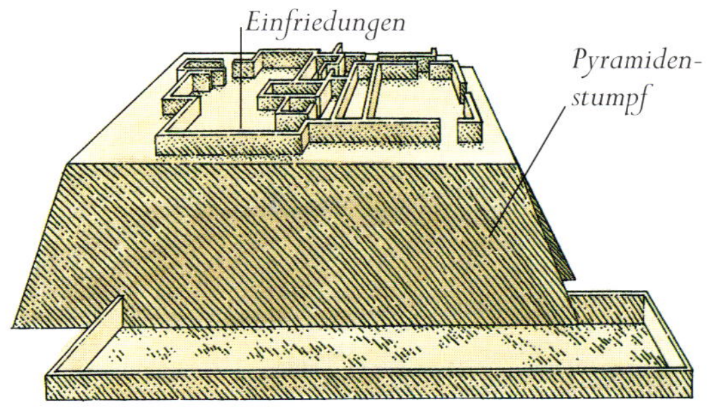

Huaca de los Idolos, Peru

Ostasien & Australasien

Wildfrüchte und Kulturpflanzen

Die südostasiatischen Dörfer jener Zeit ernährten sich sowohl von Wildfrüchten als auch von Kulturpflanzen. Das zentralthailändische Dorf Ban Na Di befand sich beispielsweise nahe bei einem guten Reisanbauland am Zusammenfluss zweier kleiner Flüsse. Zusätzlich zum Reisanbau hielten die Bewohner Rinder und Schweine für die Fleischversorgung. In der Regenzeit fingen sie Fische und sammelten Schalentiere. Möglicherweise machten sie den Fisch durch Salzen oder die Herstellung einer Fischpaste haltbar. Man fand auch eine ganze Menge kleiner Tonkugeln, die möglicherweise für die Jagd auf Wildvögel benutzt wurden, eine Ergänzung des täglichen Speiseplans.

Schalentierhaufen, Murramarang, Südostaustralien

Aborigine-Lager

An den frühen Lagerstätten der australischen Aborigines fand man riesige Schutthaufen aus Schalentierresten. Hier standen möglicherweise einmal einfache Rindenhütten oder auch nur Windschirme aus Zweigen. Die Überreste in Murramarang an der australischen Südostküste zeigen, dass der Platz in den letzten 4000 Jahren regelmäßig genutzt wurde.

Vorderasien & Südasien

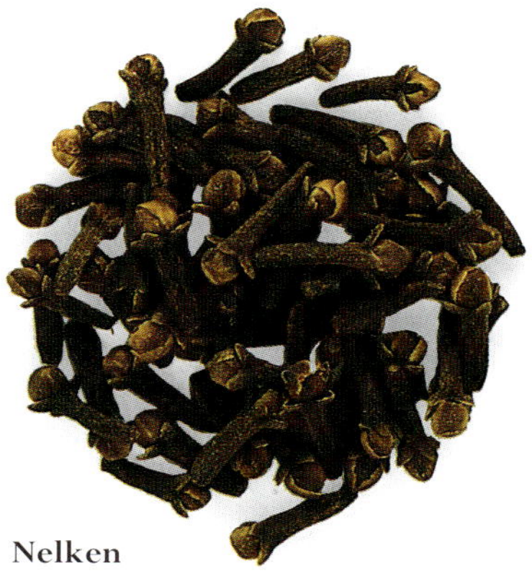

Nelken

Nelkenimporte

Um 1800 v. Chr. waren die Städte im Industal nicht mehr bewohnt. Es gibt auch keine Hinweise, dass die Handelskontakte zwischen Mesopotamien und Südasien nach 1740 v. Chr. weiter aufrecht erhalten blieben. Im Südosten Syriens fand man allerdings ein Gefäß mit Nelken, das auf etwa 1700 v. Chr. datiert wurde. Diese Nelken, ein indisches Gewächs, müssen über 8000 km weit transportiert worden sein.

Königspalast

Mehrere Jahrhunderte lang wurde am 14 ha umfassenden Palast von Mari in Nordmesopotamien gebaut. Seine über 260 Räume umfassten Zeremonial- und Wohnbereiche der königlichen Familie, Verwaltungsbereiche, Werkstätten und Handelskontore. Im Jahr 1757 v. Chr. wurde der Palast von den Babyloniern zerstört.

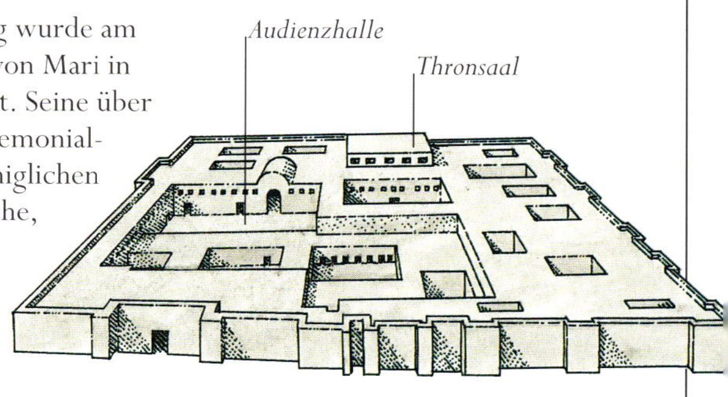

Palast von Mari, Syrien

Europa

Feldbegrenzungen

Die Bauern der europäischen Mittleren Bronzezeit (etwa 1800–1400 v. Chr.) schützten ihre Felder mit Hecken oder Zäunen vor Wild. In Südbritannien fand man Überreste solcher Begrenzungen, die Gebiete von mehreren Quadratkilometern umzäunten. Bruchsteinmauern grenzten Acker- und Weideland voneinander ab. Die kleinen, quadratischen Felder bearbeitete man mit einem einfachen Pflug. Angebaut wurden Weizen, Gerste, Erbsen und Bohnen. Nach einer Ernte ließ man die Felder brach liegen, damit sich die Erde erholen konnte.

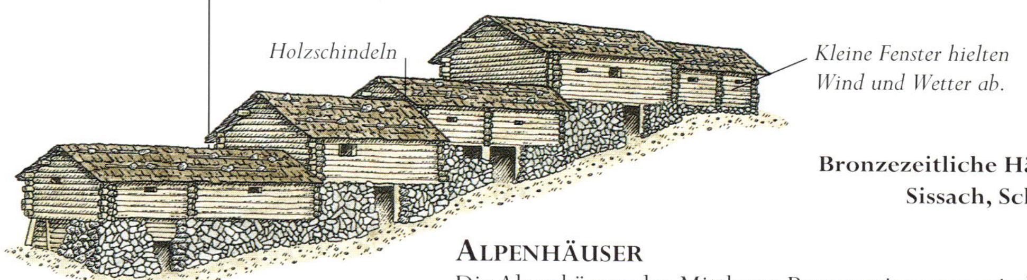

Bronzezeitliche Häuser, Sissach, Schweiz

Alpenhäuser

Die Alpenhäuser der Mittleren Bronzezeit waren wind- und wetterfest. In Sissach errichtete man auf einem Steingeschoss rohe Blockhäuser. Die Dächer bestanden aus mit schweren Steinen beschwerten Holzschindeln oder Schieferplatten.

Afrika

Korn mahlen

Die frühen ägyptischen Haushalte mahlten mit Hilfe von Mahlsteinen ihr eigenes Mehl. Mehl und Wasser wurden zu Teig angerührt, der dann im Ofen zu Brot gebacken wurde. Das Brot aß man, oder man nutzte es zum Bierbrauen. Diese Grabfigur zeigt einen ägyptischen Mann, der einen Teig knetet.

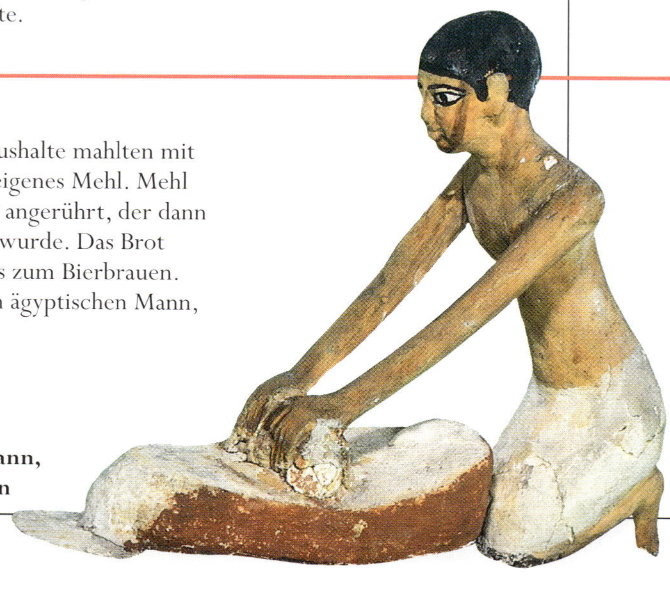

Teig knetender Mann, Grabfigur, Ägypten

Ackerbausiedlungen

An den Fundstätten der Kintampo-Kultur im heutigen Ghana entdeckte man sehr frühe Hinweise auf den Bau permanenter Siedlungen in Westafrika. Die auf das 18. Jh. v. Chr. datierten Häuser waren viereckige, strohgedeckte Holz-Lehm-Flechtbauten, einige davon mit geschnitzten Verzierungen. Man fand Hinweise auf Ziegen- und Rinderhaltung sowie auf die Nutzung von Ölpalmen und Jams. Die Siedlungen bestanden meist nur aus wenigen, weit verstreut liegenden Häusern. Die Überreste von Ntereso etwa bedecken eine Fläche von 1 ha. Allerdings ist nicht klar, wie viel davon zu einer bestimmten Zeit besiedelt war.

Erfindungen & Entdeckungen

Rodungswerkzeuge

Mit der zunehmenden Bedeutung des Anbaus in den nordostamerikanischen Gesellschaften wuchs auch die Bedeutung von speziellen Rodungswerkzeugen wie diesem Rillenbeil aus Ohio. Mit diesen Werkzeugen konnte man den Waldboden von Wurzeln, Bäumen und Steinen befreien. Möglicherweise waren die Axtklingen an einem Stiel befestigt.

Rillenbeil, Ohio

Bronzeherstellung

Legierungen aus Kupfer und Zink oder Kupfer und Blei wurden in Ostasien kurz vor dem Ende des 2. Jahrtausends v. Chr. allgemein üblich. Bis 1800 v. Chr. stellte man dann auch echte Bronze aus Kupfer und Zinn her. Die ersten, auf etwa 1900 v. Chr. datierten Ritualgefäße aus Bronze wurden im Stadtstaat Erlitou in Nordchina hergestellt. Die Ritualbronzen, darunter Wein- und Speisegefäße, gehören zu den faszinierendsten Erzeugnissen früher chinesischer Kultur. In den folgenden Jahrhunderten produzierte man hier auch Bronzewaffen und -werkzeuge.

Babylonische Wissenschaft

Die Babylonier hielten die Ergebnisse ihrer astronomischen Beobachtungen auf Tontäfelchen fest und nutzten sie, um die Zukunft vorherzusagen. Die Aufzeichnungen zum Lauf der Venus auf dem aus Kisch stammenden Exemplar sind genau genug, um daraus die genauen Daten früher mesopotamischer Dynastien zu rekonstruieren.

Replik des Venustäfelchens, Kisch, Mesopotamien

Holzpflug

Auch wenn seit etwa 4000 v. Chr. in Europa der von Pferden oder Ochsen gezogene Pflug schon bekannt war, wurde häufig noch ein einfacher Hakenpflug genutzt, wie dieses Fundstück aus Hvorslev in Dänemark. Pflugbaum und Pflugschar sind hier aus einem Stück gearbeitet.

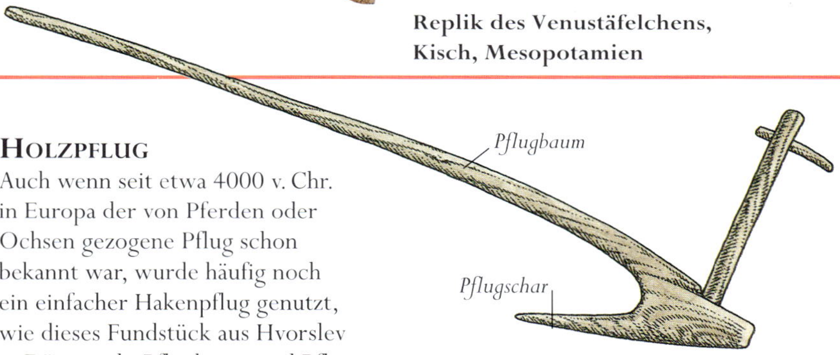

Hakenpflug, Hvorslev, Dänemark

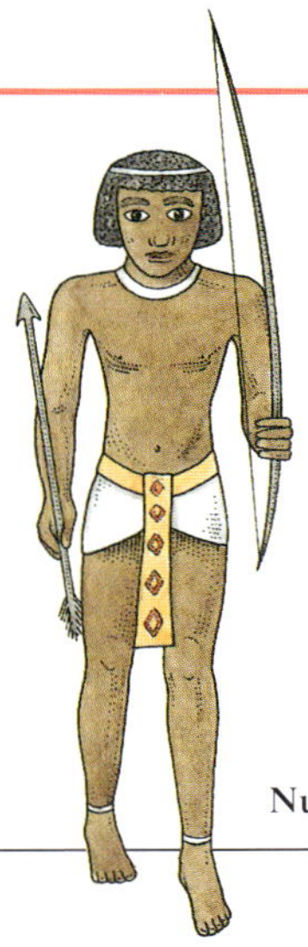

Kriegsausstattung

Die ägyptischen Soldaten trugen Schutzschilde und Bronzespeere. Kurze Leinenröcke und Lederhelme ergänzten die Ausstattung. Die Armee bestand zum großen Teil aus Söldnern, die man in den Grenzregionen anheuerte. 1700 v. Chr. wurde der Kriegswagen eingeführt. Dieser konnte allerdings nur auf ebenem Untergrund eingesetzt werden. In den meisten Kriegen waren deshalb nach wie vor Fußtruppen unerlässlich.

Nubischer Bogenschütze

Kunst & Religion

Ernteriten

Der quadratische, steinerne »Tempel der kleinen Nischen« (Templo de los Nichitos) gehört zu den frühesten heiligen Einfriedungen von Kotosh im zentralperuanischen Huanacotal. Der Tempel war das religiöse Zentrum einer egalitären (auf Gleichheit gerichteten) kleinen Dorfgesellschaft. In ihm führte man mit Anbau und Ernte verbundene Zeremonien durch.

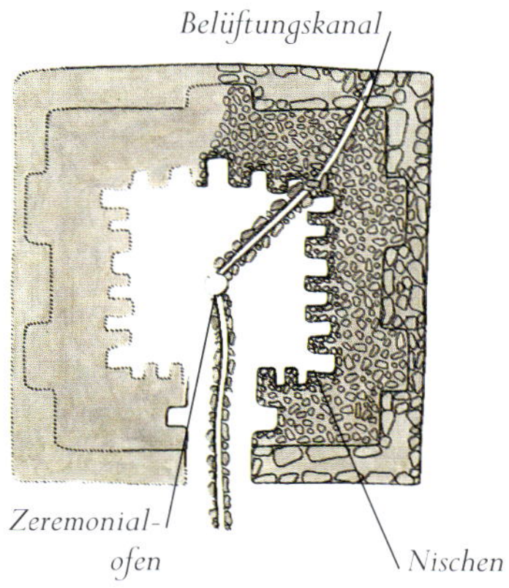

Templo de los Nichitos, Grundriss, Peru

Statussymbole

In einer kleinen Kammer einer Bestattungsstätte beim Murray River im südaustralischen Roonka fand man die 4000 Jahre alten Überreste eines Mannes und eines Kindes. Der Mann trug einen Kopfschmuck aus gekerbten Wallabyzähnen und einen federbesetzten Lederumhang mit Knochennadeln als Schließen. Bei früheren Schädelfunden an anderer Stelle waren die beiden Vorderzähne ausgeschlagen, möglicherweise ein Hinweis auf ein Initiationsritual.

Schädel mit Kopfschmuck, Roonka, Australien

Die Natur der Götter

In der mesopotamischen Religion finden wir eine Unzahl von Gottheiten. Eine babylonische Aufzählung nennt über 2000, manche davon in Menschengestalt, andere in der Gestalt von Tieren. Einigen wurden bestimmte Orte zugeordnet, andere brachte man mit Naturkräften oder abstrakten Vorstellungen in Verbindung; wieder andere waren vergöttlichte Herrscher. Im Lauf der Jahrhunderte verschmolz man hin und wieder die Eigenheiten einer Gottheit mit denen einer anderen. Der alte oberste Gott Anu (der Sonnengott von Uruk) wurde im 3. Jahrtausend v. Chr. durch Enlil, den Stadtgott von Nippur, ersetzt.

Sonnenwagen von Trundholm, Bronze, Dänemark

Sonnenverehrung

Der Sonnenwagen von Trundholm mit der nur einseitig mit Blattgold überzogenen großen Sonnenscheibe auf einem Wagen, der von einem Pferd gezogen wird, weist auf den in Skandinavien in der Mittleren Bronzezeit herrschenden Sonnenkult hin. Die bronzene Seite der Scheibe verkörpert die Nacht.

König der Unterwelt

Die Hieroglyphen auf ägyptischen Särgen des 18. Jh. v. Chr. zeigen den Osiris-Mythos, der zur vorherrschenden Jenseitsvorstellung dieser Zeit gehört. Der von seinem Bruder Seth ermordete Osiris wurde von den Göttinnen Isis und Nephtys wieder belebt. Damit wurde er zum Symbol der Wiedergeburt. Man nahm allgemein an, dass die Toten in einem von Osiris beherrschten Jenseits lebten.

Osiris-Statuette, Ägypten

SEEUFERSIEDLUNGEN DER ALPEN

33 000 V. CHR.

Die frühgeschichtlichen Seeufersiedlungen des europäischen Alpenraums sind sehr gut erhalten. Die ersten Überreste fand man 1853/54 in der Schweiz, als es nach einer anhaltenden Trockenperiode zu einem sehr kalten Winter kam. Dadurch sank der Wasserstand der Flüsse und Seen und gab eine Reihe von Pfosten frei, die man als Reste neolithischer und bronzezeitlicher Siedlungen identifizieren konnte. Im vom Wasser bedeckten und damit vor zersetzenden Bakterien geschützten Seeboden waren weder Holz noch Nahrungsmittelreste verrottet. Die Fülle von Fundstücken machte eine anschauliche Rekonstruktion bronzezeitlichen Lebens möglich.

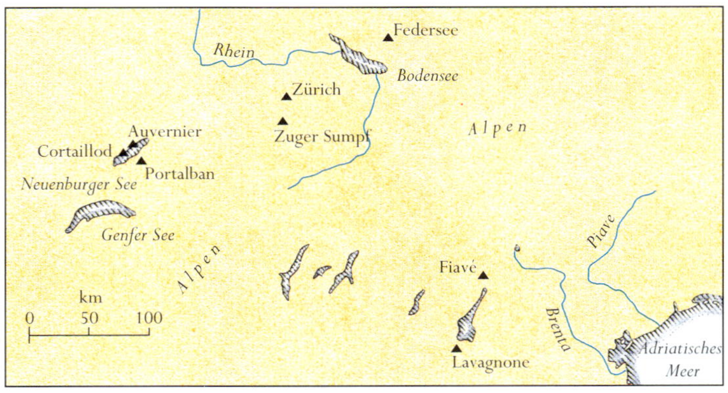

EUROPÄISCHER ALPENRAUM *links*
Im europäischen Alpen- und Voralpengebiet (das sich über Süddeutschland, Ostfrankreich, die Schweiz, Italien und Österreich erstreckt) entdeckte man bis heute viele Hundert Seeufersiedlungen. Die meisten befinden sich am Bodensee, am Zürichsee und am Neuenburger See.

▲ Seeufersiedlung

Seeufersiedlung, Rekonstruktionszeichnung

Im nahe gelegenen Wald wird Holz geschlagen.

Getreide- und Hülsenfrüchteanbau am Hang

Viehhaltung auf Trockenweiden außerhalb des Dorfes

Schilfdächer

Rauchloch im Dach

Schlachttiere innerhalb der Siedlung

Gestelle zum Trocknen der Fische

KULTURPFLANZEN
Die Bewohner der Seeufersiedlungen pflanzten außerhalb der Siedlung Weizen, Gerste, Bohnen, Erbsen und Linsen an sowie Flachs zur Herstellung von Leinen. Zusätzlich sammelten sie die reichlich vorhandenen Wildfrüchte wie Nüsse, Beeren und Äpfel, fingen Fische und hielten Rinder, Schweine und Schafe.

Flachssamen und -stängel

Verkohlter Weizen

Haselnuss

Verkohlte Gerste

Verkohlter Apfel

WERKZEUGTECHNIK
Die Abhänge der Alpen waren von dichten Wäldern bedeckt, als die ersten Menschen sich hier niederließen. Zunächst musste das Land mit Hilfe von Steinbeilen und Steinäxten gerodet werden. Die Siedler fällten Bäume, bauten Palisaden und errichteten Häuser. Ab 2000 v. Chr. nutzten sie zum Roden die härteren und stabileren Bronzewerkzeuge. Deren Schneiden waren an Buchen- oder Eschengriffen befestigt. Kleinere Werkzeuge, darunter Steinklingen in Tüllenschäftung, wurden für leichtere Tätigkeiten, wie etwa das Schneiden von Schilf für Körbe und Dächer, benutzt. In der Späten Bronzezeit (etwa 1400 – 800 v. Chr.) ersetzten Bronzewerkzeuge die Steinwerkzeuge.

Steinbeilklinge, Tüllenschäftung

Bronzebeilklinge, Tüllenschäftung

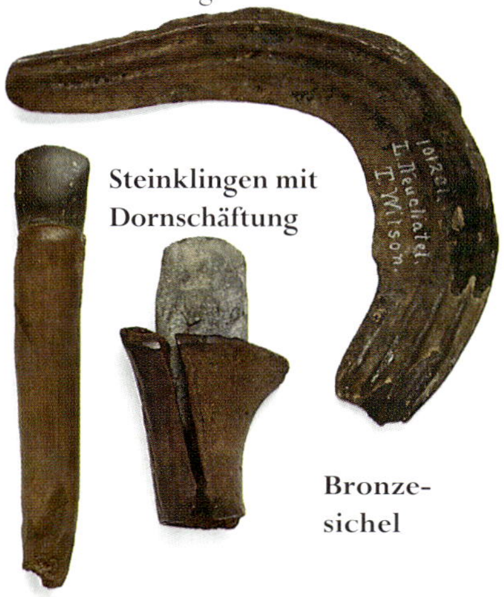

Steinklingen mit Dornschäftung

Bronzesichel

Bronzenadel

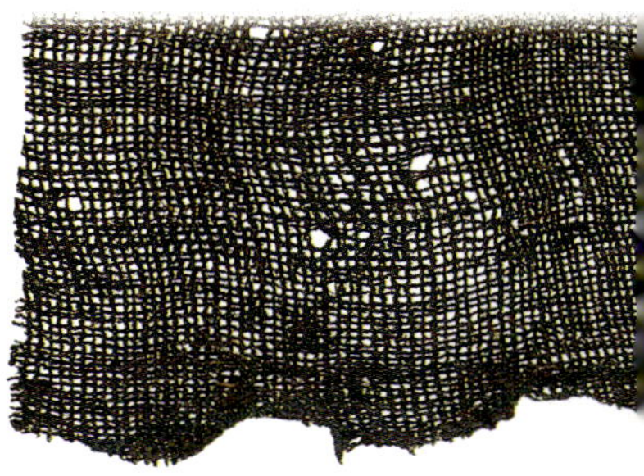

STOFFWEBEREI
Zu den interessantesten Hinterlassenschaften der ehemaligen Bewohner der Seeufersiedlungen gehören Stoffreste. Die Woll- und Leinenstoffe wurden auf Webstühlen gewebt. Als Rohstoff nutzte man Flachs und Wolle. Manche wurden mit leuchtenden, aus Pflanzen gewonnenen Farben gefärbt.

WEHRDÖRFER *unten*
Die Seeufersiedlungen standen am Seeufer, teilweise auch am Rand verlandender Seen, aber die Häuser standen nie, wie ursprünglich angenommen, im Wasser. Massive Befestigungszäune schützten die Dörfer, die aus zehn bis 20 Häusern bestanden. Die Hauswände bestanden aus Spaltbohlen oder aus mit Lehm beschmiertem Geflecht. Pfosten trugen das mit Schilf bedeckte Dach. Mit Spaltbohlen baute man auch Stege über das sumpfige Seeufer. Eine Analyse der Jahresringe bei dem zum Bau verwendeten Holz ergab, dass die Siedlungen innerhalb eines Jahrzehnts von einer Hand voll Häuser auf bis zu 20 Häuser wuchsen. Die Siedlungen wurden in der Regel nach etwa 30 bis 40 Jahren verlassen. Nach dieser Zeit begann auch das Bauholz aufgrund der hohen Feuchtigkeit allmählich zu verrotten.

FIBELN UND NADELN
Kleidungsreste sind in den Seeufersiedlungen nur selten erhalten geblieben. Allerdings findet man Gewandfibeln aus Knochen oder Horn sowie Bronzenadeln, die zur Befestigung von Kleidungsstücken dienten. Mit den Nadeln verschloss man Umhänge oder auch Mäntel an der Schulter. Die dazugehörigen Kleidungsstücke konnte man allerdings nicht mehr finden. Die bei Skeletten entdeckten Nadeln lagen stets in der Nähe der Schulter. Mit Fibeln verschloss man Mäntel oder Tuniken. Manche dieser Fundstücke könnten allerdings auch Teil des Zaumzeugs eines Pferdes gewesen sein.

Gewebter Stoff, Fragment

Durchlöcherte Hornfibel

Durchlöchertes Knochenamulett

Verzierter Tontopf

VERZIERTE GEFÄSSE
Die Bewohner der Seeufersiedlungen verwendeten Keramikgefäße zum Aufbewahren von Lebensmitteln und zum Kochen. Die feiner gearbeiteten, sehr aufwändig verzierten Keramiktöpfe waren oft mit geometrischen Ritzmustern versehen. Neben Keramikgefäßen nutzte man auch Flechtkörbe und Holzgefäße zu Aufbewahrungszwecken.

Keramikgefäß mit breitem Rand

KAPITEL 10

EXPANSION & FESTIGUNG

1600–1000 V. CHR.

Die pazifischen Inseln und die nordamerikanische Arktis werden besiedelt.

Hethiter, Ägypter und Mitanner kämpfen um die Vorherrschaft in der Levante.

Mykener vom griechischen Festland beherrschen Kreta und die Ägäis.

In Mesoamerika bauen die Olmeken riesige Zeremonialzentren.

In China weitet die Shang-Dynastie ihre Macht aus.

In der Mitte des 2. Jahrtausends v. Chr. blühten überall – von den gemäßigten bis zu den tropischen Zonen Asiens, Europas und Amerikas – städtisch geprägte und bäuerliche Gesellschaften auf. Jenseits des Polarkreises begannen die Inuit, ihre Lebensweise an das raue Klima anzupassen. In der Südsee fingen wagemutige Menschen an, weit entfernte Inseln zu besiedeln.

Gut ausgerüstete Auswanderer

Die Besiedlung der pazifischen Inseln begann um 1600 v. Chr. Siedler aus Südostasien besiedelten zunächst den Westpazifik. Bis 1000 v. Chr. stießen sie bis Tonga und Samoa vor. Zu ihrem Reisegepäck gehörten auch Keramik, Vieh und Kulturpflanzen. Die Menschen dieser Seefahrerkultur fuhren auch nach der Ansiedlung noch mit ihren Booten zu weit entfernten Inseln, unter anderem auch um Obsidian und Basalt für die Herstellung von Werkzeugen zu beschaffen. Diese Menschen gehörten der nach einem Ort auf Neukaledonien benannten Lapita-Kultur an, die auch für ihre sehr fein verzierte Keramik bekannt ist.

In Nordamerika zeichnete sich eine ähnlich bahnbrechende Entwicklung ab. Von der Alaskaküste aus besiedelten Robbenjägergesellschaften um 1600 v. Chr. die Hudsonbai und kamen schließlich bis nach Grönland. Sie entwickelten spezielle Techniken, mit denen sie im unwirtlichen Polargebiet überleben konnten. Die Techniken sind auch als Kleingerättradition bekannt. Typisch für die »Kleingerättradition« sind kleine Steinwerkzeuge zum Bearbeiten von Messern oder Speeren.

ÄGYPTISCHE KÖNIGIN
Die Büste Nofretetes, der ägyptischen Königin in der Zeit des Pharaos Echnaton (1353–1335 v. Chr.), gehört zu den schönsten Kunstwerken des Neuen Reiches.

Krieg und Diplomatie

Die ägyptische Kultur erreichte im Neuen Reich (1550–1070 v. Chr.) ihren Höhepunkt. Gleichzeitig beherrschten die Hethiter Anatolien, und das Reich Mitanni herrschte über den Oberlauf des Euphrats. Diese drei Staaten befanden sich in ihrem Kampf um die Vorherrschaft in der Levante im ständigen Wechsel zwischen Krieg und Diplomatie. Die südmesopotamischen Städte wurden in dieser Periode meist von der Kassiten-Dynastie (1415–1155 v. Chr.) regiert, deren Hauptstadt Babylon war. Die Kassiten beteiligten sich kaum an den levantinischen Kriegen, allerdings ist ein regelmäßiger Austausch diplomatischer Dokumente zwischen den Kassiten und anderen vorderasiatischen Herrscherhäusern belegt. Die auf Tontäfelchen entdeckten Zeugnisse sind in Keilschrift in akkadischer Sprache abgefasst. Die Kassiten führten auch die *Kudurru*, »Grenzurkunden« bzw. »Grenzsteine« ein.

Ägyptischer Wohlstand

Trotz der Kosten durch den Levantinischen Krieg war das ägyptische Reich vermögend genug, um aufwändige Bauwerke zu realisieren. Die meisten Tempel in Karnak stammen aus dieser Zeit, genauso wie die Memnonkolosse in Theben-West und der Felsentempel von Abu Simbel. Sogar ein unbedeutender

GOLDKETTE
Kostbarer Goldschmuck wie diese Kette aus Anatolien zeugt vom Reichtum vorderasiatischer Herrscherhäuser.

WICHTIGE EREIGNISSE 1600–1000 V. CHR.

- **1600 v. Chr.** Besiedlung der Pazifikinseln durch die Lapita-Menschen
- **1550 v. Chr.** Beginn des Neuen Reiches, Ägypten
- Bau der Burg von Mykene
- **1450 v. Chr.** Zerstörung der minoischen Paläste, Kreta
- **1400 v. Chr.** Einführung eines Alphabets, Levante
- **1323 v. Chr.** Tod Tut-ench-Amuns, Ägypten
- **1300 v. Chr.** Höhepunkt des Hethitischen Reiches, Vorderasien
- **1200 v. Chr.** Olmekisches Zeremonialzentrum, San Lorenzo, Mexiko
- **1000 v. Chr.** Pazifische Siedler erreichen Samoa.

1600 V. CHR. | 1500 V. CHR. | 1400 V. CHR. | 1300 V. CHR. | 1200 V. CHR. | 1100 V. CHR. | 1000 V. CHR.

König wie Tut-ench-Amun (reg. 1333–1323) wurde mit unvorstellbaren Schätzen bestattet. Die bedeutendsten Königinnen dieser Periode sind Hatschepsut und Nofretete.

Mykenische Kultur

Auf dem griechischen Festland entwickelte sich um 1600 v. Chr. die nach einer Fundstätte auf der östlichen Peleponnes benannte mykenische Kultur. Diese von Kriegern und Händlern geprägte Kultur beherrschte bald die gesamte Ägäis. Nach 1450 v. Chr. regierten mykenische Herrscher im Palast von Knossos auf Kreta. Die Mykener übernahmen die kretische Linear-A-Schrift und entwickelten sie weiter zur Linear-B-Schrift.

Komplexe Gesellschaften

Im nordamerikanischen Poverty Point, Louisiana, errichteten die Menschen beeindruckende Grab- und Tempelhügel. Die Entwicklung einer stärkeren sozialen Differenzierung zeigt sich u.a. an den in den Hügelgräbern entdeckten Grabbeigaben.

Der Aufstieg der olmekischen Kultur markiert den Beginn der ersten mesoamerikanischen Hochkultur. Die Olmeken legten im fruchtbaren Tiefland am Golf von Mexiko Sümpfe trocken und errichteten aus dem dabei anfallenden Schlamm riesige Erdpyramiden als Zeremonialzentren. Gegen 1000 v. Chr. entwickelte sich mit dem Aufstieg des Zeremonialzentrums Chavín de Huántar auch in den Zentralanden eine Hochkultur.

Der Chavín-Stil – faszinierende, abstrakte Darstellungen mythischer und realer Tiere (darunter finden sich oft Raubkatzenmotive), vermischt mit Menschendarstellungen – prägte auf nachhaltige Weise Architektur, Keramik und Kunst der gesamten Region.

KULTGEFÄSSE
Die in Ecuador gefundenen Kultgefäße aus Keramik stellen oft Wesen mit abnormen Zügen dar.

SYMBOLISCHE DARSTELLUNG
In Mesopotamien benutzte man Grenzsteine (*Kudurru*) zum Festlegen der Landrechte und der Steuern. Als Tiere dargestellte Gottheiten bezeugten den Vertrag.

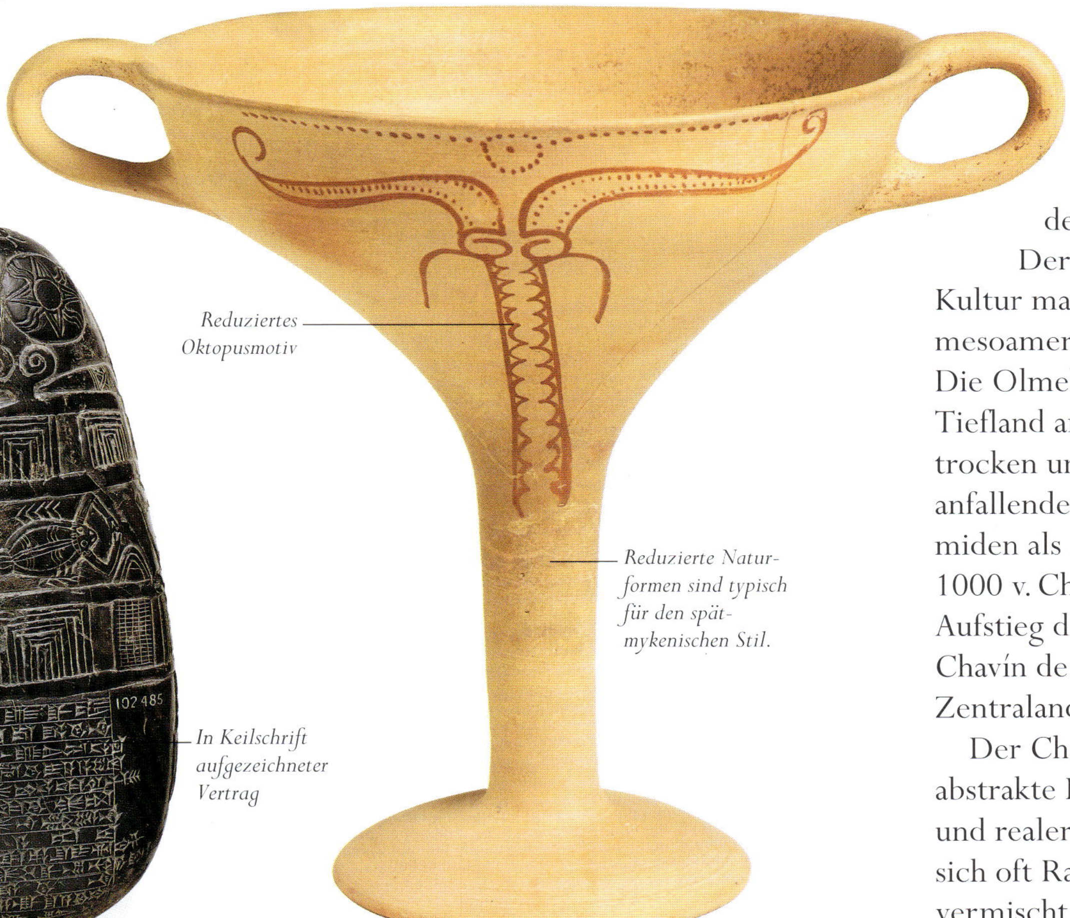

KERAMIKKUNST
Mykenische Keramik gelangte von 1500–1100 v. Chr. auf den Handelswegen nach Vorderasien. Dieser spätmykenische Becher zeigt das typische reduzierte Oktopusmotiv.

1600–1000 v. Chr.

33000 V. CHR.

Verbreitung der Bronzeherstellung in Europa

Um 1200 v. Chr. wurden die mykenischen Palastzentren auf dem griechischen Festland aufgegeben. Gleichzeitig zerfiel das Hethitische Reich, und sogar Ägypten musste sich permanent gegen feindliche Überfälle wehren. Die europäischen Gesellschaften dagegen wurden dank der Bronzetechnik immer wohlhabender. Bronze wurde mittlerweile sogar in solchen Regionen hergestellt, die keine eigenen Kupfer- und Zinnvorkommen besaßen, wie etwa Dänemark.

Im Süden und Westen Mitteleuropas entwickelte sich die so genannte Urnenfelderkultur. Hier wurden die Toten verbrannt und in Keramikurnen bestattet. Die Friedhöfe, Urnenfelder, gaben der Kultur ihren Namen. Zusammen mit der Feuerbestattung verbreiteten sich in ganz Europa neue Metallwerkzeuge, Waffen und Gefäße.

Der Aufstieg der Shang-Dynastie

Ostasien war in der Zeit nach 1600 v. Chr. von der Herrschaft der Shang-Dynastie geprägt, die mittlerweile ganz Nordchina regierte. Es entstanden weitläufige Städte. In den Königsgräbern der späteren Shang-Residenz Anyang fand man hervorragend gearbeitete Ritualbronzen, viele davon in Tiergestalt. Tiere spielten eine zentrale Rolle in der Mythologie der Shang. Sie waren Mittler, durch die die Herrscher mit den Ahnen kommunizieren konnten. Mit Inschriften versehene Orakelknochen belegen außerdem den Beginn einer Schriftkultur.

Im Gegensatz zur verfeinerten höfischen Kultur musste sich der Bauer der Shang-Zeit weiterhin mit Holz- und Steinwerkzeugen begnügen. Er sicherte mit dem Anbau von Hirse, Reis und Soja die Ernährung der Elite.

Die Ostbewegung ins Gangestal

In Südasien verlagerte sich das Zentrum der Kulturentwicklung nach dem Untergang der Industal-Kultur nach Osten. Im fruchtbaren Gangestal, dem späteren Zentrum der klassischen indischen Kultur, begannen bäuerliche Gemeinschaften Kulturpflanzen anzubauen. Gleichzeitig drangen indoarische Hirtengesellschaften nach Nordindien ein und beherrschten es schließlich. Ihre Geschichte wird u.a. in der *Rigveda* erzählt, einer der ältesten indischen Schriften.

Hirtenvölker

Um 1200 v. Chr. besiedelte eine Gruppe von Hirtenvölkern aus dem Niltal das Gebiet der Süßwasserseen des Ostafrikanischen Grabensystems. Die Viehhaltung wurde durch Sammeln von Wildfrüchten und möglicherweise auch etwas Anbau ergänzt. Die Hirtenvölker schufen verzierte Holz- und Keramikgefäße sowie Steinschalen. Manche Gemeinschaften verbrannten ihre Toten, andere bestatteten sie unter Steinhaufen oder in Felsspalten. Die Angehörigen dieser Kultur behielten auch nach der Ankunft westafrikanischer, bantusprachiger Völker ihre traditionelle Lebensweise bei.

Amerika

Grab- und Zeremonialhügel

In Poverty Point im Mississippital befindet sich der früheste amerikanische Zeremonialhügel nördlich von Mexiko. Vermutlich wurde die aus sechs konzentrischen, über 6 m hohen Erdwällen bestehende Anlage, zu denen jeweils weitere, außerhalb liegende Erdhügel gehören, im Laufe mehrerer Jahrhunderte von Angehörigen einer Jäger-Sammler-Kultur errichtet. Umstritten ist, inwieweit diese Kultur auch schon Pflanzen kultivierte.

▲ Fundstätten der Poverty-Point-Kultur

Grundriss der Anlage von Poverty Point, Louisiana

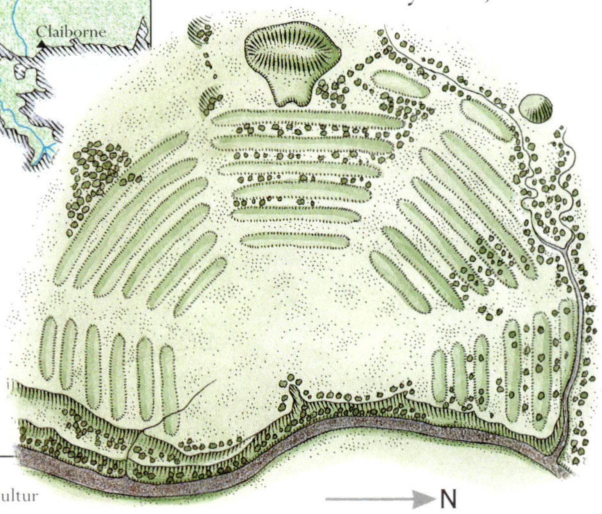

Zeremonialzentren

Monumentale Anlagen gab es in Südamerika schon seit 2400 v. Chr. Um 1600 v. Chr. begannen die Menschen jedoch damit, ihre Tempel auf großen aufgeschütteten Erdhügeln zu errichten. Diese beeindruckenden, monumentalen Zeremonialzentren markieren den Beginn einer komplexeren Gesellschaft in Süd- und Mesoamerika. Trotz der Ähnlichkeiten in der Keramikherstellung und im Kunststil ist der Bau dieser Zentren wahrscheinlich unabhängig voneinander erfolgt. Auf den Flachreliefen, die die Mauern des Zeremonialkomplexes von Cerro Sechín im peruanischen Casmatal zieren, sind Krieger und die von ihnen Getöteten dargestellt.

Flachrelief, Cerro Sechín, Casmatal, Peru

■ Siedlung

Europa

Mykenische Kultur

Während der mykenischen Zeit (16.–12. Jh. v. Chr.) gab es auf dem griechischen Festland viele kleine Königreiche, die von befestigten Burgen aus regiert wurden, darunter Mykene, Theben, Orchomenos, Tiryns und Pylos. Trotz der kriegerischen Prägung, die auch in Homers Epen *Ilias* und *Die Odyssee* aufscheint, entwickelten sich einige Mykener zu erfolgreichen Kaufleuten. Im 14. und 13. Jh. v. Chr. fanden sich mykenische Keramikgefäße u. a. in der ganzen Ägäis und im mittleren und westlichen Mittelmeerraum. Sie wurden gegen zyprisches und sardisches Kupfer, gegen syrisches Elfenbein und gegen ägyptisches Gold getauscht.

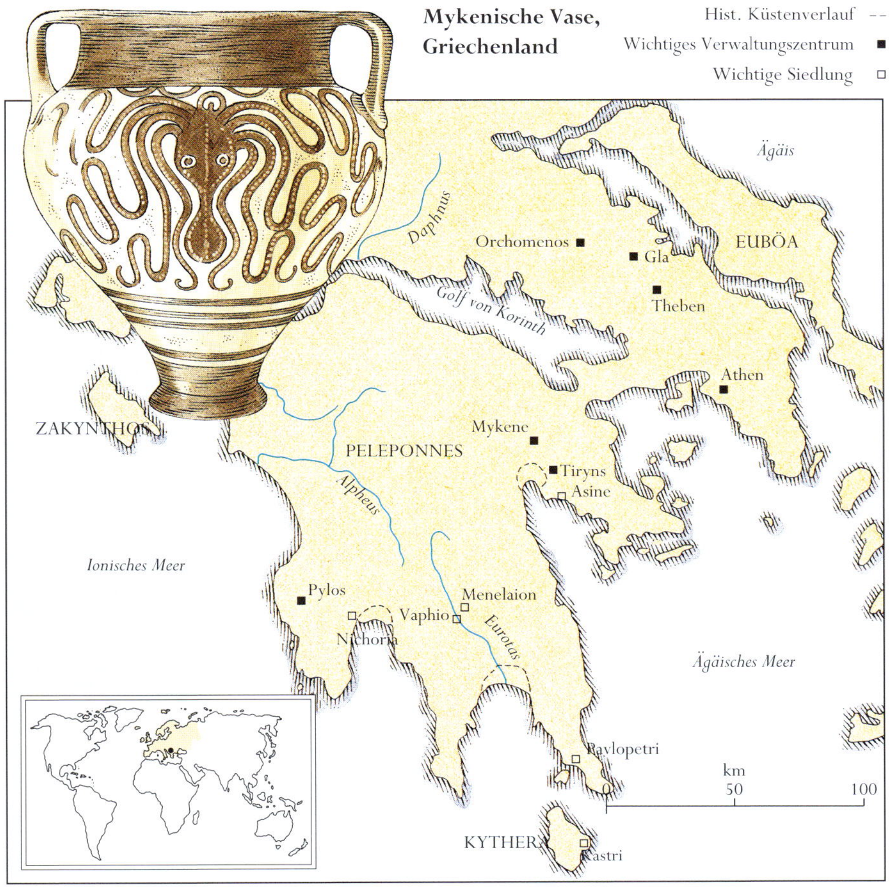

Mykenische Vase, Griechenland

Afrika

Das Neue Reich

Mit der Herrschaft des thebanischen Pharaos Amosis I., der die aus Vorderasien stammenden, etwa 100 Jahre über Unterägypten herrschenden Hyksos-Könige aus Ägypten vertrieb, begann in Ägypten das Neue Reich (1550–1070 v. Chr.). Es folgten fünf Jahrhunderte des Friedens und Wohlstands. Unter den Nachfolgern des Amosis, darunter Amenophis III., stieg Ägypten zur imperialen Macht auf. Amenophis III. ist in den beiden Memnonkolossen im Tal der Könige verewigt.

Memnonkolosse, Ägypten

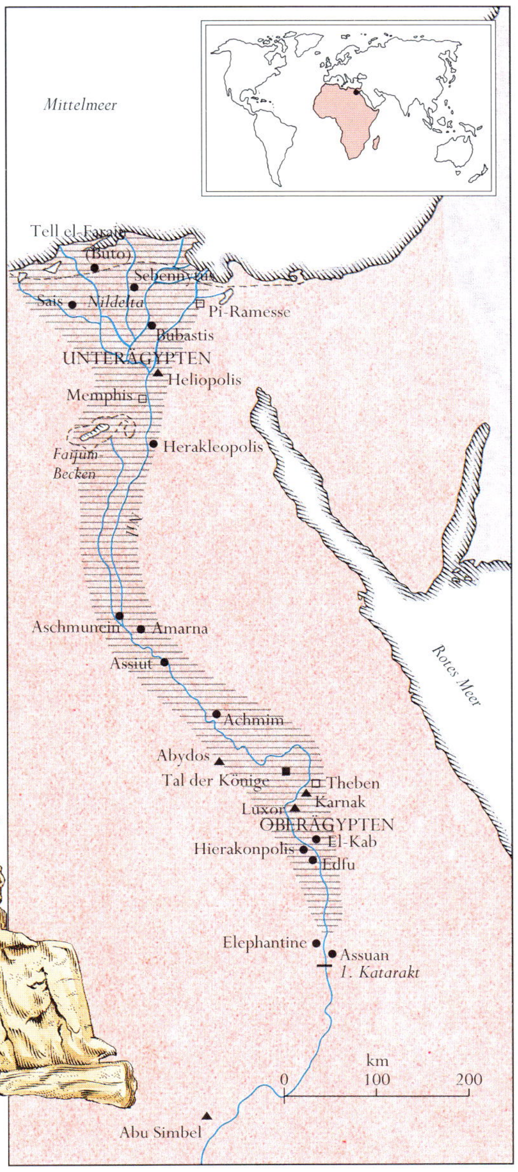

Vorderasien & Südasien

Das Hethiterreich

Die Hethiter, ein Volk mit indogermanischer Sprache, errangen im 14. Jh. v. Chr. die Herrschaft über nahezu das gesamte anatolische Hochland mit Hattusa als Hauptstadt. Sie kämpften mit Ägypten und Mitanni um die Vorherrschaft in der Levante. Nach der ergebnislosen Schlacht von Kadesch unterzeichneten sie einen Friedensvertrag mit Ägypten, der ihnen die Herrschaft über die nördliche Levante zusicherte. Diplomatische Kontakte gab es auch zum westlichen Nachbarn, dem bisher nicht genau identifizierten Reich Achijawa an der türkischen Ägäisküste. Im frühen 12. Jh. v. Chr. wurde das Hethiterreich zerstört, möglicherweise durch Eindringlinge vom Bosporus.

Stempelabdruck eines hethitischen Königs, Hattusa

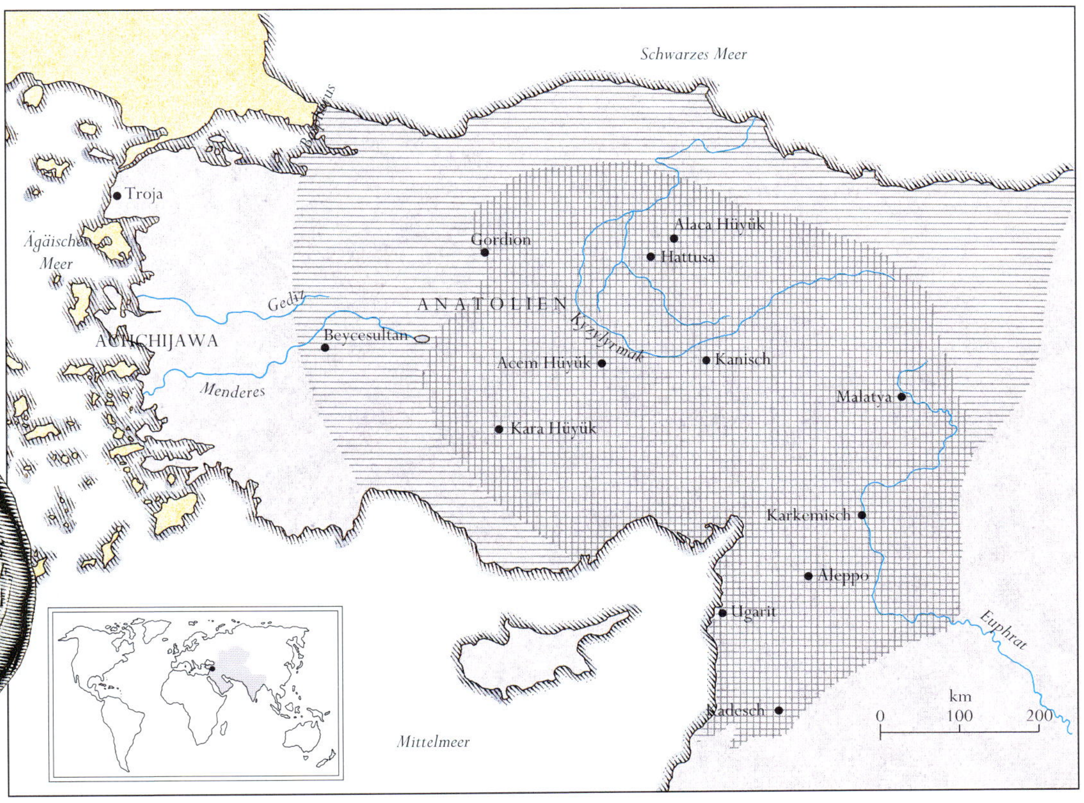

1600–1400 V. CHR.

33 000 V. CHR.

Ernährung & Lebensraum / Wohnen & Bauen

Amerika

Wichtiges Wurzelgemüse
Die im tropischen Amerika, u. a. im Orinocodelta, gefundenen Keramikscheiben weisen darauf hin, dass Maniok hier schon um 1500 v. Chr. ein weit verbreitetes Grundnahrungsmittel darstellte. Auf den Scheiben wurde aus Maniokmehl Maniokkuchen gebacken. Maniok ist auch heute noch ein wichtiges Wurzelgemüse.

Keramikscheibe, Puerto Rico

Kleine Dörfer
Um 1500 v. Chr. waren die Flusstäler des östlichen Nordamerika von kleinen Bauerngesellschaften besiedelt. In Iddins, Tennessee, fand man Überreste eines runden, strohgedeckten Holzhauses von etwa 3 m Durchmesser. In der Umgebung entdeckte man Gruben, die der Aufbewahrung von Vorräten dienten.

Dorfszene, Iddins, Tennessee

Ostasien & Australasien

Angelhaken, Marquesasinseln, Südpazifik

Nahrung aus dem Meer
Die Seefahrervölker Südostasiens besiedelten allmählich die Inseln des Westpazifiks. Sie erreichten um 1600 v. Chr. Tonga und Samoa. Als Nahrung dienten ihnen u. a. Fische, Delfine und Schildkröten. Die Muschel- und Fischknochenhaufen, die sie hinterließen, zeigen jedoch, dass auch Schalentiere zu ihrem Speiseplan gehörten. Muschelstücke wurden allerdings auch als Angelhaken benutzt, so wie dieses Fundstück von den Marquesasinseln.

Stadtplanung
Der frühe Shang-Staat wies eine Reihe von mit Wehrmauern und Stadttoren versehenen Städten auf. Vor dem Bau einer Stadt wurde stets das Orakel befragt. Die Städte entstanden nach einem genauen Plan, der die Stadt nach Arealen für verschiedene soziale Gruppen und Berufe einteilte. Das um 1400 v. Chr. gegründete Zhengzhou am Hwangho war beispielsweise nahezu quadratisch und von einem 7 km langen und 10 m hohen Wall aus gestampfter Erde umgeben. Innerhalb des Stadtwalls standen im Norden der Palast und ein Erdaltar, im Süden befanden sich Wohngebäude, Vorratsgruben für Getreide, Keramik und Orakelknochen. Man fand auch Keramikurnen mit Überresten von Menschenopfern. Außerhalb des Walls befanden sich Werkstätten, darunter auch Bronzegießereien.

Vorderasien & Südasien

Haushühner
Um 6000 v. Chr. wurden in China erstmals Hühner domestiziert. Im Industal war die Hühnerhaltung um 2000 v. Chr. bekannt; um 1500 v. Chr. war sie schließlich in ganz Vorderasien verbreitet. Bei Ausgrabungen fand man Hühnerknochen sowie Hühnerabbildungen auf Kunstwerken. Hühner werden in Aufzeichnungen zu den Tributzahlungen der Syrer an den Pharao Thutmosis III. als »Vögel, die jeden Tag Eier legen« bezeichnet.

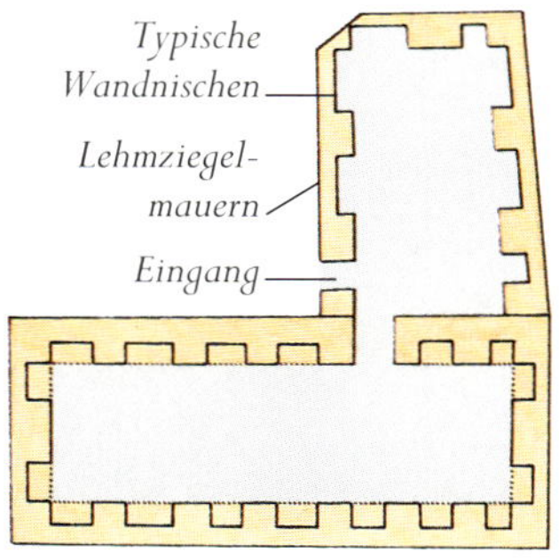

Lehmziegelhaus (Grundriss), Pirak, Industal-Kultur

Kleine Siedlungen
Nach dem Untergang der Industal-Kultur lebten die Menschen in Pakistan und Nordwestindien wieder in kleinen Siedlungen. Pirak, eine blühende Siedlung um 1500 v. Chr., war aus Lehmziegelhäusern erbaut und bedeckte eine Fläche von 9 ha. Im Vergleich zu den größten Städten der Industal-Kultur, wie Harappa und Mohenjo-Daro, war sie jedoch klein. Die beträchtliche Größe der Häuser und der Vorratssilos weist auf einen gewissen Wohlstand hin.

Europa

Lebensmittelaufbewahrung
Die kretischen Paläste der minoischen Zeit, darunter Knossos, erhielten von den Bauern aus dem Umland als Steuer oder Tribut u. a. Oliven, Öl und Getreide. Diese Nahrungsmittel, mit denen auch der Hofstaat unterhalten wurde, bewahrte man in riesigen Keramikkrügen in Magazinräumen auf. Manche Produkte dienten auch als Handelware.

Vorratskrug, Knossos, Kreta

Freskenmalerei
Der wieder aufgebaute Palast von Knossos umfasste, um einen gepflasterten Hof angeordnet, Werkstätten, Vorratskammern, Heiligtümer, Empfangsräume und königliche Gemächer. Im Inneren des vierstöckigen Gebäudes befanden sich aufwändig verzierte Holzsäulen und eindrucksvolle Wandmalereien.

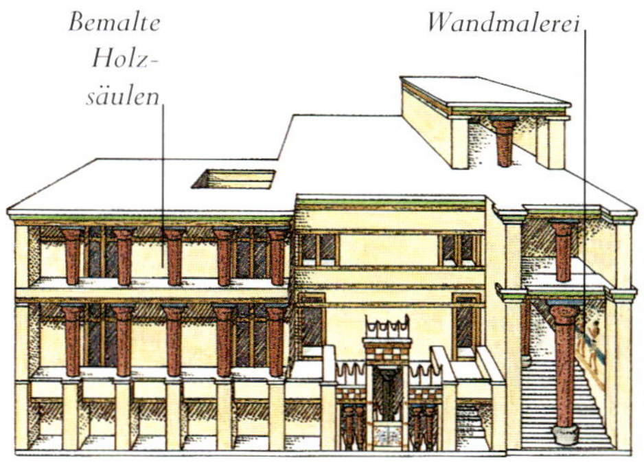

Aufriss, Palast von Knossos, Kreta

Afrika

Pflügen
Die ägyptischen Bauern verwendeten Holzpflüge mit einer Holzschar, die sie mit Hilfe von einem Paar Ochsen durch das feste und fruchtbare Schwemmland des Nils zogen.

Pflug, Ägypten

Grenzfestungen
Die große Festung von Buhen am Zweiten Nilkatarakt lag mehrere hundert Kilometer südlich der südlichsten ägyptischen Stadt. Sie wurde um 1500 v. Chr. von dem im Neuen Reich (1550–1070 v. Chr.) erstarkten Ägypten zurückerobert und wieder aufgebaut. Die Festung kontrollierte die Südgrenze des Reiches und den lukrativen Nilhandel, vor allem den Handel mit Gold aus Nubien. Auf dem aus Ziegeln errichteten Fundament standen ein Verwaltungspalast, Tempel, Häuser und Hütten.

Festung von Buhen, Ägypten

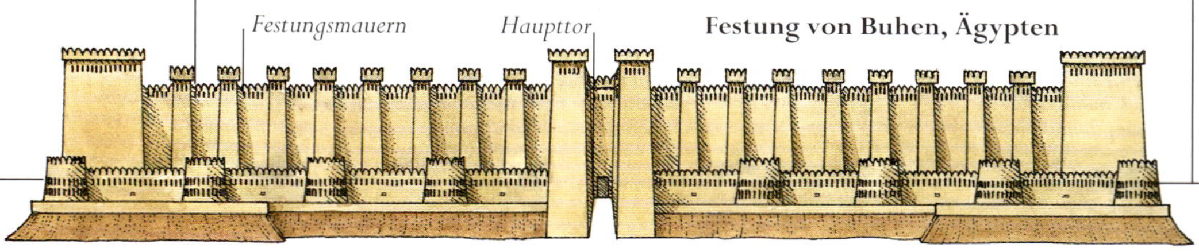

Erfindungen & Entdeckungen

Keramikscherben, Ocós, Guatemala

Frühe Keramik

In Ocós bei Chiapas, an der Grenze zwischen Mexiko und Guatemala, wurden einige der ältesten Keramikfunde Mesoamerikas gemacht. Die Keramik weist mit Muschelschalen aufgebrachte Ritzmuster auf. Auch Schnur und Stoffe wurden zur Mustergebung verwendet. Später wurde die Keramik manchmal mit einem schillernden Farbüberzug versehen. Möglicherweise steht diese Keramik mit dem Chorrera-Stil in Ecuador in Verbindung.

Bronze als Massenprodukt

Die Serienproduktion der in der chinesischen Shang-Zeit produzierten Bronzen ist ohne arbeitsteilige Produktionsprozesse nicht denkbar. Zunächst stellte man ein Tonmodell der Form aus verschiedenen Teilstücken her. Mit dem gehärteten Modell wurden Abdrücke in weichem Ton gemacht, durch die man die Modellstücke gewann, die schließlich zusammengesetzt als eigentliche Gussform dienten.

Bronzegefäß, Erligang, China

Glas und Glasur

In Vorderasien goss man um 1600 v. Chr. Glas in Formen, um Objekte und Gefäße zu erhalten. Auch als Glasur auf Keramik und als Ersatz für Halbedelsteine kam es zum Einsatz. Außerdem nutzte man, wie schon seit 5000 v. Chr., Fayencetechniken zur Herstellung von Perlen und Objekten.

Frauendarstellung, gegossene Glasplatte, Lachisch, Israel

Linear-B-Schrift

Einige der in Knossos gefundenen Tontäfelchen zeigen Linear-B-Inschriften. Diese Schrift entwickelten die Mykener, die um 1450 v. Chr. über Kreta herrschten, aus der minoischen Linear-A-Schrift. Die Linear-A-Schrift hatte man zuvor auf Kreta und auf Teilen der Kykladen verwendet. Linear-A ist im Gegensatz zu Linear-B noch nicht entziffert.

Linear-B-Tafel, Knossos, Kreta

Das Schaduf

In Ägypten wurde um 1500 v. Chr. das *Schaduf* eingeführt, mit dem man Wasser auf ein höheres Niveau heben kann. Ein *Schaduf* besteht aus einem mehrere Meter langen, an einer Achse befestigten Schöpfhebel, an dessen längerem Ende eine Zugstange mit einem Schöpfeimer hängt.

Kunst & Religion

Schachtgräber

Die frühen westmexikanischen Gesellschaften bestatteten ihre Toten in Schachtgräbern. Ein vertikaler Schacht führte zu einem oder mehreren wabenförmigen Hohlräumen, in denen teilweise bis zu zehn Tote lagen. Man vermutet eine regelmäßige Nutzung, da man aufgeschichtete Knochenhaufen fand. In den Schachtgräbern von El Opeño wurde auch auf 1450 v. Chr. datierte Keramik.

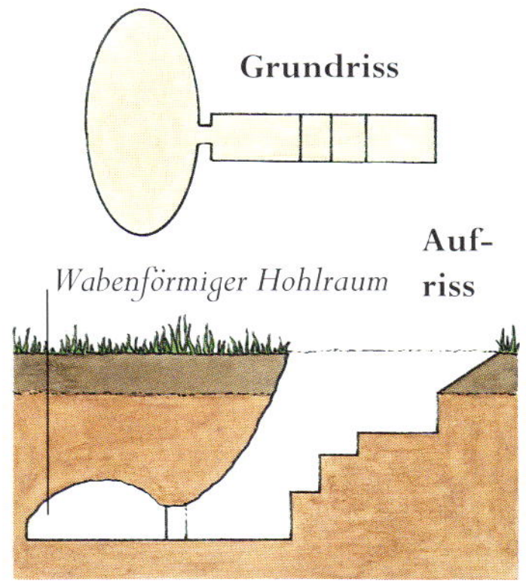

Schachtgrab, El Opeño, Michoacán, Mexiko

Menschenopfer

In der chinesischen Shang-Zeit waren Menschenopfer bei Zeremonien zur Verehrung der Ahnen, bei Bestattungsritualen und beim Bau von Stadtmauern und Tempeln üblich – Menschen und Tiere wurden teilweise in die Fundamente eingemauert. Unter den Opfern befanden sich bewaffnete Männer mit Hunden, ferner Frauen, Kinder, Kriegsgefangene und gefesselte Strafgefangene. Manche Tote bestattete man in großen königlichen Gräbern, andere in kleinen, streng nach sozialem Status geordneten Gräbern außerhalb der Königsgräber, teilweise mit, teilweise ohne Grabbeigabe.

Indoarische Bestattungen

Indoarische Gruppen sind wahrscheinlich um 1800 v. Chr. nach Nordindien eingedrungen. Sie führten eine neue Sprache und das Pferd ein. Die deutlichsten kulturellen Änderungen finden wir in der Folge in Gandhara, im Nordwesten Pakistans. Um 1600 v. Chr. taucht hier ein neuer Bestattungsbrauch auf: eine Art Steinkistengrab mit einer Abdeckung aus Steinplatten.

Fresko, Knossos, Kreta

Religion und Ritual

Fresken und Statuetten führen uns in die Welt minoischer Glaubensvorstellungen. Die vielen aufgefundenen Darstellungen weiblicher Gottheiten, darunter die so genannte Schlangengöttin aus Knossos, weisen auf die zentrale Bedeutung von Göttinnen in der minoischen Religion hin. Auf einem der berühmtesten kretischen Fresken wird der Stiersprung dargestellt, ein Ritual, an dem vermutlich Männer und Frauen teilnahmen. Neben den Heiligtümern in den Städten und Palästen gab es heilige Orte in der Natur, vor allem auf Berggipfeln.

Steinschalenkultur

Die Viehzüchter der semiariden, um 4000 v. Chr. zunehmend trockeneren Randgebiete der Sahara zogen allmählich nach Süden. Auch die Hirtengruppen des Niltals zogen südwärts in Gebiete, in denen es keine Tsetsefliege gab. Sie erreichten 2500 Jahre später das Ostafrikanische Grasland. Zu ihren interessantesten Erzeugnissen gehören schwere, sehr elegante Steinschalen.

Steinschale, Kenia

1400–1200 V. CHR.

33000 V. CHR.

Ernährung & Lebensraum

Wohnen & Bauen

Amerika

Entenjagd
Als Köder dienende Entenattrappen aus der Zeit kurz nach 1500 v. Chr. wurden in der Lovelock-Höhle, Nevada, gefunden; zudem fand man Angelgeräte, darunter Reihenangeln. Enten und Fische waren demnach Hauptnahrungsmittel.

Mit Entenfedern überzogene Entenfigur aus Schilfgras

Entenattrappen, Lovelock Cave, Nevada

Zeremonialkomplexe
In San Lorenzo in der Nähe des Flusses Coatzacoalcos am Golf von Mexiko begann in dieser Periode der Aufstieg der olmekischen Kultur, der ersten mesoamerikanischen Hochkultur. San Lorenzo ist die älteste olmekische Zeremonialanlage. Bis 1200 v. Chr. hatten die Olmeken an diesem um 1500 v. Chr. erstmals besiedelten Ort eine riesige Erdpyramide aufgeschüttet. Auf der Plattform errichteten sie weitere Hügel, die von 20 künstlichen Teichen umgeben waren, die von einem ausgefeilten unterirdischen Kanalsystem gespeist wurden – einmalig für das damalige Amerika. Um die Anlage fand man etwa 200 Wohnhügel, die auf eine Bevölkerung von etwa 1000 Menschen schließen lassen.

Ostasien & Australasien

Domestizierte Tiere
Chinesische Bauern lebten zum Höhepunkt der Shang-Zeit, um etwa 1400 v. Chr., neben dem Ackerbau von der Viehhaltung. Sie züchteten Hunde, Rinder, Wasserbüffel, Schweine und Schafe. Die Tiere lieferten Fleisch, Häute und Knochen für den täglichen Bedarf, und sie dienten bei rituellen Anlässen als Opfer. Oft wurden über 1000 Rinder auf einmal geschlachtet. Hundeknochen fand man zudem auch bei Menschenbestattungen.

Shang-Haus, China

Holzskelettbauweise
Die großen Häuser der Shang-Zeit (etwa 1600–1027 v. Chr.) bestanden aus einem Holzskelett, das man auf einem Stampflehmfundament errichtete. Das strohgedeckte Dach ruhte auf diesem Holzskelett und nicht auf den Lehmwänden.

Vorderasien & Südasien

Blühende Landwirtschaft
Auf dem indischen Subkontinent entwickelten sich schon zum Höhepunkt der Industal-Kultur blühende bäuerliche Kulturen. Ihr Wohlstand wuchs auch nach dem Untergang der Industal-Kultur (um 1800 v. Chr.) weiter an. Angebaut wurden vor allem Gerste, Hirse und der aus Südostasien stammende Reis. In Inamgaon bauten Menschen dieser Kultur einen Damm aus Bruchsteinen und Lehm, der möglicherweise gegen Hochwasser schützen sollte. Ein Kanal diente eventuell zur Bewässerung. Man züchtete vor allem Rinder, Schafe und Ziegen. Fischfang ergänzte den Speiseplan. Auch im Gangestal kann man zeitgleich die Entwicklung einer bäuerlichen Kultur feststellen.

Löwentor, Hattusa, Anatolien

Befestigte Tore
Um 1300 v. Chr. beherrschte das Hethiterreich ein Gebiet, das sich von Anatolien bis nach Nordmesopotamien erstreckte. Die Hauptstadt Hattusa in Anatolien wurde auf einer felsigen Insel errichtet, die durch den Zusammenfluss zweier Arme des Budakozu entstand. Die Stadtmauern waren etwa 6 km lang. Die massiven Stadttore waren mit Sphinx-Statuen und Tierskulpturen geschmückt – möglicherweise ein ägyptischer Einfluss.

Europa

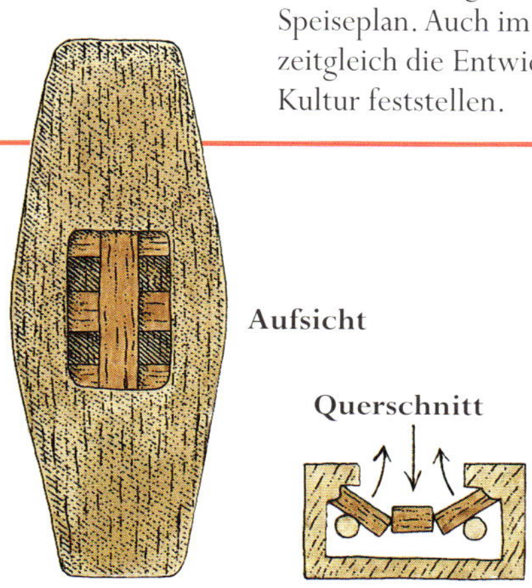

Holzfalle, Nisset Norremose, Dänemark

Jäger und Fallensteller
In weiten Teilen Nordeuropas, vor allem in Gebieten mit weniger fruchtbaren Böden oder mit ungünstigeren Klimaten, ergänzten die Menschen ihre Nahrungspalette noch lange nach der Einführung des Ackerbaus mit der Jagd auf Wild. Diese Holzfalle aus Nisset Norremose in Dänemark mit ihren Buchenholzfedern und dem Eichenklappenpaar ist technisch sehr ausgefeilt. Möglicherweise fing man damit Schwarzwild und Rotwild.

Minoischer Einfluss
Die Mykener auf dem griechischen Festland übernahmen einige Elemente der minoischen Kultur Kretas, wie etwa die farbenprächtige Freskenmalerei und die farbigen Holzsäulen. Vor allem der Palast von Pylos ist reich mit Fresken verziert. Im Zentrum des Empfangsbereichs befand sich ein großer Herd.

Palast von Pylos, Grundriss des Empfangsraums, Griechenland

Afrika

Ernte
Die afrikanischen Funde dieser Zeit weisen auf Anbautätigkeit im tropischen Waldgürtel Westafrikas hin. In Iwo Eleru, einem Felsüberhang in Südwestnigeria, führte man im 2. Jahrtausend v. Chr. neue Geräte ein, darunter winzige Chalcedonklingen, die möglicherweise an einem Holz- oder Knochengriff befestigt waren. Sie dienten als Sichel beim Ernten von Pflanzen oder beim Schneiden von Schilf für die Dachbedeckung.

Säulenhallen
Die ägyptischen Architekten stützten die schweren Steinquader, die das Tempeldach bildeten, mit Hilfe von eng gesetzten Säulenreihen. Die 1280 v. Chr. erbaute Hypostylon-Halle (*stylos*: griech. für Säule) von Karnak mit 134 durch Reliefverzierungen geschmückten Säulen ist ein Meisterwerk der Architektur.

Modell der Säulenhalle von Karnak, Oberägypten

Erfindungen & Entdeckungen

Fischfanggeräte

Profane Alltagsgeräte wie etwa Senker, die man zum Straffen der Fischleine brauchte, waren oft wundervoll gearbeitet. Sie weisen auf die Bedeutung des Fischfangs hin. Dieser Hämatitsenker wurde in Ohio gefunden.

Hämatitsenker, Ohio, USA

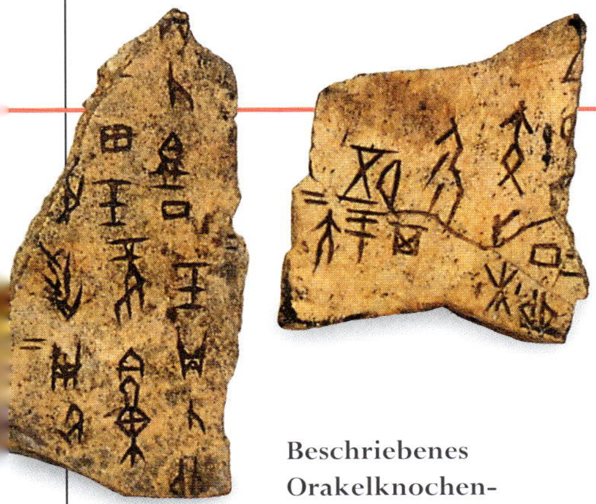

Beschriebenes Orakelknochenfragment, China

Chinesische Schrift

In China entwickelte sich um 1200 v. Chr. auf der Basis von ursprünglich als Marken genutzten Bildzeichen eine richtige Schrift. In der Shang-Dynastie verewigte man wichtige Ereignisse auf Bambus- oder Holzrinde. Die Inschriften auf Orakelknochen und Bronzegefäßen umfassen mindestens 2000 Zeichen, die zum Teil heute noch geschrieben werden.

Alphabet

Um 1400 v. Chr. war in der Levante (Küstenstreifen Syriens, des Libanon und Israels) allgemein ein Alphabet in Gebrauch, bei dem Zeichen den Laut einzelner Buchstaben symbolisierten. Es war von den Kanaanitern entwickelt worden, deren Alphabet auf ägyptischen Hieroglyphen basierte. Zudem wurde in der syrischen Stadt Ugarit eine Keilschriftversion entwickelt, die man in die Tontäfelchen ritzen konnte. Auch die Phöniker nutzten dieses Alphabet und vermittelten es den Griechen.

Wollweberei

Leider ist von den sicherlich zahlreichen gewebten Stoffen der europäischen Bronzezeit kaum etwas erhalten geblieben. In einem Hügelgrab im dänischen Egtved, auf der Insel Jütland, ist eine gewebte Jacke mit einem kurzen Schnurrock gefunden worden. Möglicherweise wurde dieser Rock zu zeremoniellen Anlässen getragen.

Wollkleidung, Egtved, Dänemark

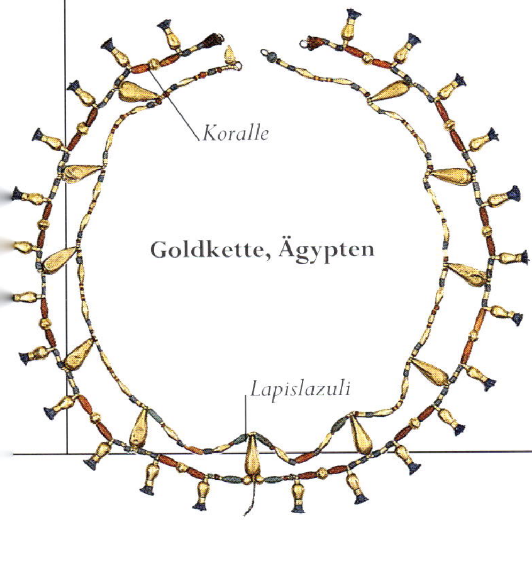

Goldkette, Ägypten

Goldschmuck

Die ägyptische Elite beauftragte ihre besten Handwerker mit der Herstellung von aufwändigem Goldschmuck. Das Gold dazu stammte zumeist aus den nubischen Minen, wo Sklaven es förderten. Sie zerschlugen das Felsgestein und mahlten und wuschen es, um daraus Gold zu gewinnen. Die Form des Goldschmucks betonte oft den Rang des Trägers. Manchmal wurden auch Edelsteine in die Halsketten eingearbeitet.

Kunst & Religion

Muschelpektoral, Wisconsin

Schmuckimport

In Nordamerika intensivierte sich der Fernhandel mit Muschelschalen, Kupfer und anderen Rohstoffen. Im Gebiet der Großen Seen stellte man aus Muschelschalen, die vom Golf von Mexiko stammten, Pektorale (Brustschmuck) her.

Tiergestaltige Dekore

Die shang-zeitlichen Ritualbronzen waren mit stilisierten tiergestaltigen Dekoren, den Daotie, versehen. Inwieweit die Daotie einen religiösen Hintergrund besitzen, ist umstritten. Die Ritualbronzen wurden als Speise- und Trinkgefäße bei Festen zu Ehren der Ahnen und als Grabbeigaben gebraucht.

Fragmente eines Keramikmodels, China

Staatsgeschenke

Die Höfe von Ägypten, von Mitanni, Hatti (Hethiterreich), Assyrien, Babylonien, Elam und Anatolien tauschten Geschenke und Bräute aus. Ein Brief berichtet, dass der assyrische Hof dem kranken ägyptischen König eine mesopotamische Ischtarstatue schickte. Der babylonische König sandte einen Bildhauer als Geschenk an den hethitischen König. Die auf 1400 v. Chr. datierte Goldstatuette eines hethitischen Königs stammt aus Anatolien.

Goldstatuette, hethitischer König, Westanatolien

Terrakottaidol

Die Mykener stellten als Grabbeigaben oder Opfergaben dienende kleine Keramikstatuetten her, darunter Muttergottheiten und Tiere. Man fand diese Statuetten u. a. in Heiligtümern.

Terrakottaidol, Mykene, Griechenland

***Totenbuch*-Papyrus, Ägypten**

Totengericht

Im Neuen Reich (1550 – 1070 v. Chr.) gab man Angehörigen der ägyptischen Oberschicht das *Ägyptische Totenbuch* als Grabbeigabe mit, eine Sammlung liturgischer Sprüche, die dem Toten helfen sollten, ewiges Leben zu erlangen. Papyrusrollen zeigen den Verstorbenen im Angesicht der Götter, die über seine guten und schlechten Taten richten. Sie wiegen das Herz des Verstorbenen. War das Herz leicht genug, konnte er ohne Sünden ins Totenreich gelangen.

1200–1000 v. Chr.

33 000 V. CHR.

	Ernährung & Lebensraum	Wohnen & Bauen

Amerika

Ernährung & Lebensraum

Ackerbauterrassen

Steile Abhänge und tiefe Schluchten prägen das Andengebiet. Nur mit Hilfe einer aufwändigen Terrassierung gelang es den hier ansässigen Bauerngemeinschaften, den Anteil des bebaubaren Landes zu erweitern. Die ersten Ackerbauterrassen, zu denen auch Bewässerungskanäle gehörten, wurden um 1200 v. Chr. angelegt.

Ackerbauterrassen, Andengebiet, Peru

Wohnen & Bauen

Monumentale Anlagen

Das von den Moche erbaute Pampa de las Llamas im Cosmatal ist einer der größten und komplexesten frühen Monumentalbauten Perus. Die Anlage bestand aus einer Reihe von Einfriedungen, mit Mauern aus Bruchstein und Adobe-Ziegeln (aus einem Stroh-Lehm-Gemisch). Der Komplex wird auf 1200 v. Chr. datiert. Er diente möglicherweise als Residenz oder als Verwaltungszentrum. Die Moche gründeten das erste Königreich des alten Peru.

Ostasien & Australasien

Ernährung & Lebensraum

Sojabohnen

Sojabohnen

Um 1200 v. Chr. wurde die zuerst in der Mandschurei kultivierte Sojabohne in das shang-zeitliche China eingeführt. Mit Hilfe der widerstandsfähigen und proteinreichen Sojabohne konnte die Bevölkerung selbst bei Überschwemmungskatastrophen und großen Dürren ernährt werden. Der Sojabohnenanbau verbreitete sich sehr rasch in ganz Ostasien.

Wohnen & Bauen

Pfahlbauten

Die frühen Bewohner der westpazifischen Inseln bauten ihre Häuser entlang des Küstensaums. Sie standen auf Pfählen über dem Brackwasserbereich. Auf der Insel Eloaua im Bismarckarchipel, nordöstlich von Neuguinea, fand man auf 1100 v. Chr. datierte Hauspfosten. In der Nähe der Häuser wurden Abfallschichten entdeckt, die vom Wasser bedeckt und so nicht verrottet waren. Das Haus war eines der ersten dieser Siedlung, die immerhin 700 Jahre lang bewohnt war. Die Insel selbst war schon zur Zeit der Lapita-Kultur (etwa 1600 v. Chr.) bewohnt.

Vorderasien & Südasien

Ernährung & Lebensraum

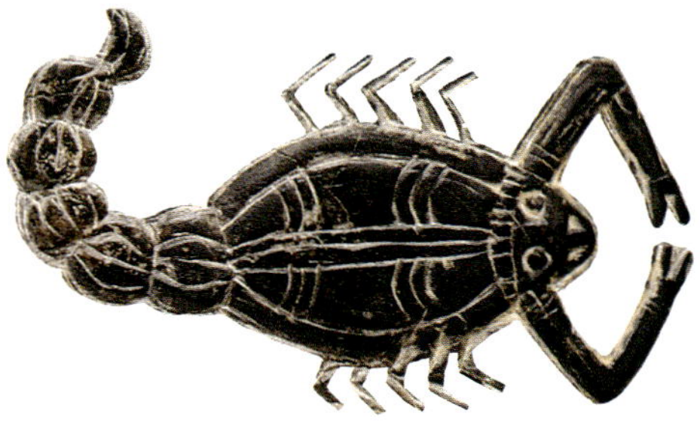

Skorpionmotiv, Detail eines Grenzsteins, Babylon, Irak

Landrechte

In Mesopotamien konnten Könige, Tempel und Privatpersonen Land besitzen. Man konnte es auch pachten. Landverkäufe oder Landgeschenke sind in Keilschriftdokumenten überliefert. Um 1200 v. Chr. war es üblich, Liegenschaften oder vom König vergebene Lehen auf *Kudurrus* (Grenzsteinen) zu verewigen.

Wohnen & Bauen

Haus, Inamgaon, Indien

Innenarchitektur

Der Grundriss der Stadt Inamgaon, einer wichtigen Fundstätte bäuerlicher Kultur auf dem indischen Subkontinent, und die unterschiedliche Größe und Ausstattung der Häuser weisen auf eine entstehende soziale Differenzierung hin. In den Häusern befanden sich Kochgruben, mit Schiefer ausgekleidete Vorratsgruben und runde Lehmsockel, auf denen riesige Getreidekörbe standen.

Europa

Ernährung & Lebensraum

Bäuerliche Szenen

In Hochtälern der Alpen und in Teilen Südschwedens, vor allem in Bohuslan, findet man Felsritzungen, die den bäuerlichen Alltag der Späten Bronzezeit (etwa 1400–800 v. Chr.) in Europa darstellen. Sowohl in den Alpen als auch in Schweden findet man Darstellungen eines Mannes, der mit Hilfe eines Ochsenpaares und eines einfachen Pfluges pflügt. In den Alpen fand man außerdem Karten, die möglicherweise die Lage von Feldern und die Position einzelner Bäume zeigen. Die Pflügeszene steht eventuell mit einem Fruchtbarkeitsritual in Zusammenhang, die Fundorte könnten Naturheiligtümer sein.

Wohnen & Bauen

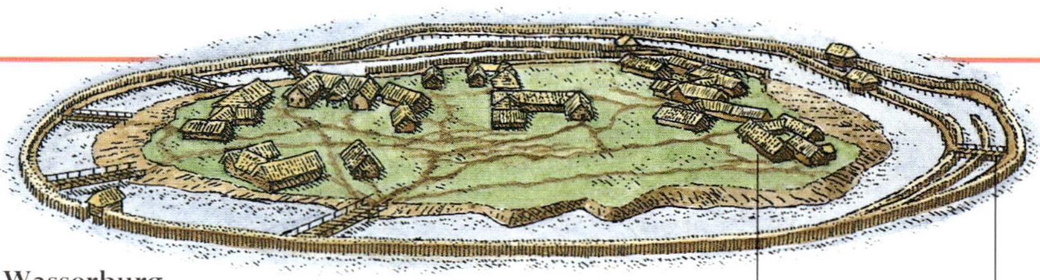

Wasserburg, Bad Buchau, Deutschland

Inseldorf

Die im Federsee stehende »Wasserburg« in Bad Buchau war umgeben von einer über Rampen erreichbaren Holzbefestigung mit Wehrgängen und von einem Graben. Man vermutet mittlerweile, dass es sich hier eher um eine große befestigte Siedlung als um eine reine Fluchtburg für Kriegszeiten handelte.

Afrika

Ernährung & Lebensraum

Jagd

Grabbilder zeigen u. a., dass es für ägyptische Adlige üblich war, begleitet von ihren Frauen in den Papyrussümpfen entlang des Nils zu jagen. Der Mann auf diesem Bild trägt ein schlangenförmiges Wurfholz und lockt das Wild mit drei Reiherattrappen als Köder. Man sieht hier auch sehr schön die Vogelwelt des Niltals.

Wandmalerei, Detail, Ägypten

Wohnen & Bauen

Das Tal der Könige

Ein riesiges, abgeschlossenes Felsental westlich des Nils wurde im Neuen Reich (1550–1070 v. Chr.) zur Grabstätte der ägyptischen Pharaonen: das Tal der Könige. Das gewaltige Felsgrab Ramses IX. (1131–1112 v. Chr.) besteht aus einer Reihe von riesigen Steingängen und Hallen, die bis zu 80 m tief in den Berg reichen. In der Grabkammer fand man auf einer Schieferplatte einen Plan der Grabanlage.

Erfindungen & Entdeckungen

Vielseitige Matten

Die Jäger und Sammler des westlichen Nordamerika flochten vielseitig verwendbare Matten aus Schilf, Weiden und Binsen. Die leichten Matten ließen sich problemlos von einem Lagerplatz zum nächsten transportieren. Sie dienten als Hauswände, als Sitz- und als Schlafmatten.

Fragment eines Schilfrohrgeflechts, Lovelock-Höhle, Nevada

Bronzehandel

Die Technik der Bronzeherstellung verbreitete sich vom Kaukasus (zwischen Schwarzem Meer und Kaspischem Meer) über Zentralasien bis nach Südsibirien, wo sich um 1200 v. Chr. ein eigenes Bronzehandwerk entwickelte. Ein Teil der Schmuckobjekte, der Dolche und geschäfteten Axtklingen wurde über die Wüste Gobi bis nach China hinein gehandelt.

Geschäftete Bronzeaxt, Sibirien

Eisenbearbeitung

In Indien wurden um 1000 v. Chr. erste Versuche mit der Verarbeitung von Eisen gemacht, dies auch wegen der nicht so reichen Kupfervorkommen, die schnell ausgebeutet waren. Dabei halfen die beim Schmelzen und Bearbeiten des Kupfers gemachten Erfahrungen. Einfache Dolche und Axtklingen mit Lappenschäftung waren die ersten Eisenobjekte.

Musikinstrumente

Die bronzezeitlichen Luren waren Hörner, die man in der Regel zu zeremoniellen Anlässen spielte. Luren stellte man aus mehreren Teilstücken in der Technik des Gusses in verlorener Form her. Um eine Wachsform herum wurde ein Tonmodel geformt; beim Brennen des Tons schmolz das Wachs. In den entstehenden Hohlraum konnte dann die Bronze gegossen werden.

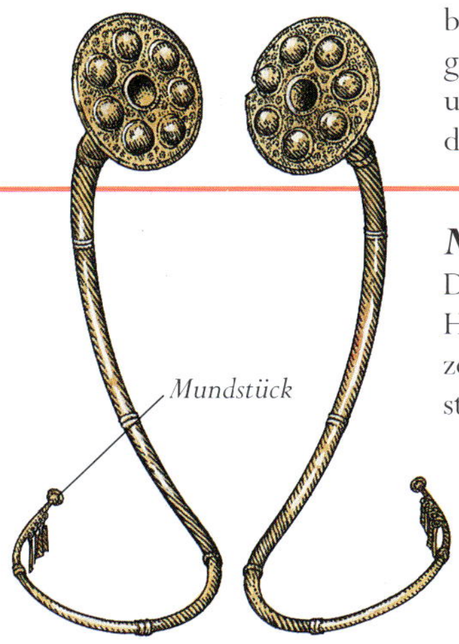

Bronzeluren, Brudevaelte, Dänemark

Frühe Harfen

Ägyptische Wandmalereien zeigen oft Musikerinnen und Musikinstrumente. Bei großen Festen traten stets Orchester und Tänzerinnen auf. Meist handelte es sich um reine Frauenorchester. Sie spielten Leier, Harfe, Flöte und eine Art Kastagnetten. Einige der Harfen waren so groß wie die Harfenspielerin. Es gab viersaitige bis hin zu über 20-saitigen Harfen.

Harfenspielerin, Detail einer ägyptischen Wandmalerei

Kunst & Religion

Grabbeigaben

In Tlatilco im Hochtal von Mexiko fand man unter den Häusern einige hundert Bestattete. Der Ort war von 1200 – 700 v. Chr. besiedelt. Entsprechend den Grabbeigaben lassen sich die Toten verschiedenen sozialen Schichten zuordnen. Die zahlreich gefundenen weiblichen Tonfigürchen stehen möglicherweise mit einem Fruchtbarkeitskult in Verbindung.

Keramikstatuette, Tlatilco, Mexiko

Verzierte Keramik

Die mit roter Schlickermalerei versehenen Tongefäße der frühen Bewohner der westlichen Pazifikinseln (darunter Tonga und Samoa) weisen sehr kunstfertige, eingeritzte oder aufgestempelte, meist geometrische, teilweise aber auch figürliche Muster auf.

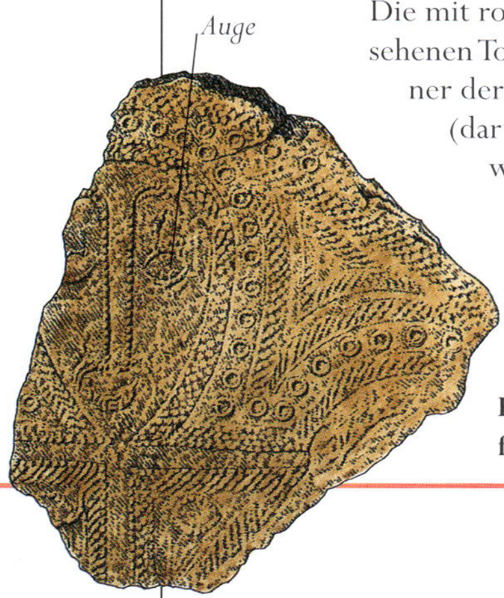

Keramikscherbe, figürliches Muster, Santa-Cruz-Inseln

Pantheismus

Jedes vorderasiatische Volk, die mesopotamischen Sumerer und Akkader, die Kassiter, die Amurru, Churriter, Hethiter, Elamiter und Kanaaniter, hatte seinen eigenen Götterpantheon. Jede Gottheit war für einen bestimmten Aspekt des Lebens zuständig und wurde der jeweiligen Kultur entsprechend verehrt. Allerdings war der vorderasiatische Götterglaube nie ausschließlich. Man konnte neben einer Gottheit immer noch eine Reihe anderer Götter verehren. Religionskriege gab es hier nicht. Manche Gottheiten tauchten, jeweils leicht abgewandelt, sogar bei verschiedenen Völkern auf, wie etwa der Wettergott der Hethiter, Babylonier und Elamiter.

Feuerbestattung

Um 1200 v. Chr. begannen die Menschen in Zentralmitteleuropa ihre Toten zu verbrennen und in Urnen beizusetzen. Die nach diesem Totenbrauch benannte Urnenfelderkultur breitete sich mit Schwerpunkt Mitteleuropa auch nach Westen und Süden aus. Alle Urnengräber waren nord-südlich ausgerichtet. Zentrale urnenfelderzeitliche Symbole sind Vogel und Sonne sowie die oft sehr abstrahiert dargestellte so genannte Vogel-Sonnen-Barke.

Urne, Nordostfrankreich

»Steingongs«

In einigen Teilen Nigerias wurden vermutlich mehrere tausend Jahre lang Steinblöcke als »Steingongs« benutzt. Wenn man sie mit einem anderen Stein anschlug, brachten sie bis zu 13 verschiedene Töne hervor. Manche »Gongs« wurden noch bis vor kurzem bei Initiationsritualen verwendet. In Dutsen Habide, in der nordnigerianischen Provinz Kano, führt ein Pfad von einem Felsüberhang zu einer Felsspalte, in der man einen Granitblock aufgerichtet hatte. Die Spuren weisen darauf hin, dass der Block als »Gong« benutzt worden sein könnte. Grabungen bei Felsüberhängen brachten eine Reihe von auf das 2. Jahrtausend v. Chr. datierten »Klöppelsteinen« zu Tage.

DIE SHANG-DYNASTIE IN CHINA

Von etwa 1600 – 1027 v. Chr. regierte die chinesische Shang-Dynastie eines der bronzezeitlichen chinesischen Reiche, die zeitgleich entstanden. Residenzstadt waren nacheinander Erlitou, Zhengzhou und Anyang. Die aus Kaurimuschelschalen bestehende Staatswährung sowie die Verbreitung von Rohstoffen wie Jade weisen auf ausgedehnte Handelsbeziehungen zwischen den einzelnen chinesischen Staaten hin. Die Shang-Zeit zeichnet sich vor allem durch ein hoch entwickeltes Zeremonialsystem und durch außergewöhnliche Bronzearbeiten aus. Den Staat führte ein Priesterkönig, dem eine Reihe tributpflichtiger Fürsten unterstellt war. Spezialisierte Handwerker arbeiteten in (modern anmutenden) arbeitsteiligen Produktionsprozessen; leibeigene Bauern und Sklaven bauten Verteidigungswälle, Königspaläste und Grabstätten.

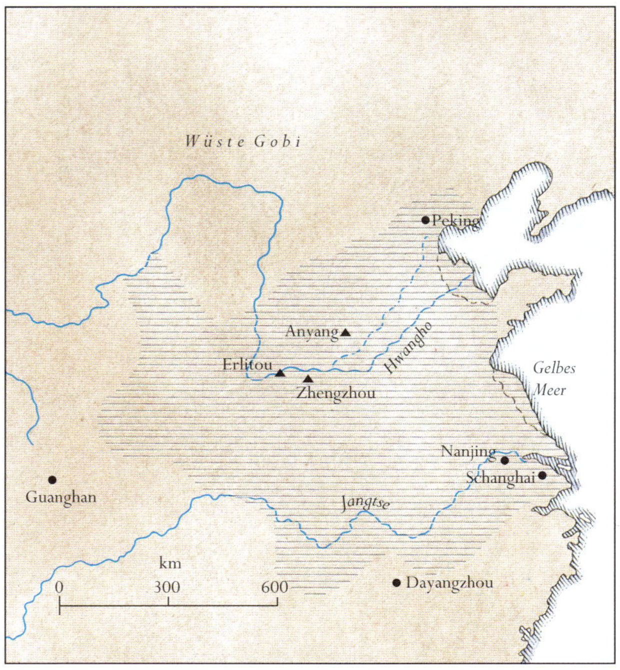

-- Hist. Küstenverlauf ≡ Ausdehnung des Shang-Staates ▲ Hauptstadt

CHINA ZUR SHANG-ZEIT *oben*
Der Shang-Staat umfasste einige Städte im Hwanghotal sowie die Nordchinesische Ebene. In der Nähe von Peking, sowie bei Nanjing, Schanghai, Guanghan in Sichuan und bei Dayangzhou in Yunnan an der vietnamesischen Grenze fand man Hinweise auf weitere frühe chinesische Staaten.

RITUALBRONZEN

Unterschiedlichste Ritualbronzen wurden in China als Speise- und Trinkgefäße bei Ahnenopfern und Zeremonien gebraucht. In der Regel hatte man ein ganzes Bronzen-Set. Anzahl, Größe und Qualität der Bronzen richteten sich nach der gesellschaftlichen Position und dem Wohlstand des Besitzers. Jedes rituell genutzte Gefäß hatte seine festgelegte Form und Funktion.

SPEISEGEFÄSS AUS BRONZE *unten*
Das vierbeinige Fangding, ein rituell genutztes Speisegefäß, hat das typische tiergestaltige Dekor der Ritualbronzen aus der Shang-Zeit.

FRÜHE PALASTANLAGEN *unten*
Auf seinem Höhepunkt bestand der Shang-Staat aus über 1000 befestigten, mit der Residenzstadt Anyang verbundenen Städten. Zur Palastanlage von Anyang gehörten auch Verwaltungsräume. Eine frühe, auf 1500 v. Chr. datierte Palastanlage fand man in Erlitou, der ersten Shang-Residenz. Sie bestand aus einem von einer Einfriedung umgebenen Hof, an dessen Rückwand eine große, mittig nach Süden ausgerichtete Halle stand. An der Südseite der Einfriedung befand sich das Palasttor. Dieser Baustil prägt die chinesische Architektur bis heute.

Früher Shang-Palast, Erlitou, Rekonstruktionszeichnung

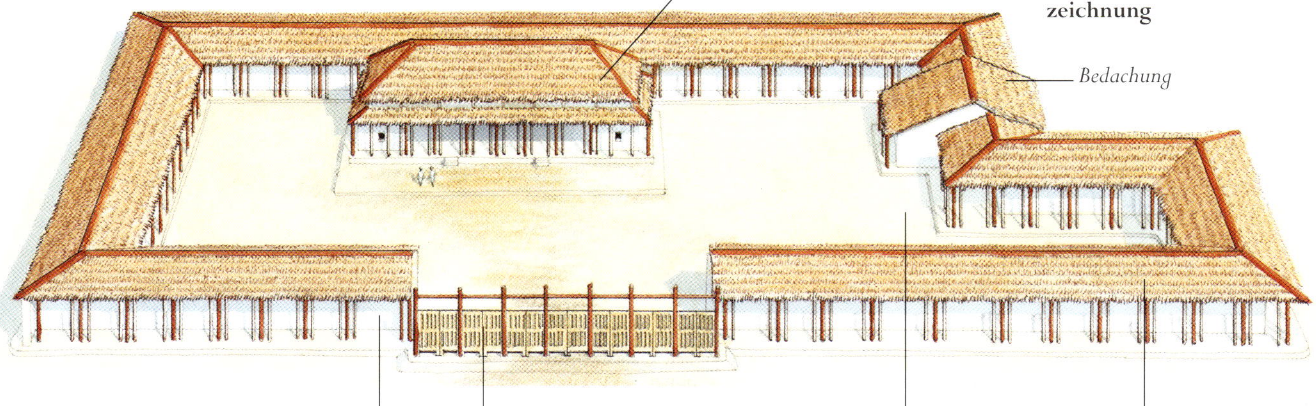

Rechteckige Haupthalle

Bedachung

Einfriedung aus Holzpfosten und Stampflehm

Doppelreihige Holzpfosten bilden das Palasttor.

Öffentlicher Hof

Bedachte Galerie

ORAKELOBJEKTE
In den Vorratsgruben der Palast- und Tempelbereiche von Anyang fand man über 100000 Orakelknochen aus Rinderknochen und Schildkrötenpanzern. Mit ihrer Hilfe nahmen Priester Kontakt zu den Ahnen auf und sagten die Zukunft vorher. Die mit Fragen beschrifteten Knochen wurden erhitzt. Dabei entstehende Knochenrisse wertete man als positive oder negative Antwort. Die Antworten und auch die durch zukünftige Ereignisse bestätigten – oder nicht bestätigten – Vorhersagen zeichnete man ebenfalls auf den Orakelknochen auf. Anhand dieser Aufzeichnungen offenbart sich uns das Leben im Shang-Staat, von Opferungen und Ritualen bis hin zu anderen wichtigen Ereignissen.

Beschriftete Orakelknochen

In einigen Orakelknochentexten werden der Name des Herrschers, die Frage und die Antwort genannt.

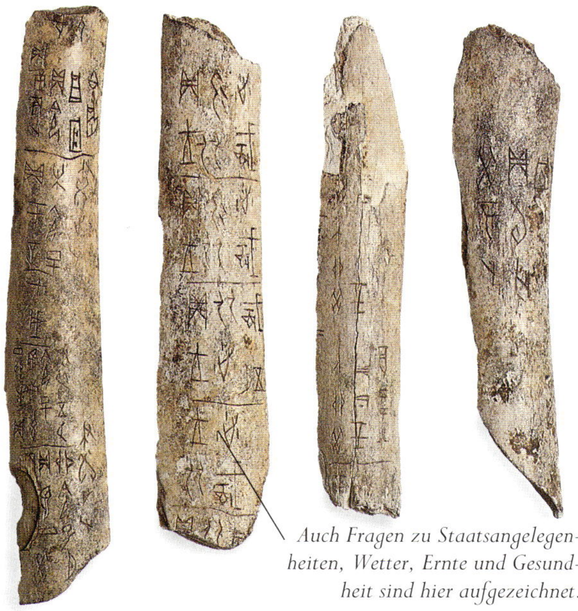

Auch Fragen zu Staatsangelegenheiten, Wetter, Ernte und Gesundheit sind hier aufgezeichnet.

Ritual-
bronze mit
Widderkopf-
verzierung

TIERMOTIVE *oben*
Möglicherweise haben die Tiermotive, die die Ritualbronzen zieren, einen religiösen Hintergrund. Tiere galten als Wesen, die Kontakt mit den Ahnen aufnehmen können.

WEINGEFÄSS *oben*
Dieses dreibeinige Weingefäß konnte man möglicherweise auch als Kochgefäß über einem Feuer verwenden.

DIE REICHE ELITE

Die 1976 durchgeführte Ausgrabung der Grabstätte von Fu Hao in Anyang hat den unermesslichen Reichtum der Shang-Elite zu Tage gefördert. Fu Hao war eine der drei Hauptfrauen des Shang-Herrschers Wuding (1324–1266 v. Chr.). Sie war, den Orakelinschriften zufolge, unabhängig von ihrem königlichen Gatten auch Oberbefehlshaberin des Heeres und Landbesitzerin. Außerdem führte sie eigene Opferungsriten durch. In ihrem für die damalige Zeit eher bescheidenen Grab fanden sich über 1600 Bronzegefäße und andere Objekte.

DAS SCHACHTGRAB VON FU HAO *rechts*
Das Grab bestand aus einer 7,5 m tiefen Grube mit schräg abfallenden Wänden. Am Boden befand sich eine hölzerne Grabkammer, die den Sarg der Königin Fu Hao beherbergte. Das Grab weist zwar die typische Abdeckung durch eine heilige Halle auf, ihm fehlt aber die charakteristische Zugangsrampe. Im Grab und in den Erdauffüllungen des Grabes fand man verschiedene Grabbeigaben.

Fu Haos Grab, Anyang, Rekonstruktionszeichnung

GRABBEIGABEN
Unter den Grabbeigaben der Königin Fu Hao befand sich ein Paar Speisegefäße aus Bronze. Die Beine dieser Bronze laufen in der Form von Drachenfüßen aus. Die typischen Daotie (abstrakte Tiermotive) zieren das Gefäß. Auf dem Gefäß steht der Name Fu Hao.

Speisegefäß mit Fu Haos Namen

Abrieb des Namens Fu Hao

KÖNIGLICHE INSCHRIFT
Auf über 80 der in Fu Haos Grab gefundenen Objekte waren ihr Name oder ihre zahlreichen Titel verzeichnet. Damit ist ihr Grab eines der ältesten in China, das einer konkreten historischen Person zugeordnet werden kann.

KONTAKT MIT GEISTWESEN
Unter den 590 Jadeobjekten aus Fu Haos Grab befinden sich viele detailliert geschnitzte Tierdarstellungen, darunter auch Vögel.

Kaurimuscheln

Jadevogel

ELFENBEIN *rechts*
Es gibt nur wenige Elfenbeinfunde aus der Shang-Zeit. In Fu Haos Grab jedoch entdeckte man ein Paar Elfenbeinbecher mit Türkiseinlagen. Auch hier finden wir die typischen Daotie-Motive der Ritualbronzen wieder, möglicherweise ein Hinweis auf ihre rituelle Verwendung.

MUSCHELGELD
Kaurimuschelschalen, die Shang-Währung, wurden von Südostasien aus in den Shang-Staat eingeführt. In Fu Haos Grab fand man über 7000 Kaurimuschelschalen.

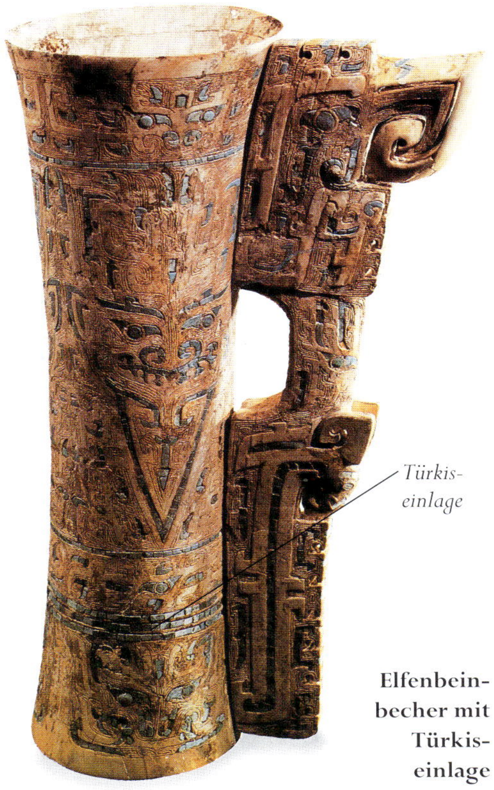

Elfenbeinbecher mit Türkiseinlage

KAPITEL 11

AUFSTIEG & NIEDERGANG DER GROSSEN REICHE 1000–500 V. CHR.

Die Olmeken begründen die erste mesoamerikanische Hochkultur.

In Vorderasien, Europa, Indien und China beginnt die Eisenverhüttung.

In Vorderasien herrschen nacheinander Assyrer, Babylonier und Perser.

In Griechenland stehen die klassischen schönen Künste in Blüte.

China zerfällt nach dem Niedergang der Zhou-Dynastie.

Zwischen 1000 und 500 v. Chr. kommt es in weiteren Teilen der Welt zur Herausbildung bedeutender Kulturkreise, wie etwa der Nok-Kultur in Nigeria, der nordamerikanischen Adena-Kultur und der assyrischen Kultur.

Kulturelle Entwicklungen

Bis 1000 v. Chr. hatten die Olemeken im mexikanischen San Lorenzo, Veracruz, eine gigantische Zeremonialanlage errichtet, die von riesigen Steinköpfen geprägt ist, über deren Bedeutung man heute noch rätselt. Nach 900 v. Chr. wurde San Lorenzo jedoch aus unbekannten Gründen aufgegeben. Die neue Hauptstadt entstand in La Venta, dem Fundort von wunderbar gearbeiteten Jadefigürchen.

In der Andenregion wurde zum gleichen Zeitpunkt von der Tempelanlage von Chavín de Huántar aus, an der Küste Perus, die ganze Region beherrscht. Der dort entwickelte Kunststil beeinflusste die peruanische Kunst der folgenden Jahrhunderte. Manche Regionalstile im Nordteil Südamerikas weisen Parallelen zu mesomaerikanischen Stilen auf, etwa die zeitgleich an der Küste Ecuadors produzierte Chorrera-Keramik.

Im Mittleren Westen und im Osten Nordamerikas begannen die Angehörigen der Adena-Kultur um 1000 v. Chr. entlang des Flusses Ohio Grab- und Tempelhügel zu errichten. Die Menschen bauten u. a. Mais und Sonnenblumen an. In der kanadischen Arktis nahm die Bevölkerung parallel zur fortschreitenden Verbesserung der Jagdwaffen und Jagdmethoden zu.

MEISTER DER STEINMETZKUNST
Diese 8 cm hohe, auf 900 v. Chr. datierte Ritualmaske aus Grünstein ist ein hervorragendes Zeugnis olmekischer Handwerkskunst.

Die Eisenzeit beginnt

In Europa und Asien führte die Einführung des Eisens zu gewaltigen Umwälzungen. Im Unterschied zu Kupfer und Zinn, den Ausgangsprodukten der Bronze, ist Eisen überall zu finden, leichter zu fördern, und man kann es sehr viel härter schmieden. Die ersten Eisenverarbeitungsversuche machte man schon vor 2000 v. Chr. in Vorderasien. Um 1000 v. Chr. war die Eisenverarbeitung auch in der westlichen Levante und in der Ägäis bekannt, von wo aus sie sich bis 700 v. Chr. nach Europa, Indien und China verbreitete.

FRÜHE AMERIKANISCHE GOLDSCHMIEDEKUNST
Die ersten Goldarbeiten Amerikas wurden in Peru geschmiedet. Diese auf 750 v. Chr. datierte Goldkrone im Chavín-Stil fand man in Chiclayo, Peru.

Wichtige Ereignisse 1000–500 v. Chr.

900 v. Chr. Gründung des olmekischen Zentrums La Venta, Mexiko

800 v. Chr. Einführung des Alphabets, Griechenland

770 v. Chr. Untergang der Zhou-Dynastie, China

750 v. Chr. Aufstieg des nubischen Reiches Kusch, Afrika
Erste Goldschmiedearbeiten, Südamerika

612 v. Chr. Untergang Assyriens, Vorderasien

570 v. Chr. Geburt des Buddha, Indien

539 v. Chr. Zerstörung Babylons durch die Perser, Vorderasien

1000 v. Chr. – 900 v. Chr. – 800 v. Chr. – 700 v. Chr. – 600 v. Chr. – 500 v. Chr.

Kanopen
In vier Kanopen (Eingeweidegefäßen), die jeweils einem anderen Schutzgott unterstellt waren, bestattete man die aus dem Körper des Toten entfernten Eingeweide.

Der Ausbau der Macht

In Vorderasien entwickelten sich mächtige Staatsgebilde. Assyrien stieg zwischen dem 9. und dem 7. Jh. v. Chr. zur wichtigsten Macht in Vorderasien auf. Das Reich erstreckte sich von der Ostküste des Mittelmeers bis zum Iranischen Hochland. In den assyrischen Städten errichtete man Tempel zu Ehren verschiedener Gottheiten, wie etwa den der Ninurta, der Göttin der Liebe, geweihten Tempel in Kalach (Nimrud). Gewaltige Palastanlagen beherbergten die Herrscherelite und die Verwaltung. Um 612 v. Chr. jedoch wurde Assyrien durch eine Allianz seiner Gegner besiegt. Babylonien mit der Hauptstadt Babylon nahm in der Folge den Platz Assyriens ein. 539 v. Chr. wurde Babylonien dann aber von den Persern besiegt, die am Ende des Jahrhunderts ein Weltreich regierten, das von Ägypten über die Ägäis bis nach Indien reichte.

Das Alphabet

Die Übernahme des Alphabets in der Levante und den griechischsprachigen Ländern westlich davon gehört zu den umwälzendsten Ereignissen der Epoche. Das im 2. Jahrtausend v. Chr. in Kanaan entwickelte Alphabet wurde nach 1000 v. Chr. von phönikischen Siedlern und Händlern über den gesamten Mittelmeerraum verbreitet. Jedem der neuen Schriftzeichen war ein einzelner Laut zugeordnet, was die Handhabung und das Erlernen sehr viel leichter machte als bei den früheren Silben- oder Bilderschriften.

Tonware
Die griechischen Töpfer ließen sich von den damals gängigen vorderasiatischen Mustern und Formgebungen inspirieren.

Assyrische Göttin
Diese assyrische Kachel aus Kalach (Nimrud) zeigt die Göttin der Liebe, Ninurta.

Um 800 v. Chr. wurde das Alphabet in die griechische Sprache überführt. Zu den frühesten Schriftwerken, die mit Hilfe des neuen Alphabets entstanden, gehörten Homers *Ilias* und die *Odyssee*. Im 5. Jh. v. Chr. entwickelte sich mit der griechischen Literatur die erste eigenständige europäische Literatur. Die Ansiedlung schriftkundiger Griechen vor allem im kleinasiatischen Mittelmeerraum während des 6. Jh. v. Chr. wurde von einer Blütezeit hocharchaischer griechischer Kunst und Architektur begleitet.

1000–500 V. CHR.

33 000 V. CHR.

Frühe Münzen

Die auf 600 v. Chr. datierten, vom König Lydiens in Westanatolien geprägten Geldstücke gehören zu den frühesten Münzgeldfunden. Die griechischen Städte, deren Reichtum auf intensiven Handelsbeziehungen beruhte, erkannten sehr schnell die Vorteile des neuen Geldes. So prägten um 560 v. Chr. neben den Lydern auch die Griechen schon eigene Silbermünzen. Damit wurden die zur Münzprägung nötigen Edelmetalle zum Wertmaß, das dem Handel zu Grunde lag.

Afrikanische Entwicklungen

Der Nordosten Afrikas wurde immer noch von Ägypten beherrscht. Das Reich war zwar schwächer als früher, der traditionelle ägyptische Lebensstil blieb jedoch weitgehend unverändert. Die frühen, anfangs immer wieder von Ägypten abhängigen nubischen Herrscher im heutigen Nordsudan übernahmen den Pyramidenbau und die Hieroglyphen.
Im 9. Jh. v. Chr. bildete sich hier schließlich das von Ägypten unabhängige kuschitische Reich von Napata, dessen Zentrum zunächst das am Vierten Nilkatarakt gelegene Napata war. Um 600 v. Chr. wurde die Hauptstadt nach Meroë verlegt, wo es zu einer allmählichen Herausbildung eigenständiger, nichtägyptischer Kulturelemente kam.

Die Phöniker, deren Name sich auf die griechische Bezeichnung für »Purpurmänner« zurückführen lässt, handelten u. a. mit gefärbten Stoffen aus Tyros. Sie gründeten im 9. Jh. v. Chr. entlang der nordafrikanischen Küste eine Reihe von Handelsniederlassungen, unter ihnen Karthago, die spätere Seemacht im Mittelmeerraum. Südlich der Sahara entwickelte sich um 500 v. Chr. die Nok-Kultur, die beeindruckende Keramikköpfe hinterlassen hat.

Festhalten an Traditionen

Der Untergang der Shang-Dynastie im 11. Jh. v.Chr. und die darauf folgende Herrschaft der Zhou-Dynastie (1027–770 v. Chr.) hatten kaum Auswirkungen auf die chinesische Kultur. Einschneidend war jedoch der Untergang der Zhou-Dynastie im 8. Jh. v. Chr., der eine Aufsplitterung des Reiches in viele kleine Staaten mit sich brachte, die sich während der nächsten 500 Jahre bekriegten. Viele Menschen suchten deshalb Zuflucht in befestigten Städten.

In anderen Teilen Asiens verliefen die Entwicklungen des 1. Jahrtausends v.Chr. sehr viel friedlicher. In Japan lebte die Bevölkerung weiterhin in erster Linie von der Jagd und vom Sammeln von Wildfrüchten, wenn auch ab 500 v. Chr. allmählich Reis in festen Pflanzungen angebaut wurde.
In Südostasien und in Australasien entwickelten sich die Kulturen ebenfalls ohne allzu große Änderungen weiter. Man nutzte die reichlich vorhandenen natürlichen Ressourcen; parallel dazu wurde jedoch der Anbau von Reis, Jams und Taro immer wichtiger. In Polynesien hatten sich mittlerweile die ersten Siedler auf Tonga und Samoa eingerichtet; hier begann sich eine eigenständige polynesische Kultur zu entwickeln.

AMERIKA

ADENA-KULTUR

Die Angehörigen der Adena-Kultur (1000–100 v. Chr.) lebten von der Jagd, dem Sammeln und einem nicht sehr intensiv betriebenen Anbau von Kulturpflanzen. Und sie bauten die ersten großen Grab- und Tempelhügel Nordamerikas. Der Adena-Hügel in Chillicothe, Ohio, wurde in zwei Schichten errichtet. In der ersten Schicht fand man eine große, mit Rinde ausgekleidete Sargkammer sowie weitere mit Holzstämmen ausgekleidete Sargkammern mit Bestattungsresten, in der zweiten Schicht fand man Reste von Bestattungen aber keine Kammern.

Adena-Pfeife, Adena-Hügel, Ohio

Verm. Ausdehnung der Adena-Kultur

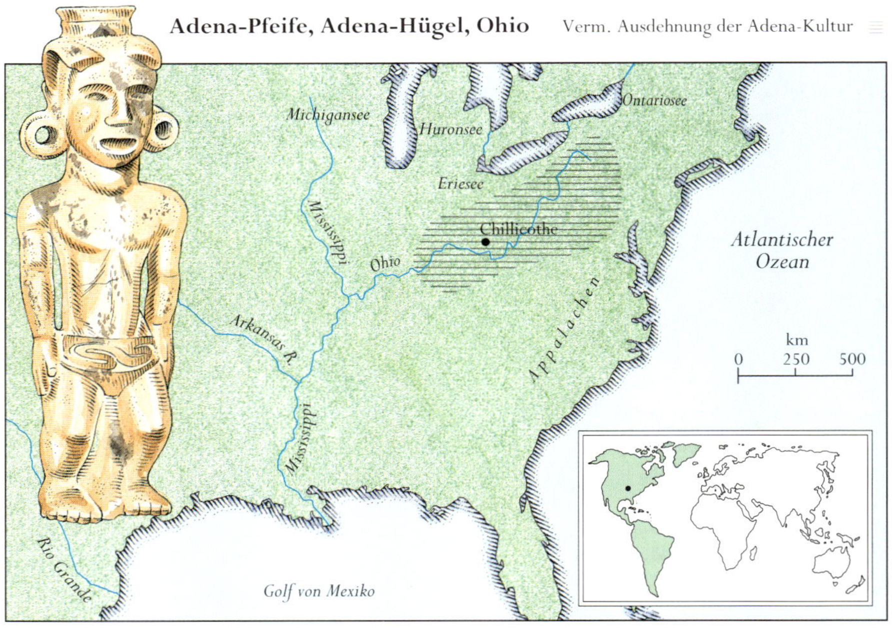

AFRIKA

DAS KÖNIGREICH MEROË

In Nubien wurde um 750 v. Chr. ein eigenständiger, von Ägypten völlig unabhängiger Staat gegründet: das kuschitische Reich von Napata, das nach der Verlegung der Hauptstadt nach Meroë um 600 v. Chr. auch als Reich von Meroë bekannt wurde. Fruchtbares Ackerland umgab die Residenz Meroë. Die Landwirtschaft war in der Lage, eine große städtische Bevölkerung zu ernähren. Kamelkarawanen importierten arabische Luxusgüter über die Handelshäfen am Roten Meer und von der Mittelmeerküste, während Meroë Gold, Elfenbein und andere Rohstoffe exportierte.
Das Reich gedieh Jahrhunderte lang am Rande der antiken Welt, ohne jemals Opfer einer Invasion zu werden. Zu den wichtigsten Tempeln gehören u. a. Gebel Barkal und Musawarat es-Sufra.

■ Meroische Fundstätte

Darstellung eines kämpfenden Prinzen, Steinrelief, Meroë, Sudan

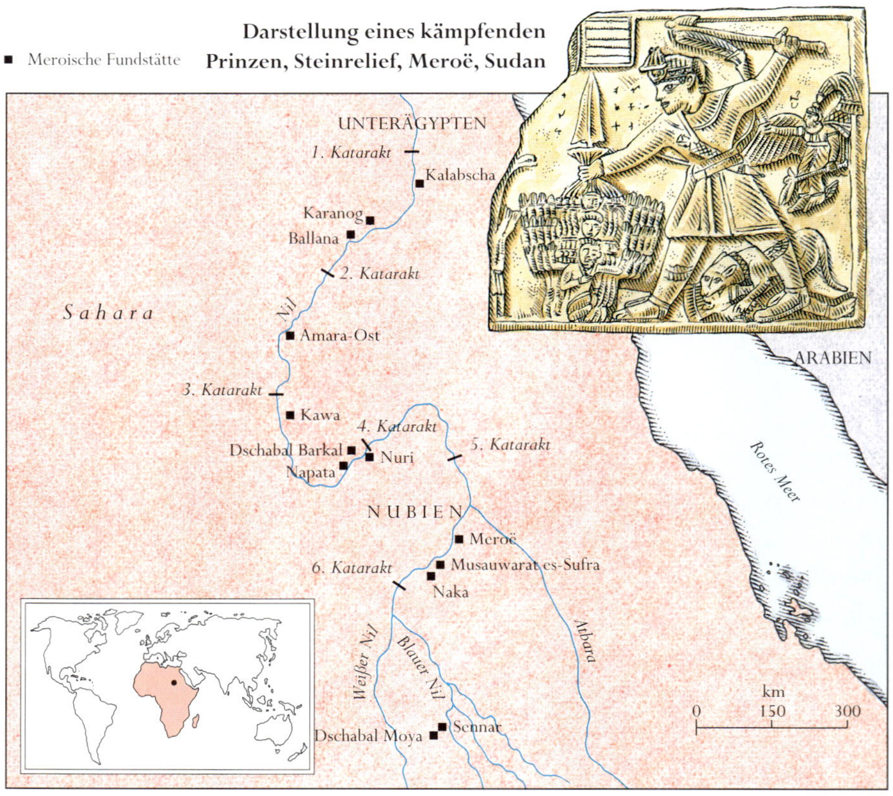

Europa

Griechische Kolonien

Zwischen dem 12. und dem 8. Jh. v. Chr., nach dem Niedergang Mykenes, war Griechenland eine relativ arme und isolierte Region. Danach kam es jedoch zu einer neuen Blüte griechischer Kultur. An den Küsten des Mittelmeers und an der Schwarzmeerküste ließen sich griechische Flüchtlinge und Glücksritter nieder und gründeten neue Städte. Da viele dieser neuen Siedlungen über gute Naturhäfen verfügten, waren sie bald Anlaufpunkte des damaligen internationalen Handels zwischen Vorderasien, Europa und Afrika. Griechische Kolonien erstreckten sich zum Ende des 7. Jh. v. Chr. von Hemeroskopeion (in Spanien) bis Trapezunt am Schwarzen Meer.

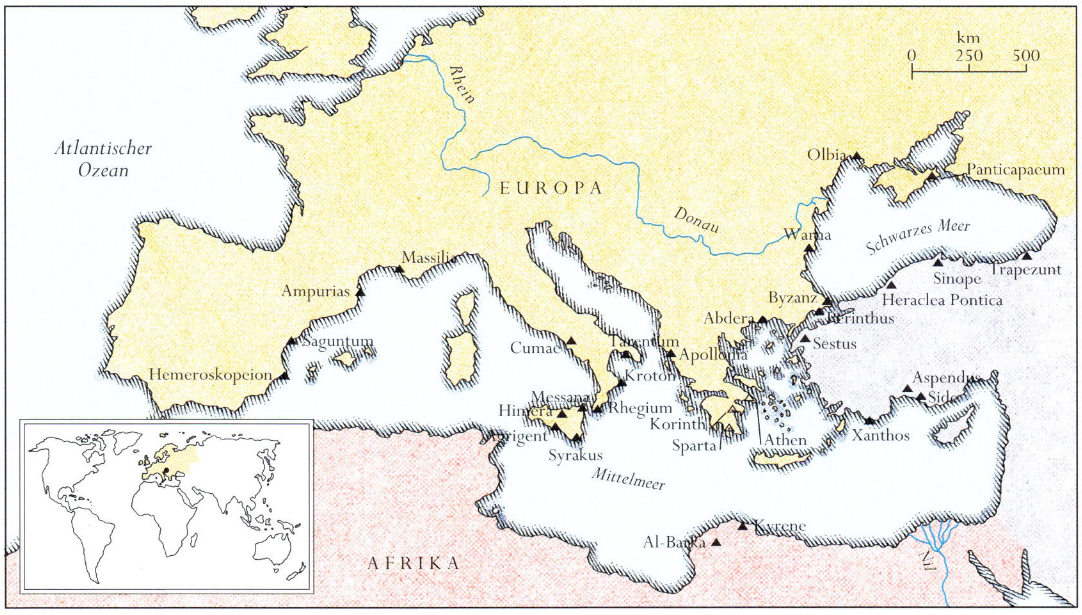

Griechische Kolonie ▲

Griechische Stadt △

Griechisches Handelsschiff

Vorderasien & Südasien

Das assyrische Reich

Vom 9. bis zum 7. Jh. v. Chr. beherrschten die Assyrer von ihrem Kernland im heutigen Irak aus Vorderasien. Unter so bedeutenden Königen wie Sargon II. (reg. 722 – 705 v. Chr.) und Assurbanipal (Sardanapal; 668 – 627 v. Chr.) erreichte das Reich seine größte Ausdehnung. Hauptstadt waren nacheinander Assur, Kalach (Nimrud), Dur-Scharrukin und Ninive. Prächtige Palast- und Tempelanlagen zeugten von der Macht assyrischer Herrscher. Mit einer klugen Mischung aus Kriegszügen, Diplomatie und einer effektiven Verwaltung gelang es ihnen, das Reichsgebiet über fast ganz Vorderasien auszuweiten. Sie besiegten sogar Ägypten. 612 v. Chr. jedoch wurde das assyrische Reich von einer aus Medern und Babyloniern bestehenden Allianz vernichtet.

Palast von Sargon II., Dur-Scharrukin, Irak

Kernland des Assyrischen Reiches

Max. Ausdehnung des Assyrischen Reiches

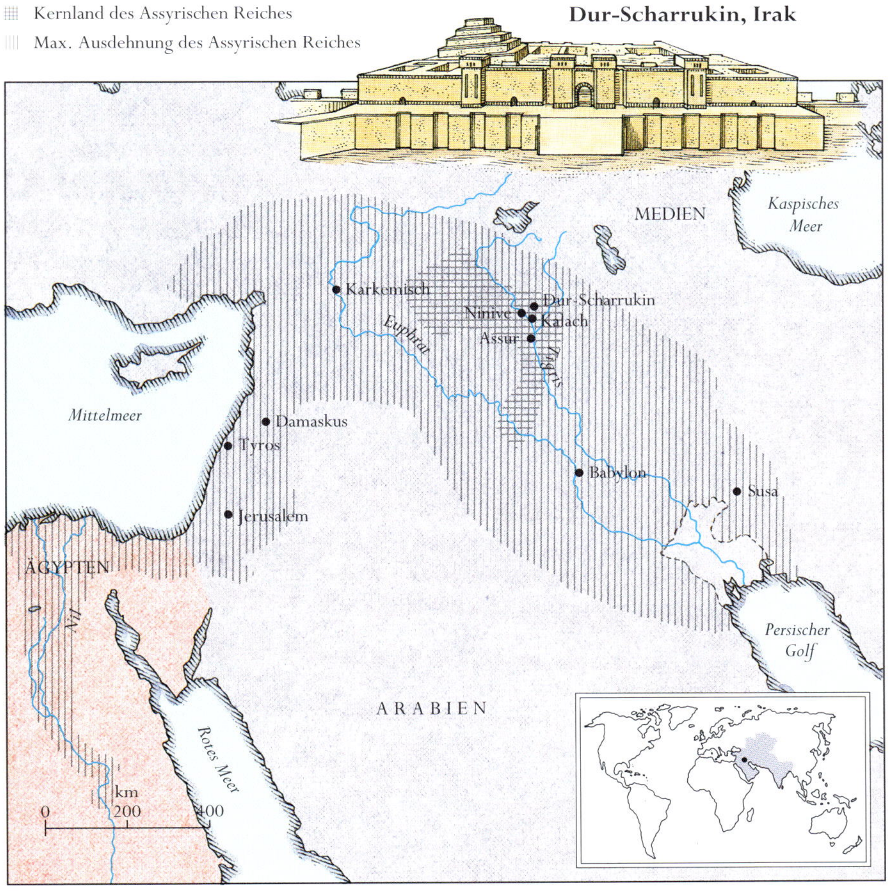

Ostasien & Australasien

Japanischer Reis

Reis gehört heute zu den wichtigsten Grundnahrungsmitteln. Erstmals angebaut wurde er vor über 7000 Jahren von chinesischen Bauern. Innerhalb einiger Jahrtausende gelangte der Reisanbau dann bis Korea und Japan. Allerdings begann man in Korea erst ab der Mitte des 2. Jahrtausends v. Chr. Reis anzubauen. Und noch einmal 1000 Jahre dauerte es, bis sich der Reisanbau in Japan durchsetzte. Die frühesten Spuren von japanischem Reisanbau findet man auf der Insel Kyushu, in Itazuke. Von dort breitete er sich nordwärts nach Shikoku und Honshu aus. Neben dem Reisanbau ergänzten die Menschen hier ihre Nahrung weiterhin mit dem Sammeln von Wildfrüchten und durch Fischfang.

Kulturreis

■ Frühzeitl. Reisanbau

-- Hist. Küstenverlauf und Flüsse

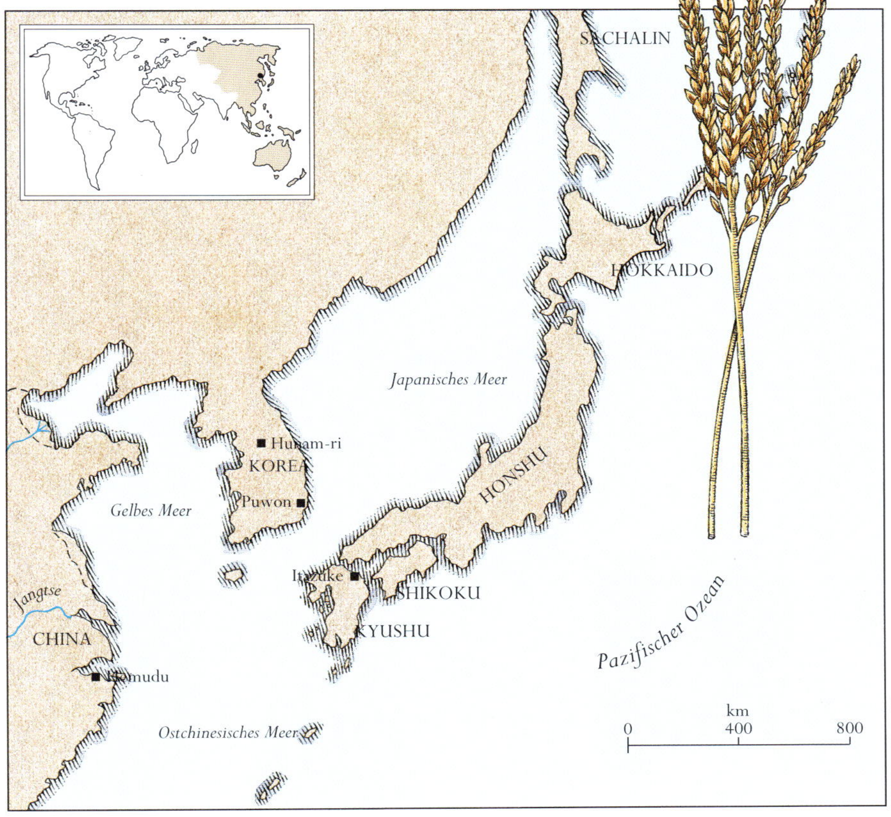

1000–800 V. CHR.

33 000 V. CHR.

AMERIKA

Ernährung & Lebensraum

Bohnen und Kürbis
Zwar war das Angebot an Wildfrüchten in Nordamerika reichhaltig, allerdings bot der Anbau von Feldfrüchten wie Bohnen und Kürbis den dortigen Jäger-Sammler-Kulturen eine verlässlichere Nahrungsquelle. Bohnen, Kürbis und Mais wurden innerhalb der folgenden Jahrhunderte zu den wichtigsten Grundnahrungsmitteln.

Bohnen und Kürbis, New Mexico

Wohnen & Bauen

Zeremonialzentren
Das frühe olmekische Zeremonialzentrum San Lorenzo wurde im 10. Jh. v. Chr. im Krieg zerstört und verlassen. Das nächste Zentrum, La Venta, entstand um 900 v. Chr. in einer sumpfigen Ebene, in der Nähe des Flusses Tonalá in Südmexiko. In der Mitte des Zentrums befand sich ein 30 m hoher, vulkanförmiger Erdkegel. In La Venta fand man auch die für die Kultur der Olmeken typischen, aus Basaltblöcken gehauenen Monumentalköpfe.

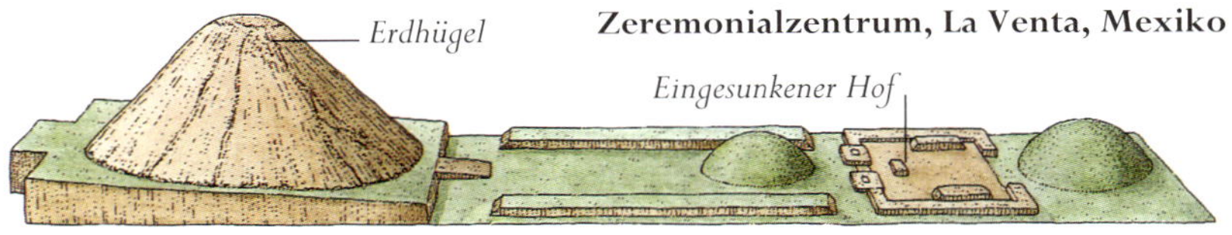

Zeremonialzentrum, La Venta, Mexiko

OSTASIEN & AUSTRALASIEN

Ernährung & Lebensraum

Weingenuss
Wein war eine wichtige Zutat bei den großen Festmählern zu Ehren der Ahnen. Viele Ritualbronzen dienten der Aufbewahrung oder dem Anrichten von Wein. Klare Weine wurden in anderen Gefäßen gereicht als hefetrübe Sorten. Beide Weinformen stellte man aus fermentiertem Getreide, in der Regel Hirse, her. Zur Bereitung eines guten klaren Weines benötigte man mehrere Monate. Wer den Wein statt aus großen Gefäßen mit Zurückhaltung aus kleinen Holz- oder Bronzebechern trank, galt als bescheiden.

Wohnen & Bauen

Felsüberhänge
Die in der Nähe des Murray Rivers in Fromm's Landing, Südostaustralien, befindlichen Felsüberhänge wurden 5000 Jahre lang regelmäßig von Aborigine-Gruppen als Lagerplatz genutzt. Trotz der reichen Nahrungsressourcen hielten sich die Aborigines hier nur einen Teil des Jahres auf. Wahrscheinlich verbrachten sie die restliche Zeit an der Küste.

VORDERASIEN & SÜDASIEN

Ernährung & Lebensraum

Kochmethoden
Aus mesopotamischen Schriften sind uns 20 Sorten Käse, 100 verschiedene Suppen und über 300 Brotsorten bekannt. Fleisch wurde über offener Flamme geröstet, alles andere wurde gekocht oder gebacken. Das Essen war sehr fett.

Nahrungszubereitung, assyrisches Steinrelief

Wohnen & Bauen

Türen und Tore
Die ersten Türen Vorderasiens hingen nicht in Angeln sondern an einem als Drehzapfen dienenden Pfosten. Auch die massiven Türen des von Salmanassar III. (reg. 858–824 v. Chr.) gebauten Palastes von Imgur-Enlil (Balawat), Irak, waren so konstruiert. Die Türen wiesen oft sehr reich verzierte Bronzebeschläge auf.

Bronzebeschlag, Detail, Palasttor, Imgur-Enlil, Irak

EUROPA

Ernährung & Lebensraum

Anbaumethoden
In Nordeuropa entwickelten sich die Ackerbaugeräte nur sehr langsam weiter. Die meisten Menschen bearbeiteten ihre Felder immer noch mit einem einfachen, aus einem Stück Holz bestehenden bogenförmigen Hakenpflug, so wie sie es schon 1000 Jahre zuvor taten. Die Bauern bauten u. a. Weizen, Gerste, Bohnen und Erbsen an. Auf den ärmeren Böden hielt man bevorzugt Rinder. In den Küstengebieten wurde die Nahrung auch durch Seefisch, wie etwa Dorsch, Flunder und Schellfisch, ergänzt. Das typische Bauernhaus bestand aus einem langen, reetgedeckten Holzgebäude. Auf einer Seite des Hauses befanden sich Stallungen für das Vieh, wo dieses im Winter untergebracht werden konnte.

Wohnen & Bauen

»Hausurne«, Italien

Einfache Häuser
In Italien lebten die Menschen in der frühen Eisenzeit in einfachen Hütten aus Strohgeflecht und Lehm. Holzpfosten trugen das Strohdach. Diese Form ist aus hausförmigen Keramikurnen bekannt. Die früheste aus solchen Hütten bestehende Siedlung im Bereich des heutigen Rom wurde im 10. oder 9. Jh. v. Chr. gegründet.

AFRIKA

Ernährung & Lebensraum

Rhizinussamen

Holunderbeeren

Heilpflanzen
Die ägyptischen Ärzte behandelten ihre Kranken u. a. mit einer Reihe von Heilpflanzen. Sie nutzten Rhizinusöl zur Behandlung von Kahlköpfigkeit sowie, mit Bier eingenommen, als Entspannungsmittel. Magenschmerzen kurierten sie mit Lotosbrot, Kopfschmerzen und Augenschmerzen mit einer Mischung aus Holunderbeeren und Honig. Graues Haar bekämpften sie mit einer Mischung aus Balsam und Vogelblut.

Wohnen & Bauen

Wohnhöhlen
In den trockeneren Gebieten Ostafrikas und in den Savannen nutzten die Hirtenvölker weiterhin auch Höhlen und Felsüberhänge als Lagerplatz. Aus Zweigen und Ästen bauten sie einfache Wände und Zäune, die sie mit Gras bedeckten. Nachts wurde das Vieh zum Schutz vor Raubtieren hinter dem Zaungeflecht in Sicherheit gebracht. Diese Siedlungen dienten nur als temporäre Lager auf den Weidezügen, wenn man das Vieh entsprechend den Jahreszeiten von einer Weide zur nächsten oder von einer Wasserstelle zu einer anderen führte. Die Felsüberhänge boten einen natürlichen Schutz. Ein Feuer hielt gleichzeitig unerwünschte nächtliche Besucher wie etwa Löwen ab. Viele afrikanische Hirtenvölker nutzen bis heute auf ihren Wanderungen Felsüberhänge und Höhlen als temporäre Siedlungen.

Erfindungen & Entdeckungen

Siegel und Stempel, Tlatilco, Mexiko

Keramikstempel

In Tlatilco, einer frühen mexikanischen Siedlung, fand man in Gräbern hochrangiger Verstorbener u. a. Zylindersiegel, Keramikstempel (zum Bedrucken von Stoffen und Leder), Pyritspiegel, Ketten, Faustkeile und Schmuckstücke. Viele Motive sind olmekisch beeinflusst, ein Hinweis auf Handelsbeziehungen mit den Olmeken.

Bronzeguss

Das Bronzehandwerk stand in China weiterhin in Blüte. Die chinesische Bronze war eine Legierung aus 90 Teilen Kupfer und zehn Teilen Zinn, die man in einem mit Holzkohle befeuerten Rennofen zusammenschmolz. Über ein kleines Loch im Schmelztiegel und im Ofen wurde das flüssige Metall in die Formen gegossen. Den Metallfluss schmolz man noch einmal zur Herstellung von Bronzeobjekten.

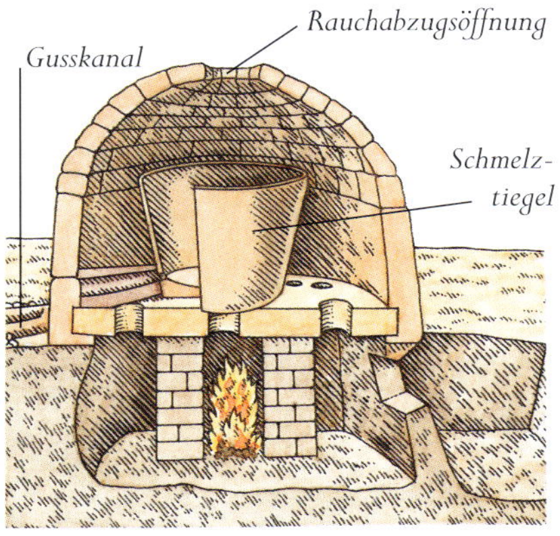

Rennofen zur Bronzeherstellung, China

Obelisk, Kalach (Nimrud)

Masse und Gewichte

In Mesopotamien zahlte man in Kupfer- oder Silbergewichten, weshalb ein genaues Maßsystem unabdingbar war. Die Gewichte wurden nach dem Sexagesimalsystem festgelegt. Auf einem Obelisk aus Kalach ist das Auswiegen von Tributzahlungen vor dem König Assurnasirpal II. (reg. 883–859 v. Chr.) dargestellt.

Verbreitung der Eisenbearbeitung

In Vorderasien begann man um 2000 v. Chr., Eisen zu verhütten, um daraus Werkzeuge und Waffen herzustellen. In Europa tauchten Eisenobjekte jedoch erstmals um 1000 v. Chr. als Grabbeigaben in Griechenland auf. Die Eisenverhüttung trug ihren Teil zum Wiedererstarken der griechischen Kultur und der Entstehung der griechischen Klassik in diesem Jahrtausend bei. Eisen hatte im Vergleich zu Bronze viele Vorteile. Es gibt mehr Eisenlagerstätten als Kupfer- und Zinnlagerstätten. Es ist leichter abzubauen, und man kann es zu sehr harten Waffen und Werkzeugen schmieden. Allerdings benötigt man zum Schmelzen von Eisen wesentlich höhere Temperaturen.

Papyrusherstellung

Cyperus papyrus ist eine am Nil wachsende Riedgrasart. Die Hersteller von Beschreibstoff im alten Ägypten schälten die Staude und zerschnitten sie in kleine, etwa 50 cm lange Streifen. Diese legten sie auf einer Stoffunterlage in zwei Lagen rechtwinklig übereinander. Die Lagen wurden gestoßen und gepresst, bis ein weißer Saft austrat, der die beiden Lagen zu einem fast weißen, festen und elastischen Beschreibstoff verband.

Kunst & Religion

Chorrera-Keramik, Manabi, Ecuador

Abstrakte Keramik

Funde zeigen, dass die Keramikgefäße im Chorrera-Stil (nach dem ecuadorianischen Fundort Chorrera benannt) bis in den Norden Südamerikas gehandelt wurden. Diese im mesoamerikanischen Stil gehaltene flache Schale mit geraden Wänden zeigt olmekische Einflüsse, ein möglicher Hinweis auf Handelsbeziehungen zwischen Südamerika und Mittelamerika. Auch die abstrakten Verzierungen erinnern an olmekische Muster.

Bronzeinschriften

Status und Macht eines Menschen zeigten sich im damaligen China auch an der Größe und Qualität der ihm gehörenden Ritualbronzen. Auf den Bronzen findet man u.a. Inschriften, die die verwandtschaftlichen Beziehungen zwischen einem Herrscher und seinen Nachfahren auflisten. Manche Bronzen berichten von wichtigen Begebenheiten im Leben des Besitzers, etwa Ernennungen, militärische Siege und der Erwerb von Land oder Sklaven. Sie zeigen auch, dass man immer mehr der Ansicht war, wahre Macht würde in moralischer Stärke statt in göttlicher Macht gründen, und eine gute Regierung basiere auf einem gerechten System aus von jedermann anerkannten Pflichten und Rechten.

Gedenktafel

Der babylonische König Nabu-apla-iddina (reg. etwa 887–855 v. Chr.) hinterließ diese Steintafel. Sie berichtet, dass eine Statue des Sonnengottes Schamasch nach einem zufällig gefundenen Tonbildnis gestaltet wurde. Die Gravierung ist altertümlich und erinnert an den 1000 Jahre zuvor üblichen Stil.

Steintafel, Schamasch-Tempel, Sippar, Irak

Bronzestatuetten

Auf Sardinien entwickelte sich im 9. Jh. v. Chr. ein blühendes Bronzehandwerk. Man fand u. a. Bronzestatuetten, die Bewaffnete darstellten. Die Angehörigen dieser Kultur bauten auch die *Nuraghe*, große Steintürme, deren genaue Bedeutung bis heute umstritten ist. Sie könnten als Kultstätten, Wohnsitze oder Zufluchtsstätten gedient haben.

Bronzestatuetten, Sardinien

Ankh, Ägypten

Religiöse Symbole

Auf vielen Schmuckstücken, die in Tanis im Nildelta zusammen mit den Königen der 21. Dynastie (1085–945 v. Chr.) bestattet wurden, fand man das Ankh-Symbol. Dieses Symbol in Form einer Henkelschleife steht für ewiges Leben. Es wurde von Götterfiguren, aber auch von Lebenden als Amulett getragen oder in Mumienbinden als Schutz für die Toten eingebunden.

800–700 V. CHR.

33 000 V. CHR.

ERNÄHRUNG & LEBENSRAUM | WOHNEN & BAUEN

AMERIKA

KOCHMETHODEN
Unter den Fundstücken der Poverty-Point-Kultur (etwa 1500–700 v. Chr.) im Mississippital befanden sich auch Tausende von vermutlich als Kochsteine verwendeten Keramikobjekten in vielen verschiedenen Formen. Sie wurden erhitzt und dann dem in einem Lederbeutel befindlichen Kochgut (Wasser und Gemüse) zugegeben, wo sie die Hitze an das Wasser abgaben.

Keramik-»Kochsteine«, Louisiana

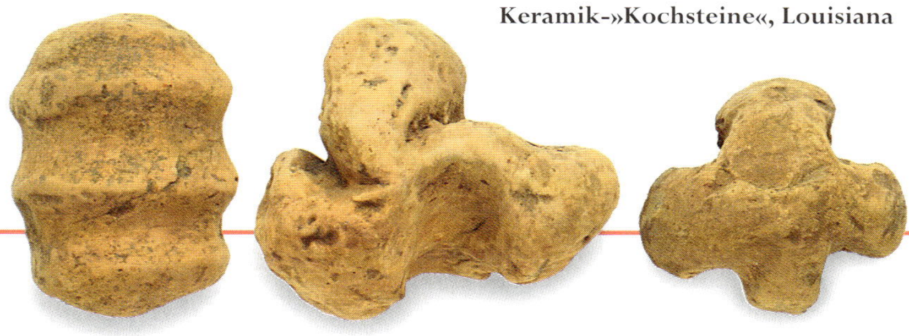

RUNDHÜTTEN
Die am Ohio siedelnden Angehörigen der Adena-Kultur (1000–100 v. Chr.) bauten Rundhütten, die etwa 4–10 m Durchmesser aufwiesen. Die Wände bestanden aus Holzpfosten mit einer Flechtwand aus Zweigen. Das konische Dach wurde von Mittelpfosten getragen.

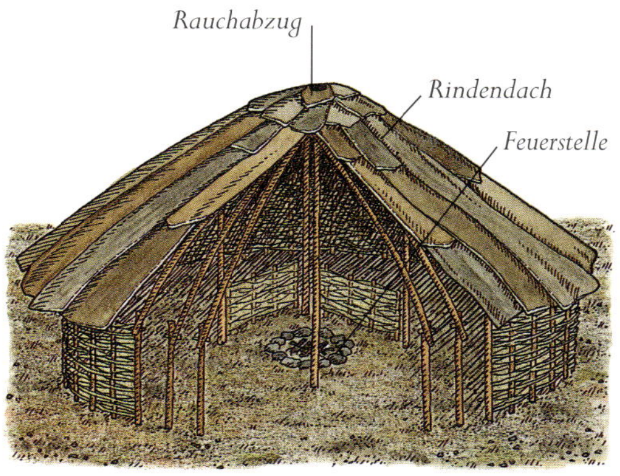

Adena-Haus, Kentucky

OSTASIEN & AUSTRALASIEN

DELIKATESSEN
Schon im alten China waren das Interesse an Delikatessen und die Experimentierfreudigkeit in der Küche sehr groß. Ein Gedicht aus dem 8. Jh. v. Chr. beschreibt eine Reihe von besonders delikaten Speisen, die auch heute noch sehr begehrt sind. Speisen wurden in China schon früh nach Getreidespeisen und Zutaten unterschieden, die dem Essen Würze geben sollen. Diese Einteilung findet man in ganz Ostasien. Zu den zahlreichen unterschiedlichsten Zutaten, mit denen man in China schon früh und sehr erfolgreich arbeitete, gehörten Wildfrüchte und Wildgemüse genauso wie Fisch, Wild und Geflügel.

DACHZIEGEL
Im Laufe des 8. Jh. v. Chr. begann man in Nord- und Zentralchina die Strohdächer durch Dächer aus gebrannten Keramikziegeln zu ersetzen. Die Dächer bestanden aus Reihen von ineinander greifenden konvexen Ziegeln und aus runden Schmuckziegeln, verziert mit Tierdarstellungen.

Runder Stirnziegel, Shaanxi, China

VORDERASIEN & SÜDASIEN

Stempelabdruck, Darstellung einer Krankenbehandlung, Irak

MEDIZINISCHE BEHANDLUNG
Die Chirurgen und anderen Ärzte Vorderasiens behandelten Krankheiten mit Hilfe unterschiedlichster Heilpflanzen. Man unterschied über 100 verschiedene Krankheiten, die man individuell behandelte. Zusätzlich gab es »Schamanen«, die Krankheiten als Einfluss eines Gottes oder eines Dämons betrachteten, den man mit magischen Ritualen austreiben konnte.

BERGFESTUNGEN
Das Königreich Urartu (9.–7. Jh. v. Chr.) beherrschte die heutige Osttürkei, Armenien und den Nordwesten Irans. Es war einer der Hauptgegner Assyriens. Typisch für Urartu sind massive, auf Felsen errichtete Burgen. Die aus dieser Zeit stammenden Burgenmodelle weisen viele Zinnen und Türmchen auf.

Bronzemodell der urartäischen Königsburg, Toprakkale, Türkei

EUROPA

KLIMAVERÄNDERUNGEN
Die Pflanzen- und Tierreste, die man in Biskupin, Polen, fand, zeigen uns, wovon die Menschen im 8. Jh. v. Chr. lebten. Weizen und Gerste wurden über 1000 Jahre lang als Grundnahrungsmittel angebaut. Allerdings ersetzte Dinkel nach und nach den Emmer, da er für das kühler und feuchter werdende Klima besser geeignet war. Diese Klimaveränderung betraf ganz Europa. Neben dem Getreideanbau wurden in erster Linie Rinder gehalten.

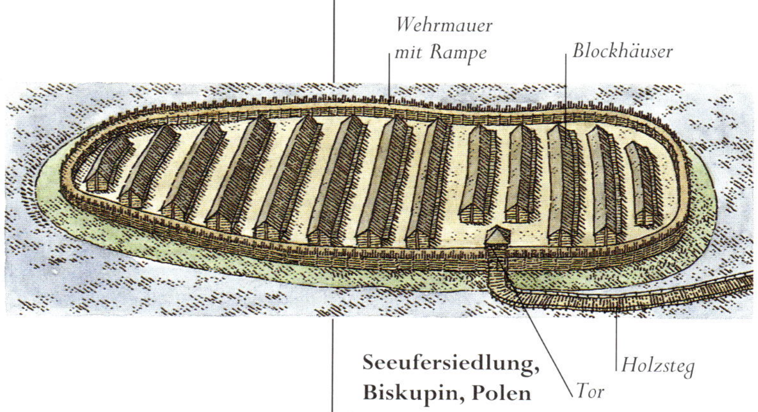

Seeufersiedlung, Biskupin, Polen

SEESIEDLUNGEN
Spätbronzezeitliche Dörfer, wie etwa das auf einer Insel im heutigen Polen gelegene Biskupin besaßen aufwändige Wehrmauern mit Rampen und Wehrgängen aus Holz. Für den Bau der Häuser, der Wehrmauer und der Holzbohlenwege wurden Zehntausende von Eichen und Kiefern verwendet. Die Häuser waren in 13 parallelen Reihen angeordnet.

AFRIKA

AFFENNETZE
Die Jäger-Sammler-Gruppen im afrikanischen Regenwald jagten mit Pfeil und Bogen Kleintiere aller Art, vor allem Brazza-Meerkatzen, in spezielle netzartige Affenfallen, wo sie sie dann mit dem Speer erlegten.

Brazza-Meerkatze

NUBISCHE TEMPEL
Im 8. Jh. v. Chr. kam es in Gebel Barkal im mittlerweile von Ägypten unabhängigen Nubien zu einem erneuten Aufleben des Kultes um den ursprünglich ägyptischen Sonnengott Amun-Re. Am Fuß des Felsmassivs von Gebel Barkal baute man dem Sonnengott zu Ehren auf den Fundamenten eines alten, während des Neuen Reiches (1550–1070 v. Chr.) gebauten und nie vollendeten Gebäudes einen komplett neuen Tempel. Riesige Tore, Höfe und Säulenhallen prägten die vom ägyptischen Kunststil beeinflusste Anlage. Sie entstand zum größten Teil während der Regierungszeit des nubischen Königs Pianchi, etwa 751–716 v. Chr. Gebel Barkal blieb auch nach der Verlegung der nubischen Hauptstadt von Napata nach Meroë um 600 v. Chr. das religiöse Zentrum des Reiches.

Erfindungen & Entdeckungen

Denbigh-Keramikscherbe, Alaska

Arktische Keramik

Keramikobjekte wurden in der nordamerikanischen Arktis erstmals innerhalb der arktischen »Kleingerättradition« hergestellt, deren Objekte von Sibirien nach Alaska gelangten. Dieser Keramikstil (Denbigh) weist Ähnlichkeiten mit zeitgleichen Stilen des östlichen Nordamerika auf, allerdings müssen sich beide Stile unabhängig entwickelt haben, denn Karibujäger, die möglichen Vermittler, führten keine schwere, zerbrechliche Keramik mit sich.

Einbäume

In Nordvietnam fand man eine Reihe von auf das 8. Jh. v. Chr. datierten Booten. Sie sind der früheste Bootsfund Südostasiens. Die Größten dieser Einbäume waren bis zu 4,5 m lang. Sie bestanden aus einem ausgehöhlten Baumstamm. Man nutzte sie als Sarg für reiche oder wichtige Persönlichkeiten. Als Grabbeigabe dienten Bronzewaffen und -stücke. In einem Boot fand man sogar ein bemaltes Holzkästchen. Es gab zwar schon sehr viel frühere Hinweise auf Bootsbau (so auf Fahrten nach Australien vor 55 000 Jahren und zu den pazifischen Inseln um 1600 v. Chr.), aber keine entsprechenden Funde.

Indoarische Kultur

Im Gangestal kam es dank des Reisanbaus und der neuen Eisenwerkzeuge, die für die Rodung genutzt wurden, zu einem rasanten Bevölkerungswachstum. Nach und nach hatte man in dem ganzen Gebiet die indoarische Kultur und Sprache übernommen. Die Anzahl der indoarischen Einwanderer war zunächst sehr gering, ihre waffentechnologische Überlegenheit verhalf ihnen jedoch zur Herrschaft über die relativ friedliche ursprünglich hier ansässige Bevölkerungsmehrheit. Im indischen Epos *Mahabharata* wird u. a. der Kampf der neu entstandenen indoarischen Fürstentümer um die Vorherrschaft geschildert.

Ruderer

Seeschlacht, Vasenmalerei, Griechenland

Bootsbau

Die Fortschritte im Bootsbau ermöglichten den Griechen im 8. Jh. v. Chr. eine Ausweitung ihres Seehandels und die Etablierung von Kolonien entlang der Küsten des Mittelmeers und des Schwarzen Meers. Aus dieser Zeit stammt die *Odyssee*. Die damaligen Boote hatten Segel. Bei Windstille oder bei Seeschlachten wurden auch Ruder eingesetzt.

Speerspitze aus Eisen, Ägypten

Eisenwaffen

Erst ab etwa 800 v. Chr. wurden Eisenwerkzeuge und Eisenwaffen in Ägypten Alltagsobjekte. Zu dieser Zeit brachten phönikische Kaufleute aus der Levante, dem syrisch-israelisch-libanesischen Küstenstreifen, die ersten Eisenobjekte als Handelsware nach Ägypten. Vor dieser Zeit waren Eisenobjekte exotische, teure und hoch begehrte Waren.

Kunst & Religion

Polierte Perlen

Unter den Fundstücken in Poverty Point befanden sich diese, in mühsamer Schnitz- und Polierarbeit hergestellten Perlen in Tierform. Als Rohmaterial für die Perlenherstellung dienten Feldspat, Amethyst, Quarz, Jaspis und Limonit. Es existierte ein regelrechter Fernhandel mit diesen Steinen. Diese roten Jaspisperlen sind 2–5 cm lang.

Rote Jaspisperlen, Mississippi

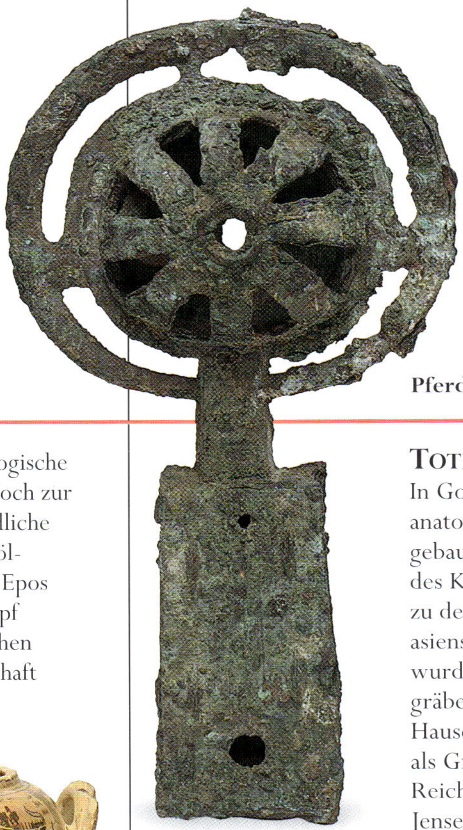

Geschmückte Streitwagen

In manchen chinesischen Gräbern des 8. Jh. v. Chr. findet man Modelle von Streitwagen mit zwei reich geschmückten Pferden. Die Holzmodelle besaßen Bronzeteile wie z. B. die Wagenkappen. Am Pferdegeschirr hingen Perlen, Kaurimuscheln und Bronzeplättchen; das Pferd war mit verzierten Glocken, Stirnband und Gesichtsmaske geschmückt.

Pferdeglocke aus Bronze, China

Totenbrauch

In Gordion, einer antiken Stadt in Inneranatolien befindet sich ein im 8. Jh. v. Chr. gebautes Hügelgrab, das von einigen als Grab des Königs Midas betrachtet wird. Es gehört zu den spektakulärsten Grabfunden Vorderasiens aus dieser Zeit. Gewöhnliche Menschen wurden in Familien- oder Gemeinschaftsgräbern oder gar unter dem Fußboden des Hauses beigesetzt. Arme Menschen erhielten als Grabbeigabe nur ein einfaches Tongefäß, Reiche jedoch wurden für ihren Weg ins Jenseits aufwändig ausgestattet.

Olympische Spiele

Alle vier Jahre fanden in den griechischen Heiligtümern Delphi und Olympia Olympische Spiele statt, sportliche Wettkämpfe mit religiös-kultischem Hintergrund. Die ersten schriftlich dokumentierten Olympischen Spiele datieren auf 776 v. Chr.

Votivstatuette, Bronze, Olympia, Griechenland

Mumiensarkophage

Um 800 v. Chr. wurde das bis dahin auf ägyptischen Sarkophagdeckeln befindliche Porträt des Verstorbenen allmählich von Szenen ersetzt, die den Verstorbenen dabei zeigen, wie er den Göttern Opfer darbringt. Auf die Innenseite des Deckels malte man Szenen aus dem *Ägyptischen Totenbuch*. Die Sarkophage bestanden aus verdübelten Holzbrettern, die man beschichtete und bemalte. Reiche konnten sich für ihre Sarkophage auch Vergoldungen leisten.

Bemalter Sarkophag, Detail, Ägypten

700 – 600 v. Chr.

33000 V. CHR.

	Ernährung & Lebensraum	Wohnen & Bauen

Amerika

Früher Gartenbau

Mit dem Entstehen permanenter Siedlungen wurden im östlichen Nordamerika auch immer mehr Pflanzen kultiviert, darunter Kürbis, Knöterich, Gänsefuß, Schlagkraut und Sonnenblumen, wenn auch noch keine großen Pflanzungen angelegt wurden, da sie nur als Ergänzung zu gesammelter und gejagter Nahrung dienten. Die kultivierten Arten bildeten jedoch wohl eine Voraussetzung für das Entstehen komplexerer Gesellschaften.

Früher nordamerikanischer Garten

Stadtplanung

Monte Negro, eine mixtekischen Fundstätte Südmexikos, entwickelte sich in dieser Zeit von einem kleinen Dorf zu einer komplexen Stadt mit exakt geplanten Straßen. Unterschiedlich große und verschieden ausgestattete Häuser sowie wertvolle und weniger wertvolle Fundobjekte weisen auf die Entstehung einer stärkeren sozialen Schichtung hin.

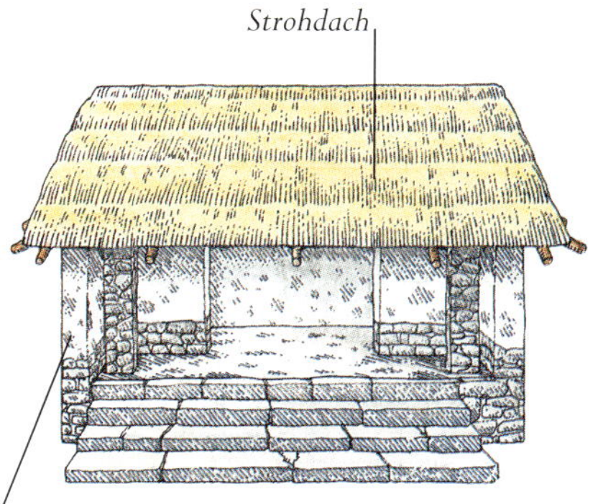

Gebäude, Monte Negro, Mexiko

Ostasien & Australasien

Ackerbaugeräte

Bronze wurde im alten China zwar als Massenprodukt hergestellt, allerdings dienten Bronzeobjekte nur kultischen Zwecken. Sie wurden nie im Alltag eingesetzt. In der Landwirtschaft wurden bis zur Eisenherstellung weiterhin Holz- oder Steingeräte benutzt, wie etwa Holzpflüge mit Holzschar.

Bauer mit Holzpflug, China

Stadtpläne

Chinesische Städte waren von meterhohen Wällen aus gestampfter Erde umgeben. Die Stadt selbst war in verschiedene Bereiche unterteilt. Im Norden lag die »innere Stadt«, zu der Palast und Tempel gehörten; im Süden befand sich die »äußere Stadt« mit Wohnsiedlungen, Handwerksbereichen und Einkaufszonen. Alle Städte verfügten über ausgeklügelte Abwassersysteme aus unterirdisch verlegten Keramikrohren. Die typischen chinesischen Häuser mit mehreren Höfen und Einfriedungen waren in den folgenden 2500 Jahren allgemein üblich.

Vorderasien & Südasien

Assyrische Agrarwirtschaft

Hinter den großen assyrischen Städten und Palästen des 7. Jh. v. Chr. stand eine großenteils bäuerliche Gesellschaft. Das Fußvolk der siegreichen assyrischen Armee wurde von Bauern gestellt, die zum Waffendienst gezwungen waren. Die nördlichen Ebenen Mesopotamiens im Kernland des Reiches bestanden aus fruchtbarem Ackerland. Von hier stammte das Getreide für die wachsende Bevölkerung der Städte Ninive und Kalach (Nimrud). Die abhängigen Provinzen mussten ihre Tributzahlungen u. a. in Form von Nahrungsmitteln leisten. Damit wurden wahrscheinlich auch die in besetzten Gebieten stationierten Garnisonen ernährt. Ein langer Transport großer Nahrungsmittelmengen war wohl nicht üblich.

Palasthöfe

Der assyrische König Sanherib (reg. 704 – 681 v. Chr.) ließ in Ninive am Tigris eine einzigartige Palastanlage erbauen. Der Thronsaal lag zwischen zwei Höfen, dem äußeren, öffentlichen Haupthof und dem inneren, privaten Wohnhof. Bronzene Löwen- und Stierfiguren bildeten die Basis der Säulen.

Palastmauern, Steinrelief, Ninive, Irak

Europa

Handelswaren

Die Griechen errichteten u. a. deshalb Kolonien, weil die wachsende Bevölkerung auf dem griechischen Festland nicht mehr ernährt werden konnte. Kultur und Speisen der Griechen beeinflussten ihre nichtgriechischen Nachbarn. Bald stieg die Nachfrage nach griechischen Produkten.

Griechischer Weinkelch und Parfümkrug, Cumae, Italien

Religiöse Bauten

Vor 700 v. Chr. baute man in Griechenland kleine, schlichte Tempel aus Lehmziegeln oder Bruchsteinen mit steilen Stroh- oder Ziegeldächern. Nur die Eingangsbereiche waren aufwändiger gestaltet. Sie wiesen ein säulenumrahmtes Eingangstor auf. Nach 700 v. Chr. entstanden dann auf einer festen Bodenplatte errichtete Tempel, die auf allen vier Seiten von Säulengängen umgeben waren. Anfangs verwendete man noch Holzsäulen, ab 600 v. Chr. wurden diese jedoch durch Steinsäulen ersetzt.

Afrika

Fischerkulturen

In den Gemeinschaften der südwestlichen Kapregion in Südafrika gehörten Fisch und Meeresfrüchte vor allem im 1. Jahrtausend v. Chr. zur Nahrungsgrundlage. Man fand in Küstensiedlungen, etwa an der Eland's Bay, riesige Schalenhaufen. In den folgenden Jahrhunderten wurden dann auch andere Nahrungsquellen genutzt. Skelettfunde zeigen, dass vor allem Frauen mit dem Sammeln von Pflanzen und Früchten beschäftigt waren, während die Männer weiter fischten. So ernährten sich die Sammlerinnen dann vor allem von den gesammelten Pflanzen und Früchten, die Fischer bei ihren Fischzügen von Fisch.

Haustypen

Die ägyptischen Arbeiter lebten in eng gebauten, in Reihen angelegten Siedlungen aus kleinen Lehmziegelhäusern. Vom Eingangsbereich aus öffnete sich ein zentraler Innenraum, von dem die Zimmer abgingen. Adlige lebten in sehr viel größeren, opulent ausgestatteten, aus vielen Räumen und ummauerten Höfen bestehenden Anwesen.

Haus einer reichen Familie, Ägypten

Erfindungen & Entdeckungen

Peruanische Goldarbeiten

Im Nordwesten Perus schmiedete man schon sehr früh mit Hilfe der *Poussé-Repoussé*-Technik Gold zu aufwändigen Schmuckstücken. Die Goldschmiede trassierten dabei zunächst den Umriss des Stücks. Das Muster wurde dann von der Rückseite aus in das Goldblech eingepunzt. Dieser Ohrschmuck im typischen Chavín-Stil wurde in Chiclayo gefunden.

Goldener Ohrschmuck, Peru

Frühe Münzen

Mit dem zunehmenden Handel wurden in China Münzen notwendig, die man auch in Massenproduktion herstellen konnte. Die ersten chinesischen Münzen, das Messergeld oder Spatengeld, waren spaten- oder messerförmige Bronzestückchen mit einem durchlöcherten Schaft und einer Aufschrift.

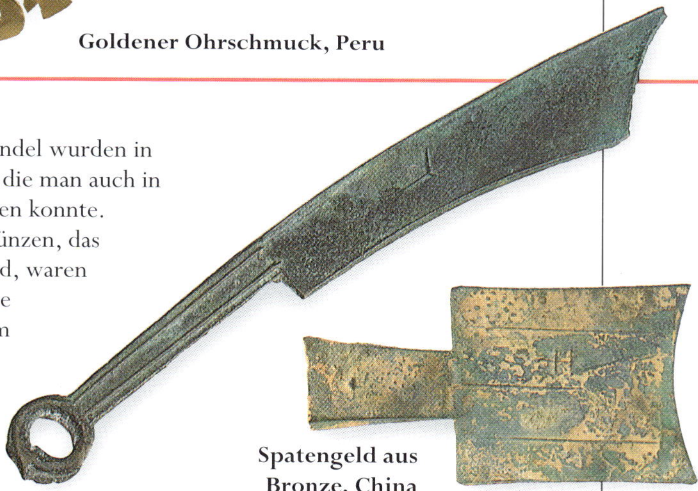

Messergeld aus Bronze, China

Spatengeld aus Bronze, China

Stoffherstellung

Die Herstellung von Stoffen war vor allem für den mesopotamischen Handel sehr wichtig. Mit Stoffen bezahlte man diejenigen Güter, die man einführen musste, weil sie in Mesopotamien selbst nicht vorhanden waren. Die frühesten mesopotamischen Stoff-Funde, einige Leinenfragmente, datieren auf 8000 v. Chr. Im 7. Jh. v. Chr. berichtet der assyrische König Sanherib in Briefen an seine regierenden Kollegen, dass er einen »Wollbaum« in seinem Garten gepflanzt habe. Es handelte sich um eine Baumwollpflanze, die in Indien bereits einige 1000 Jahre zuvor kultiviert worden war.

Inschrift, Parfümtöpfchen, Korinth, Griechenland

Griechische Schrift

Die Griechen übernahmen das Alphabet im 8. Jh. v. Chr. von den Phönikern. Zu den ältesten Textfunden in griechischer Schrift gehören Inschriften aus dem 7. Jh. v. Chr. Auf diesem Parfümtöpfchen befindet sich z. B. die Widmung eines oder eventuell auch mehrerer Verehrer an eine korinthische Dame. Auch Homers Epen sind in griechischer Schrift geschrieben.

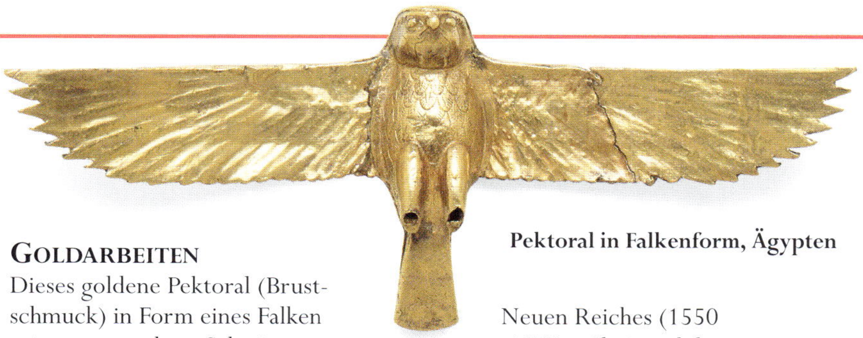

Pektoral in Falkenform, Ägypten

Goldarbeiten

Dieses goldene Pektoral (Brustschmuck) in Form eines Falken mit ausgestreckten Schwingen stellt den Sonnengott Horus dar, den Beschützer der ägyptischen Pharaonen. Solche Pektorale wurden während des Neuen Reiches (1550 – 1070 v. Chr.) und der Spätzeit (712 – 332 v. Chr.) von Angehörigen der königlichen Familie getragen.

Kunst & Religion

Jadeobjekte

Olmekische Jadeobjekte wurden in ganz Mesoamerika gefunden. In der olmekischen Residenz La Venta entdeckte man in Verstecken aufbewahrte Jadebeilchen aus der Zeit zwischen 900 und 600 v. Chr., über deren genaue Bedeutung nichts bekannt ist. Der blau schimmernde Jadeanhänger weist die für die Olmeken typische Eidechsenform auf.

Olmekisches Jadebeilchen, La Venta, Mexiko

Jadeanhänger, Hochtal von Mexiko

Grabbeigaben aus Keramik

Um 700 v. Chr. fanden auf dem 2000 Jahre lang genutzten Friedhof in Non Nok Tha in Nordostthailand die letzten Bestattungen statt. Unter den Grabbeigaben dieser Zeit findet man auch in einem neuen Stil gearbeitete Keramik: rotwandige Gefäße mit einem flachen Boden. Die mit Opferfischen gefüllten Keramikgefäße waren zusammen mit Muschelschalen um die Köpfe der Bestatteten angeordnet. In einigen Gräbern fand man auch Metallgeräte und Schmuck.

Aufriss

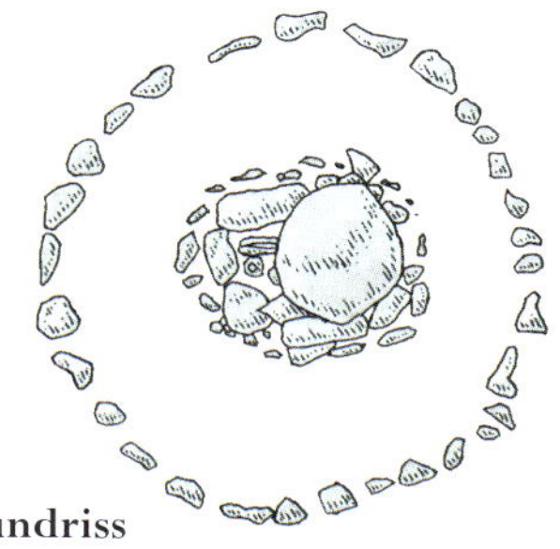

Grundriss

Megalithgräber

Beeindruckende Grabhügel, darunter Grabkammern und Dolmen, mit einer Steinplatte bedeckte Erdgruben, wannenartige Sarkophage, in den Fels gehauene Nischen und später auch Urnenfelder mit Überresten von Feuerbestattungen, zeugen in Südindien von der Existenz eisenzeitlicher Bauern und Hirten. Zu den Grabbeigaben gehörten wahrscheinlich auch Bronze- und Goldobjekte.

Megalithgrab, Südindien

Votivstatuetten

Im bei Sparta gelegenen Heiligtum der griechischen Göttin Artemis Orthia fand man Tausende von kleinen Bleifigürchen aus dem 7. Jh. v. Chr., die wahrscheinlich von Besuchern des Schreins geopfert worden sind. Einige stellen Artemis dar, andere zeigen Krieger, Pferde und Hirsche.

Votivstatuette, Sparta, Griechenland

Göttin der Freude

Die ägyptische Katzengöttin Bastet galt als Beschützerin der Schwangeren. Sie war auch Schutzpatronin des Vergnügens, der Musik und des Tanzes, und sie bewahrte vor Dämonen und Krankheiten. In der ihr gewidmeten Stadt Bubastis im Nildelta fand man einen ganzen Friedhof mit mumifizierten Katzen. Bastet stand im 7. Jh. v. Chr. im Zentrum eines weit verbreiteten Volksbrauchs. In Bubastis fand jährlich ein der Bastet gewidmetes Fest statt.

Katzengöttin, Ägypten

600–500 V. CHR.

33 000 V. CHR.

	ERNÄHRUNG & LEBENSRAUM	WOHNEN & BAUEN

AMERIKA

SCHILDKRÖTENBEHÄLTER

Die Jäger und Sammler im Süden von Texas, USA, lebten von Wurzeln, Beeren und Samen und dem Fleisch verschiedenster Tiere. In der Mule Ears Cave fand man Schildkrötenpanzer, die vielleicht als Behälter benutzt wurden.

Scharnierschildkrötenschale

TEMPELPYRAMIDEN AUS STEIN

Die Angehörigen einer größeren Siedlung im Hochtal von Mexiko, in Cuicuilco, bauten die älteste Tempelpyramide Mexikos. Sie besteht aus einer ovalen Adobe-Ziegel-Plattform, auf die man in den folgenden Jahrhunderten eine 27 m hohe, vierstufige Rundpyramide mit einem Durchmesser von 80 m aufsetzte.

Rundpyramide, Cuicuilco, Mexiko

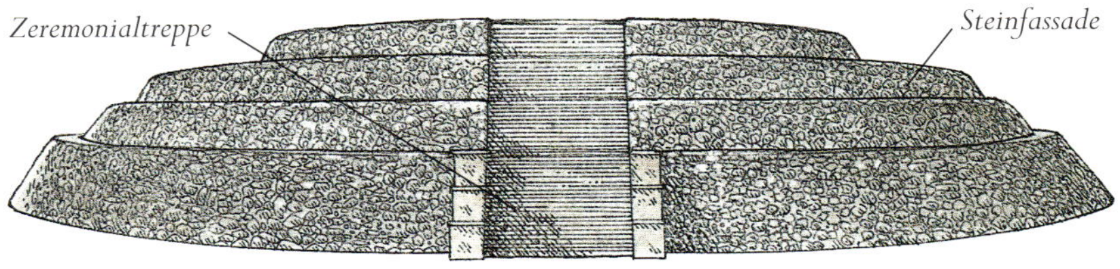

OSTASIEN & AUSTRALASIEN

EISERNE BODENBAUGERÄTE

Sobald man in China entdeckt hatte, wie man Eisen aus Eisenerz gewann, kam es zu weit reichenden Umwälzungen in der Landwirtschaft. Ab dem 6. Jh. v. Chr. stellte man Sicheln, Messer und Hacken sowie Pflugschare aus Gusseisen her. Bald gab es große Eisenverarbeitungszentren, wo man in Massen Werkzeuge aus diesem vergleichsweise billigen Metall herstellte. Da eiserne Pflugscharen jedoch zu schwer für einen Einzelnen waren, musste man nun Ochsen zum Ziehen einsetzen. Um die Kraft der Tiere besser auszunutzen, ersetzte man das einfache Joch durch ein Ochsengeschirr mit Zuggurt und Kummet.

STEINKREISE

Die japanischen Steinkreise bestehen aus mittelgroßen Steinen, die man im Kreis aneinander legte. Im Zentrum einiger Steinkreise befindet sich ein aufgerichteter Stein oder eine ovale Grube. Möglicherweise dienten sie als kleine Kultzentren für bäuerliche Siedlungen.

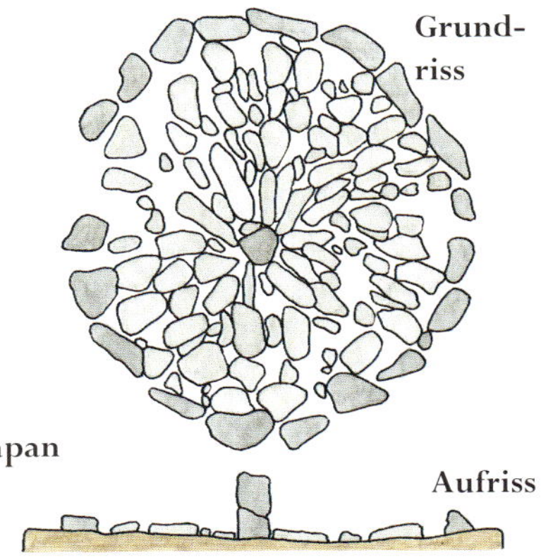

Steinkreis, Manza, Japan

VORDERASIEN & SÜDASIEN

WASSERMANAGEMENT

Zwar waren die Täler des Fruchtbaren Halbmonds sehr fruchtbar, andere Landstriche Vorderasiens litten jedoch unter Wassermangel und unfruchtbaren Böden. Hier waren Bewässerungs- und Bodenerhaltungstechniken von grundlegender Bedeutung. Dämme hielten sowohl das Wasser als auch die wenige fruchtbare Erde zurück. Besonders berühmt war der in Marib im Jemen gebaute Damm aus dem 6. Jh. v. Chr.

Säulenkapitell, Artemistempel, Ephesus, Türkei

ARTEMISTEMPEL

In den wohlhabenden griechischen Städten an der türkischen Westküste schuf man einige der schönsten Gebäude und Kunstwerke der frühen griechischen Klassik, wie etwa den Artemistempel in Ephesus, eines der Sieben Weltwunder. Er wurde um 550 v. Chr. vom lydischen König Krösus (reg. 560–546 v. Chr.) erbaut.

EUROPA

Silbermünze mit Gerstenährenprägung, Metapont, Italien

GETREIDEIMPORTE

Manche griechische Kolonie produzierte so viel Getreide, dass sie den Überschuss in Hungerzeiten an andere griechische Kolonien verkaufen konnte. Die Kolonie Metapont auf Sizilien etwa war bekannt für den Gersteanbau, wie man auf dieser Münze sieht, die eine Gerstenähre zeigt.

SÄULENTEMPEL

In Griechenland entwickelte sich im 6. Jh. v. Chr. der Klassische Stil. Die nach einem einheitlichen Plan gebauten Steintempel bestanden aus einer mehrstufigen Plinthe, die einen umlaufenden Säulengang trug, in dessen Zentrum sich das Heiligtum mit einer Statue der Schutzgottheit befand.

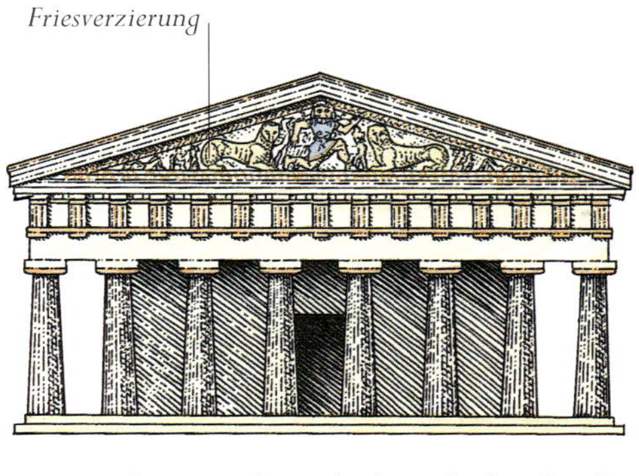

Apollotempel, Korinth, Griechenland

AFRIKA

GRUNDNAHRUNGSMITTEL

In den Gebieten südlich der Sahara wurden vor allem Rispenhirse und Sorghum-Hirse kultiviert und angebaut. Beide Sorten benötigen in der Regel eine sommerliche Regenzeit. Gesicherte frühzeitliche Nachweise für die Kultivierung von Hirsesorten in Afrika sind selten. Allerdings gibt es gesicherte Funde im heutigen Sudan und im westafrikanischen Sahel, die auf 500 v. Chr. datiert werden. Beide Hirsesorten sind sehr robust und halten durchaus auch einmal ein trockenes Jahr ohne Regenzeit aus, weshalb sie südlich der Sahara sehr schnell zum Grundnahrungsmittel tropischer Bauern wurden. In den folgenden Jahrhunderten verbreitete sich der Hirseanbau mit den Wanderbewegungen bantusprachiger Gruppen in ganz Afrika.

Aufriss, Pyramide von Nuri, Nubien

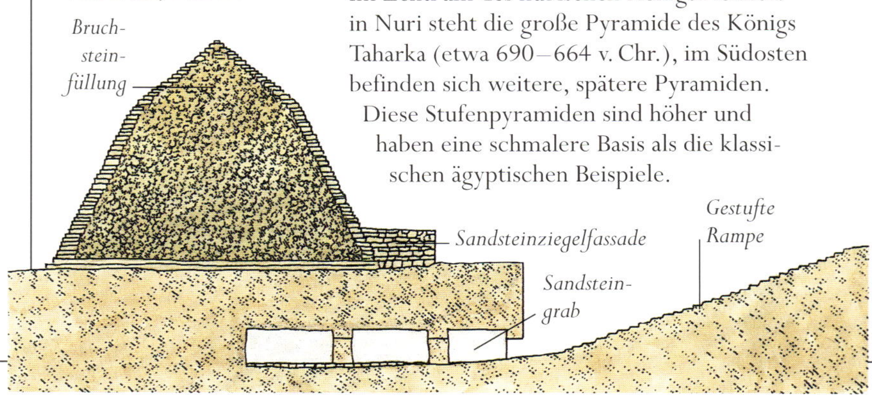

NUBISCHE PYRAMIDEN

Im Zentrum des nubischen Königsfriedhofs in Nuri steht die große Pyramide des Königs Taharka (etwa 690–664 v. Chr.), im Südosten befinden sich weitere, spätere Pyramiden. Diese Stufenpyramiden sind höher und haben eine schmalere Basis als die klassischen ägyptischen Beispiele.

Erfindungen & Entdeckungen

Getriebenes Goldblech

In Kolumbien findet man die wichtigsten und schönsten der frühen südamerikanischen Goldschmiedearbeiten. Vor allem die Handwerker der Quimbaya-Kultur, der Sinú und der Tairona haben beeindruckende Goldkunstwerke geschaffen, wie etwa diese Sinú-Statuette aus getriebenem Goldblech.

Goldstatuette, Sinú, Kolumbien

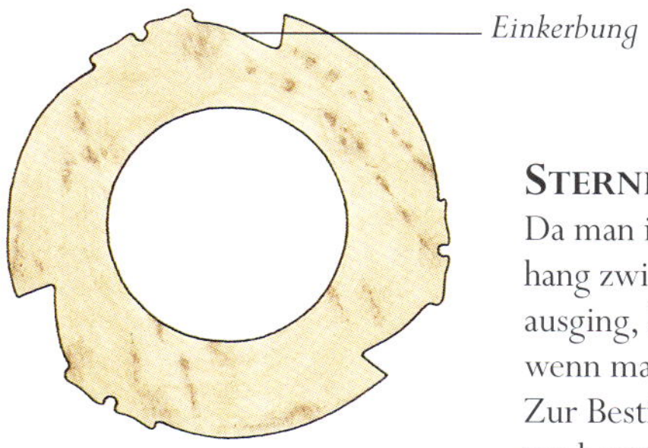

Steatitscheibe, China

Sternkarten

Da man im alten China von einem engen Zusammenhang zwischen himmlischer und irdischer Ordnung ausging, konsultierte man sehr oft Astronomen, etwa wenn man ein neues Haus oder ein Begräbnis plante. Zur Bestimmung der Position der Sterne und Planeten benutzte man eine eingekerbte Steinscheibe, die auf ein Fernrohr gesetzt wurde. Selbst beim Pflanzen eines neuen Baumes wurden Astronomen befragt.

Frühe Münzen

Lydische Gold- und Silbermünzen von etwa 600 v. Chr. sind die ersten, für deren Gewicht und Feingehalt ein Staat bürgte. Für die frühen indischen Münzen wurde diese Neuerung von den in Indien einmarschierenden Persern übernommen. Allerdings zeigen die indischen aus Silberscheiben oder Silberbarren bestehenden Münzen einen spezifisch indischen Stil.

Frühe indische Münze

Silberbarren, Nush-i Jan, Iran

Erste europäische Münzen

In Ägina, einer griechischen See- und Handelsstadt, wurde um 560 v. Chr. der erste griechische Münzfuß geschaffen. Äginetische Münzen waren in den nächsten Jahrhunderten im ganzen Mittelmeerraum im Umlauf; bald übernahmen auch andere Mittelmeeranrainer die Idee. Zunächst waren es einfache, nur einseitig bestempelte Silbermünzen, später erhielten sie eine beidseitige Prägung.

Frühe Silbermünzen aus Athen und Korinth, Griechenland

Eisenwerkzeug

Um 600 v. Chr. verbreitete sich die Eisenbearbeitung von Ägypten nilabwärts bis nach Meroë, der Hauptstadt Nubiens. Bald wurde am Rande der Stadt in großen Mengen Eisen verhüttet. Die Schlackenrestehalden kann man heute noch sehen. Aus Eisen stellte man Waffen und Alltagsgeräte wie Hacken, Beile und Äxte her.

Eisenhacke, Meroë, Sudan

Kunst & Religion

Das rituelle Ballspiel

Das rituelle Ballspiel ist ein typisches Element mesoamerikanischer Kulturen. Sein Ursprung liegt wahrscheinlich um 1500 v. Chr. im westlichen Hochland von Mexiko. Es gibt aber auch Funde, die darauf hinweisen, dass es möglicherweise seine Wurzeln in der olmekischen Kultur, in San Lorenzo und La Venta, hat und auf 600 v. Chr. datiert werden kann. Bei Ausgrabungen in La Venta fand man eine Reihe von Schutzkleidungselementen (z. B. einen Kopfschutz), die typisch für dieses Ballspiel sind. Auch die olmekischen Monumentalköpfe, deren Bedeutung immer noch umstritten ist, tragen ganz offensichtlich einen Kopfschutz. Im rituellen Ballspiel kämpften zwei Mannschaften auf einem rechteckigen Feld um einen Gummiball. Manchmal wurden dabei auch Spieler geopfert.

Grabbeigaben

In den südsibirischen Steppen tauchten um 600 v. Chr. kriegerische, reitende Hirtenvölker auf. Sie begruben ihre Stammesführer in Grabkammern aus Holz, über denen sie riesige Grabhügel errichteten. Als Grabbeigaben dienten Bronzewaffen und aufwändig gearbeiteter Goldschmuck. Der ausgeprägte, so genannte eurasische Tierstil spiegelt möglicherweise schamanistische Vorstellungen wider. Das Gold stammt eventuell aus dem mittleren Ural oder aus sibirischen Flüssen. Es könnte sich jedoch auch um Beutestücke oder Handelsware handeln. Manche Stücke scheinen von griechischen Goldschmieden im Auftrag hergestellt worden zu sein.

Neuer Glaube

Im Nordosten Indiens entstanden um 500 v. Chr. der Buddhismus und der Jainismus. Der Buddhismus wird auf den Buddha, geboren als Siddharta Gautama (etwa 563 – 483 v. Chr.), zurückgeführt, der Jainismus auf Mahavira (etwa 599 – 527 v. Chr.). Die Lehre des Buddha von den vier Wahrheiten wurde zu einer heute noch lebendigen Weltreligion.

Bodhisattva (Erleuchtungswesen), Indien

Schwarz-rote Keramik

Beim typisch athenischen Keramikstil werden schwarze Figuren auf einem roten Untergrund aufgetragen. Um 530 v. Chr. entwickelte sich daraus der rotfigurige Stil, bei dem man die Figuren mittels Auslassungen oder Auskratzungen in einem schwarzgrundigen Überzug auf rotem Untergrund herausarbeitete.

Terrakottafiguren

Die meisten der in Nigeria gefundenen Nok-Statuetten stellen Menschen dar, manche lebensgroß, manche mit aufwändigen Haartrachten und hohlen Augen. Die Nok-Köpfe sind sehr individuell gearbeitet; sie zeigen den Charakter und sogar Behinderungen der Porträtierten. Auch der Schmuck ist sorgfältig geformt. Die Nok-Kultur entstand um 500 v. Chr. und verschwand etwa 1000 Jahre später wieder.

Nok-Kopf, Nigeria

DIE OLMEKEN IN MEXIKO

33 000 V. CHR.

Noch bis zur Mitte des 20. Jahrhunderts rechnete keiner mit der Existenz einer sehr frühen Hochkultur in Mesoamerika. Zwar entdeckte der amerikanische Archäologe Matthew W. Stirling 1939 bei Ausgrabungen in Veracruz, Mexiko, einige technisch und künstlerisch beeindruckende Objekte; welche Bedeutung und Ausmaße diese Kultur jedoch tatsächlich hatte, wurde erst einige Jahrzehnte später deutlich, u. a. dank der Radiokarbonuntersuchungen. Man stellte nämlich fest, dass sich zwischen 1500 und 1200 v. Chr. an der mexikanischen Golfküste eine der bedeutendsten mesoamerikanischen Kulturen entwickelt hatte: Ohne über das Rad, Eisenwerkzeuge oder Zugtiere zu verfügen bauten die Olmeken komplexe, monumentale Zeremonialzentren, schufen riesige Steinskulpturen und entwickelten ein ausgeklügeltes Be- und Entwässerungssystem. Die olmekische Gesellschaft koordinierte dabei in einem gewaltigen Ausmaß Zeit, Material und Arbeitskräfte. Sie war außerdem über ein Fernhandelsnetz mit anderen mittelamerikanischen Gesellschaften verbunden.

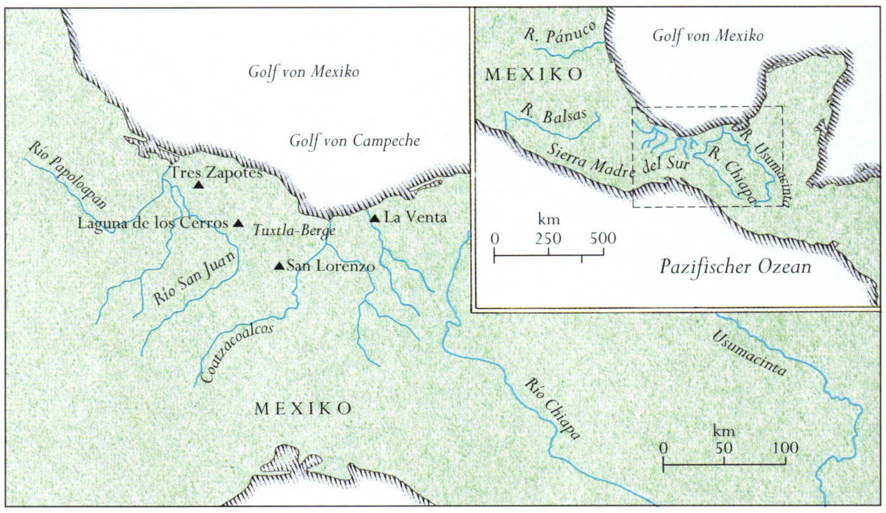

DAS OLMEKISCHE KERNLAND
Die olmekische Kultur entwickelte sich an der mexikanischen Golfküste. Die Olmeken errichteten in einem sumpfigen Flusstal, in der Nähe der Tuxtla-Berge, verschiedene große Zeremonialzentren, die später vom Urwald überwuchert wurden.

STEINERNE ZEUGEN *unten und rechts*
Die Olmeken gehörten zu den fähigsten Steinmetzen Amerikas. Sie nutzten vor allem harte Steine wie Basalt und Grünsteinarten, darunter auch die seltene dunkelblaue Jade. Es entstanden unglaubliche Mengen von Statuetten, Masken, Schmuck und Werkzeugen. Zu den beeindruckendsten Fundstücken gehören die 16 Grünsteinfigürchen (*siehe unten*), die 1955 in La Venta ausgegraben wurden und wahrscheinlich als Opfergabe dienten. Die Statuetten waren so arrangiert, als ob sie Teil eines Rituals gewesen wären. Sie wurden von einem Kreis aus Jadebeilchen umgeben, der an die Basaltsäulen erinnert, die die Anlage von La Venta umfassen. Die Figuren zeigen die typischen Charakteristika olmekischer Kunst: herabgezogene Mundwinkel, schlitzförmige Augen, glatte, deformierte Köpfe. An einer Stelle des Fundorts ist vor über 2000 Jahren schon einmal gegraben worden.

Jade-, Serpentin- und Granitfigürchen, Fund von La Venta

Drei Grünsteinfigürchen aus der in La Venta gefundenen Gruppe

Durchstochene Ohrläppchen für Ohrschmuck

Die größte Figur misst 22 cm.

Spuren von rotem Ocker

Einfacher Lendenschurz bei allen Figürchen

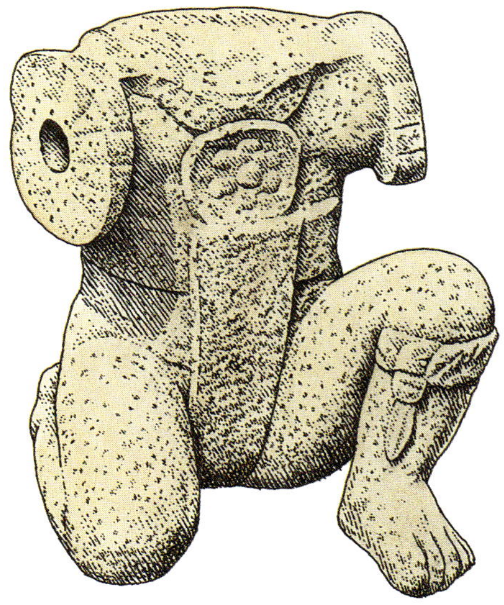

BALLSPIELER AUS BASALT *oben*
In San Lorenzo fand man eine sehr naturalistisch gestaltete, leicht überlebensgroße Basaltfigur, die einen Ballspieler darstellt. Man kann deutlich den Schutzgürtel erkennen, der bei Darstellungen von Ballspielern typisch ist. Die Figur trägt außerdem Kniebänder und einen runden Anhänger, der vielleicht einen runden Pyritspiegel darstellt. Die Gestaltung der Schulterpartien lässt vermuten, dass die Arme der Figur beweglich waren.

GRABBEIGABEN AUS KERAMIK *rechts*
In Mesoamerika wurden die Toten oft unter dem Boden der Häuser bestattet. In Tlatilco im Hochtal von Mexiko entdeckte man Fundstücke von Hunderten Bestattungen aus den Jahren 1100 – 800 v. Chr. Unter den Grabbeigaben waren auch Gefäße im olmekischen Stil und hohle, weiß überzogene, kindchenartige Tonfigürchen, die so genannten »Baby Faces«. Manche trugen typisch olmekische Kopfbedeckungen.

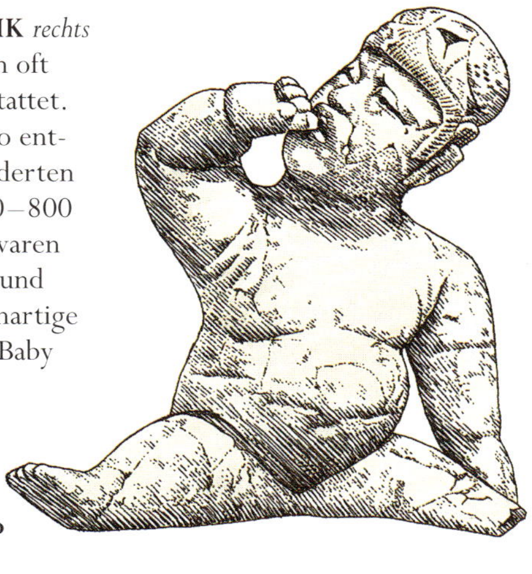

»Baby Face«, Las Bocas, Mexiko

ZYLINDERSIEGEL AUS TLATILCO *unten*
Dieses große hohle Zylindersiegel wurde wahrscheinlich zur Verzierung der Haut oder auch von Stoffen benutzt. Das stilisierte Muster könnte ein Krokodil, eine Schlange oder auch einen Jaguar darstellen. Typisch olmekisch sind der gespaltene Kopf und die flammenartigen Augenbrauen.

Zylindersiegel

Rote Farbreste

Abdruck des Zylindersiegels

DER EINFLUSS DER OLMEKEN

Olmekische Manufakturerzeugnisse wie etwa Statuetten, Stempel und Grünsteinschnitzereien findet man vom Hochtal von Mexiko bis zum Süden Costa Ricas. Es wird immer noch diskutiert, ob man daraus nur auf intensive Handelskontakte schließen kann oder ob nicht eher die scheinbar typisch olmekischen Merkmale in Wahrheit kennzeichnend für einen überall in der Region auftretenden mesoamerikanischen Stil dieser Zeit sind. Allerdings gibt es deutliche Hinweise darauf, dass viele Elemente des mesoamerikanischen Stils eindeutig olmekischen Ursprungs sind.

Schnitzerei aus der seltenen blauen Jade

WEIBLICHES PORTRÄT *links*
Diese Büste ist eines der in der olmekischen Kunst seltenen Frauenporträts. Das nur 8 cm große Figürchen weist die gleiche mimische Ausdruckslosigkeit und gleichzeitig massive Ausstrahlung auf wie die Monumentalköpfe von La Venta unten.

BEEINDRUCKENDE MONUMENTE *unten*
Die aus einem einzigen Basaltblock gehauenen Monumentalköpfe gehören zu den beeindruckendsten Zeugnissen olmekischer Kultur. Der erste Kopf wurde schon 1862 entdeckt. Man hat bis heute vier Köpfe in La Venta und acht in San Lorenzo gefunden. Der Bekannteste dieser Köpfe wird von den Bewohnern der Region um San Lorenzo *El Rey* (der König) genannt. Der 2,85 m hohe Kopf zeigt einen etwas dicklichen Mann mit breiten Gesichtszügen, riesigen Ohrscheiben und einer helmartigen Kopfbedeckung.

WERJAGUAR *oben*
Jaguare spielten eine zentrale Rolle in der olmekischen Religion. Oft werden Jaguargottheiten als tier-menschliche Mischwesen (Werjaguare) dargestellt. Man findet solche Werjaguardarstellungen etwa auch bei den in La Venta entdeckten Grünsteinbeilchen.

VOTIVAXT AUS BASALT *oben*
Typisch olmekisch sind auch die sehr seltenen Votiväxte aus Basalt – man hat bisher nur 20 Exemplare gefunden. Das obige Beispiel, eine weitere Werjaguardarstellung, ist mit 28 cm ungewöhnlich klein; die meisten gefundenen Äxte sind deutlich größer.

TEIL DREI

500 v. Chr. bis 800 n. Chr.

Das Gleichgewicht zwischen Jagen und Sammeln, dörflicher Landwirtschaft und urbaner Konzentration verschob sich, als sich in Mesoamerika und Südamerika große Städte bildeten. Eurasien wurde immer mehr von großen Kaiserreichen dominiert, während Seefahrer aus Polynesien selbst abgelegene pazifische Inseln kolonisierten. In diesem Zeitalter weltweiten Handels entstanden Weltreligionen, die einen immer umfassenderen Einfluss gewannen.

Detail einer dekorativen Malerei auf einer Keramikvase der Maya mit stilisierter Darstellung eines Menschen, Honduras, 800–1000

KAPITEL 12

DAS KLASSISCHE ZEITALTER

500–200 V. CHR.

Im klassischen Griechenland entsteht die Demokratie.

Der erste chinesische Kaiser beginnt den Bau der Großen Mauer.

Die Zapoteken besiedeln die Region Oaxaca in Mexiko und bleiben 1000 Jahre.

Aschoka festigt die Macht des Maurya-Reiches in Südasien.

Die Migration der westafrikanischen Bantu nach Süden setzt ein.

Im 5. Jh. v. Chr. sorgte der wachsende Fernhandel auch für zunehmende internationale Kontakte, etwa zwischen Persien und dem Mittelmeerraum, zwischen Westeuropa und Indien. China vereinigte sich im 4. Jh. v. Chr. zu einem riesigen Reich. Etwa zur selben Zeit führte die Verbreitung eiserner Werkzeuge von Nordafrika aus zur Abholzung weiter Landstriche für bäuerliche Nutzung; mit der Zeit wurde auch in Südafrika immer neues Land besiedelt.
Die noch begrenzten Verbindungen zwischen voneinander entfernt lebenden Gesellschaften sorgten trotzdem für kulturellen und ökonomischen Austausch. Entlang der Verkehrswege verbreiteten sich später Weltreligionen wie der Buddhismus und das Christentum.

Berühmte Zeitgenossen

Das 6. und das 5. Jh. v. Chr. werden nach Karl Jaspers auch Achsenzeit genannt, da in dieser Periode Schlüsselfiguren lebten, die spätere Generationen stark beeinflussten. Dazu gehörten Konfuzius in China, Buddha und Mahavira (Gründer des Jainismus) in Indien, Pythagoras sowie die Philosophen Sokrates, Plato und Aristoteles in Griechenland.
Das 5. Jh. v. Chr. war das Zeitalter der klassischen Ideale in Griechenland, dessen kulturelles und politisches Zentrum Athen war. Sokrates vertrat die Ansicht, dass Tugend aus Selbsterkenntnis erwachse und entwickelte eine Theorie über die Seele. 399 v. Chr. wurde er wegen Respektlosigkeit gegenüber den Göttern Athens angeklagt und zum Tode verurteilt. Er vergiftete sich mit Schierling und starb.

ZEUS, KÖNIG DER GÖTTER
Die Philosophie Platons respektierte die griechische Religion weitgehend. Verehrt wurde auch Zeus, der dem Pantheon der Götter vorstand – hier dargestellt als Wagenlenker.

Die Geburtsstätte der Demokratie

Athen war die stärkste Macht in einem Land, das aus lauter Stadtstaaten bestand. Zwischen diesen gab es teils Allianzen, teils lagen sie in Krieg miteinander. Die Stellung Athens wurde noch durch den Wiederaufbau der Tempel auf der Akropolis – einschließlich des berühmten Parthenon – verstärkt. Athen und das umgebende Attika waren außerdem die Geburtsstätte der Demokratie, jener Regierungsform, bei der die Macht in den Händen einer von Wahlbezirken bestimmten Versammlung lag. Die Geburtsstätte freiheitlicher Ideale hatte jedoch auch eine dunkle Seite: Ihre Wirtschaft hing ebenso wie die manch anderer griechischen Stadt von der Arbeit vieler Sklaven in den Silberminen ab, der größten Einnahmequelle Athens.

Das Siegel der Eroberer

Der expansionistische Ehrgeiz Alexanders des Großen, eines jungen Königs aus Mazedonien, trieb ihn mit einer relativ kleinen Truppe zur Eroberung weiter Gebiete in Europa und Asien; dazu gehörte auch das mächtige Perserreich. Das persische Kaiserreich hatte seinen Höhepunkt unter Darius I. (522–486 v. Chr.). Mehr als ein Jahrhundert lang war Persien eine starke und wohlhabende Macht. Alexanders Eroberungszüge brachten ihm ein Weltreich

500–200 V. CHR.

Schamanismus in Nordamerika
Dieses Röhrchen aus Stein in der Form des Schnabels einer Löffelente wurde von den Schamanen der Adena-Kultur für die Austreibung böser Geister verwendet.

Wichtige Ereignisse 500–200 v. Chr.

- **500 v. Chr.** Erstmals wird Eisen in Afrika südlich der Sahara verhüttet. Monte Albán wird im mexikanischen Oaxaca gegründet.
- **438 v. Chr.** In Griechenland wird das Parthenon vollendet.
- **399 v. Chr.** Tod des Sokrates, Griechenland
- **332 v. Chr.** Alexander der Große erobert Persien.
- **221 v. Chr.** China wird unter Qin Shi Huangdi vereinigt.
- **206 v. Chr.** Gründung der Han-Dynastie, China

500 v. Chr. – 450 v. Chr. – 400 v. Chr. – 350 v. Chr. – 300 v. Chr. – 250 v. Chr. – 200 v. Chr.

ein, das von Indien bis Ägypten reichte. Nach seinem Tod errichtete sein General Ptolemaios I. Soter (»der Retter«) in Ägypten eine griechische Herrschaft. Die Ptolemäer übernahmen viele traditionelle Gebräuche von den Pharaonen und regierten Ägypten bis fast ans Ende des 1. Jh. v. Chr.

Teilung und Vereinigung

China stellte bis 770 v. Chr. eine staatliche Einheit dar. Danach zerfiel es. Die folgenden 550 Jahre waren durch ständige Auseinandersetzungen gekennzeichnet. Um 300 v. Chr. hatten sich sieben große Einzelstaaten gebildet. Weniger als ein Jahrhundert später vereinigte Qin Shi Huangdi, Herrscher über den Weststaat Qin, ganz China unter seiner Herrschaft und wurde 221 v. Chr. erster Kaiser. Zum Schutz gegen die Nomaden aus Zentralasien errichtete er die Große Mauer.

Zeichen des Wohlstands
Der unermessliche Reichtum Persiens zeigt sich in prächtigen Palästen und kostbarem Geschirr. Dieses versilberte Trinkhorn ist typisch für das 5. Jh. v. Chr.

Die Kultur der Zapoteken

Um 500 v. Chr. führte ein Machtkampf in der zapotekischen Aristokratie zur Gründung von Monte Albán im mexikanischen Oaxaca. Monte Albán wurde Hauptstadt der Zapoteken und dominierte mehr als ein Jahrtausend das Umland. Das erste nachweisbare Schriftzeugnis in ganz Amerika wurde auf Steinreliefs in Monte Albán gefunden. Die hieroglyphischen Schriftzeichen geben die Namen von Herrschern, Eroberern und Riten wieder. Die Taten wurden dargestellt in einem Kalendersystem mit verschränkten Kreisen, die für unterschiedlich lange Zeiträume standen. Wie manchenorts war die Schrift auch hier ein Instrument staatlicher Herrschaft.

Naturalistische Keramik
Dieser Affe aus Esmeralda (Ecuador) wurde um 500 v. Chr. gefertigt. Er wurde gebrannt, dann bemalt – ein vielleicht aus Mesoamerika übernommenes Verfahren.

Qin Shi Huangdi wurde in einem Mausoleum beerdigt, an dem 700 000 Arbeiter 35 Jahre lang bauten. Die Künstler, die mit dem Innenausbau beschäftigt waren, wurden nach Ende der Arbeiten in dem Mausoleum eingemauert. Qin Shi Huangdis harte Hand verbitterte die Menschen immer mehr. Als er starb, wurde China von Aufständen geschüttelt. Die zentrale Regierungsgewalt riss wenig später die Han-Dynastie (206 v. Chr. – 220 n. Chr.) an sich. Es folgte eine Zeit kultureller und wirtschaftlicher Blüte.

Die Armee des Kaisers
In Qin Shi Huangdis Grab bei Xian wurden Tausende lebensgroßer Terrakotta-Soldaten gefunden.

500–200 v. Chr.

33 000 V. CHR.

Südasiatisches Kaiserreich

Die nordindischen Städte, die im 6. Jh. v. Chr. errichtet worden waren, gehörten zu 16 Kleinstaaten. Aus einem Machtkampf ging das Königreich Magadha im unteren Tal des Ganges als Sieger hervor. Mit seiner Hauptstadt Pataliputra (heute Patna) wurde es Zentrum des Maurya-Reiches, des ersten Reiches in Südasien. Der größte Maurya-Herrscher, Aschoka (er regierte von 297 bis 232 v. Chr.), dehnte seine Regierung auf den größten Teil des heutigen Indien und Pakistan aus. In Magadha wurde im späten 6. Jh. v. Chr. Siddharta Gautama (Buddha) geboren. Aschoka konvertierte zum Buddhismus, der bald zur Staatsreligion wurde.

Nicht-urbane Gesellschaften

In der Welt des 5. Jh. v. Chr. lebten nur sehr wenige Menschen in Städten. Andere Formen des Zusammenlebens dagegen gab es in Afrika südlich der Sahara, in Europa und in den eurasischen Steppen, in Australien und in den Wäldern Südostasiens. Viele dieser Gesellschaften veränderten sich in dieser Zeit stark. In Afrika breitete sich die Technik der Eisenverarbeitung aus und brachte bessere Waffen und landwirtschaftliche Geräte hervor. In dieser Zeit expandierten die Bantu-Völker, deren Heimat wahrscheinlich in der Nähe des westafrikanischen Nigerdeltas lag. Um das 5. Jh. v. Chr. waren sie bei den Großen Seen in Ostafrika angekommen. Sie bauten Hirse an, hielten Schafe, Ziegen und Rinder, die als Zeichen des Wohlstands galten. Von hier aus begann die landwirtschaftliche Kolonisation Südafrikas durch die Bantus, die um 500 v. Chr. Kapland erreichten.

Über die Lebensweise ländlicher Gesellschaften in Südostasien ist dank der Funde von rituellen Gegenständen (u. a. Bronzetrommeln) viel bekannt. Um 200 v. Chr. wuchsen Dörfer aus den fruchtbaren Flusstälern zu größeren politischen Einheiten zusammen.

Das Leben auf der Nordhalbkugel

In Europa herrschte die Eisenzeit. Die von Römern und Griechen so genannten Kelten entwickelten einen eigenen künstlerischen Stil, der sich in Trinkgefäßen für Wein, Schwertscheiden oder reich verzierten Halsringen für die Elite der Krieger manifestierte. Die Kelten lebten als Stammesgemeinschaften vor allem in Dörfern. Bei Gefahr zogen sie sich in Befestigungsanlagen auf Hügeln zurück.

Das kühle und nasse Wetter in dieser Zeit machte vor allem den zerstreut lebenden Germanen im Norden Deutschlands und in Skandinavien zu schaffen. Torfmoore breiteten sich dort aus, wo einst Ackerland gewesen war. In den Mooren blieben u. a. Überreste von Menschenopfern und auch Metallgegenstände erhalten.

In den eurasischen Steppen betrieben um 500 v. Chr. nomadische Reitervölker Viehwirtschaft, bei der sie beim Hüten von Schafen und Rindern häufig große Strecken zurücklegten. Ihre Lebensweise geht aus Grabfunden bei Pasyryk in Sibiren hervor, die dank des hart gefrorenen Bodens erhalten blieben.

Amerika

Regionale Unterschiede

Das Bevölkerungswachstum und die Zunahme soziokultureller Strukturen in Ecuador in der Zeit von 500 v. Chr. bis 100 n. Chr. spiegeln sich in der Entwicklung regional unterschiedlicher keramischer Kunst wider, wie sie aus Bahía, Tolita, Jama Coaque, Jambeli, Tiaone, Guangala, Tejar und Daule bekannt ist. Typisch für Bahía sind gegossene und modellierte, manchmal bemalte Skulpturen, die vorwiegend stehende oder sitzende Menschen zeigen. Diese Figur stellt eine Frau mit Kind dar.

Statuette der Bahía-Keramik, Ecuador

Eine Region mit unverwechselbarer Keramik

Afrika

Eisenverarbeitung

Die Eisenverarbeitung breitete sich entlang der Handelswege von Nordafrika im 1. Jahrtausend v. Chr. nach südlich der Sahara aus. Nomadische Hirtenvölker, deren Karren in Felszeichnungen verewigt sind, haben zur Verbreitung der Technik womöglich beigetragen. Um 500 v. Chr. haben die Noks bei Nsukka und Taruga im heutigen Nigeria Eisen mit Holzkohle verhüttet. Etwa zeitgleich wurde die Eisenverarbeitung im Niltal bis hinunter nach Meroë in Nubien praktiziert. Später im 5. Jh. v. Chr. breitete sich diese Technik bis westlich des Victoriasees in Ostafrika aus.

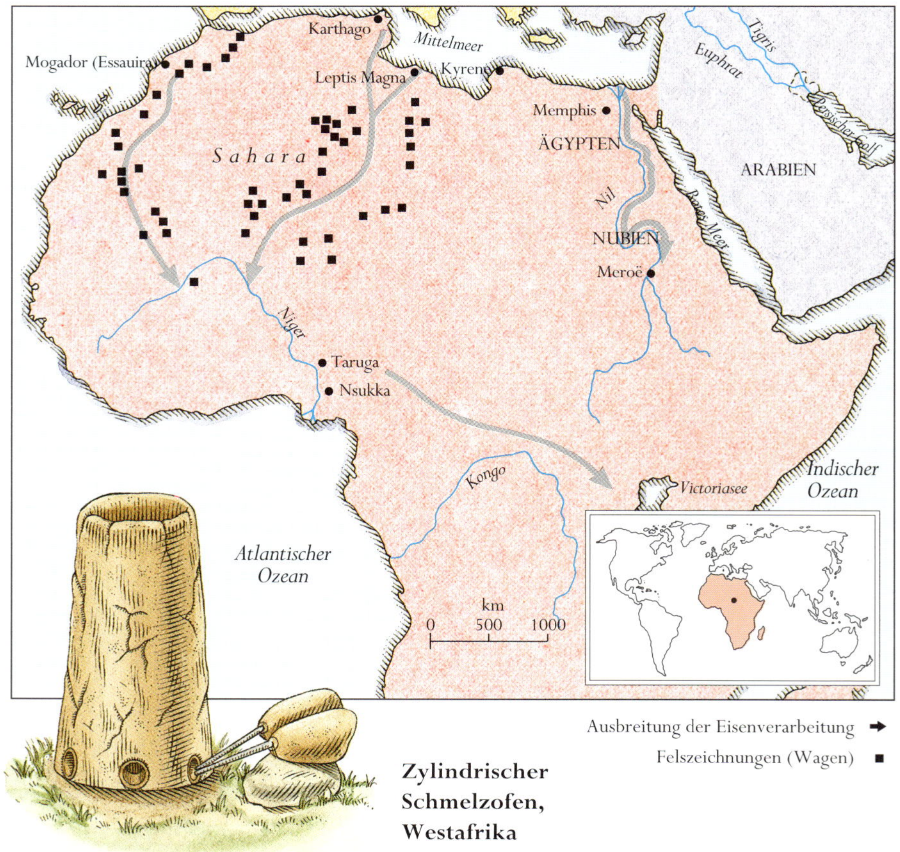

Zylindrischer Schmelzofen, Westafrika

Ausbreitung der Eisenverarbeitung

Felszeichnungen (Wagen)

Europa

Keltische Kunst

Die Völker Mittel- und Westeuropas wurden von griechischen und römischen Geschichtsschreibern als Kelten bezeichnet. Es handelte sich dabei um verschiedene Stämme und Völker, denen ein bestimmter künstlerischer Stil zu Eigen war. Charakteristisch waren abstrakte Kurvilinear-Darstellungen. Dazu gehörten Spiralen mit enger Wicklung und Motive mit Lotusblättern, Palmetten, Ranken sowie die Köpfe oder Körper mythischer Tiere. Die meisten Fundstücke keltischer Kunst hatten dem persönlichen Gebrauch gedient: Halsringe aus Gold- und Bronze sowie Armreifen, Gefäße und verzierte Klingenscheiden oder dieser Bronzeschild mit dekorativen Einlegearbeiten aus farbigem Glas, der in der Themse bei Battersea (England) gefunden wurde.

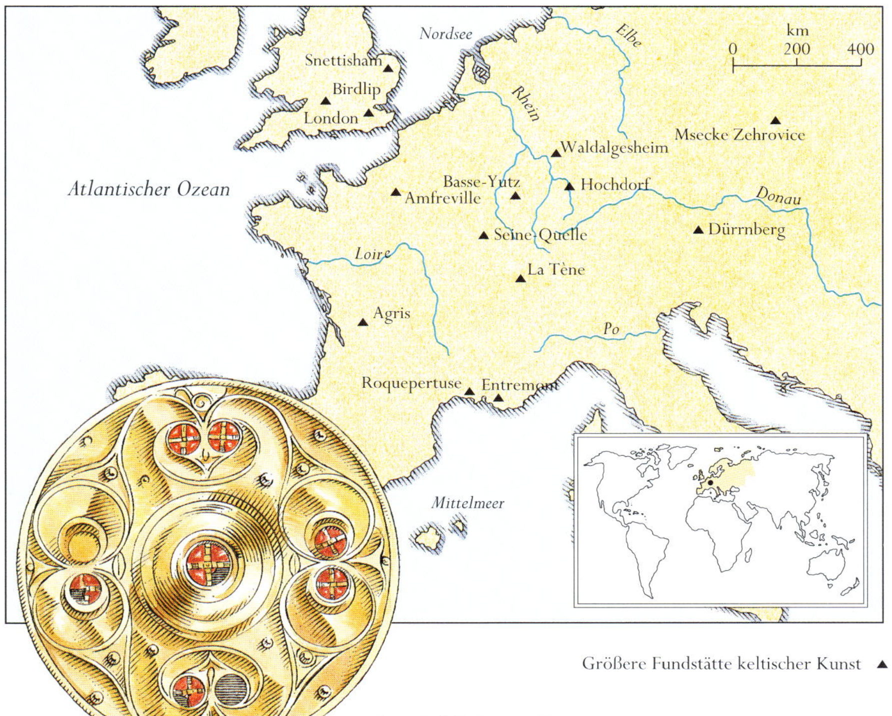

Der Schild von Battersea, London, England

Ostasien & Australasien

Trommeln aus Dong Son

Die Handelskontakte zwischen dem südostasiatischen Festland und den Inseln in den letzten Jahrhunderten v. Chr. werden durch die weite Verbreitung der Dong-Son-Trommeln aus Bronze veranschaulicht, die bei Feierlichkeiten verwendet und nach ihrem Fundort in Nordvietnam benannt wurden. Sie dienten auch als Grabbeigaben. Sie wurden in Au Lac hergestellt, einem frühen vietnamesischen Königreich mit der Hauptstadt Co Loa. Charakteristisch sind geometrische und figürliche Friese.

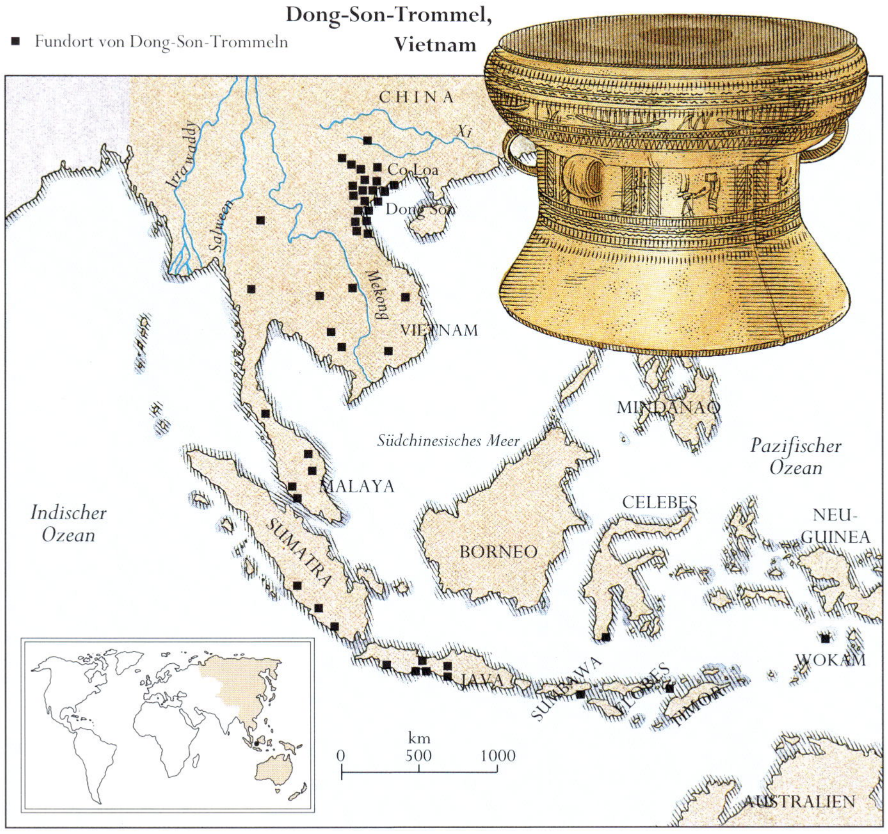

Dong-Son-Trommel, Vietnam

Vorderasien & Südasien

Alexanderzüge

Alexander der Große (356–323 v. Chr.), Sohn des mazedonischen Herrschers im Norden Griechenlands, eroberte Persien und zerstörte die Hauptstadt Persepolis (im heutigen Iran). Sein Weg führte ihn bis nach Taschkent im heutigen Usbekistan, nach Kaschmir und über den Indus. Viele griechische Städte wurden während seiner Feldzüge gegründet. Nach seinem Tod in Babylon zerfiel sein Reich. Griechenland wurde jedoch weiterhin von Mazedonien dominiert.

Alexander auf einem römischen Mosaik, Haus des Fauns, Pompeji, Italien

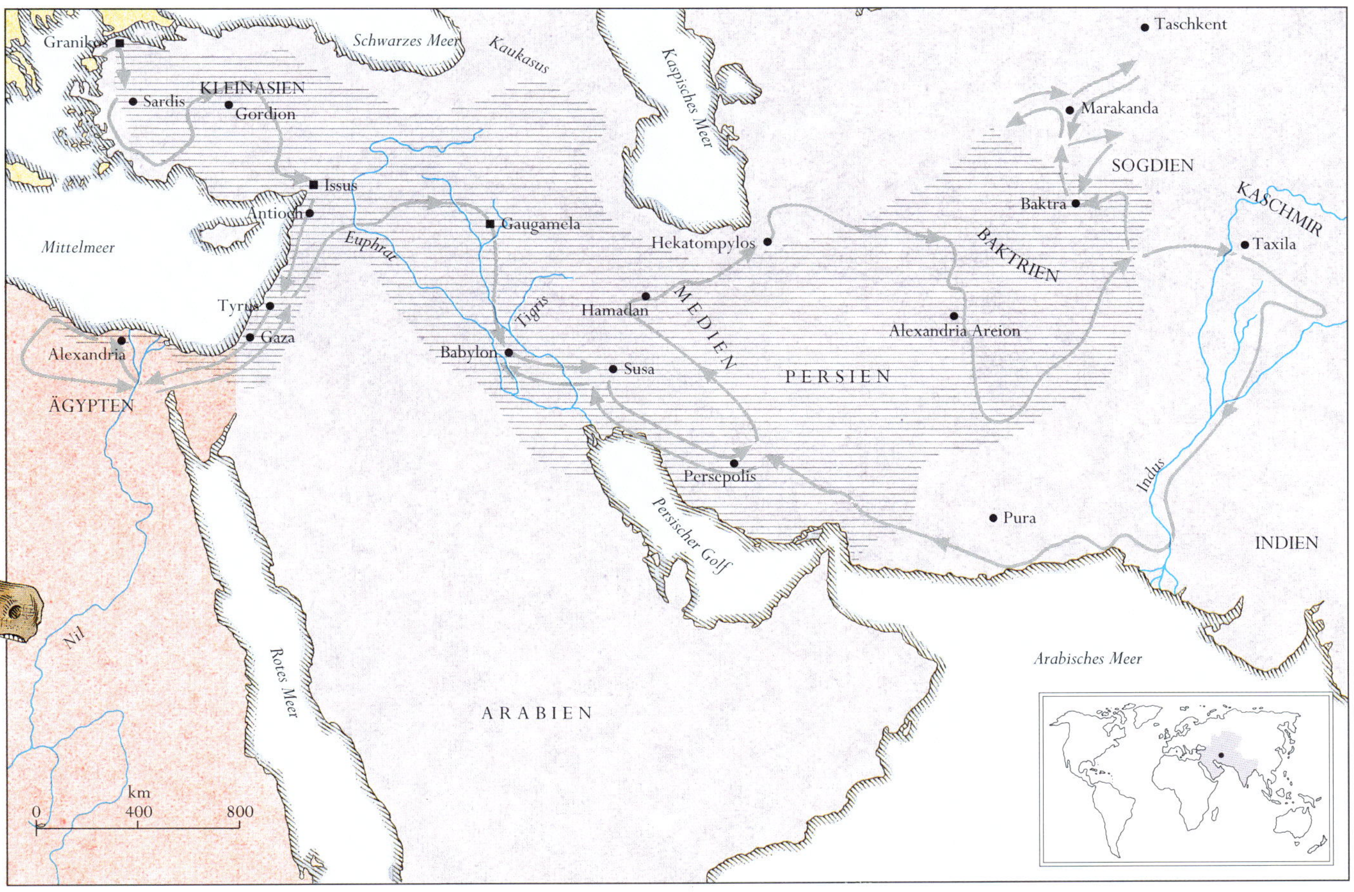

500–400 V. CHR.

33 000 V. CHR.

Ernährung & Lebensraum | Wohnen & Bauen

Amerika

Rauch-Utensilien
Die Pfeife in Form eines kleinen Bären und das »Serviettenring«-Rauchrohr aus Tennessee wurden wahrscheinlich dazu benutzt, verschiedene Stoffe während ritueller Handlungen zu rauchen (zu dieser Zeit aber noch keinen Tabak). Die Röhrenpfeife wurde womöglich auch von Schamanen zur Heilung von Krankheiten verwendet – eine Heilmethode, die auch heute noch in verschiedenen Teilen der Welt angewendet wird.

Pfeife und Rauchrohr, Tennessee

Kunst in Stein
Das schöne und kunstvolle Mauerwerk – Skulpturen, Stelen, Säulen, Grabsteine und Obeliske mit ihren mythologischen Motiven – entstand in Jahrhunderte langer Arbeit am Tempel Chavín de Huantar, der heute als Höhepunkt der Anden-Architektur gilt.

Die Ruinen von Chavín de Huantar, Peru

Ostasien & Australasien

Haschisch im Filzzelt
Gräber aus dem 5. Jh. v. Chr. bei Pasyryk im sibirischen Altai-Gebirge beweisen, dass die nomadischen Hirten in ihren Filzzelten Haschisch inhaliert haben. Es wurden mit Holzkohle gefüllte Kupferkessel und Lederbeutel mit Hanfsamen gefunden. Auf der glimmenden Kohle entwickelte der Samen berauschende Dämpfe.

Kupferkessel aus einem Grab, Pasyryk, Sibirien

Dekorativer Filz
Die sibirischen Nomaden, deren Herrscher in Pasyryk beerdigt wurden, lebten in Filzzelten, die der heutigen mongolischen Jurte ähnelten. Obwohl sie schnell abgebaut werden konnten, wenn sich ihre Eigner auf den Weg zu neuen Weideflächen machten, waren diese Zelte keine reinen Provisorien. Sie boten eine bequeme und farbenfrohe Unterkunft. Der Filz war mit geometrischen Mustern und Szenen aus dem Leben dieser Reitervölker versehen.

Vorderasien & Südasien

Altertümliche Kleidung
Steinreliefs auf einer Prunktreppe beim iranischen Persepolis zeigen die ökologischen Unterschiede des gewaltigen persischen Reiches (550–331 v. Chr.) auf: Menschen in unterschiedlicher Kleidung bringen Geschenke. Auf den heißen Hochebenen wurden lose, lange Kleider getragen. Die Reitervölker aus den kalten Bergen trugen Hosen, Tuniken und Mäntel.

Detail, Steinrelief, Persepolis, Iran

Persische Vielfalt
Die Perser machten sich kühn die vielfältigen architektonischen Traditionen ihrer unterlegenen Gegner zu Eigen: Säulenhallen aus Media im Westiran, Reliefs aus Mesopotamien, Mauertechnik aus Griechenland, Tore aus Ägypten und Felsengräber aus dem bergigen Urartu (an der heutigen Grenze zwischen der Türkei und Armenien). Auf der Front des Felsengrabes des persischen Herrschers Darius I. (522–486 v. Chr.) war die Fassade des Palastes in Persepolis nachgebildet.

Felsengrab von Darius I., Persepolis, Iran

Europa

Trinkgelage
Das Symposium, bei dem Wein getrunken wurde, war als Unterhaltung bei den wohlhabenderen Klassen im Athen des 5. Jh. v. Chr. sehr beliebt. Der Wein wurde mit zwei oder drei Teilen Wasser vermischt und aus Ton- oder wertvollen Metallbechern getrunken. Kurtisanen waren die einzigen zugelassenen Frauen.

Rotfigurige Vase mit Symposium-Szene, Athen, Griechenland

Neue Formen, neue Materialien
Griechische Händler, die mit den Kolonien am Mittelmeer und Schwarzen Meer Geschäftsbeziehungen hatten, brachten neue Formen und Materialien zu ihren Kunden. Regionale Herrscher übernahmen mediterrane Formen, um ihre Nachbarn zu beeindrucken. Beispielsweise errichtete ein keltischer Häuptling bei der Heuneburg in Süddeutschland die Wehrmauer teilweise aus Lehmziegeln nach südländischem Vorbild. Da dieser Baustoff für ein feuchtes Klima nicht geeignet war, ist nur das steinerne Fundament erhalten.

Afrika

Jagd in der Wüste
Um 500 v. Chr. war die Sahara fast schon so trocken wie heute. Wenige Menschen wagten sich in die Wüste, obwohl dort Wildtiere und stellenweise Vegetation vorhanden waren. Der griechische Geschichtsschreiber Herodot berichtet um 440 v. Chr. von Völkern, die in der nördlichen Sahara lebten, u. a. von den Garamanten, die zwei- und vierspännige Wagen für die Jagd in der Wüste benutzten. Die Ebenen rings um das Hochland und die größeren *Wadis* (trockene Flussbetten) waren für das Fahren mit Wagen sehr geeignet. Abbildungen von Wagen wurden unter überhängenden Felsen in diesen Gegenden gefunden.

Die Hauptstadt Meroë
Meroë war um das 6. Jh. v. Chr. Hauptstadt des nubischen Königreiches geworden. Um 500 v. Chr. bestand die Stadt aus Lehmhäusern, die ringförmig um die königlichen Tempel angelegt waren. Außerhalb des Wohn- und Tempelbezirks waren Pyramidengräber errichtet. Der Haupttempel war dem ägyptischen Sonnengott Amun-Re geweiht; er bestand aus verschiedenen Säulenhallen und Innenhöfen, die von einer massiven Lehmziegelmauer umgeben waren. Der Großteil des Tempels war aus Lehmziegeln errichtet, während für Säulen und Tore Sandstein verwendet wurde. War der Baustil auch sehr an ägyptischen Vorbildern orientiert, so wurde Meroë doch zunehmend unabhängig von seinem starken Nachbarn. Die ägyptischen Hieroglyphen wurden durch eine eigene merotische Schrift abgelöst.

Erfindungen & Entdeckungen

Früher Kalender

Zwar findet man schon gemeißelte Symbole aus der Zeit um 600 v. Chr., aber das früheste bekannte Textdokument aus ganz Amerika stammt von drei Monolithen, die um 400 v. Chr. in Monte Albán im mexikanischen Oaxaca errichtet worden sind. Die zapotekische Schrift besteht anscheinend aus einer Kombination von Schriftzeichen und Kalenderdaten.

Monolithen mit zapotekischer Schrift, Monte Albán, Mexiko

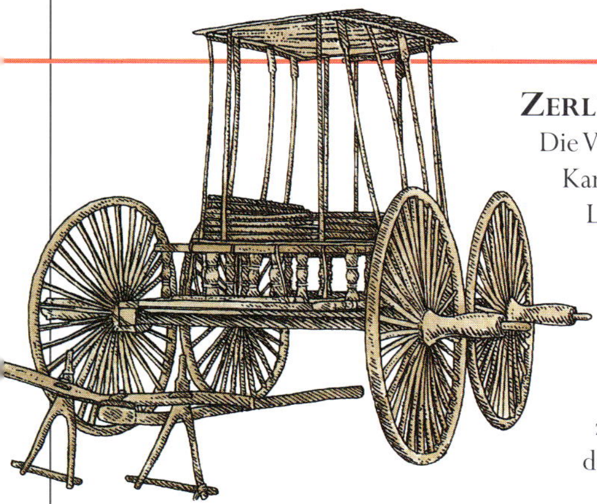

Hölzerner Wagen aus einem Grab, Pasyryk, Sibirien

Zerlegbare Wagen

Die Völker der zentralasiatischen Steppe haben Karren konstruiert, mit denen sie schwere Lasten von einem Weidegrund zum nächsten transportieren konnten. Wenn sie ihr Lager aufschlugen, konnte der Oberteil des Wagens abgenommen und als Zelt verwendet werden. In unwegsamem Gelände konnte der gesamte Wagen zerlegt werden. Seine Einzelteile wurden dann auf Packpferde verteilt.

Goldschmiedemeister

Im Perserreich wurde Gold für Münzen und für Kunstwerke verwendet. Viele Stücke waren für Gräber sowie für die Schatzkammern von Palästen und Tempeln bestimmt. Man nimmt an, dass der Oxus-Schatz – er wurde dort im Oxus entdeckt, wo der Fluss in den Aralsee mündet – Teil eines Tempelschatzes ist, der zwischen 500 und 200 v. Chr. angesammelt wurde. Die großartigen Juwelen und ornamentalen Kunstgegenstände sprechen für eine meisterliche Metallbearbeitung.

Goldener Armreif, Oxus-Schatz, Usbekistan

Militärische Seemacht

Stärke auf See war entscheidend für die griechischen Konflikte im 5. Jh. v. Chr. – zum einen bei der gescheiterten persischen Invasion sowie bei den langen Auseinandersetzungen zwischen Athen und Sparta. Das Kriegsschiff schlechthin war die Trireme, ein leichtgewichtiges Fahrzeug mit drei Ruderbänken.

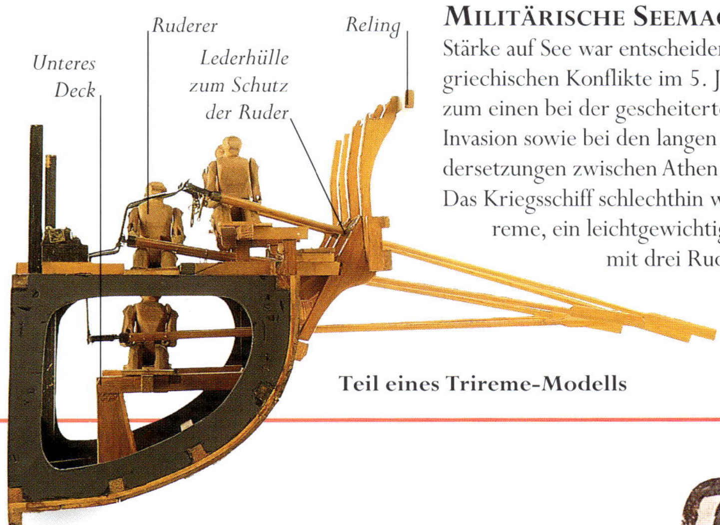

Teil eines Trireme-Modells

Gebrauchsgegenstände

Die Eisenverarbeitung hatte sich um das 5. Jh. v. Chr. nach Westafrika ausgebreitet. Die Noks im nigerianischen Taruga verhütteten Eisen in flachen Schmelzöfen mit zylindrischen Lehmwänden. Sie stellten Pfeilspitzen her, ferner Messer, Speerspitzen, Äxte und Hacken. So konnten sie die tropischen Wälder leichter roden. Diese Technik der Eisenverarbeitung breitete sich bald in ganz Westafrika aus.

Kunst & Religion

Rituelle Mumifizierung

Die isolierte Paracas-Kultur (500–1 v. Chr.) an der Südküste von Peru war bekannt für ihre Vielzahl von Grabbeigaben. Die Verstorbenen wurden in Dutzende von Lagen gewebter und bestickter Kleider eingewickelt. Bestickte Roben und Kopfnachbildungen gehörten ebenfalls zur Einwickeltechnik.

Paracas-Mumie, Peru

Konfuzianische Moral

Die Lehre des Konfuzius (551–479 v. Chr.) bildete die Grundlage einer der einflussreichsten politischen Philosophien der Geschichte. Sie wurde von der intellektuellen Bürokratie des chinesischen Reiches benutzt, um Disziplin, Zusammenhalt und Gleichgewicht innerhalb der Bevölkerung aufrecht zu erhalten. Laut Konfuzius hängt das allgemeine Wohlergehen davon ab, ob das Individuum die ihm zugewiesene Rolle übernimmt – in einer Gesellschaft, die von wechselseitigen Verpflichtungen bestimmt ist. Den Pflichten des Bürgers entspricht das moralische Handeln der Herrschenden.

Goldplatte: Priester mit *Barsom*, Usbekistan

Feueranbeter

Die alten Perser beteten das Feuer an. Ihr Weisen (Priester), die womöglich vom Volk der Media im Westiran stammten, trugen Bündel aus Zweigen, so genannte *Barsoms*, wie auf dieser Goldplatte aus Oxus. Mit den Zweigen wurde das heilige Feuer unterhalten. Die persische Religion hatte viel mit dem indischen Brahmanentum gemein. U. a. verwendeten beide ein berauschendes Getränk namens *Soma*.

Eigener Stil

Weinkrüge aus Bronze, die bei Basse-Yutz in Frankreich gefunden wurden, zeigen, wie keltische Künstler auch Ideen aus mediterranen Ländern übernahmen und mit ihrem eigenen Stil kombinierten. Die Form dieses Kruges ist etruskisch (aus der heutigen Toskana in Norditalien), doch – und das ist rein keltisch – die Intarsien bestehen aus Korallen und Emaille, der Griff stellt ein Tier dar.

Weinkrug, Basse-Yutz, Frankreich

Der Apis-Stier

Stier als Orakel

Auch unter persischer Herrschaft veränderte sich die ägyptische Religion nicht. Vom heiligen Apis-Stier, der bei Memphis verehrt wurde, nahm man an, dass ihn eine jungfräuliche, vom Gott Ptah befruchtete Kuh geboren habe. Der Stier trug einen goldenen Umhang, und beim Fest des Ptah diente er als Orakel. Als der Apis-Stier starb, trauerte man 70 Tage. Das hatte ein Ende, als man anhand der Fellzeichnung seinen Nachfolger fand.

400–300 V. CHR.

Ernährung & Lebensraum	Wohnen & Bauen

Amerika

Landwirtschaftliche Geräte

Der Gebrauch von Grabestöcken geht bis zu den Anfängen des nordamerikanischen Gartenbaus zurück (um 1000 v. Chr.). Im Südwesten wurden angespitzte Stöcke zum Einpflanzen von Samen oder zum Ausgraben von Wurzeln wie der Yucca verwendet. Die spachtelförmigen Grabestöcke aus dem 4. Jh. v. Chr. wurden wahrscheinlich zur Lockerung der Erde benutzt.

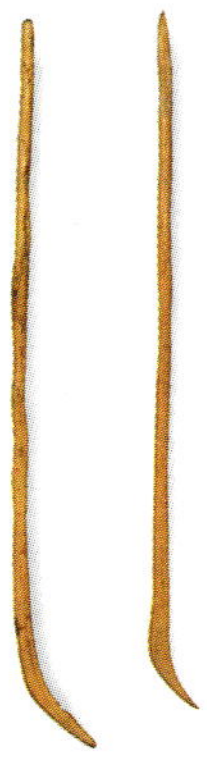

Grabestöcke, Moqui-Schlucht, Utah

Frühe Pyramide

Ursprünglich wanderten die Maya von Nordamerika nach Mesoamerika ein und siedelten sich dort an; schließlich beherrschten sie den Großteil dieser Region. Die Maya verfügten über eine Schrift, betrieben Astronomie und Mathematik, waren Meister in den schönen Künsten und in der Architektur. Ebenso wie andere mesoamerikanische Völker bauten die Maya auf bereits vorhandenen Gebäuden. Diese frühe Pyramide (um 400 v. Chr.) wurde unterhalb einer späteren Pyramide gefunden.

Pyramide, Uaxactun, Guatemala

Ostasien & Australasien

Mit Stäbchen essen

Der Gebrauch von Essstäbchen, der bis dahin ein Privileg der herrschenden Shang-Dynastie gewesen war, wurde in dieser Zeit in ganz China üblich. Die einfache, aber zweckdienliche Methode entsprach der chinesischen Tradition, das Essen in kleinen Bissen zu reichen. Die Essstäbchen breiteten sich schnell in fast ganz Asien aus.

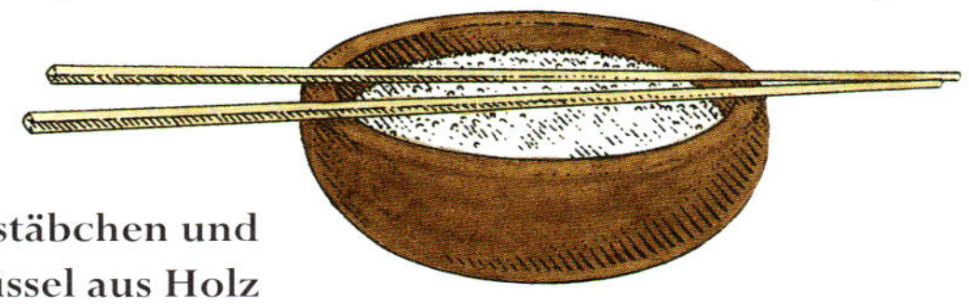

Essstäbchen und Schüssel aus Holz

Gebäude-Darstellungen

Trommeln, die mit Szenen aus dem Alltag verziert sind, vermitteln Ansichten von Gebäuden in südostasiatischen Dörfern. Die Häuser wurden auf Pfählen errichtet; sie wiesen verzierte Stangen und nach oben weisende Gabeln auf. Die großen Bronze-Trommeln, benannt nach Dong Son in Nordvietnam, wurden in den letzten Jahrhunderten v. Chr. hergestellt. Ähnliche Gebäude wie auf den Trommeln sind noch heute in der Region zu sehen; der Stamm der Toba-Batak in Sumatra z. B. baut immer noch prächtige Versammlungshäuser mit hohen Strohdächern, die auf beiden Seiten Gabelungen aufweisen.

Vorderasien & Südasien

Neue Feldfrüchte

Zunehmender Kontakt zwischen Westasien und Indien nach der persischen Eroberung des Industals um 500 v. Chr. führte nicht allein zu größerer Verbreitung indischer Waren im persischen Reich, sondern auch zum Anbau neuer Feldfrüchte. Baumwolle (erstmals in Vorderasien vom Assyrerkönig Sennacherib um 700 v. Chr. erwähnt) wurde immer mehr angepflanzt. Reisanbau, der bis dahin in Vorderasien unbekannt war, wurde um 400 v. Chr. mit Sicherheit im nördlich von Indien gelegenen Bactria und in Babylon betrieben. Anscheinend wurden um diese Zeit auch Ebenholz, Zuckerrohr und Bananen aus Indien eingeführt. Indische Elefanten spielten eine wesentliche Rolle in den persischen und griechischen Heeren.

Stattliches Grab

Mausollos, König von Caria im Südwesten der Türkei, regierte von 377 bis 353 v. Chr. Begraben wurde er in einem prachtvollen Grabmal, das zu den Sieben Weltwundern zählt. Die bekanntesten Bildhauer der Zeit besorgten die Ausschmückung des hoch aufragenden Bauwerks aus schimmerndem weißen Marmor, das vielen, später Mausoleen genannten Grabmälern als Vorbild diente.

Mausoleum, Halikarnass, Türkei

Europa

Tafelschmuck

Diese Bronzegefäße aus einem Grab des 4. Jh. v. Chr. bei Bolsena in Norditalien zeigen, welch kunstvolles Geschirr wohlhabende Familien verwendeten. Der Wein wurde aus dem Krug in die Schüssel gegossen, mit Wasser vermischt und dann in Becher gegeben.

Weinschüssel, -krug und Schöpflöffel der Etrusker aus Bronze, Norditalien

Freiluft-Theater

Im Zentrum vieler griechischer Städte gab es Theaterbauten. In ihnen wurden Schauspiele und Gladiatorenkämpfe veranstaltet, sie dienten aber auch öffentlichen Versammlungen und religiösen Feierlichkeiten. Ein sehr gut erhaltenes Beispiel ist das Theater bei Epidauros, das 14 000 Besuchern Platz bot. Die Akustik dieser Freiluft-Theater war hervorragend. Sie legen unverändert Zeugnis ab für die geniale Baukunst der griechischen Architekten.

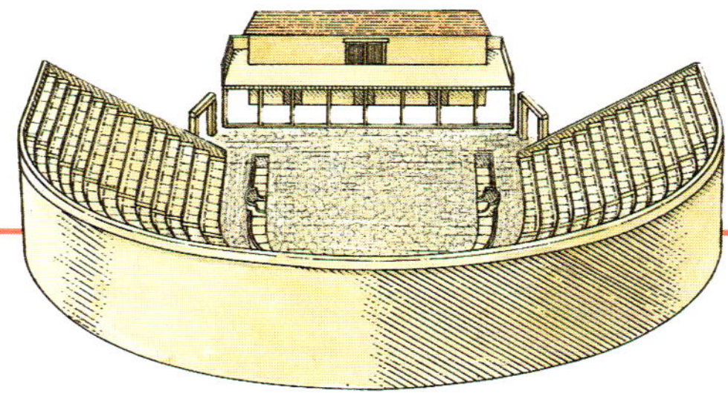

Theater, Epidauros, Griechenland

Afrika

Milch als Nahrung

Die bantu-sprechenden Viehhirten, die zuerst von Westafrika nach Ost- und Südafrika wanderten, konnten Milch auf eine Weise verdauen, zu der die Jäger und Sammler, auf die sie trafen, nicht in der Lage waren. Milch enthält Milchzucker. Erwachsene vieler Völker haben Schwierigkeiten, diese Substanz zu verdauen. Das hat seine Ursache in dem Fehlen eines Enzyms (Laktase). Bei Kleinkindern ist dieses vorhanden. Es macht es ihnen möglich, die Muttermilch zu verdauen. Der Heranwachsende verliert dieses Enzym. Während der letzten Jahrtausende haben die Völker in Europa, Vorderasien und in bestimmten Teilen Nordamerikas die Fähigkeit entwickelt, Milch zu verdauen, indem sie Laktase auch noch als Erwachsene produzieren. In anderen Teilen der Welt wie Ostasien oder Afrika (südlich der Sahara), bevor die Bantu hierhin kamen, ist diese Fähigkeit nicht vorhanden.

Alles neu in Karthago

Karthago, das einst als Handelsniederlassung der Phönizier an der nordafrikanischen Küste gegründet worden war, entwickelte sich schnell zu einem der erfolgreichsten Handels- und Wirtschaftszentren im mediterranen Raum. Während des 4. Jh. v. Chr. wurde die Stadt völlig umgebaut. Ein weitflächiges Straßennetz und zwei gut funktionierende Hafenanlagen wurden angelegt. Ein Hafen war kreisförmig und diente ausschließlich den Seestreitkräften Karthagos. Der größere, rechteckige Hafen war für den Handel bestimmt. Die gesamte Stadt wurde von einer massiven Schutzmauer umgeben.

400–300 V. CHR.

Erfindungen & Entdeckungen

Antike Chirurgie

Die Trepanation, eine Operationstechnik, bei der Teile des Schädels mit einem sägeartigen Instrument eröffnet wurden, diente in Peru der Behandlung von Kopfverletzungen, Migräneerscheinungen und Anfällen. Die Chirurgen entfernten Teile des Schädels, um den Hirndruck nach Stürzen oder Schlagverletzungen zu mindern. Dann schlossen sie den Schädel wieder. Die ersten eröffneten Schädel stammen aus der Zeit um 400 v. Chr. Schädel wie der hier abgebildete, die zwei oder mehr Löcher aufwiesen, belegen, dass die Patienten gelegentlich eine Trepanation überlebten.

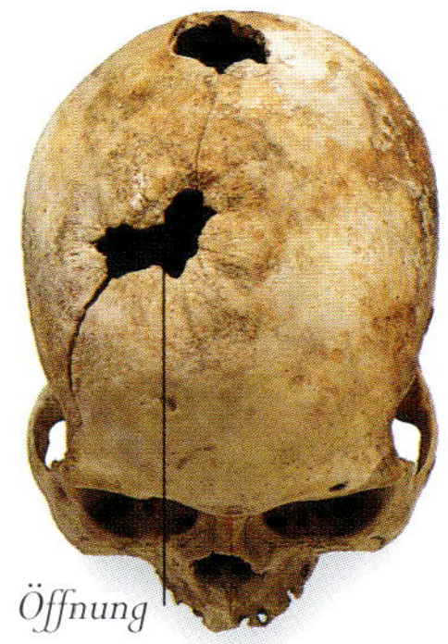

Trepanierter Schädel, Peru

Bronzener Blätterknauf mit Intarsien aus Silber, China

Einlegearbeit aus Metall

Ursprünglich wurden in China nur Geräte für feierliche Handlungen mit Einlegearbeiten versehen. Später wurden Intarsien aus kostbaren Metallen wie Kupfer, Gold und Silber auch bei Gebrauchsgegenständen beliebt, wie an diesem Blätterknauf zu sehen ist. Die neue Technik verdrängte allmählich die frühere, tausendjährige Tradition, Bronzegegenstände mit kostbaren Steinen zu verzieren.

Strassennetz

Im riesigen persischen Reich (550–331 v. Chr.) waren gute Verkehrsverbindungen sehr wichtig. Deshalb wurde ein Straßensystem mit Raststätten angelegt, das Geschäftsleuten eine schnelle und sichere Reise durchs ganze Reich erlaubte. Um das 4. Jh. v. Chr. traten Sicherheitsprobleme auf. Sogar der König musste Schutzgeld zahlen, um gefährliche Bergregionen unbeschadet passieren zu können.

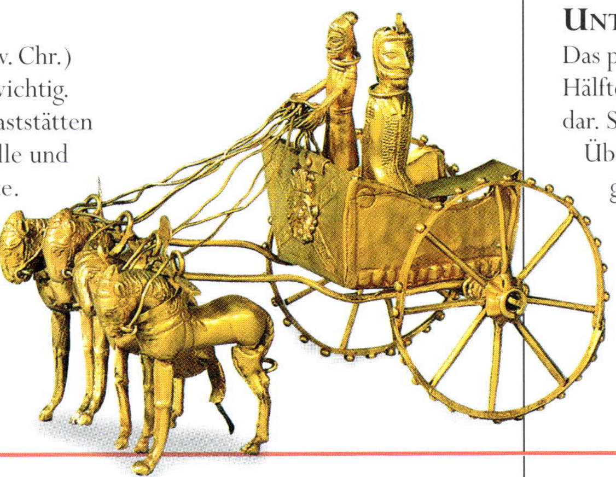

Wagenmodell aus Gold, Usbekistan

Neue Töpfertechnik

Keltische Handwerker erzielten wichtige Fortschritte bei der Herstellung von Töpferwaren, indem sie neues technisches Gerät wie die Töpferscheibe aus dem Mittelmeerraum einführten. Das dekorative Muster aus gebogenen Spiralen ist typisch für die keltische La-Tène-Kunst in dieser Zeit. Dieser eigenwillige Stil ist nach einem Ort in der Schweiz benannt.

Bemalte Urne, Prunay, Frankreich

Giftpfeile

Die frühe afrikanische Eisenverarbeitung sorgte für eine Verbesserung der Jagdwaffen. Die Jagd war auch lange nach dem Beginn des Ackerbaus noch eine wichtige Nahrungsquelle. Eisenschmiede genossen hohes Ansehen in der afrikanischen Gesellschaft. Ihnen wurden geheimnisvolle Kräfte zugeschrieben. Leichte Pfeile mit Eisenspitzen dienten vor allem der Antilopenjagd. Pflanzengifte an der Spitze lähmten die Beutetiere.

Pfeilspitze aus Eisen, Afrika

Kunst & Religion

Felsmalereien von Jägern und Sammlern

Kunstvoll verzierte menschenähnliche Gestalten, die zugleich erhaben und übernatürlich wirken, sind in den Felsmalereien des nordamerikanischen Barrier-Canyon auszumachen. Diese Gestalten sind von ein paar Zentimetern bis zu 2 m groß. Häufig findet man sie in Reihen angeordnet. Große, leere Augen sind gewöhnlich die einzigen Gesichtsmerkmale.

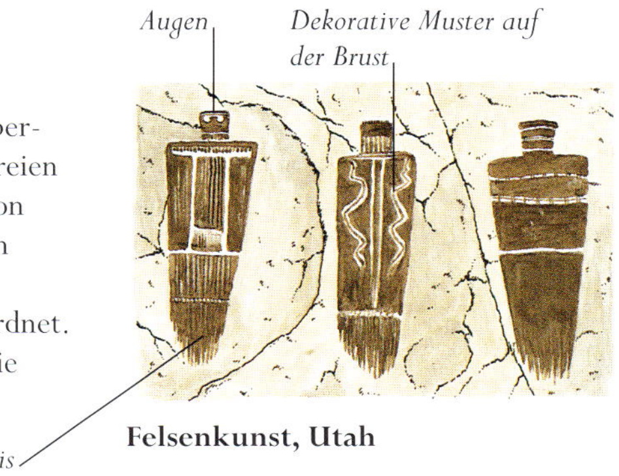

Felsenkunst, Utah

Die Kunst der Nomaden

Objekte aus Bronze und anderem Metall von der Nordwestgrenze Chinas zeichnen sich oft durch stilisierte Tiermotive aus. Dies spiegelt die Bedeutung des Tieres für die Nomaden wider. In ihrem Stil wie in ihrer Machart weisen diese Gegenstände auch auf den Einfluss von Völkern hin, die weiter westlich lebten. Der Stoffeinschluss auf der Rückseite einer Schnalle bezeugt eine Technik, die in China unbekannt war: Gussmaterial wurde mit Fasern verstärkt.

Silberne Gürtelschnalle, Ordos-Wüste, China

Unterschiedlicher Glaube

Das persische Reich stellte in der ersten Hälfte dieses Jahrhunderts noch eine Macht dar. Seine Völker hatten unterschiedliche Überzeugungen: Während die Inder glaubten, kein lebendiges Wesen dürfe getötet werden, bekannten sich die Griechen zur reinen Vernunft. Es gehörte zur Politik der persischen Könige, auch andere Religionen zu tolerieren oder sogar zu unterstützen. In Ägypten wurden die persischen Könige als Götter angebetet; den Juden halfen sie, ihren Tempel in Jerusalem wieder aufzubauen; in Babylon feierten sie das Fest des Gottes Marduk. Die Perser selbst waren in ihrem Glauben fest verankert. Persische Beschriftungen stellen u. a. die Überlegenheit ihres Gottes Ahura Masda heraus.

Sokratische Dialoge

Der Athener Sokrates (469–399 v. Chr.) war der Vater der neuen Philosophie im klassischen Griechenland. Seine Methode, aus Frage und Antwort neue Erkenntnisse zu schöpfen, ist uns dank der von seinem Schüler Platon (427–347 v. Chr.) verfassten *Dialoge* erhalten. Platon systematisierte die sokratischen Ideen und entwickelte sie weiter. Um 380 v. Chr. gründete er die Akademie von Athen.

Sokrates-Statue

Der Herrscher als Pharao

Als Alexander der Große 332 v. Chr. Ägypten eroberte, übernahm er viele Sitten und Merkmale der Pharaonen. Er brachte öffentlich dem heiligen Apis-Stier Opfer dar und ordnete die Renovierung der großen Amun-Tempel von Luxor und Karnak in Oberägypten an. Er reiste 1000 km durch die Wüste, um das Orakel des Gottes Ammon in der Oase Siwa zu besuchen. Weil er an diesen Traditionen festhielt, nahm das ägyptische Volk die Eroberung und auch die Herrschaft durch Alexander hin. Dieser Politik befleißigten sich auch seine Nachfolger, die ptolemäischen Könige, deren Dynastie von Ptolemaios, einem General Alexanders, begründet worden war.

300–200 V. CHR.

33 000 V. CHR.

Ernährung & Lebensraum | Wohnen & Bauen

Amerika

Gewebte Sandalen

Das frühgeschichtliche Anasazi-Volk im Südwesten Nordamerikas trug Sandalen. Zu Anfang waren deren Spitze und Ferse rechteckig. Aber die Moden wechselten. Nur einige Zeit später waren die Sandalen vorne abgerundet. Das Gewebe bestand aus Yucca-Fasern, die zickzackförmig verarbeitet waren. Die gesamte Sandale wurde entweder in Karos geflochten oder in Korbwarentechnik hergestellt. Die hier gezeigten Sandalen sind im Stil etwa des 2. Jh. v. Chr.

Sandalen, Cottonwood-Canyon, Utah

Städtisches Zentrum

Teotihuacán war nicht nur das früheste dicht besiedelte urbane Zentrum in ganz Amerika, es zeichnete sich auch durch einen fortschrittlichen Wohnungsbau aus. Insgesamt gab es über 2000 Wohnungseinheiten mit vielen Wohnräumen, die um Innenhöfe mit Küchen und Werkstätten angeordnet waren. Die Bewohner waren durch Herkunft oder Beruf miteinander verbunden.

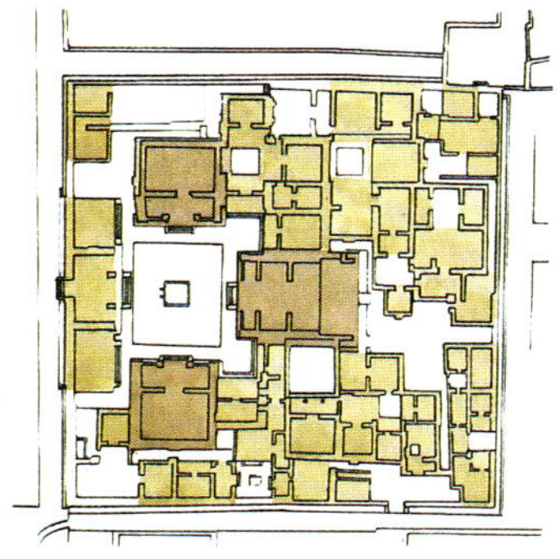

Stadtplan, Teotihuacán, Mexiko

Tempel *Wohnungen* *Offene Innenhöfe*

Ostasien & Australasien

Angeschirrte Büffel

Wasserbüffel

Funde aus Ban Chiang in Thailand belegen, dass der Wasserbüffel dort erstmals in den letzten Jahrhunderten v. Chr. zum Pflügen benutzt wurde. Wenn sein Unterhalt auch kostspielig war, nutzten ihn doch sehr bald die frühen Reisbauern Südostasiens, die bei der Bearbeitung ihrer Felder zuvor auf Menschenkraft angewiesen waren. Der Wasserbüffel vor dem Pflug – das wurde in dieser Gegend bald ein gewohntes Bild.

Häuser auf Pfählen

Archäologische Überreste von Häusern sind in Südostasien selten. Bei Nong Chae Sao in Südthailand sind systematisch angeordnete Pfahllöcher der einzige Nachweis für Häuser aus jener Zeit. Die Pfähle stützten Wohnflächen, die sich 2–3 m über dem Boden befanden und nur über Leitern zu erreichen waren. Die Skelettkonstruktion aus Holz war mit Stroh bedeckt; das schützte gegen den Monsunregen.

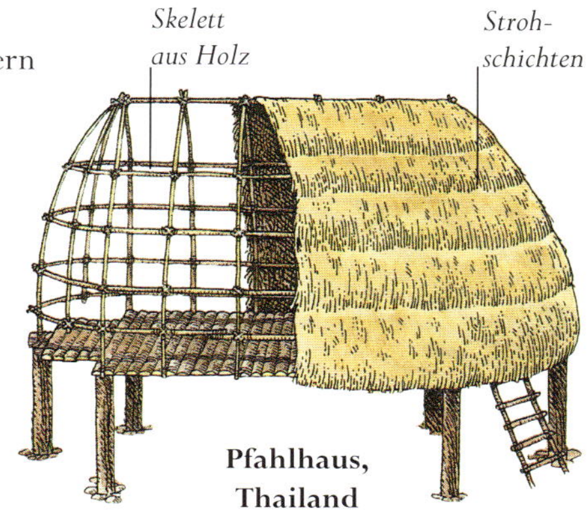

Pfahlhaus, Thailand

Vorderasien & Südasien

Landwirtschaftliche Techniken

Die Arbeit mit dem Pflug hatte sich um diese Zeit in vielen Gegenden Südindiens und auf Sri Lanka durchgesetzt. Die landwirtschaftliche Produktion wurde durch die Entwicklung von verschiedenen Bewässerungstechniken weiter gesteigert. Recht spektakulär waren die riesigen Wasserbehälter und komplexen Schleusensysteme, die während der letzten Jahrhunderte v. Chr. in der Trockenzone von Sri Lanka, besonders bei Anuradhapura, angelegt wurden.

Eiserne Pflugschar, Wurragaon, Indien

Griechen in Asien

Nachdem Alexander der Große (er regierte von 336 bis 323 v. Chr.) das persische Reich erobert hatte, übernahmen griechische Siedler vorderasiatische Ländereien. Da sie ihre eigene klassische Kultur mitbrachten, konnte die vielseitige persische Architektur in diesen Gebieten nicht überleben. Allerdings sind Säulenfundamente bei Ai Khanum (einer griechischen Stadt am Oxus) und im Tempel auf der Insel Failaka im Persischen Golf genauso wie in Persepolis konstruiert. Griechische Städte wurden in ganz Vorderasien gegründet, u. a. auch Antiochia in Syrien, das auf Alexanders General Seleukos zurückgeht, der die seleukidische Dynastie (312–64 v. Chr.) etablierte. Diese Städte wurden nach griechischem Vorbild errichtet. Straßen, Marktplätze, Tempel und Theater waren rechtwinklig angeordnet.

Europa

Gefängnis-Bedingungen

Die Analyse des Mageninhalts vom Tollund-Mann – der vor 2200 Jahren erdrosselt und nach dem 2. Weltkrieg als gut erhaltene Moorleiche in Dänemark gefunden wurde – zeigte, dass sein letztes Mahl ein Brei war, der aus Leinsamen und Kulturgerste bestand. Ungewöhnlich ist, dass auch Unkrautsamen in dem Brei entdeckt wurden. Da in den Feldern zu jener Zeit viel Unkraut wuchs, verursachte man es durch Sieben oder andere Maßnahmen vom Getreide zu trennen. Die qualitativ geringwertige Speise des Tollund-Mannes könnte darauf hinweisen, dass er seine letzten Tage als Gefangener verbrachte.

Frühe Sportstätten

Griechische Sportanlagen wurden im 3. und 2. Jh. v. Chr. zunehmend kunstvoller. Bei Olympia, der Heimstatt der Olympischen Spiele, wurden das Gymnasion und die Palaistra um 200 v. Chr. neu errichtet. Der Komplex enthielt überdachte Laufbahnen und Ringplätze. Hier konnten die Olympiakämpfer auch bei schlechtem Wetter trainieren. Ihnen standen Waschräume und andere Annehmlichkeiten zur Verfügung.

Modell der Sportstätten, Olympia, Griechenland

Afrika

Neue Jagdgründe

Als die Bantu-Viehhirten nach Süden wanderten, zogen sich die dort ansässigen Jäger und Sammler zurück, u. a. in die weit entfernten tropischen Wälder oder die Wüsten im Südwesten. Ihre Techniken veränderten sich aber durch den Kontakt mit den Eisen verarbeitenden Neuankömmlingen kaum: Pfeil und Bogen waren ihre hauptsächlichen Jagdwaffen; rasiermesserscharfe Knochen oder hölzerne Pfeilspitzen auf abnehmbaren Schaftvorderteilen ermöglichten es den Jägern, auch große Tiere zu jagen.

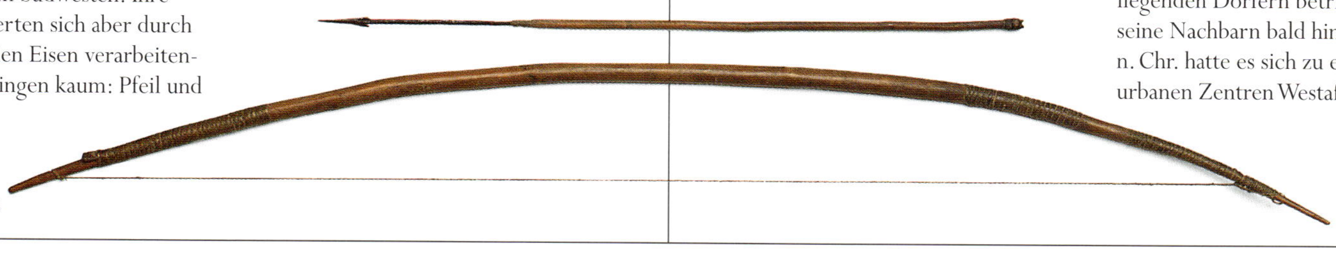

Moderner Pfeil und Bogen, Kalahari, Afrika

Erste Besiedlung

Die Stadt Djenné auf einer Insel im Niger-Binnendelta im heutigen Mali wurde um 250 v. Chr. als kleines Bauerndorf gegründet. Trotz ihrer geringen Größe stellte sie wahrscheinlich die erste Ansiedlung in dieser Region dar. Von Anfang an war sie ein Zentrum der Eisenverarbeitung. Anderes Handwerk wie z. B. die Töpferei wurde in den umliegenden Dörfern betrieben. Djenné ließ seine Nachbarn bald hinter sich. Um 800 n. Chr. hatte es sich zu einem der ersten urbanen Zentren Westafrikas entwickelt.

Erfindungen & Entdeckungen

Textiltechnik

In der Andenregion hatte die Textilherstellung eine lange Tradition. Inzwischen war die Produktion schon sehr stark spezialisiert. Die Paracas-Indianer in Südperu waren besonders geschickt im Sticken. Sie nutzten Techniken, die sonst nirgendwo bekannt waren, und kombinierten Farben und Motive auf ganz eigene Weise. Sie verarbeiteten Baumwolle und Wolle.

Stickerei der Paracas und Detail, Peru

Vereinigtes China

Qin Shi Huangdi, erster Kaiser von China (reg. 221–210 v. Chr.), festigte das vereinigte Land durch eine zentralisierte Verwaltung, hinter der eine starke Streitmacht stand. Er sicherte die Grenzen, indem er einzelne Befestigungsabschnitte miteinander zur Großen Mauer verband. Die Hauptstadt Xianyang war mit den Provinzen durch ein Netz baumgesäumter Straßen verbunden. Qin Shi Huangdi zielte auf ein uniformes Denken ab, indem er Schriftstücke, Gewichte und Maße vereinheitlichte. Er verbot die Bücher klassischer Autoren und ließ sie verbrennen.

Tontafeln mit griechischen Buchstaben in einer unbekannten Sprache, Irak

Neue Schriftzeichen

In Vorderasien wich die alte Keilschrift, die sich aus keilförmigen Zeichen zusammensetzte, um das 3. Jh. v. Chr. neuen alphabetischen Schriften aus dem Aramäischen und Griechischen. Aus Handelsinteressen und unter westlichem Einfluss entwickelte sich etwa um dieselbe Zeit auf dem indischen Subkontinent die Brahmi-Schrift, eine Vorfahrin der meisten modernen indischen Schriften. Die ersten Inschriften in Brahmi erscheinen auf Denkmälern des Kaisers Aschoka (3. Jh. v. Chr.).

In Klinker-Bauweise

Die frühesten Beispiele für Schiffe in Klinkerbauweise stammen aus der Zeit um 300 v. Chr. Ein in einem Torfmoor bei Hjortspring (Dänemark) gefundenes Schiff war offenbar als Opfer gedacht. Bei dieser Technik bestand der schalenförmige Rumpf aus einander überlappenden Planken. Für Festigkeit sorgte ein eingesetzter Rahmen. Das 19 m lange Schiff von Hjortspring wurde durch Ruderer fortbewegt.

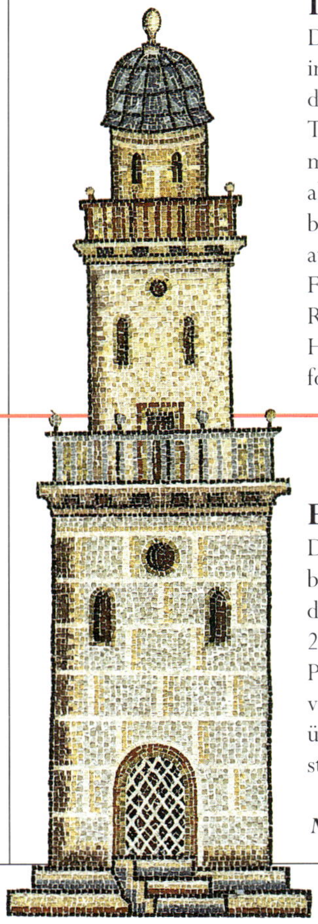

Erster Leuchtturm

Das von Alexander gegründete Alexandria entwickelte sich bald zu einem größeren Handelshafen. Zur Erleichterung der Navigation an der ägyptischen Küste wurde zwischen 297 und 280 v. Chr. ein großer Leuchtturm erbaut, der Pharos von Alexandria. Im 130 m hohen, mit Marmor verblendeten Turm brannte unten ein Feuer, dessen Licht über ein System von Bronzespiegeln aufs Meer hinaus strahlte. Der Pharos zählte zu den Sieben Weltwundern.

Mosaik, Pharos von Alexandria, Ägypten

Kunst & Religion

Skulptur aus Keramik

Die Jama-Coaque-Kultur (500 v. Chr.–500 n. Chr.) an der Küste Ecuadors ist besonders für ihre Menschenfigürchen aus Ton bekannt. Sie weisen typische körperliche Merkmale und sparsamen Gebrauch von Farbe auf. Die Figürchen tragen fast immer Kopfbedeckungen und Schmuckstücke. Bei dieser Priesterin, die mit rituellem Kopfschmuck dargestellt ist, weisen Halsreif und Armbänder auf ihre erhabene Stellung hin.

Jama-Coaque-Figürchen, Ecuador

Untergrund-Armee

Der erste chinesische Kaiser, Qin Shi Huangdi, plante sein Grabmal selbst. Es wurde eines der größten in der Geschichte. Ein riesiger unterirdischer Palast mit verzierten Dächern und Quecksilber-Flüssen sollte die Großartigkeit seines Reiches nachbilden. Tausende lebensgroßer Terrakotta-Krieger mit richtigen Waffen »verwehrten« den Zugang zum Grabmal.

Terrakotta-Krieger, Grabmal des Qin Shi Huangdi, Shaanxi, China

Übertritt zum Buddhismus

Der Maurya-Kaiser Aschoka (er regierte von 272 bis 232 v. Chr.) herrschte über den Großteil des indischen Subkontinents. Acht Jahre nach seinem Regierungsantritt machte er aus Reue über die vielen Kriegsopfer eine religiöse Krise durch und trat zum Buddhismus über. Diese Religion verbreitete sich in seinem ganzen Reich und in den benachbarten Regionen. Aschoka ließ u.a. Säulen mit kunstvollen Kapitellen herstellen, die an wichtigen Stätten aus dem Leben des Buddha aufgestellt wurden.

Verziertes aschokisches Kapitell, Sarnath, Indien

Menschenopfer

Dass um diese Zeit rituelle Opfer in Nordeuropa dargebracht wurden, deutet der Fund des um 200 v. Chr. in einem dänischen Moor versenkten Tollund-Mannes an. Bemerkenswert gut erhalten ist sein Körper. Mit dem um seinen Hals geschlungenen Lederstrick ist er erdrosselt worden. Andere Indizien sprechen dafür, dass er vor seinem Tod gefangen gehalten wurde.

Kopf des Tollund-Mannes, Dänemark

Die erste Bibliothek

Der Begründer der ptolemäischen Dynastie in Ägypten, Ptolemaios I. Soter (er regierte von 304 bis 282 v. Chr.) errichtete in seinem Palastkomplex zu Alexandria eine Musenstätte. Zu ihr gehörte auch die große Bibliothek, die den überwiegenden Teil der Schriften aus der klassischen Antike enthielt. Vom 3. Jh. v. Chr. an nahm der Umfang der Bibliothek ständig zu. Sie verfügte in römischer Zeit über fast eine halbe Million Papyros-Rollen. Unter der Schirmherrschaft der Ptolemäer wurde Alexandria zu einem bedeutenden Zentrum der hellenistischen Kultur – und zur Bildungsstätte der westlichen Welt schlechthin. Hier konnten Medizin, Geographie und Mathematik studiert werden. Viele neue Bauwerke wurden mit Steuern finanziert.

KLASSISCHE GRIECHISCHE KUNST

Die griechische Kultur in klassischer Zeit (5. und 4. Jh. v. Chr.) stellt einen Höhepunkt in der europäischen Geschichte dar. Schwerpunkte waren die bildende Kunst, das Theater, die Literatur und Philosophie. Obwohl das griechische Festland politisch in eine Reihe von unabhängigen Stadtstaaten zersplittert war, pflegten die alten Griechen ihre gemeinsame kulturelle Identität. Diese wurde u. a. verstärkt durch die Olympischen Spiele, die alle vier Jahre stattfanden und an denen alle Griechen teilnehmen durften. Im 5. Jh. v. Chr. wurde Athen der kulturelle Mittelpunkt der griechischen Welt, die vom Schwarzen Meer bis zum westlichen Mittelmeerraum reichte. In der Bildhauerei und in der Architektur entwickelten sich neue Stilformen, deren Ideale Proportion, Gleichgewicht und Harmonie waren. Auch im Kunsthandwerk, z. B. bei der Bemalung von Tonwaren, erreichte man ein bisher nicht gekanntes Maß an Eleganz. So erlangte die rotfigurige Keramik von Attika, der Gegend um Athen, im 5. und 4. Jh. v. Chr. weit verbreitete Beliebtheit.

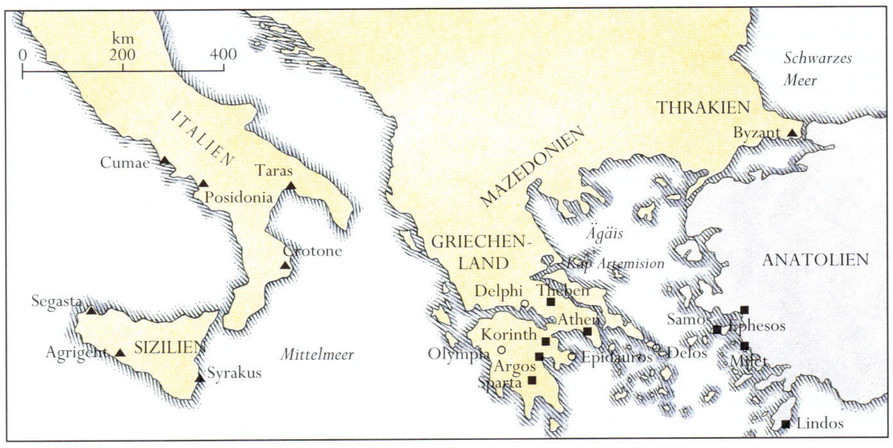

KLASSISCHES GRIECHENLAND
Die Zentren der griechischen Welt in der klassischen Periode waren die Stadtstaaten in Griechenland, in der Türkei an der ägäischen Küste, in Süditalien und auf Sizilien. Die Seefahrt sorgte für die Verbindung zwischen diesen Zentren und auch den griechischen Ansiedlungen im westlichen Mittelmeerraum und am Schwarzen Meer.

SCHMUCK
Wohlhabende griechische Frauen schmückten sich mit exquisiten Ohrringen, die mit filigranen, emaillierten Verzierungen versehen waren. Halbedelsteine wurden mit Gravierungen versehen und als Siegel zur Unterzeichnung von Dokumenten benutzt.

Ohrringe in Schiffsform

Hand schleuderte ursprünglich einen Blitzstrahl.

Die Augen bestanden im Original aus buntem Glas und Elfenbein.

Geschickte Gusstechnik sorgte für natürliche Darstellung.

Bronzestatue von Zeus, Kap Artemision

DEKORATIVE KÜNSTE

Griechische Handwerker verfügten über viele Techniken und Fertigkeiten. Sie stellten Statuen in Bronze, Gold und Marmor her sowie Geschirr aus Gold und Silber. Sie hatten ihren eigenen Stil bei der Bemalung von Keramik. Viele Gegenstände waren mit Szenen und Figuren aus der griechischen Mythologie, aus der Geschichte und aus dem alltäglichen Leben verziert.

BEMALTE KERAMIK
Die berühmtesten griechischen Töpferwaren wurden in Attika während des 6. und 5. Jh. v. Chr. hergestellt. Grundsätzlich gab es den Unterschied zwischen schwarzfiguriger (schwarze Zeichnung auf rotem Grund) und rotfiguriger Keramik (scharzer Hintergrund, Darstellung selbst in Rot belassen), die um 530 v. Chr. in Athen erfunden wurde. Die rotfigurige Technik aus Athen wurde weithin kopiert, besonders in den griechischen Ansiedlungen Süditaliens.

Schwarze Figuren auf rotem Ton

Schwarzfigurige Amphora

Rotfiguriger Teller

Zentrale Gestalt in Rot belassen

Schwarze Glasierung auf rotem Ton

ZEUS, DER OLYMPIER
Die Bronzestatue aus der Mitte des 5. Jh. v. Chr. stammt aus einem antiken Schiff, das bei Kap Artemision gesunken war. Die Statue stellt Zeus dar, den König der Götter, der einen Blitzstrahl schleudert. Die Augen bestanden im Original aus Glas, Elfenbein und farbigem Stein. Die Lippen hatte man wahrscheinlich mit Kupfer eingefärbt. Derartige Statuen wurden gegossen, gewöhnlich abschnittsweise. Im so genannten Wachsausschmelzverfahren wurden komplizierte Formen zuerst in Wachs modelliert und dann mit Ton umhüllt. Beim Brennen des Tons schmolz das Wachs aus und hinterließ einen Hohlraum, der mit geschmolzener Bronze gefüllt wurde.

ARBEITEN MIT GOLD UND ELFENBEIN
Die aufwändigsten griechischen Skulpturen waren jene Statuen aus Gold und Elfenbein. Bei Olympia fand man in der Werkstatt eines Bildhauers knöcherne Werkzeuge, mit denen Golddraperien zurechtgeschnitten wurden, und Terrakotta-Formen, in denen farbiges Glas zur Nachbildung von Kleidungsstücken gegossen wurde.

Fragmente einer Terrakotta-Form

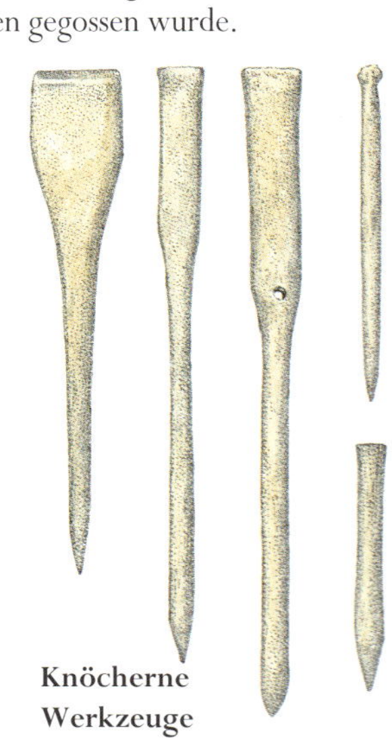

Knöcherne Werkzeuge

Säulen und Kapitelle

Die griechischen Tempel des 5. Jh. v. Chr. kannten den ionischen und den dorischen Stil, beide nach griechischen Dialekten benannt. Jeweils war der Steinbearbeitung die Holzschnitzerei voraus gegangen. Der dorische Stil war auf dem Festland üblich, während der ionische Stil in den griechischen Städten auf der türkischen Seite der Ägäis beliebt war. Der korinthische Stil kam erst gegen Ende des Jahrhunderts auf.

Dorische Säule

Die dorische Säule hatte ein rundes, kissenartiges Kapitell ohne weitere Verzierung. Die sich nur mählich verjüngende Säule bestand aus sorgfältig übereinander gesetzten Steinzylindern mit dekorativer Riffelung.

Korinthischer Stil

Bei der korinthischen Säule war das Kapitell wie eine auf dem Kopf stehende Glocke geformt. Das Kapitell war mit geschnitzten Akanthusblättern verziert. Der korinthische Stil bestimmte später die Architektur des römischen Imperiums.

Ionisches Kapitell

Charakteristisch für dieses Kapitell sind die schneckenförmigen Voluten, in die es zu beiden Seiten übergeht. Die Säulen waren gewellt wie beim dorischen Stil, aber höher und schlanker. Zu den frühesten ionischen Tempeln gehörte der in Ephesos. Er wurde um 560 v. Chr. gebaut, war der Göttin Artemis geweiht und galt bei den Griechen als eines der Sieben Weltwunder.

Frauenfiguren in Stein

Ein Tempel aus dieser Zeit, das Erechtheion, steht nahe dem Parthenon auf der Akropolis. Das Erechtheion hat zwei Vorhallen. Das Dach der einen wird von Karyatiden getragen, in Stein gehauenen Frauenfiguren in langen Gewändern.

Heiligtum der Athene

Der Parthenon auf der Akropolis wurde als Heiligtum der Athene, der Göttin der Stadt, in der Mitte des 5. Jh. v. Chr. gebaut. Damals stand Athen auf dem Zenit seiner Macht. Der Parthenon wurde von den berühmtesten Bildhauern der Zeit im dorischen Stil errichtet. Nur die besten Materialien kamen zum Einsatz. Die ersten Arbeiten begannen 447 v. Chr. Die letzten Steinmetz- und Malerarbeiten wurden 432 v. Chr. vollendet. Trotz einer schweren Zerstörung durch eine Explosion im Jahre 1687 – die Türken hatten den Parthenon als Pulvermagazin genutzt – legt er heute noch beredtes Zeugnis von der griechischen Architektur ab.

Rekonstruktion des Parthenon

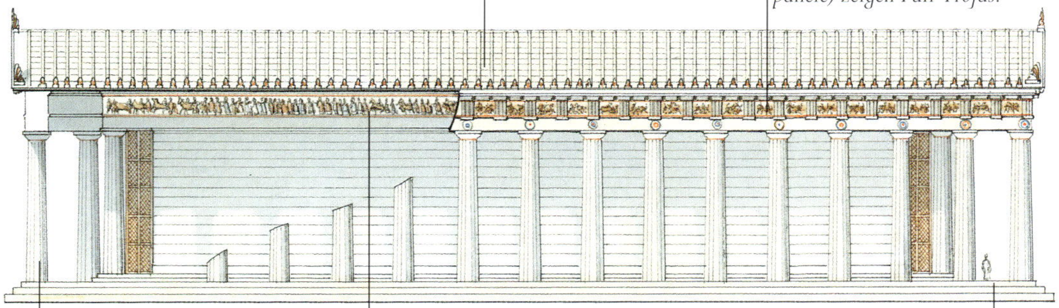

Kult-Statue

Im Parthenon stand das große Standbild der Athene, das Phidias, der führende griechische Bildhauer seiner Zeit, um 438 v. Chr. angefertigt hatte. Die Statue aus Gold und Elfenbein war über 11 m hoch.

Dekorative Themen

Die in Stein gemeißelten Verzierungen des Parthenon spiegeln Themen wider, die von besonderer Bedeutung für die Athener im 5. Jh. v. Chr. waren. Der Hauptfries zeigt den vierjährlichen Umzug zu Ehren der Göttin Athene; der Westgiebel stellt den Streit zwischen Athene und dem Meeresgott Poseidon um die Herrschaft über Attika dar.

Rekonstruktion der Ostseite des Parthenon, welche die Geburt der Athene zeigt

KAPITEL 13

KAISERREICHE

200 v. Chr. – 200 n. Chr.

Europa und der Mittelmeerraum fallen unter die Herrschaft Roms.

Das vereinigte China blüht unter der Han-Dynastie auf.

Reger Handel verbindet Europa, Vorderasien, Indien, Südostasien und China.

Bewässerungssysteme und geometrisch durchkonstruierte Erhebungen werden in Nordamerika angelegt.

Das Moche-Reich an Perus Küste entsteht.

Diese Jahrhunderte waren das Zeitalter der Reichsgründer: das der Römer im Westen, das der Parther in Vorderasien und das der Han-Herrscher in China. Diese drei Imperien umfassten mit jeweils rund 50 Mio. Menschen mehr als die Hälfte der Weltbevölkerung. Im Jahr 0 der Zeitrechnung gab es weltweit geschätzte 250 Mio. Menschen – heute ist deren Zahl mehr als 20 Mal so hoch. Aber der Zuwachs im 1. Jahrtausend v. Chr. war trotzdem enorm gewesen. Viele archäologische Hinterlassenschaften und eine Fülle schriftlicher Dokumente dokumentieren den Alltag der einfachen Menschen zu dieser Zeit.

Das römische Reich

Der Aufstieg Roms ging zu guten Teilen auf die Disziplin der Streitkräfte und den Pragmatismus der Politik zurück. Um 100 v. Chr. beherrschte Rom den Mittelmeerraum. Erfolgreiche Heerführer wie Julius Cäsar vergrößerten Roms Herrschaftsbereich im 1. Jh. v. Chr. Cäsar bahnte auch seinem Adoptivsohn Octavian (später Augustus genannt), der 27 v. Chr. die republikanische Regierung stürzte, den Weg zur Monarchie.

Die kaiserliche Herrschaft sorgte für mehr Frieden und Wohlstand. Prachtvolle öffentliche Gebäude wurden errichtet, bald verband die Städte ein dichtes Straßennetz. Städte wie Pompeji wiesen erstaunlich viele moderne Details auf: Die Straßen waren von Geschäften, Mühlen und Bäckereien gesäumt, Graffiti auf den Mauern warben für Wahlkandidaten oder anstehende Vergnügungen.

Asiatische Souveränität

Das chinesische Han-Reich (206 v. Chr. bis 220 n. Chr.) besaß eine gut funktionierende zentrale Verwaltung. Die Große Mauer bildete eine sichere Grenze, Handel und Landwirtschaft blühten. Die großen Städte waren durch Straßen und Kanäle miteinander verbunden.

Römischer Kaiser
Lucius Verus, hier eine Bronzebüste, war von Kaiser Antonius Pius adoptiert worden. Er herrschte gemeinsam mit Marc Aurel von 161 bis 169.

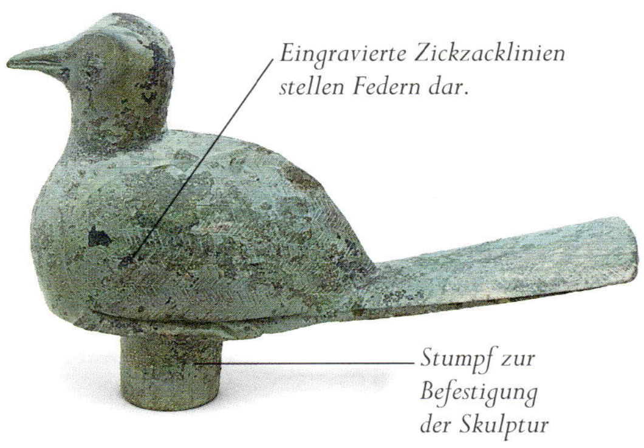

Taube auf dem Han-Dach
Städte im China der Han-Zeit hatten oft hohe Türme mit einer Firstskulptur in Form eines Vogels, so wie diese hübsche Bronzetaube. Solche Plastiken sollten gute Geister anlocken.

Die Reichen und Mächtigen wurden in üppig ausgestatteten Grabmälern bestattet: Auf ihrer letzten Reise waren sie in Begleitung von nachgebildeten Musikern und Dienern; ihnen wurden zudem zeitgenössische Handwerkserzeugnisse mitgegeben wie lackierte Schüsseln, silberne Wandbehänge und Kleidungsstücke, Schriftstücke auf Bambus oder das neu erfundene Papier. Handwerker dieser Zeit entwickelten auch die alte Kunst der Bronzeverarbeitung weiter; sie stellten rituelle Gefäße her, Modelle für Grabmäler und Verzierungen.

Zwischen China und Rom erstreckten sich zu dieser Zeit noch weitere starke Staaten. Zum einen das Partherreich (240 v. Chr.–226 n. Chr.), das über Persien und Mesopotamien herrschte, zum anderen die buddhistischen Königreiche Nordindiens. Auf dem Land- und dem Seewege pflegten all diese Staaten Kontakt miteinander, und der Handel blühte. Die Römer importierten Weihrauch aus Arabien

Steinimporte für Luxusgegenstände
Dieser römische Pokal ist aus Flussspat gearbeitet, der vom persischen Golf kam. Dieser Stein wird nur selten in jener Größe gefunden, die es erlaubt, ihn derart zu bearbeiten.

Wichtige Ereignisse 200 v. Chr. – 200 n. Chr.

- **200 v. Chr.** Beginn der Hopewell-Periode, östliches Nordamerika
- **146 v. Chr.** Die Römer zerstören Karthago, Nordafrika.
- **59 v. Chr.** Die Chinesen erobern Zentralasien.
- **44 v. Chr.** Julius Cäsar wird ermordet, Rom.
- **4 v. Chr.** Christi Geburt, Bethlehem
- **1 n. Chr.** Bau von Moche-Pyramiden, Peru
- **27 n. Chr.** Der Tod von Jesus, Jerusalem
- **122 n. Chr.** Bau des Hadrianswalls, Großbritannien
- **150 n. Chr.** Bau der Sonnenpyramide, Teotihuacán, Mexiko

200 v. Chr. | 100 v. Chr. | 1 n. Chr. | 100 n. Chr. | 200 n. Chr.

und Somalia, Gewürze aus Südostasien und Seide aus China. Ein Gutteil des Handels wurde auf dem Seeweg abgewickelt; nach Feldzügen gegen die kriegslustigen Steppennomaden im 1. Jh. v. Chr. kontrollierten die Chinesen Zentralasien dann weitgehend und erschlossen sich auf den Seidenstraßen, die durch Persien führten, die Märkte Vorderasiens.

Süd- und Südostasien profitierten von den Handelsbeziehungen, die sich durch diese Kontakte ergaben. In den Hauptstädten Südasiens wurden üppig verzierte Stupas (meist hügelförmige buddhistische Sakralbauten mit Gruften oder Reliquien darin) gebaut. Nur in Südindien dominierte der Hinduismus als Hauptreligion.

Kleinere Gesellschaften

In den grenznahen Gebieten Chinas war der Einfluss des Han-Reiches groß. Unabhängige Königreiche entwickelten sich in Nordvietnam, Korea und Japan. Lokale Auseinandersetzungen zwischen konkurrierenden Stämmen in Japan führten zur Gründung des Yamato-Staates (200–1185 n. Chr.). Südostasien war in Kleinstaaten aufgeteilt, die miteinander Handel trieben, diplomatisch miteinander verkehrten und ihre Macht durch wechselnde Bündnisse sicherten.

Australien blieb von diesen Entwicklungen unberührt; die Aborigines bewahrten ihre Lebensweise. Auf den pazifischen Inseln begann um 150 v. Chr. eine Periode der Expansion und

Hopewell-Hand
Diese Steinscheibe mit eingeritzter Hand wurde in einem Grabhügel der Hopewell-Kultur im östlichen Nordamerika gefunden. Der Zweck dieser Scheibe ist unbekannt.

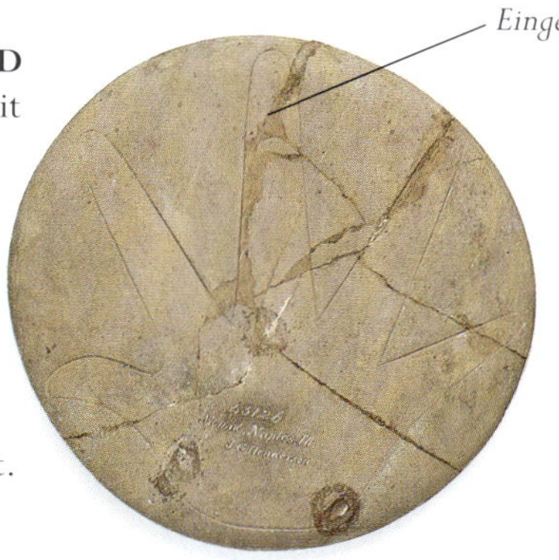

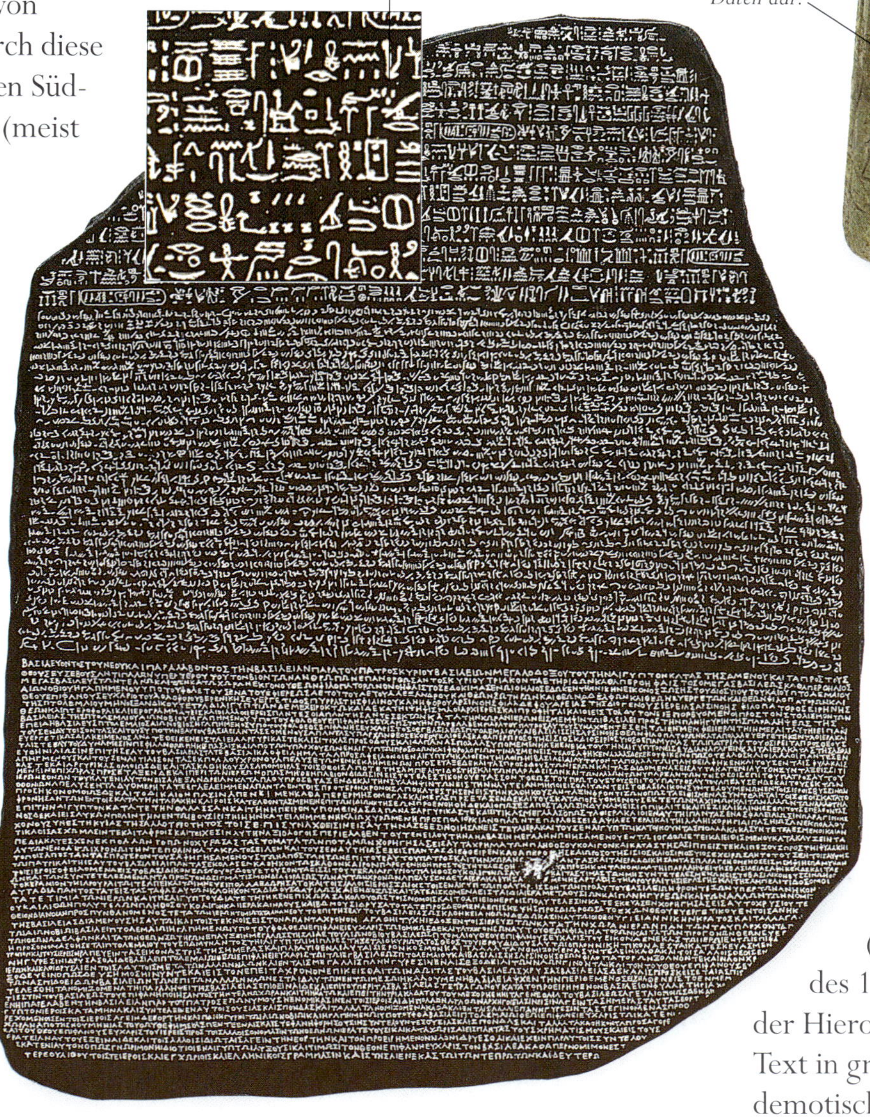

Der Stein von Rosette
Drei Inschriften – auf Hieroglyphisch, Demotisch (eine ägyptische Schrift) und Griechisch – berichten über die Krönung von Ptolemaios V., König von Ägypten, im Jahre 196 v. Chr.

Statuette von Tuxtla
Diese Statuette wurde in Veracruz (Mexiko) gefunden und wird datiert auf 162 n. Chr. Spaltenweise sind Rillen eingeritzt.

Kolonisation. Polynesische Siedler von den Inseln Tonga und Samoa segelten gen Westen bis nach Tahiti und zu den Gesellschaftsinseln.

Während des 2. und 1. Jh. v. Chr. geriet Nordafrika unter römische Herrschaft. Zu den berühmtesten ägyptischen Artefakten gehört der Stein von Rosette aus der ptolemäischen Zeit (323–30 v. Chr.). Den Ägyptologen des 19. Jh. machte er die Entzifferung der Hieroglyphen möglich, da er mit einem Text in griechischer, hieroglyphischer und demotischer Schrift versehen war. Nach der Niederlage und dem Tod von Kleopatra, der ägyptischen Königin, endete 30 v. Chr. die ptolemäische Dynastie.

200 V. CHR. – 200 N. CHR.

200 V. CHR.

200 V. CHR. – 200 N. CHR.

Meroë und Afrika südlich der Sahara

Das Königreich Meroë südlich von Ägypten war stark und wurde nie von den Römern erobert. Im Afrika südlich der Sahara zogen die Bauern und Hirten der Bantu-Völker aus dem Gebiet der Großen Seen nach Süden und siedelten sich dort an, wo zuvor Jäger und Sammler gesessen hatten. Die Felsmalerei der Letzteren zeigt, wie sie Nutzvieh der Bantus gejagt haben. Als die Bantus sich eines immer größeren Gebietes bemächtigten, wurden die Jäger ständig weiter in den Süden und Südwesten des Kontinents abgedrängt; einige Stämme wurden zu Hirtenvölkern. Gruppen von Jägern und Sammlern streiften weiter durch die tropischen Wälder am Äquator, wo weder Feld- noch Weidewirtschaft möglich waren.

Die amerikanischen Tempelpyramiden

In den beiden Jahrhunderten jeweils vor und nach der Zeitenwende wurde Mittelamerika von zwei Städten beherrscht, von Monte Albán im Tal von Oaxaca (westliches Mexiko) und von Teotihuacán im östlichen Mexiko. Mit etwa 15 000 Einwohnern war Monte Albán um das 2. Jh. n. Chr. die vielleicht bedeutendste Stadt in ganz Amerika, aber die größte war Teotihuacán mit mehr als 40 000 Einwohnern zum Ende des 1. Jh. n. Chr. Teotihuacán, das Handels- und Handwerkszentrum, war planvoll angelegt und wies etwa 2000 Wohnungen und 500 Handwerksstätten auf.

In Südamerika verwandte das Volk der Moche an der Küste Perus viel Energie in den Bau von Tempelpyramiden. Das Größte dieser Bauwerke ist die Sonnenpyramide im Moche-Tal, eine oben flache Tempelpyramide, die aus 143 Mio. luftgetrockneter Ziegel bestand. Sie wurde zu Beginn des 1. Jh. n. Chr. fertig gestellt. Zusammen mit der kleineren Mondpyramide stellt sie die Zentrale des Moche-Reiches (1. Jh. v. Chr. – 8. Jh. n. Chr.) dar, das sich 400 km entlang der peruanischen Küste erstreckte. Die Moches verarbeiteten Kupfer, Gold und Silber und fertigten schöne bemalte Töpferwaren.

Linien und Hügel

Die Nazca-Indianer lebten in Stammesverbänden in der Wüstenregion von Südperu. Sehr geschickt in der Bewässerung von landwirtschaftlichen Flächen gruben sie lange unterirdische Tunnel, die das Wasser zu eigens angelegten Behältern beförderten. Bekannt wurden sie jedoch vor allem durch die riesigen Linien und Figuren, die sie in die kahle Landschaft zeichneten. Deren Bedeutung ist immer noch ein Geheimnis.

Im östlichen Nordamerika wurden zu dieser Zeit von den Hopewell-Leuten monumentale Hügel errichtet. Diese Menschen lebten in kleinen Gemeinschaften. Sie waren Ackerbauern, Jäger und Sammler zugleich. Einige Hügel wurden ursprünglich als Grabmäler errichtet; durch weitere Bestattungen wurden diese Hügel immer höher. Am spektakulärsten sind die großen geometrischen Hügel in der Form viereckiger und runder Umfassungen sowie langer paralleler Aufschüttungen. Ein bemerkenswertes kulturelles Niveau wiesen auch verschiedene Gesellschaften im südwestlichen Nordamerika auf, vor allem die Hohokam-Indianer, die Kanäle und Gräben aushoben, um ihre Felder zu bewässern. Gemeinschaftlich errichtete Hügel und Kanäle gehören zu den besonderen Leistungen der frühen nordamerikanischen Völker.

AMERIKA

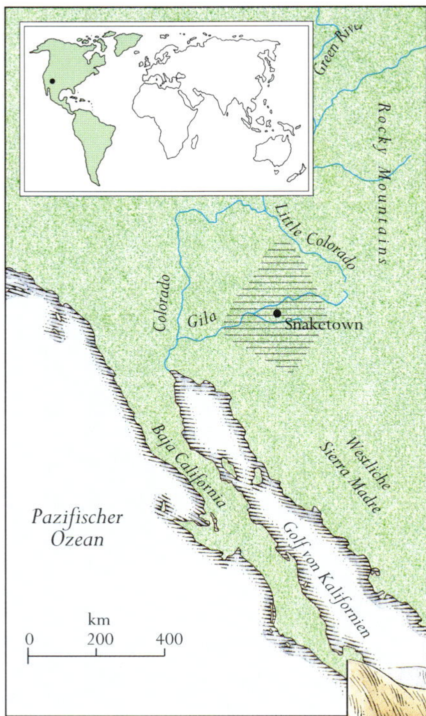

Ungefähre Ausdehnung der Hohocam-Kultur

Bewässerungskanäle

Die Wirtschaft von Snaketown, einer Siedlung der Hohokams, der Vorfahren der heutigen Pima-Alto- und Papago-Indianer, gründete sich auf nicht weniger als 30 000 ha bewässerten Ackerlandes am Ufer des Gila in Arizona. Verteilt wurde das Wasser durch Kanäle von fast 500 km Länge und durch ein riesiges Netz von Gräben, die mit der Hand ausgehoben worden waren. Die frühesten Kanäle waren breit und flach, die späteren waren tiefer; wahrscheinlich wollte man so den Wasserverlust durch Verdunstung reduzieren. Das ausgeklügelte Bewässerungssystem zeigt, wie gut sich die Hohokams den Bedingungen des wüstenartigen Landes anpassten.

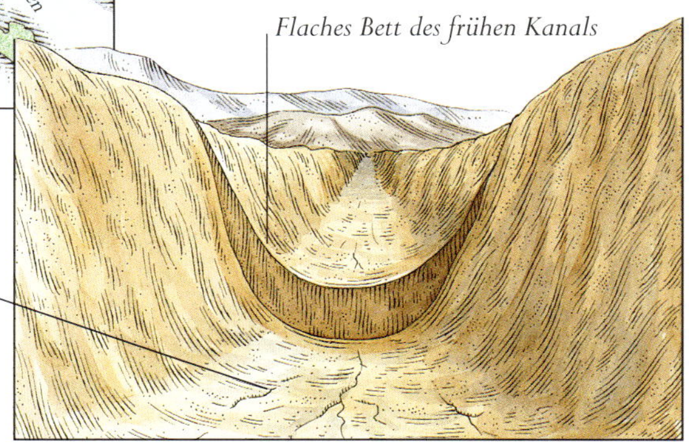

Querschnitt durch einen Kanal, zeigt frühere und spätere Konstruktion , Snaketown, Arizona

Die Linien der Nazca

Diese Geoglyphen (Erdskulpturen) wurden zwischen 200 v. Chr. und 200 n. Chr. hergestellt. Es handelt sich um riesige Piktogramme (Bildsymbole), die in die Wüste entlang der peruanischen Südküste gezeichnet wurden. Dazu wurde das braune Steingeröll an der Bodenoberfläche entfernt und der hellere Boden darunter frei gelegt. Einige Piktogramme zeigen die Umrisse von Tieren wie Kolibris, Affen und Spinnen; bei anderen handelt es sich nur um einfache parallele Linien von bis zu 20 km Länge. Die Bedeutung der Scharrbilder ist bis heute ein Rätsel. Vielleicht handelt es sich um astronomische Hilfslinien, und sie stellen Sternbilder dar, vielleicht sollten sie die Götter des Landes bildlich symbolisieren oder kultischen Zwecken dienen. Die Linien und Figuren sind als Ganzes nur aus großer Höhe zu erkennen.

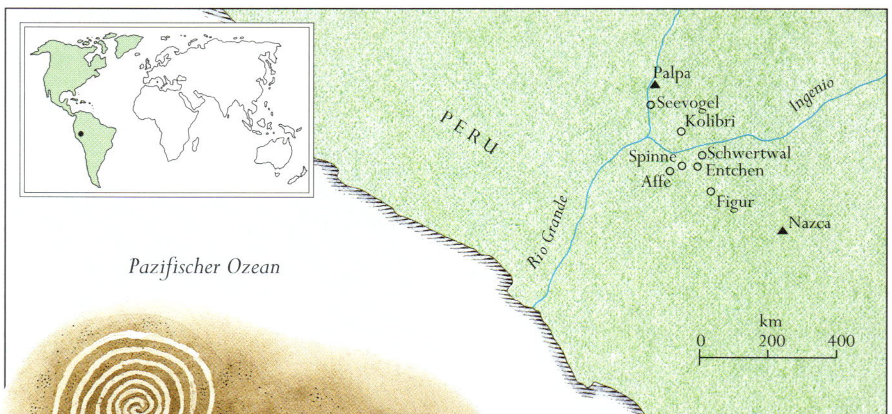

Geoglyphen der Nazca
Siedlung

Nazca-Scharrbild: Affe mit aufgerolltem Schwanz, Peru

Europa

Römisches Reich

Auf dem Höhepunkt seiner Macht, im 2. Jh. n. Chr., erstreckte sich das römische Reich von Armenien bis zum Atlantik. Seine Grenzen wurden durch Kastelle und gelegentlich lange Befestigungsanlagen gesichert; deren berühmteste war der Hadrianswall in Nordengland. Er hatte den Namen vom Kaiser Hadrian, der ihn 122 bauen ließ. Straßen verbanden die Grenzgebiete und -provinzen mit dem Mittelpunkt des Reiches. Die reichsten Provinzen lagen am Mittelmeer. Das Reich teilte sich in eine östliche Hälfte, in der Griechisch gesprochen wurde – das spätere byzantinische Reich –, und in eine westliche Hälfte, in der vorwiegend Latein gesprochen wurde. Roms Herrschaft im Westen brach im 5. Jh. zusammen, als germanische Eindringlinge die ehemaligen römischen Provinzen besetzten.

Statue des römischen Kaisers Augustus, Prima Porta, Italien

Die größte Ausdehnung des römischen Reiches im 2. Jh. n. Chr.

▲ Bedeutende römische Stadt

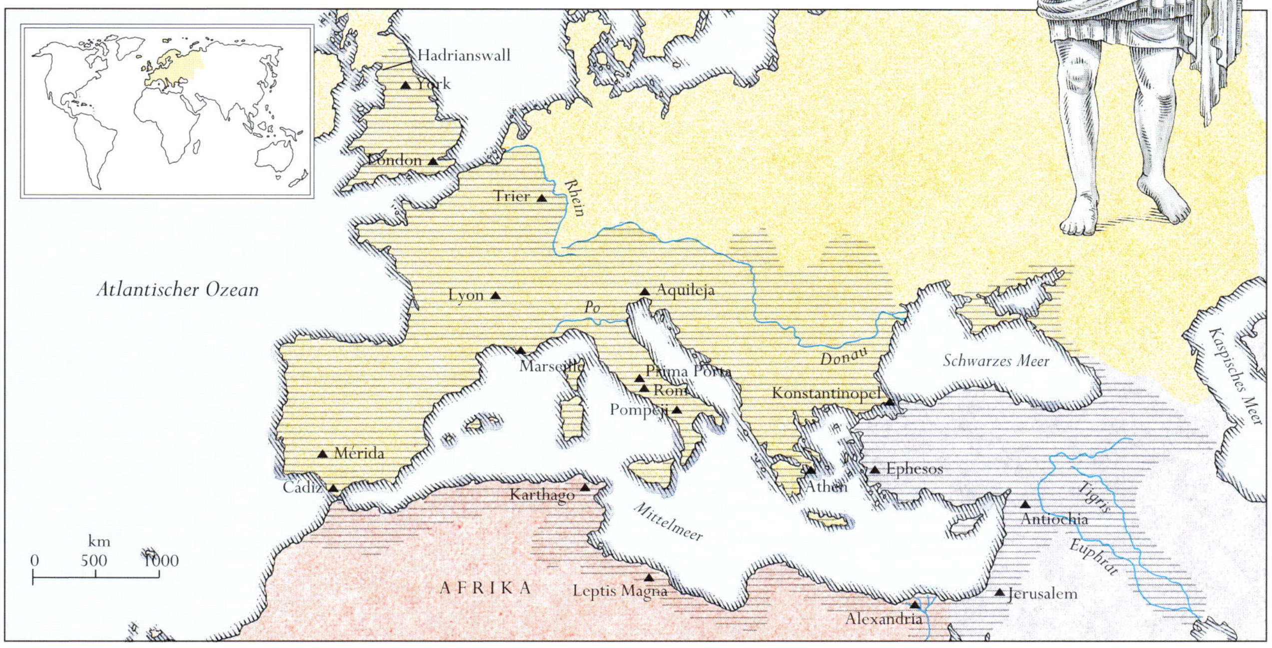

Vorderasien & Südasien

Handel mit Weihrauch

Im 1. Jahrtausend v. Chr. sorgte die Nachfrage nach wohl riechenden Baumharzen – Weihrauch in Ägypten und Mesopotamien, Myrrhe im östlichen Mittelmeerraum und Vorderasien – für den Aufstieg der »Weihrauch-Staaten«: Qaraban, Hadramaut und Sabaea, die jetzt zum Jemen gehören, Ma'in im westlichen Saudi-Arabien und Nabatäa in Jordanien. Um Angriffe feindlicher Nachbarn abwehren zu können, waren die größeren Städte dieser Staaten meist befestigt. Jeder Staat kontrollierte bestimmte Abschnitte der Landwege, auf denen Myrrhe und Weihrauch aus den Anbauregionen bis nördlich von Petra transportiert wurden; sie erhoben auch Zölle. In den ersten Jahrhunderten n. Chr. nahm der Seehandel stark zu. Davon profitierten jene Staaten, die über größere Häfen verfügten. Bedeutende Häfen waren Qana, Samhar, Mundus, Eudaemon Arabia (heute Aden), Muza und besonders Axum in Äthiopien, das die Handelsrouten des Roten Meeres beherrschte.

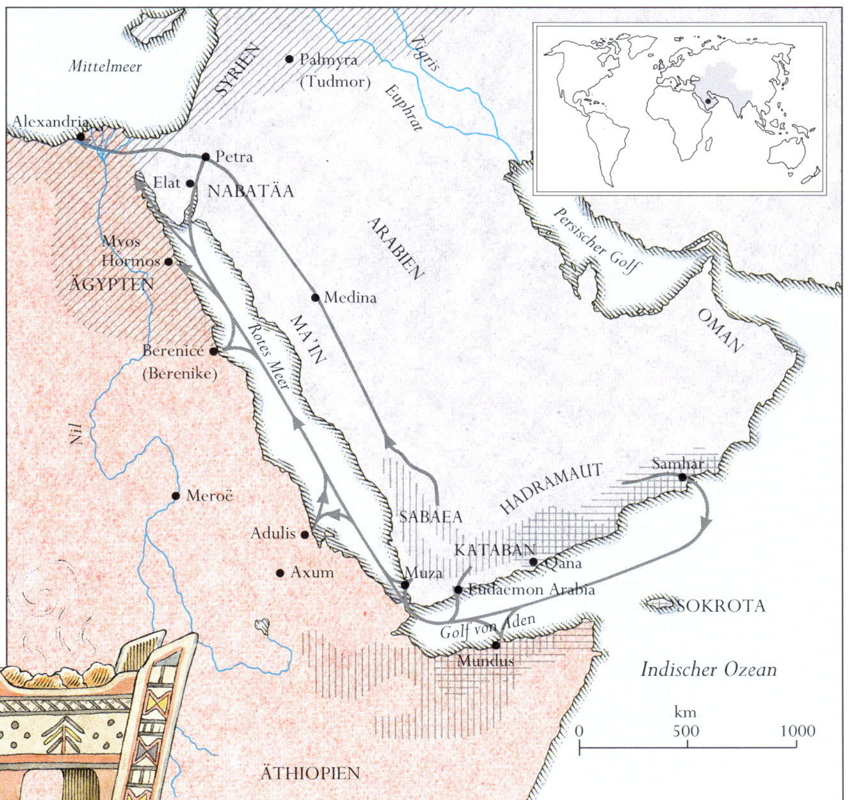

Handelsroute
Weihrauch-Gewinnung
Ausdehnung des römischen Reichs nach Süden
Myrrhe-Gewinnung

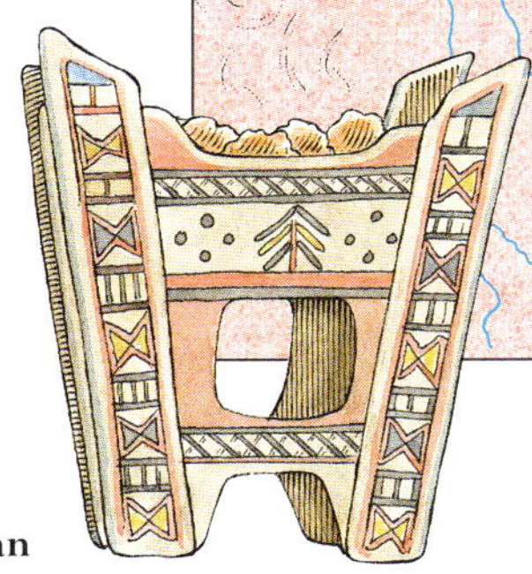

Weihrauch-Öfchen, Oman

Ostasien & Australasien

Das Han-Reich

Das Han-Reich (206 v. Chr. bis 220 n. Chr.) umfasste den Großteil des heutigen Chinas und reichte bis nach Korea und Vietnam hinein. Die Regierung saß im Norden, während der frühen Han-Zeit (206 v. Chr. – 2 n. Chr.) im heutigen Xi'an, in der späteren Han-Zeit (25 – 220) in Luoyang. Eine Volkszählung im Jahre 2 ergab, dass 57 Mio. Menschen im Han-Reich lebten – mehr als in irgendeinem anderen Staat zu jener Zeit. Die meisten Menschen wohnten im Norden; allein Xi'an hatte 250 000 Einwohner. Getreide wurde über einen 125 km langen Kanal, der mit dem Gelben Fluss verbunden war, nach Xi'an gebracht. Das Han-Reich war in rund 1500 Verwaltungsbezirke oder Kommandanturen eingeteilt. Jeder Bezirk hatte eine mit Mauern umgebene Stadt als Zentrum. Es gab außerdem eine Reihe abhängiger Königreiche wie das Changsha-Königreich mit der Hauptstadt Mawangdui in Zentralchina.

Ungefähre Ausdehnung des Han-Reiches
... Kanal
○ Hauptstadt

Pferd und Wagen der Han-Zeit, China

200 – 100 V. CHR.

200 V. CHR.

200 – 100 V. CHR.

Ernährung & Lebensraum	Wohnen & Bauen

Amerika

Lagerung von Lebensmitteln

Die Hopewell-Indianer (200 v. Chr. – 400 n. Chr.) lebten in Illinois und im Ohiotal (östliches Nordamerika). Sie unterhielten weit verzweigte Handelskontakte und übten einen erheblichen kulturellen Einfluss aus. Töpferware aus Louisiana, das 650 km entfernt im Süden liegt, hat eine bemerkenswerte Ähnlichkeit mit der zeitgenössischen Hopewell-Keramik (um 100 v. Chr.), die in Illinois gefunden wurde. Das zeigt, wie weit der Hopewell-Einfluss reichte.

Tongefäß, Marksville, Louisiana

Monumentale Tempel

Die präklassische oder auch formative Periode in den Anden (so genannt, weil hier die Basis für die späteren komplexen Gesellschaften gelegt wurde), begann um 1000 v. Chr. und wurde von theokratischen Gesellschaften beherrscht. Diese bauten kultische Zentren mit zahllosen Tempeln und heiligen Hainen. Gegen Ende dieser Periode, um 200 v. Chr., wurden die Bauformen primitiver, die Ornamente wiesen ein weniger kompliziertes Design auf. Man begnügte sich mit anspruchslosen Bauwerken, die auf Rampen errichtet wurden und von Arkaden mit einfachen Steinornamenten umgeben waren. In einigen Fällen blieb die traditionelle U-Form erhalten, so etwa in Layzon bei Cajamarca im Hochland von Nordperu. Diese einfachen Anbetungsstätten wurden neben oder auf den Ruinen älterer Tempel errichtet.

Ostasien & Australasien

Lackiertes Geschirr

In einem Grab bei Mawangdui in Zentralchina wurden lackierte Gefäße gefunden. Es handelte sich um das Grab der um 150 v. Chr. verstorbenen Frau des ersten Ministers von Changsha, einem abhängigen Königreich. Derartiges Geschirr wurde von den wohlhabenden Schichten in der frühen Han-Zeit (206 v. Chr. – 2 n. Chr.) benutzt. Auf dem Tablett befinden sich außer den Schalen auch Bambusspießchen und Essstäbchen.

Lackiertes Geschirr, Mawangdui, China

Kaiserliche Hauptstadt

Vereinigt wurde China 221 v. Chr. von der Qin-Dynastie; sie hatte 206 v. Chr. die Han-Dynastie verdrängt. Der zunehmende Wohlstand in der frühen Han-Zeit spiegelt sich in der Größe und Pracht der kaiserlichen Hauptstadt wider. Die Stadtmauern von Chang'an (heute Xian) hatten einen Umfang von 25 km. Die nach einem Gitternetz-Plan erstellte Stadt verfügte über zwölf Tore und über baumgesäumte Straßen, die alle dieselben Maße aufwiesen. Der Südteil der Stadt enthielt ausgedehnte und herrliche Paläste sowie ein Arsenal. Der Nordteil war in mehr als 100 Industrie- und Wohnbereiche aufgeteilt. Außerhalb der Stadt gab es Tempel, Friedhöfe und große Parks mit künstlichen Seen und Hügeln. Hier traf man auf seltene Pflanzen und jagdbare Tiere.

Vorderasien & Südasien

Pferdezucht

Das Partherreich (240 v. Chr. – 226 n. Chr.) umfasste Mesopotamien und Persien. Die Parther Nordpersiens waren legendäre Pferdekenner. Sie züchteten »Blut schwitzende« Pferde auf den iranischen Hochflächen. Diese Pferde wurden wegen ihrer Größe und Stärke vielfach gepriesen. Bis nach China waren sie als Remonten begehrt. Ihre Weiden waren mit Luzerne bestanden, deren lateinischer Name *Medicago sativa* von der Region Media im Westiran abgeleitet ist. Gegen Ende des 2. Jh. v. Chr. war Luzerne-Samen nach China exportiert worden – als Futter für die importierten Pferde.

Auftragsarbeiten

Zu den vielen eindrucksvollen Monumenten, die von den griechischen Herrschern Anatoliens und Syriens sowie von deren Vasallen in Vorderasien hinterlassen wurden, gehört der Pergamon-Altar in Mysia (Westanatolien), der von König Eumenes II. (197 – 159 v. Chr.) in Auftrag gegeben worden war. Die großartigen Reliefs des Altars waren typisch für die zeitgenössische griechische Kunst.

Detail des Pergamon-Altars, Anatolien

Europa

Gütertransport

Große Tongefäße, die Amphoren, waren charakteristische Behältnisse des römischen Seehandels im 2. und 1. Jh. v. Chr. Sie wurden vorwiegend für den Transport von Wein und Olivenöl verwendet. Viele Amphoren trugen einen Stempel ihres Besitzers; so konnte ihre Herkunft festgestellt werden. Amphoren aus Cosa im Nordwesten Italiens waren z. B. mit dem Namen »Sestius« versehen. Sie wurden hauptsächlich nach Südfrankreich und ins Rhonetal exportiert.

Römische Amphore

Luxuriöse Stadthäuser

Die Casa dei Vetii in Pompeji bei Neapel war ein typisches luxuriöses römisches Stadthaus. Das Zentrum bildete ein Atrium (Innenhof), an das sich zur Front hin Wohn- und Empfangsräume anschlossen.

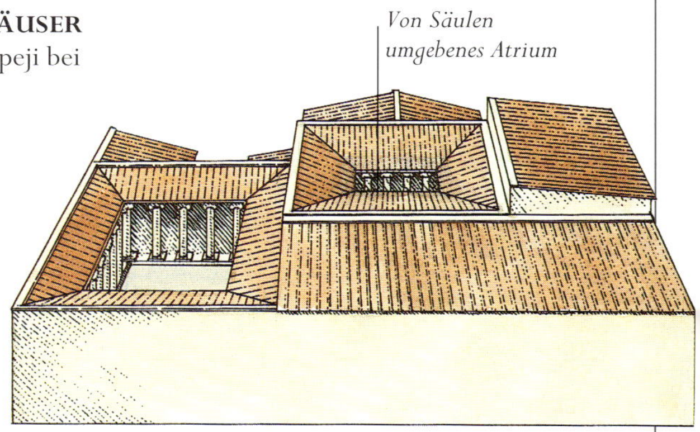

Casa dei Vetii, Pompeji, Italien

Afrika

Asche als Dünger

Der Ackerbau im tropischen Afrika erfuhr zu dieser Zeit erhebliche Umwälzungen. Die Bauern waren auf hölzerne Grabestöcke, Eisenäxte und -hacken angewiesen, um Wald zu roden und den Boden herzurichten. Die Bäume und das Gestrüpp wurden kurz vor Beginn der Regenzeit verbrannt. Die übrig bleibende Asche wurde in den Boden eingebracht, um ihn mit Nährstoffen zu versorgen, bevor die Saat ausgetragen wurde.

Kulttempel

Von alters her war Dendera in Oberägypten Hauptkultort der »Kuh-Göttin« Hathor. Der Bau des Tempels der Hathor wurde noch unter den Ptolemäern (323 – 30 v. Chr.) begonnen. Fertig gestellt wurde er in der römischen Epoche. Die Kapitelle seiner gewaltigen Säulen haben die Form von Hathor-Köpfen. Auf dem Dach des Tempels wird die Vereinigung von Hathor und Ra, dem Sonnengott, dargestellt.

Hathor-Tempel, Dendera, Ägypten

Erfindungen & Entdeckungen

Musikinstrumente

Blasinstrumente wiesen in den Anden eine sehr fortschrittliche Technik auf. Sie wurden aus unterschiedlichen Materialien gefertigt – aus Schilfrohr, Knochen oder Ton – und zur musikalischen Begleitung von Ritualen, Festen und Kriegszügen verwendet. Die Instrumente waren unterschiedlich konstruiert. Meist handelte es sich um Flöten mit einem oder zwei Röhrchen bzw. um Panflöten mit fünf bis zehn Röhrchen (die Tonleiter hatte fünf Noten). Diese Panflöte gehört zur Nazca-Kultur, die in Südperu von 200 v. Chr. bis 300 n. Chr. in Blüte stand.

Panflöte aus Ton, Peru

Aerodynamische Gesetze

Im tropischen Nordaustralien wurde eine Schablone, die womöglich ins 2. Jh. v. Chr. datiert, auf die Mauer einer Felsenhöhle im heutigen Nationalpark Kakadu gemalt. Sie zeigt ein Gerät der zeitgenössischen Jagdtechnik: den Bumerang. Er wurde seit mindestens 8000 Jahren von den Aborigines verwendet; sie hatten die aerodynamischen Qualitäten bestimmter Jagdstock-Typen entdeckt.

Bumerang-Schablone, Nationalpark Kakadu, Australien

Münze des Mithridates II.

Die Seidenstrasse

Während der Regentschaft von Mithridates II. (124–87 v. Chr.) besuchte ein Gesandter des chinesischen Kaisers den Partherkönig. Als Geschenke brachte der Gesandte Straußeneier und Zauberer mit nach Hause. Nach diesem Treffen machte sich 106 v. Chr. erstmals eine Handelskarawane vom Partherreich nach China auf den Weg. Zu den Handelswaren gehörten vor allem Seide aus China und Pferde aus dem Iran. Über die so genannte Seidenstraße wurden Waren, Ideen und Techniken zwischen Ostasien und dem Westen ausgetauscht.

Die Erfindung des Betons

Die Verwendung von Beton revolutionierte das römische Bauwesen. Eines der ersten größeren Bauwerke aus Beton war die Porticus Aemilia, eine große Markthalle, die auf der Böschung des Tiber 193 v. Chr. in Rom errichtet wurde. Ein wesentlicher Vorteil des Betons war seine Haltbarkeit auch unter Wasser. So konnten aufwändige Hafenanlagen im Mittelmeerraum wie Caesarea in Israel und Thapsus in Tunesien gebaut werden. Der römische Beton enthielt Bruchsteine und flüssigen Mörtel mit Vulkanstaub. Überstehende Steine wurden verblendet.

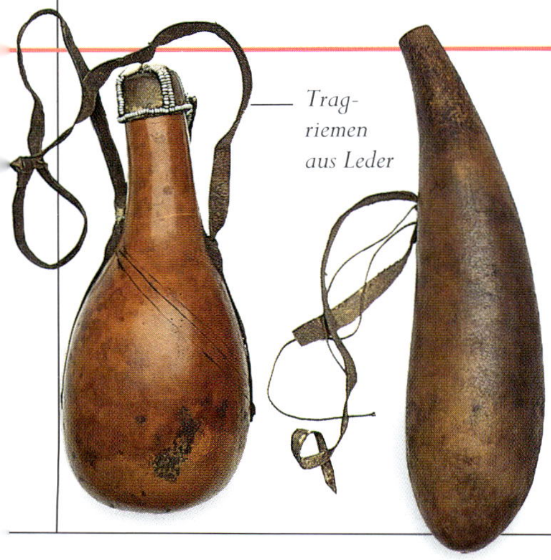

Kalebassen

Als sich die Afrikaner zunehmend der Viehhaltung und Ackerwirtschaft zuwandten, entwickelten sie Behälter für den Transport von Wasser und Milch sowie für die Lagerung von Getreide und Bier. Dazu trockneten sie die heimischen Kürbisse und höhlten sie aus. Diese Kalebassen waren haltbar und konnten an der Hüfte oder in Netzen getragen werden.

Kürbisse als Behälter, Ostafrika

Kunst & Religion

Kunst und Magie der Jäger

Um die Geister zu beschwichtigen, von denen man dachte, sie seien für den Jagderfolg zuständig, platzierten die frühen Eskimos in Alaska (Inuit) Bilder dieser Geister auf ihre Waffen und Kleidungsstücke. Dieser Hutschmuck mit eingeritzten komplizierten Mustern wurde auf dem Höhepunkt des Alten Beringmeer-Stils geschnitzt. Er hat die Form eines Raubtier-Geistes, von dem man glaubte, er führe die Harpune des Jägers. Hutschmuck mit ähnlichen Wesen wurde von den Inuits bis ins 20. Jh. verwendet.

Hutschmuck aus Elfenbein, Alaska

Gedenkstein

Das am weitesten zurück datierbare chinesische Steingrab erinnert an einen wichtigen Sieg: Huo Qubing führte als junger General die Kavallerie in einem Feldzug an, bei dem die Sicherheit eines strategischen Abschnitts der Seidenstraße wieder hergestellt werden sollte. In dieser Zeit blühte der Handel entlang dieser Straße in Zentralasien. Die Route wurde durch erfolgreiche chinesische Feldzüge gesichert, durch die Chinas Größe sich verdoppelte. Das Herrschaftsgebiet weitete sich nach Süden und vor allem nach Westen aus.

Kunst in Terrakotta

In Indien blühte im 2. Jh. v. Chr. die kunstgewerbliche Herstellung von Tongegenständen. Häufig handelte es sich dabei um Frauenfiguren. Dieses Terrakotta-Relief aus Tamluk im Ganges-Delta stellt ein *Yakshi* (gütiger Naturgeist) dar. Kleidung und Haartracht entsprechen der Mode der Zeit. Solche Objekte regten schließlich in Indien die ersten Steinplastiken an.

Terrakotta-Relief, Tamluk, Indien

Verzierte Glaserzeugnisse

Die Prachtentfaltung im römischen Italien spiegelt sich in der Verwendung teurer Glaserzeugnisse in den aristokratischen Haushalten wider. Diese im süditalienischen Canosa gefundene Schale ist ein gutes Beispiel. Das Design mit goldenen Blättern ist zwischen zwei Glasschichten eingebettet, die am Rand miteinander verschmolzen sind.

Glasschale, Canosa, Italien

Kunst in Karthago

Das am Golf von Tunis in Nordafrika gelegene Karthago wurde von phönizischen Siedlern im 9. Jh. v. Chr. gegründet. Die dortigen Stein- und Metallarbeiten gehen zu guten Teilen auf phönizische Ursprünge zurück, so auch diese Stele aus Kalkstein aus dem 3. oder 2. Jh. v. Chr. Karthago wurde 146 v. Chr. von den Römern gebrandschatzt. Ein Jahrhundert später wurde es als römische Stadt wieder aufgebaut.

Kalkstein-Stele, Karthago, Nordafrika

100 V. CHR. – 1 N. CHR.

Ernährung & Lebensraum | Wohnen & Bauen

Amerika

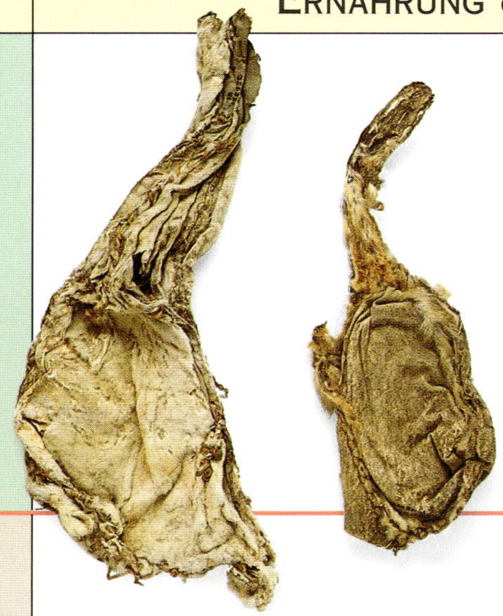

Jagdtaschen

Die Menschen der frühgeschichtlichen Anasazi-Kultur im südwestlichen Nordamerika trugen lange, gewebte Hemden sowie Sandalen. Womöglich haben sie Säcke aus Tierhaut benutzt, um ihre Habe mit sich zu führen. Die Säcke waren nicht bemalt und nur mit Gliedmaßen von Tieren oder mit Schweifen verziert, die man gewöhnlich unversehrt ließ.

Säcke aus Tierhaut, Graham Canyon, Utah

Kulthügel

Die Hopewell-Indianer im östlichen Nordamerika errichteten große Gebilde aus Erde, die kultischen und sozialen Zwecken dienten. Zu den eindrucksvollsten zählt das Ensemble von Liberty Mound. Es besteht aus 14 Hügeln und ist bei Chillicothe (Ohio) zu finden. Einige dieser Erddenkmäler bilden große geometrische Anordnungen aus ineinander verschlungenen Kreisen und Vierecken. In den Grabhügeln gab es häufig ein oder mehrere große rechteckige Bauwerke, die wahrscheinlich die Überreste bedeutender Vorfahren aufnehmen sollten. Einige dieser Menschen waren eingeäschert worden. Gelegentlich wurden Gebäude vollständig abgebrannt, bevor man darüber Erdhügel errichtete.

Ostasien & Australasien

Fleißige Köche

Chinesische Gräber aus der frühen Han-Zeit (206 v. Chr. – 2 n. Chr.) erlauben mancherlei Einblicke in die Vielfalt und Bedeutung der Lebensmittel für den chinesischen Alltag. Küchenszenen werden auf Wandgemälden ebenso dargestellt wie Figuren, die Fleisch, Fisch und Geflügel rupfen, enthäuten, zerteilen und kochen. Nach chinesischem Glauben war die Versorgung mit Nahrung wie mit anderen weltlichen Gütern auch nach dem Tode sehr wichtig. Zu den Grabbeigaben gehörten Bambuszettel mit Rezepten darauf, Gefäße und Taschen mit getrockneten Lebensmitteln darin und sogar kleine Öfen mit Kochtöpfen und -löffeln.

Ziegel und Fliesen

In China wurden zunehmend Terrakotta-Ziegel und -Fliesen für Paläste und Gräber benutzt. Große, hohle, rechteckige Ziegel wurden für Mauern verwendet, während keilförmige Ziegel so aneinander gesetzt wurden, dass sie das Gewölbe in Gräbern bildeten. Ziegel mit Nut und Feder gab es ebenfalls. Die Oberfläche der Ziegel und Fliesen war mit eingeprägten Mustern oder Malereien versehen.

Grabziegel mit Einprägung, China

Vorderasien & Südasien

Handel mit Weihrauch

Kamelkarawanen durchquerten die arabischen Wüsten und brachten wohlriechende Harze und andere Baumsekrete wie Balsam, Myrrhe und Weihrauch zu den Städten im östlichen Mittelmeerraum und in Vorderasien. Dieser Handel begann schon früh im 1. Jahrtausend v. Chr., als Weihrauch bei den Tempelfeiern vor allem in Ägypten und Mesopotamien gebraucht wurde. Dieses Geschäft gewann in den letzten Jahrhunderten v. Chr. an Bedeutung, als kleine steinerne Altäre zum Verbrennen von Weihrauch in Mode kamen.

Weihrauch-Altar, Saudi-Arabien

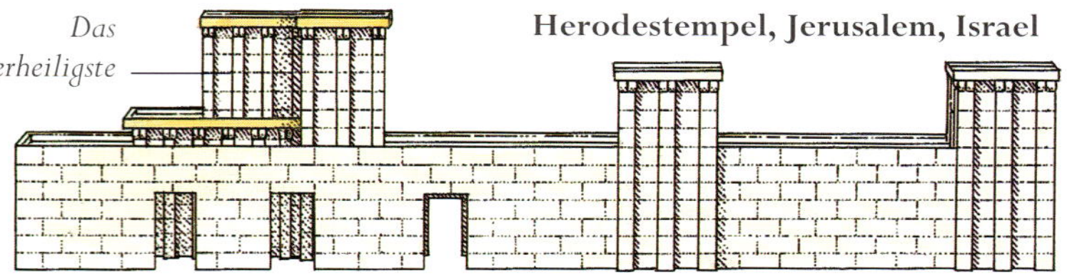

Herodestempel, Jerusalem, Israel

Neuer Tempel in Jerusalem

Herodes der Große wurde 37 v. Chr. vom römischen Senat zum König von Judäa ernannt. Er baute einen Tempel in Jerusalem und achtete sorgfältig darauf, dass in Palästina die jüdischen Gesetze befolgt wurden. Das Herzstück des Tempels, das Allerheiligste, befand sich in einem Altarraum, der von dicken Säulen umgeben war. Teile der äußeren Mauer stehen heute noch, vor allem auf der Westseite die berühmte Klagemauer.

Europa

Römische Stielpfanne aus Bronze, Pompeji, Italien

Kochgeräte

Römische Küchen enthielten metallene Kochtöpfe und Pfannen, hölzerne Löffel und Backformen aus Ton. Mörser wurden verwendet für das Zubereiten von Pasten und von Pulvern. In Glasflaschen und in Amphoren aus Ton wurden Wein und Lebensmittel gelagert.

Tempelkonstruktion

Die Konstruktion der römischen Tempel lehnte sich stark an die griechische Bauweise an. In verschiedenen Teilen des Reiches gab es allerdings auch erhebliche stilistische Unterschiede. Im Osten wurden grandiose Tempel mit komplizierten gemeißelten Verzierungen errichtet. Die Tempel im Westen waren einfacher und wiesen weniger Ornamente auf. Der besterhaltene Tempel im Westen ist La Maison Carrée in Nîmes (Südfrankreich), der 16 v. Chr. gebaut wurde. Er hat zur Front hin einen langen Vorbau mit Säulen, die Kanneluren aufweisen, aber es fehlen ihm – anders als den griechischen Tempeln – die frei stehenden Kolonnaden an den Seiten und nach hinten.

Afrika

Viehseuche

Die meisten Hirtengesellschaften südlich der Sahara hielten kleine Rinder mit kurzen Hörnern. Die Menschen ergänzten ihre Nahrung durch Jagd und Landwirtschaft. Die Viehhaltung war risikoreich, da Rinderpest (eine schwere ansteckende Krankheit des Rindviehs) und andere Seuchen häufig ganze Herden auslöschten. Verbreitet war in den Savannen südlich der Sahara auch die Tsetse-Fliege, deren Stich die häufig tödliche Schlafkrankheit auslöst.

Mosaikverzierung

Alexandria an der ägyptischen Mittelmeerküste wurde im 1. Jh. v. Chr. ein Mittelpunkt der bildenden Künste. Das galt besonders für Mosaike und Fresken. Kopien und Nachbildungen wurden im römischen Italien geschaffen. Dort kamen bei den Wohlhabenden ägyptische Landschaftsbilder und alexandrinische Gestaltungsweisen in Mode.

Mosaikdetail »Die Überschwemmung des Nils«, Palestrina, Italien

Erfindungen & Entdeckungen

Früher Kalender

Zu den frühesten Denkmälern am Golf von Mexiko zählt diese Stele. Auf der einen Seite ist eine Maske eingemeißelt, auf der anderen Seite eine kalendarische Inschrift, die dem Jahr 31 v. Chr. unserer Zeitrechnung entspricht. Als Vorläufer des späteren mittelamerikanischen Kalenders verwendete der olmekische Kalender Piktogramme, um Zahlen darzustellen: Eine Muschel stand für die 0, ein Punkt für 1 und ein Strich für 5. Zahlen über 20 wurden durch Verschiebungen der Symbole angezeigt.

Fragmente einer Stele, Tres Zapotes, Veracruz, Mexiko

Salzbergbau

Die Salzgewinnung fand in China seit dem 7. Jh. v. Chr. unter staatlicher Aufsicht statt. Zu Beginn des 2. Jh. v. Chr. waren 34 Aufsichtsbehörden zur Kontrolle der Salzgewinnung eingerichtet. 119 v. Chr. wurden Salz- und Eisenbergbau zu staatlichen Monopolen erklärt. Salz wurde sowohl über als auch unter Tage abgebaut. Reliefs auf Grabziegeln aus dieser Zeit zeigen, wie die Sole mit Ziehbrunnen aus einer Tiefe von mehr als 600 m nach oben befördert wurde. Seile, an denen in Abständen Eimer angebracht waren, wurden mit Winden und Umlenkrollen betrieben. Die Eimer schöpften aus den Wannen die Sole. An der Erdoberfläche verdampfte das Wasser in großen Siedepfannen.

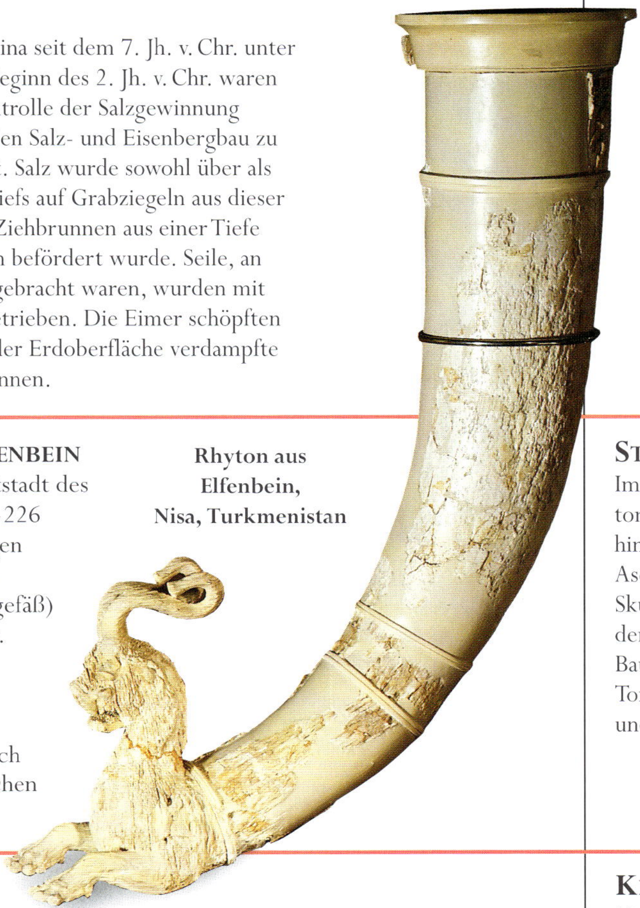

Rhyton aus Elfenbein, Nisa, Turkmenistan

Bearbeitung von Elfenbein

Bei Nisa, einer frühen Hauptstadt des Partherreiches (240 v. Chr. – 226 n. Chr.) im Süden des heutigen Turkmenistan, wurde dieses hornförmige Rhyton (Trinkgefäß) aus dem 2. oder 1. Jh. v. Chr. gefunden. Es ist hergestellt aus importiertem indischen Elfenbein und verziert mit einem Tierkopf, wie er typisch ist für die Kunst der parthischen Nomaden.

Zeichnung des astronomischen Rechners, Griechenland

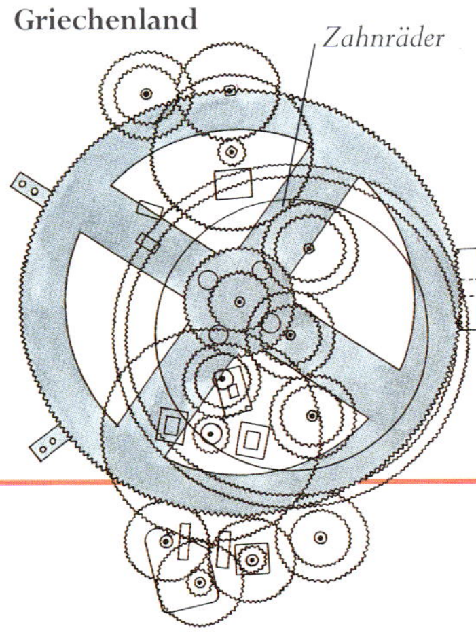

Kartierung des Himmels

Das kunstvollste mechanische Gerät der Antike ist der astronomische Rechner, mit dem der Stand der Himmelskörper dargestellt werden konnte. Der inzwischen in vier Teile zerbrochene Mechanismus wurde in einem Schiffswrack nahe der griechischen Insel Antikythera gefunden. Er wurde um 80 v. Chr. hergestellt. In der Konstruktion steckt ein Differenzialgetriebe (das Gerät hat 31 Zahnräder), wie es erst im späten 16. Jh. neu erfunden wurde.

Werkzeuge der Hirten

Vor etwa 2000 Jahren wandten sich die Jäger und Sammler von Namibia und vom südafrikanischen Kap der Viehwirtschaft zu. Sie erhielten Hausschafe und -rinder von den benachbarten Bantus. Sie verfügten über Werkzeuge aus Knochen, Holz und Stein. Später konnten sie auch Tongefäße herstellen. Diese Völker waren die Vorfahren der Khoi Khoi, auf die im späten 15. Jh. die portugiesischen Entdecker trafen.

Kunst & Religion

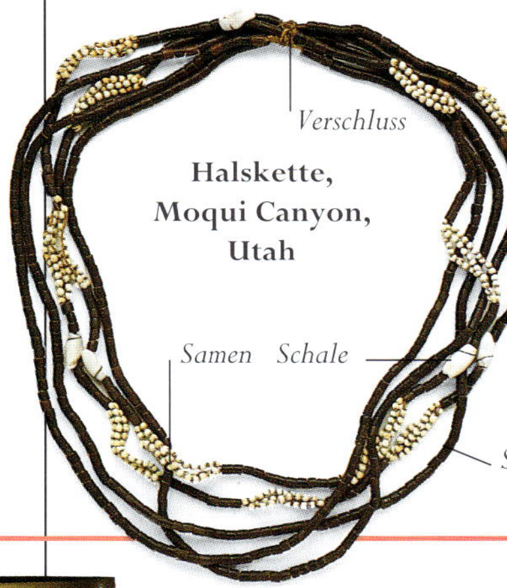

Halskette, Moqui Canyon, Utah

Schmuckstücke

Halsketten waren bei den Frauen im südwestlichen Teil Nordamerikas im 1. Jh. v. Chr. sehr beliebt. Geschlossen wurden diese Ketten oft mittels einer Schleife, die über einem Knoten oder Knebel gebunden wurde. Diese Halskette mit fünf Strängen aus Grauschiefer mit Samenkörnern und Olivella-Schalen von der Pazifikküste ist länger und kunstvoller als die meisten.

Magische Spiegel

Nach chinesischem Glauben schützten Spiegel vor bösen Geistern. Außerdem konnten sie verborgene Geister zeigen. Die Spiegel waren mit Glück verheißenden Wesen und Mustern verziert. Die Muster hatten astronomische Bedeutung: Sie erlaubten die Orientierung nach Himmelskörpern. Spiegel aus der Han-Zeit (206 v. Chr. – 220 n. Chr.) enthielten oft ein Datum sowie den Namen des Herstellers und des Besitzers.

Bronzespiegel, China

Steinskulptur

Im späten 1. Jh. v. Chr. wurden vier monumentale Steintore dem Großen Stupa im zentralindischen Sanchi hinzugefügt. Der Tempel war im 3. Jh. v. Chr. von Kaiser Aschoka gebaut worden. Die Tore waren verziert mit Skulpturen aus dem Leben des Buddha und mit Figuren der zeitgenössischen Volkskunst. Üppige weibliche Baumgeister bildeten Konsolen, auf denen die unteren Torriegel ruhten. Diese Geister stellten die Furchtbarkeit und den Überfluss der Natur dar.

Torwinkel aus Stein, Sanchi, Zentralindien

Keltische Halsringe

Halsringe hatten eine große Bedeutung. Den keltischen Völkern im nordwestlichen Europa dienten sie vielleicht als Talisman. Viele bestanden aus wertvollen Metallen wie Gold und Elektrum (Legierung aus Gold und Silber). Dieser Elektrum-Halsring aus dem 1. Jh. v. Chr. ist sehr eindrucksvoll; römischen Geschichtsschreibern zufolge hat die britannische Königin Boadicea, die schreckliche Herrscherin des Iceni-Stammes in Ostengland, einen solchen Halsring getragen, als sie in die Schlacht ritt.

Halsring, Snettisham, Norfolk, England

Römische Kultur

Als der römische Einfluss sich nilaufwärts ausbreitete und Ägypten eine wohlhabende Provinz des Reiches wurde, kamen römische Kunstrichtungen auch am Oberlauf des Stroms in Mode. Dieser Bronzekopf des Kaisers Augustus ist typisch für den Stil dieser Zeit. Er wurde in Meroë gefunden, der Hauptstadt des unabhängigen Königreichs Nubien (etwa 600 v. Chr. – 400 n. Chr.), das niemals von den Römern erobert wurde. Der Fundort beweist, dass die römische Kultur sich weit über die Grenzen des Reiches hinaus ausbreitete.

Bronzekopf des Kaisers Augustus, Meroë, Nubien

1 – 100

Ernährung & Lebensraum

Amerika

Jäger und Fallensteller
Die Korbflechter im Südwesten Nordamerikas jagten große Tiere mit Atlatls (Speerschleudern). Kleine Tiere fingen sie mit Netzen und Fallen. Die Fallen wurden entlang der Pfade aufgestellt, die von kleinen Säugetieren ausgetreten wurden, oder unter Büschen bzw. im Gras, wo Vögel Samen aufpickten. Dünne Schnüre bildeten eine mit den vielen Stöcken verbundene Schlinge, die sich um die Vögel zuzog.

Vogelfalle, Moqui Canyon, Utah

Ostasien & Australasien

Technik und Landwirtschaft
Im China der späteren Han-Zeit (25–220) konzentrierte sich jeder auf die Verbesserung der Lebensmittel-Produktion. Das galt für den Kleinbauern ebenso wie für den Kaiser. Die Erträge wurden gesteigert durch Neuerungen wie Maschinen, mit denen die Saat gleichmäßig in die Furchen ausgebracht werden konnte. Technisch bessere Pflüge, gezogen von zwei Ochsen, wurden ebenso konstruiert wie Eggen zum Umbrechen der Scholle, mechanische Geräte mit Auswerfhammer zum Mahlen des Getreides, Maschinen zum Worfeln mit einer Art Ventilator sowie Bewässerungssysteme mit Winden und Umlenkrollen.

Vorderasien & Südasien

Einfuhr von Pfeffer
Aus Südindien wurden Luxuswaren nach Rom exportiert: Kleidung, Juwelen und Gewürze, insbesondere Pfefferkörner. Große Mengen von Pfefferkörnern (wahrscheinlich beim Kochen verwendet, um den Geschmack von schlechtem Fleisch zu überdecken) waren in den Lagerhäusern von Ostia, dem Hafen von Rom, untergebracht. Die indischen Händler wurden mit Goldmünzen bezahlt, die als Goldreserve dienten. Dieser Handel belastete die römischen Finanzen derart, dass Kaiser Nero (37–68) den Import von Pfeffer verbot.

Europa

Konservierte Lebensmittel
Der Ausbruch des Vesuvs (79) in Süditalien verschüttete die römischen Städte Pompeji und Herculaneum. Unter der Asche wurden die Überreste von Lebensmitteln konserviert: eine Schüssel mit verkohlten Feigen, Zwetschgen, Oliven und Gerstenkörnern. Komplette Mahlzeiten mit Fleisch, Fisch, Eiern, Brot und Nüssen waren noch unberührt auf Tischen zu finden, weil die Bewohner dem Ascheregen entkommen wollten. In Läden wurden ebenfalls verschiedene Nahrungsmittel gefunden, und in der Bäckerei des Modestus enthielten die Öfen noch Brotlaibe.

Weintrauben und Feige

Afrika

Hundegräber
Um etwa 6000 v. Chr. war der Hund in Ägypten domestiziert. Um 100 n. Chr. hatte er sich über ganz Afrika verbreitet. Hunde wurden zur Jagd eingesetzt und als Haustiere gehalten. Hundegräber aus dem 1. Jh. wurden bei landwirtschaftlichen Siedlungen in der nubischen Wüste gefunden. Es ist zu vermuten, dass die Hunde einen besonderen Platz im Herzen ihrer Besitzer hatten.

Wohnen & Bauen

Amerika

Tempelpyramiden
Im 1. Jh. wurde aus dem bereits urbanen Teotihuacán im Tal von Mexiko eine gewaltige Metropole. Seine beiden größten Gebäude – die Mond- und die Sonnenpyramide – wurden am nördlichen und südlichen Ende der Hauptstraße fertig gestellt, der »Straße des Todes«. Die Stadt kontrollierte die Produktion von Obsidian (vulkanischem Glas) und den Handel damit in ganz Mesoamerika. Teotihuacán wies ganze Viertel auf, in denen sich auswärtige Händler und hochspezialisierte Handwerker niedergelassen hatten.

Ostasien & Australasien

Türme und Pavillons
Zeitgenössische Gedichte, Grabreliefs und Modellbauten belegen die Beliebtheit von hohen Türmen im China der Han-Zeit (206 v. Chr. – 220 n. Chr.). Ein Turm in der Hauptstadt Chang'an soll 115 m hoch gewesen sein. Die Türme wurden oft als Aussichtsposten errichtet oder als Pavillons mit glänzenden Bronzedächern, auf denen sich allerlei Vögel befanden. Von diesen glaubte man, sie würden den Lebenden zur Unsterblichkeit verhelfen.

Tonmodell aus einem Han-Grab von einem Wachturm mit Burggraben, China

Vorderasien & Südasien

Wüstentempel
Petra – die Wüstenhauptstadt des Nabatäerreiches in Jordanien, das 106 vom römischen Reich geschluckt wurde – hat eine unglaublich eindrucksvolle Felsenarchitektur. Gräber und Tempel sind in die Sandstein-Felsen rings um die Stadt eingehauen. Römische Einflüsse werden zum Beispiel an der Fassade des Tempels ed-Deir deutlich, der im 1. Jh. gebaut wurde. Ebenso wie andere Wüstenstädte – Palmyra und Hatra – lebte auch Petra vom Handel.

Tempel ed-Deir, Petra, Jordanien

Europa

Hoch- und Tiefbau
Dass die Römer Spezialisten in Sachen Hoch- und Tiefbau waren, zeigt sich an den Aquädukten, über die sie die Städte mit Wasser versorgten. Viele sind erhalten geblieben, z. B. der Pont du Gard aus dem 1. Jh., über den Nîmes in Südfrankreich sein Wasser bezog. Er hat in drei Stockwerken aufgesetzte Bögen und eine Höhe von 49 m.

Pont du Gard, Nîmes, Südfrankreich

Afrika

Meroitischer Tempel
Der Löwentempel war einer von mehreren Tempeln bei Naga in Nubien. Seine Architektur zeigt starken ägyptischen Einfluss, obgleich er im unabhängigen Königreich Meroë südlich des von Rom beherrschten Ägypten liegt. Er wurde um das Jahr 1 von König Netekamani und Königin Amanitare gebaut und war dem Löwengott Apedemek geweiht. Alle drei sind in den Tempelreliefs dargestellt.

Löwentempel, Naga, Nubien

Erfindungen & Entdeckungen

Traggestelle für Kinder

Im Südwesten Nordamerikas wurden die Kleinkinder bei den frühgeschichtlichen Anasazi-Indianern in leichten beweglichen Krippengestellen getragen. Diese waren mit Wacholderrinde, Tierhäuten oder anderen weichen Materialien ausgekleidet, die dem Kinderkopf ein Polster bildeten. Später (nach 700) verformten die Anasazi die Hinterköpfe ihres Nachwuchses, indem sie das Wickelkind an dem jetzt steifen Krippengestell mit einer breiten gewebten Binde oder einem Trageband fest zurrten.

Krippengestell, Moqui Canyon, Utah

Papier und Tinte

In China wurde Papier aus Hanfabfällen oder alten Lumpen hergestellt. Papierfetzen aus dem 2. Jh. v. Chr. wurden im nördlichen und nordwestlichen China gefunden. Das älteste beschriebene Papier, das bekannt ist, datiert zum Anfang des 1. Jh. n. Chr. zurück. Feste Tinte wurde auf einen Tintenstein mit Wasser verrieben. Die daraus resultierende flüssige Tinte wurde mit einem Pinsel aufgetragen.

Bronzener Tintenstein, China

Nutzung des Monsuns

Das Wissen um die Zirkulation der Monsunwinde und der daraus resultierende Vorteil für die Seefahrt brachten den römischen Handel mit Südindien und Sri Lanka während des 1. Jh. in Schwung. Der griechische Händler Hippalus soll auf diese Routen gekommen sein, als er durch den Wind auf seiner Reise um Westarabien vom Kurs abgebracht wurde. Die Römer gründeten bald darauf Handelsverbindungen und sogar -plätze wie bei Arikamedu an der Ostküste Südindiens, wie verschiedene Funde römischer Töpferwaren zeigen.

Glasverarbeitung

Die Portland-Vase, so genannt nach dem Herzog von Portland, der sie 1745 erstand, ist das schönste noch erhaltene Exemplar römischer Glasverarbeitung. Sie geht auf das frühe 1. Jh. zurück. Die Vase wurde hergestellt, indem man das dunkelblaue Innenteil aus Glas in eine Wanne mit geschmolzenem weißen Glas tauchte. Das ausgehärtete weiße Glas wurde sorgfältig weggefräst, bis sich schließlich nur noch die fein ziselierten Figuren vom Hintergrund abhoben.

Portland-Vase

Entzünden von Feuer

Bauern, aber auch Jäger und Sammler entzündeten in ganz Afrika Feuer; sie machten dies wahrscheinlich durch Reibung. Bei dieser Technik wurde ein Hartholzstab in einem kleinen Loch eines kurzen Weichholzstockes schnell hin und her gedreht. Das Holz begann zu rauchen und entzündete trockenes Gras oder Blätter, die darauf gelegt wurden.

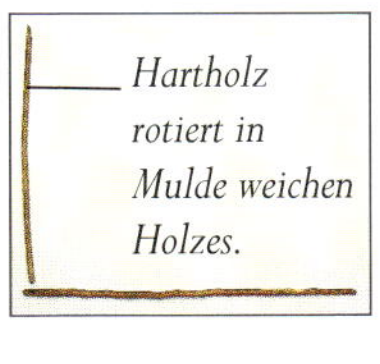

Moderne Feuerbohrer der San, Südafrika

Kunst & Religion

Kriegerische Darstellungen

Die Grafik der Nazca-Kultur in Südperu fällt auf durch ihre anthropomorphen (menschenähnlichen) Darstellungen mit herausgestreckten Zungen, erbrochenem Blut und Händen, die festhalten oder ergreifen. Eine dieser gemalten Figuren wird »Würger« genannt und ist eine Gestalt der örtlichen Mythologie. Bei anderen Bildern halten die Figuren erbeutete Schädel.

Nazca-Gefäß, das den »Würger« darstellt, Küste von Peru

Grabkammern

Senkrechte Grabstätten, in die man von oben gelangen konnte, wurden in China zu dieser Zeit durch waagerechte Gruften ersetzt, die aus zwei oder drei mit Ziegeln oder Steinen gebauten Kammern bestanden. Dazu wurden Höhlen oft mit sich windenden Zugängen in Hügel hineingegraben. Damit sich die Verstorbenen wie zu Hause fühlen konnten, waren die größeren Gräber detaillierte Nachbildungen von Wohngebäuden. Die Wände waren mit mythischen Wesen oder mit naturalistischen Geschehnissen aus dem Leben der Verstorbenen verziert. In einige Gruften wurden Pferde und Wagen hineingestellt, obwohl man zu dieser Zeit schon verbreitet den Ersatz durch Tonmodelle praktizierte. Modelle von Häusern sowie Figuren von Tieren und Menschen verschaffen uns wertvolle Einsichten.

Die Qumran-Rollen

Zu Lebzeiten von Jesus gab es verschiedene jüdische Sekten. Zu diesen gehörten die Essener, die womöglich die Qumran-Rollen verfasst haben, eine Sammlung von Dokumenten mit den frühesten noch erhaltenen Bibeltexten. U. a. wurde das Buch Jesaja gefunden, ferner Reste von Palmenhandschriften und der so genannte Sektenkanon. Die Rollen entstanden zwischen dem 3. Jh. v. Chr. und 64 n. Chr. Die meisten wurden allerdings im 1. Jh. n. Chr angefertigt.

Qumram-Rolle, Qumram, Jordanien

Wagenrennen

Der Sport war ein wesentliches Element bei öffentlichen Veranstaltungen in Rom. Alle großen Städte des Reiches verfügten über ein Amphitheater und ein Stadion oder eine Rennbahn. Regelmäßig wurden Wagenrennen ausgetragen, auch Gladiatorenkämpfe sowie Kämpfe zwischen Menschen und wilden Tieren, die der allgemeinen Vorliebe für Gewalt und Blutvergießen entsprachen.

Glasbecher mit Darstellung eines Wagenrennens, Colchester, England

Überirdische Kräfte

In allen bäuerlichen Gesellschaften Afrikas gab es enge Verbindungen zwischen den Lebenden und deren Vorfahren, sowie zwischen den Vorfahren und der Erde. Die Vorfahren wachten über die Fruchtbarkeit des Bodens, sie ließen Regen auf die ausgetrocknete Erde fallen. Zwischen den Menschen und ihren Ahnen vermittelten Individuen, die besondere Anerkennung genossen. Sie loteten die öffentliche Meinung aus und wirkten als Heiler und Regenmacher. Gelegentlich wurden sie zu mächtigen Häuptlingen, die wichtige Handelsrouten kontrollierten und über religiöse Stätten herrschten.

100–200

200 V. CHR.

Ernährung & Lebensraum | Wohnen & Bauen

Amerika

Vielerlei Nahrung

Traditioneller Hauptbestandteil der Nahrung in Mesoamerika war ein Pflanzentrio, das häufig gemeinsam auf den Feldern wuchs: Mais, Bohnen und Kürbisse. Die Menschen in Mesoamerika zogen außerdem spanischen Pfeffer, Avocados und Amaranthgewächse – dazu noch viele andere Früchte und Gemüsesorten. Zu den wenigen domestizierten Tieren gehörten Truthähne, Moschusenten und Nackthunde; diese Tiere waren die Hauptlieferanten für Eiweiße. Insekten wurden ebenfalls genutzt: Bienen lieferten Honig, aus Schildläusen wurde Farbe hergestellt.

Geometrische Erdbauten

Das geometrisch angeordnete Ensemble von Hügeln bei Newark in Ohio wurde von den Hopewell-Indianern des östlichen Nordamerika gebaut. Man sieht ein Viereck und ein Achteck, Kreise und Ovale, die miteinander durch eine Reihe von Mauern verbunden sind. Orientiert man sich an den Mittelpunkten verschiedener Hügel sowie an Winkeln und Linien, dann werden Mondkonstellationen sichtbar.

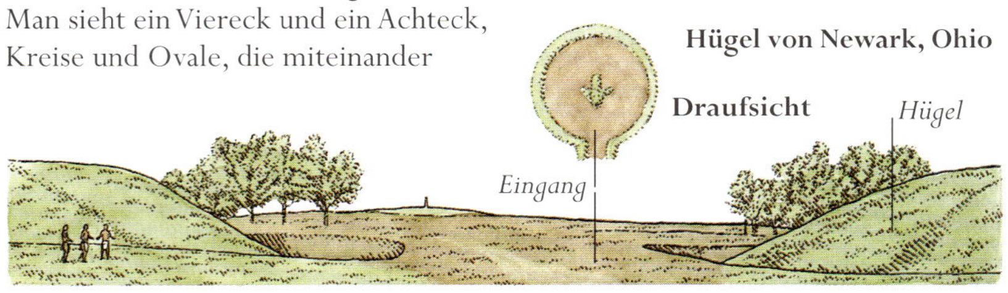

Hügel von Newark, Ohio

Ostasien & Australasien

Kochtöpfe

Die beiden häufigsten Kochtopfformen in China waren zu dieser Zeit der dreibeinige Kessel für das Kochen und Schmoren sowie der Dampfkochtopf für die Zubereitung von Getreidekörnern und Gemüsen. Diese Grundformen waren bereits damals sehr alt. Die meisten bestanden aus Ton. Es wurden allerdings auch schon Töpfe aus Eisen und Bronze in den Grabstätten gefunden.

Dampfkochtopf aus Bronze, China

Frühe Steinmonumente

Steinerne Türme markierten den Zugang zu bedeutenden Gruften der späteren Han-Zeit (25–220). Das gilt auch für diese in Sechuan, die zu den ältesten erhaltenen Hochbauten in China gehört. Die gemeißelten Reliefverzierungen auf einigen Gräbern geben wertvolle Informationen über den Alltag und den Glauben von damals. Sie stellen Bankette dar, Jagden, Prozessionen sowie Szenen aus der Geschichte und der Legende, die moralische Lektionen erteilten.

Steinturm, Fan-Min-Grab, Sechuan, China

Vorderasien & Südasien

Wasserversorgung

In den ersten Jahrhunderten n. Chr. wurde die Wasserversorgung in Vorderasien umgestellt: Die Nabatäer, deren Königreich in der westarabischen Wüste 106 dem römischen Reich einverleibt wurde, konstruierten ein Netzwerk von Staudämmen und Zisternen, um ihre Hauptstadt Petra mit genug Wasser zu versorgen. In anderen Gegenden schöpfte man mit Eimern Wasser aus Brunnen oder Flüssen: Die Eimer waren an einer großen Seilschlinge befestigt, die über Winden bewegt wurde. Im Gebrauch waren ferner Räder, an deren Rändern Eimer befestigt waren. *Qanate* (unterirdische Kanäle) wurden zu dieser Zeit im Iran gebaut.

***Iwan* (Gewölbe eingestürzt), Hatra, Irak**

Gewölbte Kammern

Das charakteristische Bauwerk dieser Architektur, die im Iran und Irak den griechischen Stil ersetzte, ist der *Iwan*, ein offener, gewölbter Wandelgang, der aus gebrannten Ziegelsteinen besteht. Ein sehr schönes Beispiel aus der Frühzeit ist der *Iwan* im irakischen Hatra, der um 150 gebaut wurde, aber inzwischen eingestürzt ist. Mit der Zeit wurde es bei Moscheen, Palästen und Schulen üblich, vier *Iwans* an den Seiten des Innenhofes zu errichten.

Europa

Römisches Mahl

Im Kastell Vindolanda am Hadrianswall in Nordengland wurden Hunderte von Schrifttäfelchen gefunden, die einmalige Einblicke in das Leben eines römischen Außenpostens um 100 gewähren. Einige der Täfelchen enthalten offizielle Listen mit den vorhandenen Lebensmitteln für die Garnison. Aufgeführt sind Weizen und Gerste, Wein und Bier, Fischsoßen und Gewürze, Schwein und Hirsch. In einem der Briefe, der an den Offizier Lucius adressiert ist, bestätigt der Schreiber den Empfang von 40 Austern als Geschenk. Schalen von Austern und Muscheln sind bei Vindolanda ebenfalls gefunden worden; sie waren wahrscheinlich eine Delikatesse.

Triumphbögen

Der Triumphbogen war ein imposantes Symbol römischer Herrschaft im ganzen Reich. Einige Bögen wurden von Kaisern errichtet, um an besondere Errungenschaften zu erinnern. Andere feierten die Besuche des Kaisers. Alle waren mit Säulen, gemeißelten Reliefs und Statuen oder Kränzen aus vergoldeter Bronze verziert. Der Bogen von Ancona an der italienischen Adriaküste wurde 115 zu Ehren des Kaisers Trajan gebaut; er hatte hier den Bau einer Hafenanlage angeordnet.

Trajan-Bogen, Ancona, Italien

Afrika

Brot fürs Volk

Wohlwollende römische Kaiser wie Marc Aurel (reg. 161–180) hielten wohlhabende Bürger dazu an, Stiftungen einzurichten, um den Armen zu helfen. Eine Inschrift aus der Regierungszeit des Marc Aurel führt auf, dass ein gewisser Publius Licinius Papirianus, Bürger von Cirta Sicca in Numidien (entspricht ungefähr dem heutigen Algerien) 1 200 000 Sesterzen stiftete, von deren Zinsen 300 Jungen und 200 Mädchen unterstützt werden sollten.

Büste von Marc Aurel, Cyrene, Nordafrika

Römische Städte

Die römischen Städte in Nordafrika erlangten im 2. Jh. bemerkenswerte Größe. Einige alte Siedlungen wie Leptis Magna wurden durch eindrucksvolle öffentliche Gebäude und Straßen mit Wandelgängen herausgeputzt. Andere wie Thamugadi wurden zu dieser Zeit erst gegründet und nach einem strengen Schachbrettmuster angelegt.

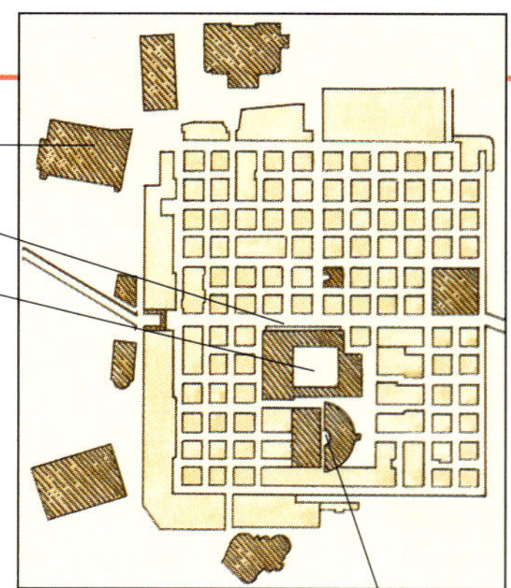

Stadtplan, Thamugadi (Timgad), Nordafrika

1500

100 – 200

Erfindungen & Entdeckungen

Tonbehälter
Die Gesellschaften der Woodland-Phase (1000 v. Chr. – 800 n. Chr.) im östlichen Nordamerika wurden sesshaft und betrieben Gartenbau. Darum benötigten sie im Gegensatz zu ihren nomadischen Ahnen keine Behälter für Transporte über lange Strecken. Die Nachteile von Tonwaren – sie sind schwer und zerbrechlich – verloren an Bedeutung, ihre Vorteile konnten jetzt genutzt werden. Dieses bei Renner in Missouri gefundene Gefäß entstand zwischen 100 v. Chr. und 300 n. Chr.

Tongefäß, Renner, Missouri

Erdbeben aufspüren
132 erfand der chinesische Wissenschaftler und Mathematiker Chang Heng den ersten Seismographen der Welt. Der stand in Luoyang, der späteren Han-Hauptstadt, war geformt wie eine Weinkaraffe und hatte ein Pendel mit acht beweglichen Armen. Das Ende jeden Armes war als Drachen ausgebildet, der einen Ball in seinem Maul hatte. Bewegte sich der Seismograph, dann zeigte ein Schnappmechanismus in die Richtung des Erdbebens, der Ball fiel nach unten. So wurde die Zentralregierung auf Erdbeben in entfernten Provinzen aufmerksam.

Gips und Pflaster
In den ersten Jahrhunderten n. Chr. verbreitete sich die Verwendung von schnell trocknendem Kalk, Mörtel und Gips in Vorderasien – wahrscheinlich wegen der römischen Eroberungen in dieser Region. Mörtel erleichterte den Bau von Gewölben und Kuppeln; Stuck wurde zur Verzierung von Gebäuden verwendet. Bei Assur – dem heutigen Kalat Scherkat – im nördlichen Mesopotamien, das zum Partherreich (240 v. Chr. – 226 n. Chr.) gehörte, findet man ausgearbeitete und gegossene Stuckarbeiten, mit kunstvollen Designs bemalt.

Militärische Organisation
Das Rückgrat der römischen Armee war der sehr gut ausgebildete Legionär. Er trug einen Körperpanzer und einen Helm, seine Waffen waren der Speer und ein kurzes Schwert zum Zustechen. Etwa 80 bis 100 Legionäre bildeten eine Zenturie, 60 Zenturien bildeten eine Legion mit etwa 5000 Soldaten, zu der auch noch Hilfstruppen gehörten.

Bronze-Figürchen eines römischen Legionärs, Italien

Kupferschmiede
In den ersten Jahrhunderten n. Chr. breitete sich die Verarbeitung von Eisen und Kupfer aus der ostafrikanischen Region am Victoriasee nach Südafrika aus, als die Bantu-Bauern und -Viehzüchter nach Süden wanderten. Kupfer wurde von ländlichen Handwerkern zur Herstellung von Schmuckstücken wie Armbändern und Kupferperlen, aber auch von kleinen Rasierapparaten und Anhängern verwendet.

Armband und Armreifen aus Kupfer, Ostafrika

Kunst & Religion

Kunstvolle Grabbeigaben
Die Hopewell-Leute in Ohio und Illinois legten große Strecken auf der Suche nach seltenen Materialien zurück, aus denen sie Gegenstände für Ritus und Bestattung herstellten. Der haspelförmige Gorget (Halsschutz) wie dieses Exemplar von Naples Mound (Illinois) wurde aus Kupfer gefertigt, das man aus den Gebieten an den Großen Seen geholt hatte. Die Gorgets wurden häufig auf die Toten gelegt.

Kupfergorget der Hopewell, Naples Mound, Illinois

Künstlerischer Realismus
Die dreidimensionalen Skulpturen aus dem China des 2. Jh. waren naturalistisch und sehr dynamisch. Die Bildhauer konzentrierten sich darauf, das Eigentliche ihres Gegenstands zu erfassen – sie waren dabei nicht auf lebensechte Wiedergabe aus. Objekte wie dieses großartige »fliegende Pferd« wurden mit einfachen, fließenden Linien und wenig Oberflächenverzierung modelliert.

»Fliegendes Pferd« aus Bronze, Gansu, China

Zentren buddhistischer Kunst
Die frühe buddhistische Kunst in Indien stellte Ereignisse aus dem Leben des Buddha nur symbolisch dar. Erste Verkörperungen in Menschengestalt tauchten im 2. Jh. auf. Es bildeten sich zwei wesentliche buddhistische Kunstschulen aus: Mathura in Zentralindien, die ihre Wurzeln beim einfachen Volk hatte, und Gandhara im Nordwesten des heutigen Pakistan, die von griechisch-römischen Kunstrichtungen beeinflusst wurde.

Buddha als Lehrer, Gandhara, Pakistan

Bestattungsformen
Die Asche wohlhabender Römer des 2. Jh. wurde in kunstvoll ausgearbeiteten Marmorurnen aufbewahrt. Die Urnen standen in Nischen der Familiengruften. Die Einäscherung war das damals übliche Verfahren und schon seit frühester Zeit in Rom angewandt worden. Erst gegen Ende des 2. Jh. bürgerte sich die Beerdigung ein.

Das Porträt
Die von Rom beherrschten Ägypter praktizierten unverändert die Mumifizierung. Viele Mumiensärge bargen detaillierte Porträts der Verstorbenen, die mit farbigem Wachs auf Holztafeln gemalt waren. Ähnliche Porträts haben womöglich in den Wohnungen der Verstorbenen gehangen, bevor sie in Leinenbinden gehüllt ihre Reise ins Jenseits antraten. Stilistisch sind die Porträts eindeutig griechisch-römisch geprägt. Der von alters her überlieferte ägyptische Glaube blühte allerdings unverändert.

Römisches Porträt für einen Mumiensarg, Ägypten

Städtisches Leben in Ephesos

In römischer Zeit waren die Städte für viele Einwohner eine Quelle des Stolzes, sie hatten eine enge Bindung zur Stadt, in der sie lebten. Die städtischen Verwaltungen waren gut durchorganisiert. Die Gemeinde erhob Steuern, um wesentliche Aufgaben wie Wasserver- und -entsorgung zu finanzieren. Die meisten Städte wurden von einem örtlichen Magistrat gelenkt – auch wenn letztlich die römische Zentralgewalt das Sagen hatte. Das galt z. B. für Provinzstädte wie Ephesos. Die bürgerliche Identität war häufig verknüpft mit Schutzheiligen und ihren Tempeln, die sich gut sichtbar aus dem Stadtbild erhoben. Ephesos, wo sich erste Siedler im 10. Jh. v. Chr. niedergelassen hatten, wuchs ständig und wurde Hauptstadt der römischen Provinz Asia, die den größten Teil der heutigen westlichen Türkei ausmachte. Die Stadt hatte mehr als 100 000 Einwohner. Ephesos war Heimstatt einer Fruchtbarkeitsgöttin, die mit der griechischen Göttin Artemis identisch war.

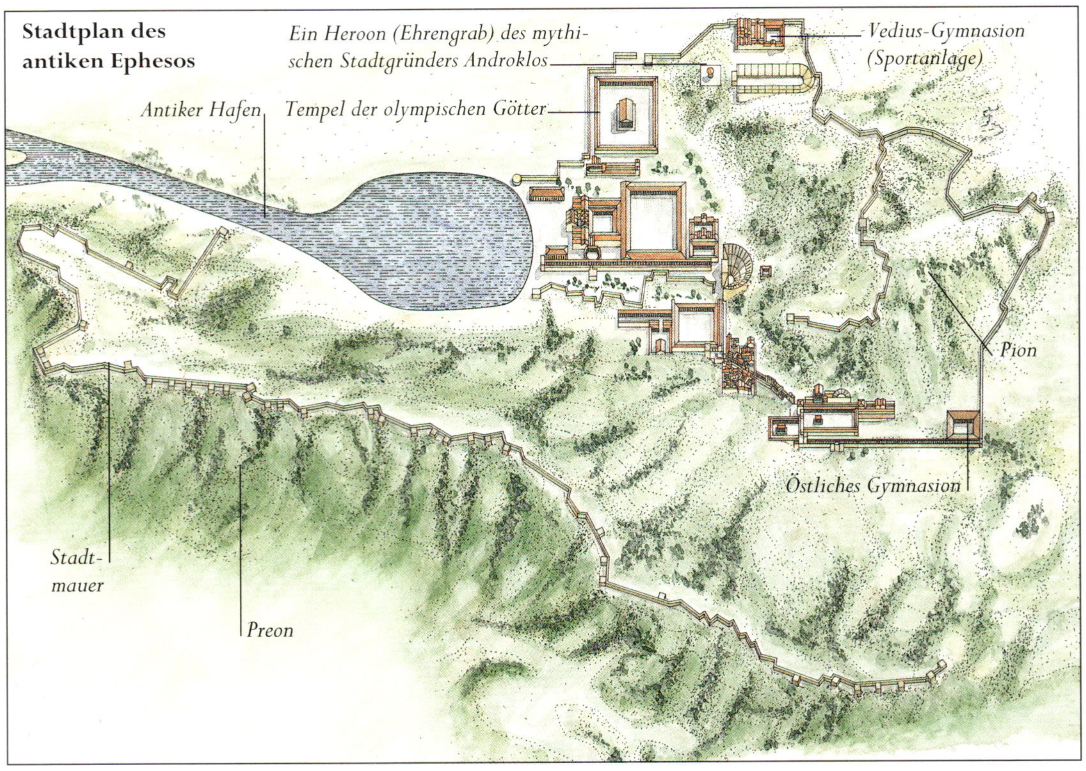

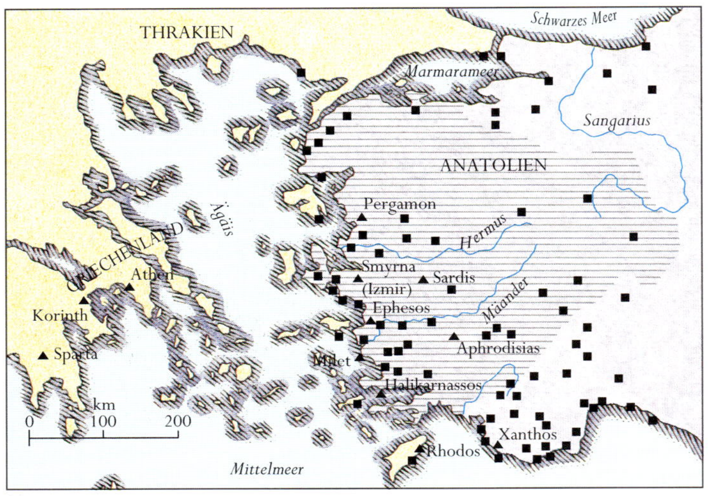

Die römische Provinz Asia ▲ Stadt ■ Kleinere Stadt

Öffentliche Bauwerke

Im Gegensatz zu einigen griechischen und römischen Städten war Ephesos nicht das Produkt einer rigiden Stadtplanung. Es fügte sich in die natürlich Topographie der Hügel Preon (heute: Bülbüldag) und Pion, die sich über dem Hafen erhoben. Die wesentlichen öffentlichen Gebäude standen an der Westseite des Pion und waren einheitlich ausgerichtet: von Südwesten nach Nordosten. Der Hafen selbst war mit dem Meer durch einen Kanal verbunden. Beide sind inzwischen verschlammt. Die Küste liegt heute 4 km weiter im Westen. Alle typischen Merkmale einer blühenden römischen Stadt sind in Ephesos zu finden: Einkaufskolonnaden, breite Straßen mit Marmorpflaster, eine Stadthalle und ein Parlamentssaal, ein Stadion für sportliche Wettkämpfe, ein Theater für Schauspiele, Tempel, Springbrunnen, öffentliche Bäder und Latrinen, ein Bordell und Agoras (offene Marktplätze) für den Handel. Rings um diese eindrucksvollen öffentlichen Bauten standen Privathäuser, luxuriöse Villen, aber auch Wohnhäuser der normalen Bürger.

Blühende Städte
Die Küstenstädte der römischen Provinz Asia, die den Großteil der heutigen westlichen Türkei ausmachte, gehörten zu den blühendsten im ganzen Reich. Die meisten noch vorhandenen Ruinen stammen aus römischer Zeit. Die ganze Region war mit einem umfassenden Straßennetz versehen.

Schutzheilige *rechts*
Artemis galt als Schutzheilige von Ephesos. Eigentlich handelte es sich hier aber um eine anatolische Fruchtbarkeitsgöttin, die mit Artemis, der Göttin der Jagd und des Mondes, laut griechischen Texten wenig gemein hatte. Silberschmiede aus Ephesos verkauften Repliken der vielbrüstigen Artemis-Kultstatue an die Pilger, die deren Tempel besuchten. Das Artemision war eines der Sieben Weltwunder.

Die Prachtstraße *links*
Ephesos war ein florierender Hafen. Wichtige Besucher reisten über das Meer an. Deshalb fungierte die Straße, die vom Hafen in die Innenstadt führte, als feierlicher Zugang. Ursprünglich 500 m lang und 11 m breit, wurde die Hafenstraße von Läden unter überdachten Kolonnaden flankiert. Prunkvolle Tore markierten die beiden Enden der Straße, die nachts beleuchtet war.

STADTZENTRUM *unten*
Das antike Ephesos liegt in der Nähe des heutigen Selçuk an der türkischen Ägäisküste. Die ersten Ausgrabungen dort begannen bereits 1869, und sie dauern bis heute an. Die majestätischen Ruinen der Innenstadt stammen von Gebäuden, die zumeist in der Römerzeit errichtet wurden. Dank der hochinteressanten Funde sind die Archäologen in der Lage, ein umfassendes Bild von einer blühenden römischen Stadt zu zeichnen.

Das Zentrum des antiken Ephesos aus der Vogelperspektive

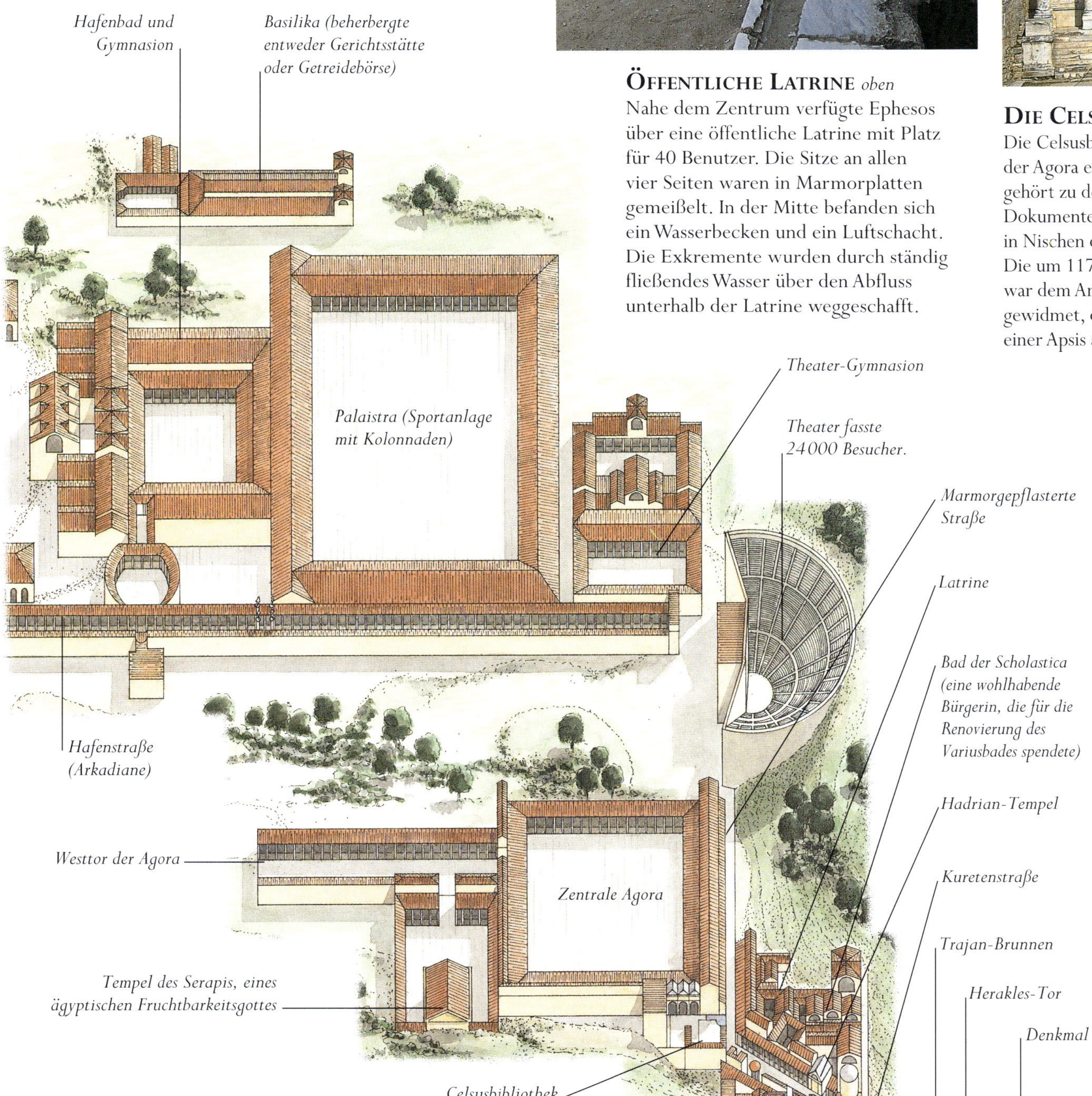

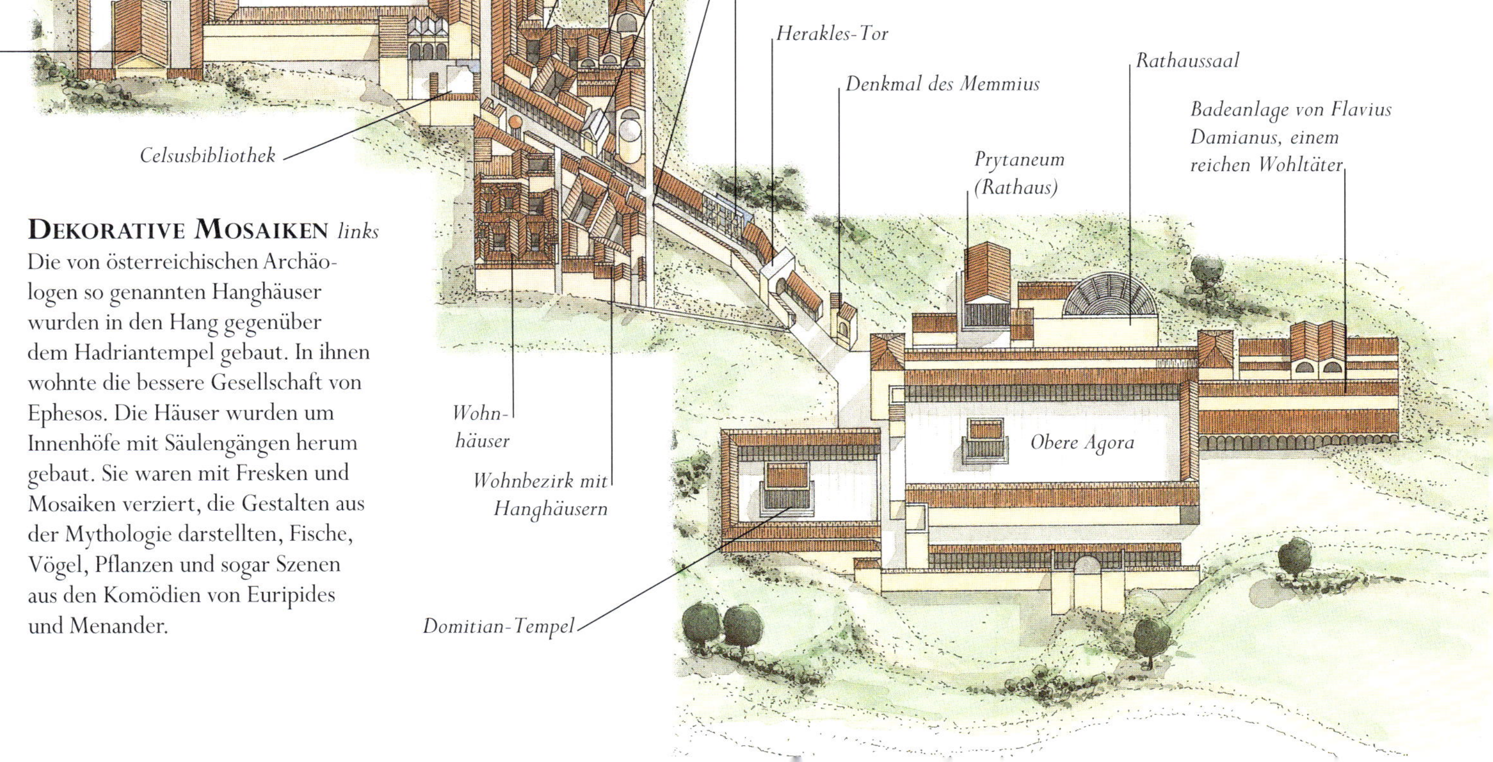

ÖFFENTLICHE LATRINE *oben*
Nahe dem Zentrum verfügte Ephesos über eine öffentliche Latrine mit Platz für 40 Benutzer. Die Sitze an allen vier Seiten waren in Marmorplatten gemeißelt. In der Mitte befanden sich ein Wasserbecken und ein Luftschacht. Die Exkremente wurden durch ständig fließendes Wasser über den Abfluss unterhalb der Latrine weggeschafft.

DIE CELSUSBIBLIOTHEK *oben*
Die Celsusbibliothek war an prominenter Stelle gleich neben der Agora errichtet. Ihre Fassade steht immer noch und gehört zu den großartigsten Ruinen von Ephesos. Bei den Dokumenten der Bibliothek handelte es sich um Rollen, die in Nischen der Innenmauern des Gebäudes gelagert wurden. Die um 117 gebaute, dem Publikum zugängliche Einrichtung war dem Andenken an Tiberius Iulius Celsus Polemaeanus gewidmet, den römischen Statthalter von Asia, der unter einer Apsis auf der Rückseite des Gebäudes begraben ist.

HADRIANTEMPEL *oben*
Der kleine, dem Kaiser Hadrian, dem Volke und der Göttin Artemis geweihte Tempel lag an der Straße der Kureten (Priester der Artemis) gegenüber den Residenzen der reichsten Bürger von Ephesos. Der üppig verzierte Tempel wurde um 118 gebaut.

DEKORATIVE MOSAIKEN *links*
Die von österreichischen Archäologen so genannten Hanghäuser wurden in den Hang gegenüber dem Hadriantempel gebaut. In ihnen wohnte die bessere Gesellschaft von Ephesos. Die Häuser wurden um Innenhöfe mit Säulengängen herum gebaut. Sie waren mit Fresken und Mosaiken verziert, die Gestalten aus der Mythologie darstellten, Fische, Vögel, Pflanzen und sogar Szenen aus den Komödien von Euripides und Menander.

200 V. CHR.

KAPITEL 14

DER KAMPF UM MACHT 200–600

Stadtstaaten der Maya breiten sich im südlichen Mesoamerika aus.

Siedler erreichen die Osterinsel, das entfernteste Eiland im Pazifik.

Das byzantinische Reich entsteht im Osten, während die römische Herrschaft in Europa zerbricht.

Das Yamato-Reich wird in Japan gegründet.

Buddhistische und hinduistische Künste erleben ein goldenes Zeitalter in Indien.

Die Jahrhunderte von 200 bis 600 waren die große Zeit der mesoamerikanischen Zivilisationen. In Mexiko beherrschten die Zapoteken die Region Oaxaca; im südlichen Mesoamerika wurden die Stadtstaaten der Maya gegründet; die Bevölkerung der Stadt Teotihuacán nahm stark zu, womöglich bis auf 200 000 Einwohner. Die Moche-Kultur (1.–8. Jh.) an der Küste von Peru erreichte ihren Höhepunkt, und in den Anden entstand das Tiahuanaco-Reich. In anderen Teilen der Welt bröckelte die Macht großer Reiche langsam ab: In China war die Han-Dynastie am Ende; in Vorderasien wurden die Parther verdrängt; das einst römische Westeuropa geriet unter die Kontrolle germanischer Herrscher.

Eine der größten Errungenschaften zu dieser Zeit wurde nicht im Herzen eines Königoder Kaiserreichs erreicht, sondern auf einer Insel im Pazifischen Ozean. Polynesier besiedelten die Osterinsel, die entfernteste der polynesischen Inseln. Damit endete eine lange Phase der Kolonisierung, und es entstand eine der eigentümlichsten Inselkulturen der Welt.

Die Stadtstaaten der Maya

Um 300 beherrschten Maya-Fürsten im südlichen Mittelamerika 50 unabhängige Stadtstaaten. Zu den bedeutendsten zählten Tikal, Copán, Palenque und Uaxactún. Die Maya waren ein sehr schöpferisches und hoch zivilisiertes Volk. Sie entwickelten ein komplexes Schriftsystem, das erst unlängst entziffert wurde. Es gehört zu den ausgeklügeltsten in Mesoamerika.

Als erfahrene Astronomen hatten die Maya ein Zähl- und Kalendersystem ersonnen, zu dem auch die Zahl 0 gehörte. Erst 1000 Jahre später wurde die 0 auch in Europa »entdeckt«.

Die Handwerker der Maya waren Experten in der Steinbearbeitung und wahre Künstler:

KRIEGERPRIESTER DER MOCHE
Aia-Paec, die Personifikation der priesterlich-kriegerischen Elite der peruanischen Moche-Kultur, ist auf diesem Tonkrug mit einem Gefangenen und einem Wächter zu sehen.

Sie schufen raffinierte Flachreliefs und Fresken in hellen Farben auf den Mauern von Pyramidentempeln, Gräbern, Palästen und anderen öffentlichen Gebäuden. Die Darstellungen zeigen in der Regel Herrscher oder Gefangene – oft bei rituellen Handlungen. Charakteristisch für die Maya war auch die dekorative Form ihrer Dachfirste, der Cresterias (span. Hahnenkämme). Ferner erfanden die Maya das Kraggewölbe, mit dem sie ihre architektonischen Möglichkeiten enorm erweiterten.

Ein wesentliches Merkmal der Maya-Kultur war die monumentale Bauweise. Die Stadt Tikal etwa hatte fünf große Pyramiden mit bis zu 70 m Höhe; sie waren über Herrschergräbern an riesigen offenen Plätzen errichtet. Tikal war die bedeutendste Stadt der Maya im 3. und 4. Jh. Sie hatte etwa 50 000 Einwohner und lebte von intensivem Anbau von Mais, Bohnen und Kürbissen.

MESOAMERIKANISCHES BALLSPIEL
Dieser gemeißelte Stein heißt *Yugo* oder *Yoke* und wurde im 5. Jh. in Veracruz, Mexiko hergestellt. Es handelt sich um das Modell eines Hüftschutzes, den die Spieler trugen.

Byzantinische Kunst
Byzantinische Handwerker waren hervorragende Elfenbeinschnitzer. Solche Tafeln wurden für Kästchen, Altäre oder als Bucheinband verwendet.

Südamerikanische Kulturen

In der trockenen Küstenregion von Peru sorgten die Mochica für ein ausgeklügeltes Bewässerungssystem. Das Land blühte in diesen Jahrhunderten, in denen die Moche-Kultur auf dem Höhepunkt von Macht und Technik stand. Zu den berühmtesten archäologischen Funden der letzten Jahre gehört das üppig ausgestattete Grab des »Señor von Sipán«. Dessen Bestattung fand um 290 statt. Diener mussten den Fürsten in den Tod begleiten. Körper und Kleider waren mit Gold- und Silberschmuck versehen, der Einlegearbeiten aus Muscheln und Türkisen besaß.

Eine dritte Hochkultur blühte im Hochland der Anden auf. Mittelpunkt war die antike Stadt Tiahuanaco. Sie verfügte über großartige öffentliche Gebäude – Tempel, Hofanlagen

Wichtige Ereignisse 200–600

200 Yamato-Staat in Japan wird gegründet.

226 Sassaniden erlangen Kontrolle über das Partherreich, Vorderasien.

300 Beginn der klassischen Maya-Zeit, südliches Mesoamerika

330 Christentum wird Staatsreligion des römischen Reiches.

350 Erfindung des Steigbügels, China

410 Goten brandschatzen Rom.

552 Einführung des Buddhismus in Japan

597 Augustinus beginnt, die Angelsachsen zu bekehren.

200 250 300 350 400 450 500 550 600

und Paläste –, die reichlich mit goldbedeckten Reliefs geschmückt waren. Auf dem Höhepunkt seiner Bedeutung hatte Tiahuanaco 40 000 Einwohner. Es war ein Wallfahrtsort für Pilger aus der ganzen Andenregion.

Imperien brechen zusammen

Für das römische und das chinesische Reich brachte das 3. Jh. den Niedergang. Das Han-China zerbrach 220 in unabhängige Staaten. In der Mitte des 3. Jh. stürzte das römische Reich durch verschiedene feindliche Invasionen in eine Krise. Vor allem im Osten setzten die Perser dem Reich schwer zu.

Das römische Reich aber überlebte: 330 wurde seine neue Hauptstadt gegründet, Konstantinopel, das heutige Istanbul. Die bedeutsamste Veränderung in dieser Zeit war die Annahme des Christentums als offizielle Staatsreligion im 4. Jh. Dreiste Übergriffe brachten die westlichen Provinzen des Reiches im 5. Jh. unter die Herrschaft germanischer Eindringlinge: Die Goten fielen in Italien und Spanien ein, die Franken in Gallien und die Angelsachsen in Britannien. Einige Eindringlinge ergriffen die Gelegenheit und plünderten, was aufgrund der römischen Schwäche nicht mehr geschützt werden konnte. Andere, wie die Angelsachsen, die aus Jütland und den angrenzenden Gebieten in Norddeutschland stammten, kamen mit vielen Menschen und suchten nach Land, das sie besiedeln konnten.

Das kleiner gewordene römische Reich im Osten hieß ab jetzt byzantinisches Reich (nach Byzanz, dem alten Namen von Konstantinopel). Es festigte seine Macht in den blühenden Provinzen des östlichen Mittelmeerraums.

Der Felsen-Buddha
Die buddhistischen Höhlentempel bei Longmen im Norden Zentralchinas weisen riesige Buddha-Figuren auf, die aus dem Fels herausgemeißelt worden sind. Diese Figur ist 16 m hoch.

Sassanidische Silberkunst
Kostbare Silberteller aus dem Reich der Sassaniden zeigen häufig den sassanidischen König bei seiner Lieblingsbeschäftigung, der Löwenjagd.

200–600

Christentum in Afrika

Das Christentum breitete sich in diesen Jahrhunderten auch in den Nordosten Afrikas aus, zuerst in die römische Provinz Ägypten, bald danach in den Sudan und nach Äthiopien.
In Ägypten entwickelten christliche Gemeinschaften, die Kopten, eigene Traditionen; bemerkenswert sind ihre textilen und handgeschriebenen Verzierungen. In Äthiopien übernahm das Axum-Königreich im 4. Jh. den christlichen Glauben. Äthiopien ist bis ins 21. Jh. hinein christlich geblieben. Weiter im Süden begannen die Bauern und Hirten der Bantu ihre Wanderung nach Südafrika; sie legten kleine Dörfer an, in denen die kreisförmigen Hütten durch umlaufende *Kraals* geschützt waren.

Staaten und Reiche im Osten

In Vorderasien schlugen die Sassaniden 226 ihre parthischen Herren und bemächtigten sich deren ausgedehnter Territorien. Das Reich der Sassaniden hatte bis 642 Bestand. Es zeichnete sich durch großes Können seiner Kunsthandwerker aus, durch den Bau luxuriöser Paläste und die Anlage prächtiger Gärten. Um diese Projekte finanzieren zu können, erhoben die sassanidischen Herrscher hohe Steuern. Außerdem bemühten sie sich, durch Bewässerungssysteme die Produktivität der Landwirtschaft zu steigern. Immer wieder waren die Sassaniden in kriegerische Auseinandersetzungen mit den Nomaden der Steppe im Norden und mit den byzantinischen Nachbarn im Westen verwickelt.

Neue Staaten bildeten sich zu dieser Zeit auch in Korea und Japan. Der japanische Yamato-Staat (200–1185), der anfangs auf die Region Osaka beschränkt war, dehnte seinen Einflussbereich bald auf die ganze Insel Honshu aus. Im Norden konnten einheimische Stämme wie die Ainu von Hokkaido ihre Selbstständigkeit und ihre traditionelle Lebensart bewahren. Die großen Hügelgräber für die Herrscher waren ein wesentliches Merkmal dieser Staaten. Wie in China wurden die Grabmäler durch Terrakotta-Figuren geschützt, die so genannten *Haniwa*.

Buddhismus und Hinduismus

Die Tradition der Hügelgräber kam abhanden, als die japanischen Herrscher im 6. Jh. zum Buddhismus übergingen. Bedeutendere buddhistische Heiligtümer wurden zu dieser Zeit auch in China gebaut oder weiter verschönert, so die Grotten von Longmen.

Der Buddhismus spielte auch in Südasien weiterhin eine große Rolle, besonders in Indien und auf Sri Lanka. Die Täler von Afghanistan waren reich an buddhistischen Tempeln und Klöstern; im Tal von Bamiyan war eine 53 m hohe Buddha-Figur in den Felsen gehauen, die 2001 von den Taliban zerstört wurde.
In manchen Gebieten von Indien sorgten eine stabile Politik und großzügiges Mäzenatentum dafür, dass sowohl die buddhistischen als auch die hinduistischen Künste aufblühten; das galt besonders für das gesamte Gangestal und für weite Gebiete von Westindien, die von der Gupta-Dynastie (4.–6. Jh.) beherrscht wurden. Allmählich verlor der Buddhismus jedoch gegenüber dem Hinduismus an Boden. Der von den Guptas angenommene Hinduismus überlebte auch das Ende ihrer Herrschaft und wurde die dominierende Religion auf dem Subkontinent.

AMERIKA

Der Einfluss Teotihuacáns

Den Einfluss der Metropole Teotihuacán spürte ganz Mesoamerika. Er zeigt sich deutlich an dem Vorhandensein von Töpferwaren, künstlerischen und architektonischen Erzeugnissen an Orten, die Hunderte Kilometer von der Stadt entfernt lagen, z. B. in Richtung Süden in den Maya-Städten Tikal und Kaminaljuyú. Ein besonderes Merkmal der Architektur von Teotihuacán ist die Talud-Tabolereo-Bauweise bei den Pyramidentempeln, deren vertikale Außenfassaden von abwechselnd schrägen Ebenen (*Talud*) und senkrechten Rahmenfeldern (*Tabolereo*) bestimmt wird. Pyramiden von Oaxaca in Mexiko bis zu denen in Guatemala haben dieses Merkmal. Die Oberflächen wurden mit einer Stuckschicht bedeckt und bemalt.

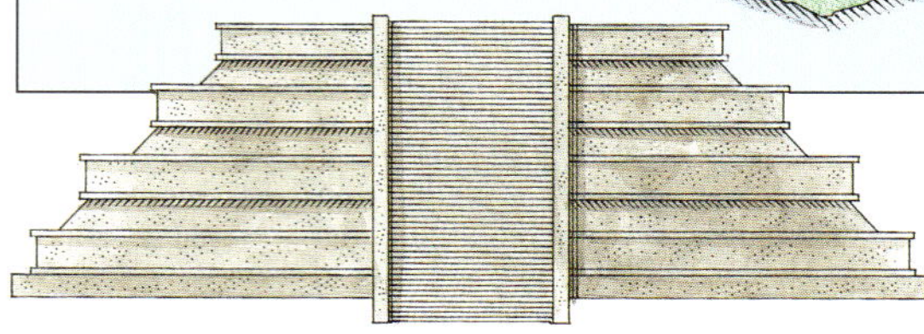

Tempelplattform im typischen Teotihuacán-Stil

AFRIKA

Ausbreitung der Bantu

Seit 500 v. Chr. waren bantu-sprechende Bauern auf dem Weg aus ihrer einstigen Heimat im östlichen Westafrika Richtung Süden. Sie durchquerten in zwei Wellen das tropische Afrika und führten Landwirtschaft, Viehhaltung und Eisenverarbeitung in Gegenden ein, die von Jägern und Sammlern bewohnt waren. Die östliche Welle zog um die Nordflanke des zentralafrikanischen Regenwalds herum und überquerte um 200 den Sambesi sowie den Limpopo in Südafrika. Im Westen breiteten sich die Bantu um dieselbe Zeit durch das heutige Angola nach Zentral-Botswana aus. Dort vermischten sie sich mit den Bantu aus dem Osten.

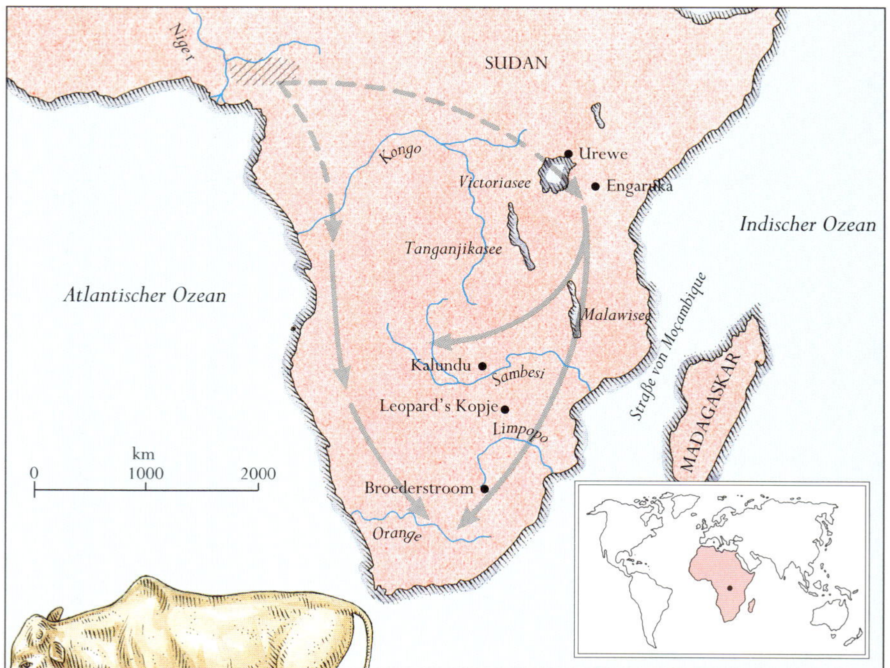

Buckelrind der Bantu (auch Zebu genannt)

Europa

Zusammenbruch der römischen Herrschaft

Gegen Ende des 4. Jh. konnte das römische Reich dem Druck der Völker an seinen Grenzen nicht mehr widerstehen. In den römischen Provinzen im Westen übernahmen allmählich germanische Stämme wie die Franken, Sachsen und Alemannen die Kontrolle. Zierrat für Kleider wie Broschen in Kreuzform und andere unverwechselbare Gegenstände wie Glasbecher mit Klauen zeigen an, wo sie sich niedergelassen haben. Nordgallien und das Rheinland wurden von den Franken besiedelt, Britannien von Angeln, Sachsen, Jüten und Friesen aus Nordeuropa, insbesondere aus Jütland im heutigen Dänemark. Diese Völker überquerten die Nordsee mit Ruderbooten. Gegen Ende des 5. Jh. beherrschten die kriegerischen Angelsachsen das heutige England vollständig, das damals in verschiedene Königreiche aufgeteilt war.

Angelsächsische Brosche in Kreuzform, Cambridgeshire, England

Broschen in Kreuzform
Versunkene Schiffe ▲
Richtung Wanderbewegung ➔

Vorderasien & Südasien

Buddhismus bei den Guptas

Während der Gupta-Dynastie (4.–6. Jh.) erreichte der später vom Hinduismus verdrängte Buddhismus seinen Zenit. Das Kernland der Guptas war das Königreich von Magadha. Von dort aus beherrschten sie auf dem Höhepunkt ihrer Macht den Großteil von Nord-, Zentral- und Westindien. Der Mahayana-Buddhismus mit seinem Zentrum bei Nalanda im Norden war die vorherrschende Religionsrichtung. Die buddhistische Kunst blühte auf: die Bildhauerei bei Sarnath und Mathura; Stupas (kuppelförmige Denkmäler mit Gräbern oder Reliquien darin) bei Amaravati und Nagarjunakonda; in die Felsen gehauene Höhlentempel mit bemerkenswerten Fassaden und Innenräumen bei Ajanta und Ellora.

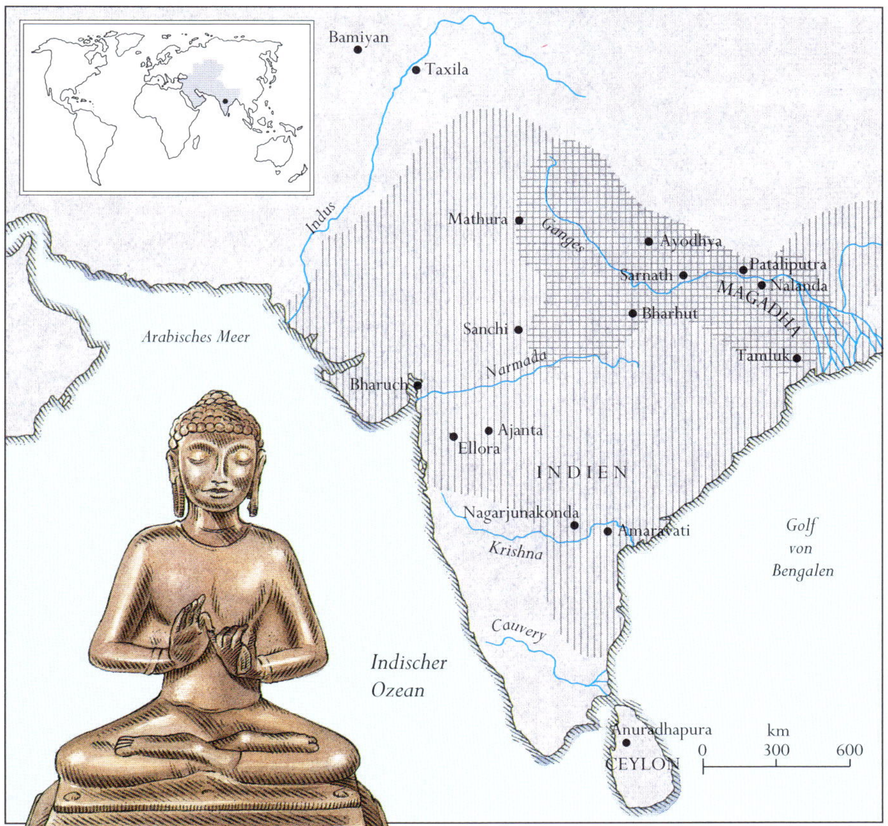

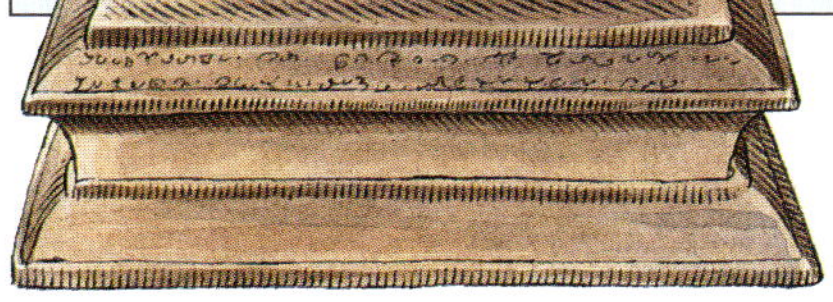

Größte Ausdehnung des Gupta-Reiches
Gupta-Kernland

Bronze-Buddha aus der Gupta-Zeit

Ostasien & Australasien

Königreiche im Fernen Osten

Im 3. und 4. Jh. bildeten sich regionale Königreiche in Korea und Japan. Zu den bedeutenderen Königreichen in Korea gehörten Koguryo, Shilla und Paekche, deren Hauptstädte Pjöngjang, Kyongju und Puyo waren. Nahe jeder Hauptstadt gab es ein Gräberfeld mit Hügelgruften, in denen die Herrscher beerdigt wurden. Das Königreich Shilla übernahm 668 die Herrschaft über ganz Korea. Hügelgräber wurden ebenfalls nahe den frühen Zentren des Yamato-Staates in Japan gefunden, etwa bei der kaiserlichen Residenz von Asuka Itabuki; diese unterscheiden sich aber durch ihre Schlüsselloch-Form, durch Stadtgräben und die Terrakotta-*Haniwa* (Tonfiguren). Einige *Haniwa* stellen die Krieger dar, die zwischen 300 und 700 Japan kontrollierten.

Terrakotta-*Haniwa* (Tonfigur an Gräbern) mit Rüstung

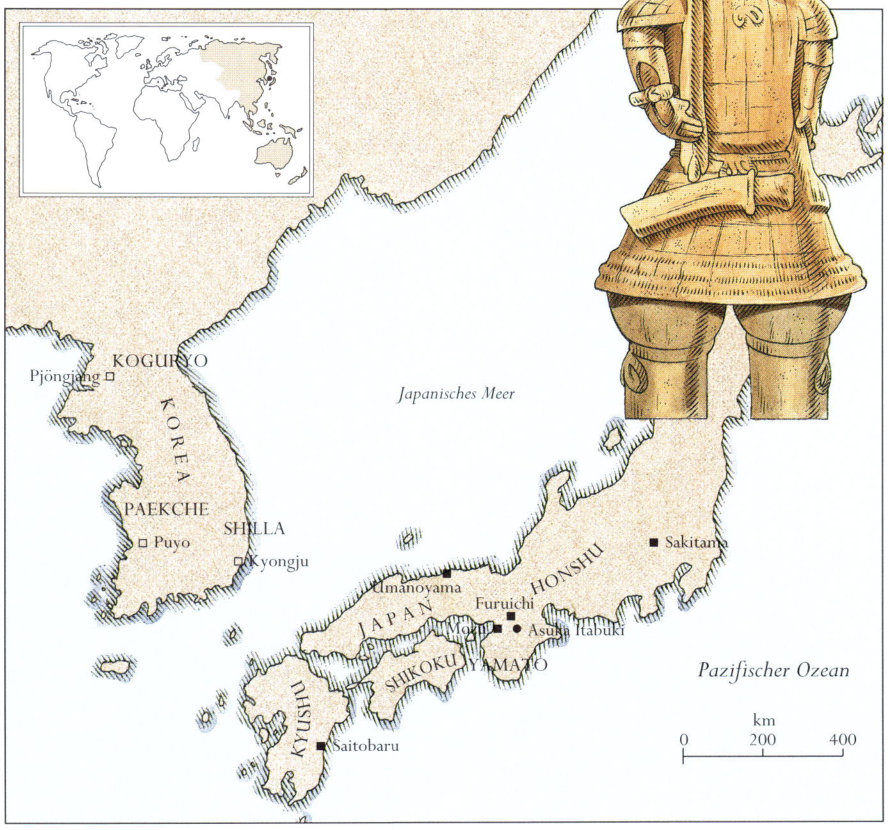

Hauptstadt □ Friedhof mit Hügelgräbern ■

200–300

200 V. CHR.

Ernährung & Lebensraum	Wohnen & Bauen

Amerika

Auf dem Marktplatz

Die städtische Lebensweise von Monte Albán in Oaxaca (südliches Zentralmexiko) bescherte den Zapoteken viele Veränderungen. Eine dichtere, zahlreichere Bevölkerung und größere Anbauflächen mit einer zunehmenden Vielfalt an Produkten sorgten für ein reges Geschäftsleben. Die Frauen traten in diesem System als Verkäuferinnen wie als Kundinnen auf.

Keramikkopf einer Zapotekin, Oaxaca, Mexiko

Rundhäuser

Verstreute, kleine Dörfer wurden oft in den Flusstälern im südöstlichen Nordamerika angelegt. Die Hütten bei Icehouse Bottom in Tennessee waren rund, bestanden aus Stangen sowie aus Stroh und waren groß genug für etwa 20 Bewohner. Die Menschen bauten einige einheimische Pflanzen an, aber ihre Nahrung hing in der Hauptsache vom Erfolg bei der Jagd und beim Sammeln wild wachsender Früchte ab.

Icehouse Bottom, Tennessee

Ostasien & Australasien

Teeanbau

Wilde Teepflanzen wurden erstmals im südlichen China kultiviert – womöglich schon im 1. Jh. Um 300 hatte sich Tee als Kulturpflanze bereits bis in die subtropischen Gegenden südlich des Jangtsekiang ausgebreitet. Anfangs wurde Tee nur wegen seiner medizinischen Wirkung verwendet. Als Getränk wurde er erst im 10. Jh. beliebt. Tee wird auch heute noch in der chinesischen Medizin eingesetzt, hauptsächlich als anregendes und verdauungsförderndes Mittel; man nimmt ebenfalls an, dass er Bluthochdruck und den Cholesterinspiegel senkt.

Dörfer am Fluss

Um das 3. Jh. wandten sich sogar die nomadisierenden Fischer in Japan einer sesshaften Lebensweise zu und bildeten bäuerliche Gesellschaften. Auf natürlichen Terrassen an Flussufern bauten sie kleine Dörfer. Diese hatten ein einheitliches Muster: abgetrennte Wohngebiete, Abfallhaufen (ausgelöste Muscheln, häusliche Abfälle etc.) sowie Friedhöfe. Kornspeicher standen auf Pfählen, hatten A-förmige Dächer und überhängende Traufen; so war das Getreide vor Wasser und Nagetieren geschützt. Der Ackerbau wurde gemeinschaftlich betrieben. Für die Bewässerung der Felder hatte man ausgeklügelte Systeme entwickelt.

Vorderasien & Südasien

Medizinische Kräuter

Wichtige Abhandlungen zum indischen Medizinsystem Ayurveda (*ayur* bedeutet »Leben«, *veda* heißt »Wissen«) wurden zu dieser Zeit verfasst. Es ging dabei vor allem um das Gleichgewicht zwischen physischen und psychischen Befindlichkeiten des Körpers. Diese Harmonie wurde erreicht durch eine entsprechende Ernährung, eine gemäßigte Lebensweise und die Anwendung von Gewürzen, wie sie heute noch in Gebrauch sind: Zimt, Süßholz, Gelbwurz, Safran und Aloe.

Gewölbter Stützbogen

In Vorderasien wurde in dieser Zeit der Stützbogen entworfen, um quadratischen Bauten kreisförmige Kuppeln aufsetzen zu können. Stützbögen sind Halbkuppeln, die quer in die Ecken eines Raumes gebaut werden, sodass dessen Grundfläche zu einem leichter mit einer Kuppel zu überbauendem Achteck wird. Die frühesten bekannten Stützbögen sind im Palast von Gor (Firusabad im heutigen Iran) zu finden. Er wurde in der ersten Hälfte des 3. Jh. von Ardashir gebaut, dem ersten König des Sassanidenreiches (226–642). Spätere islamische Architekten gaben sich viel Mühe, die Stützbogentechnik weiter zu entwickeln.

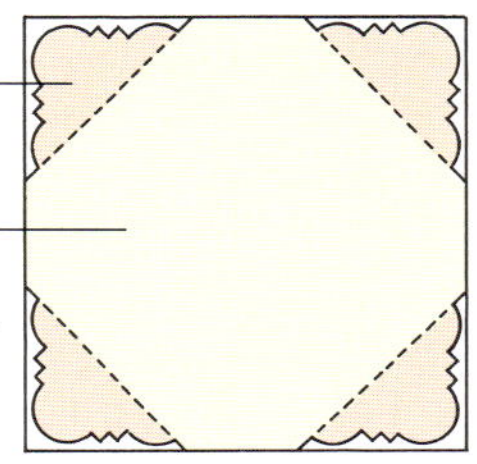

Quadratischer Raum mit Stützbögen

Europa

Transport von Gütern

In der römischen Welt wurden Massenwaren wie Getreide oder Wein per Schiff transportiert, wenn das möglich war. Es war wirtschaftlicher, eine Ladung von Spanien zur Levante mit dem Schiff zu transportieren als 100 km über Land.

Grabstein-Fragment, Deutschland

Die meisten großen Städte lagen darum an der Küste oder an einem Fluss. Dieser Grabstein aus dem 3. Jh. aus Neumagen (Deutschland) zeigt einen Frachtkahn von der Mosel, der mit Wein beladen ist.

Befestigte Städte

Im 3. Jh. wurden starke Mauern und Tore errichtet, um römische Städte vor barbarischen Eindringlingen zu schützen. Die Porta Nigra (»Schwarzes Tor«) in Augusta Treverorum (heute Trier), das nahe der römischen Grenze zwischen Germanien und Gallien lag, ist ein eindrucksvolles Beispiel eines solchen Bauwerks. Sie hat mehrere Etagen, Fenster mit Bögen und dekorative Säulen.

Modell der Porta Nigra, Trier, Deutschland

Afrika

Zunehmende Produktivität

Septimius Severus wurde in Leptis Magna (im heutigen Libyen) geboren. Bevor er von 193 bis 211 römischer Kaiser wurde, reformierte er die römische Provinz in Nordafrika. Er steigerte die landwirtschaftliche Produktion und annektierte große Teile von Innertripolitanien (nordwestliches Libyen). Der Wohlstand der Region resultierte hauptsächlich aus dem Weizenanbau und dem Olivenöl, die zum Teil nach den größeren Städten des Reiches wie Rom exportiert wurden.

Münze des Kaisers Septimius Severus

Haltbare Hütten

Hausbauer in den Savannen Südafrikas verwendeten verschiedene Hart- und Weichhölzer. Gras, Schilf und Rindenstreifen eigneten sich wegen ihrer faserigen Struktur für haltbare Hütten, die als zeitweilige Unterkunft dienen konnten – aber auch als Residenz für Häuptlinge. Den Boden bildete eine mit Hilfe von Wasser glatt gestrichene und oft mit Kuhmist versetzte Lehmschicht. Dann wurde ein Gerippe von eng aneinander gesetzten Schößlingen geformt, das mit Material von Termitenhügeln bedeckt wurde. Die Hütten bekamen ein konisches oder kuppelförmiges Dach. Es wurde aus Stangen gebildet und über die Traufe hinaus mit Stroh bedeckt. Solche Hütten hielten 15 Jahre und länger.

Erfindungen & Entdeckungen

Observatorium

Die Menschen in Mesoamerika beobachteten fleißig den Himmel. Sie hielten die Bewegungen der Planeten fest und konnten so Kalenderberechnungen anstellen – oder auch Gebäude nach Wunsch ausrichten. In der großen Stadt Monte Albán waren alle Gebäude auf einem oben abgeflachten Berg von Süden nach Norden ausgerichtet, nur eines nicht: ein bogenförmiges Bauwerk, von dem man annimmt, es sei ein Observatorium gewesen.

Mutmaßliches Observatorium, Monte Albán, Oaxaca, Mexiko

Schubkarren

Im 3. Jh. konnten in China Arbeiter dank Erfindung der Schubkarre viel schwerere Lasten befördern. Dieser von einer Grabmauer abgenommene Reiberdruck zeigt ein großes Rad, an dem beidseitig Körbe befestigt sind. Diese Konstruktion ist zwar nicht so leicht lenkbar wie eine heutige Schubkarre, aber sie erlaubte den Transport von bis zu 150 kg schweren Lasten.

Reiberdruck einer Schubkarre, China

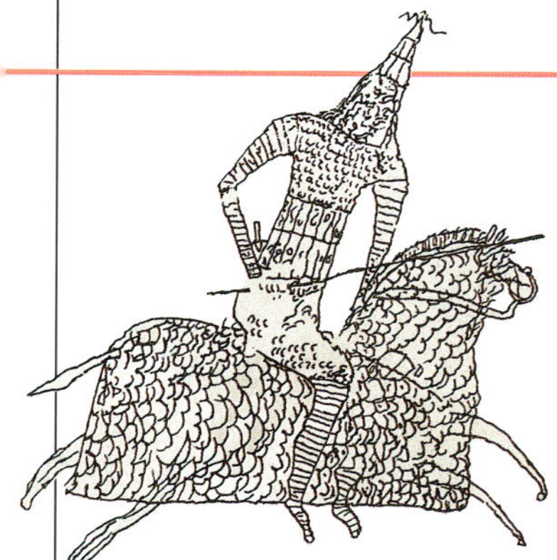

Kavallerist, Dura-Europos, Mesopotamien

Gepanzerte Kavallerie

Die Parther und die 226 auf sie folgenden Sassaniden profitierten – besonders in den Auseinandersetzungen mit römischen Streitmächten – von ihrer stark gepanzerten Kavallerie, die zuvor in Vorderasien kaum bekannt gewesen war. Diese in Stein geritzte Zeichnung stammt aus dem 2. oder 3. Jh. und zeigt einen Soldaten beim Angriff.

Germanische Eisentechnik

Während das römische Reich im Süden und Westen Europas aufblühte, wurden die germanischen Völker jenseits der Grenze immer geschickter in der Verarbeitung von Eisen. Bei Lysa Gora in Südpolen produzierte man bereits Eisen in industriellem Maßstab in Schmelzöfen. Eisen wurde für Waffen, aber auch in der Landwirtschaft, für Pflüge und Sicheln, verwendet. Die germanischen Waffen reichten mit der Zeit in ihrer Qualität an die römischen heran. Germanische Krieger trugen im Gegensatz zu den Römern nur selten Rüstungen oder Helme. Sie verließen sich mehr auf den Speer als Hauptwaffe denn auf das Schwert.

Bolzen zur Sicherung der Schneide

Eisernes Beil, Südafrika

Eiserne Werkzeuge

In den ersten Jahrhunderten n. Chr. erreichten die bäuerlichen Bantu den Süden Afrikas und führten dort einfache Werkzeuge aus Eisen ein, die ihren Arbeitsalltag bestimmten. Sie konstruierten Äxte mit hölzernen Stielen, um Wälder zu roden; ihre Hacken zur Bearbeitung des Ackers waren wirkungsvoller als die hölzernen Grabestöcke früherer Zeiten; sie hatten Breitbeile, um die Rinde von Ästen und Stämmen zu entfernen, aus denen sie dann Zäune, Hütten und Leitern fertigten.

Kunst & Religion

Rituelle Kriegskunst

Die Moche in Peru feierten mit ihren bildlichen Darstellungen den Alltag und gerne auch ihre kriegerischen Erfolge. Die Motive haben im weiteren Sinne mit Menschenopfern und bestimmten kriegerischen Auseinandersetzungen zu tun. Malereien auf Keramik und auf Mauern zeigen nackte Gefangene, die ein Seil um den Hals haben oder geköpft werden.

Figur eines Moche-Gefangenen, Peru

Glocken aus Bronze

Japanische Handwerker holten sich Anregungen bei chinesischen und koreanischen Bronzegegenständen. Oft schmolzen sie auch importierte Ware ein und fertigten eigene Objekte für Kultzwecke wie Dolche, Schwerter und Glocken ohne Klöppel. *Dotaku*-Glocken sind typisch für die japanische Bronzekunst in dieser Zeit. Ihre Herstellung fand in großen Werkstätten statt – das zeigt das zunehmende Ansehen der spezialisierten Handwerker.

Dotaku-Glocke aus Bronze, Japan

Von Gottes Gnaden

Ardashir, der erste König des Sassanidenreiches, gab dieses Relief in Naqsh-i Rustam (heute im südwestlichen Iran) in Auftrag. Es sollte seine Einsetzung durch den Gott Ahura Masda zeigen. Auf der linken Seite tritt Ardashirs Pferd auf Artabanus, den König der geschlagenen Parther, während Ahuramaz das Pferd triumphierend über dem unterlegenen Dämon Ahriman steht.

König Ardashir

Felsenrelief, Naqsh-i Rustam, Iran

Vergrabener Schatz

Ab 256 wurde die römische Provinz Gallien für drei oder vier Jahre von germanischen Eindringlingen besetzt, die über die Grenze am Rhein gekommen waren. Wohlhabende römische Familien, die in Villen auf dem Lande wohnten, reagierten darauf, indem sie ihre Wertsachen der Sicherheit halber vergruben. Ein komplettes Silbergeschirr, dessen Besitzer sich nie gemeldet hatte, fand man bei Chaource im nordwestlichen Frankreich.

Silberteller, Chaource, Frankreich

Probleme mit der Perspektive

Römische Künstler lösten das Problem der Perspektive nie. Dieses Relief von einem Bogen (errichtet 203 in Leptis Magna) stellt einen Kompromiss dar. Der Kaiser und seine Diener werden frontal gezeigt, während Pferde und Wagen von der Seite zu sehen sind. Diese ziemlich grobe Bildhauerarbeit deutet an, dass die großen Tage der römischen Bildhauerei vorbei waren.

Kaiser Septimius Severus steht in seinem Wagen.

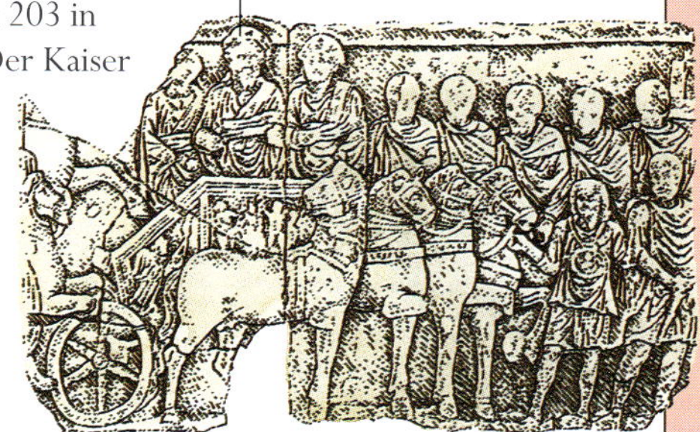

Relief in Stein, Bogen des Septimius Severus, Leptis Magna, Nordafrika

300–400

200 V. CHR.

Amerika

Ernährung & Lebensraum

Gestaltung der Landschaft

Der Nachweis für das durchdachte Anheben von Feldern durch die Maya wurde unterhalb des Dschungels auf der Halbinsel Yucatán entdeckt. Am Rande von Sümpfen und an Flussufern hoben die Maya Kanäle aus, um die dadurch erhöhten Anbauflächen vor Überflutung zu sichern und sie zugleich wässern zu können. Diese fruchtbaren Felder erlaubten mehrmalige Ernten im Jahr.

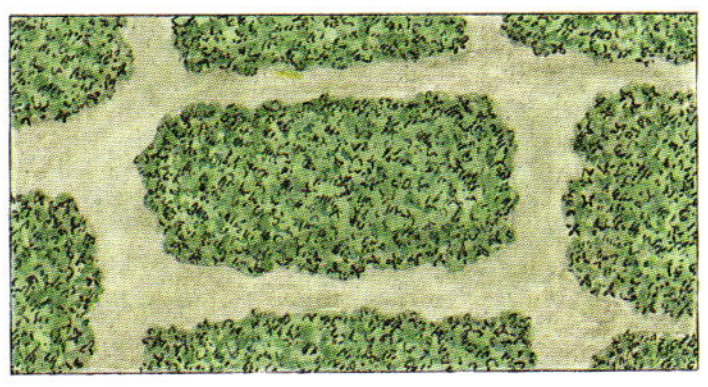

Von oben

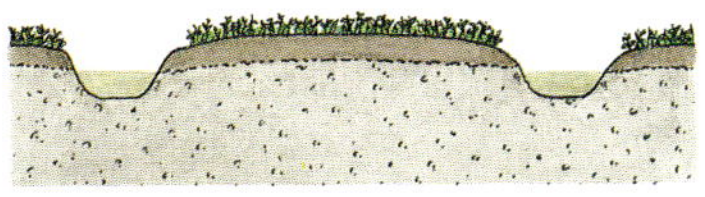

Querschnitt

Erhöhte Anbaufläche, nördliches Belize

Wohnen & Bauen

Wo die Götter wohnen

Teotihuacán, zu dieser Zeit die größte und bevölkerungsreichste Stadt in ganz Amerika, nahm eine Fläche von mehr als 20 km² ein. Auf ihrem Höhepunkt hatte sie mindestens 120000 Einwohner, vielleicht sogar mehr als 200000. Rund 1000 Jahre später nannten die Azteken die Ruinenmetropole »Wohnort der Götter«.

Teotihuacán, Tal von Mexiko

Ostasien & Australasien

Ernährung & Lebensraum

Tiere auf dem Bauernhof

Grabfiguren spiegeln die zunehmende Bedeutung domestizierter Tiere in der chinesischen Gesellschaft wider. Intensiver Getreideanbau ließ die Weideflächen verschwinden. Die Hauptquelle für Fleisch bildeten Schweine und Hühner, die im Hof der bäuerlichen Anwesen gehalten und mit Abfällen aus der Küche gefüttert wurden. Fische wurden in Bewässerungsteichen gezüchtet.

Huhn in einem Stall, Grabfigur, China

Wohnen & Bauen

Überhängende Traufen

Obwohl es nur wenige Spuren der Häuser aus der Kofun-Zeit (ca. 300–700) in Japan gibt, weisen Grabmodelle und Gravierungen auf Bronzeglocken auf die Konstruktionsweise der Häuser hin. Sie wurden um vier im Boden steckende Pfähle herum gebaut. Das Fachwerk darüber stützte ein in der Mitte erhöhtes Dach. Die weit überhängenden Traufen blieben als typisches Merkmal auch in der späteren japanischen Architektur erhalten.

Vorderasien & Südasien

Ernährung & Lebensraum

Wüstenschiffe

Kamelkarawanen spielten im 1. Jahrtausend eine bedeutende Rolle für die Wirtschaft in Vorderasien. Sie besorgten einen Großteil der Transporte, die wichtig für das Wohlergehen Westasiens waren. Sowohl das Dromedar (das einhöckrige Kamel Arabiens) als auch das baktrische Kamel (das zweihöckrige Kamel Zentralasiens) waren bereits vor 2000 v. Chr. domestiziert worden. Das Kamel kam mit der mageren Weide am Rande der Wüsten aus. Um 400 waren die Kamel treibenden Nomaden in Arabien eine starke Kraft geworden.

Wohnen & Bauen

Ruinen des Feuertempels, Takht-e Sulaiman, Iran

Befestigter Feuertempel

Einer der bedeutendsten zoroastrischen Feuertempel der Sassanidenzeit (226–642) wurde in Shiz errichtet (heute Takht-e Sulaiman, in den Bergen Westirans). Der Kultbau beherbergte *Atur Gushnasp* (heiliges Feuer der Krieger). Er war um einen tiefen See herum oben auf einem Hügel gebaut. Umschlossen wurde er von einer befestigten Mauer.

Europa

Ernährung & Lebensraum

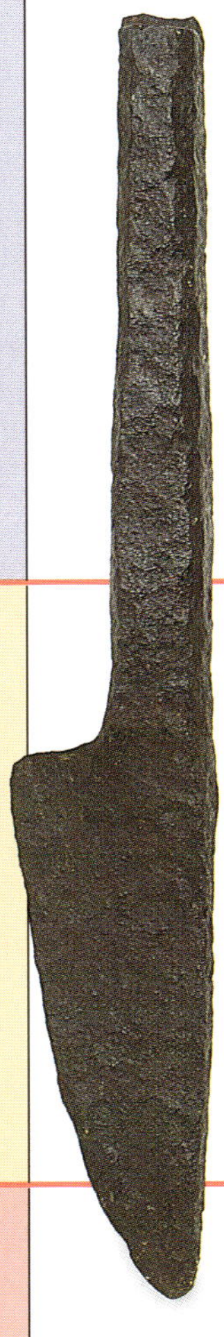

Pflüge für die Feldarbeit

Die meisten landwirtschaftlichen Geräte der Römer waren denen bemerkenswert ähnlich, die in Europa noch im 19. Jh. verwendet wurden. Der römische Pflug glich allerdings eher seinem frühen Vorläufer. Ihm fehlte die Schar, um die Schollen zu wenden. Er verfügte allerdings schon über einen Kolter aus Eisen, der sehr wirkungsvoll durch den Boden schnitt.

Eisenkolter von römischem Pflug

Wohnen & Bauen

Basilica Nova, Rom

Öffentliche Gebäude

Die größten römischen Gebäude waren die Basiliken und die Bäderanlagen. Sie dienten sowohl sozialen als auch kommerziellen Aktivitäten. Die Basilica Nova war der letzte große Mehrzweckbau, der, um 315 im Forum von Rom, errichtet wurde. Er war zudem der größte. Die Ziegelgewölbe erhoben sich 35 m über den Marmorboden. Bald nach dessen Fertigstellung verlegte Kaiser Konstantin der Große die Hauptstadt des Reiches nach Konstantinopel (heute Istanbul).

Afrika

Ernährung & Lebensraum

Nilbarsch

Der Nilbarsch

Während Nordafrika von den Römern beherrscht wurde, pflegten die Völker weiter im Süden eine mehr traditionelle afrikanische Lebensweise. Im Niltal war der Nilbarsch von ziemlicher Bedeutung für die Ernährung. Er kann sehr groß werden. Gefangen wird er mit dem Netz oder der Angel. Der Nilbarsch wurde oft in der Sonne getrocknet und für späteren Verzehr eingelagert.

Wohnen & Bauen

Befestigte Villen

Ländliche Villen von römischen Eignern in Nordafrika sahen im 4. Jh. anders aus als in früheren römischen Zeiten, in denen sie einstöckig und insgesamt offener gewesen waren. Die Grundfläche war nun ummauert, Türme kamen hinzu – aus der Villa war eine Burg geworden, die gegen Feindseligkeiten schützte. Von den Landeigentümern wurde zunehmend erwartet, dass sie so für den Schutz ihrer Pächter sorgten.

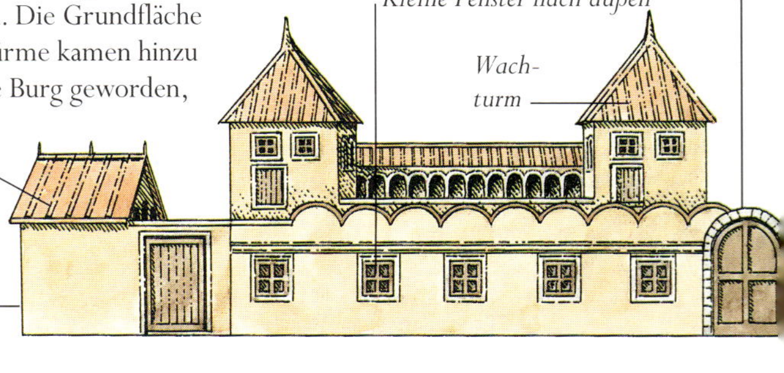

Römische Villa, Nordafrika

1500

300–400

Erfindungen & Entdeckungen

Massenproduktion

Keramik-Urnen für Bestattungen wurden von den Zapoteken in großem Stil in Monte Albán (Mexiko) hergestellt. Diese Zeit war geprägt von einem florierenden Bauwesen. Wichtige Gräber in Monte Albán wurden mit großen Mengen kunstvoller Urnen ausgestattet. Diese Urnen wurden wie am Fließband in Pressformen gefertigt und waren mit dekorativen Elementen verziert.

Zapotekische Urne, Monte Albán, Oaxaca, Mexiko

Steigbügel

Durch die Verwendung von Steigbügeln saßen Reiter sicher zu Pferde. Eine rudimentäre Form von Steigbügeln aus einem Strick ist anscheinend spät im 2. Jh. v. Chr. in Nordwestindien verwendet worden. Aber die ersten richtigen Steigbügel sind, soweit bekannt, jene aus metall-ummanteltem Holz, die aus Wanbaoing in Nordostchina stammen und auf etwa 350 zurückgehen.

Ross und Reiter als Grabfigur, China

Pergamentbücher

Die zunehmende Verwendung von Pergament (fürs Beschreiben präparierte Tierhaut) hat den Weg zur Handschrift oder zum Buch gewiesen, da sich dieses Material weniger gut zum Aufrollen eignete als Papyrus. Der *Codex Sinaiticus* aus dem 4. Jh. war eine Bibel. Er war mit Tinte in griechischen Buchstaben auf Pergament geschrieben.

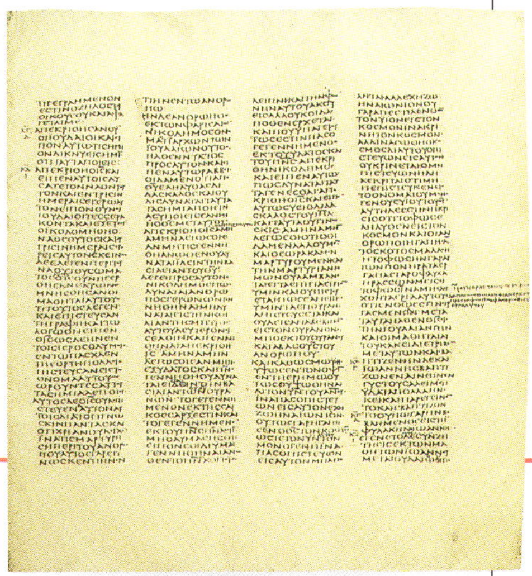

***Codex Sinaiticus*, Katherinenkloster, Sinai**

Wassermühlen

Um Getreidemühlen anzutreiben, waren die Römer auf Wasserkraft oder auf tierische Arbeit angewiesen. Die an einem Hügel im südfranzösischen Barbegal erbaute Wassermühle verfügte über 16 einzelne Wasserräder, von denen jedes ein Mühlstein-Paar antrieb. Keine andere römische Wassermühle war so groß wie diese. Die meisten hatten nur ein Wasserrad. Ein Aquädukt führte das Wasser oben auf den Hügel, von dort aus floss es hinunter und trieb ein Rad nach dem Anderen an. Die Anlage von Barbegal konnte Mehl für 12 500 Menschen produzieren. Sie versorgte Arles, welches einen größeren Hafen hatte und das Verwaltungszentrum der Region war.

Afrikanisches Münzwesen

Axum im Nordosten Äthiopiens war ein Königreich, das vom 4. bis zum 8. Jh. vor allem vom Handel lebte. Hier wurden Gold- und Bronzemünzen geprägt. Sie wiesen anfangs den Namen und Titel des Königs in griechischer, später in äthiopischer Schrift auf. Die Technik zum Prägen der Münzen stammte aus dem oströmischen Reich.

Bronzemünze mit Aufschrift in Griechisch, Axum, Äthiopien

Kunst & Religion

Artefakte aus Jade

Typisch für das präkolumbianische Costa Rica sind Anhänger aus Jade oder Grünstein. Das Oberteil dieses Anhängers stellt eine stilisierte menschliche Figur dar, einen Häuptling oder einen Priester. Das Unterteil ist wie ein Faustkeil geformt. Die Figur formt eine formelle Pose, ihre Arme sind vorne gekreuzt. Sie trägt Kopfschmuck und Ohranhänger.

Jadeanhänger, Nicoya, Costa Rica

Buddhistische Schreine

Obwohl der Buddhismus China bereits im 1. Jh. erreichte, setzte er sich dort erst zu Beginn des 4. Jh. durch, als buddhistische Herrscher sich Nordchina untertan machten. Das früheste große Zentrum des Buddhismus war Dunhuang bei Gansu, eine Grenzstadt an den Handelsstraßen nach Indien und Zentralasien. Missionare und Mönche bauten diese großartige Kultanlage in die Höhlen bei Gansu. Die Anlage umfasst nahezu 500 Schreine, die mit bemalten Tonskulpturen und Wandgemälden verziert sind.

Höchste Dreiheit

Der Hinduismus ist eine weiter entwickelte Form des Brahmanentums. Er gewann in den ersten Jahrhunderten n. Chr. in Indien immer mehr Anhänger. In dieser Zeit erlebte das Brahmanentum einen größeren Rückschlag durch die Ausbreitung des Jainismus und vor allem des Hinduismus, also von Konfessionen, die gegen Riten und Vielgötterei gerichtet waren. So wurde allmählich die große Zahl der Gottheiten, wie sie in den *Vedas*, den ältesten heiligen Sanskrit-Schriften des orthodoxen Brahmanentums beschrieben sind, durch die höchste hinduistische Dreiheit ersetzt: durch Brahma, den »Schöpfer«, Vishnu, den »Bewahrer«, und Shiva, den »reinigenden Zerstörer«.

Christliches Reich

Das Christentum wurde im 4. Jh. unter Kaiser Konstantin dem Großen (er regierte von 306 bis 337) offizielle Religion des römischen Reiches. Christliche Symbole zierten immer häufiger Skulpturen, Geschirr und Besteck. Silberlöffel aus dem Mildenhall-Schatz tragen die beiden griechischen Buchstaben Chi und Rho, die beiden ersten Buchstaben des Wortes Christus.

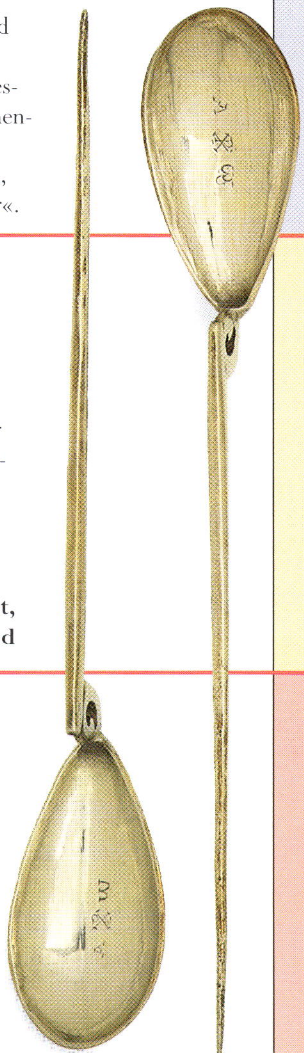

Silberlöffel aus römischer Spätzeit, Mildenhall, Cambridgeshire, England

Mönchstum

Das mönchische Leben, das im mittelalterlichen Europa so starken Einfluss ausüben sollte, stammt aus Ägypten. Dort sagte sich ein wohlhabender junger Christ namens Antonius von der Gesellschaft los. Er zog in die Wüste, um den spirituellen Kampf mit dem Teufel aufzunehmen. Als er 356 starb, gab es in ganz Ägypten Wüstenklöster.

Bronzekreuz, Ägypten

400–500

200 V. CHR.

Ernährung & Lebensraum | Wohnen & Bauen

Amerika

Fischen im See

Am Ufer des Sees Cahuilla in Kalifornien zeigen Tausende von Stauwehren aus Stein an, dass sich die Wasserlinie zwischen dieser Zeit und 1400 verschoben hat. Der Wasserstand des Cahuilla und anderer Seen verändert sich mit dem des Großen Beckens, er steigt oder fällt alljährlich um bis zu 2 m. Flaches Wasser in Ufernähe bot kurzfristige Gelegenheiten, Fische mit kleinen Netzen an den Stauwehren zu fangen. Jedes Stauwehr besteht aus zwei Felsen von 2 bis 3 m, die ein offenes Dreieck bilden. Das Wasser darin ist flach, der Auslass zum See ist weniger als 50 cm breit. Fische mit dem zoologischen Namen *Xyrauchen texanus* strandeten hier möglicherweise, wenn sie eine flache Stelle zum Laichen suchten.

Kragbogen der Maya

Der von mittelamerikanischen Architekten verwendete Kragbogen heißt auch »falscher« Bogen, da er keinen Schlussstein hat, sondern aus Steinen besteht, die so lange gegeneinander versetzt sind, bis die Spitze erreicht ist. Der Bogen ruht auf massiven Mauern, die lange, schmale Räume umgeben. Diese Bauweise ist charakteristisch für die Architektur der Maya im Tiefland während der klassischen Periode (ca. 300–900).

Querschnitt, Kreuztempel, Palenque, Mexiko

Ostasien & Australasien

Tasmanische Ernährung

Bei West Point an der kalten, stürmischen Westküste von Tasmanien lagerte zu dieser Zeit ein Stamm von etwa 40 australischen Aborigines in jedem Sommer für mehrere Monate. Sie lebten in kuppelförmigen Hütten. Funde in der Abfallgrube ihres »Dorfes« deuten darauf hin, dass Robben und Schalentiere, beide reichliche Eiweißquellen, 90 Prozent ihrer Nahrung ausmachten. Sie ernährten sich ferner von Seevögeln, Eidechsen, Wallabys und anderen kleineren Beuteltieren, aber nicht von Fisch.

Abfallgrube bei West Point, Tasmanien, Australien

Schlüsselloch-Gruften

Des Zentrum des japanischen Yamato-Staates (200–1185) lag in der Region Kinai im Südosten Honshus. Yamato trat zu dieser Zeit in die »Tumulus-Periode« ein, für die große Gruften typisch sind in der Form eines Schlüssellochs und mit einem Graben ringsum. Die Grabkammern aus Stein lagen innerhalb des Grabens, und an der Oberfläche standen *Haniwa* (Grabmodelle) aus Ton.

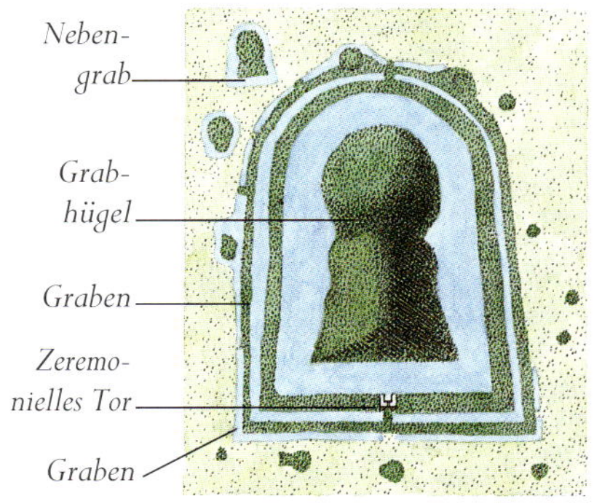

Schlüsselloch-Gruft, Mazu, Japan

Vorderasien & Südasien

Gärten und Parks für die Jagd

In Vorderasien wurden kühle und schattige Gärten angelegt und viele Jahrhunderte lang gepflegt. In der sassanidischen Periode (226–642) wiesen Gärten geometrische Muster und Zierteiche auf. Die Sassaniden legten außerdem Parks an, in denen der König und die Edelleute der Jagd frönen konnten. Eine königliche Wildschweinjagd aus der Sassanidenzeit ist auf diesem Relief dargestellt, das in einen Fels bei Taq-i Bustan in Westiran gemeißelt ist.

Steinrelief einer königlichen Jagd, Taq-i Bustan, Iran

Buddhistische Klöster

Der Bau von Klöstern breitete sich in Asien gemeinsam mit dem Buddhismus aus. Eines der bekanntesten Klöster liegt in Pakistan bei Takht-i-Bahi auf einem Hügel und blickt auf die Ebene von Peshawar. Vor seiner Zerstörung Ende des 5. Jh. durch Hunnen aus Zentralasien bestand es aus zwei großen Höfen. Der nördliche enthielt die Wohnräume der Mönche, der südliche den Haupt-Stupa (kuppelförmiges buddhistisches Monument mit Gräbern oder Reliquien darin) des Klosters. In einem zentralen Hof standen kleinere Stupas und Bildnisse von Buddhas.

Europa

Aufstieg lokaler Gebieter

Der Zusammenbruch des römischen Reiches in Westeuropa fand vor dem Hintergrund allmählicher wirtschaftlicher Veränderungen im 2. Jh. statt. Die Geburtenrate sank, die Produktivität ließ nach und schwere Steuerlasten veranlassten viele Not leidende Bauern, den Schutz mächtiger lokaler Gebieter zu suchen. Das städtische Leben erfuhr ebenfalls einen langsamen Niedergang, besonders in den nordwestlichen Provinzen. In Britannien wurden nach dem 4. Jh. größere römische Städte weitgehend aufgegeben. Als die Maschinerie der römischen Herrschaft nicht mehr rund lief, wurden die Steuern, die an die Verwaltung zu zahlen waren, durch Naturalabgaben an die lokalen Herren ersetzt.

Architektonischer Übergang

Der Übergang von der römischen zur mittelalterlichen Architektur wird gut sichtbar an der Kirche St. Martin im westfranzösischen Tours, die um 470 gebaut wurde. Das Mittelschiff mit Säulen ist wie eine typische römische Basilika ausgestaltet. Der Glockenturm war dagegen eine architektonische Neuheit.

St. Martin, Tours, Frankreich

Afrika

Reis als Kulturpflanze

Der afrikanische Reis (*Oryza glaberrima*) ist der kultivierte Abkömmling einer wilden Pflanze, die wahrscheinlich im westafrikanischen Nigerdelta um 300 wuchs. Der Reis wurde bald in großen Mengen angebaut. Man zog ihn wie noch heute auf regelmäßig überschwemmten Feldern. So nutzten die Bauern das fruchtbare Land, das entsteht, wenn die Flüsse über ihre Ufer treten. Die reichliche Ernte von Reis und anderem Getreide war Voraussetzung dafür, dass sich in Westafrika die ersten Städte bilden konnten, z. B. Djenné auf einer Nigerinsel in Mali.

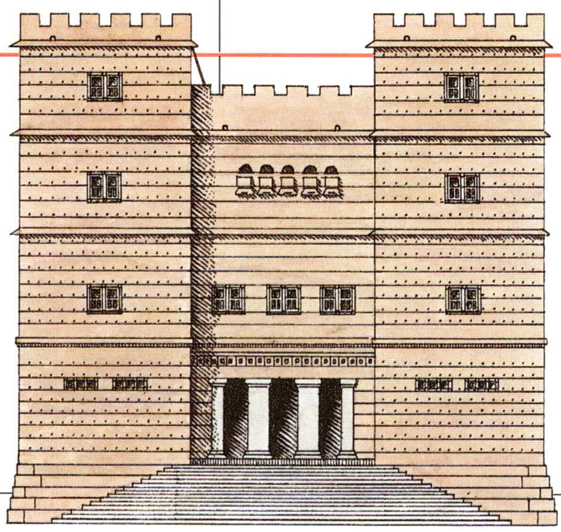

Burgartiger Palast

Die Herrscher des mächtigen Königreichs Axum im nordöstlichen Äthiopien bauten schöne Paläste wie den bei Enda Mikael. Das burgartige Gebäude maß 27 m x 27 m, seine Mauern waren abwechselnd nach vorne und hinten versetzt. Vier Ecktürme mit Brustwehren erhoben sich aus den Vorsprüngen. Eine großartige Treppenanlage führte zum Eingang mit seinen quadratischen Säulen.

Axumitischer Palast, Enda Mikael, Äthiopien

1500

400–500

Erfindungen & Entdeckungen

Farbstoff aus der Schildlaus

Der rötlich-purpurne Farbstoff, der aus der Schildlaus gewonnen wird, war wichtig für den mesoamerikanischen Handel und die Zahlung von Tributen. Er wurde besonders von den Zapoteken von Oaxaca geschätzt. Sie verwendeten ihn bei der Herstellung von Stoffen. Die Schildlaus wird auf den Blättern des Nopal-Kaktus gezüchtet.

Schildläuse, gefärbte Fasern und Stoffe

Tödliche Waffe

Der laminierte Bogen, der in dieser Zeit von nomadischen Stämmen in Nord- und Zentralasien entwickelt wurde, gehörte zu den gefährlichsten Waffen, die es bis dahin gab. Er bestand aus dünnen Holzleisten, die mehrfach mit Sehnen von Tieren umwickelt waren. Er wurde mit einer Krümmung versehen, bevor die Sehne an den Enden befestigt wurde. Deshalb wies er eine doppelt so große Spannung und Durchschlagskraft auf wie ein normaler Bogen gleichen Gewichts.

Grabgemälde: Nomade mit laminiertem Bogen, Gansu, China

Siegel und Abbild des Leiters der sassanidischen Vorratslager, Vehdin-Shapur

Verwaltung

Die Herrscher des sassanidischen Reiches in Persien und Mesopotamien entwickelten ein kompliziertes Regierungssystem, das seinen Höhepunkt im 5. und 6. Jh. erreichte. Das umfassende Verwaltungswesen hatte verschiedene Ressorts, die für Bereiche wie Justiz und Finanzen verantwortlich waren und den Willen der Könige umsetzten. Siegel wie dieses aus dem Jahr 420 wurden als Symbole der Verwaltungshoheit verwendet.

Eisennägel für Schiffe

Die westgermanischen Angelsachsen segelten über die Nordsee und besiedelten England im 5. Jh. Sie benutzten Eisennägel, um damit die Holzbretter ihrer Schiffe zusammenzuhalten, die sie zuvor zusammengebunden oder vernäht hatten. Bei Nydam in Süddänemark fand man in einem Moor ein gut erhaltenes Schiff, das aus elf langen Brettern (ein Kiel und zehn Seitenplanken) besteht. Es bot Raum für eine 30-köpfige Rudermannschaft, die auf beidseitig angeordneten Duchten (Ruderbänken) saß. Das Nydam-Schiff ist 30 m lang und 3 m breit. Allenfalls bei gutem Wetter konnte man mit ihm die See überqueren. Aber auch größere, seegängige Schiffe werden ähnlich konstruiert gewesen sein.

Schabracken für Pferde

Das Königreich Nobatia mit Faras als Hauptstadt verdrängte das Königreich Meroë in Niedernubien. Nobatia war berühmt für seine Kavallerie. Deren Prunkgeschirre waren verziert, und die toten Herrscher wurden oft mit Pferden beerdigt, denen große Schabracken aufgelegt waren.

Nobatianisches Lederzeug, Sudan

Kunst & Religion

Jagdkunst und Rituale

Die Inuit vom Beringmeer verwendeten »geflügelte« Objekte am Griffende ihrer Harpunen, um das Gewicht der schweren elfenbeinernen Harpunenspitze auszugleichen. Diese Objekte hatten auch eine kultische Funktion. Sie waren mit künstlerischen Schnitzereien von hilfreichen Geistern versehen. Durch die Verwendung schöner Geräte sowie Waffen sollten die Geister der Beutetiere erfreut werden und diese sich dann leichter fangen lassen.

Geschnitztes Fischbeinobjekt, Point Hope, Alaska

Grabfiguren

Die frühesten japanischen *Haniwa* (Grabfiguren) waren hohle Tonröhren oder Karaffen, rings um die Spitze von Grabhügeln arrangiert. Diese wurden bald durch kunstvollere Modelle von bis zu 1,5 m Höhe ersetzt, die rituellen Schutz für die Toten bewirken sollten. Einige hatten die Gestalt von Menschen. Sie waren als bewaffnete Krieger, als Bauern, Musiker, Mütter und Kleinkinder dargestellt.

Weibliche *Haniwa*, Japan

Populäre Religion

Persien war zu dieser Zeit ein Schmelztiegel der Religionen. Das Christentum, das im Jahrhundert zuvor Staatsreligion im römischen Reich geworden war, wurde neben der persischen Staatsreligion, dem Zoroastrismus, praktiziert. Über diese größeren Religionen hinaus gab es noch viele weitere, örtliche Glaubensrichtungen. Beweise dafür liefern kleine Schüsseln, die mit magischen Beschwörungen in Aramäisch, Syrisch oder Hebräisch beschrieben sind und unter dem Fußboden mesopotamischer Häuser gefunden wurden.

Inschrift in Aramäisch

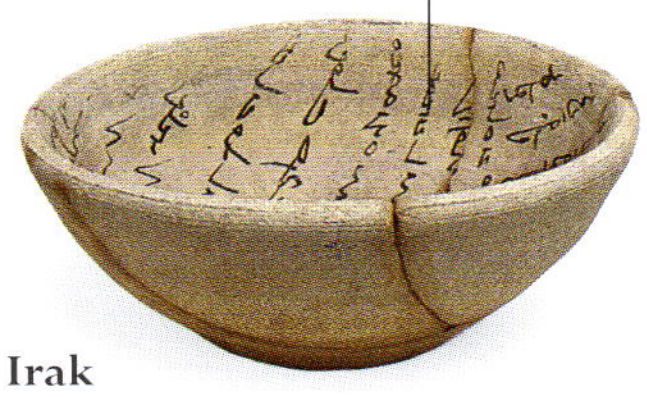

Beschwörungsschüssel, Irak

Christianisierung der Kunst

Das byzantinische (oströmische) Reich hatte in Griechenland, auf dem Balkan, in Vorderasien und Ägypten während des ganzen 5. Jh. Bestand. Die klassische Kunst wurde allerdings allmählich durch einen mehr mittelalterlichen Stil ersetzt. Viele Kunstgegenstände aus dieser Zeit, wie dieses Elfenbein-Panel von 420, befassten sich mit den Themen Christus und Kirche.

Byzantinisches Elfenbein-Panel mit Kreuzigungsszene

Königliches Begräbnis

Nicht-christliche Bestattungsriten herrschten bis ins 5. Jh. in Teilen des Sudans vor. Ein königliches Grab bei Ballana, nahe dem Zweiten Nilkatarakt, war unter einem großen Hügel verborgen. Ein schräger Gang führt zu einer Folge von Räumen mit Ziegelwänden, die um einen kleinen Hof angelegt sind. Der König lag in dem Raum am Eingang auf einer Holzbahre mit Baldachin. Er trug sein königliches Ornat und hatte eiserne Waffen neben sich liegen. Ein männlicher Sklave und ein Ochse waren ihm ebenfalls beigegeben. Andere Räume enthielten Gefäße aus Gold und Silber sowie weitere wertvolle Opfergaben. Pferde, Kamele sowie Diener und einige Soldaten hatten als Opfer ihr Leben lassen müssen und befanden sich in einem Hof außerhalb der königlichen Grabkammer.

500–600

200 V. CHR.

Ernährung & Lebensraum | Wohnen & Bauen

Amerika

Maiskolben

Mais war zu dieser Zeit das wichtigste Getreide im Südwesten Nordamerikas. Jene Maissorten, die schnell reiften und wenig Wasser brauchten, wurden ganz besonders geschätzt und durch selektive Zucht kultiviert. Resistenz gegen Pilzbefall mag auch zum züchterischen Erfolg gehört haben, denn es wurden nur selten Maiskolben gefunden, die entsprechende Anzeichen aufwiesen wie diese aufgeplatzten Kerne.

Maiskolben, Cottonwood Canyon, Bezirk Kane, Utah

Erdhäuser

Die Anasazi im südwestlichen Nordamerika bauten nun stabilere Erdhäuser mit mehr Platz, indem sie einen zweiten Raum anfügten. Jedes Erdhaus hatte eine zentrale Feuerstelle und eine Öffnung, durch die der Rauch entweichen konnte. Die Anasazi bauten ihre Häuser nun auch enger zusammen. Die Errichtung der neuen Häuser erforderte mehr Zeit und Aufwand als die ihrer Vorgänger. Aber sie hielten länger.

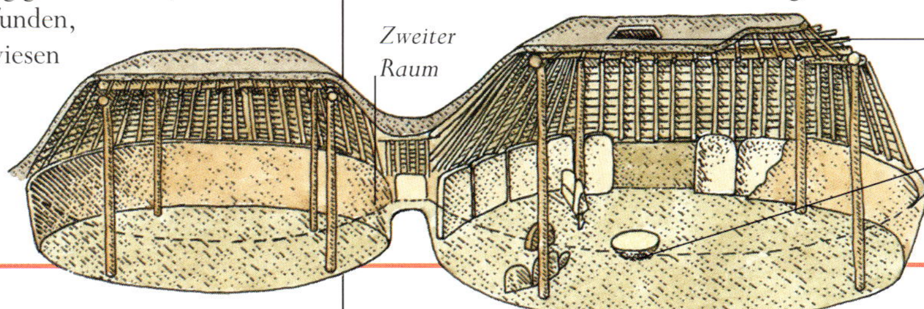

Querschnitt durch ein Erdhaus, Colorado

Ostasien & Australasien

Lebensmittel als Opfergabe

Japanische *Haniwa* (Grabmodelle) dieser Zeit umfassten nicht nur Menschen- und Tierfiguren, sondern ebenfalls Nachbildungen von Platten und Schüsseln, wie sie in dieser Art auch im Alltag verwendet wurden. Platten und Schüsseln wurden in die Gräber gestellt und sollten vom Verstorbenen in der anderen Welt benutzt werden. Diese Platte mit Schüsseln wurde etwa in der Mitte des 6. Jh. gefertigt.

Platte mit Schüsseln als Haniwas, Japan

Buddhistische Pagoden

Die buddhistischen Tempelbezirke Chinas wurden zu dieser Zeit um ein rein indisches Charakteristikum bereichert, die frei stehende Pagode. Ursprünglicher Zweck der Pagoden war es, wertvolle Reliquien aufzunehmen. Es handelte sich bei ihnen um mehrstöckige Türme aus Stein, Ziegeln oder Holz. Sie konnten quadratisch sein, rund oder vieleckig. Die Pagode des Tempels Song Yue in Henan, das im nördlichen Zentralchina liegt, datiert ins Jahr 532. Sie ist das älteste noch erhaltene Ziegelgebäude des Landes. Sie ist nach indischer Art gebaut: innen hohl und mit zwölf Seiten. Die meisten Pagoden wurden allerdings mit Merkmalen früher chinesischer Holztürme oder Pavillons ausgestattet, etwa mit Stockwerken, die sich nach oben verjüngten.

Vorderasien & Südasien

Ehrgeiziges Kanalprojekt

König Khusrau Anushirvan (531–578) organisierte die Verwaltung des Sassanidenreiches neu. Das Reich umfasste Mesopotamien und Persien. Er berechnete das landwirtschaftliche Potenzial des Landes und führte ein Steuersystem auf der Grundlage der durchschnittlichen Erträge ein. Abgabenpflichtig war jeder Mann zwischen 20 und 50 Jahren. Khusrau war womöglich auch zum Teil verantwortlich für das ehrgeizige Nahrawan-Kanalsystem, durch das das trockene Land östlich der sassanidischen Hauptstadt Ctesiphon (im heutigen Irak) mit Wasser aus dem Tigris bewässert wurde. Der Nahrawan-Kanal hatte eine Länge von mehr als 350 km und blieb über 500 Jahre in Gebrauch.

Palastbogen

Ctesiphon im heutigen Irak war die Hauptstadt des Sassanidenreiches. Das einzig erhaltene Gebäude ist der Bogen von Ctesiphon mit seinem 35 m hohen *Iwan* (Hallengewölbe aus gebrannten Ziegeln). Der Bogen bildete ursprünglich eine Seite eines Palasthofes; ein weiterer Bogen war auf der gegenüberliegenden Seite errichtet. Das Bauwerk soll aus der Zeit von König Khusrau Anushirvan (531–578) stammen.

Bogen von Ctesiphon, Irak

Europa

Ausbruch der Pest

Die Pest trat im 6. Jh. einen verheerenden Zug durch Südeuropa an. Von Äthiopien sprang die Seuche nach Europa über. Der erste Ausbruch wurde im Frühling 542 in Konstaninopel (heute Istanbul) festgestellt. Die Pest breitete sich bald bis nach Italien aus. Schließlich erreichte sie auch Britannien. Drei weitere Epidemien folgten noch bis Ende des Jahrhunderts. Das Ausmaß der Entvölkerung war so stark, dass Stämme von jenseits der Grenzen des byzantinischen Reiches sich der menschenleeren Gebiete bemächtigten; so etwa geschehen mit den Slawen auf dem Balkan.

Byzantinische Kuppel

Das beeindruckendste Beispiel byzantinischer Architektur ist die Moschee Hagia Sophia in Konstantinopel. Sie war zwischen 532 und 563 als christliche Kirche errichtet worden. Eine revolutionäre Neuerung war die 56 m hohe Zentralkuppel.

Hagia Sophia, Istanbul, Türkei

Afrika

Die Bedeutung der Kamele

Assyrische oder persische Eindringlinge brachten das Kamel im 6. oder 7. Jh. nach Ägypten. Dort ersetzte es das Pferd als Haupttransportmittel in den nordafrikanischen Wüsten. Um 500 entstanden die ersten Felszeichnungen von Kamelen in der Sahara. Später wurden Kamelkarawanen wichtig für die Ausbreitung des Islam den Nil hinauf bis nach Westafrika.

Kamelkarawane in der Sahara

Christliche Architektur

Die erste offizielle christliche Mission Nubiens stammt aus dem Jahre 543, obwohl bereits seit Anfang des 5. Jh. Kirchen gebaut worden waren, z. B. die Kirche in Faras, der Hauptstadt des nobatianischen Königreichs in Niedernubien (heute Nordsudan). Diese Kirche hatte ein Steinfundament und war in byzantinischer Bauweise errichtet. Sie hatte eine Apsis (gewölbte Wandvertiefung) auf der Ostseite. Als die Missionare ankamen, war die Kirche bereits teilweise zerstört und in einen heidnischen Herrscherpalast umgewandelt worden. Das Christentum setzte sich in Nubien dann wieder durch, und später wurde an genau dieser Stelle eine bedeutende Kathedrale errichtet.

1500

500 – 600

Erfindungen & Entdeckungen

Spielzeug mit Rädern

Die Völker Mesoamerikas wussten, wie das Rad funktioniert. Sie scheinen es aber nur für die Herstellung von Spielzeugen verwendet zu haben, mit denen sie ihre Kinder erfreuten. Da es keine Zugtiere wie etwa Ochsen gab, wären Fahrzeuge mit Rädern auch ziemlich nutzlos gewesen. Dieses Spielzeug aus dem Jahre 500 stellt ein Reh oder einen Hund dar.

Spielzeug mit Rädern, Tres Zapotes, Mexiko

Aristokraten im Sattel

Überlegene Beweglichkeit und Kampftechnik ermöglichte es berittenen Soldaten aus Korea, in Japan die Macht zu übernehmen. Japanische Gruften aus jener Zeit enthalten häufig gesattelte Metallpferde im koreanischen Stil. Dass die Aristokratie Japans dann auch zu Pferde saß, erkennt man an den vielen Pferde- und Reitermodellen, die in Grabhügeln gefunden wurden.

Pferd als Grabmodell, Japan

Seidene Stoffe

Die Seidenweberei war in sassanidischer Zeit (226–642) eine bedeutende Industrie in Persien. Zuvor war die Seidenproduktion ein chinesisches Monopol gewesen; im Rohzustand oder als Gewebe war die Seide aus China auf dem Land- oder Seeweg importiert worden. Im 6. Jh. breitete sich die Zucht von Seidenraupen von China nach Westen aus. Die Sassaniden erzeugten Seide von nun an selbst. Seidenstoffe waren sehr wertvoll. Bald wurden sie ein wichtiger Luxus-Exportartikel, der bis nach Europa verkauft wurde.

Innovative Glaskunst

Das Rheinland war in der Römerzeit ein bedeutendes Zentrum der Glasherstellung. Man stellte hochwertiges Glas dort aber auch unter den neuen Herren her, den Merowingern (einer fränkischen Dynastie, die Gallien und den Westen Deutschlands von etwa 500 bis 750 beherrschte). Ein beliebtes neues Produkt war der Klauenbecher, so genannt wegen seiner Form. Er wurde nach Frankreich, Britannien und nach Nordeuropa exportiert.

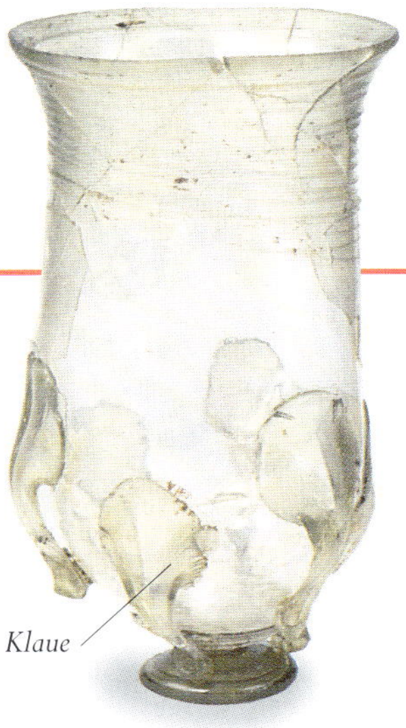

Merowingischer Klauenbecher

Kleine Erzminen

Um 600 wurde Eisen in Süd- und Ostafrika in derartigen Mengen produziert, dass Steinwerkzeuge selbst im Alltag, etwa in der Landwirtschaft, weitgehend der Vergangenheit angehörten. In vielen kleinen Minen wurde Erz abgebaut. Waren vor Ort Kupfer und Gold vorhanden, wurden sie ebenfalls abgebaut und verarbeitet. Die großen Minen im Kupfergürtel von Sambia waren damals womöglich auch in Betrieb.

Kunst & Religion

Gedenktafel

Bei Monte Albán in Südmexiko erreichte die zapotekische Kultur zwischen 400 und 600 ihren Höhepunkt. Die auf dieser Steinplatte dargestellte Szene zeigt zwei ältere Personen, die mit einem Ritual beschäftigt sind, bei dem es vielleicht um das Andenken an ein verstorbenes Familienmitglied geht.

Gemeißelte Steintafel, Monte Albán, Mexiko

Königliche Juwelen

Um 600 bestand Korea aus drei einheimischen Königreichen: Koguryo im Norden, Paekche und Shilla im Süden. Die Herrscher wurden in kunstvoll aus Ziegeln gebauten Gruften unter großen Hügeln bestattet. Ihnen wurden die Insignien ihrer Macht sowie Juwelen beigegeben. In Shilla war noch die traditionelle Metallverarbeitung aus der nomadischen Vergangenheit lebendig. Das zeigen diese granulierten goldenen Ohrringe, die Funden aus dem nördlichen Asien ähnlich sind.

Goldene Ohrringe von Shilla, Südkorea

Religiöse Kulte

Als sich der Hinduismus im 6. und 7. Jh. in Indien ausbreitete, verlor das Brahmanentum (die Anbetung von Brahma, dem »Erschaffer«) an Bedeutung. Kulte, in denen die Gottheiten Shiva und Vishnu im Mittelpunkt standen, tauchten auf. Die Fruchtbarkeit, vor allem in der Darstellung des Lingam (Phallus), spielte eine große Rolle in der Verehrung von Shiva. Diese Kulte und dazu die verschiedenen Volksreligionen wie die Anbetung von Naturgeistern kamen nicht nur bei der großen Masse an, sie wurden auch von den Kaisern der Gupta-Dynastie gefördert.

Kriegerische Traditionen

568 gründeten die Lombarden, ein germanischer Stamm, der von nördlich der Alpen eingefallen war, ein Königreich in Norditalien, das bis dahin zum byzantinischen Herrschaftsbereich gehört hatte. Trinkhörner wie dieses lombardische Exemplar aus Glas gehörten zu den Gegenständen, über die germanische Krieger traditionell verfügten. Sie wurden bei den großen Festen verwendet, die von den Kriegsherren gegeben wurden, um ihre Leute bei Laune zu halten.

Lombardisches Trinkhorn, Italien

Koptische Kunst

Die Bezeichnung »koptisch« ist von dem arabischen Wort für »ägyptisch« abgeleitet. Es wird zur Beschreibung der Christen in Ägypten seit der späten Römerzeit verwendet. Es beschreibt ferner die Sprache der ägyptischen Christen, die ihre Wurzeln im Altägyptischen hat, aber auch viele Wörter aus dem Griechischen entlehnt hat. Im 6. Jh. entwickelten die Kopten auf Grundlage griechisch-römischer Klassik einen eigenen künstlerischen Stil. Typisch dafür sind vor allem Heiligenbilder und dekorative Wandbehänge.

Koptischer Wandbehang, Ägypten

BESIEDLUNG DES PAZIFIKS

200 V. CHR.

Die Inseln Polynesiens gehörten zu den letzten Regionen der Welt, die besiedelt wurden. Seeleute setzten um 1500 v. Chr. erstmals ihren Fuß auf die westpolynesischen Inseln Tonga und Samoa. Es vergingen dann noch 2000 Jahre, bevor die Osterinsel entdeckt wurde, die abgelegenste der pazifischen Inseln. Im Laufe der Jahrhunderte wurden die polynesischen Gesellschaften immer größer, sie entwickelten eine reiche mündliche Überlieferung, errichteten eindrucksvolle Steinmonumente und schnitzten kunstvolle Holzgegenstände. Anfangs ernährten sie sich vorwiegend vom Fischfang und von heimischen wilden Pflanzen. Mit zunehmendem Bevölkerungswachstum wandten sie sich auch der Pflanzenzucht zu. Schließlich legten sie auf einigen Inseln Felder nach einem ausgeklügeltem System in Terrassen an, um so mehr landwirtschaftliche Fläche zur Verfügung zu haben. Die Macht über die Inselgesellschaften konzentrierte sich allmählich in den Händen von Häuptlingen, die ihre Herrschaft vererbten. Von diesen Häuptlingen nahm man an, dass sie mit Mana erfüllt seien, einer mystischen Lebenskraft.

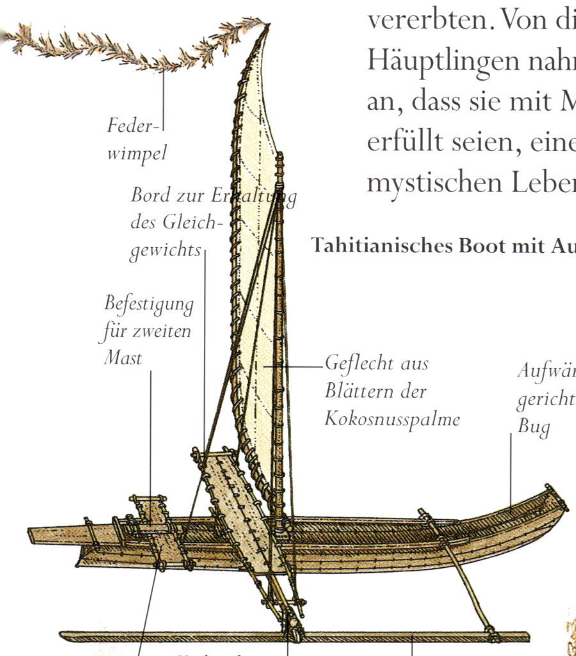

Tahitianisches Boot mit Ausleger

BOOTSBAU *oben*
Klassisches Gefährt der Polynesier war das Auslegerboot. Es hatte einen langen, schmalen Rumpf aus hölzernen seitlichen Planken, die mit einem ausgehöhlten Baumstamm verflochten waren, der die Basis fürs Ganze bildete. Ein hölzerner Ausleger sorgte für Gleichgewicht: Er stabilisierte das Boot. Solche Kanus waren ideal für Fahrten nahe der Küste und für kurze Reisen. Waren längere Strecken zurückzulegen, wurde ein Gefährt mit zwei Rümpfen benutzt. Beide Typen konnten mit Paddeln oder Segeln bewegt werden. Auf See orientierte man sich am Himmel, an den Winden und an der Strömung des Ozeans.

POLYNESISCHE BESIEDLUNG *unten rechts*
Die Herkunft der Polynesier kann dank ihrer Sprache und ihrer genetischen Verbindungen zu den frühgeschichtlichen Völkern des östlichen Neuguinea und der Inseln in der Nähe zurück verfolgt werden. Die Hauptphase der Besiedlung pazifischer Inseln begann vor rund 3500 Jahren auf Tonga und Samoa. Um 100 v. Chr. waren die Siedler nach Osten bis Tahiti, dem Herzen Polynesiens, gekommen. Von hier aus unternahmen sie atemberaubende Seefahrten und besiedelten Hawaii, die Osterinsel und Neuseeland. Die weiten Fahrten übers Meer in ihren kleinen Schiffen lassen die Polynesier zu den bedeutendsten Seeleuten aller Zeiten zählen.

3000 v. Chr.: Grenze menschlicher Besiedlung
150 v. Chr.: Ausdehnung der Besiedlung
400 n. Chr.: Ausdehnung der Besiedlung
950 n. Chr.: Ausdehnung Besiedlung
1000 n. Chr.: Ausd. Besiedlung
Bereich der Lapita-Keramik
▲ Lapita-Fundorte

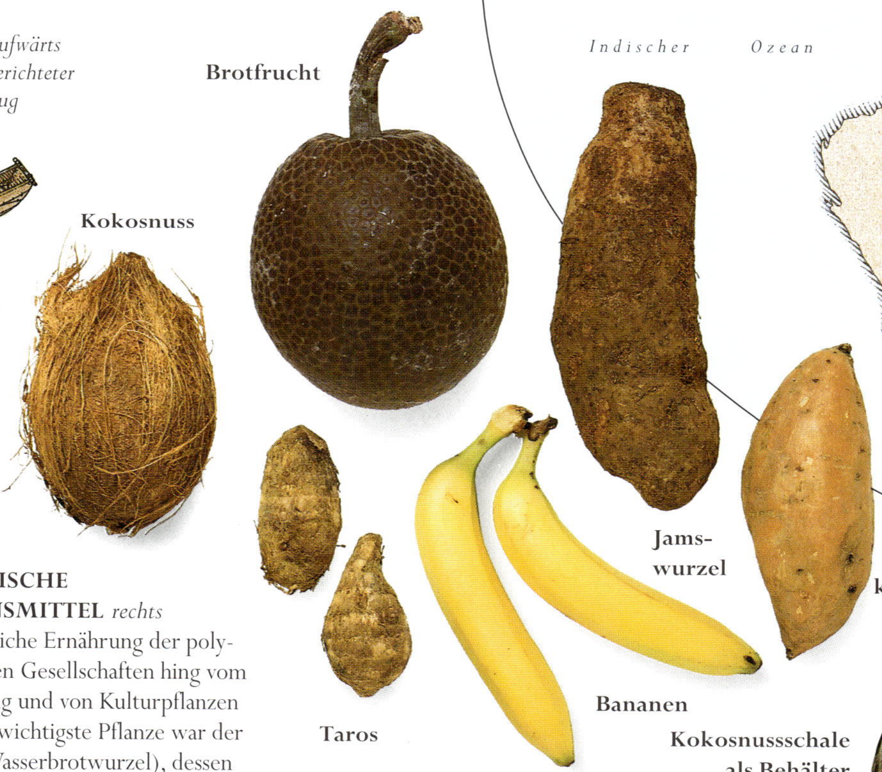

PAZIFISCHE LEBENSMITTEL *rechts*
Die tägliche Ernährung der polynesischen Gesellschaften hing vom Fischfang und von Kulturpflanzen ab. Die wichtigste Pflanze war der Taro (Wasserbrotwurzel), dessen Knollen sehr nahrhaft sind. Dazu kamen ferner Jamswurzeln und Süßkartoffeln, Kokosnüsse, Bananen und Brotfrucht. Der Rauschpfeffer (*piper methysticum*) hatte eine besondere Bedeutung für das Leben der Polynesier. Aus seiner Wurzel wurde Kava-Kava hergestellt, ein berauschendes Getränk.

Kokosnussschale als Behälter

VIELSEITIGE KOKOSPALME *rechts*
Die Kokospalme war besonders wertvoll für die Insulaner Polynesiens, weil sie ihre verschiedenen Teile nutzen konnten. Aus dem Stamm wurden Pfähle für die Häuser und Brücken hergestellt, ihre Blätter verwendete man zum Dachdecken. Nach Entnahme von Fruchtfleisch und Kokosmilch dienten die Kokosnussschalen als Behälter, zerkleinert dienten sie als faseriger Grundstoff für Seile und Kordeln.

1500

200–600

Maori-Keule aus Jade mit Griff

Polierte Oberfläche

Natürliche Rohstoffe *links und unten*

Die ersten Siedler in Neuseeland – die frühzeitlichen Maori – lobten die Jade, die sie nahe der Westküste der Südinsel abbauten. Sie erlangten große Fertigkeit im Schnitzen und Polieren von Jade und stellten z. B. den *Patu* (Keule mit Griff) oder auch Anhänger her. Beides waren wertvolle Statussymbole, die über Rang und soziale Stellung ihres Eigners informierten. Sie wurden insbesondere bei zeremoniellen Anlässen getragen. Ein anderer Stein, mit dem die Maori umgingen, war Obsidian (schwarzes vulkanisches Glas), den sie auf der Nordinsel fanden und der zu rasiermesserscharfen Schneiden für Werkzeuge verarbeitet werden konnte.

Maori-Amulett aus Jade

Intarsien-Augen aus der Paua-Muschel

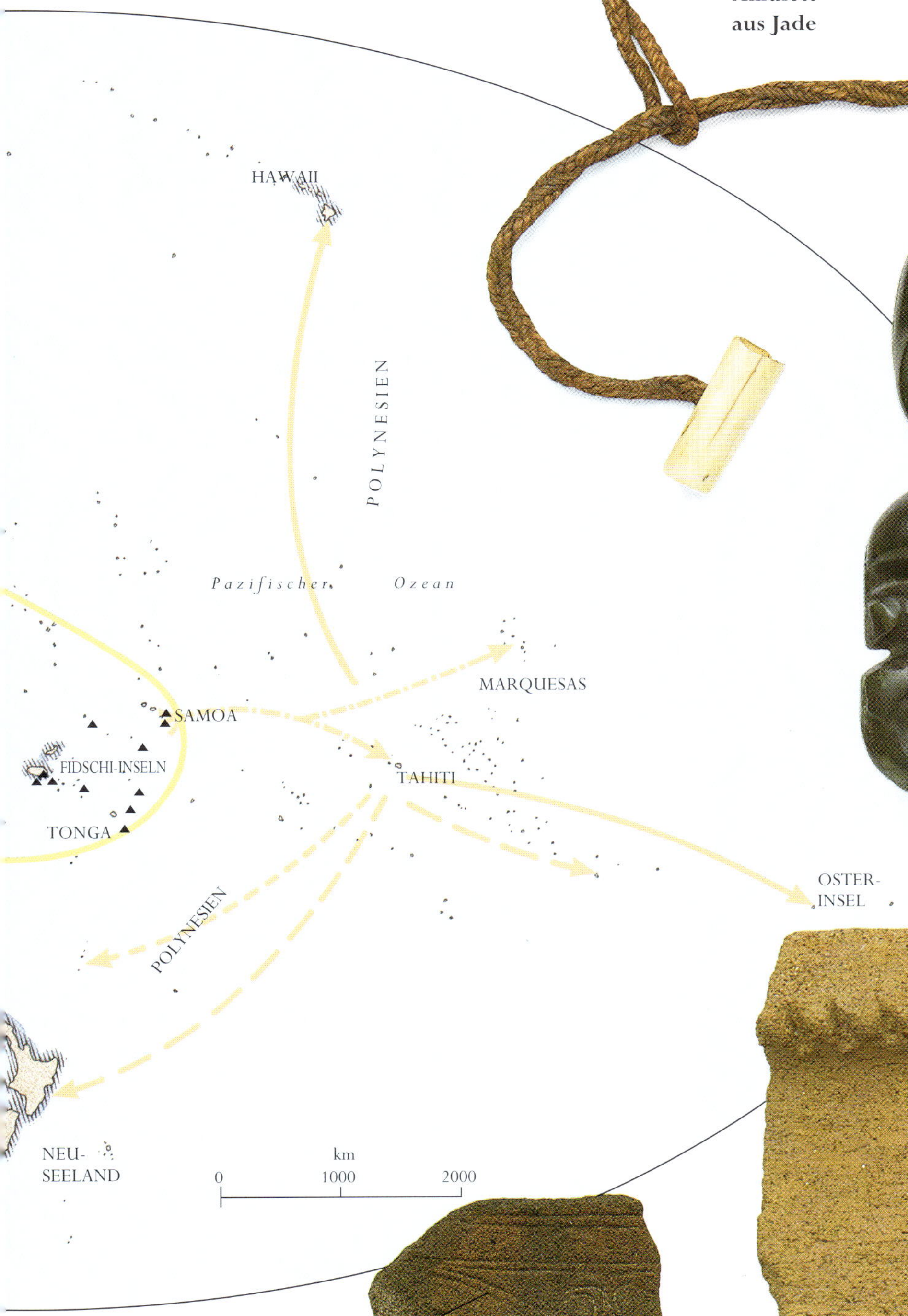

Unverkennbares Lapita-Muster

Lapita-Scherben

Polynesische Keramik *oben und rechts*

Die Siedler in Westpolynesien stellten Töpferwaren her, die als Lapita-Keramik bekannt sind, weil sie bei Lapita erstmals gefunden wurden. Im Verlauf der Zeit ging die Produktion dieser Keramik immer mehr zurück. Um 100 wurde sie auf den polynesischen Inseln überhaupt nicht mehr gefertigt. Man brauchte sie vielleicht nicht mehr, da nun Kürbisflaschen und Kokosnussschalen als Behälter verwendet wurden. Das Verschwinden hatte womöglich auch mit veränderten Kochmethoden zu tun: Die Erhitzung von Speisen in unterirdischen Öfen ersetzte das Kochen in Tontöpfen.

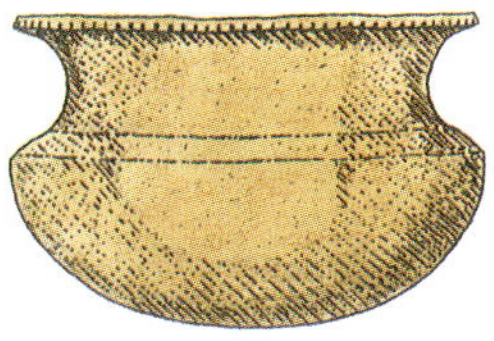

Rekonstruktion eines Lapita-Topfes

Umwelt der Inseln

Die Inseln, die von den polynesischen Seefahrern besiedelt wurden, sind hinsichtlich ihrer Gestalt und Lage sehr unterschiedlich. Die meisten liegen in den Tropen und zeichnen sich durch eine üppige Natur aus, die von den frühzeitlichen Siedlern zu ihrem Vorteil genutzt wurde – mit manchmal traurigen Resultaten. Auf der Osterinsel zerstörte die Ausbeutung durch den Menschen letztlich einen Gutteil der natürlichen Vegetation.

Chilenische Honigpalme
(Jubaea chilensis)

Rodung des Waldes *oben*

Die Osterinsel ist heute kahl und baumlos. Als die polynesischen Seefahrer um 500 die Insel betraten, war sie waldbedeckt. Den Bestand dominierte die Chilenische Honigpalme. Einige Jahrhunderte später hatten die Siedler mit der Rodung des Waldes begonnen. Sie verwendeten die Stämme der Palmen, um mit ihnen die berühmten Statuen der Osterinsel zu rollen und aufzustellen. Dieser Prozess führte zur Bodenerosion und zum Verfall der Umwelt. Als die ersten Europäer im 18. Jh. auf die Insel kamen, fanden sie eine baumlose Landschaft vor – und eine Bevölkerung, die hungerte.

Federn

Die Polynesier verwendeten prächtige bunte Federn, um die Kleidung ihrer Häuptlinge auszustaffieren. Begehrt waren Umhänge, die aus Tausenden roter und gelber Federn des Paradiesvogels und anderer tropischer Arten bestanden.

Raggi-Paradiesvogel

KAPITEL 15

DER AUFSTIEG DES ISLAM

600–800

Ein ungewöhnliches Wetterphänomen beschleunigt den Zusammenbruch der Moche-Kultur in Peru.

Die ersten Pueblos werden von den Anasazi im Südwesten Nordamerikas gebaut.

Die Tang-Dynastie herrscht über China in einer Zeit ungekannten Wohlstands.

Der Islam breitet sich schnell in Vorderasien und Nordafrika aus.

Das heilige römische Reich etabliert sich in Westeuropa.

In der Alten Welt war diese Zeit durch religiöse Entwicklungen geprägt, in deren Verlauf das Christentum die Vorherrschaft in Europa gewann. Während die Popularität von Hinduismus und Buddhismus in Südostasien zunahm, breitete sich der Islam in dramatischem Tempo in Vorderasien und in Nordafrika aus.

Endzeit in Mesoamerika

Um 650 verlor die Metropole Teotihuacán in Zentralmexiko ihre Herrschaft über den Großteil Mesoamerikas. Um 750 waren nur noch Ruinen von dieser Stadt übrig, die von der Bevölkerung aufgegeben worden war. Viele Historiker und Archäologen glauben, dass der Fall von Teotihuacán ein einschneidendes Ereignis für Mesoamerika war. Zumindest waren die Auswirkungen in der ganzen Region spürbar.

Die Maya-Kultur im südlichen Mesoamerika dagegen blühte im 7. Jh. auf. Aber zum Ende des 8. Jh., nach dem Fall von Teotihuacán, war auch sie dem Untergang geweiht. Aufruhr im Inneren und Bedrohung durch Nachbarstaaten prägten diese Zeit ebenso wie die Zerstörung des Waldes und die Erschöpfung des Bodens, die eine Folge des Bevölkerungswachstums war. Unfähig, eine Wende herbeizuführen, brach im 9. Jh. die Maya-Kultur im Süden und in der Mitte der Region zusammen. Nur an ihrer Nordgrenze lebte die Maya-Zivilisation noch fort.

WEIHRAUCH-OFEN DER MAYA
Verziert mit Gesichtern des Sonnengottes ist dieses Tongefäß, das zum Verbrennen von Weihrauch bei Ritualen verwendet wurde.

Klimakatastrophe in Südamerika

Umweltfaktoren beschleunigten auch den Niedergang der Moche-Kultur in Peru. Einer langen, katastrophalen Trockenzeit (562–594) folgte ein Jahrhundert später ein großes Erdbeben. Periodische klimatische Widrigkeiten, die durch ungewöhnliche Meeresströmungen verursacht werden – ein Phänomen, das als *El Niño* (das Kind) bekannt ist –, taten ein Übriges: Sintflutartige Regenfälle sorgten für Überschwemmungen an der Küste. Dann gingen Sandstürme übers Land, die einst fruchtbare Felder zerstörten. Um 700 wurden die Mochica zudem von den Huari überwältigt; deren Kultur gewann daraufhin in den Zentralanden an Einfluss. Die Wirkungen von *El Niño* spürte man gelegentlich auch im Inland, im Amazonasbecken, wo strenge Dürreperioden die Maniok-Ernten beeinträchtigten.

UKRAINISCHE GOLDARBEIT
Über die Karawanenwege durch Asien kamen Gegenstände wie diese Ohrringe bis in das byzantinische Handelsnetz des Mittelmeerraums und in die Region am Schwarzen Meer.

Die Ausbreitung des Islam
Diese Miniatur gehört zu einer Serie, in der die islamische Geschichte dargestellt wird.

Wichtige Ereignisse 600–800

- **618** Aufstieg der Tang-Dynastie, China
- **632** Tod des Propheten Mohammed, Arabien
- **642** Sassanidenreich wird von islamischen Armeen eingenommen, Vorderasien.
- **700** Beginn der Pueblo-Periode, südwestliches Nordamerika
  Zusammenbruch der Moche-Kultur, Peru
- **711** Islamische Armeen fallen in Südspanien ein.
- **750** Teotihuacán ist aufgegeben, Mexiko.
- **800** Karl der Große wird in Rom zum Kaiser gekrönt.

600 650 700 750 800

Pueblosiedlungen

In Nordamerika begannen die Hohokam, Mogollon und Anasazi, die in der Halbwüste des Südwestens wohnten, in größerem Stil zu bauen. Die Hohokam schufen ausgeklügelte Bewässerungssysteme, während die Anasazi – vielleicht auch die Mogollon – Pueblos errichteten: massive Siedlungen aus Stein oder Lehmziegeln. Der Beginn der Pueblo-Periode wird von den Vorgeschichtlern um 700 datiert. Es sind Beweise dafür vorhanden, dass es Kontakte zwischen den Stämmen des Südwestens und den mesoamerikanischen Kulturen gab: Plätze für das rituelle Ballspiel – von großer Bedeutung für die mesoamerikanischen Gesellschaften – wurden in größeren Siedlungen der Hohokam angelegt. Und auch der Mais, der von den Südwest-Völkern angebaut wurde, muss zuvor aus Mesoamerika eingeführt worden sein.

Ostasiatische Kulturen

Der Buddhismus war im 6. Jh. von Indien nach Japan gelangt. Hier nun verbreitete er sich vor allem auch durch die Unterstützung der Herrscher. Buddhistische Tempel mit eleganten Holzhallen und hohen, schlanken Pagoden wurden nun anstelle von massiven Hügelgräbern gebaut. Bei Nara, in der Nähe des heutigen Osaka, wurde eine neue, durchgeplante Hauptstadt nach einem Modell angelegt, das aus dem damaligen China stammte. Die Investitionen für dieses Projekt trugen die Steuerzahler. Nach einigen Jahrhunderten der Instabilität trat China mit dem Aufstieg der Tang-Dynastie (618–906) in eine Phase des Wohlstands ein. Die Hauptstadt des Reiches, Xi'an, wurde zur größten Metropole ihrer Zeit. Sie hatte mehr als 1 Mio. Einwohner. Exquisites Silbergeschirr, wundervoll verzierte Seidenstoffe und prachtvolle Keramikobjekte wie die berühmten Tang-Pferde zeugen von der Opulenz und der Eleganz höfischen Lebens. Die Tang-Führer dehnten den chinesischen Herrschaftsbereich zum Nordwesten hin aus. Sie drangen tief nach Zentralasien ein, wo sie die Kontrolle über weite Abschnitte der Seidenstraße übernahmen. Auf diese Weise konnten die Kontakte mit dem Westen neu aufgebaut werden.

Chinesisches Pferde-Modell
Die Liebe zum Pferd zeigt sich in den exquisiten glasierten Terrakotta-Grabmodellen der Tang-Zeit. Andere Modelle stellen Würdenträger des Hofes dar, Händler und Diplomaten.

Indische Religionen

Die Gupta-Dynastie (4.–6. Jh.) hatte die von ihr kontrollierten indischen Städte und Regionen zu relativer Autonomie ermuntert. Bis zum 6. und 7. Jh. hatte sich Indien deshalb in eine Reihe von separaten Königreichen aufgeteilt. Im 8. Jh. blühte die hinduistische Kunst weiter auf, während zugleich bedeutende Fortschritte in der Mathematik und der Astronomie erzielt wurden. Der Buddhismus blieb die dominierende Religion in Sri Lanka. Neben dem Buddhismus und dem Hinduismus gewannen neue populäre Kulte an Beliebtheit. Zu den wichtigsten zählte der Tantrismus, der seine Ursprünge in antikem Fruchtbarkeitsglauben hatte. Tantristische Elemente wurden dann sowohl vom Buddhismus als auch vom Hinduismus übernommen. Weiter im Osten, in Südostasien, bildeten sich neue Königreiche, die stark von indischen Vorbildern beeinflusst waren; oft übernahmen sie auch die indische Schrift, das Sanskrit. Indische Händler bauten Kontakte zu vielen Teilen Südostasiens auf, um Gold, Gewürze und andere Dinge zu importieren. Buddhismus und Hinduismus verbreiteten sich entlang dieser Handelswege. Mischformen beider Religionen hatten sich in dieser Region um 700 fest etabliert.

Nubische Kunst
Friese und Fresken in der Kathedrale von Faras waren eindeutig von byzantinischer Kunst beeinflusst.

600–800

200 V. CHR.

Die Ausbreitung des Islam

Der Begriff Islam bedeutet Ergebung – d. h. sich in den Willen Gottes schicken, wie er im heiligen Buch, dem Koran, festgeschrieben ist. Der Koran enthält die Offenbarungen, die der arabische Kaufmann Mohammed (570–632), der Begründer des Islam, empfangen hat. Nachdem der Islam anfangs auf Widerstand stieß, gewann er bald viele Anhänger; er vereinigte Völker verschiedener Herkunft in der gemeinsamen religiösen Sache. 642 unterwarfen islamische Armeen Vorderasien. Um 680 hatten sie Armenien, Nordafrika und Syrien von den Byzantinern übernommen. Um 750 erstreckte sich das islamische Reich von Südspanien bis nach Pakistan und Zentralasien. Es wurde von den Kalifen regiert, deren oberster anfangs in Medina residierte. Unter der Umajaden-Dynastie (661–750) wurde die Hauptstadt nach Damaskus in Syrien verlegt, unter der Abbasiden-Dynastie (749–1258) nach Bagdad.

Im Westen war das byzantinische Reich im 7. und 8. Jh. auf seinem Tiefpunkt. Blühende östliche Provinzen wie Syrien und Ägypten waren an islamische Herrscher gefallen, auf dem Balkan sorgten Angriffe slawischer Völker für große Umwälzungen. Aber Konstantinopel überlebte. Es blieb auch für die nächsten 800 Jahre ein bedeutendes christliches Zentrum.

Christentum in Nordeuropa

In Europa integrierten neue Königreiche Elemente germanischer Gesellschaftsorganisation und auch Merkmale, die das ehemalige römische Reich überlebt hatten. Dazu gehörten das Christentum und die Verwendung von Latein als Amtssprache. Verschwenderische heidnische Beisetzungen etwa wurden durch die nüchterneren christlichen Begräbnisse ersetzt. Es entwickelte sich der neue, romanische Stil in der Architektur für Kirchen und Paläste.

Das mächtigste Christenreich nördlich der Alpen war das fränkische Reich. Im 7. Jh. nahm es das gesamte heutige Frankreich ein. Unter seinem berühmtesten Herrscher, Karl dem Großen (747–814), dehnte es sich auf weite nichtchristliche Gebiete östlich des Rheins aus. Man baute Kirchen und Missionen, um die Völker dort zu bekehren. Zum Ende der Regierungszeit Karls des Großen umfasste sein Königreich den Großteil Deutschlands, Österreich, die Schweiz und Italien. Als frommer Herrscher und eifriger Förderer der Künste wurde Karl 800 zum Kaiser des neuen heiligen römischen Reiches gekrönt.

Afrikanische Königreiche

Das Christentum setzte sich ebenfalls im nordöstlichen Afrika durch, vor allem in den Königreichen Nubien im Sudan und Axum in Äthiopien. Diese Länder waren von der übrigen christlichen Welt durch die fortschreitende Islamisierung Nordafrikas abgeschnitten. Nubien blieb christlich, bis es im 13. Jh. von ägyptischen Muslimen eingenommen wurde.

Größere Veränderungen in Westafrika betrafen die kleinen Völker im Gebiet des Nigerdeltas. Dort nahm die gegenseitige Abhängigkeit zu, es entwickelten sich Kontakte zu islamischen Händlern nördlich der Sahara. Dies führte schließlich zum Aufstieg der ersten großen Handelsstädte in der Region.

AMERIKA

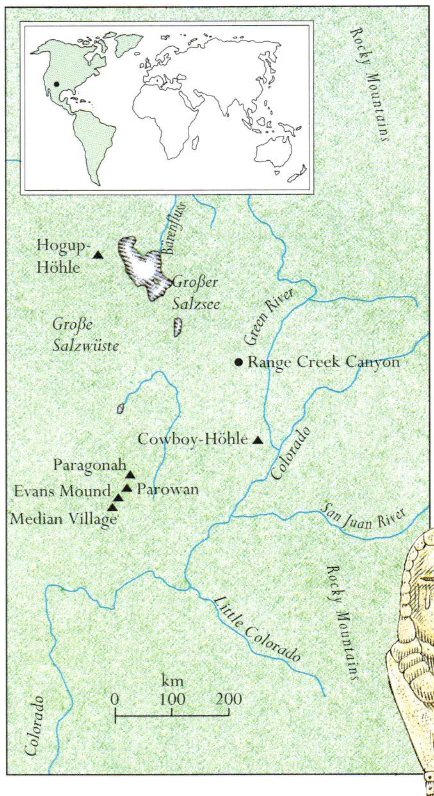

Fremont-Figuren

Die Fremont-Kultur umfasste verschiedene miteinander verbundene frühe Stämme im Großen Becken von Nordamerika. Im Gegensatz zu ihren archaischen Vorfahren und den späteren Schoschonen führten die Fremont ein ziemlich sesshaftes Leben. Sie betrieben Gartenbau und lebten in massiven Häusern. Charakteristisch für sie sind Felszeichnungen und Tonfiguren, die detaillierte Gesichtszüge aufweisen, ferner Schmuck und Kleidung. Die meisten Figuren stammen aus der Zeit zwischen 1100 und 1200, einige datieren auch auf die Zeit um 500 – dem Beginn der Entwicklung der Fremont-Kultur.

Ungebrannte Tonfiguren, Range Creek Canyon, Green River, Utah

Rituelles Ballspiel

Das rituelle Ballspiel wurde mit einem Vollgummiball auf Plätzen gespielt – oft handelte es sich um Höfe, die von Einfriedungen umgeben waren –, auf denen sich zwei Mannschaften gegenüberstanden. Die Spieler trugen Schutzkleidung, da der Ball nur mit den Hüften, Oberschenkeln oder Ellbogen berührt werden durfte. Dieses Spiel gab es seit dem 1. Jahrtausend v. Chr. Zwischen 300 und 900 breitete es sich in ganz Mesoamerika aus. Um 600 gab es die ersten Spielplätze im südwestlichen Nordamerika. Ihre Erbauer waren von mesoamerikanischen Kulturen beeinflusst. Das Ballspiel war um diese Zeit auch im karibischen Raum populär.

Platz für das rituelle Ballspiel, Copán, Honduras

Größerer Spielplatz ▲ Vorkommen von Spielplätzen

Europa

Das Reich der Karolinger

Die fränkischen Herrscher hatten die frühere römische Provinz Gallien im 5. Jh. übernommen. Sie festigten und erweiterten ihre Herrschaft im westlichen Europa von ihrem Kernland aus, dem Königreich Austrien. Als im Jahre 800 der fränkische Herrscher Karl der Große (747–814) in Rom zum Kaiser gekrönt wurde, gehörten bereits die Lombardei in Norditalien und der Großteil Deutschlands zum heiligen römischen Reich, das auch Karolingerreich genannt wurde. Das karolingische Militär bezog seine Stärke vor allem aus den berittenen Truppen, die von der Einführung des Steigbügels in Europa im 8. Jh. profitierten. Das Karolingerreich fiel im 9. und 10. Jh. auseinander. Die zentrale königliche Herrschaft ging an regionale Führer über.

Goldener Thron eines Frankenkönigs, Paris, Frankreich

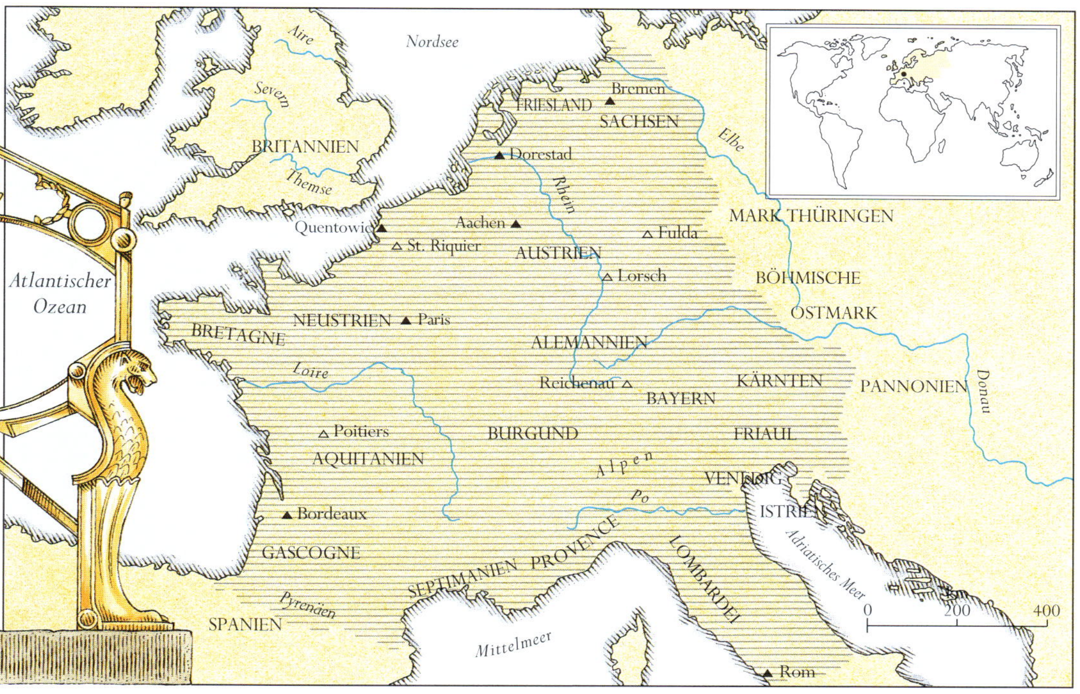

Vorderasien & Südasien

Islamische Eroberungen

Die von Mohammed (570–632) zusammengerufenen Armeen eroberten 630 Mekka und drangen 633 und 634 in die heutigen Staatsgebiete von Israel und Jordanien ein.

Felsendom, Jerusalem, Israel

Das Sassanidenreich, das sich über Mesopotamien und Persien erstreckte, wurde 642 besiegt, Ägypten 642 besetzt, Nordafrika 643. Der Einmarsch nach Spanien fand 711 statt. Die islamische Expansion nach Zentralasien führte 751 zum Fall von Taschkent. Das islamische Reich wurde in vielen Regionen von Muslimen neu besiedelt. Sie bauten neue Städte und Moscheen, z. B. 691 den Felsendom in Jerusalem. 750 endete die Expansion. Es folgte eine Zeit der Konsolidierung unter den abbasidischen Kalifen, die bis zum 11. Jh. herrschten.

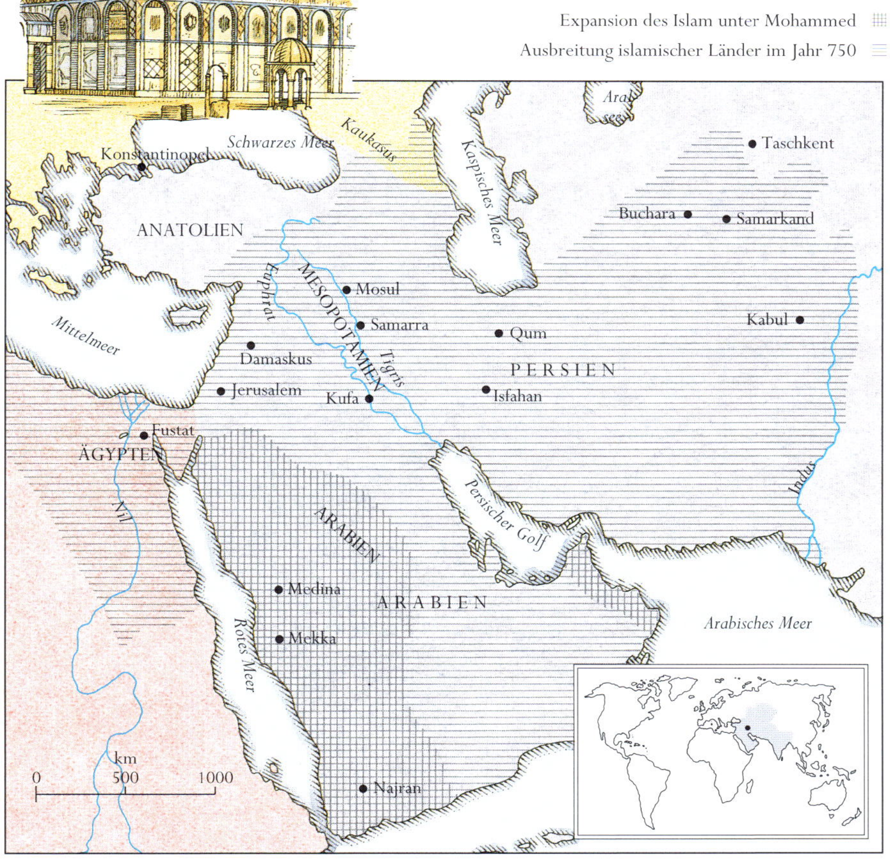

Ostasien & Australasien

China zur Tang-Zeit

Die Tang-Dynastie (618–906) beherrschte China von den Hauptstädten Xi'an und Luoyang aus. Es wurden Kanäle angelegt, um diese Städte mit Getreide zu versorgen, das reichlich im Tal des Jangtsekiang wuchs. Durch verschiedene Feldzüge dehnten die Tang-Kaiser zwischen 660 und 680 ihre Herrschaft bis zum Tarim-Becken in Zentralasien aus. So gewannen sie auch die Kontrolle über einen Teil der Seidenstraße, die China mit Persien und dem Mittelmeerraum verband. Die Völker in dieser Region waren begeisterte Reiter. Diese Begeisterung für Pferde übertrug sich auf die Tang-Elite, die sich besonders dem Polospiel widmete. Der Einfluss der Tang-Dynastie breitete sich auch nach Osten bis Korea und Japan aus.

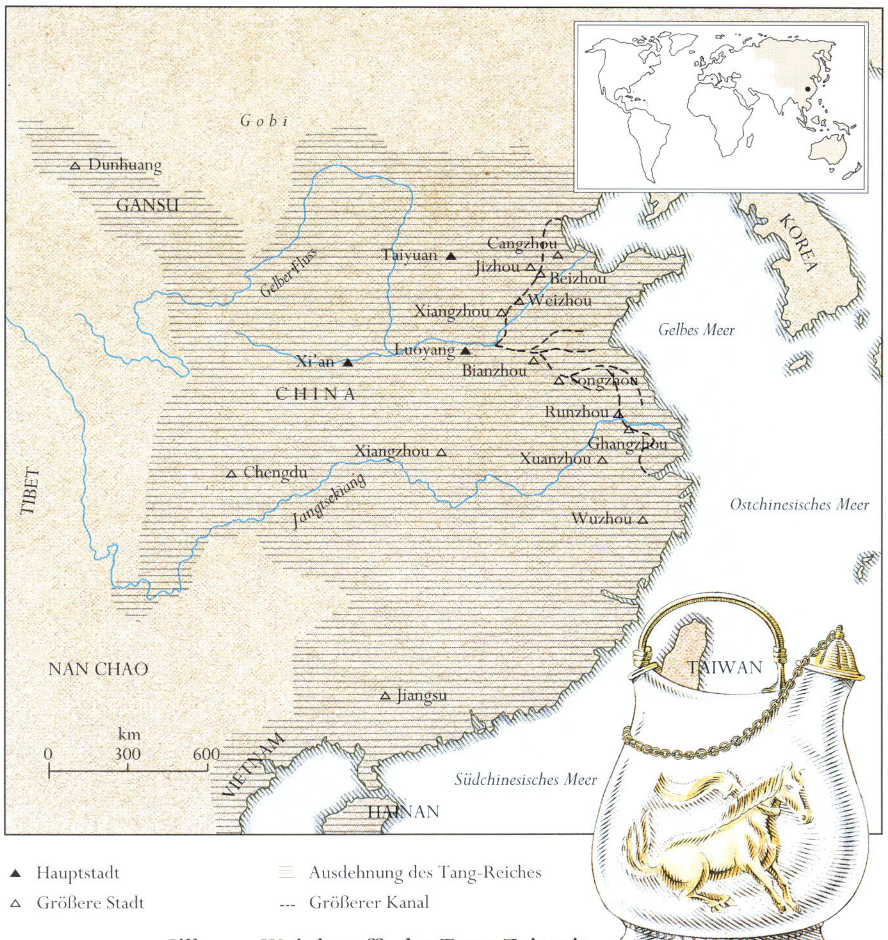

Silberne Weinkaraffe der Tang-Zeit mit vergoldetem Motiv eines Pferdes, Xi'an, China

600–700

200 V. CHR.

	Ernährung & Lebensraum	Wohnen & Bauen

Amerika

Ernährung & Lebensraum

Jagd auf Rotwild
Der tropische Regenwald Zentralamerikas erfreut sich einer üppigen Fauna. Seit frühester Zeit jagten Menschen hier Rotwild – des Fleisches und seines Felles wegen, aus dem sie sich Kleidung fertigten. Dieses Tongefäß in der Form eines Rehkitzes datiert ins 7. Jh. zurück. Das Gefäß wurde womöglich für zeremonielle Zwecke verwendet.

Motivgefäß, Flusstal bei Comayagua, Honduras

Wohnen & Bauen

Zeremonielle Tempel
Palenque in Südmexiko liegt inmitten des Dschungels von Chiapas. Es war ein beeindruckendes religiöses Zentrum der klassischen Maya-Kultur (300–900) mit vielen verschiedenen Tempeln. Dieses Gebäude, der Tempel der Inschriften, steht oben auf dem Grabmal des Pacal (»der Schild«); dieser Gebieter starb 683.

Tempel der Inschriften, Palenque, Mexiko

Ostasien & Australasien

Ernährung & Lebensraum

Grosser Kanal
China war durch die Sui-Dynastie (518–618) wieder vereinigt worden. Damit hatte eine lange Zeit der Instabilität ein Ende. Die ökonomische Sicherheit führte zu einer Bevölkerungsexplosion, vor allem in den fruchtbaren Reisanbau-Gebieten im Tal des Jangtsekiang, weniger in den trockenen Gegenden von Zentral- und Nordchina, in denen Weizen und Hirse angebaut wurden. Um die Ernte aus dem Süden nach Westen und Norden zu den Hauptstädten Xi'an und Luoyang transportieren zu können, wurde der erste Große Kanal angelegt. Daran arbeiteten mehr als 5 Mio. Menschen 34 Jahre lang (584–618).

Wohnen & Bauen

Haupthalle, Horyu-ji-Tempel, Japan

Buddhistische Tempel
Obwohl der Buddhismus im 6. Jh. über Korea nach Japan kam, wurde der japanische Tempelbau bald durch direkte Kontakte mit China stark beeinflusst. Der Älteste noch erhaltene buddhistische Tempel ist der Horyu-ji-Tempel bei Nara (nahe dem heutigen Osaka). Er wurde von 607 bis 670 vorwiegend aus Holz gebaut und weist typische chinesische Merkmale auf: eine Pagode, Terrassen, Steinsäulen als tragende Elemente und ein schräges Dach.

Vorderasien & Südasien

Ernährung & Lebensraum

Landschenkungen
Der Feudalismus, der sich in Indiens »Goldenem Zeitalter« während der Gupta-Periode (320–500) entwickelt hatte, wurde auch von den nachfolgenden Herrschern gepflegt, insbesondere von Harsha (590–647), der ein Reich regierte, das den Großteil Nordindiens ausmachte. Harsha hatte wenig Interesse daran, einen zentralistischen Staat unter königlicher Aufsicht zu führen. Darum waren die Städte und Bezirke ziemlich unabhängig. Dieser Trend wurde dadurch verstärkt, dass Regierungsbeamte zunehmend mit Landschenkungen anstatt mit Gehältern bedacht wurden.

Siegel, das eine Landschenkung bekräftigt, Gujarat, Indien

Wohnen & Bauen

Erste Moscheen
Die *Haram* (heilige Orte) des vorislamischen Arabien waren einfache Gebilde oder nicht gekennzeichnete heilige Stätten in der Wüste. Die Befolgung religiöser Pflichten im Islam erforderte jedoch formellere Gebetsorte. Als Modell für die ersten Moscheen diente das Haus des Propheten Mohammed zu Medina in Westarabien. Darin hielt er Predigten und sprach Gebete. Es hatte einen rechteckigen Innenhof aus Lehmziegeln und Veranden nach Norden wie Süden hin; neun Privaträume befanden sich an seiner Ostmauer. Die Südmauer war gen Mekka ausgerichtet; in diese Richtung wurde auch gebetet. Die südliche Veranda war aus Palmenstamm-Säulen gebaut; sie wies ein Dach aus Palmblättern auf, das überstand und Schatten spendete. Diese Bauform fand sich wieder in den Moscheen der Soldatenlager von Basra (635), Kufa (637) und Wasit (702) sowie später in Hypostyle-Moscheen (Moscheen mit Säulenhalle).

Europa

Ernährung & Lebensraum

Silbernes Besteck
Die germanischen Herrscher im Europa des frühen Mittelalters horteten fein gearbeitetes Tafelgeschirr wie diese Silberlöffel, die aus einem Schiffsgrab bei Sutton Hoo in Suffolk, England stammen. Die Löffel wurden womöglich von byzantinischen Handwerkern im östlichen Mittelmeerraum gefertigt. Sie wurden im Grab eines angelsächsischen Königs gefunden, der um 625 starb.

Silberlöffel, Sutton Hoo, Suffolk, England

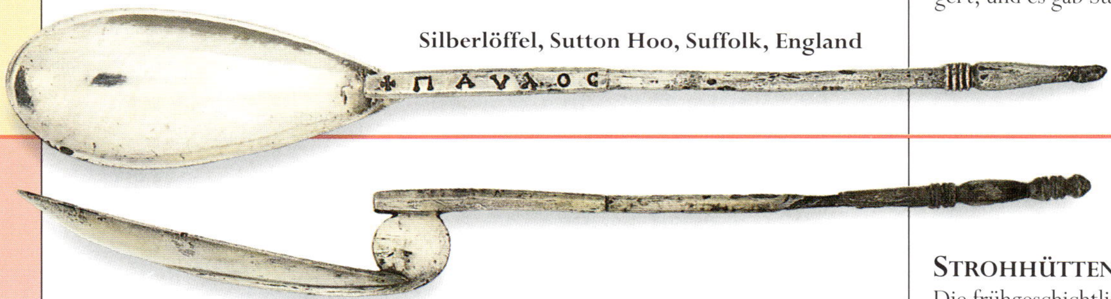

Wohnen & Bauen

Gesellschaften im Norden
Germanische Dörfer des 7. Jh. in Nordeuropa bestanden aus hölzernen Langhäusern, die in Gruppen angeordnet waren. Die Häuser waren bis zu 40 m lang und innen in einzelne Räume aufgeteilt, in denen gegessen und geschlafen wurde, ferner war hier Getreide gelagert, und es gab Ställe für Tiere. In Längsrichtung des Hauses waren massive hölzerne Pfosten paarweise angebracht, die das steile Reetdach stützten. Im Unterschied dazu lebten die normalen Angelsachsen in Britannien in kleinen, rechteckigen Häusern; Scheune und Stall waren separat gebaut. Angelsächsische Stammesführer errichteten jedoch große Hallen mit hölzernen Rahmen, in denen sie mit ihren Kriegern und Anhängern feiern konnten.

Afrika

Ernährung & Lebensraum

Gewebe aus Baumrinde
In den tropischen Gebieten Afrikas, wo es Palmen im Überfluss gab, waren Gewebe aus Baumrinde von großer Bedeutung. Es wurden daraus Matten und Kleidungsstücke hergestellt, die man häufig als symbolische Geschenke verwendete. Zur Herstellung von Geweben wurde die netzartige Faser zerkleinert und ein weiches, schimmerndes Tuch gefertigt, das oft mit dekorativen Mustern versehen war.

Wohnen & Bauen

Strohhütten
Die frühgeschichtlichen Bantu-Bauern Südafrikas lebten in kegelförmigen Strohhütten. Den Boden fertigten sie mit Material aus Termitenhügeln oder Lehm, das mit Wasser vermischt und abgezogen wurde. Mit Viehdung wurde der Boden dann glatt gestrichen.

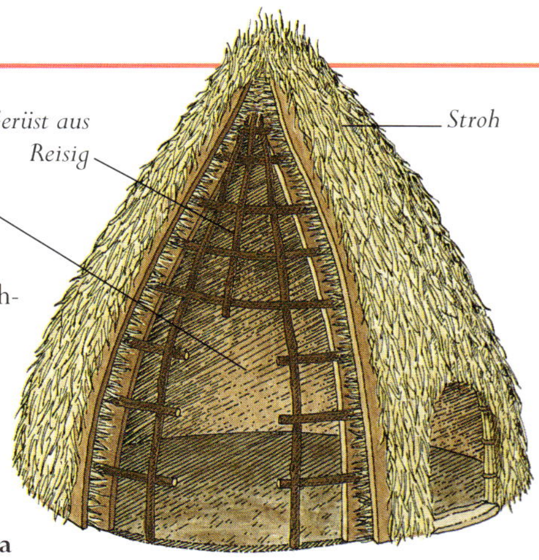

Bantu-Unterkunft, Südafrika

Erfindungen & Entdeckungen

Garn aus Baumwolle

Im südwestlichen Tiefland von Nordamerika wurde Baumwolle bereits um 200 angebaut. Um 900 wurde sie ins Hochland im Südwesten verkauft. Dort fand man in einer Felsenwohnung diesen Strang, bei dem die Dicke des Garns bemerkenswert ist. Der Samen, der bei diesem Strang gefunden wurde, deutet allerdings darauf hin, dass Baumwolle wahrscheinlich auch hier vor Ort angebaut wurde.

Strang aus Baumwolle, Moqui Canyon, Utah

Silbermünzen

Händler aus Indien brachten in den ersten Jahrhunderten n. Chr. neue Ideen und Techniken nach Südostasien. Dazu gehörten die indische Schrift, das Sanskrit, und die Verwendung von Münzen. Die frühen Silbermünzen, die von den Pyu-Herrschern von Birma herausgebracht wurden, sind denen ihrer indischen Vorbilder in Machart, Größe, Form und Aussehen sehr ähnlich.

Pyu-Münzen, Birma

Islamische Münzprägung

Die zunehmende wirtschaftliche Macht des islamischen Reiches in Vorderasien führte 696 und 698 zur Prägung von offiziellen Gold- und Silbermünzen durch den fünften Kalifen der Umajaden-Dynastie, Abd al-Malik (er regierte von 685 bis 705). Während frühere Prägungen byzantinische und sassanidisch-persische figürliche Designs kopiert und lediglich das Bekenntnis zum Islam hinzugefügt hatten, wiesen die neuen Münzen ausschließlich arabische Inschriften und Verse aus dem Koran (dem heiligen Buch des Islam) auf.

Figürlicher Gold-Dinar des Kalifen Abd al-Malik

Kunstvolle Verzierung

Verzierte Schulterspangen aus dem Schiffsgrab von Sutton Hoo in Suffolk, England sind Meisterstücke germanischer Handwerkskunst des 7. Jh. Sie bestehen aus Gold mit Intarsien aus Granat und *Millefiori*-Glas (produziert aus geschmolzenen Glassträhnen oder -fäden unterschiedlicher Farbe) und dienten zur Befestigung eines Umhangs.

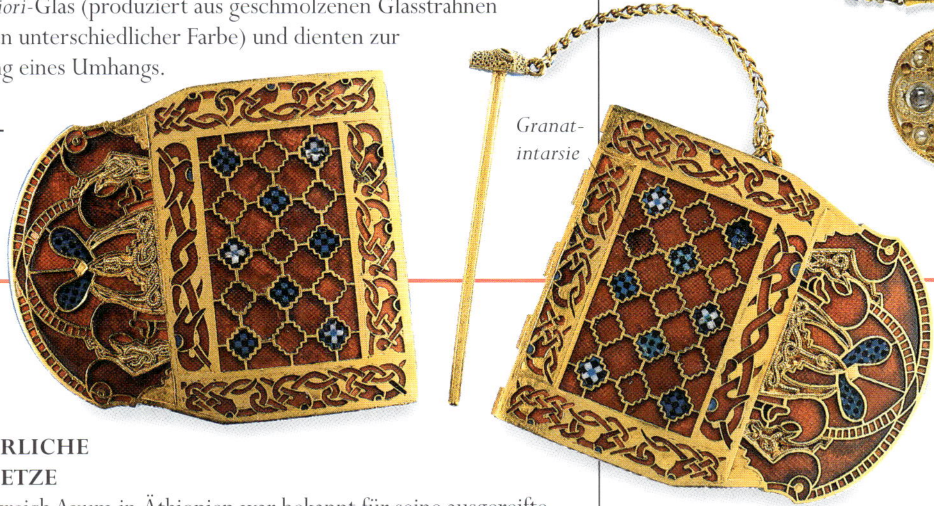

Schulterfibeln, Suffolk, England

Granatintarsie

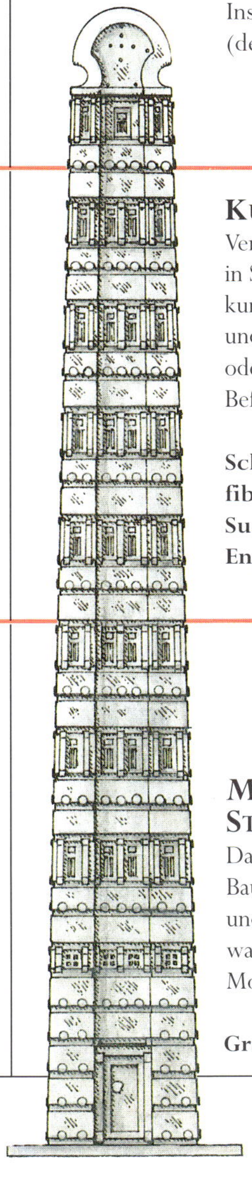

Meisterliche Steinmetze

Das Königreich Axum in Äthiopien war bekannt für seine ausgereifte Bautechnik. Spezialisten brachen Granitmonolithen und andere Steine und beförderten sie über erstaunliche Entfernungen. Die Steinmetze waren Experten in der Bearbeitung von Stein, wie noch stehende Monumente beweisen, errichtet für axumitische Herrscher.

Granitstele, Axum, Äthiopien

Kunst & Religion

Mehrfarbige Keramik

Diese Schale aus einem Grabhügel in Honduras zeigt die dekorativen Streifen und paarweise angeordneten Figuren, wie sie typisch für die Maya-Keramik sind. Maltechnik sowie die stilisierten menschlichen und tierischen Formen sind eine regionale Spielart der südlichsten Maya-Staaten während der klassischen Periode (300–900).

Keramikschale mit mehrfarbiger Bemalung, Yojoa-See, Honduras

Indische Einflüsse

Der Buddhismus breitete sich entlang der Handelswege von Indien nach Südostasien aus. Zu Beginn des 7. Jh. hatte er dort festen Fuß gefasst. Frühe Darstellungen des Buddha wie dieser Kopf aus Thailand zeigen, dass die südostasiatischen Künstler indischen Vorbildern hinsichtlich der sanften Linien und der Ernsthaftigkeit des Ausdrucks nacheiferten.

Bronzekopf des Buddha, Thailand

Der Koran

Der Koran gilt im Islam als das unfehlbare Wort Allahs (Gottes), das dem Propheten Mohammed in seinem 40. Lebensjahr (610) in Träumen und Visionen offenbart wurde. Es betont den Tag des Gerichts und das Versprechen von einem Leben nach dem Tod. Der Koran akzeptiert das Alte und Neue Testament als von Allah offenbart – erkennt jedoch Jesus nicht als Sohn Gottes an. Die Inhalte des Korans wurden von den ersten Anhängern Mohammeds auswendig gelernt, und im Jahr 651 wurde ein anerkannter Text in Arabisch verfasst.

Goldene byzantinische Halskette mit wertvollen Steinen

Kostbar

Die prachtvollen Schmuckstücke, die für die germanischen Herrscher in West- und Nordeuropa geschaffen wurden, finden ihre östliche Entsprechung in den Schmucksachen des byzantinischen Reiches. Gold und wertvolle Steine wurden für Devotionalien wie Kreuze und Reliquien verwendet. Wohlhabende Byzantiner verfügten jedoch auch über kostbaren persönlichen Schmuck.

Geschnitzte Hocker

Holzschemel, wie sie in Afrika südlich der Sahara angefertigt wurden, waren Sitzgelegenheiten, zierten aber auch als kunstvolle Schnitzarbeit die Macht des Häuptlings.

Hölzerner Hocker eines Häuptlings (zeitgenössisches Exemplar), Westafrika

700–750

200 V. CHR.

Ernährung & Lebensraum | Wohnen & Bauen

Amerika

Heiliges Becken, Chichén Itzá, Mexiko

Heiliges Becken

Viele zeremonielle Maya-Zentren auf der Halbinsel Yucatán in Mexiko waren angeordnet um *Cenotes* (Einsenkungen, die bis zum Grundwasserspiegel reichen), welche vor allem als Wasserquellen dienten. Yucatán ist ein Festlandsockel aus durchlässigem Kalkstein mit wenig Oberflächenwasser und einem Netz unterirdischer Flüsse. Die große und bedeutende Stätte Chichén Itzá besaß eine ganze Reihe von Wasserbecken. Das hier abgebildete galt als heilig.

Wüstenstädte

In der Tieflandwüste des Großen Beckens im Südwesten Nordamerikas bauten die Anasazi ihre Dörfer. Während die Gesamtbevölkerung in diesem Gebiet kleiner war als im höher gelegenen Südwesten, hatten einige Siedlungen im Großen Becken doch eine erhebliche Ausdehnung – so z. B. Lost City und Evans Mound in Nevada.

Lost City, Moapa-Tal, Nevada

Ostasien & Australasien

Landreform

Die effiziente Verwaltung in China unter der Tang-Dynastie (618–906) verminderte die Macht wohlhabender Gutsbesitzer, indem Bauern eigenes Land zugewiesen wurde. Als Gegenleistung mussten diese Steuern zahlen und 20 Tage Corvée (unbezahlte Arbeit) verrichten. Das ermutigte viele zur Erschließung neuen Landes im fruchtbaren Süden.

Grabmodell eines Büffelwagens, China

Schreine und Statuen

Frühgeschichtliche polynesische Tempel bestanden aus Steinplattformen, die gelegentlich einen oder mehrere Pfeiler bzw. geschnitzte Holzfiguren trugen. Auf der Osterinsel nannte man diese Schreine *Ahu*. Sie wurden erst zwei oder drei Jahrhunderte nach Ankunft der ersten Siedler errichtet. Der älteste, Ahu Tahai, entstand um 700 und ist eine schmale, oben abgeflachte Steinaufschüttung, auf der womöglich eine grob gemeißelte Statue aus Scoria (rotem Lavastein) gestanden hat. Es war dies der Vorläufer der unverwechselbaren Kolossalstatuen, die ab etwa 1000 auf der Insel aufgerichtet wurden. Wie diese wurde auch Ahu Tahai wahrscheinlich als Altar für die Vorfahren angelegt.

Vorderasien & Südasien

Niedergang

In der Levante kam der Olivenanbau zum Erliegen, als die christliche Bevölkerung durch die Expansion des islamischen Reiches vertrieben wurde. Je nach den örtlichen Bedingungen bevorzugten die neuen arabischen Siedler intensiven Weizenanbau oder Viehhaltung. Die Einführung nomadischer Hirtenmethoden und die Vernachlässigung des Bewässerungssystems hatten eine starke Bodenerosion zur Folge.

Buddhistische Klöster

Das großartige Anuradhapura war mehr als 1000 Jahre Hauptstadt von Sri Lanka. Hier wurden von den Monarchen mehrere buddhistische Klöster gebaut, deren Blickfang riesige Stupas waren – kuppelförmige Monumente, die Gräber oder Reliquien enthielten. Zu den größten gehört der Abhayagiri-Stupa mit fast 120 m Höhe. Im 8. Jh. ließ König Mahinda II. ein mehrstöckiges, mit schönen Steinreliefs geschmücktes Domkapitel am Fuß des Stupa errichten.

Relief, Abhayagiri-Stupa, Sri Lanka

Europa

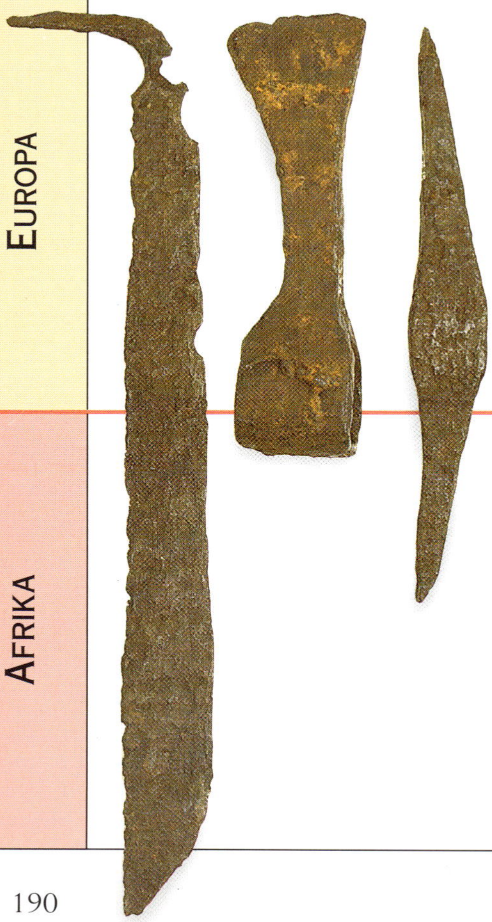

Bäuerliche Arbeitsgeräte

Mit dem schweren, von Ochsen gezogenen Pflug warfen die angelsächsischen Bauern den Boden um, und mit der Egge bereiteten sie ihn für die Einsaat vor. Eiserne Hippen wurden zum Entasten verwendet, hölzerne, mit Eisen bewehrte Spaten benutzte man zum Graben, das Getreide wurde mit eisernen Sensen oder Sicheln geschnitten.

Angelsächsische Landwirtschaftsgeräte aus Eisen, Hurbuck, England

Palast der Exarchen, Ravenna, Italien

Byzantinische Hochburg

Der Palast der Exarchen (oder Statthalter) von Ravenna im Nordosten Italiens war das Zentrum, von dem aus sich byzantinische Herrscher bis zum 8. Jh. vergeblich bemühten, wesentliche Teile Italiens im Griff zu halten. Die Ziegelfront des Palastes wies klassische romanische Merkmale auf wie Rundbögen und schlanke Säulen. Die romanische Klassik stand in Südeuropa auch noch nach den germanischen Invasionen in Blüte.

Afrika

Bierherstellung

In Afrika südlich der Sahara wurde Bier bei der Erfüllung sozialer Verpflichtungen eingesetzt: Mit ihm dankte man für empfangene Hilfe (vielleicht bei gemeinschaftlichen Arbeiten wie dem Hausbau), mit Bier beglich man Schulden, erwies Gastfreundschaft oder feierte Hochzeiten. Bier wurde nicht aus Gerste, sondern aus Hirse und Sorghum hergestellt. Der Rohstoff wurde mit Wasser getränkt und in Behältern vergoren. Das Gebräu streckte man mit Wasser.

Kathedrale mit Fresken

Die größte afrikanische Kirche des 8. Jh. war die wieder aufgebaute Kathedrale von Faras im christlichen Nubien. Sie wurde dort errichtet, wo eine Kirche aus dem 5. Jh. gestanden hatte – jedoch in viel größerem Maßstab. Das Kirchenschiff war von vier Seitenschiffen flankiert. Der Wiederaufbau begann 707. Bald schon waren die Wände mit prächtigen Fresken geschmückt.

Fresko der Hl. Anna, Faras, Nubien

1500

700–750

Erfindungen & Entdeckungen

Bergbau

Hammersteine mit Griffen wurden im Bergbau verwendet. Dieses Exemplar aus der Zeit zwischen 700 und 1100 entdeckte man in einer Salzmine, wo es zusammen mit Sandalen, einem Tragenetz und Salzbrocken abgelegt war. Türkis wurde ebenfalls im südwestlichen Nordamerika abgebaut; er war ein wichtiger Artikel für den Handel mit Mexiko.

Unbearbeitete Türkise

Hammerstein mit Griff, aus einer Salzhöhle, Nevada

Besteuerung in Japan

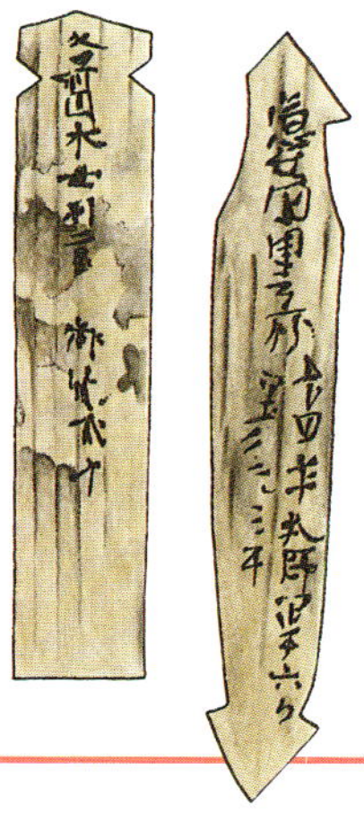

Größere Reformen in der Nara-Periode (710–784) sorgten in Japan für ein zentralistisches bürokratisches Machtgefüge. Eingeführt wurde ein Verwaltungs- und Steuersystem nach chinesischem Muster. Die Steuern waren im Allgemeinen mit landwirtschaftlichen Produkten und mit Textilien zu zahlen – oder durch unbezahlte Arbeit bzw. Militärdienst abzuleisten. Tausende von Steuerzetteln, die an Transitgütern befestigt waren, geben Art und Ursprung der amtlichen Quittungen wieder.

Steuerzettel, Japan

Fortgeschrittene Mathematik

Indische Mathematik und Astronomie waren schon gegen Ende des 5. Jh. durch den gelehrten Aryabhata hoch entwickelt, weitere Fortschritte machten sie dank der Arbeiten von Bhramagupta (598–665) und Lalla (8. Jh.). Sie beschäftigten sich mit Geometrie und Trigonometrie; herausragende Leistungen erbrachten sie in der Algebra, indem sie das Dezimalsystem und die Zahl Null einführten. Indische Mathematiker und Astronomen berechneten den Wert von Pi (π) bis auf vier Stellen hinter dem Komma und die Dauer des Sonnenjahres. Spätere indische Astronomen neigten dazu, die wissenschaftliche Methodik durch Anpassung an traditionelle und religiöse Anschauungen zu ersetzen.

Kaiserliche Seide

Seidenraupen wurden angeblich 554 erstmals von einem Mönch in einem ausgehöhlten Stock aus China herausgeschmuggelt, doch die beste byzantinische Seide wurde erst ab dem 8. Jh. gefertigt. Kaiserliche Webstühle wurden in Konstantinopel (heute Istanbul) aufgestellt, und die Weberei entwickelte sich zu einem streng kontrollierten Handwerk.

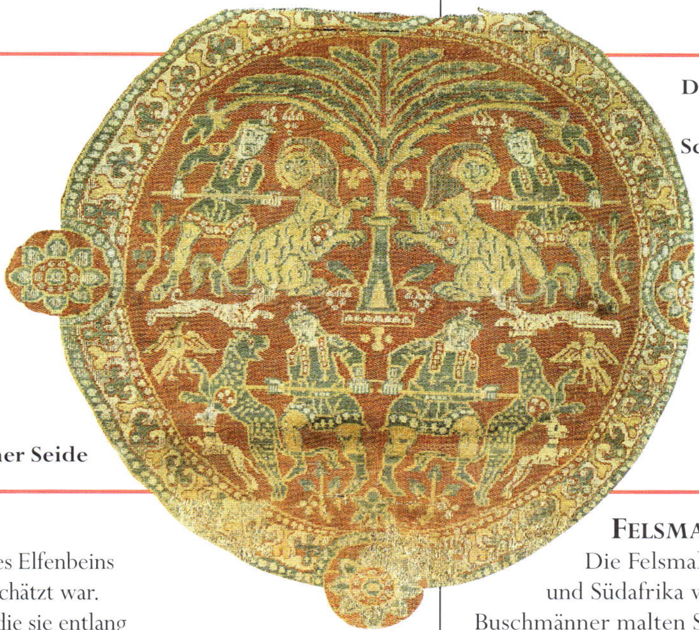

Tunikamanschette aus byzantinischer Seide

Elfenbeinjäger

Die afrikanischen Bauern jagten Elefanten ihres Elfenbeins wegen, das für Schmuckgegenstände hoch geschätzt war. Sie fingen die großen Tiere in tiefen Gruben, die sie entlang der Trampelpfade ausgehoben hatten, oder töteten sie mit langen, eisenbewehrten Speeren, die sie ins Herz oder in den weichen Unterbauch der Elefanten warfen. Afrikanisches Elfenbein war ein begehrter Handelsartikel, der bis nach Konstantinopel (heute Istanbul) verkauft wurde.

Elefantenspeer mit eiserner Spitze, Afrika

Kunst & Religion

Wandmalereien der Mochica

An der Nordküste von Peru hatte die Moche-Kultur um diese Zeit eine reiche Tradition in Sachen Wandmalerei entwickelt. Die Mochica verzierten ihre Tempel und öffentlichen Gebäude mit sehr schönen Malereien, die vor allem Kriegsszenen und Darstellungen ihrer Priesterkrieger wiedergeben. Bei dieser Figur handelt es sich um einen Krieger, der an einem Triumphritual teilnimmt.

Moche-Wandmalerei, Peru

Zeremonielle Keramik

Wie Japan so machte auch Korea (das 668 unter der Shilla-Herrschaft vereinigt wurde) kulturelle und institutionelle Anleihen in China. Das betraf besonders die Architektur und die buddhistische Bildhauerei. In der Keramik bewahrte und entwickelte es allerdings seinen eigenen, unverwechselbaren Stil, wie bei diesem typisch koreanischen glasierten Topf mit dekorativer Perforation.

Glasierter Shilla-Topf, Korea

Gebet nach Mekka

Unter dem Umajaden-Kalif al-Walid I. (er regierte von 705 bis 715) wurde der konkave *Mihrab* (eine Nische) eingeführt, der in der Moschee die Gebetsrichtung vorgibt. Er erinnert an den Platz, den Mohammed (gest. 632) stets eingenommen hatte, wenn er in seinem Haus in Medina predigte. Konkave *Mihrabs* waren zuvor verboten gewesen; sie galten den Nischen für Statuen der Christen als zu ähnlich. Der erste konkave *Mihrab* ersetzte einen Steinblock in der Moschee von Medina, die von 707 bis 709 dort wieder aufgebaut wurde, wo vorher die einfache Moschee des Propheten Mohammed gestanden hatte. Der zweite konkave *Mihrab* wurde in Fustat bei Kairo gebaut, der dritte in Damaskus. Der *Mihrab* ist Mittelpunkt aller Moscheen.

Detail der Vorderseite, Fränkische Schatulle, England

Dekorative Trends

Die Fränkische Schatulle aus geschnitzten Walknochen zeigt die allmähliche Vermischung von heidnischen und christlichen Anschauungen im angelsächsischen England. So sind etwa die Anbetung der Weisen aus dem Morgenland und die heidnische Legende von Wieland dem Schmied auf der Vorderseite der Schatulle dargestellt.

Felsmalerei

Die Felsmalerei ist in Ost- und Südafrika weit verbreitet. Buschmänner malten Szenen mit Menschen und Tieren, darunter Gnus und Antilopen. Zu Beginn des 8. Jh. waren die Buschmänner durch die Migration der Bantu ins südwestliche Südafrika abgedrängt worden. Diese Felsmalerei stammt aus den Cedarbergen bei Kapstadt.

Felsmalerei der Buschmänner, Südafrika

750–800

200 V. CHR.

Ernährung & Lebensraum

Amerika

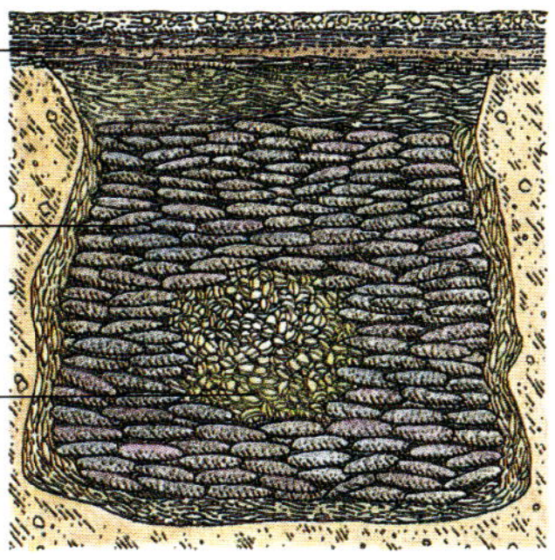

Querschnitt, Vorratsgrube, Illinois

Öffentliche Lagerung

Wesentlich für das Gedeihen der Bauerndörfer im Mittleren Westen Nordamerikas war die Lagerung der Feldfrüchte (z. B. Mais) für den späteren gemeinschaftlichen Verbrauch. Am Fundort Range in Illinois (300–1400) sind Hinweise vorhanden, dass um 800 große Vorratsgruben von der ganzen Gemeinschaft genutzt und betrieben wurden. In diesem kleinen Dorf wurden vier große Gruben gefunden.

Ostasien & Australasien

Pflanzenzucht

Die frühen polynesischen Siedler waren vor allem vom Fischfang abhängig. Sie hatten jedoch aus Südostasien auch Techniken für die Pflanzenzucht sowie verschiedene Kulturpflanzen mitgebracht. Die Siedler bauten die Pflanzen bald in Hausgärten überall auf den polynesischen Inseln an. Ihre wichtigsten pflanzlichen Nahrungsmittel waren die Wasserbrotwurzel und die Jamswurzel, dazu die auf Bäumen wachsenden Bananen, Brotfrüchte und Kokosnüsse.

Vorderasien & Südasien

Landschenkungen

In Indien wurden Landschenkungen im 8. Jh. häufig auf Kupfertafeln festgehalten, die manchmal auf einem Kupferring aufgereiht waren. Ein erhalten gebliebenes Exemplar bestätigt eine Landschenkung an einen buddhistischen Priester im Jahre 753 durch König Nandi-varmann von der Pallava-Dynastie, die an der Westküste des Subkontinents vom 4. bis zum 9. Jh. herrschte. Die Einzelheiten waren in tamilischer Sprache (sie wird in Südindien und auf Sri Lanka gesprochen) verfasst; es werden alle vier Grenzlinien eines Dorfes und die dazu gehörigen Felder beschrieben, die Gegenstand der Schenkung waren. Die Kupfertafeln berechtigten dazu, Wasser aus nahe gelegenen Zisternen oder Flüssen zur Bewässerung der Felder abzuleiten. Detailliert war auf ihnen die normale landwirtschaftliche Besteuerung festgehaltenen – z. B. Anteile an Feigen, Getreide, Baumwolle und Reis –, von der der Beschenkte ausgenommen war.

Europa

Versorgung

Emporien (Handelszentren) entwickelten sich schnell an den Küsten Nordwesteuropas, so in Dorestad (Holland) und Hamwic (heute Southampton). Zur Fleischversorgung wurde Vieh zum Emporium getrieben und dort geschlachtet. Einige Zentren wurden auch mit fertigem Schlachtfleisch beliefert. Die Einführung der Grundschleppnetze sorgte für eine blühende Heringsfischerei.

Afrika

Arbeit mit der Hacke

Die ausgeklügelten landwirtschaftliche Systeme in Ost- und Südafrika basierten auf der Arbeit mit der Hacke. Einige Gesellschaften bevorzugten die langstielige Hacke, mit der man weiter ausholen und aufrechter stehen konnte. Aber auch sie reichte nicht aus, um den Boden tief genug zu bearbeiten.

Eisenblatt einer langstieligen Hacke, Ostafrika

Wohnen & Bauen

Tempelmauerwerk

Das Maya-Zentrum Uxmal (d. h. »drei Mal gebaut«) befindet sich in der Hügellandschaft Puuc im Norden Yucatáns. Dieser Ausschnitt aus einem Gemälde aus dem 19. Jh. zeigt das außerordentliche Mauerwerk der Fassade vom Tempel des Zauberers. Der Tempel steht auf einer einmaligen, ovalen Pyramide mit in Windungen verlaufenden Mauern.

Gemälde von Frederick Catherwood vom Tempel des Zauberers, Mexiko

Haupthalle, Nanchan-Tempel, China

Hölzerne Tempel

Die Halle des 782 gebauten Nanchan-Tempels in der Provinz Shaanxi ist das früheste noch erhaltene Holzgebäude in China. Es gehörte zu den wenigen, die nicht vernichtet wurden, als 845 auf kaiserlichen Befehl hin Tausende von Bauwerken zerstört wurden, um der wachsenden Macht des Buddhismus Einhalt zu gebieten.

Aus dem Fels gehauen

Die Felsenarchitektur der Hindu feierte mit der gänzlich frei stehenden Kailasantha-Anlage bei Ellora in Nordindien einen Höhepunkt. Der Haupttempel wird durch Altäre flankiert, die in den Fels gehauen und mit aufwändigen Bildhauerarbeiten geschmückt sind.

Kailasantha-Tempel, Ellora, Nordindien

Querschnitt durch die Pfalzkapelle, Aachen

Palastanlage

In Aachen (einst Aix-la-Chapelle) baute der fränkische Herrscher Karl der Große zwischen 792 und 805 eine wohl durchdachte Palastanlage, die als Zentrum des gerade gegründeten karolingischen (oder heiligen römischen) Reiches dienen sollte. Die Bauten waren im romanischen Stil gehalten – konstruiert nach römischen Vorbildern –, und ein Gutteil der Steine stammte von geplünderten römischen Ruinen. Herzstück des Ganzen war eine großartige achteckige Kirche, die so genannte Pfalzkapelle.

Traditionelles Material

Lehmziegel und mit Wasser vermischter Lehm waren die am weitesten verbreiteten Baustoffe – nicht nur in den Trockengebieten Afrikas, sondern auch in den feuchteren Regionen im Osten und Süden. Lehmziegel bewirkten eine ausgezeichnete Wärmedämmung. Sie hielten das Innere der Hütten im Sommer kühl und im Winter warm. Die Ziegel wurden in einfachen hölzernen Formen hergestellt und dann in der Sonne getrocknet. Diese Technik war von den Ägyptern schon seit 3000 Jahren angewendet worden. Mit Wasser glatt gestrichenes Material von Termitenhügeln diente für die Hütten als Bodenbelag, auf dem Mauern und Getreidebehälter sicher standen. Vor Regen waren die Hütten durch Strohdächer geschützt.

1500

750–800

Erfindungen & Entdeckungen

Fischbeinschnitzerei

Die aufkommende Punuk-Kultur ersetzte das Gravieren von Fischbein durch bildhauerische Bearbeitung. Diese Fischbeinfigur ist offenbar ein Fruchtbarkeitsamulett; vielleicht ist sie auch als Anziehpuppe verwendet worden, um kleinen Mädchen das Nähen beizubringen. Der Trommelgriff mit dem Schamanengesicht zeigt, wie geschickt die Punuk in der Ausarbeitung von Details waren. Trommeln wurden bei zeremoniellen Anlässen verwendet und von Schamanen geschlagen.

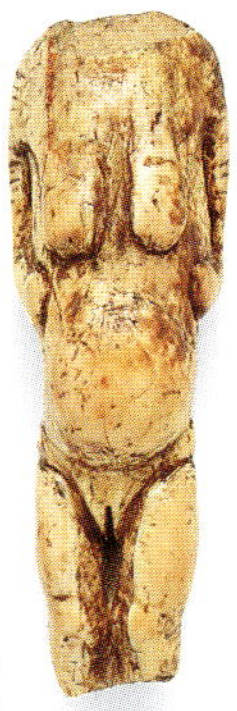

Fischbeinfigur einer Schwangeren, Punuk Island, Alaska

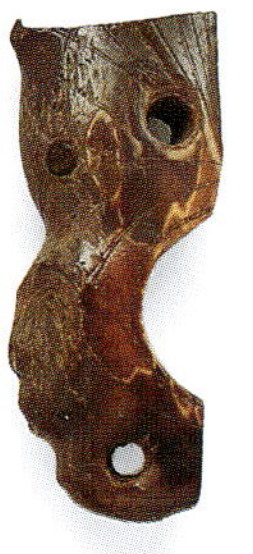

Trommelgriff, St. Lawrence Island, Alaska

Druck und Papier

In der zweiten Hälfte des 8. Jh., aus der dieser Papierfetzen stammt, wurde die chinesische Holzdrucktechnik (die sich auch nach Japan und Korea verbreitete) zur »Massenproduktion« von buddhistischen und taoistischen Texten benutzt. Bis zu 15 000 Abzüge konnten mit einem Holzstempel angefertigt werden. Die chinesische Technik der Papierherstellung verbreitete sich nach Westen und erreichte 751 Samarkand, das wichtige Handelszentrum an der Seidenstraße in Zentralasien. Papier ersetzte dann Papyrus und Pergament.

Fragment eines in Holzdrucktechnik bedruckten Papiers, Xi'an, China

Mechanische Erfindungen

Im Jahr 750 folgten auf die Kalifen der Umajaden-Dynastie (661–750) die Abbasiden (750–1258) als Führer des islamischen Reiches in Vorderasien. Unter den Abbasiden, die Bagdad als islamische Hauptstadt 762 gründeten, trat das Reich in eine neue Phase ein, in welcher Wissenschaften, Industrie und Künste eine bedeutende Rolle spielten. Das mechanische Modell eines Reiters, der seine Lanze heben und senken konnte, war typisch für den Erfindungsreichtum dieser Zeit. Die Figur stand auf der Grünen Kuppel im Zentrum von Bagdad.

Der Helm des Edelmanns

Die europäische Gesellschaft im frühen Mittelalter war immer für kriegerische Unternehmungen gerüstet, wie dieser Helm eines Adligen aus dem späten 8. Jh. zeigt, der in Coppergate, York gefunden wurde. Es handelt sich um einen voller Sorgfalt hergestellten Rüstungsgegenstand mit robuster, eiserner Haube und Scharnieren sowie mit einem gepanzerten Schutz für den Hals seines Trägers.

Helm aus York, England

Nubische Importe

Im christlichen Nubien sind viele importierte Gegenstände gefunden worden: z. B. Glaswaren, Goldjuwelen und Devotionalien wie dieses schön gearbeitete Silberkreuz. All das zeigt, dass sich die nubische Elite dank ihrer Handelskontakte einer großen Zahl an Luxusartikeln erfreuen konnte.

Silberkreuz, in Nubien gefunden

Kunst & Religion

Felsmalerei

Die Felsmalerei der Fremont-Kultur (Stämme aus dem Gebiet des Fremont in Utah) stellt menschliche Figuren dar, von denen einige lebensgroß sind. Sie weisen detaillierte Gesichtsmerkmale und eine sorgfältig ausgeführte Bekleidung auf. Bei vielen sind Hände und Füße übergroß. Geometrische Muster spielen eine ebenso wesentliche Rolle für diesen Stil wie Scheiben mit menschlichen Beinen, die als »Schildfiguren« bekannt sind. Die Darstellungen der Fremont-Kultur können eine schamanistische oder eine rituelle Bedeutung haben. Einige sind mit kunstvollem Kopfputz oder mit Schlangen versehen; auch hier sind rituelle Zusammenhänge zu vermuten. Die unzugänglichen Stellen, an denen sich viele der Felsmalereien befinden, lassen ebenfalls auf rituelle oder zeremonielle Zusammenhänge schließen.

Seitliche Ansicht

Ansicht von oben

Gold und Silber

Im China der Tang-Zeit (618–906) führte die Nachfrage nach Luxusgütern zum Aufblühen einer hoch entwickelten Industrie, die sich mit der Bearbeitung kostbarer Metalle beschäftigte. Aus Mangel an eigener Tradition übernahmen chinesische Handwerker fremde Formmerkmale (vorwiegend aus Persien) und versahen sie mit chinesischen Motiven.

Silberschale der Tang-Zeit, China

Einflüsse des Tantrismus

Der Hinduismus gewann im Indien des 8. und 9. Jh. immer mehr an Boden. Das lag vor allem an seiner Förderung durch bedeutende Herrscher wie die Rashtrakutas im Süden. Der Buddhismus erlebte auf dem Großteil des Subkontinents einen ziemlichen Niedergang; er überlebte nur im Osten und auf Sri Lanka (stark war er weiterhin in Ländern, die von Indien aus nur über den Ozean zu erreichen waren). Der Aufschwung des Hinduismus wurde beeinflusst durch den Tantrismus, der seine Wurzeln in alten Fruchtbarkeitskulten hatte; die tantrischen Göttinnen begleiteten die männlichen Hindu-Göttern Shiva und Vishnu.

Bilderstürmer

Im 8. Jh. war Konstantinopel (heute Istanbul) im Griff der Bilderstürmer. Die Darstellung göttlicher oder heiliger Persönlichkeiten in der religiösen Kunst war offiziell verboten – ein deutliches Anzeichen für islamische Einflüsse. Das Verbot erstreckte sich auch auf Münzen, auf denen der Kopf Christi, gewöhnlich auf der Rückseite, durch ein einfaches Kreuz ersetzt wurde. Die Kaiser wurden weiterhin auf der Vorderseite porträtiert, so wie es diese von Kaiserin Irene herausgegebene (sie regierte von 797 bis 802) Münze zeigt. Irene hatte ihren Sohn Konstantin VI. abgesetzt und geblendet.

Gold-Solidus der Kaiserin Irene, Konstantinopel (heute Istanbul)

Masken und Mythen

Afrikanische Handwerker schufen hölzerne Masken und Skulpturen. Masken wie dieses zeitgenössische Exemplar aus Sambia waren kreativer Ausdruck von Traditionen, die mit Tanz, Mythos und Ritual verbunden waren. Diese Masken spielen bei Ritualen immer noch in vielen Teilen des Kontinents eine große Rolle.

Geschnitzte Holzmaske (zeitgenössisch), Sambia

TEMPELPYRAMIDEN

200 V. CHR.

Zeremonielle Pyramidenanlagen wurden in Meso- und Südamerika an vielen Plätzen gebaut. Die Pyramiden unterschieden sich sehr – nach Größe, Gestalt und Oberfläche. Viele wurden von Tempeln überragt, oder sie waren auf Gräbern angelegt. Zu den stattlichsten gehören die von den Maya in Südmexiko gebauten Anlagen. Deren Kultur erreichte ihren Höhepunkt in der Zeit vom 3. bis zum 9. Jh. Die Pyramiden der Mochica (1.–8. Jh.) an der Nordküste von Peru waren ebenso eindrucksvoll. Die Maya-Pyramiden bestanden aus Stein, die Pyramiden in Peru vorwiegend aus Lehmziegeln.

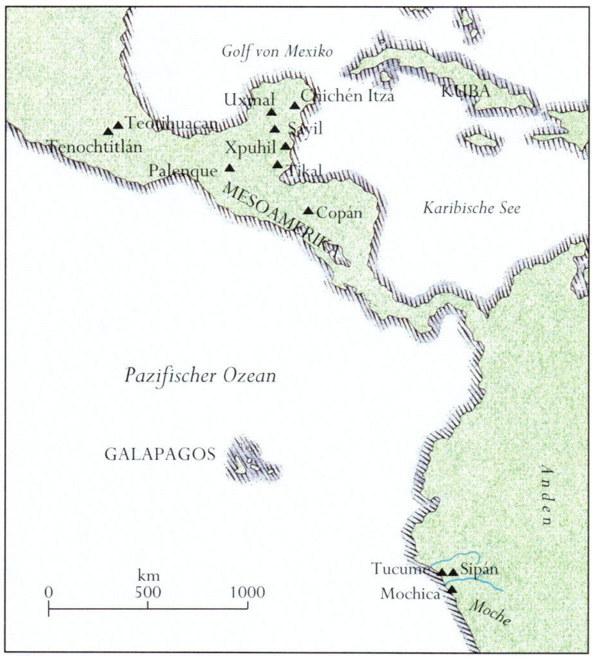

▲ Bedeutende Pyramidenstätte

TEMPELPYRAMIDEN *oben*
Die wichtigsten Pyramidenstätten in Mesoamerika sind in Zentralmexiko gelegen, in der mexikanischen Region Oaxaca, auf Yucatán, in Guatemala und Honduras.

DIE KONSTRUKTION

In der Architektur der Pyramiden gab es viele regionale Variationen. In Mesoamerika hatten Pyramiden die Form von hoch aufragenden, abgeschnittenen Kegeln. Sie wiesen außen liegende Treppen oder Terrassen auf, glatte steile Schrägen oder Türme. In Peru bestanden die Pyramiden entweder aus abgeschnittenen Kegeln oder zwei bzw. drei Stockwerken mit einer Plattform obendrauf. Alle Pyramiden waren ursprünglich mit Gips verputzt und mit Wandgemälden geschmückt.

KALKSTEINHÜLLE *unten*
Der oval geformte Tempel des Zauberers ist die Haupt-Pyramide der Maya-Stätte Uxmal auf Yucatán. Kalksteinplatten bedecken das Innere, das aus Bruchstein besteht. Ein Treppenaufgang auf der Westseite führt zur Tempelkammer auf der Spitze.

Rekonstruktion der Jaguarpyramide, Tikal, Guatemala

LAUTSPRECHER *links*
Tikal war eine der größten Maya-Städte und hatte fünf Tempelbezirke, von denen jeder eine Pyramide von bis zu 70 m Höhe aufwies. Die kleine Kammer an der Spitze der Pyramide diente als Stimmverstärker für die Priester, die so während der Rituale auch noch am Fuße der Pyramiden deutlich verstanden wurden.

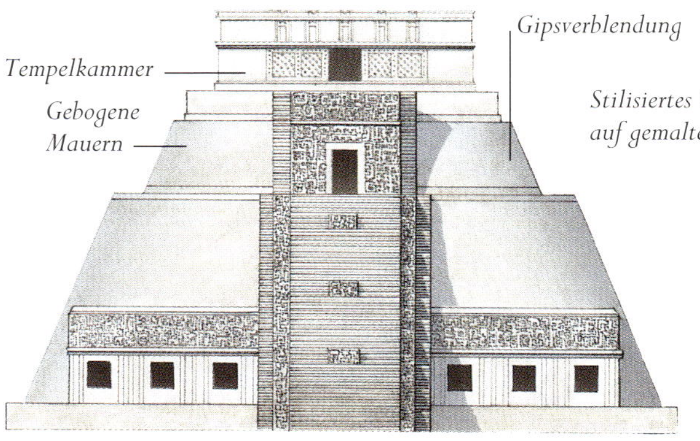

Tempel des Zauberers (Rekonstruktion), Uxmal, Mexiko

STEILE TREPPEN *links*
Der Haupttempel der Maya-Stätte Xpuhil auf Yucatán besteht aus drei massiven Türmen mit außenliegenden Treppenaufgängen, die 70 Grad steil sind. Diese abschüssigen Aufgänge hatten womöglich nur dekorative Bedeutung.

Rekonstruktion eines der Türme der Hauptpyramide, Xpuhil, Mexiko

SONNEN- UND MONDPYRAMIDE *links*
Teotihuacán in Mexiko war die wichtigste Pilgerstätte in Mesoamerika. Die »Straße der Toten« bildete die Hauptachse der Stadt; sie wurde dominiert von der 70 m hohen Sonnenpyramide und der kleineren Mondpyramide.

Rekonstruktion der Sonnenpyramide, Teotihuacán, Mexiko

DIE BAUWEISE

Die Mochica bauten ihre Pyramiden aus Lehmziegeln. Unter der Anleitung von Spezialisten wurde in Gruppen gearbeitet. Markierungen auf den Ziegeln scheinen zur Identifizierung der verschiedenen Arbeitsgruppen gedient zu haben. Die Pyramidenwände wurden mit Ziegelbahnen hochgezogen; den Zwischenraum füllte man mit Bruchstein aus.

1 *Erde und Wasser wurden zur Herstellung des Ziegels mit Stroh vermischt. Der so entstehende Mulch wurde mit Füßen gestampft.*

2 *Der Ziegel wurde in Holzformen glatt gestrichen und ge trocknet. Machart und Markierungen zeigten an, wer den Ziegel hergestellt hatte.*

3 *Die luftgetrockneten Lehmziegel wurden zur Baustelle getragen oder auf mit Fasermatten überzogenen Gestellen transportiert.*

4 *Spezielle Ziegelleger, von Arbeitern unterstützt, zogen die Mauern hoch. Diese Arbeit wurde nach tradierten Techniken ausgeführt.*

1500

600 – 800

Religiöses Zentrum

Die beiden bedeutendsten Pyramiden-Komplexe, die von den Mochica im Moche-Tal an der Nordküste von Peru errichtet wurden, sind die Sonnen- und die Mondpyramide. Gemeinsam bildeten sie das religiöse und administrative Zentrum des Moche-Staates. Beide sind rechteckig angelegt und stehen sich auf zwei Seiten eines großen, als Friedhof benutzten Platzes gegenüber. Die Sonnenpyramide weist nach Norden; sie ist die eindrucksvollste Pyramide im Moche-Tal. Nur halb so groß ist die nach Süden ausgerichtete Mondpyramide, die mit farbenfrohen Wandgemälden verziert ist. Der Komplex der Sonnenpyramide misst 228 m x 136 m und besteht aus verschiedenen Terrassen. Die Pyramide selbst war ursprünglich 50 m hoch. Sie wurde über eine 90 m lange und 6 m breite Rampe bestiegen.

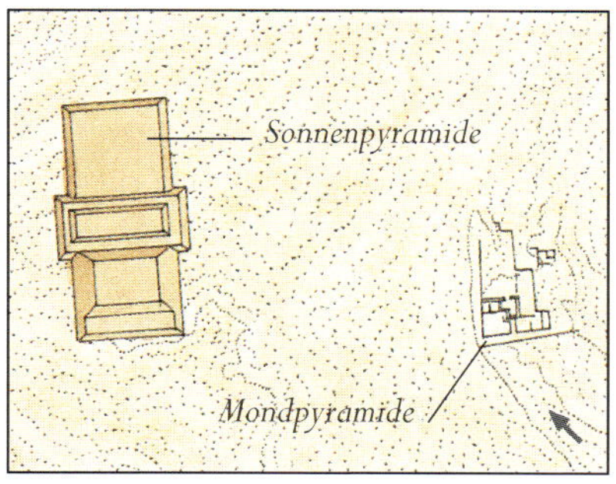

Die Aufsichtsskizze der Sonnen- und Mondpyramide zeigt, wie beide einander gegenüber stehen.

Rekonstruktion der Sonnenpyramide, Moche-Tal, Peru

Sonnenpyramide *oben*

Auf der obersten Plattform sind Überreste von anderen Gebäudeteilen zu finden. Der untere Teil wurde anscheinend als Begräbnisstätte genutzt.

Ziegelverbände *rechts*

Die Ziegel für das Fundament wurden in schrägen Verbänden verlegt, die darüber waren horizontal angeordnet. Schlammmörtel diente als Bindemittel.

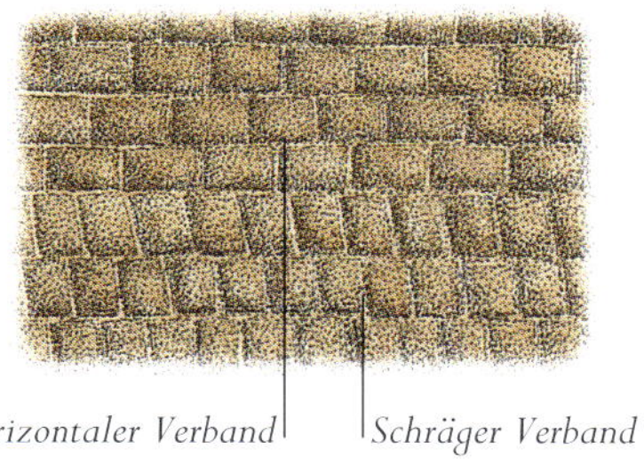

Wandmalerei *unten*

Die Moche-Kultur zeichnete sich durch eine spektakuläre Wandmalerei aus. Alle wichtigen Bauwerke wie die Mondpyramide waren mit Gemälden geschmückt. Viele Wandmalereien stellten Kriegsszenen dar in den Farben Rot, Gelb, Blau-Grün und Weiß.

Wandgemälde mit Moche-Symbolen, Mondpyramide, Moche-Tal, Peru

Kriegerpriestergrab

Dieses Moche-Grab aus dem Viru-Tal in Nordperu enthält den Körper eines Kriegerpriesters, ferner Grabbeigaben wie z. B. Stäbe, die den Status des Verstorbenen symbolisierten, und auch Tongefäße.

Statussymbole *unten*

Ai-Apec war die Personifizierung der Kriegerpriesterelite der Mochica. Der Stab deutet auf seinen Status hin. Augen und Zähne waren aus Muscheln und Perlmutt eingelegt. Gräber von Kriegerpriestern wurden in Tempelanlagen gefunden.

Geschnitzte Darstellung von Ai-Apec, Viru-Tal, Peru

Verzierte Keramik *links*

Das Volk der Moche war erfahren in der Herstellung von Gefäßen, die mit Henkeln versehen waren, und auch von Schalen. Diese wurde mit braunen Zeichnungen auf cremefarbenem Untergrund verziert. Die Zeichnungen zeigten Szenen aus Jagd und Krieg, von Festen und aus dem Alltag.

Topf mit Henkel, Moche-Tal, Peru

Die Herren von Sipán

Die Gruften der Pyramidenanlage Huaca Rejada wurden 1987 an der Moche-Stätte Sipán in der Region Lambayeque in Nordperu entdeckt. Sie sind der bisher reichste Grabfund von ganz Amerika. Der Reichtum der Beigaben, die in den fünf Gräbern entdeckt wurden, bezeugt den Wohlstand der Moche-Elite. Viele Gegenstände sind aus Gold und Silber gefertigt. In zweien der Gräber sind Kriegerpriester beerdigt: der Herr von Sipán und der Alte Herrscher von Sipán.

Goldene Spinne *links*

Die Überreste des Alten Herrschers von Sipán zierte ein Halsband mit goldenen Spinnen. Jede hatte ihr eigenes rundes Spinnennetz. Auf der Rückseite dieser Scheiben, die den königlichen Status des Alten Herrschers symbolisieren, war ein menschliches Gesicht dargestellt.

Scheibe aus dem Halsband mit goldenen Spinnen, Sipán, Peru

Grabfunde

Zu den Beigaben in den Gräbern von Sipán gehören Keramiken und Gegenstände aus Gold, Silber, Türkis, Lapislazuli und Muscheln. Die Leichname waren mit Tuniken bekleidet, die mit goldenen und silbernen Scheiben und Plättchen verziert waren. Ferner wurden Ohrrollen, Nasenornamente, Armbänder, Halsketten und Brustplatten gefunden. Viele Gruften waren mit Wandgemälden und Metallintarsien geschmückt. Die Diener hatten ihren Herren in den Tod folgen müssen.

Göttliche Symbole *rechts*

Diese Silberköpfe mit eingelegten Augen und Reißzähnen aus Muscheln gehörten zu einer Halskette – einer von vielen, die auf dem Leib des Alten Herrschers von Sipán gefunden wurden. Goldene menschenähnliche Köpfe mit grausigen Gesichtsausdrücken gehörten ebenfalls zu den Beigaben. Die Köpfe könnten göttliche Kräfte symbolisiert haben.

Silberköpfe mit Intarsien, Sipán, Peru

TEIL VIER

800 BIS 1500

Durch den Fernhandel kamen einzelne Kulturen in verschiedenen Weltteilen immer enger miteinander in Kontakt. Kamelkarawanen, die die Sahara durchquerten, verbanden die afrikanischen Reiche mit den Städten am Mittelmeer, chinesische Seefahrer gelangten über den Indischen Ozean an die Küste von Ostafrika und europäische Forscher erkundeten Amerika. Diese Kontakte brachten einigen Menschen materiellen Reichtum, waren aber für andere eine Katastrophe, da die Entdecker das Land für sich beanspruchten und die Eingeborenenkulturen danach teilweise völlig verschwanden.

Detail einer Reliefkachel mit arabischer Inschrift, aus einem Fries in einem Mausoleum im nordwestlichen Iran, um 1300

KAPITEL 16

BLÜHENDE WIRTSCHAFTSSYSTEME 800–1000

Expansion der Chimu- und Toltekenstaaten in Peru und Mexiko

Kleine Handelskönigreiche in der westafrikanischen Waldzone

Die Chola-Dynastie beherrscht Südindien.

Blüte der islamischen Kultur – trotz politischer Zersplitterung im islamischen Reich

Die Wikinger auf Handelsfahrten und Raubzügen in Nord- und Westeuropa

Neue Gesellschaften bildeten sich in Ost- und Westafrika sowie auf dem Festland und den Inseln von Südostasien zwischen 800 und 1000. In Amerika folgte auf die Moche-Kultur die der Chimu an der peruanischen Nordostküste, und die Tolteken festigten und vergrößerten ihre Macht in Mexiko. Im Mississippital entstanden neue Zentren wie Cahokia und Moundville, wo die berühmten Tempelplattformen angelegt wurden. Im Südwesten errichteten die Anasazi – die Pueblo-Bauern des Chaco Canyon – immer größere Pueblos, teils mit über 800 Räumen. Gleichzeitig veränderten die Wikinger als Händler und Siedler die politische Karte von Nord- und Westeuropa – einige von ihnen gelangten sogar bis Island, Grönland und Neufundland.

Wechsel der Kulturen in Amerika

Die Chimu folgten auf die Kultur der Moche; sie legten ausgedehnte, tief liegende Gärten und Bewässerungskanäle an, um die wachsende Bevölkerungszahl ihrer Hauptstadt Chanchan an der Nordküste Perus zu versorgen.

Der Aufstieg der Tolteken zur Macht in Zentralmexiko erfolgte nach dem Fall von Teotihuacán im Jahre 750; nach 900 wurde ihre Hauptstadt Tula ein wichtiges Zentrum. Auf Feldzügen erweiterten sie ihren Herrschaftsbereich und errichteten zudem in den folgenden beiden Jahrhunderten ausgedehnte Handelsnetze. Ihr Einfluss umfasste ganz Mesoamerika. Um 1000 finden sich Merkmale der toltekischen Architektur wie Säulenhöfe und von Skulpturen gestützte Altäre auch in Chichén Itzá, einer späten Maya-Stadt auf Yucatán. Tula selbst wurde mit monumentalen Bauten ausgebaut, so z. B. einer Pyramide, die dem Planeten Venus geweiht und mit riesigen Basaltsäulen in Form von Toltekenkriegern geschmückt war. Die Stadt war wohl auch ein Umschlagszentrum für Maya-Keramik und andere Gegenstände, die südlich bis aus Costa Rica stammten.

Afrikanische Handelsstädte

Die Weiterentwicklung des südlich der Sahara gelegenen Afrika im 9. Jh. lag vor allem an einer Ausweitung des Handels. An der ostafrikanischen Küste errichteten arabische Kaufleuten Kolonien wie Manda; diese Kaufleute kamen durch den Transport

MAYA-GEFÄSS
Dieses zylindrische Keramikgefäß aus El Salvador (um 800) ist mit ständig wiederholten Affenpaaren verziert. Vielleicht diente es einem zeremoniellen Zweck.

PFEIFGEFÄSS
Zu den Grabbeigaben an der Südostküste Perus gehörten Gefäße wie dieses. Wenn man bei den mit Wasser gefüllten Gefäßen durch die Tülle bläst, entsteht ein Pfeifton.

Wichtige Ereignisse 800 – 1000

- **800** Entstehung des Königreichs Ghana in Westafrika
- **802** Khmer-Staat in Kambodscha gegründet
- **814** Tod Karls des Großen
- **836** Abbasiden-Kalifen verlegen ihre Hauptstadt von Bagdad nach Samarra.
- **950** Entstehung des Chimu-Staats in Peru
- **1000** Erste Wikingersiedlung auf Neufundland; Beginn des Einflusses der Tolteken auf die späte Maya-Stadt Chichén Itzá

800 · 850 · 900 · 950 · 1000

Häuptlingsbestattung
Unter den Grabbeigaben eines im 9. Jh. in Igbo Ukwu in Westafrika bestatteten Häuptlings war auch dieser mit einem Knotenseilhalter verzierte Wassertopf aus Bronze.

von Produkten aus dem Inneren Afrikas zu Märkten in Vorderasien zu Wohlstand. Handelskolonien wurden auch in Westafrika gegründet, und zwar in bestehenden Städten wie Kumbi Saleh, Timbuktu und Jenne-jeno. Hier kaufte man Luxusgüter wie Gold und Elfenbein ein und transportierte sie dann mit Kamelkarawanen durch die Sahara nach Norden. In diesem Teil Afrikas entstand um 800 das alte Königreich Ghana, das neben einer Reihe anderer mächtiger Staaten die Region mehrere Jahrhunderte lang beherrschen sollte. Im Süden, im Herzen der westafrikanischen Waldzone,

Skulpturenschmuck
Der buddhistische Tempel von Borobudur auf Java war mit religiösen und mit weltlichen Szenen wie diesem Relief eines Herrschers verziert.

profitierten kleine Königreiche von den Handelsverbindungen. Der Herrscher eines dieser Reiche wurde in vollem Ornat in einem mit Holz ausgekleideten Grab in Igbo Ukwu im heutigen Nigeria bestattet. Unter den Grabbeigaben befanden sich Perlenarmbänder und Objekte aus Kupfer und Bronze, in denen sich der Status des Toten ebenso wie die hohe Qualität des damaligen afrikanischen Kunsthandwerks spiegelte.

Südostasiatische Siedler gelangten Ende des 1. Jahrtausends auf die Insel Madagaskar. Es gibt auf der Insel noch 1000 Jahre ältere Spuren menschlicher Besiedlung, aber ständige Niederlassungen entstanden erst in dieser Zeit. Indem sie eine so ferne Insel erreichten, nahmen es diese Seefahrer mit den Leistungen polynesischer Seeleute auf, die etwa um die gleiche Zeit erstmals nach Neuseeland gelangten. In Australien dagegen entwickelte sich die Aborigines-Kultur ohne nennenswerten Kontakt mit Nichtaustraliern bis zum 18. Jh. Im Innern des Kontinents jedoch gab es einen aktiven Fernhandel mit wertvollen Waren wie Muschelanhängern und Steinäxten.

Südostasiatische Staaten

Die Staaten, die sich vor dem Jahr 1000 in Südostasien bildeten, umfassten unterschiedlich große Territorien und waren dabei jeweils auf den Hof eines Oberherrn ausgerichtet; es waren dies die Königreiche von Champa in Vietnam und von Pagan in Birma, die Königreiche um Prambanan und Borobudur auf Java und der Khmer-Staat in der Region Angkor im Südwesten Kambodschas. Ihren Aufstieg verdankten diese Staaten vor allem Einflüssen aus Indien – durch Händler, wie sie seit Jahrhunderten durch das ganze Gebiet gereist waren.

Angelsächsischer Schmuck
Diese angelsächsischen Silberbroschen aus Galway wurden im 8. und 9. Jh. in Irland gefertigt.

800–1000

Königstempel

Im Khmer-Staat entstand im Laufe von über fünf Jahrhunderten eine Reihe von Tempeln und königlichen Tempelmausoleen, beginnend mit der Tempelpyramide von König Indravarman I. (877–889) in Bakong. Mit den Tempeln waren riesige rechteckige Teiche verbunden, die die Seen darstellten, die um die mythische Heimat Himalaja der Hindu-Götter gelegen sind. Sie dienten zudem auch als Bewässerungsreservoirs.

Wettstreit der Religionen

In ganz Südostasien wurden buddhistische und hinduistische Tempel gebaut – ein Beweis für eine religiöse Toleranz, die im damaligen Indien undenkbar war. Während der Hinduismus auf der indischen Halbinsel nun die vorherrschende Religion war, behauptete sich der Buddhismus in Teilen des Nordens von Asien und in Sri Lanka. Von allen regionalen Dynastien in Indien hatten die Cholas (Mitte des 9. bis 12. Jh.) im Süden den größten Einfluss, und sie gingen ausgiebige Handelsverbindungen mit Südostasien und China ein.

Der Buddhismus spielte eine wichtige Rolle in China und Japan, und einige der interessantesten frühen Schriften aus dem 9. Jh. sind buddhistische Inschriften aus den Höhlen des Buddha-Schreins in Dunhuang in Nordwestchina. Wandmalereien in Dunhuang und in den Adelsgräbern von Zentral- und Nordchina stellen weltliche Szenen wie auch Szenen aus dem Leben Buddhas dar und bieten so einen Einblick in den Alltag der späteren Tang-Zeit im 9. Jh.

Niedergang der Abbasiden

Noch im 9. Jh. erstreckte sich das Reich der islamischen Abbasiden-Kalifen von Pakistan bis Nordafrika. Doch allmählich nahm die Macht der lokalen Dynastien zu – schon um 800 hatten sich die Provinzen in Südspanien und Marokko als separate Staaten abgespalten. Gleichwohl überlebte eine starke kulturelle Einheitlichkeit: Dies war eine der bedeutendsten Epochen der Künste und der Wissenschaften im Islam.

Wikinger und Byzantiner

Während das byzantinische Reich im 10. Jh. eine kulturelle und politische Erneuerung erlebte, herrschte Zwietracht in den frühen mittelalterlichen Königreichen von Westeuropa. Die politische Haupteinheit, das karolingische oder heilige römische Reich, begann kurz nach dem Tod Karls des Großen (747–814) auseinander zu brechen, als seine Enkel einander bekämpften. Ende des 9. Jh. war das Reich in zwei Königreiche gespalten, den fränkischen Staat im Osten, Vorläufer des heutigen Deutschland, und das Königreich Frankreich im Westen. Im 9. und 10. Jh. litten diese Königreiche, wie auch die Reiche der Angelsachsen und der Kelten auf den britischen Inseln, unter den Raubzügen der Wikinger aus Skandinavien. König Alfred der Große (871–899) bewahrte seine Unabhängigkeit in Wessex, einem der ehemaligen angelsächsischen Königreiche von England, und seine Nachfolger im 10. Jh. setzten die Schaffung eines vereinten Königreichs in England fort.

Amerika

Militaristische Tolteken

Um 1000 übten die Tolteken über weite Bereiche Mesoamerikas ihren Einfluss aus. Ihre Hauptstadt war Tula im heutigen mexikanischen Bundesstaat Hidalgo. Sie erweiterten ihren Herrschaftsbereich durch Eroberungskriege, aber vor allem auch der Handel sorgte für die Verbreitung ihres Einflusses. In Tula fand man Keramik aus Maya-Regionen im Süden und sogar aus Costa Rica. Auch Funde wie die toltekischen Erzeugnisse in Casas Grandes in Nordmexiko belegen, wie ausgedehnt die Handelsnetze von Tula waren. Nach Tulas Untergang (1160) zogen die Tolteken zur Halbinsel Yucatán und in andere Gegenden von Mittelamerika.

Toltekenkrieger-Säulen, Tula

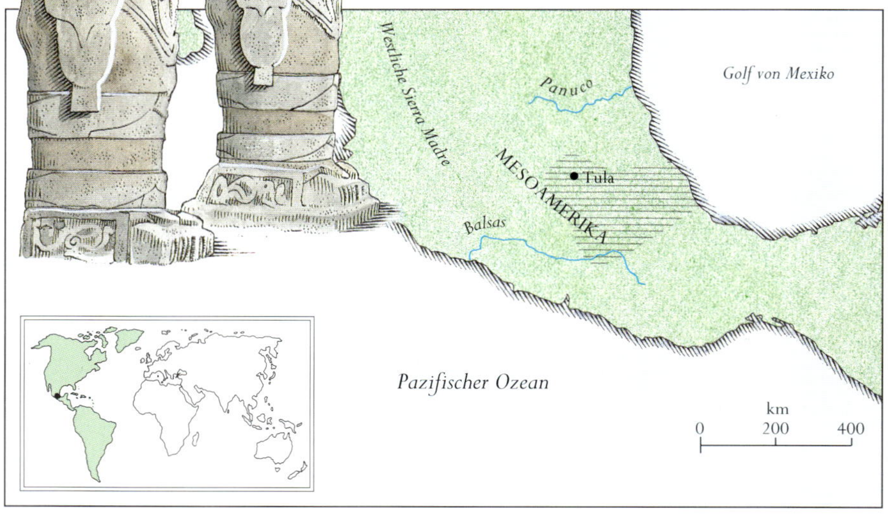

Afrika

Die Besiedlung Madagaskars

Die Insel Madagaskar vor Afrikas Südostküste wurde im späten 1. Jahrtausend von Seefahrern aus Südostasien besiedelt. Südostasiatische Einflüsse auf die madagassische Kultur sind stärker als die des afrikanischen Festlands. Bantu-Siedler, die später kamen, führten Viehhaltung und Eisenverarbeitung ein. Die ersten südostasiatischen Siedler kamen in Auslegerkanus und brachten Früchte wie Bananen und Papayas mit. Später gelangten diese Früchte vielleicht von Madagaskar aufs Festland, via Sansibar, wo sich Hinweise auf einen Kontakt fanden. Bald wurden die Früchte lebenswichtige Güter sogar in Westafrika.

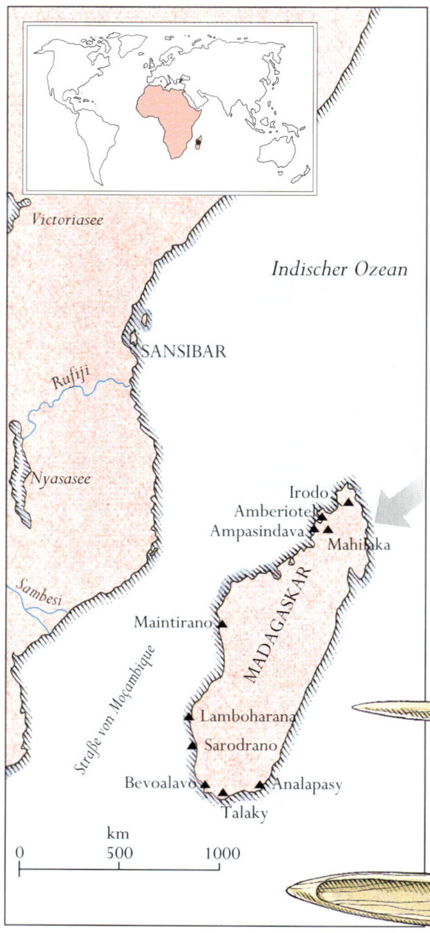

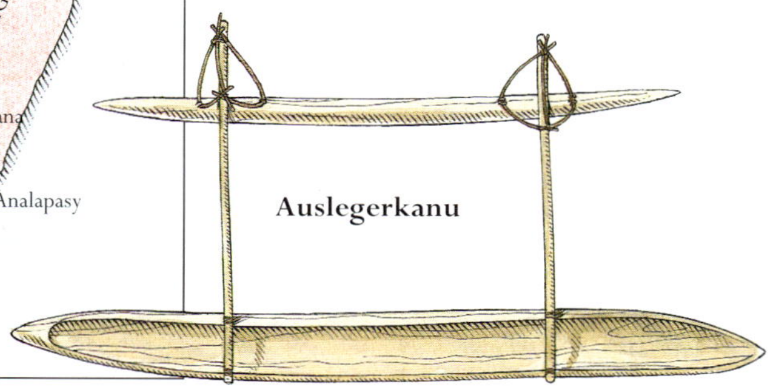

Auslegerkanu

1500

800–1000

Europa

Handelsrouten der Wikinger

Die Wikinger waren Händler und Siedler, die im 8. und 9. Jh. ihre großen Kenntnisse bei der Seefahrt zur Eröffnung ausgedehnter neuer Handelsrouten nutzten, die an den Küsten von Westeuropa verliefen und im Osten bis nach Konstantinopel (dem heutigen Istanbul). Die Wikinger gründeten Handelsstädte wie Dublin in Irland und kamen bis nach Island, Grönland und Neufundland. Als Piraten plünderten sie reiche christliche Klöster in Nordengland – und sie spielten eine wichtige Rolle bei der Entwicklung des russischen Staates mit dem Zentrum Kiew.

Wikingerhandelsschiff

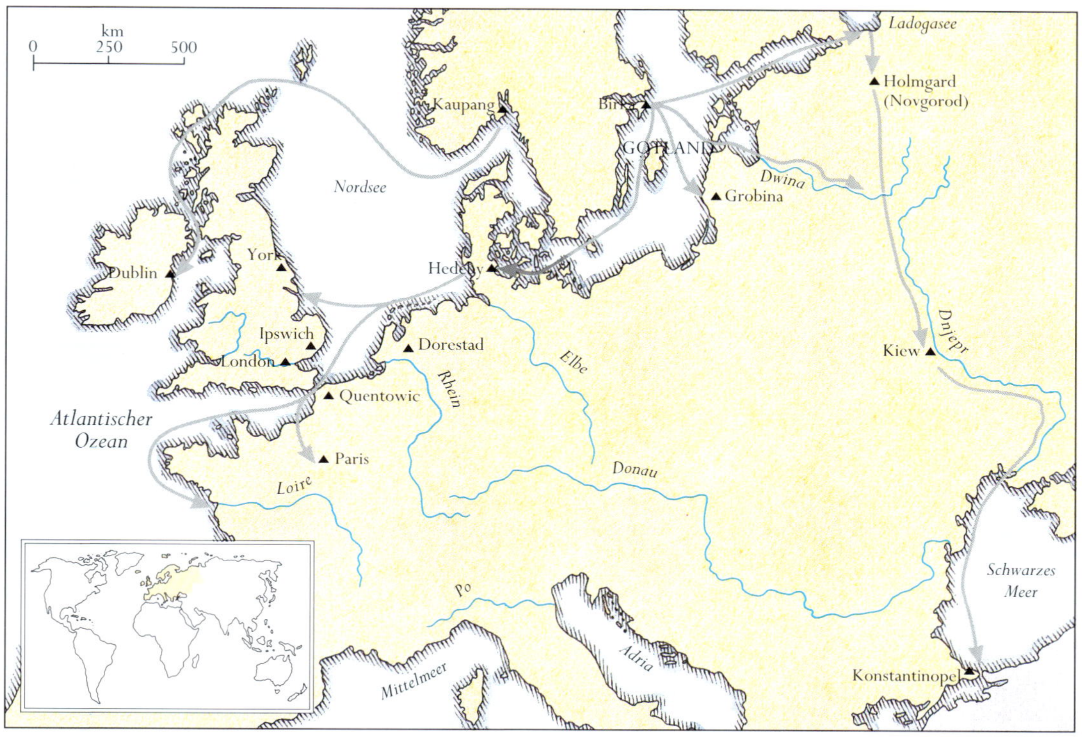

Vorderasien & Südasien

Indische Dynastien

Im 9. und 10. Jh. kämpften in Südindien rivalisierende Dynastien um die Vorherrschaft: die Pallavas, Pandyas und Cholas. 897 besiegten die Cholas die Pallavas, im frühen 10. Jh. dann die Pandyas. Bald herrschten die Cholas in ganz Südindien und eroberten unter Rajaraja I. (985–1014) auch das nördliche Sri Lanka. Dessen Sohn eroberte im frühen 11. Jh. Landbesitz bis zu den Malediven und nach Sumatra. Die Cholas unterhielten intensive Seehandelsverbindungen zu den Staaten in Südostasien und zu China. Die Zeit der Chola-Herrschaft ist auch berühmt für den Bau von Hindu-Steintempeln sowie für Stein- und Bronzeskulpturen wie diese vierköpfige Darstellung des Gottes Brahma.

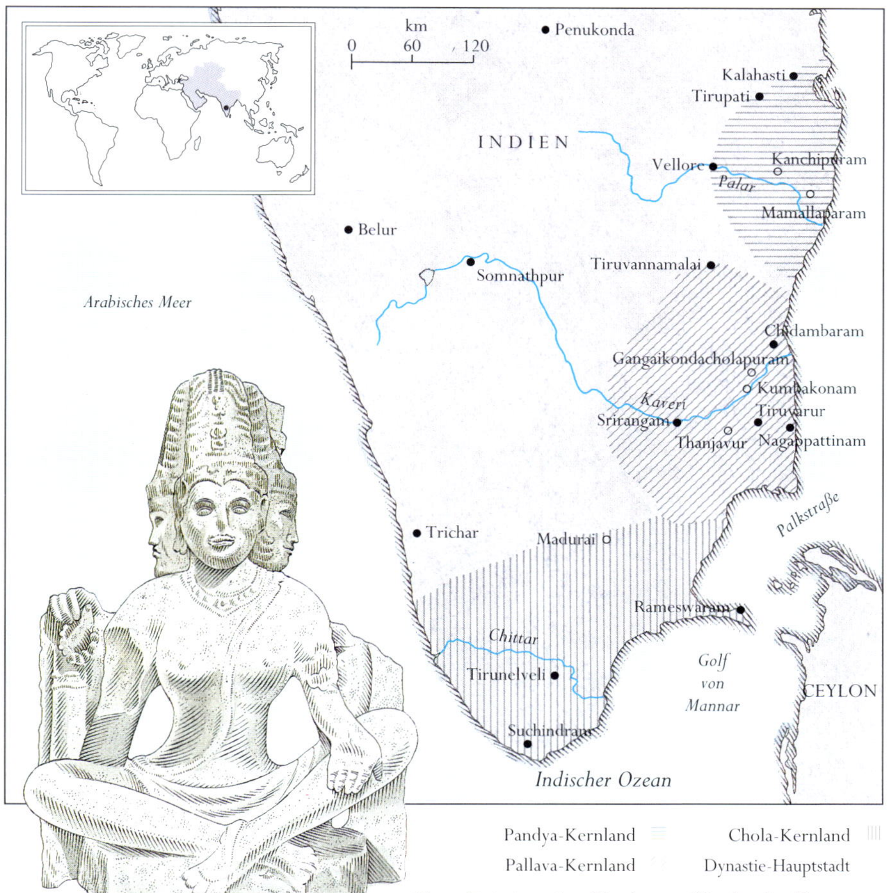

Granitstatue des Brahma, Chola, Indien

Ostasien & Australasien

Binnenhandel in Australien

Die australischen Aborigines hatten um 1000 ein ausgedehntes Netz geschaffen von Tausch- und Handelsrouten auch über erhebliche Entfernungen. Gegenstände wie Perlmuttanhänger, in die geometrische Muster geritzt waren und die für Zauberei und Rituale verwendet wurden, vertrieben sie über 4000 km. Steinäxte, *Pituri* (heimischer Tabak) und Ocker für Körper- und Höhlenmalerei wurden über eine Entfernung von bis zu 800 km weit gehandelt und dabei getauscht gegen Opossumfell-Umhänge, Speerschäfte und Spinifexharz, das z. B. zum Verkleben von steinernen Speerspitzen mit Holzgriffen diente. Die ersten Exportartikel (von Kap York auf die Inseln der Torresstraße) waren Speerspitzen aus Knochen und Speerschleudern für das Jagen von Dugongs (Seekühen).

Muschelanhänger, Nordterritorium, Australien

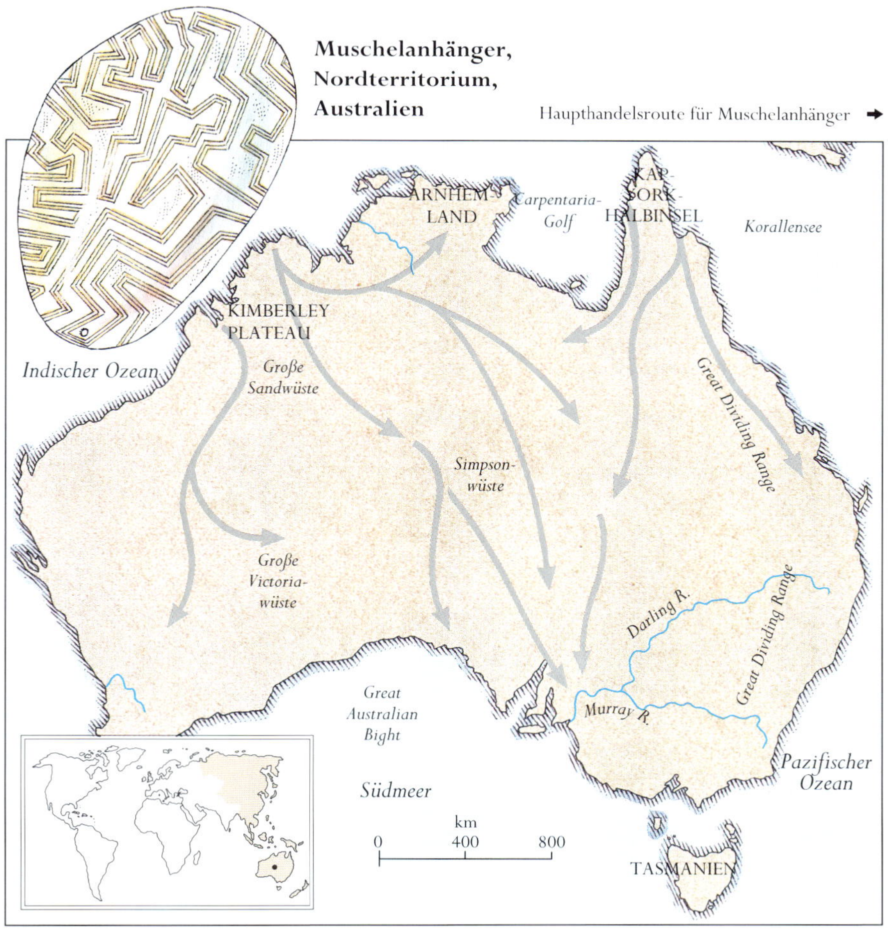

800–850

200 V. CHR.

	Ernährung & Lebensraum	Wohnen & Bauen

Amerika

Ernteerzeugnisse

Mais, die Hauptnahrung in Mesoamerika, war auch häufig Thema für Künstler, und das in verschiedenen Medien. Zahllose Gottheiten wurden mit Anbau, Ernte und Zubereitung von Mais symbolisch verbunden. Diese Keramikpfeife (um 850) versinnbildlicht die heilige Natur von Mais durch eine Maya-Gottheit, die aus einer Maispflanze herausragt.

Keramikpfeife, Insel Jaina, Campeche, Mexiko

Fünfstöckige Pyramide

Edzná, das Zeremonialzentrum der Maya in der Region Puuc auf der Halbinsel Yucatán in Mexiko, erlebte seinen Höhepunkt im 9. Jh., wurde aber nach 900 aufgegeben. Die Stadt war von einer Akropolis mit einer fünfstöckigen Pyramide beherrscht und hatte rund 30 Kanäle und 84 Wasserspeicher.

Pyramide, Edzná, Campeche, Mexiko

Ostasien & Australasien

Flugunfähige Vögel

Für die ersten Siedler, die Neuseeland im 9. oder 10. Jh. erreichten, waren die Riesenmoas eine leichte Beute. Diese bis zu 3 m großen flugunfähigen Vögel hatten bis dahin keine natürlichen Feinde, aber um 1500 waren alle 13 Moa-Arten vom Menschen ausgerottet.

Riesenmoa

Korallengepflasterter Tempel

Ein typischer hawaiischer *Marae* (Tempel) bestand aus einem korallengepflasterten Hof mit einer schmalen, mit Kalksteintafeln verkleideten Plattform an dem einem Ende. Auf ihr standen Korbgeflecht- und Holzbildnisse von lokalen Gottheiten oder von Ahnen, welche die Gemeinde verehrte. Der Stil war im Prinzip immer noch der gleiche, als Kapitän Cook die Inseln im 18. Jh. aufsuchte.

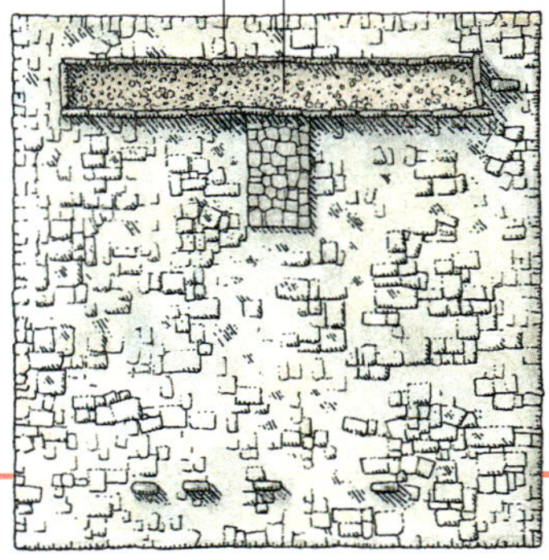

Grundriss eines Tempels, Hawaii

Vorderasien & Südasien

Tropische Feldfrüchte

Die Handelskontakte im islamischen Vorderasien brachten die Einführung immer neuer exotischer Heilmittel und Gewürze wie Kümmel mit sich, sowie neuer Feldfrüchte wie Reis, Sorghum, Zuckerrohr, Baumwolle, Wassermelonen und Auberginen. Einige dieser Tropenarten konnten im Sommer angebaut werden, was die Landwirtschaft revolutionierte.

Abbildung einer Kümmelpflanze in einem islamischen Kräuterbuch

Chola-Tempel

Die Cholas, von der Mitte des 9. bis zum 12. Jh. Hauptdynastie in Südindien, ersetzten die ältere Ziegelarchitektur der Hindus durch Steingebäude; eines der frühesten Beispiele ist ein kleiner einstöckiger Schrein auf einer rechteckigen Anlage in Narttamalai. Spätere Chola-Tempel waren meist reich verziert mit Motiven um den Hindugott Shiva und hatten einen bestimmten Standardgrundriss. Von einer Pfeilerhalle gelangte man in einen Schrein, über dem ein hohes konisches Gebilde mit kleiner werdenden Stufen aufragte. Einige Tempel besaßen auch einen Ziegelaufbau.

Europa

Schwerarbeit

Im 9. Jh. waren in Westeuropa meist von Ochsen gezogene Pflüge in Gebrauch, aber die Bauern harkten den Boden noch von Hand – eine mühsame Aufgabe, wie diese Abbildung aus der Grandval-Bibel zeigt.

Harkender Mann, aus der Grandval-Bibel, Frankreich

Königspalast

Die Königshalle auf dem Monte Naranco in Nordspanien gehörte zum Palast von Ramiro I. (er regierte von 842–850), dem christlichen Herrscher von Asturien. Sie bekundet ein neues Selbstbewusstsein der christlichen spanischen Königreiche, die die Muslime angriffen, welche den Süden seit 100 Jahren beherrschten.

Palasthalle, Monte Naranco, Spanien

Afrika

Anregende Nuss

Die Kolanuss diente ursprünglich als Stimulans und Aphrodisiakum in der Sahelzone von Westafrika (an der Grenze zum heutigen Mali und zu Mauretanien). In den westafrikanischen Tropenwäldern angebaute Kolanüsse wurden, in feuchte Blätter gewickelt, über Hunderte von Kilometern gehandelt. Ihr bitterer Geschmack war an heißen Tagen durststillend. Das war das einzige vom Islam nicht verbotene Anregungsmittel.

Kolanuss

Grashütten

In vielen Teilen Afrikas baute man Behausungen aus den vor Ort verfügbaren Materialien. Gedeckt waren sie meist mit den langen Gräsern und Schilfrohren der Savanne, die entweder gebündelt oder mit einem Rahmen aus Schösslingen verflochten wurden. Dies waren ideale Baumaterialien im heißen Tropenklima: Große Dächer boten Schatten, dünne, luftdurchlässige Graswände Abgeschiedenheit und Schutz vor Moskitos.

Erfindungen & Entdeckungen

Textilwerkzeuge
In den Andenkulturen bewahrten Weberinnen ihre Holzwerkzeuge in Weidenkörben auf, die dann oft samt den Werkzeugen zu ihren Grabbeigaben gehörten. Diese Praxis zeigt die Bedeutung der Textilherstellung in den Andengesellschaften.

Weberinnenkorb und Werkzeuge, Peru

Schiesspulver
Eine im 9. Jh. von chinesischen Alchemisten ausgegebene Warnung stellt den frühesten Beweis für die Erfindung eines explosiven Gemisches dar: Wer die Stoffe Salpeter, Schwefel und Holzkohle mische, riskiere es, eine Explosion zu erzeugen und sich den Bart dabei zu verbrennen. Die Alchemisten hatten das Schießpulver erfunden, auch wenn eine exakte Formel der Zutaten erst 1044 erschien. Frühe chinesische Knallkörper, mit denen böse Geister vertrieben wurden, enthielten kein Schießpulver – sie waren aus hohlen, an beiden Enden verstopften Bambusabschnitten, die explodierten, wenn sie ins Feuer geworfen wurden.

Förderer der Forschung
Die Kalifen der Abbasiden-Dynastie (750–1258), im Irak ansässige Herrscher des islamischen Reiches, förderten das Studium der Astronomie, Mathematik, Geometrie und Technik, zumal diese Forschung Handel und Seefahrt nützte. Gelehrte verbesserten u. a. das Astrolabium, ein ursprünglich von den Griechen erfundenes Navigationsinstrument. Hier ein Exemplar aus dem 14. Jh.

Islamisches Astrolabium

Münze Karls des Großen, Frankreich

Münze Karls des Kahlen, Frankreich

Fränkische Währung
Karl der Große, Kaiser des heiligen römischen Reiches von 800 bis 814, reformierte die fränkische Währung: Zwölf Silberdenare entsprachen einem Goldsolidus, 20 Solidi einem Pfund. Diese Werte hatten in England bis zur Einführung der Dezimalwährung 1971 Bestand. Unter Karls Nachfolgern drückte die Inflation das Gewicht des Denars von 1,7 g bis auf 1,3 g unter Karl dem Kahlen (er regierte 840–877).

Handel in Afrika
Im 9. Jh. hatten Hunderte von Kilometern auseinander liegende afrikanische Gemeinden regelmäßig Kontakt miteinander – sie handelten mit wichtigen Waren wie Korn und Prestigegütern wie Elfenbein und Kupferbarren. Diese die Waldgebiete und die Savanne verbindenden Handelsnetze wurden später die Basis für einen Handel im größeren Maßstab, der aufgrund der unersättlichen Nachfrage nach Gold, Elfenbein und Sklaven bis über die Sahara und den Indischen Ozean reichte. Die Verfügbarkeit exotischer Rohstoffe führte in vielen Regionen von Ost- und Westafrika zu neuen Techniken, wie dem Wachsausschmelzverfahren.

Kunst & Religion

Bildnisgefäss in Tiergestalt
Dieses Tierbildnisgefäß aus Keramik hat die Form eines stilisierten Pumas oder Jaguars. Es ist mit in einer Reservetechnik gemalten geometrischen Motiven verziert: Auf die helleren Flächen wurde Harz oder Wachs aufgetragen, sodass der Farbstoff nicht haftete. Über das kulturelle Leben der Gegend, in der dieses Gefäß gefunden wurde, ist wenig bekannt.

Bildnistopf, Tungarahua, Ecuador

Kaiserliche Mode
Wie kosmopolitisch das Tang-Reich in China (618–906) war, zeigen Grabwandmalereien und Figurinen, die ein lebhaftes Interesse an Mode veranschaulichen. Die Fürsten kleideten sich im türkischen Stil, mit Stiefeln und Pelzhüten; Frauen jagten und spielten Polo in europäischer Männerkleidung (Mänteln mit Revers und breitkrempige Hüte) oder sie trugen hochgeschnürte Kleider mit tiefem Ausschnitt. Im 9. Jh. war es schick, mollig zu sein – Grabfigurinen zeigen üppige Frauen in durchsichtigen Gewändern, mit kunstvollen, juwelenbesetzten Frisuren.

Arabesken
Skulpturenschmuck in Vorderasien ging meist auf die Klassik zurück. Doch in der neuen Abbasiden-Hauptstadt Samarra im Nordirak (gegründet 836) entwickelte sich ein Stil mit Facettierungen, der an zentralasiatische Holzarbeiten anknüpfte. Mit endlosen Wiederholungen und abstrahierenden Darstellungen, ausgeführt in Holz, Stuck und anderen Materialien, stellte er die reinste und früheste Form der Arabeske dar.

Geschnitztes Panel, Samarra, Irak

Die Tore von Walhall
Auf der schwedischen Insel Gotland wurden gemeißelte Bildsteine zum Gedenken an tote Wikingerkrieger errichtet. Sie zeigen Schlachten, Langschiffe und mythische Elemente wie den Einzug eines Kriegers in Walhall, wo ihn die ewige Seligkeit erwartete. Auf diesem Stein kommt ein toter Krieger auf dem achtbeinigen Pferd Sleipnir an die Tore von Walhall; er wird begrüßt von einer Walküre, die ihm ein Trinkhorn entgegenhält.

Bildstein, Gotland, Schweden

Elegante Glaswaren
Fein gearbeitete Glaswaren wurden in Nordafrika schon in der frühislamischen Zeit gefertigt, besonders in den reichen Provinzen Ägypten und Ifriqiyah (dem heutigen Tunesien). Viele Glasgegenstände dienten als Moscheelampen, andere zierten die Tafeln reicher und ziemlich verwöhnter Herrschaften. Beim Tafelgeschirr gab es elegante Schüsseln, die mit zart gemalten Schmuckstreifen und geometrischen und Blumenmotiven verziert waren.

Bemalte Glasschüssel, Nordafrika

850–900

200 V. CHR.

	Ernährung & Lebensraum	Wohnen & Bauen

Amerika

Tauschhandel

Die Tolteken in Mesoamerika trieben Handel mit den Anasazi und Hohokam im Südwesten Nordamerikas über Casas Grandes im Norden Mexikos. Die Güter wurden von Trägern transportiert, da es keine Zugtiere oder Fahrzeuge mit Rädern gab.

Träger auf Wandmalerei, Mesoamerika

Winterjagdlager

Seit etwa 900 zogen Menschen von ihren festen Dörfern in den Wäldern im östlichen Oklahoma aus in die westliche Prärie zur Winterjagd. In ihren kurzfristigen Winterlagern bewohnten sie vermutlich runde, kuppelförmige, mit Stroh gedeckte Bauten von etwa 5 m Durchmesser.

Winterhütte, Drumming Sauna, Oklahoma

Ostasien & Australasien

Nahrhafte Falter

Bogong-Falter waren im Sommer eine wichtige Nahrungsquelle für die Aborigines in den australischen Alpen im Südosten des Kontinents. Jedes Frühjahr verbrachten Millionen Falter vier Monate schlafend auf den Felsgipfeln. Die Aborigines kratzten sie ab und brieten sie. Die Falter, deren Unterleib so groß wie eine Erdnuss ist, haben einen öligen Nussgeschmack und enthalten viel Protein. Bei Initiationszeremonien, Hochzeiten und Handelszusammenkünften wurden große Mengen von ihnen verzehrt.

Bogong-Falter

Tempelkalender

Im Zentrum von Angkor, der von Yasovarman (von 889 bis 910 Herrscher des kambodschanischen Khmer-Königreichs) gegründeten Königshauptstadt, stand der Bakheng, das Tempelmausoleum des Königs. Von Mauern umschlossen und von einem breiten Graben umgeben, sollte der Bakheng eine komplexe kosmische Symbolik verkörpern – in ihrer vollkommenen Symmetrie standen die sieben Etagen für die sieben Himmel. Auf allen vier Seiten befanden sich jeweils 27 Türme für die Zahl der Tage im Mondzyklus, auf jeder der sieben Terrassen standen zwölf Türme, die die Monate des Jahres oder den 12-Jahres-Zyklus des Planeten Jupiter symbolisierten.

Vorderasien & Südasien

Süd-Nord-Gefälle

Der Feudalismus hatte Nordindien im 9. Jh. fest im Griff. Die für die Nahrungsproduktion zuständigen Bauern wurden wie Sklaven gehalten und durften das Land nicht verlassen. Ansonsten autonome lokale Grundbesitzer erhoben Steuern, um die zentrale königliche Verwaltung zu bezahlen. Es gab wenige Städte, der Handel ging zurück, und die Dörfer, deren Bevölkerung meist auf dem Land arbeitete, waren generell autark. Doch in Südindien blühte der Binnen- und Außenhandel: Araber und Juden organisierten den Seehandel mit dem Westen, während der Chola-Staat an der Ostküste eigene Schiffe zu den Staaten in Südostasien und nach China entsandte.

Spiralförmiges Minarett

Die Große Moschee, die größte Moschee im islamischen Reich, wurde vom Abbasiden-Kalifen al-Mutawakkil (er regierte von 847 bis 861) in der Abbasiden-Hauptstadt Samarra im Irak errichtet. Außerhalb der Nordwand der eigentlichen Moschee stand ein Minarett, dessen Außentreppe in Spiralen zu einem kleinen Thronraum an der Spitze führte.

Minarett der Großen Moschee, Samarra, Irak

Europa

Fruchtwechsel

Die Landwirtschaft in Nordwesteuropa erlebte in der Wikingerzeit mehrere einschneidende Veränderungen. Eine davon war im kalten, feuchten Klima von Südskandinavien der Anbau von Roggen, der viel verlässlichere Erträge brachte als die bisherigen Hauptfeldfrüchte Weizen oder Gerste. Wichtig war auch die Drei-Felder-Wirtschaft, in der das Ackerland in drei Blöcke unterteilt war: für Wintersaaten, für Frühjahrssaaten und in Brachen. Jedes Jahr erfolgte ein Wechsel, damit die Felder in jedem dritten Jahr ihre Fruchtbarkeit teilweise wieder regenerieren konnten. Die Ertragssteigerungen durch dieses System veranlassten seine Übernahme in vielen anderen Teilen Nordwesteuropas im 9. und 10. Jh.

Romanische Abtei Corvey, Höxter, Deutschland

Romanische Kirchen

Eindrucksvolle Kirchen im romanischen Stil wurden im 9. Jh. in Frankreich und in Deutschland gebaut – die ersten wirklich großartigen Gebäude in diesen Regionen seit dem Zusammenbruch des römischen Reiches 400 Jahre zuvor. Typisch für die Epoche war die Errichtung eines massigen Turmkomplexes am Westende der Kirche, wie bei der Abtei Corvey in Höxter an der Weser.

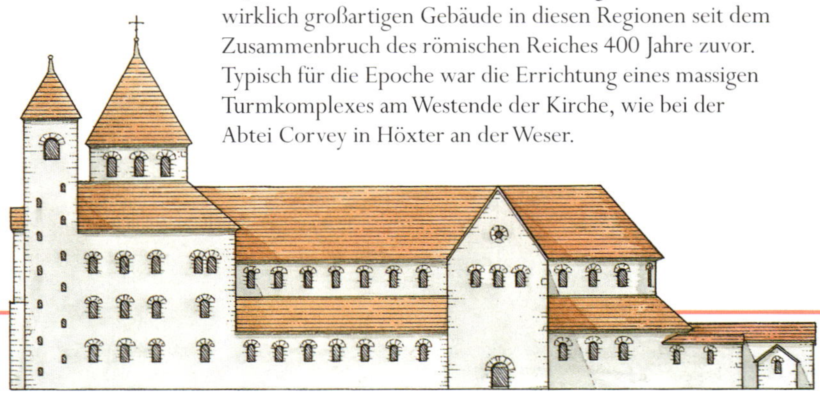

Afrika

Bananen

Bananenhandel

Bananen wurden vor etwa 2000 Jahren ins tropische Ostafrika aus Südostasien via Madagaskar eingeführt. Der Bananenhandel war eine der Grundlagen für die Entwicklung der ersten Städte an der ostafrikanischen Küste seit dem 9. Jh. Bananen blieben auch in späteren Jahrhunderten der Schwerpunkt des Handels über den Indischen Ozean.

Aus Schlammziegeln

Jenne-jeno, am Südrand des Nigerdeltas in Westafrika, hatte in den Jahrhunderten vor dem Jahr 1000 zwischen 5000 und 10 000 Einwohner. Die Stadtmauer aus runden Schlammziegeln war bis zu 11 m breit und rund 2 km lang; sie umschloss Häuser mit rundem wie auch mit quadratischem Grundriss. Jenne-jeno war die größte von über 40 Siedlungen mit Häusern aus Schlammziegeln im Umkreis von 25 km. Ihre Bewohner lebten von Fischfang und Reisanbau und unterhielten Handelskontakte entlang dem Niger, mit Gold- und Salzhändlern aus der Sahara und zunehmend mit islamischen Kaufleuten aus dem Norden.

Erfindungen & Entdeckungen

Jadeamulette

Apfelgrüne Jade aus Guatemala und Südmexiko wurde von den Maya sehr geschätzt; oft schnitzten sie Amulette, die die Form des Steines aufnahmen. Hier zwei Stücke aus der Zeit von etwa 900 – rechts ein Herrscher in typischer Sitzhaltung, links der Kopf eines Adligen oder Priesters mit maskenartigem Kopfschmuck.

Maya-Jadeschnitzereien, Mexiko

Ältestes gedrucktes Buch

Das früheste bekannte, vollständig im Holzhochdruck erstellte Buch mit Holzschnitten als Illustrationen ist das *Diamant-Sutra* aus China (868). Es bestand aus sieben zusammengeklebten, insgesamt über 5 m langen Papierrollen und war in Buchform doppelt gefaltet. Frontispiz wie auch Kalligraphie lassen auf hoch entwickelte Holzschnitt- und Drucktechniken schließen.

Frontispiz aus dem *Diamant-Sutra*, Dunhuang, Gansu, China

Lüsterdekor

Inspiriert von Importen aus China machten die Kunsthandwerker beim Keramikdekor in Vorderasien rasch Fortschritte. Die Verzierung mit Lüster (einem extrem dünnen Metallüberzug) wurde ein typisches Merkmal vorderasiatischer Keramik.

Schale mit bemaltem Lüsterdekor, Samarra, Irak

Eisenschwerter

Wikingerkrieger hatten Eisenschwerter von außergewöhnlicher Qualität – die besten wurden von Schwertschmieden in England oder im Rheinland hergestellt. Schwertklingen waren generell zweischneidig mit einer leicht abgestumpften Spitze. Einige waren mit Einlegearbeiten und reich verzierten Griffen versehen. Schwerter wurden eher zu Hieben als zu Stößen verwendet; man trug sie in verzierten Scheiden.

Wikingerschwert

Hochwassersteuer

Die islamischen Gouverneure von Ägypten, die vom Kalifat in Samarra im Irak berufen wurden, errichteten 861 einen neuen Nilometer zur Messung des alljährlichen Nilhochwassers. Er wurde auf Roda gebaut, einer Nilinsel nahe dem Zentrum des heutigen Kairo, und war vom Mathematiker Ahmad ibn-Muhammad konstruiert worden. Die Vorrichtung bestand aus einer quadratischen, mit Steinen ausgelegten Grube, die durch Tunnel mit dem Fluss verbunden war. In der Mitte der Grube stand eine Säule mit einer Gradeinteilung, auf der die Höhe des Hochwassers ermittelt wurde. Es war der neueste aller Nilometer, die bis dahin von verschiedenen ägyptischen Regierungen zur Steuerbemessung errichtet worden waren, und zwar nach folgendem Prinzip: Je höher das Hochwasser, desto mehr Land wurde überschwemmt und war deshalb für den Anbau gut geeignet, und umso höher fielen die Steuereinnahmen des Staates aus.

Kunst & Religion

Statussymbole

Häuptlinge in Honduras trugen zeremonielle Steinäxte als Status- und Tapferkeitssymbole im Krieg. Diese möglicherweise einen Häuptling darstellende Keramikbüste zeigt eine kleine, über der Schulter getragene Steinaxt. Sie ist typisch für die damals in ganz Mittelamerika benutzten Äxte.

Keramikbüste, Honduras

Weihehandlung

Groß angelegte Teiche und Reservoire waren ein herausragendes Merkmal früher kambodschanischer Tempelkomplexe. Im mächtigen Khmer-Königreich mit Angkor als Zentrum wurde für spätere Generationen von König Indravarman (877–889) das Muster vorgegeben, der den rechteckigen, 3,3 km langen und 700 m breiten Indratataka-Teich erbauen ließ. Dieses gigantische Bauvorhaben war 150-mal größer als jedes bislang erbaute Reservoir und enthielt ca. 10 Mio. m³ Wasser. Teilweise wurde es wohl zur Bewässerung und für den häuslichen Bedarf verwendet, doch der Indratataka hatte auch eine religiöse Bedeutung – er stand für die Gebirgsseen um den mythischen Thron der Hindugötter im Himalaja. Der Bau dieses Teiches war also nicht nur eine großartige technische Leistung, sondern auch eine Weihehandlung.

Holzschnitzerei

Die frühe indische Kunst und Architektur ist meist verschwunden, da sie in vergänglichen Materialien wie Holz, Textilien und Rinde ausgeführt war. Unter günstigen Bedingungen blieben aber einige Stücke erhalten, wie diese verzierte Holzsäulenbasis aus der Smats-Höhle in Kaschmir.

Holzsäulenbasis, Smats-Höhle, Kaschmir

Angelsächsisches Meisterwerk

Das Alfred-Jewel, ein Meisterwerk angelsächsischen Kunsthandwerks, enthält die glasierte Figur eines Mannes, der durch die geschliffene Oberfläche aus Bergkristall deutlich sichtbar ist. Das Schmuckstück ist nach einer altenglischen Inschrift auf der Goldfassung benannt – »Alfred hat dies gemacht«. Vielleicht hat es ja tatsächlich Alfred dem Großen gehört, König von Wessex in Südengland von 871 bis 899.

Das Alfred-Jewel, England

Altargefäß aus Bronze, Igbo Ukwu, Nigeria

Bronzekunstwerke im Grab

Die Grabstätte aus dem 8. oder 9. Jh. in Igbo Ukwu, Nigeria, belegt den Reichtum der örtlichen Elite. Der verstorbene Würdenträger trug seine Zeremonialgala und hatte mindestens fünf Begleiter bei sich, die geopfert worden waren; zudem fand man herrliche Bronzekunstwerke, so etwa Altargefäße mit Filigrandekor.

900–950

200 V. CHR.

	Ernährung & Lebensraum	Wohnen & Bauen

Amerika

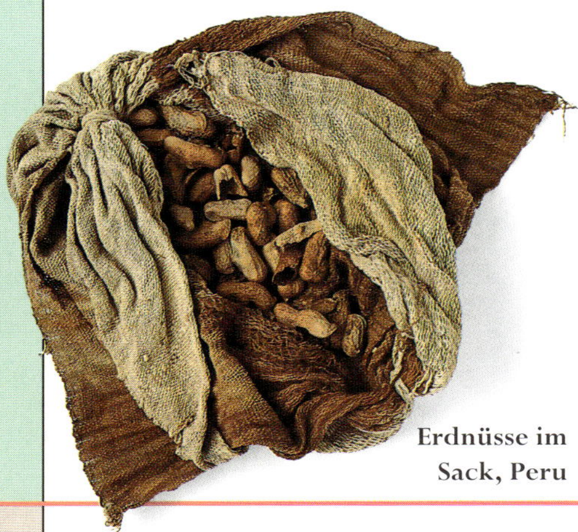

Erdnüsse im Sack, Peru

Bodenerhaltung

Die Bodenerosion in den Anden war und ist der schlimmste Feind der Landwirtschaft in dieser Region. Da es dem Boden an Feuchtigkeit und Fruchtbarkeit mangelt, verhindert dies den Anbau von wichtigen Feldfrüchten wie etwa Erdnüssen. Um die Erosion in Schach zu halten, entwickelten Agrargemeinschaften verschiedene Strategien zur Bodenerhaltung wie die Errichtung terrassierter und gestufter Felder und den Fruchtwechsel.

Hügelkomplex

Die komplexeste Siedlung im östlichen Nordamerika war die Toltec-Anlage im zentralen Arkansas. Ihr Name geht zurück auf eine falsche Zuschreibung aus dem 19. Jh. zu den Tolteken von Mexiko, die Anlage wurde aber von Angehörigen der Plum-Bayou-Kultur errichtet. Als bedeutendes religiöses Zentrum bestand sie aus mehreren Grab- und Plateauhügeln und einer großen Böschung, die als Befestigung diente. Um 900 wurde sie aufgegeben.

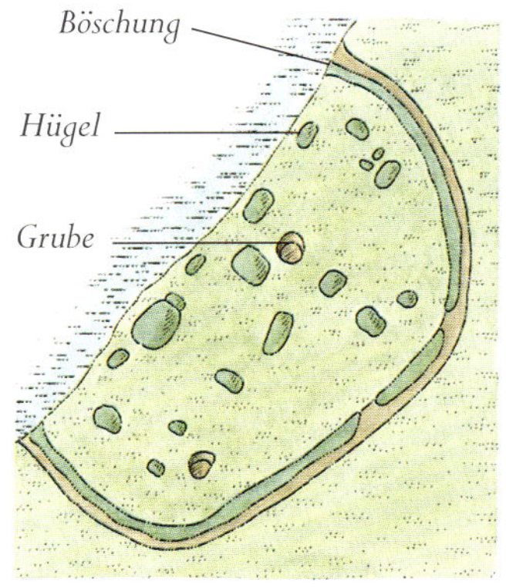

Grundriss der Toltec-Anlage, Arkansas

Ostasien & Australasien

Landwirtschaftssteuern

In Kambodscha waren das Khmer-Königreich und sein Heer bei der Nahrung auf die Versorgung durch die Bauern angewiesen. Diese wurde über ein System von Steuern geliefert, die wegen des Fehlens einer Währung in Naturalien zu bezahlen waren. Die Bauern mussten daher neben der Deckung ihres Eigenbedarfs einen erheblichen Überschuss erzeugen. In unmittelbarer Nähe von Angkor, der Khmer-Hauptstadt, war dies durch die außergewöhnliche natürliche Fruchtbarkeit des Tieflands um den Tonle-Sap-See sehr leicht zu schaffen. Der See trat jedes Jahr über die Ufer, und alljährlich gab es auf dem nach der Überschwemmung zurückbleibenden fruchtbaren Schlick drei oder vier Reisernten. Beamte schätzten die Qualität des Grundbesitzes und hielten sie in Grundregistern fest.

Pagoden

Dass die chinesische Pagode verschiedene architektonische Wurzeln hat, spiegelt sich in deutlich in den zwei dominanten Stilen wider. Einige Pagoden wie diese hier hatten einen indischen buddhistischen Prototyp – hohle Steingebäude, verziert mit buddhistischen Motiven. Andere Pagoden knüpften an die alte Tradition chinesischer Wachtürme an – mehrstöckige Ziegel- oder Steinbauten mit einem zentralen Treppenhaus und Gängen, die in jeder Etage zu Fenstern und Türen führten.

Pagode, Qixia-Tempel, Nanjing, Jiangsu, China

Vorderasien & Südasien

In Land investieren

Unter günstigen Umweltbedingungen etwa auf den fruchtbaren Ebenen Mesopotamiens war die Landwirtschaft eine attraktive Möglichkeit, ein Einkommen aus der Investition von Kapital zu erzielen – eine Alternative zu den üblicheren Formen der Investition in Handels- und kaufmännische Unternehmen. Dies galt besonders für die Zeit zwischen 886 und 893, als der Seehandel durch einen Sklavenaufstand im Südirak unterbrochen war. Neue Landgüter wurden vom Iran bis zur Mittelmeerküste errichtet, um Feldfrüchte wie Reis, Zuckerrohr und Baumwolle zu produzieren, für die Kapital investiert werden musste. Das Erscheinen umfassender Bücher über Landwirtschaft wie etwa *Kitab al-filaha al-Nabatiyya* (»Nabatäische Landwirtschaft«) von Ibn Wahshiyya im Irak (904) war symptomatisch für diesen Trend zu einer mehr profitorientierten Agrarwirtschaft.

Islamische Mausoleen

Mausoleen gab es in Vorderasien ab dem 10. Jh. Am beliebtesten waren sie in Ägypten, aber sie wurden auch in Zentralasien gebaut, so in dem von der Samaniden-Dynastie (874–979) beherrschten Gebiet, dessen Hauptstadt Buchara im heutigen Usbekistan war.

Samaniden-Mausoleum, Buchara, Usbekistan

Europa

Kiefernzweig

Rodung der Wälder

Im 10. Jh. begann sich die Wirtschaft Westeuropas nach den unsicheren Jahren der Barbarenraubzüge allmählich zu erholen. Bei Dunum in Ostfriesland etwa wurden große Mischwaldgebiete gerodet, um auf diese Weise genügend Platz für neue Dörfer zu schaffen.

Baumaterialien vor Ort

Konstruktion und Baumaterial der Wikingerhäuser hingen von örtlichen Gegebenheiten ab. Dieses Haus aus der Wikingerstadt Haithabu in Norddeutschland hatte eine Holzrahmenkonstruktion mit Wänden aus verputztem Geflecht. Die äußeren Pfosten standen schräg auswärts, um den Wänden und dem Reetdach zusätzlichen Halt zu geben.

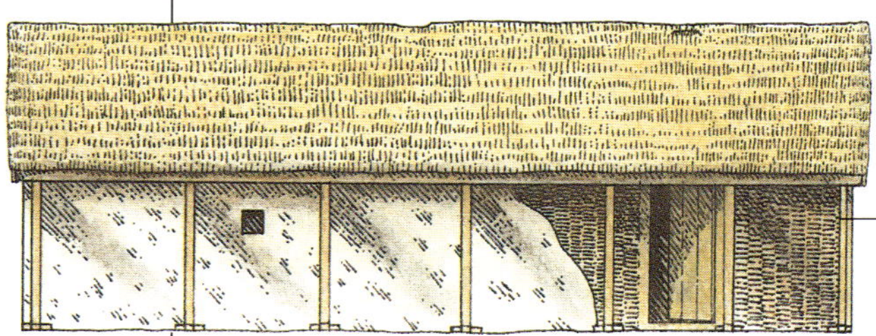

Wikingerhaus, Haithabu, Deutschland

Afrika

Milchgefäß, Zentralafrika

Milchviehhaltung

Rinder waren lebenswichtig für die frühen Landwirtschaftskulturen in den Grasländern des zentralafrikanischen Plateaus. Milch wurde als wichtiges Nahrungsmittel in beutelförmigen Gefäßen mit nach außen gestülpten Rändern gesammelt und aufbewahrt. Möglicherweise waren die Prototypen dieser Gefäße aus Leder gewesen.

Viehgehege

Die frühen Bauern in Südafrika waren ständig von Löwen und anderen Raubtieren bedroht. Ab dem 10. Jh. errichteten sie deshalb ovale Viehgehege wie dieses hier in Leopard's Kopje in Simbabwe, bei dem die groben Steinmauern mit Dornbüschen besetzt waren, um Eindringlinge abzuhalten. Solche Gehege waren die Vorläufer der ausgefeilteren Steinarchitektur in späteren Jahrhunderten.

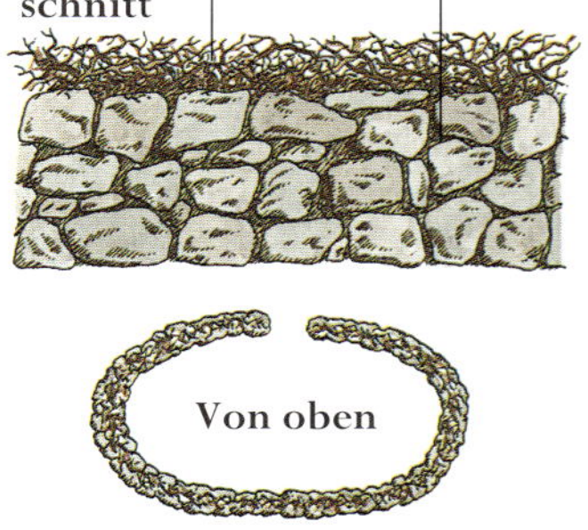

Viehgehege, Leopard's Kopje, Simbabwe

Erfindungen & Entdeckungen

Pfeilschaftglätter, Mimbres Valley, New Mexico

Werkzeugherstellung

Gerillte Schleifwerkzeuge aus Stein wurden zum Formen und Glätten von Pfeilschäften oder zum Zuspitzen von Ahlen verwendet. Sie waren meist tragbar, zuweilen aber auch direkt aus dem Grundgestein herausgehauen. Dieses tragbare und beachtlich symmetrische und fein verarbeitete Werkzeug stammt aus dem Mimbres Valley in New Mexico, vermutlich aus dem frühen 10. Jh., als die Talbewohner dort auch auffallend verzierte Keramik produzierten.

Kunst & Religion

Opfertische

Keramikopfertische aus der panamaischen Region Chiriquí in Mittelamerika ähneln den dort in Vulkanablagerungen gefundenen Holztischen. Diese oft aus einem einzigen Baum geschnitzten Tische haben häufig die Form stilisierter Tierfiguren, die an die Goldarbeiten aus Veraguas in Panama erinnern.

Keramikopfertisch, Chiriquí, Panama

Die Verbreitung der Schrift

Die Koreaner hatten die chinesische Schrift im 7. Jh. übernommen und brachten sie dann später nach Japan. Im 10. Jh. entwickelte man in Khitan, einem Königreich an der Nordostgrenze Chinas, ein Schriftsystem, das auf 3000 für die Khitan-Sprache modifizierten chinesischen Zeichen basierte. 1036 übernahmen es die Mongolen. Doch chinesische Zeichen eigneten sich nur für eine flexionslose Sprache, aber nicht für eine mehrsilbige mit komplizierter Grammatik. Später gab man diese Mischform auf: Die Koreaner schufen ein neues Alphabet, die Mongolen übernahmen ein vom Aramäischen abgeleitetes alphabetisches System.

Arabisches Alphabet

Die von älteren semitischen Alphabeten abgeleitete arabische Schrift war in Mekka schon vor Mohammed in Gebrauch. Mehrere fließende arabische Schriftstile waren aufgrund der Aufzeichnungen des Korans entstanden, und im 10. Jh. gab es dann eine unglaubliche Vielfalt. Abu Ali Ibn Muqlah, ein 940 verstorbener Wesir unter den Kalifen in Bagdad, erfand geometrische Prinzipien für die sechs Hauptschriften – ein seither bestehendes System.

Polynesische Religion

Auf den polynesischen Inseln insgesamt und zuweilen sogar in verschiedenen Gemeinden auf derselben Insel gab es unterschiedliche Religionen. In Ostpolynesien hießen die vier Hauptgottheiten Tangaroa (mit dem Meer verbunden), Rongo (Kriegsgott), Tu (mit dem Gartenbau verbunden) und Tane (Gott der Wälder und der Zeugung). Die Religion beherrschte fast jedes Gebiet des polynesischen Handwerks, und viele Spezialisten wie Holzschnitzer und Kanubauer waren auch Priester.

Persönliche Andacht

Die Andachtskulte der Hindus (die sich ausschließlich auf eine einzige Gottheit konzentrierten) wurden in ganz Indien immer beliebter. Im Norden herrschten Kulte vor, die Vishnu und seinen einzelnen Inkarnationen, vor allem Krishna, geweiht waren. In Südindien betete man vor allem Shiva an. Wegen der zunehmenden Starrheit der brahmanischen Orthodoxie, mit ihrer stärkeren Betonung der Kastenreinheit, waren Andachtskulte für Angehörige unterer Kasten besonders attraktiv.

Bronzestatue von Vishnu, Indien

Spielbrett, Ballinderry, Irland

Brettspiele

Dieses in Irland gefundene hölzerne Spielbrett wurde vermutlich im 10. Jh. auf der Isle of Man hergestellt. In den Löchern steckten kleine Spielfiguren aus Holz, Knochen oder Elfenbein. Dieses Brettspiel war vielleicht so ähnlich wie »Wolf und Schafe«, bei dem man den Gegner in die Enge zu treiben sucht.

Heiden und Christen

Noch im frühen 10. Jh. wurden die Wikingerkönige von Dänemark und Schweden unter großen Grabhügeln nach heidnischer Tradition begraben, obwohl das Christentum hier bereits verbreitet war. In Jelling, der dänischen Hauptstadt, flankierten zwei große Hügel eine christliche Kirche. Der eine ist die ursprüngliche Ruhestätte des Heidenkönigs Gorm des Alten (er regierte um 940–950). Der andere ist ein leeres Ehrengrabmal, von Gorms Sohn und Nachfolger Harald Blauzahn (er regierte um 950–984) erbaut, der zum Christentum konvertiert war. Harald ließ die Leichname seiner Eltern aus ihrem Grabhügel holen und in der Kirche bestatten, in der auch er schließlich begraben wurde.

Salzhandel

Salz war wichtig für afrikanische Bauern, die sich vorwiegend von Kohlehydraten ernährten. Sie gewannen Salz durch Kochen von Schilf und Gräsern, bevorzugten aber Natriumsulfat. Natriumsulfatquellen waren rar und daher wirtschaftlich wertvoll. Salz wurde aus der Sahara in die Sahelzone (an den Grenzen des heutigen Mali und Mauretanien) und ins tropische Westafrika gebracht und gegen Gold, Elfenbein und Kolanüsse getauscht. Mit der Einführung von Kamelen aus Arabien im 1. Jahrtausend nahm der Salzhandel stark zu.

Dekorative Schrift

Die nach der heiligen Stadt Kufa im Südirak benannte kufische Schrift war eine dekorative Version des Arabischen, die im 10. Jh. in Nordafrika weit verbreitet war. Sie eignete sich speziell für die ornamentale Verwendung auf Panelen mit geometrischem Schnitzdekor oder in Manuskripten wie diesem – hier ist die Schrift aus Blattgold. Die eckige kufische Schrift ließ sich leichter schnitzen als die übliche schwungvolle Schrift.

Blatt aus einem Koran in kufischer Schrift, Tunesien

950–1000

	Ernährung & Lebensraum	Wohnen & Bauen

Amerika

Ernährung & Lebensraum

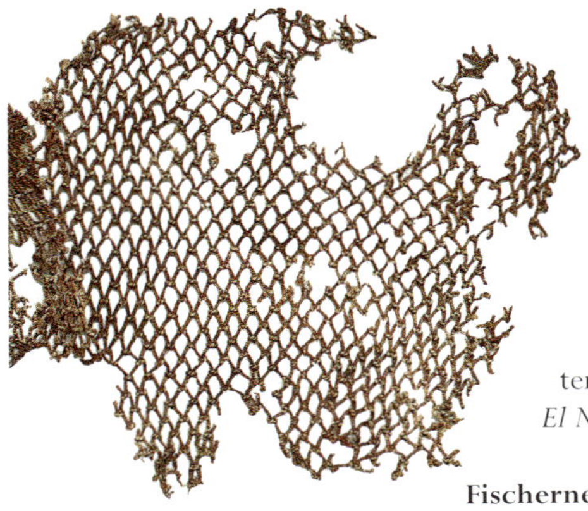

Fischernetz, peruanische Küste

Klimatische Störung

Immer wieder wurde das Fischen an der Pazifikküste von Peru durch schwere klimatische Störungen ein paar Monate bis mehrere Jahre lang unterbrochen. Ursache waren warme Strömungen, die die marine Kaltwasserfauna zerstörten. Dieses Klimaphänomen heißt *El Niño* (das Kind).

Wohnen & Bauen

Hochlandhauptstadt

Marcahuamachuco, eine mächtige Hochlandhauptstadt in der nördlichen Sierra von Peru, war ein regionales Handels- und Verkehrszentrum. Die Bewohner entwickelten eine besondere Architektur für öffentliche wie für private Bauten: rechteckige Umfriedungen für Häuser und runde *Colcas* (Speichergebäude für Nahrungsmittel). Befestigte Stadtmauern schützten zudem vor Überfällen kriegerischer Gruppen wie den Cuismancu.

Rechteckige Umfriedung, Marcahuamachuco, Peru

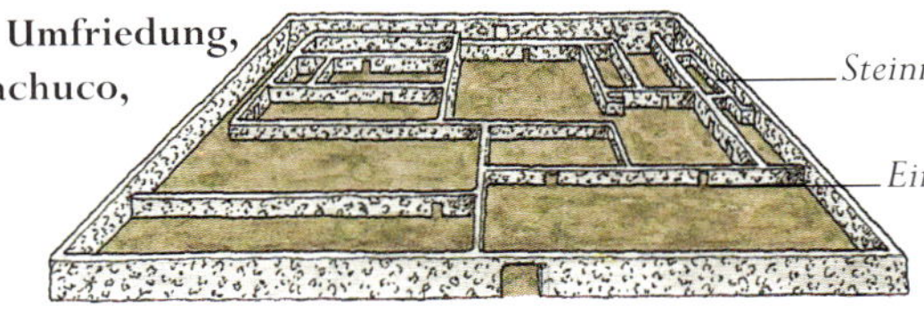

Ostasien & Australasien

Teetrinken

Tee wurde im 10. Jh. ein beliebtes Getränk in China, nachdem er Jahrhunderte lang privilegierten Schichten vorbehalten gewesen war. Produktion und Vertrieb von Tee wurden staatlich kontrolliert, aber er behielt seinen besonderen Status – wichtig waren die Qualität der Blätter und das kunsthandwerkliche Design der Gefäße, in denen er serviert wurde.

Teeblätter

Inselhäuser

Die Bewohner der Osterinsel, der östlichsten der polynesischen Inseln, lebten in quadratischen oder in rechteckigen Häusern, deren Basis zuweilen mit Steinen eingefasst war. Der Überbau war vermutlich ein Rahmen aus Holzpfeilern, die zu einem sehr einfachen Gewölbe gebogen und zusammengebunden wurden, das mit einem Schilf- oder Grasdach bedeckt war. Die meisten Siedlungen bestanden aus zwei oder drei solcher Häuser, dazu gab es Felder und einfache Ritualplattformen, sie waren das privat genutzte Gegenstück zum *Ahu* (der zeremoniellen Steinschreinplattform). Trotz der geringen Größe der einzelnen Siedlungen waren Teile der Osterinsel dicht besiedelt – in einer bestimmten Region fand man immerhin 400 Hausfundamente aus der Zeit zwischen 800 und 1300.

Vorderasien & Südasien

Der Feudalismus

Der Niedergang des mächtigen Abbasiden-Reiches, das Vorderasien 200 Jahre lang beherrscht hatte, leitete im 10. Jh. eine Zeit der Instabilität und eine Unterbrechung bei der Landwirtschaft ein. In Syrien und im Irak bedrohten beduinische Wüstennomaden die einheimische Bevölkerung, besonders in den verstreuten ländlichen Gemeinden. Es setzte eine Landflucht ein sowie gleichzeitig eine Entvölkerung von Städten wie Basra, Kufa, Wasit und Mosul, was die Ausbreitung von Epidemien zur Folge hatte. Die Lage verschlimmerte sich noch in der zweiten Hälfte des 10. Jh.: Eine 945 an die Macht gekommene neue Dynastie führte ein feudales Landpachtsystem zur Bezahlung ihrer Söldner ein. Die Pächter gingen keine finanziellen Verpflichtungen ein, und es gab keinerlei Investitionen. Ausgelaugtes Land wurde gegen neuen Grundbesitz getauscht, und die Bewässerungssysteme verfielen.

Eine komplexe Trompe

Die früheste komplexe Trompe (eine über einer Ecke zur Stützung einer größeren Kuppel errichtete Halbkuppel) befindet sich in einem Mausoleum in Tim, bei Samarkand in Usbekistan in Zentralasien. Bei dieser Nachfolgerin der iranischen Trompe war die Last gleichmäßig auf mehreren *Muqarnas* (kleineren Elementen) verteilt.

Trompe aus mehreren Muqarnas, Tim, Usbekistan

Europa

Exotische Früchte

Die Ausdehnung des islamischen Reichs über Nordafrika (um 680) und nach Spanien (um 800) brachte viele neue Gemüse und Früchte nach Südeuropa. Im 10. und 11. Jh. tauchten erstmals Spinat, Auberginen, Reis und Melonen – alle aus Südasien – im Mittelmeerraum auf, zusammen mit neuen Baumfrüchten wie Zitronen, Orangen und Mangos.

Orange, Zitrone und Mango

Fluchttürme

Schlanke, rund 30 m hohe Türme wurden in Irland in der Zeit der Wikingerüberfälle gebaut; die schönsten stammen aus dem 10. und 11. Jh. Sie wurden neben Kirchen und Klöstern als Zufluchtstätten und als Magazine für Kirchenschätze errichtet. Die Türen hoch über dem Boden konnten nur über eine einziehbare Leiter erreicht werden.

Rundturm, Glendalough, Irland

Afrika

Kokosnussprodukte

Kokosnüsse waren ein wichtiges Nahrungsmittel für ostafrikanische Küstengemeinden. Ein paar Jahrhunderte zuvor aus Südostasien eingeführt, wurde um 1000 aus ihnen auch Wein bereitet. Die Palmen lieferten zähe Fasern für Matten und Schiffstaue und zum Abdichten von Schiffsrümpfen.

Kokosnüsse

Umfriedeter Wohnbereich des Lozi-Häuptlings, Sambia

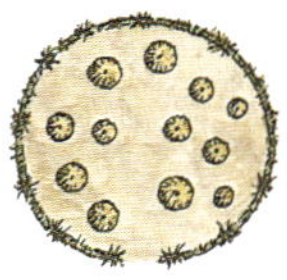

Grundriss

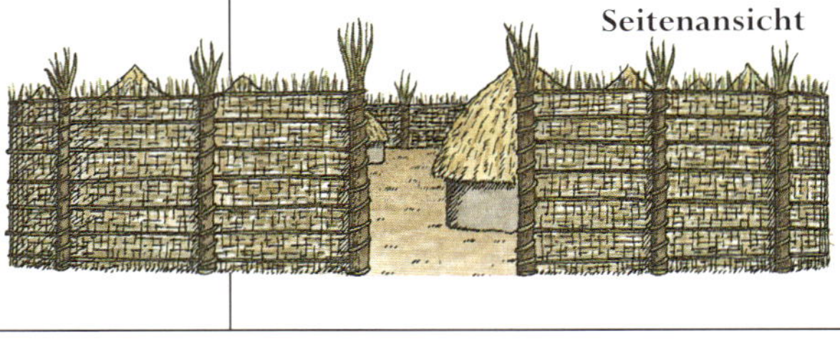

Seitenansicht

Häuptlingsresidenzen

Als in Südafrika um 1000 aus ehedem auf Gleichheit ausgerichteten Gesellschaften Häuptlingsreiche wurden, zogen sich die Stammesführer zurück und lebten praktisch völlig abgeschieden hinter hohen Umfriedungen aus Gras, getrocknetem Schlamm oder Stein. An diesem Ort sprach der Häuptling Recht und hielt wichtige Zeremonien ab. Noch heute wohnt der Litunga, der oberste Häuptling der Lozi im westlichen Sambia, hinter einer ähnlichen Umfriedung.

1500

950 – 1000

Erfindungen & Entdeckungen

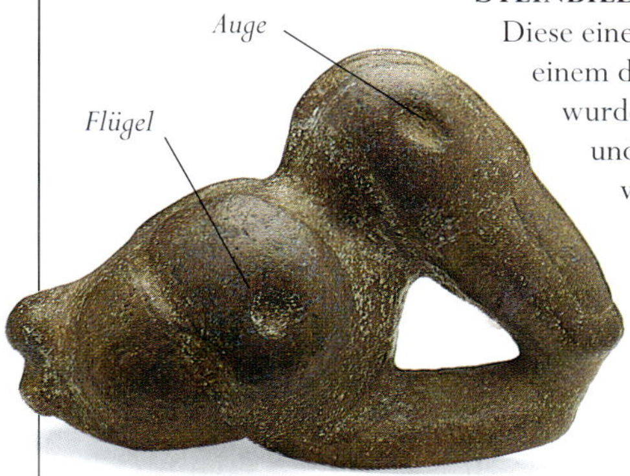

Steinbildnisse

Diese einer Ente ähnelnde Skulptur aus einem dichten rotbraunen Sandstein wurde in Puerto Rico zwischen 950 und 1500 hergestellt. Sie diente vielleicht als Kopf einer Kriegskeule oder als Häuptlingssymbol. Farbspuren zeigen, dass Kopf und Flügel blau waren und dass der Körper weiß war.

Vogelbildnis, Puerto Rico

Steinbrüche

Die Steinbrüche im Vulkankrater des Rano Raraku im Zentrum der Osterinsel waren erstmals im 10. oder 11. Jh. in Betrieb. In den nächsten 700 Jahren wurden etwa 1000 der berühmten Osterinselstatuen aus dem gelbbraunen Vulkangestein hergestellt. Da es keine Metallwerkzeuge gab, mussten die Bildhauer mit Basalthämmern arbeiten. Die Statuen wurden im Steinbruch bearbeitet und dann vom Vulkanabhang mit einem Seilsystem über ein Holzgerüst am Kraterrand herabgelassen.

Steinbruch, Rano Raraku, Osterinsel

Bildungszentrum

Während der Buddhismus in Ostindien weiterhin eine Blüte erlebte, war er in anderen Landesteilen auf dem Rückzug. Buddhistische Klöster wie das in Nalanda bei Patra waren für lange Zeit bedeutende wirtschaftliche und kulturelle Zentren mit Bibliotheken voller religiöser Texte und der theologischen Unterweisung durch die Mönche. Im 10. Jh. wurde das umgebaute und erweiterte Kloster in Nalanda schließlich das Hauptbildungszentrum für ganz Nordindien.

Königliche Münzanstalt

Die Währung im angelsächsischen England wurde im 10. Jh. streng vom Staat kontrolliert, der Münzen aus Münzanstalten nur in einer Hand voll größerer Städte ausgab. Außer den Münzen selbst, die meist den Namen des Herstellungsortes tragen, fand man auch Prägeformen sowie Probeprägungen auf Bleistreifen.

Prägeform und Probeprägung, York, England

Weben

Baumwolle wurde in tief liegenden Flusstälern in Ost- und Südafrika angebaut. Auf einfachen Webstühlen webte man sie zu grobem Tuch. Die Weber durchbohrten Tonscherben in der Mitte und verwendeten sie als Spindelgewichte. Aus gefärbter Baumwolle erzeugten sie bunte, meist geometrische Muster. Das Weben war besonders wichtig an der ostafrikanischen Küste, aber die besten Gewebe wurden noch immer aus Vorderasien importiert.

Kunst & Religion

Polychrome Keramik

Mit seinen drei vogelförmigen Beinen, seiner Form, den Motiven und den vielen Farben ist dieses Gefäß von der Insel Ometepe typisch für die damalige Keramik in weiten Teilen von Nicaragua und Costa Rica. Der künstlerische Stil wurde stark beeinflusst durch Handelskontakte mit Zentren der Maya-Kultur im Norden.

Polychromes Gefäß, Nicaragua

Glasiertes Steingut

Die Produktion von bei extrem hohen Temperaturen gebranntem Steingut erreichte ihren Höhepunkt in den Yue-Brennereien in Zentralchina. Diese aus sehr feinem Ton hergestellten Gefäße hatten eine dünne, silbrig grüne Glasur und waren zum Teil mit Ritzdekor verziert. Sie waren wegen ihrer Haltbarkeit geschätzt und wurden auf die Philippinen, nach Indonesien, Ägypten und zum Persischen Golf exportiert.

Yue-Steingutkrug und -vase, China

Bronzefiguren

Tragbare Bronzebildnisse von Gottheiten wie hier von Shiva wurden in Ost- und Südindien für die Zurschaustellung bei religiösen Prozessionen in großer Zahl produziert, und zwar nach dem Wachsausschmelzverfahren. Die Bronzen aus dem Norden waren hohl, aber die unter der Chola-Dynastie (9. – 12. Jh.) im Süden hergestellten waren massiv – ein Anzeichen für den gewaltigen Reichtum dieser Region.

Chola-Bronzefigurine von Shiva, Südindien

Byzantinische Kunst

Das 10. Jh. war ein großes Zeitalter der byzantinischen Kunst, als sich – gefördert durch Handelsbeziehungen und Ehebündnisse – die kulturellen Einflüsse von Byzanz nach Norden bis in die slawischen Länder auswirkten – ebenso wie nach Westen entlang der Handelsrouten bis nach Venedig. Hier wurde im 11. Jh. die Basilika von St. Markus wieder aufgebaut und mit Goldmosaiken im byzantinischen Stil verziert. Das Beispiel links zeigt den berauschten Noah nach der Sintflut.

Goldmosaik, Basilika St. Markus, Venedig, Italien

Tonfiguren

Die Menschen im heutigen Simbabwe schufen zur damaligen Zeit stilisierte Tier- und Menschenfiguren in Ton. Manche dienten wohl als Kinderspielzeug, aber andere waren vermutlich Fruchtbarkeitssymbole für Pflanz- und Ernterituale sowie für Regenzauberzeremonien. Ähnliche Figuren stellten zur gleichen Zeit Stämme nördlich vom Sambesi und in Südafrika her. Es gab auch eine Holzschnitztradition, wahrscheinlich zur Fertigung von Figuren und kunstvollen Zeremonialmasken.

PUEBLODÖRFER

200 V. CHR.

Die Wüsten und Hochwälder im Südwesten Nordamerikas wirken wie unwirtliche Regionen; man kann sich kaum vorstellen, dass sich hier Agrargesellschaften entwickelten, und das Jahrhunderte vor der Erfindung moderner elektrischer Pumpen und Tiefenbrunnen. Doch um 700 wurden aus kleinen Blöcken benachbarter Räume die ersten Pueblos – wie die spanischen Eroberer im 16. Jh. die großen Wohndörfer nannten, auf die sie stießen. Um 1000 bestanden dann viele Pueblos aus 200 oder mehr Räumen. Eines der spektakulärsten Ensembles von Pueblos gab es im Chaco Canyon im Nordwesten von New Mexico. Mehrere große Bauten mit jeweils Hunderten von Räumen wurden hier an einem kleinen Bach errichtet. Jedes dieser Pueblos war auf die Kontrolle über das Wasser angewiesen. Um Regen aufzufangen und zu den Feldern zu leiten, wurden Dämme und Bewässerungssysteme errichtet.

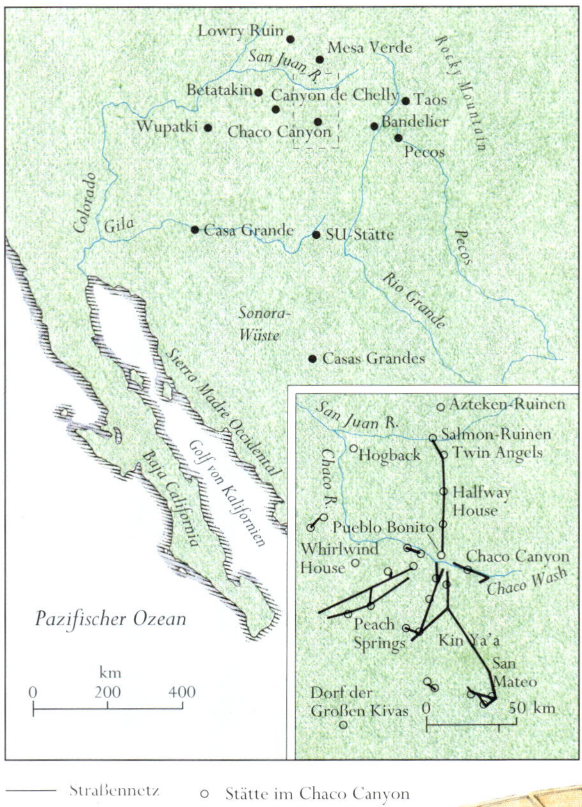

PUEBLOSTÄTTEN *links*
Bedeutende Stätten der verschiedenen südwestlichen Kulturen gibt es in der Region, die Arizona, New Mexico, das südliche Utah und Colorado, das nördliche Sonora und Chihuahua in Mexiko umfasst. Zwischen 900 und 1140 wurde ein beachtliches Straßennetz im Nordwesten von New Mexico (*kleine Karte*) um den Chaco Canyon angelegt. Die Straßen verliefen über Hunderte von Kilometern durch Wüsten- und Canyonland. Da Packtiere außer Hunden fehlten und der Fußverkehr relativ spärlich war, ist es noch heute ein Rätsel, warum die Straßen 9 bis 10 m breit und kilometerlang schnurgerade waren.

MEHRSTÖCKIGES GREAT HOUSE *unten*
In der Sonora-Wüste um die heutige Stadt Phoenix, Arizona, bauten Angehörige der Hohokam-Kultur (von 1 – 1450) Grubenhausdörfer und später (um 1300) mehrstöckige Gebäude. Diese »Great Houses« spiegeln architektonische Einflüsse aus Nordarizona wider, wo große mehrräumige Gebäude üblich waren. Casa Grande ist das einzige noch bestehende Great House.

Rekonstruktion des Pueblo Bonito, New Mexico

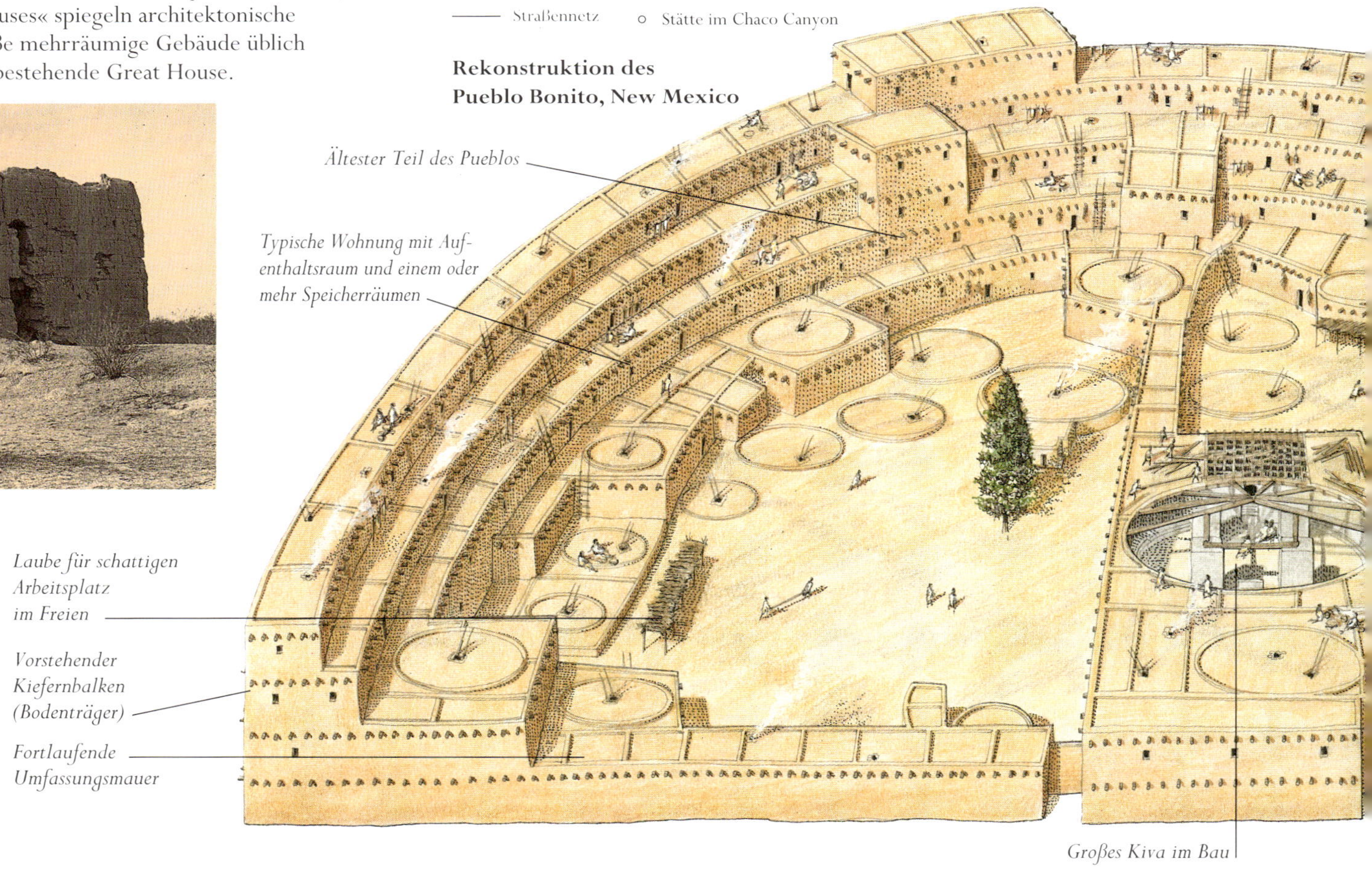

MAUERWERKSTILE *unten*
Beim Bau der Pueblos im Chaco Canyon wurde eines der feinsten Mauerwerke in Nordamerika verwendet. Die kunstvoll platzierten kleinen Steine in den Außenmauern sind umso bemerkenswerter, da sie nicht sichtbar, sondern mit einer Gipsschicht bedeckt waren.

Mauerwerk mit gleich großen Steinen

Große und kleine Steine

STEIN UND MÖRTEL *unten*
Die Wände des Pueblo Bonito waren aus Stein und Schlammmörtel, die Fußböden und Dächer aus Balken und Querbalken, die mit Schichten aus Rinde und Weidenmatten und zuletzt mit einer Erdschicht bedeckt waren. Die Baumethoden änderten sich kaum, obwohl spätere Räume sorgfältiger angelegt waren und auch mehr Wert auf Details gelegt wurde.

Querschnitt durch Fußboden und Wand

DORFLEBEN IM PUEBLO BONITO *oben und rechts*
Das Pueblo Bonito, eines der größten und komplexesten Pueblos, wurde zwischen 900 und 1150 vielleicht als Verwaltungs- oder Religionszentrum erbaut. Die Agrargemeinschaft, die hier in enger Nachbarschaft lebte, achtete besonders auf Wetteränderungen. Man bestellte Felder und verrichtete Hausarbeiten auf den Puebloterrassen. Zu den Haushaltstätigkeiten zählten das Mahlen und Speichern von Mais und anderen Feldfrüchten, die Zubereitung von Mahlzeiten, ferner Töpferei, Weben, Wasserholen und auch Kindererziehung. Eine im Alltag präsente Spiritualität hielt die Gemeinschaft zusammen. Rituale wurden in den *Kivas* oder Zeremonienräumen (*rechts*) vollzogen – die Menschen baten die Götter um Regen, der die Ernte und das Wohlergehen sicherte. *Kivas* dienten auch als Versammlungsorte und als Arbeitsstätten für Weber.

1500

800–1000

Handwerk und Handel

Neben der täglichen Haus- und Landarbeit waren die Pueblobewohner eine Gemeinschaft von Kunsthandwerkern. Sie bearbeiteten vielerlei örtliche, aber auch exotischere Materialien, die nur durch Fernhandel erworben werden konnten. Zu den Materialien im Pueblo Bonito gehörten verschiedene Fasern zum Weben, Ton zum Töpfern, Knochen, Muscheln, Holz, Lignit (eine Kohleform) und viele Steinarten. Türkis war besonders wichtig, da er in Mexiko sehr geschätzt wurde und die Bewohner der Pueblos ihn gegen tropische Vogelfedern und andere exotische Dinge aus dem Süden tauschen konnten.

Türkisanhänger und unbearbeitete Steine

Vogelbildnis aus hellgrünem Türkis

Knochenkratzer

Einlegearbeit aus Türkis und Lignit

Muschelhalsband

Jede Muschelscheibe ist einzeln angefertigt und durchbohrt.

Lignitring

Muschelanhänger und -scheibchen

Unbearbeitete Seemuschel

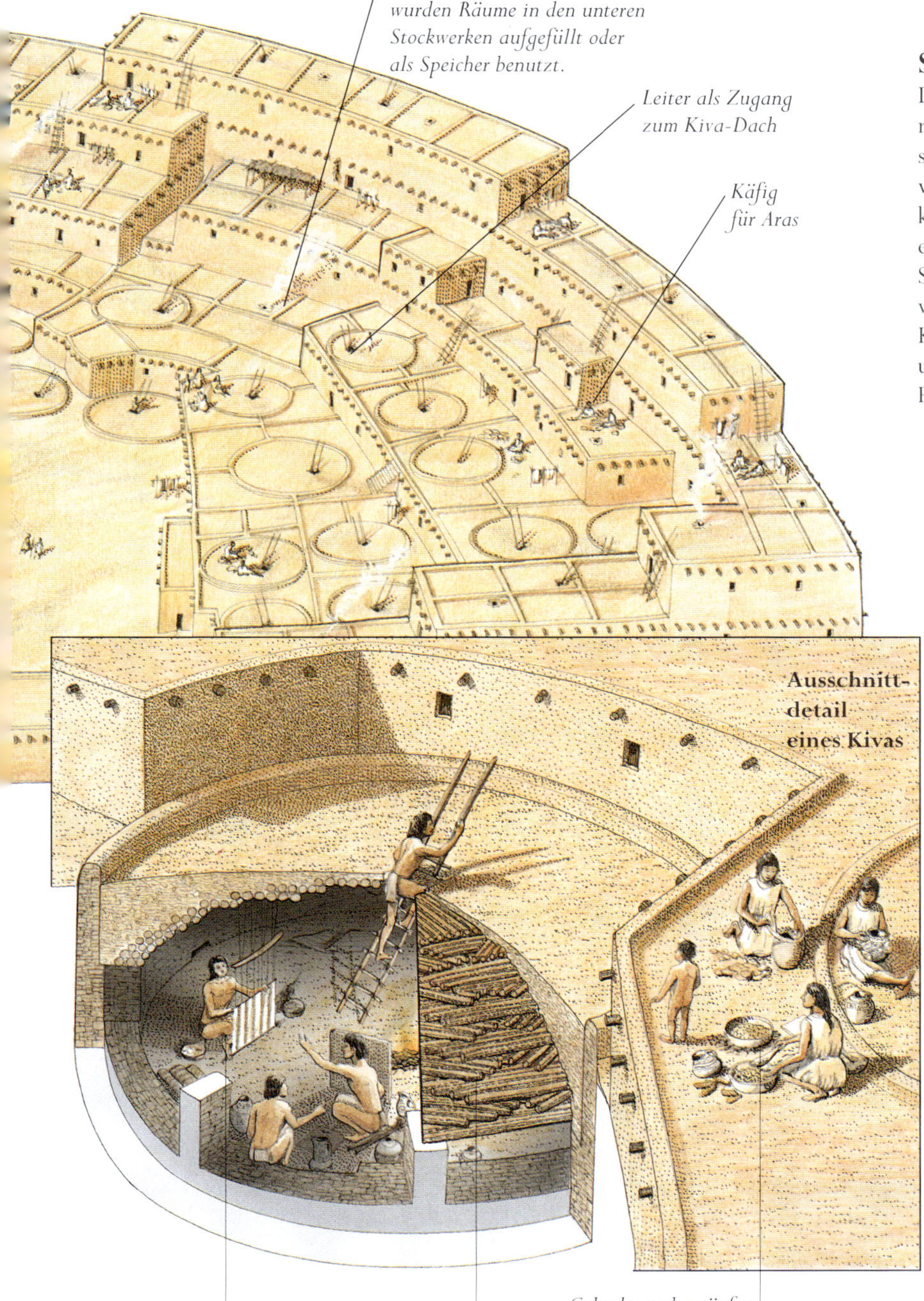

Schlangenfigur *rechts*
Diese Klapperschlangenfigur fand man in den Sand- und Schuttablagerungen in einem Raum am Ostende des Pueblo Bonito. Klapperschlangen sind in der Region Chaco Canyon weit verbreitet und tauchen in der Zeremonialkunst vieler Pueblos auf. Die aus einer Baumwollwurzel geschnitzte Schlange ist schwarz bemalt, mit weißen Mustern. Später hielt man Klapperschlangen in Verschlägen und verwendete ihr Gift für Pfeilspitzen.

Klapperschlangenfigur aus Holz

Gemusterte Keramik *rechts*
Die Sinagua aus einer zentralen Region im Norden Arizonas, westlich vom Chaco Canyon, produzierten rote Töpferware, die geometrische Muster mit menschlichen Formen kombinierte und sich sehr von der schwarzen und weißen Keramik des Chaco Canyon unterschied. Die Sinagua lebten bis 1075 in Grubenhausdörfern und übernahmen dann den mehrstöckigen Pueblobaustil.

Sinagua-Schüssel, Arizona

Handelskontakte *rechts und unten*
Besonders faszinierend sind die Belege für den Handel des Chaco Canyon mit Mexiko. Die Archäologen sind sich nicht einig, wie sehr die Tolteken und andere Kulturen Hunderte Kilometer südlich des Chaco Canyon diese und andere Pueblos beeinflusst haben. Man weiß jedoch, dass mexikanische Kaufleute den Menschen im Chaco Canyon Kupferglöckchen und lebende hellrote Aras aus den Tropenwäldern mitbrachten.

Kupferglöckchen

Araschädel

Flügel eines hellroten Ara

KAPITEL 17

EROBERUNGEN & KREUZZÜGE 1000–1250

Die Kreuzritter erobern Jerusalem und errichten christliche Königreiche in der Levante.

Die frühen Königreiche Südostasiens erreichen den Höhepunkt ihrer Macht.

Im östlichen Nordamerika entwickeln sich große Städte.

Die Mongolen bringen Vorderasien und China unter ihre Kontrolle.

Die Savannen-Handelskönigreiche in Westafrika erleben eine Blüte.

Im 11. und 12. Jh. gab es wichtige neue Entwicklungen in vielen Teilen der Welt. Im Pazifik begannen die Bewohner der Osterinsel die berühmten Steinstatuen aufzustellen. Andernorts wurden eindrucksvolle religiöse Bauwerke errichtet: die gotischen Kathedralen in Westeuropa und die hinduistisch-buddhistischen Tempel in Südostasien. Südlich der Sahara entstanden in Westafrika wohlhabende Handelskönigreiche, die durch Karawanenrouten mit den islamischen Staaten an der Küste Nordafrikas verbunden waren. Im östlichen Nordamerika wurden große Städte mit charakteristischen Grab- und Kulthügeln gebaut.

Christliche Architektur

In Europa war im 12. und 13. Jh. die Macht aufgeteilt zwischen weltlichen Adligen und kirchlichen Würdenträgern wie Bischöfen und Äbten. Kathedralen und Klosterkirchen bekundeten die Bedeutung der religiösen Autorität. Um 1100 wurde der romanische Architekturstil vom gotischen Stil abgelöst mit den für diesen Stil typischen Strebebögen und Pfeilern. Die Räume dazwischen waren mit herrlichen Buntglasfenstern gefüllt. Immer mehr Klöster entstanden, und viele Mönchsorden wie die Kluniazenser und Zisterzienser wurden gegründet. Die für den Bau der Kathedralen erforderlichen Mittel stammten großenteils aus der Landwirtschaft, doch auch Handel und Handwerk nahmen zu, und in vielen Regionen gab es von einer Stadtmauer umgebene Städte mit wohlhabenden Kaufmannsgemeinschaften. In Südeuropa spielte der Handel eine noch bedeutendere Rolle, und italienische Städte wie Pisa und Venedig wurden dank des Handels mit Vorderasien ungeheuer reich und mächtig. Sie unterstützten auch ein Heer von Kreuzrittern, das beflügelt war vom religiösen Eifer, die heiligen Stätten von den Muslimen zurückzugewinnen, und deshalb in der Levante (dem Küstenstreifen von Syrien, Libanon und Israel) einfiel und 1099 Jerusalem eroberte. Die Kreuzritter, meist Adelsherren und deren Gefolgsleute aus Westeuropa, gründeten eine Reihe von Staaten in der Levante und errichteten dort Burgen und Kathedralen. Das christliche Königreich Jerusalem bestand bis 1291, obwohl die Stadt selbst bereits 1187 von den Heeren des muslimischen Helden Saladin zurückerobert worden war.

GESCHICHTEN AUS DER BIBEL
Die Buntglasfenster gotischer Kathedralen wie hier in Chartres in Frankreich stellen fast immer Geschichten aus der Bibel und Szenen aus dem Leben von Heiligen dar.

SKULPTURENSCHMUCK
Steinerne *Nagas* (mythische Tiere, halb Mensch, halb Schlange) schmücken neben vielen anderen Skulpturen den Hindu-Tempel von Angkor Wat in Kambodscha.

Tiersymbolik
Dieses Gefäß aus Georgia ist mit einer Klapperschlange mit Falkenflügeln und Hirschgeweih verziert – am Mississippi Symbole für die Unterwelt, den Himmel und die Erde.

Wichtige Ereignisse 1000–1250

1000 Steine für erste Statuen auf der Osterinsel werden abgebaut.

1050 Größte nordamerikanische Stadt entsteht in Cahokia.

1055 Seldschuken erobern Bagdad.

1099 Kreuzritter erobern Jerusalem.

1160 Tolteken-Hauptstadt Tula in Mesoamerika wird zerstört.

1187 Muslime unter Saladin erobern Jerusalem zurück.

1200 Untergang des Königreichs Ghana, Westafrika

1211 Erste Mongoleneinfälle nach China

1000 1050 1100 1150 1200 1250

Ausgedehnte Königreiche

Die frühen Königreiche in Südostasien erlebten ihren Höhepunkt zwischen dem 11. und 13. Jh. In bedeutenden Zentren wie Pagan in Birma und Angkor, der Hauptstadt des Khmer-Königreichs in Kambodscha, wurden immer größere und schönere Hindu- und Buddha-Tempel gebaut. Szenen auf den Steinrelieffriesen der Angkor-Tempel zeigen Heere im Kampf und feindliche Flotten, die von Khmer-Soldaten auf dem Mekong zurückgetrieben werden, sowie königliche Feste und Zeremonien.

Werden und Vergehen von Kulturen

Die größte Stadt, die im Mississippital im zentralen Nordamerika entstand, war Cahokia – sie hatte rund 10 000 Einwohner. In ihrem Zentrum gab es eine ganze Reihe von Kulthügeln und -plazas. Es gab hier noch weitere Hügel, in denen die lokale Elite bestattet wurde. Im Südwesten Nordamerikas war dies die Blütezeit der Pueblos im Chaco Canyon, in der Mitte des 12. Jh. begann dann ihr Niedergang. Die Fläche des nutzbaren Ackerlands in der Region ging von 1050 an aufgrund schwankender Regenmengen zurück. Während die Bevölkerung in manchen Gegenden weniger wurde, wuchsen Siedlungen wie die Felsbehausungen von Mesa Verde immer weiter. Doch ab 1250 führte die schwindende Wasserversorgung dazu, dass große Gebiete des Südwestens verlassen wurden.

In Mexiko wurde die Tolteken-Hauptstadt Tula am Ende des 12. Jh. zwar verschiedene Male gebrandschatzt und geplündert, sie blieb aber bis ins 16. Jh. bewohnt.

Scheibe mit gepunzten Punkten stellt ein Ohrgehänge dar.

Begräbnismasken
Die Chimu an der Nordküste Perus fertigten große Gold- und Silberblechmasken, mit denen sie die Gesichter mumifizierter Leichen bedeckten.

Um 1000 mischte sich in der Region Oaxaca die Mixteken-Kultur mit der Kultur der Zapoteken und drängte sie dann zurück. Die Mixteken, die geschickte Metallhandwerker und Keramiker waren, gründeten ein wichtiges Zentrum in Tilantongo. Währenddessen errichteten die Chimu an der Nordküste Perus große Städte und erweiterten ihre Hauptstadt Chanchan.

Hierarchische Gesellschaften

Auf den Pazifikinseln wuchs die Zahl der Bevölkerung, und neue Gesellschaftsformen entstanden. Tempelplattformen wurden vor allem auf der Osterinsel ausgebaut, wo man erstmals um 1000 Steine für Statuen abbaute. All diese Projekte erforderten ein gut organisiertes Arbeiten, was darauf hindeutet, dass die polynesischen Inselgesellschaften immer komplexer und hierarchischer wurden und die Macht ab einem bestimmten Zeitpunkt in den Händen von Erbhäuptlingen lag.

Zentrum der Keramikherstellung
Kashan im westlichen Iran wurde ein wichtiges Zentrum der Keramikherstellung. Diese Schale ist typisch für die polychrom glasierte Tonware, die dort produziert wurde.

1000–1250

200 V. CHR.

Immer neue Eroberer

In Vorderasien war das Leben zwischen 1000 und 1250 geprägt von der Invasion der Kreuzritter aus dem Westen und von den Störungen durch Turkvölker und Muslime aus dem Nordosten. Im 11. Jh. eroberten die Seldschuken – sie stammten aus dem Gebiet des heutigen Turkmenistan in Zentralasien – Mesopotamien und den Iran. Es war aber auch die Zeit der großen Mathematiker und Astronomen wie Omar Chajjam, auch gab es wichtige Entwicklungen auf dem Gebiet der Architektur wie etwa das zylindrische Minarett, das bald ein Merkmal islamischer Städte wurde. Im 13. Jh. verloren die Seldschuken ihre Kontrolle über Vorderasien an mongolische Nomadenstämme unter Dschingis Khan. Bevölkerung und Wohlstand der Region gingen allmählich zurück; die Pflege der Bewässerungssysteme wurde immer mehr vernachlässigt, und es kam zu einer Landflucht der Bauern. Im Osten eroberten die Mongolen auch China und beendeten so die Herrschaft der Song-Dynastie (960–1279).

Militaristische Gesellschaft und politische Vielfalt

In Japan gab es in diesen Jahrhunderten eine militaristische Gesellschaft, die auf mächtigen *Daimyos* (Kriegsherren) basierte, welche sich mit einem *Shogun* (Oberherrn) verbanden. Der *Mikado* (Kaiser) behielt nur wenig reale Macht. Japanische *Samurai* (Krieger) kämpften mit Langschwertern aus fein gehärtetem Stahl und unterwarfen sich einem starren Ehrenkodex, dem *Bushido*.

In Südasien gab es zu dieser Zeit eine religiöse und politische Vielfalt. Der Buddhismus dominierte noch in Sri Lanka, dessen Hauptstadt von Anuradhapura nach Polonnaruwa verlegt wurde. Auf der indischen Halbinsel behielt die hinduistische Chola-Dynastie (Mitte des 9.–12. Jh.) die Macht im Süden, aber im Norden entrissen im 11. Jh. gerade zum Islam konvertierte Turkherrscher aus Afghanistan den lokalen *Rajahs* (Königen) die Kontrolle, ein Prozess, der in die Errichtung des islamischen Sultanats Delhi im frühen 13. Jh. mündete. Architekten entwickelten für die neuen Herrscher eine Stilrichtung, die traditionelle islamische und indische Merkmale kombinierte.

Lukrative Handelsrouten

In Ostafrika florierten weiterhin die islamischen Küstenstädte durch den Tauschhandel mit Gütern aus dem Landesinnern gegen Waren aus Vorderasien, Indien und China. Nordafrika zerfiel in eine Reihe kleinerer Königreiche lokaler Dynastien nach dem Niedergang des vereinten islamischen Reichs aus dem 8. und 9. Jh. Handelsrouten verliefen durch die Sahara zu bedeutenden Handelszentren wie Gao, Timbuktu, Jenne-jeno und Kumbi Saleh. Diese Städte bildeten den Kern der Savannenreiche von Ghana (8.–11. Jh.) und dann von Mali (12.–14. Jh.), die reich wurden, indem sie islamische Kaufleute mit Gold und anderen Produkten versorgten aus den Königreichen der westafrikanischen Waldzone im Süden wie etwa Benin und Ife, im heutigen Nigeria. Es war der Reichtum, der an diesen lukrativen Handelsrouten entstanden war, welcher später portugiesische Seefahrer auf ihren ersten großen Seereisen anlockte.

AMERIKA

Nordamerikanische Städte

Die im Laufe mehrerer Jahrhunderte seit 1050 errichtete Siedlung Cahokia in einem fruchtbaren Tal nahe dem Zusammenfluss von Mississippi, Missouri und Illinois war die größte der frühen Siedlungen nördlich von Mexiko. Auffällig war die kreisförmige Anordnung hoher Zypressenpfähle nahe dem Zentrum. Bei diesem so genannten Woodhenge waren die Stämme in diesem Kreis von 125 m Durchmesser so platziert, dass ein nach den Himmelsachsen ausgerichtetes Observatorium entstand. Cahokia wuchs in den nächsten 300 Jahren weiter, und um 1250 gab es hier über 1200 Tempelplattformen und Grabhügel.

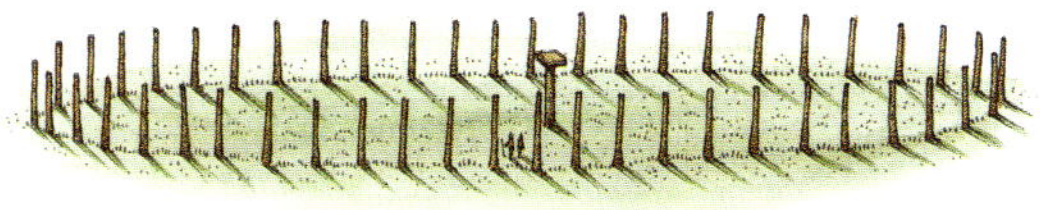

Woodhenge, Cahokia, Illinois

Siedlung und Zeremonialzentrum ■

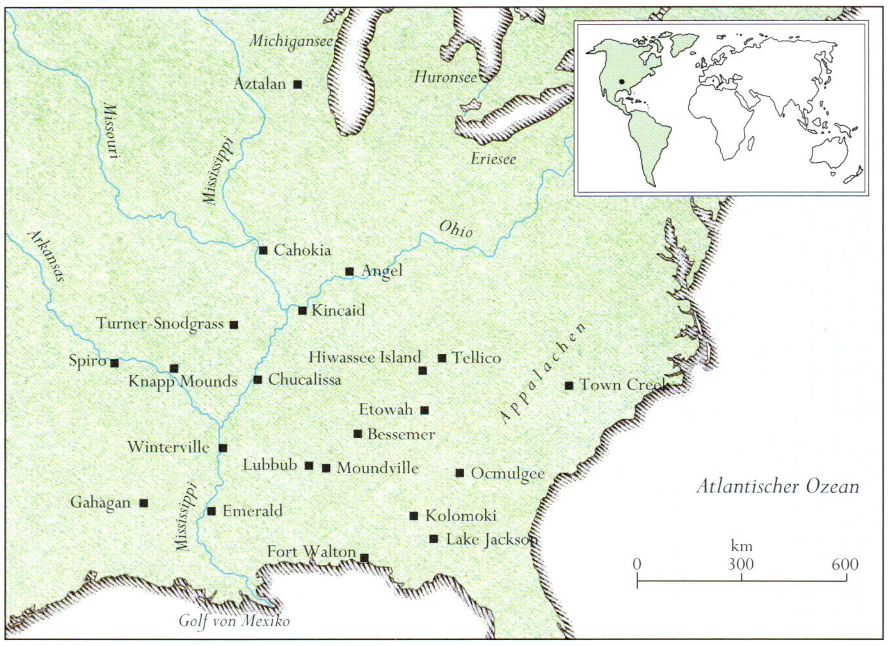

Handelszentrum

Zwischen dem 11. und 14. Jh. war Casas Grandes ein Haupthandelszentrum in der Gegend des heutigen Nordmexiko. Die Stadt versorgte den Südwesten Nordamerikas sowie Nordmexiko. In ihrer Anlage ähnelte sie den frühen Pueblos der Region. Es gab hier jedoch auch Kulthügel, ferner ein rituelles Ballfeld im mesoamerikanischen Stil, spezielle Arbeitsbereiche, Speicherräume und viele Käfige mit Aras aus den tropischen Regionen im Süden. Arafedern waren sehr geschätzt und dienten als Schmuck.

Gebiet mit Handelszentrum, unterhalten von mesoamerikanischen *Pochteca* (Fernhändlern)

Hellroter Ara

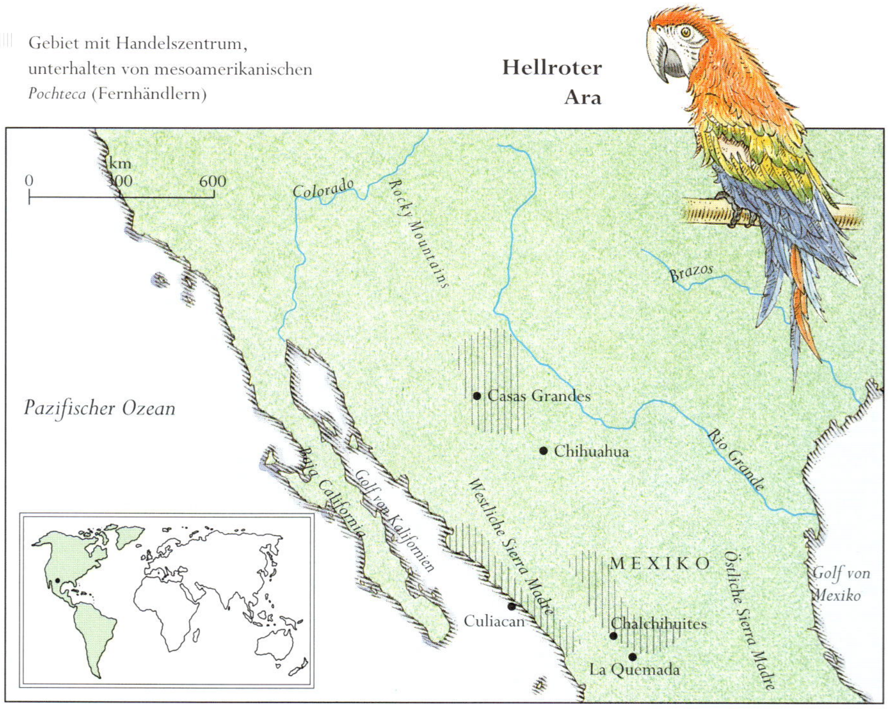

Europa

Christliches Westeuropa

Im 11. und 12. Jh. wurde Westeuropa durch das Anwachsen von Handel und Landwirtschaft immer stabiler und wohlhabender; so gab es auch die Mittel für einen Kirchenbau im großen Stil. Zu den großartigsten romanischen Kirchen mit ihren Rundbögen und Tonnengewölben zählen die Bauten an den Pilgerrouten zu wichtigen Heiligtümern und die in großen Klosterkomplexen wie in Cluny in Ostfrankreich (1086–1121 erbaut). In dieser Zeit gab es in ganz Westeuropa eine gemeinsame religiöse Kultur, basierend auf der Treue zum Papst in Rom; Kleriker, Pilger und Gelehrte gelangten relativ leicht von einem Königreich oder Fürstentum in ein anderes.

Romanische Klosterkirche, Cluny, Ostfrankreich

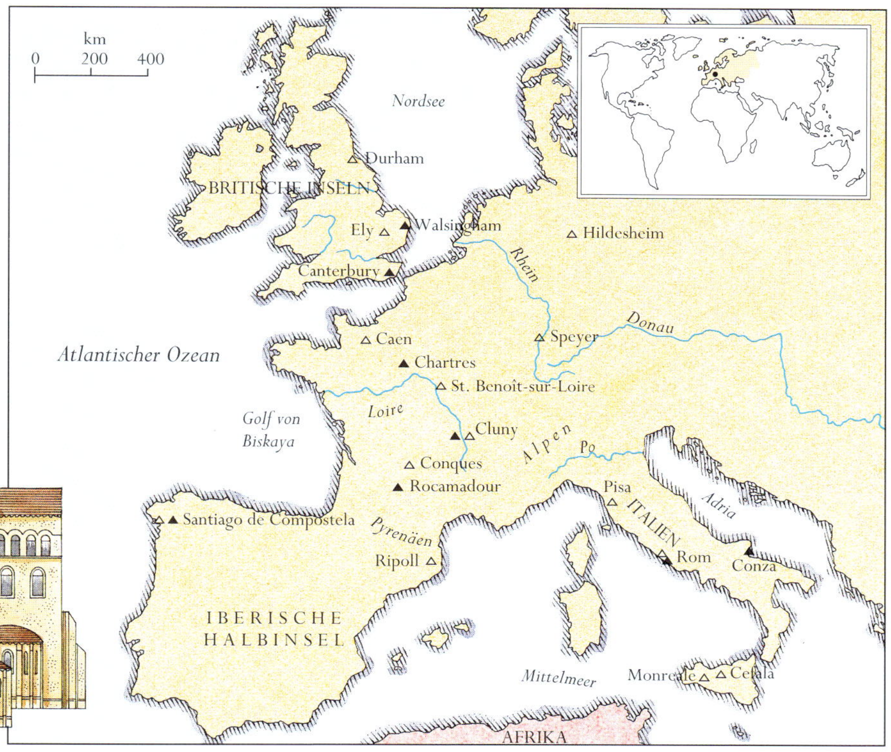

Wichtige romanische Kirche △
Pilgerzentrum ▲

Afrika

Handelsstaaten in Westafrika

Das alte Königreich Ghana war der erste große Staat in Westafrika südlich der Sahara, und seine Städte fungierten als Handelsstationen zwischen dem tropischen Westafrika und dem islamischen Norden. Ghana ging 1200 unter; seine Nachfolge trat das Reich von Mali an, dessen Ländereien bis zur Atlantikküste reichten. Mali wurde um 1340 besiegt durch Sonni Ali, den Führer des Songhai-Imperiums; er errichtete ein Reich vom Tschadsee bis nach Timbuktu. In dieser Zeit gewannen Handelszentren wie Ife (im heutigen Nigeria) immer mehr an Bedeutung. Das im 11. oder 12. Jh. gegründete Benin wurde das reichste Königreich im nigerianischen Regenwald. Auch Benins Wirtschaft basierte wie die in Ife großenteils auf dem Sklavenhandel; Benins Bronzekunst griff Ife-Stilformen auf.

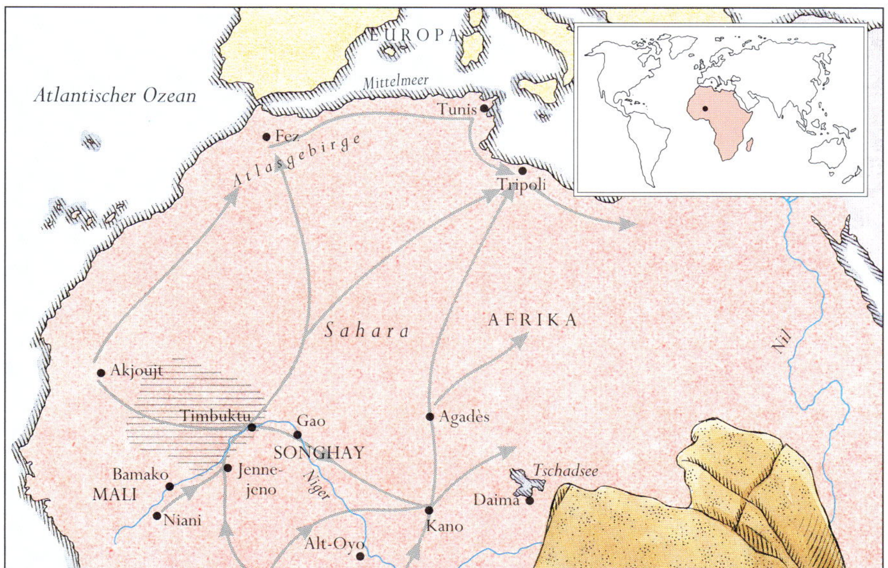

→ Handelsroute
Ausdehnung des alten Königreichs Ghana

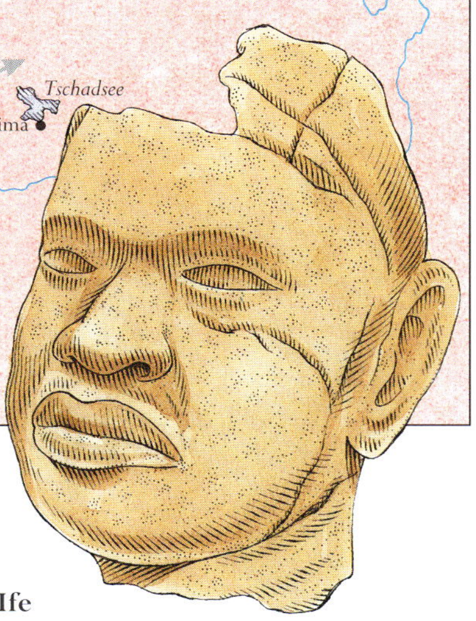

Terrakottakopf, Ife

Ostasien & Australasien

Regionale Mächte

Im 11. und 12. Jh. war das südostasiatische Festland in eine Reihe von Staaten aufgeteilt, die einander oft bekriegten. Am berühmtesten war das Khmer-Reich um Angkor auf dem Gebiet des heutigen Kambodscha samt den fruchtbaren Ländereien im unteren Mekongtal. Im Nordwesten lagen die Königreiche von Thailand sowie das Pagan-Reich (das heutige Myanmar). Im Osten des Festlandes, in Vietnam, war die Hauptmacht das Königreich Dai Viet, das im 13. und 14. Jh. das Champa-Königreich im Süden schluckte. In all diesen Staaten gab es herrliche hinduistische und buddhistische Skulpturen und Tempel.

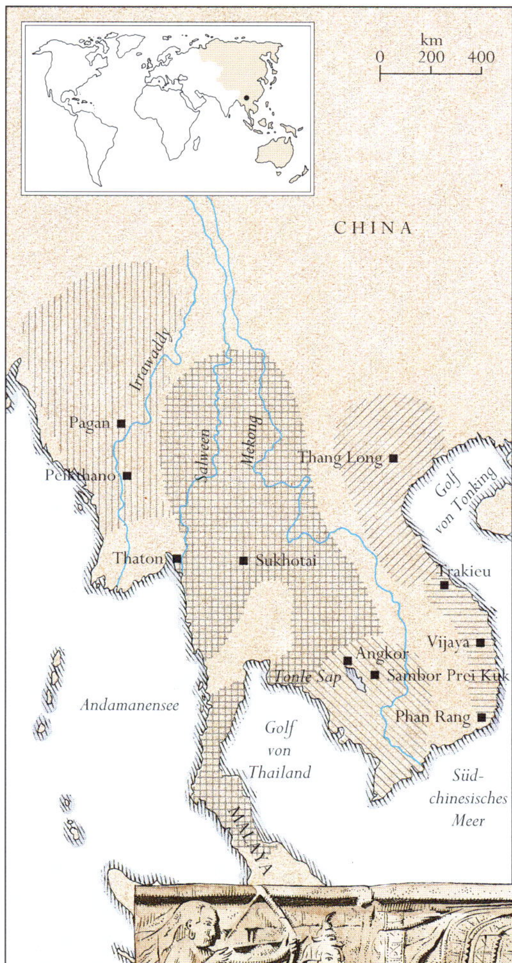

Ungefähre Ausdehnung Khmer-Königreich
Ungefähre Ausdehnung Thai-Königreich
Ungefähre Ausdehnung Pagan-Königreich
Ungefähre Ausdehnung Dai-Viet-Königreich
Ungefähre Ausdehnung Champa-Königreich
■ Wichtiges politisches Zentrum

Basrelief mit Khmer- und Champa-Kriegern, Angkor Wat, Angkor, Kambodscha

1000–1050

200 V. CHR.

	Ernährung & Lebensraum	Wohnen & Bauen

Amerika

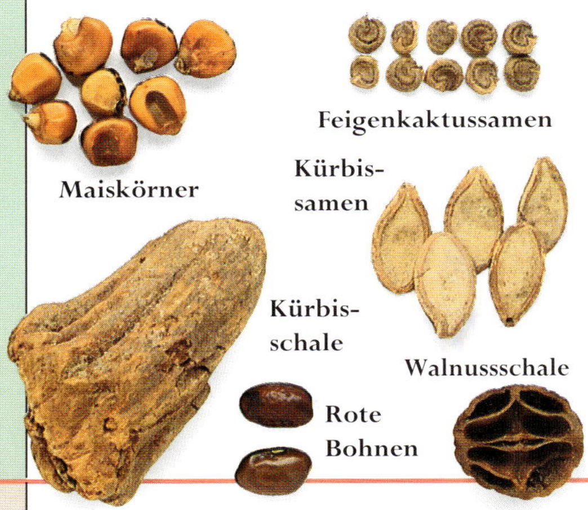

Pflanzennahrung

Durch kontrollierte Nutzung von Wasserressourcen konnten Bauern im Südwesten Nordamerikas Feldfrüchte wie Mais, Bohnen und Kürbisse anbauen. Sie sammelten auch Wildpflanzen wie Feigenkakteen und Walnüsse. Diese Nahrungsüberreste aus dem 11. Jh. fand man im Chaco Canyon in New Mexico.

Klippenstufen

Im frühen 11. Jh. verband man die Städte im und um den Chaco Canyon in New Mexico mit einer Reihe von Straßen. Die von Geröll geräumten Wege hatten zuweilen gepflasterte Oberflächen und Randsteine. Sie waren 10 m breit, oft schnurgerade und führten manchmal in ausgehauenen Stufen sogar über Felswände. Hier eine Felstreppe bei der Ruinenstadt Chetro Ketl.

Felstreppe, New Mexico

Ostasien & Australasien

Wechselwirtschaft

Die frühe Landwirtschaft in Polynesien basierte generell auf der Wechselwirtschaft: Kleine Flächen wurden nach der Brandrodung für zwei oder drei Jahre genutzt, bis ihre natürliche Fruchtbarkeit nachließ. Sie lagen dann etwa 15 Jahre lang brach, bis sie wieder gerodet wurden. Der Anbau fand vorwiegend an tief liegenden Küstenstreifen statt. Angebaut wurden eher Wurzel- und Knollenfrüchte als Saatfrüchte, wichtig waren auch Baumfrüchte wie Kokosnüsse.

Architektonische Einheit

Die Grundeinheit der Architektur im Song-China (960–1279) war wie in früheren Jahrhunderten ein von Mauern umschlossenes Gebäude. In großen Komplexen wurde diese Einheit vielmals wiederholt, und eine Reihe von Verbindungshöfen umgab auf einer Nord-Süd-Achse immer prächtigere Hallen. Diese Gebäude waren aus Holz errichtet und nachgiebig im Wind und bei Erdbeben. Sie sollten nicht von Dauer sein, sondern leicht zu ersetzen, und zwar im ursprünglichen Stil. Farbe und Materialien hingen jeweils vom Rang der Bewohner ab. Kaiserpaläste hatten weiße Marmorterrassen, rote Holzsäulen, polychrome (vielfarbige) Decken, Fenster und Türen und Dächer mit gelben Ziegeln. Der niedere Adel durfte grüne, das gemeine Volk nur graue Dachziegel verwenden.

Vorderasien & Südasien

Hauptgrundbesitzer

In Südindien waren die Hindu-Tempel Zentren des wirtschaftlichen und sozialen Lebens. Als institutionelle Hauptgrundbesitzer bezogen sie ihre Einkünfte von dem Land, das weltliche Grundbesitzer stifteten, ferner von den Dörfern in ihrem Besitz und aus Investitionen und Wucherzinsen. Diese Bronzefigur zeigt Candi Kesvara, den Schatzmeister eines Tempels im Chola-Reich (Mitte 9.–12. Jh.); er lebte im frühen 11. Jh.

Chola-Bronzefigur von Candi Kesvara, Südindien

Bestattungstürme

Im Iran gab es im 11. und 12. Jh. zahlreiche Bestattungstürme. Das spektakulärste Beispiel ist der 51 m hohe Gunbad-i Qabus im Nordosten des Iran. 1006/7 aus Ziegeln über einem sternförmigen Grundriss errichtet, sollte er den Sarg von Fürst Qabus ibn Vashmgir beherbergen, einem zum Islam konvertierten früheren Anhänger der Lehre des Zarathustra.

Bestattungsturm Gunbad-i Qabus, nordöstlicher Iran

Europa

Byzantinisches Steuersystem

Wohlhabende Bauern, die ihre Steuern in Münzen zahlten, waren das Rückgrat des byzantinischen Reiches (330–1453). Vermögen und Steuern wurden an der Möglichkeit zu pflügen gemessen – die Bauern wurden danach eingeschätzt, ob sie ein Paar Pflugochsen, einen einzigen oder gar keinen Ochsen besaßen. Der einfache Scharrpflug war im byzantinischen Reich noch weithin in Gebrauch, da durch ihn der Boden nicht umgewendet wurde und so die Feuchtigkeit erhalten blieb. Im 11. Jh. gerieten die Bauern immer mehr unter die Kontrolle mächtiger örtlicher Adelsherren und großer byzantinischer Klöster wie dem auf dem Berg Athos, der auf einem der drei Finger der Halbinsel Chalkidike im nordgriechischen Makedonien liegt.

Romanische Kirche, Ripoll, Spanien

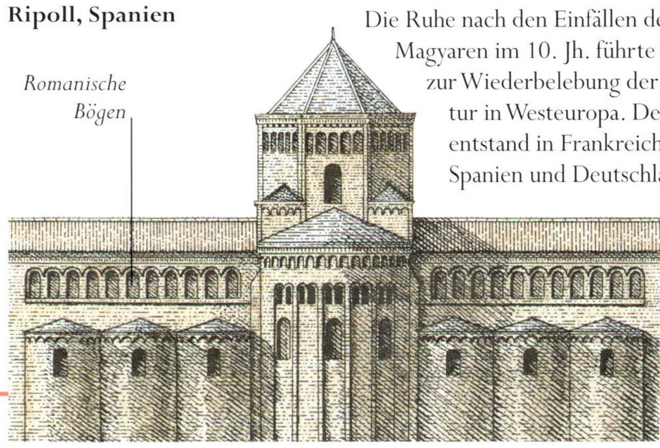

Romanischer Stil

Die Ruhe nach den Einfällen der Wikinger und Magyaren im 10. Jh. führte im frühen 11. Jh. zur Wiederbelebung der Kirchenarchitektur in Westeuropa. Der romanische Stil entstand in Frankreich und war auch in Spanien und Deutschland zu finden.

Afrika

Löwe, Afrika

Löwenjagd

Da sich die Landwirtschaft im südlichen Afrika immer mehr ausbreitete und die Städte in West- und Ostafrika immer stärker wuchsen, nahm die Fläche an unberührtem Land immer weiter ab. Doch in den meisten Teilen Afrikas gab es noch ungezügelt wachsenden Buschwald, und wilde Tiere bedrohten ständig das Vieh. Die gefährliche Löwenjagd hatte einen hohen Prestigewert und war mit Initiationsriten verbunden; Löwenmähne und -felle waren Symbole der Häuptlinge.

Zwillingsstadt

Ein arabischer Geograph bezeichnete um die Mitte des 11. Jh. Kumbi Saleh, die Hauptstadt des frühen Königreichs Ghana in Westafrika (nicht identisch mit dem heutigen Ghana), als »Zwillingsstadt«. Die Fläche für die muslimische Bevölkerung war etwa 3 km² groß, und es gab immerhin zwölf Moscheen; der andere Teil der Stadt, in der auch der König lebte, war 10 km entfernt und von einer Umfriedung umgeben; er bestand aus einem Königspalast, um den Häuser mit Kuppeln angeordnet waren. In Kumbi Saleh hat man bisher die Reste der islamischen Kaufmannsstadt ausgegraben, während die Königsstadt noch nicht lokalisiert ist. Die Kaufleute lebten in zweistöckigen Häusern und lagerten Waren im Erdgeschoss. Einfache, dicht beieinander stehende Behausungen und ein Marktplatz nahmen den unteren Teil der Stadt ein.

Erfindungen & Entdeckungen

Historischer Text

Der Codex Nuttall, ein frühes Beispiel der piktographischen Mixtekenschrift, zeichnet die Genealogie und Geschichte der 1. und 2. Herrscherdynastie von Tilantongo auf, einem Zentrum der mixtekischen Kultur, welche die Zapoteken aus Oaxaca in Mexiko verdrängte.

Der Herrscher »Acht-Hirsch Tigerklaue«, Detail aus einem Mixteken-Codex, Mexiko

Bewegliche Lettern

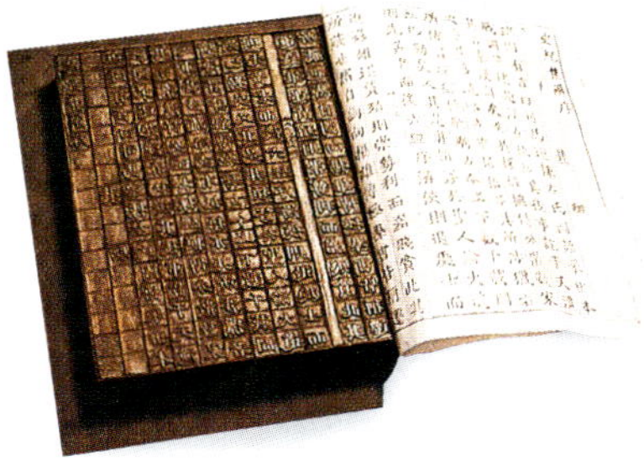

Moderne Reproduktion beweglicher Lettern, China

Die früheste bewegliche Drucktype wurde zwischen 1041 und 1048 in China erfunden. Sie bestand aus einzelnen Zeichen aus Ton, die auf einer Platte mit Eisenrahmen befestigt werden konnten. Die Tonzeichen waren wiederverwendbar, aber die Methode war mühsam. Sie wurde im 13. Jh. von einem Druckverfahren abgelöst, bei dem über 30000 Holztypen Verwendung fanden. Die Zeichen waren nach einem Reimschema geordnet und wurden in Drehbehältern aufbewahrt.

Hochwertiger Stahl

Eisen und Stahl aus Indien waren international begehrt. Im 11. Jh. produzierte man dort seltene und sehr teure Damaszenerschwerter (mit dekorativen Einlegearbeiten aus anderen Metallen wie Gold und Silber), für die es eine weltweite Nachfrage gab. Damals wurden beim Bauen auch bereits Eisenträger verwendet, besonders bei den Tempelgebäuden in der ostindischen Region Orissa. Die Eisen- und Stahlproduktion im kleinen Maßstab war nicht sehr aufwändig, aber hocheffizient. Die indische Technik der Stahlerzeugung durch sorgfältige Beeinflussung des Verhältnisses von Eisenerz und Holzkohle im Brenner benötigte nur einen Bruchteil der Zeit gegenüber der damaligen europäischen Stahlerzeugung – da musste nach dem ersten Eisenguss stundenlang erhitzt und gehämmert werden.

Navigationshilfen

Wetterfahne, Heggen, Norwegen

Mit einfachen Navigationsgeräten wie Wetterfahnen begaben sich die Wikinger im 10. und 11. Jh. auf ihre großen Besiedlungs- und Erkundungsreisen nach Island, Grönland und Nordamerika. Diese Wetterfahne aus Heggen in Norwegen befand sich einst wahrscheinlich am Bug eines Wikingerschiffes. In den Löchern an der Unterkante befestigte Bänder zeigten Windrichtung und Windstärke an.

Seetüchtiges Boot

Die Fahrt auf den Seen von Ostafrika mit ihren unberechenbaren Stürmen verlangt den Einsatz massiverer Boote als den Einbaumkanus. Die Fischer um den Victoriasee (den an das heutige Kenia, Tansania und Uganda grenzenden größten See Afrikas) entwickelten vorn und hinten gleiche Kanus ohne Bug und Heck. Deren Planken wurden mit Fasertauen an einem langen, aus einem einzigen Baum gefertigten Kiel befestigt. Derartige Boote, angetrieben von bis zu 20 sitzenden Ruderern, sind wahrscheinlich seit über 1000 Jahren in Gebrauch.

Kunst & Religion

Tiersymbolik

Keramikstandvase, Herrera, Panama

Keramiken im so genannten Parita-Polychrom-Stil sind höchst individualistisch und nur an wenigen Stätten in Panama zu finden. Standgefäße mit Vogelbildnissen wie dieses aus Herrera stellen meist Geier dar; sie sind naturalistisch modelliert und leuchtend rot, schwarz und lila bemalt. Andere Bildgefäße zeigen Fische, Schildkröten oder Frösche.

Einschnürung der Füße

Der Niedergang des Ansehens der Frauen in den Städten im Song-China, wo man ihre Arbeitskraft weniger benötigte als auf dem Land, wurde durch die Einführung der Einschnürung der Füße noch beschleunigt. Man schnürte die Füße der Mädchen so eng ein, dass sie kleine »Lilienfüße« bekamen, die als erotisch galten. Diese Praxis der Deformierung gab es bei den Chinesen der Oberschicht noch bis ins 20. Jh.

Illustrierte Bücher

Aus der Zeit vor dem 11. Jh. sind keine illustrierten Bücher im Iran erhalten, obwohl sie in Texten erwähnt werden. Die Abbildungen in al-Sufis *Buch der Fixsterne* (1009/10 gemalt) wurden nach klassischen Darstellungen auf einem Himmelsglobus gezeichnet. Da man die Positionen der Sterne stets exakt darstellen wollte, hielt sich dieses Genre bis zum 16. Jh.

Sternbild Andromeda, *Buch der Fixsterne*, Iran

Runenschrift

Die Wikinger übernahmen die Fertigkeit des Schreibens zwar aus Frankreich und England, wo die lateinische Schrift gebräuchlich war, sie entwickelten aber ihre eigene Schrift, die aus den so genannten Runen bestand. Diese Runeninschrift auf dem Steinsarkophag eines Wikingersiedlers in London lautet: »Ginna und Toki haben diesen Stein angefertigt.« Die von den Wikingern in Skandinavien und auf den Britischen Inseln verwendete Runenschrift wurde im 11. und 12. Jh. allmählich von der lateinischen Schrift abgelöst.

Runeninschrift auf Wikingersarkophag, London, England

Kirchenkunst

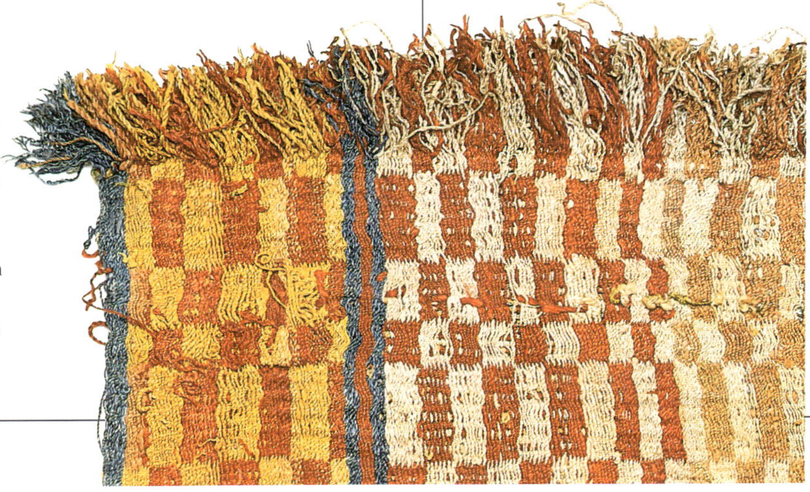

Christliche Kirchen in Äthiopien waren spätestens sei dem 9. Jh. mit leuchtend bunten Fresken und Wandbehängen geschmückt. Da sie von der übrigen Christenheit durch das islamische Ägypten und die Levante (den Küstenstreifen von Syrien, Libanon und Israel) getrennt waren, entwickelten äthiopische Künstler ihren eigenen Stil, so auch bei Textilien wie diesem Altartuch mit seinen geometrischen Webmustern.

Altartuch, Äthiopien

1050–1100

200 V. CHR.

	Ernährung & Lebensraum	Wohnen & Bauen

Amerika

Kaninchenjagd

Im Westen Nordamerikas waren in vielen Gebieten Kaninchen eine Hauptproteinquelle. Die Jäger trieben sie in lange Netze oder fingen sie in Fallen oder mit Wurfstöcken – bumerangförmigen Waffen wie diese Fundstücke aus Arizona und Utah.

Wurfstöcke von Jägern, Utah und Arizona

Mauerwerkstile

Der Bau eines jeden Pueblos im Chaco Canyon, New Mexico, wurde sorgfältig geplant. Stets wurden große Abschnitte genau abgemessen, bevor man die Mauern errichtete. Die Erdgeschossmauern bestanden aus einem Geröllkern mit Mauerwerk, damit sie die schweren oberen Stockwerke tragen konnten. Diese Mauer aus den Azteken-Ruinen wurde zwischen 1088 und 1093 gebaut.

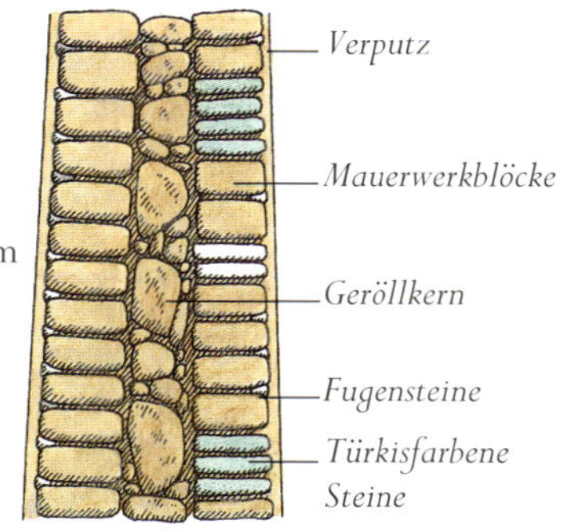

Mauerquerschnitt, Azteken-Ruinen, New Mexico

Ostasien & Australasien

Ferne Herkunft

Die Süßkartoffel war schon früh ein Hauptnahrungsmittel in Polynesien und wurde um 1050 auf den Cook-Inseln angebaut. Die Heimat der Süßkartoffel war ursprünglich Südamerika, und man weiß nicht, wie sie die Pazifikinseln erreichte, da es keine Anzeichen für Kontakte über den Ozean gibt. Die Osterinsel, östlichste polynesische Insel, ist von Chile rund 3250 km entfernt.

Süßkartoffel

Stupa des Ananda-Tempels, Pagan, Birma

Tempelstupa

In der alten Stadt Pagan in Birma sind noch rund 5000 Stupas (kuppelförmige buddhistische Denkmäler, die Grabstätten oder Reliquien enthalten) aus der Zeit zwischen dem 10. und 14. Jh. erhalten. Die berühmteste Stupa ist die des 1090 geweihten Ananda-Tempels – eines gewaltigen Gebäudes mit einer hohen zentralen *Sikhara* (Turmspitze).

Vorderasien & Südasien

Hungersnot und Pest

Die Seldschuken überquerten von Turkmenistan in Zentralasien aus den Oxus kurz nach 1030, nahmen Bagdad 1055 ein und kontrollierten ab 1092 ganz Vorderasien. Ihr Sultan übernahm die Macht vom Kalifen in Bagdad, der nur noch eine religiöse Autorität blieb. Die Seldschuken hatten Teil an der riesigen Wanderung der Turk-Nomaden, die bis zum 12. Jh. anhielt. Die Gründe hierfür sind zwar unbekannt, aber die unsicheren Zustände führten zu einer Vernachlässigung der Landwirtschaft und einem Bevölkerungsrückgang. Folge des Zusammenbruchs der Bewässerungs- und Kanalisationssysteme waren oft Krankheiten und Hungersnöte.

Zylindrische Minarette

Die frühen Minarette im islamischen Westasien waren rechteckige Stufentürme. Um 1050 traten im Iran an ihre Stelle hohe zylindrische Minarettürme. Diese Art von Türmen wurde zunächst wohl zum Gedenken an Siege oder politische Ereignisse errichtet. Abseits von Siedlungen gebaute Minarette dienten vielleicht als Leuchttürme an wichtigen Karawanenstraßen oder an Oasen.

Detail des Ziegelmauerwerks eines zylindrischen Minaretts, Damghan, Iran

Europa

Heilkräuter

Im ganzen Mittelalter spielten in Europa Heilkräuter eine führende Rolle in der Medizin. Diese Buchseite, die die Kardendistel und den Gelben Günsel zeigt, stammt aus dem *Winchester Herbal*, einer Handschrift aus dem 11. Jh. aus Hampshire in England. Sie ist eine Übersetzung eines lateinischen Kräuterführers des römischen Autors Apuleius.

Kardendistel und Gelber Günsel, *Winchester Herbal*, Hampshire, England

Meisterwerk der Romanik

Eine der beeindruckendsten romanischen Kathedralen ist der zwischen 1025 und 1082 errichtete Dom von Speyer, der bis heute erhalten ist, wenn auch in modifizierter Form. Das Schiff war ursprünglich 65 m lang und 35 m hoch (bis zur Krone der Kuppel), und an den Ecken des Bauwerks gab es vier gestufte Türme – alles ein Inbegriff von Schlichtheit und Ausgewogenheit.

Dom zu Speyer, Deutschland

Afrika

Flusspferdjagd

Der arabische Autor Al-Bakri schildert in seiner *Beschreibung von Nordafrika* (1067) anschaulich das Leben im mittleren Nigertal. Die Einheimischen, schreibt er, hatten viele Rinder, aber keine Schafe oder Ziegen. Sie jagten jedoch das *Cafou* (Flusspferd), das Al-Bakri als ein Wassertier von der Größe eines Elefanten beschreibt. Die Jäger schleuderten kurze Metallharpunen mit langen Seilen auf die Tiere. Ein totes Flusspferd sank meist bis zum Flussbett, von wo aus es die Jäger mit Seilen herauszogen. Sein Fleisch wurde gekocht und dann gegessen, und aus der Haut fertigte man eine spezielle Peitsche, die die Einheimischen *Ceryafa* nannten.

Bergpaläste

Im 11. Jh. ließen sich örtliche nordafrikanische Herrscher befestigte Bergpaläste errichten. Einer der größten war der Dar al-Bahr (Palast des Sees) in Algerien, ein riesiger Komplex von Höfen, Empfangsräumen und einer Moschee. Wichtig war der starke Verteidigungsturm Al-Manar, der Wohnräume im oberen Stock und einen niedrigen Kerker oder Speicherraum im Keller enthielt.

Querschnitt, Al-Manar-Turm, Algerien

1500

1050–1100

Erfindungen & Entdeckungen

Mimbres-Keramik

Die Töpfer im Mimbres Valley in New Mexico fertigten eine Schwarz-Weiß-Keramik, die von etwa 900 bis 1200 als Grabbeigabe sehr beliebt war. Die meisten Exemplare, wie diese Schale, haben Löcher in der Basis und daher keinen praktischen Nutzen. Einige der so bemalten Stücke wurden bei Begräbnissen verwendet, was damals im Südwesten Nordamerikas an keinem anderen Ort gemacht wurde.

Schale aus Mimbres-Keramik mit Fischfangszene, Mimbres Valley, New Mexico

Ozeanhandel

Das erste große Zeitalter des Ozeanhandels hatte verschiedene Ursachen: bessere seemännische Ausrüstung, die anhaltende Ausbreitung des Islam und der neue Wohlstand im Song-China (960–1279). Chinas Verbindungen zum Westen liefen nun großenteils über das Meer ab; oft wurden sie durch islamisch-arabische Botschafter vermittelt.

Statue eines arabischen Botschafters, Nordchina

Fortschritte bei den Wissenschaften

Unter den frühen Seldschuken-Sultanen in Vorderasien gab es große Fortschritte in der Mathematik, Geometrie und Astronomie. Ein führender Gelehrter des späten 11. Jh. war Omar Chajjam, den Sultan Malik Shah mit der Entwicklung eines neuen Kalenders beauftragte. Dieser begann am Tag der Frühjahrs-Tag-und-Nachtgleiche im Jahr 1079. Chajjam entwickelte eine Theorie der irrationalen Zahlen (die keine endliche Form haben, wie die Zahl Pi [π]), die das Verhältnis von Kreisumfang und -durchmesser angibt) sowie eine systematische Methode zur Lösung kubischer Gleichungen.

Normannische Reiter, Wandteppich von Bayeux, Frankreich

Normannische Kavallerie

Ein authentisches Bild der Kriegführung im späten 11. Jh. bietet der Wandteppich von Bayeux, der den Einfall der Normannen in England und die Schlacht von Hastings (1066) darstellt. Die Normannen (in der Normandie siedelnde Wikinger) hatten eine überlegene Kavallerie und entwickelten neue, sehr effektive Taktiken. Sie trugen lange Kettenhemden und einfache Helme mit Nasenschutz, hatten lange Spitzschilde und kämpften mit Speeren.

Kupferwährung

Kupferringe wurden im späten 11. Jh. in Teilen von Westafrika als Währung benutzt. Das Kupfer stammte meist aus Bergwerken in Igli in Marokko, da örtliche Vorkommen die Nachfrage nicht befriedigen konnten. Das Kupfer wurde in Barrenform von Kamelkarawanen durch die Sahara nach Süden gebracht. Archäologen fanden 1964 eine Bestätigung für diesen Handel in der Westsahara, als sie einen Schatz von über 2000 Kupferbarren im Wüstensand entdeckten, die aus dem späten 11. oder 12. Jh. stammten. Die Barren waren etwa 75 cm lang, wogen rund 0,5 kg und waren in Bündeln von 100 Stück in Matten gewickelt. Der Besitzer muss sie aus Sicherheitsgründen vergraben haben und dann nicht mehr zurückgekehrt sein – oder er konnte sie in der Wüste nicht wiederfinden.

Kunst & Religion

Kupferglöckchen

Mit der Wachsausschmelztechnik hergestellte Kupferglöckchen dienten als Ohrringe und als Verzierung an Halsketten, Kleidern und Gürteln. Sie waren aus Kupfererz, das in den mexikanischen Bundesstaaten Jalisco und Nayarit gewonnen wurde, und wurden bis nach Chihuahua in Nordmexiko, woher diese Fundstücke stammen, und bis in den Südwesten von Nordamerika vertrieben. Meist hatten die Glöckchen Befestigungsösen.

Kupferglöckchen, Chihuahua, Mexiko

Buddhistische Schreine

Der Tempelkomplex von Ananda und andere buddhistische Schreine und Monumente in der alten Stadt Pagan in Zentralbirma sind mit Steinreliefs und Statuen reich geschmückt. Die Reliefs stellen Szenen aus dem Leben Buddhas und Geschichten aus seinen früheren Inkarnationen vor der Erleuchtung dar. Stil und Thematik der Skulpturarbeiten entstammen nordindischen Überlieferungen.

Der Gott des Tanzes

Ein beliebtes Thema der Bronzeskulpturen in Südindien unter der Chola-Dynastie (Mitte 9.–12. Jh.) war Shiva Nataraja, der Gott des Tanzes. Shiva tanzt, um das Universum zu zerstören und neu zu erschaffen – oft tanzt er auf dem Rücken eines Zwerges, der die menschliche Unwissenheit symbolisiert.

Bronzefigur aus der Chola-Zeit von Shiva Nataraja, Indien

Pilgerrouten

Eine neue religiöse Inbrunst kam Ende des 11. Jh. in Westeuropa auf. Adlige wie einfache Bürger nahmen an Pilgerreisen zu berühmten Heiligtümern wie dem von Petrus und Paulus in Rom und dem des heiligen Jakob in Santiago de Compostela in Nordwestspanien teil. Diese Pilgerrouten wurden auch wichtige Wege des Handels und des kulturellen Austausches auf der Basis eines gemeinsamen Glaubens; dies vermittelte Westeuropa eine Internationalität, wie es sie in früheren Jahrhunderten nicht gegeben hatte. Neuerungen in Kunst und Architektur schlossen sich dem an, und international anerkannte Schulen der Wissenschaften entstanden in Paris und Bologna. Aus ihnen entwickelten sich im 12. Jh. die ersten Universitäten in Europa.

Koptische Einflüsse

Unter der islamischen Fatimiden-Dynastie war Ägypten im 11. Jh. ein bedeutendes Zentrum für Glas-, Keramik-, Textil-, Bronze- und Bergkristall-Kunsthandwerk. So wurde auch Lüstergeschirr hergestellt und von Ägypten aus in ganz Vorderasien vertrieben. Obwohl der Islam jede Darstellung des Menschen in der Kunst verbot, waren einige dieser Gefäße mit Menschengestalten geschmückt, da in Ägypten immer noch koptisch-christliche Einflüsse dominierten.

Fatimiden-Lüsterschale, Ägypten

1100–1150

Amerika

Ernährung & Lebensraum

Intensive Landwirtschaft
Die Menschen der Chimu-Kultur an der Nordküste Perus praktizierten eine Form der intensiven Landwirtschaft; dabei wurde neues Land für die landwirtschaftliche Nutzung oft mit Hilfe des Militärs erobert. Es gab weit reichende und ausgeklügelte Bewässerungssysteme, so dass eine große Vielfalt von Nahrungsmitteln angebaut werden konnte. Chimu-Keramik hatte oft die Form von Früchten, Gemüsen und anderen Lebensmitteln.

Chimu-Keramik in Form von Gemüse, Peru

Wohnen & Bauen

Eine grosse Stadt
Die größte Stadt in Amerika war damals wohl Chanchan, die Hauptstadt der Chimu an der Nordküste Perus. Sie hatte eine Fläche von rund 400 ha und war in große Viertel mit weitläufigen Plazas und verschiedenen Grabplattformen eingeteilt. Ursprünglich war Chanchan von Feldern umgeben, die der Moche bewässerte.

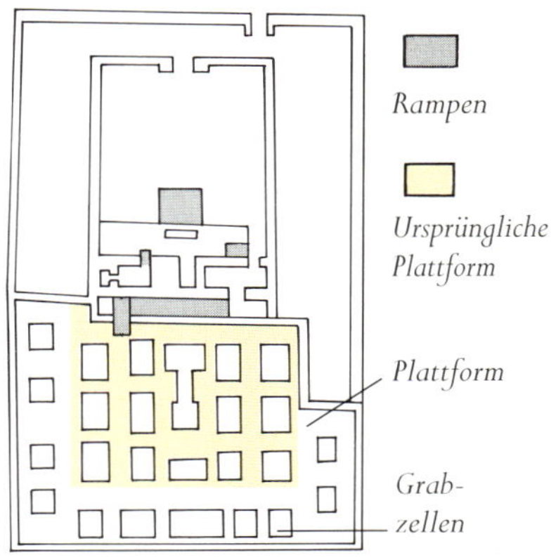

Grundriss, Grabplattform Huaca Las Avispas, Chanchan, Peru

Ostasien & Australasien

Wasserwirtschaft
Das Khmer-Königreich in Kambodscha erreichte im 12. Jh. seine Blütezeit. Entscheidend für die Versorgung der Bevölkerung der Hauptstadt Angkor war die Wasserwirtschaft. Von Herrschern wie Suryavarman II. (1130–50) wurden zahlreiche Reservoirbecken und Gräben gebaut, damit mehr Land kultiviert werden konnte. Die natürlichen Wasserressourcen und die Bewässerungsbecken in Angkor ermöglichten zusammen eine jährliche Produktion von 126 000 t Reis, von denen sich insgesamt 600 000 Menschen ernähren konnten.

Tempelmausoleum
Den Höhepunkt der religiösen Architektur des Khmer-Königreichs in Kambodscha bildet Angkor Wat, das große, von König Suryavarman II. erbaute Tempelmausoleum. Die fast 200 ha große Anlage wird beherrscht von fünf Sandsteintürmen in der Form von Lotusknospen – der größte ist 65 m hoch.

Tempelmausoleum Angkor Wat, Angkor, Kambodscha

Vorderasien & Südasien

Künstliche Seen
Seit frühester Zeit waren Bewässerung und Wasserkontrolle auf dem ganzen indischen Subkontinent von großer Wichtigkeit. Die Bewässerungssysteme reichten vom simplen Brunnen über die einfachen, aber effektiven Becken oder Reservoire, wie es sie in Südindien häufig gab, bis hin zu den riesigen künstlichen Seen von Sri Lanka mit ihren komplexen Dämmen und Schleusentoren. Das Größte und Beeindruckendste dieser künstlichen Wasserreservoire, der Parakrama Samudra (Parakrama-See), wurde im 12. Jh. angelegt. Ausgeklügelt war auch die häusliche Wasserversorgung, wie etwa die eindrucksvollen, elegant ausgeführte Anlagen der Gujarati-Stufenbrunnen. Bei anderen Brunnen und Ghats (Bädern) führten oft massive Steinstufen zum Wasser hinab.

Vier-Iwan-Grundriss
Im frühen 12. Jh. wurde der Grundriss des Vier-*Iwan*-Hofs im Iran eingeführt. Er bestand aus vier einander gegenüber liegenden Hallen mit offenen Enden und Tonnengewölben, die einen Hof umgaben. Typisches Beispiel ist die 1136 erbaute Jami-Moschee in Zavareh. Dieser Grundriss wurde der Standard für Moscheen, Paläste, Karawansereien (Herbergen für Kamelkarawanen) und *Madrasas* (theologische Schulen).

Querschnitt, Jami-Moschee, Zavareh, Iran

Europa

Landgewinnung
Die Klöster des 1098 in Citeaux, Frankreich, gegründeten Zisterzienserordens spielten eine wichtige Rolle bei der Landgewinnung in Westeuropa. Bis 1150 wurden über 300 Klöster in abgelegenen sumpfigen und bewaldeten Gegenden gegründet.

Detail aus einer Handschrift: Zisterziensermönche spalten einen Baumstamm.

Motte und Burghof
Im 11. und 12. Jh. wurden in Nordeuropa viele Burganlagen mit Motte und Graben errichtet. Die Motte war ein Hügel mit einem Holzturm darauf und einer Palisade an der Basis. Der Graben schützte den Turm und andere Gebäude. Solche Burgen ließen sich rasch in umkämpften Regionen errichten, so an der Ostgrenze Deutschlands, wo Deutsche und Slawen einander regelmäßig bekriegten.

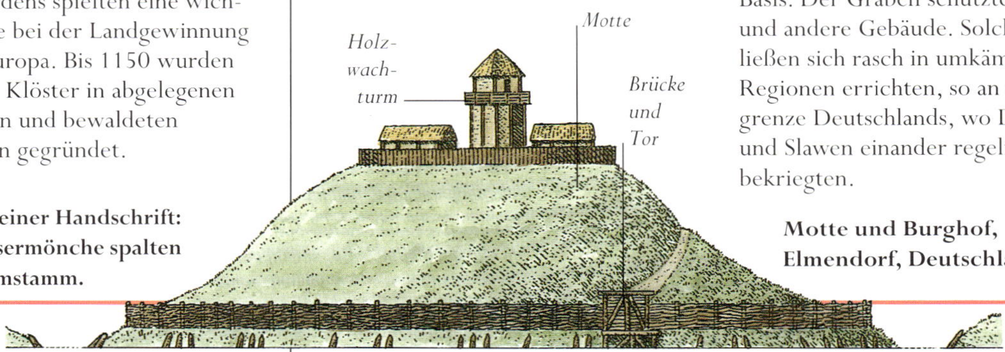

Motte und Burghof, Elmendorf, Deutschland

Afrika

Hauptfeldfrüchte
Westafrikanische Völker bauten im 12. Jh. eine Reihe von Nahrungspflanzen an. Hauptnahrungsmittel in der Savannenregion südlich der Sahara war Sorghum, in einigen Gegenden wurden auch Zwiebeln, Flaschenkürbisse und Wassermelonen neben Hirse und afrikanischem Reis angebaut. In der Waldzone im Süden hingegen waren nicht Getreide die Hauptfeldfrüchte, sondern Knollen- und Baumfrüchte wie Jamswurzeln, Ölpalmen und Kolanüsse.

Wassermelonenpflanze

Neue islamische Stilformen
Kunstvolle Architektur im islamischen Stil wurde in Nordafrika im 12. Jh. modern – ein typisches Beispiel ist die Kutubiya-Moschee in Marrakesch. Sie wurde von den Almohaden errichtet, einer einheimischen islamischen Sekte, die im 12. Jh. den Maghreb eroberte (das Atlasgebirge und die Küstenebenen von Marokko, Tunesien und Algerien). Das quadratische Minarett der Moschee ist über 60 m hoch und mit Bögen und Nischen verziert. Die riesige Gebetshalle hat 17 Schiffe, und die gesamte Moschee ist von Kuppeln gekrönt. Diese Form der Moschee-Architektur breitete sich auch jenseits der Sahara aus, wo die Bauten in Schlammziegeln statt in Stein ausgeführt wurden.

1500

1100–1150

Erfindungen & Entdeckungen

Anden-Webkunst

Trotz er einfachen Gerätschaften war die Textilweberei in den Anden hoch entwickelt. Aus Wolle und Baumwolle wurden auf einfachen Webstühlen raffinierte Bildteppiche, Gaze und andere Webarbeiten gefertigt.

Textilfragment, Anden

Papiergeld

Der Handel im Song-China (960–1279) konnte nicht mehr nur mit schweren Kupfermünzen abgewickelt werden, und daher wurden offizielle Institute zur Ausgabe von Papiergeld eingerichtet. »Fliegendes Geld« oder Schuldscheine waren bereits im 9. Jh. eingeführt worden, aber nun druckte man Geldscheine mit verschiedenen Werten. Sie waren drei Jahre gültig und unterlagen ähnlichen Beschränkungen wie im heutigen Bankwesen. Regierungsbüros gaben auch Wechselschuldscheine heraus, die von Erzeugern von Monopolprodukten wie Salz und Tee in Kupfermünzen umgetauscht werden konnten.

Sgraffitokeramik

Die Herstellung der von islamischen Töpfern seit dem 9. Jh. entwickelten glasierten Sgraffitokeramik erreichte in dieser Zeit ihren Höhepunkt. Bei dieser vom italienischen *sgraffire* (kratzen) abgeleiteten Technik wurde ein Tongefäß vor dem Brennen weiß eingeschlemmt, und dann ritzte man Muster in diesen Überzug. Vor dem Brennen wurde noch ein grüner und brauner Bleiglanz aufgetragen.

Bleiglasierte Sgraffitokeramikschale

Verwaltungsdokumente

Zahlreiche schriftliche Dokumente mittelalterlicher Königreiche Westeuropas aus dem 12. Jh. belegen die zunehmende Komplexität der bürokratischen Verwaltung. Umfangreiche Sammlungen königlicher und kirchlicher Archive enthalten detaillierte Ausgabenbelege und Quittungen; diese wurden mit einem Griffel auf Schafshaut oder Pergament geschrieben. Die Griffel waren meist aus Knochen und mit einer Metallspitze versehen, manche aber bestanden ganz aus Metall.

Ärmel eines heutigen Wollgewands, Nordafrika

Wollbekleidung

In der Sahara und im westlichen Sudan war wegen ihrer Qualität gewebte wärmende Kleidung aus Schafwolle sehr geschätzt, die aus den maghrebinischen Grasländern Nordafrikas kam. Die Wollbahnen wurden auf primitiven Webstühlen gewebt, dann zu Kleidungsstücken zusammengenäht und in der Wüste durch Händler vertrieben.

Kunst & Religion

Geschicklichkeitsspiel

Verschiedene Varianten des *Chunkee*-Spiels wurden in dieser Zeit in ganz Nordamerika gespielt. Dabei musste eine Steinscheibe über eine Bahn gerollt werden, während andere Mitspieler sie mit einem Speer zu treffen versuchten. Auf dieser Muschelritzzeichnung beugt sich eine Gestalt in Zeremonialgewändern vor, um den Stein loszurollen.

Chunkee-Stein, von einer Hand gehalten

Muschelritzzeichnung, Kentucky

Porzellangefässe

Die Entwicklung der stilistisch immer eigenständigen koreanischen Keramik erreichte vom 10. bis 12. Jh. mit dem Seladon-Porzellan einen Höhepunkt; hier ein Exemplar in Form eines achtblättrigen Pokals auf einem umgekehrten Lotus. Die Technik entstammte einer chinesischen Tradition: Gefäße wurden in einer reduzierenden (sauerstoffarmen) Atmosphäre gebrannt, was eine überaus feine, halbtransparente, jadefarbene Glasur ergab.

Seladon-Pokal mit Ständer, Korea

Weibliche Gottheiten

Seit dem 7. Jh. war der Buddhismus in Indien zunehmend vom Tantrismus (einem magischen Fruchtbarkeitskult) beeinflusst worden, und so bekamen die männlichen Heiligen des buddhistischen Pantheons Gefährtinnen, so genannte *Taras* (Erlöserinnen). Solche weiblichen Gottheiten hatten ihren Ursprung in den Muttergöttinnen der Volkskunst. Ursprünglich war Tara eine Gefährtin des *Bodhisattva* Avalokiteshvar. Der Titel *Bodhisattva* bezeichnet ein göttliches Wesen, das zwar das *Nirvana* (den Zustand absoluter Seligkeit) verdient, aber auf der Ebene der Sterblichen bleibt, um diesen zur Erlösung zu verhelfen. Im 12. Jh. war Tara selbst eine verehrte *Bodhisattva* geworden.

***Bodhisattva* Tara, Indien**

Reliefportale

Zu jener Zeit in Zentral- und Ostfrankreich gebaute Kirchen wurden mit Steinmetzarbeiten geschmückt, die meist biblische Szenen zeigten. Am großartigsten waren die Tafelbilder über den Haupteingängen am westlichen Ende dieser Kirchen. Ein beliebtes Thema solcher Portale war das Jüngste Gericht, mit Christus als Herr über die Seligen und die Verdammten.

Portal mit Jüngstem Gericht, Vézelay, Frankreich

Zeremonialhörner

Die von islamischen Kaufleuten und Händlern an der ostafrikanischen Küste errichteten Siedlungen entwickelten in dieser Zeit ihre speziellen Insignien und Zeremonialgeräte. Vom kenianischen Lamu im Norden bis Sofala in Moçambique im Süden wurden bei Prozessionen oder offiziellen Versammlungen seitlich zu blasende Hörner gespielt. Sie waren aus Elefantenstoßzähnen gefertigt und oft mit Gold- und anderen Edelmetalleinlegearbeiten verziert; noch bis in jüngste Zeit verwandte man sie bei zeremoniellen Anlässen.

Modernes seitlich zu blasendes Horn, Lamu, Kenia

1150–1200

200 V. CHR.

Ernährung & Lebensraum | Wohnen & Bauen

Amerika

Keramikhandel

Zwischen 1150 und 1300 basierte die Wirtschaft von Casas Grandes in Mexiko auf dem Handel ebenso wie auf lokalen Ressourcen. Man handelte mit Türkisen und anderen Edelsteinen, mit Aras, Federn und Keramik. Die charakteristischen Töpferwaren aus der Region gelangten im Süden bis nach Teotihuacán in Südmexiko und im Norden bis in die Dörfer im Südwesten Nordamerikas.

Bildniskrug, Casas Grandes, Mexiko

Tempelplattformen

Das Zentrum des Tarasken-Reiches im westlichen Mexiko befand sich am Patzcuaro-See im heutigen Bundesstaat Michoacán. Um 1000 begannen die Tarasken eine Basis für fünf *Yacatas* (terrassierte Tempelplattformen) an einem Berghang in Tzintzuntzan zu errichten. Neben der Plattform stand die Residenz des taraskischen Priesterkönigs, der auch als Gott galt.

Tempelplattform, Tzintzuntzan, Mexiko

Ostasien & Australasien

Reisterrassen

In Südostasien wurden etwa um diese Zeit terrassierte Felder angelegt, um die Landwirtschaft auf ansonsten unbrauchbare Hänge auszuweiten. Manche Terrassen wurden in trockenen Jahreszeiten durch Bewässerungsnetze überflutet, sodass Reis angebaut werden konnte. Mit den äußerst mühsam anzulegenden und zu unterhaltenden Reisterrassen wie hier auf Luzon, der Hauptinsel der Philippinen, ließen sich aber viele Menschen selbst in Bergregionen mit Nahrung versorgen.

Reisterrassen, Luzon, Philippinen

Befestigte Herrenhäuser

Das 12. Jh. war in Japan eine Zeit der politischen Zersplitterung, und die *Samurai* (lokale Adelsherren) bekamen immer mehr Macht. Diese Mitglieder einer Kriegerelite bauten auf ihrem Besitz *Yakatas* (befestigte Herrenhäuser), Gebäude mit einem erhöhten Holzboden, einem Holzrahmenaufbau und einem Reetdach. Das typische *Yakata* bestand aus einer Gruppe solcher Gebäude, samt Nahrungsspeichern, Ställen und Wohnquartieren, die sich innerhalb einer Umfriedung aus einem Erdwall, einem Holzzaun und einem Wassergraben befanden. In diesen unruhigen Zeiten bot solch ein *Yakata* seinem Besitzer eine gewisse Sicherheit.

Vorderasien & Südasien

Weidewirtschaft der Seldschuken

Große Regionen im Iran eigneten sich nicht für eine Intensivlandwirtschaft. Die nomadische Lebensweise, die stark von der Schafzucht abhing, war im 12. Jh. in vielen Teilen des Seldschuken-Reiches vorherrschend. Nach der Stammessitte sollten alle Besucher mit Speisen versorgt werden, und manche Seldschuken-Sultane ließen täglich Schafe schlachten, um die Höflinge ebenso wie die Armen zu verköstigen. Belege für die anhaltende nomadische Schafzucht liefern staatliche Dokumente, in denen der Sultan als »Schafhirte seines Volkes« bezeichnet wird.

Islamische Stilformen

Die Eroberung großer Teile Nordindiens durch türkische und afghanische Herrscher im 12. Jh. führte dort islamische Architekturstilformen ein. Ein herausragendes Beispiel ist der Qutb Minar, ein Minarett mit verzierten Balkonen, das an die Eroberung Delhis 1193 durch den Afghanen Qutb-ud-Din Aybak erinnern soll.

Qutb Minar, Delhi, Indien

Europa

Mittelalterliche Hygiene

Die Hygiene im mittelalterlichen Europa war bescheiden. Die meisten Häuser in den Städten hatten einen Hinterhof, wo hölzerne Aborthäuschen über mit Holz ausgekleideten Jauchegruben standen. Der Abstand zum Haus sorgte zwar für eine gewisse Hygiene, aber oft wurden nur ein paar Meter entfernt Brunnen ausgeschachtet. Abwässer leitete man auch in die Flüsse, die als Trinkwasserquellen dienten. Nur Klöster und Häuser reicher Adliger hatten eine mit Steinen ausgekleidete Kanalisation.

Stabkirchen

In den zu jener Zeit noch stark bewaldeten Teilen Europas wurden frühe Kirchen aus Holz gebaut. In Borgund steht die älteste erhaltene Stabkirche Norwegens, ein ganz aus Holz errichtetes Gebäude, in dem hohe Stämme oder »Stäbe« ein abgestuftes Dach tragen. Dieses hohe Gebäude ist ein Meisterwerk der Holzbautechnik, bei dem genial angeordnete Streben, Sparren und Querbalken für Stabilität sorgen.

Stabkirche, Borgund, Norwegen

Afrika

Proteinreiche Hülsenfrüchte

Gartenbohnen (*Phaseolus vulgaris*), eine wichtige Proteinquelle, wurden von den Bauern in den tropischen Savannenwaldländern von Ost- und Südafrika als Hauptfeldfrucht angebaut. Die Bohnen waren winterhart, dürreresistent und wurden häufig als Sekundärfeldfrucht zwischen Hirse oder Sorghum angepflanzt.

Angepasst an örtliche Gegebenheiten

Die Verbreitung des Islam in Westafrika brachte dorthin neue Architekturstilformen aus Nordafrika. Diese mussten allerdings den lokalen Gegebenheiten angepasst werden, da es hier keine gebrannten Ziegel und Steine gab. Schlamm war das hauptsächliche Baumaterial, auch wenn Schlammziegelbauten offenkundig nicht so haltbar waren wie Steingebäude. Aus den Wänden ragende Holzpfähle und Minarette trugen spiralförmige Treppenhäuser und Innendächer. Die Decken waren niedrig, und dicke Wände hielten den Innenraum kühl. Da die Schlammziegelwände bröckelten, mussten solche Gebäude ständig renoviert werden.

1500

1150–1200

Erfindungen & Entdeckungen

Anden-*Unku*, Peru

Alltagskleidung

Die Andenvölker produzierten schöne Wollsachen und hochwertige Baumwoll- und Wollkleidung. Dieses kurzärmelige Hemd mit V-Ausschnitt hat geometrische Muster. Ein solches *Unku* diente als Alltagskleidung. Für Feste und Rituale wurden höherwertige Kleider gewebt.

Detail

Lack-Einlegearbeiten

Metallhandwerker in Korea entwickelten raffinierte Silberdraht- und Perlmutteinlegetechniken auf Lackarbeiten. Seit dem 12. Jh. wurden Kästchen wie diese zum Aufbewahren buddhistischer Sutras (Schriftensammlungen mit Weisheitslehren) angefertigt – wegen ihrer hohen Qualität waren sie auch am chinesischen Kaiserhof sehr geschätzt.

Sutra-Lackkästchen mit Perlmutteinlegearbeiten, Korea

Frittenkeramik

Die aus dem alten Ägypten stammende Fritte (eine harte Verbindung aus Kieselerde und Glas) wurde zur Herstellung von Perlen verwendet. Fritten wurden wohl auch in Ägypten ab dem späten 11. oder frühen 12. Jh. für Keramikimitate von importiertem chinesischem Porzellan verwendet. Am weitesten verbreitet war Frittenkeramik jedoch in Vorderasien, vor allem in Raqqa in Syrien und später auch im iranischen Kashan. Die fast perfekte Verbindung von Frittenkeramik-Objekten und der darauf aufgetragenen Glasur schuf ideale Oberflächen für dekorative Lüsterglasuren (aus einem äußerst dünnen Metallüberzug) oder für polychrome (vielfarbige) Emaillen, die beide einen zweiten Brennvorgang erforderten. Die ersten exakt datierbaren Frittenkeramiken mit Lüster- und polychromem Emailledekor stammen aus dem Iran (1179–86).

Nutzung der Windenergie

Die Windmühle mit vertikalen Flügeln wurde in Europa im späten 12. Jh. erfunden – so die frühesten Hinweise in Handschriften aus England und Nordfrankreich. Um 1300 waren Windmühlen dann ein typisches Merkmal der europäischen Landschaft – mit Windenergie wurde Korn zu Mehl gemahlen, überall dort, wo es in der Nähe kein fließendes Wasser gab, um eine traditionelle Wassermühle anzutreiben.

Windmühle, Illustration im Luttrell Psalter, England

Experimente mit Keramik

Die Töpfertechnik der Bantu-Bauern und -Viehhirten in den Dörfern im südlichen Afrika verfeinerte sich allmählich. Die Töpfer experimentierten mit Außenpolituren und dünnerwandigen Gefäßen und stellten flache Schalen und sackförmige Töpfe mit schwarzen Grafitoberflächen und Schnurdekor her. Sie mischten ihre Tonerde zum Härten mit Glimmer (glänzenden gesteinsbildenden Mineralien), entwickelten neue Malmuster und verliehen den Gefäßen zuweilen mit rotem Ocker eine dunkelrote Farbe. Diese Keramiken wurden ohne Töpferscheibe hergestellt: Die Töpfer legten lange Windungen aus feuchtem Ton übereinander. Die fertigen Töpfe und Schalen wurden in offenen, schnell brennenden Buschfeuerstellen gebrannt.

Kunst & Religion

Keramikskulptur

Die Chancay-Kultur (1000–1400) an der mittelperuanischen Küste ist vor allem bekannt wegen ihrer gewebten Gaze und der hellen Keramik. Chancay-Keramikhandwerker schufen stehende Menschenfiguren, meist Paare. Typische Merkmale dieser Figuren waren mandelförmige Augen, eine Kappe auf dem Kopf und horizontal ausgestreckte Arme.

Chancay-Figuren, Peru

Buddhistische Skulpturen

Die Skulpturen im buddhistischen Komplex von Dazu in China stellen das Leben Buddhas sowie Szenen aus dem chinesischen Alltagsleben dar. Diese Statue eines Hühner fütternden Mädchens (zwischen 1179 und 1249) hat die Schlichtheit traditioneller chinesischer Skulpturen.

Mädchen beim Hühnerfüttern, Baodingshan, Dazu, Sechuan, China

Messingkrug mit einer eingelegten dekorativen Silberinschrift; Detail (*oben*)

Metalleinlegearbeiten

Silbergefäße waren in Vorderasien seit etwa 300 in Gebrauch. Aufgrund von Silberknappheit und wegen der starken Nachfrage durch städtische Händler wurden sie im 12. Jh. durch Messing- und Bronzegefäße ersetzt, die mit Kupfer, Silber und Gold eingelegt waren und nach 1150 immer beliebter wurden.

Aristokratischer Zeitvertreib

Das Schachspiel stammte ursprünglich wohl aus Indien. Im 12. Jh. war es ein beliebter Zeitvertreib beim Adel in ganz Europa, was dem Klerus missfiel, der es für eine frivole Ablenkung vom geistlichen Leben hielt. In den Figuren König, Dame, Läufer, Springer und Bauer drückt sich die strenge Hierarchie der mittelalterlichen Gesellschaft aus.

Walross-Elfenbein-Schachfigur, Lewis, Schottland

Verzierte Türen

Die Architektur der Häuser der Küstenstädte Ostafrikas war äußerlich oft unscheinbar, da die Reichen sich hier zurückhielten und ihr Geld lieber für das Hausinnere ausgaben. Geschnitzte Holztüren waren traditionell ein Mittel, den Status der Bewohner kundzutun, wie man an diesem Türdetail aus Lamu in Kenia gut sehen kann.

Detail einer traditionell geschnitzten Tür, Lamu, Kenia

1200–1250

200 V. CHR.

	Ernährung & Lebensraum	Wohnen & Bauen

Amerika

Dschungelfauna

Die von einem Häuptling geführten Gemeinschaften und weitere, kleine Staaten im Dschungel von Costa Rica bildeten die vielfältige Fauna der Region in den Formen ab, die sie ihrer Keramik gaben. Dieses Dreifußgefäß soll wohl ein Vogelbildnis sein, obwohl der obere Teil mit Insekten bemalt ist und der Vogel selbst Merkmale einer Katze aufweist.

Vogelbildnisgefäß, Costa Rica

Präriehäuser

Die Behausungen der Menschen in den zentralen Prärien Nordamerikas waren meist quadratisch und aus senkrechten Pfählen errichtet, welche die Wände und den Eingang bildeten. Im Boden gab es oft Vorratsgruben. Außen waren die Häuser zum Schutz gegen das Wetter mit einer dicken Erdschicht bedeckt.

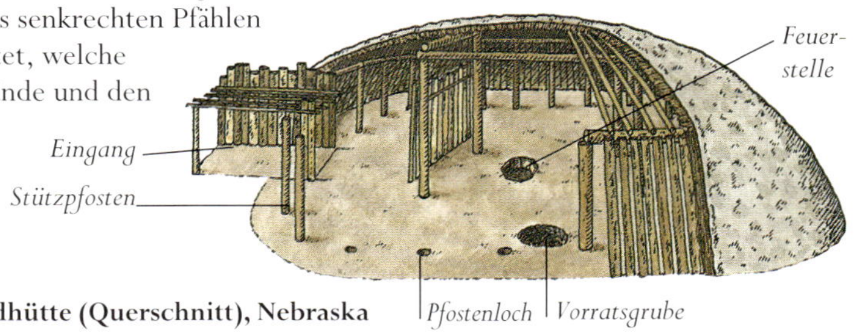

Prärie-Erdhütte (Querschnitt), Nebraska

Ostasien & Australasien

Nomadenkost

Die riesigen Wüsten, Gebirge und Grasländer im mongolischen Zentralasien waren kaum für den Ackerbau geeignet. Die Nomaden hielten Schafherden und ergänzten ihre Nahrung mit etwas Fisch und Wild. Beliebt bei diesen Reitervölkern war Kumiss (vergorene Stutenmilch). Die Schafe lieferten Fleisch, Milch, Wolle, Häute für Kleidung und Zelte sowie Knochen für einfache Werkzeuge. Kamele dienten als Zugtiere für große Entfernungen. Die Nomaden zogen zum Winter auf Flachlandweiden, im Sommer in Gebirgstäler. Die Kontrolle über das Weideland lag in den Händen einzelner Clans oder Stämme, und oft kam es deswegen zu örtlichen Kriegen.

Jurten

Die Nomaden im mongolischen Zentralasien lebten damals wie heute in Jurten (runden, tragbaren Zelten). Diese wurden über einem Gittergerüst aus Holzstäben errichtet, mit Häuten oder dicken Fellen bedeckt und mit Seilen verankert. Im Inneren lagen dichte, bunt gewebte Teppiche auf dem Boden. Die ganze Unterkunft ließ sich sehr rasch abbauen.

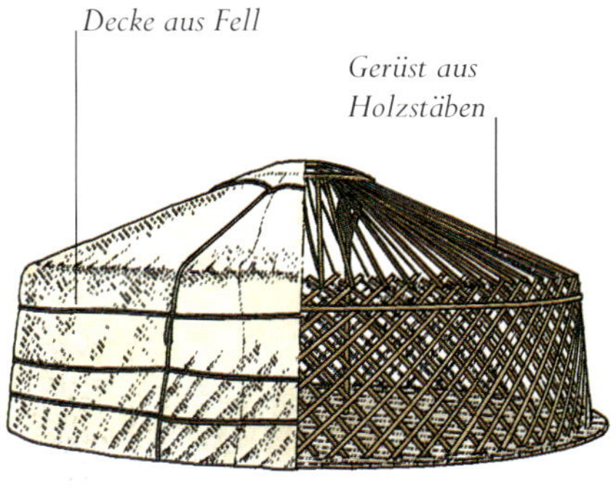

Jurte (Querschnitt), Mongolei

Vorderasien & Südasien

Indigofarbenes Textil, Gujarat, Indien

Fasern und Farben

Baumwolle lieferte in Indien als wichtige Feldfrucht auch Textilfasern. In verschiedenen Regionen wurden jeweils ganz spezielle Tucharten gefertigt, von grober Baumwolle bis zu feinem Musselin. Farben wie Indigo wurden aus Pflanzen gewonnen, und während des Delhi-Sultanats (seit etwa 1200) waren mehrere Färbetechniken gebräuchlich.

Militärische Festungen

Die Zitadelle von Aleppo in Syrien war zur Zeit der Kreuzzüge ein wichtiger islamischer Stützpunkt in Vorderasien und wurde 1211 stark befestigt. Zu den Verteidigungsanlagen gehörte ein gemauertes *Glacis* (Rampe), aber das Hauptmerkmal der Festung wurde ein massiver rechteckiger Torturm, der über eine schmale, hohe Brücke zu erreichen war. Im Turm verzweigte sich der Tordurchgang nach rechts und links, und Pforten und Fallgatter boten an mehreren Punkten zusätzliche Sicherheit. Auch die Kreuzritter bauten starke Festungen, um die Levante (den Küstenstreifen von Syrien, Libanon und Israel) zu kontrollieren – am eindrucksvollsten war der Krak des Chevaliers in Nordsyrien.

Europa

Kräuterheilkunde

Im Mittelalter verließen sich die Mediziner auf die Schriften griechischer und römischer Ärzte. Sie verordneten Heilmittel, so wie es diese medizinische Abhandlung von 1240 veranschaulicht, und führten zuweilen auch chirurgische Eingriffe durch. Ab dem 13. Jh. wurden erfolglos behandelte Patienten obduziert, um so das medizinische Wissen zu verbessern.

Die Zubereitung von Kräuterheilmitteln, aus einer medizinischen Abhandlung

Gotische Kathedralen

Im frühen 13. Jh. wurde in Nordfrankreich eine Reihe mächtiger Kathedralen gebaut, die den Reichtum der Region und das Ansehen der Kirche widerspiegelten. Der neue gotische Stil zeichnete sich durch hohe Kreuzrippengewölbe, Strebebögen und reich verzierte Türmchen und Baldachine aus. Große Buntglasfenster mit Maßwerken (Steinornamenten) verwandelten das Innere in ein Farbenmeer.

Kathedrale von Amiens, Frankreich

Afrika

Pestratten

Die auf islamischen Handelsschiffen bereits im 9. Jh. aus Vorderasien eingeschleppte Pestratte wanderte von Nordafrika aus ins Landesinnere. Andere Nagetiere wie die Rohrratte waren seit frühen Zeiten für die Bauern südlich der Sahara ein beliebtes Nahrungsmittel.

Pestratte

Felsenkirchen

Im frühen 13. Jh. wurde das äthiopische Hochland vom Zagwe-Kaiser Lalibela beherrscht. Als eifriger Christ ließ er elf unterirdische Felsenkirchen in seiner Hauptstadt Roha (später Lalibela) errichten, so die kreuzförmige Beit Giorgis (St.-Georgs-Kirche). Diese Kirchen sind noch heute bedeutende Wallfahrtsorte.

Felsenkirche Beit Giorgis (St.-Georgs-Kirche), Lalibela, Äthiopien

1500

1200–1250

Erfindungen & Entdeckungen

Äxte aus einem einzigen Stein

Große Äxte waren im östlichen Nordamerika Statussymbole für Häuptlinge. Diese fein gemaserte Sandsteinaxt aus Georgia diente wohl als Zeichen für Tapferkeit im Krieg; sie belegt das Geschick der Kunsthandwerker der Mississippi-Zeit (1000–1500). Die Muster im Griff sind Symbole der damaligen Hauptreligion.

Verzierte Steinaxt und ein Detail, Georgia

Nord-Süd-Achse

In der Bay of Fires im Nordosten von Tasmanien wurde um 1220 eine 56 m lange Linie aus 93 flachen Steinen ausgelegt – Schauplatz von Initiationsriten, bei denen Knaben in den Lehren der Aborigines unterwiesen wurden. Die senkrecht zur Ost-West-Bahn der Sonne entlang einer Nord-Süd-Achse ausgerichteten Steine deuten darauf hin, dass die Aborigines bei der Planung ihrer heiligen Stätten wohl komplexen Regeln folgten.

Bay of Fires, Steinarrangement, Tasmanien, Australien

Keramikverarbeitung

Die Keramiker in Vorderasien, speziell die im Iran, entwickelten ihr Handwerk immer weiter. Ab 1206 stellten sie ganze Grababdeckungen, ab 1215 *Mihrabs* (Nischen in Moscheen) aus Keramik her – große Objekte, die aufwändig gebrannt wurden. Neu war auch das blau und schwarz gemalte Unterglasurdekor.

Schale mit Unterglasurdekor in Blau, Schwarz und Türkis, Iran

Magnetkompass

Die Eroberung der Levante während der Kreuzzüge im 12. und 13. Jh. sowie Handelsaktivitäten zwischen italienischen Städten wie Genua, Venedig und Pisa und Vorderasien brachten orientalische Erfindungen ins mittelalterliche Europa, so auch den Magnetkompass. Er war im 12. Jh. in China erfunden worden und gelangte bald in den Westen. Schon 1218 bezeichnete ihn eine französische Handschrift als unerlässlich für die Navigation auf See, und um 1225 wurde er selbst im abgelegenen Island verwendet. Mit Hilfe des neuen Kompasses konnten Seeleute auch bei bedecktem Himmel einen genauen Kurs planen.

Exotische Handelsgüter

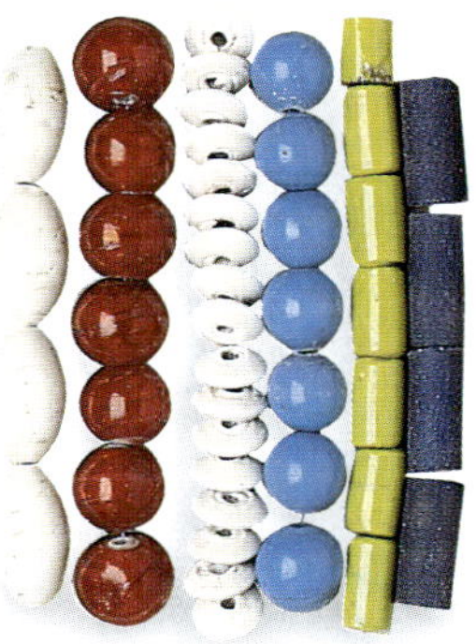

Ostafrikanische Küstenstädte wie Kilwa (auf einer Insel vor der Südküste von Tansania) und Gedi verdankten ihren Wohlstand der ständigen Nachfrage aus Vorderasien nach Gold, Elfenbein und anderen afrikanischen Rohstoffen. Ausländische Kaufleute tauschten sie gegen alle möglichen exotischen Güter ein, etwa leuchtend bunte Glasperlen, die tief im Inneren Afrikas sehr geschätzt wurden.

Moderne Repliken von Glasperlen, Ostafrika

Kunst & Religion

Grabbeigaben

In dieser Zeit waren die Begräbnisopfergaben an der peruanischen Küste sehr reichhaltig. Dank des trockenen Klimas der Region sind viele Gegenstände gut erhalten. Diese in einem Grab bei Huarmey an der Nordküste Perus gefundene Figurine aus Baumwollgarn lag bei den mumifizierten Überresten eines Menschen. Solche Figurinen sollten den Toten schützen; sie wurden auch von Schamanen (Heilern) bei Heilungsritualen verwendet.

Begräbnisfigurine, Peru

Kunstzentrum

Die japanische Kunst erlebte unter den zu dieser Zeit herrschenden Adelsclans eine Blüte. In Kamakura, der Hauptstadt des Minamoto-Clans an der Pazifikküste von Honshu, wurde Mitte des 13. Jh. eine riesige Bronzestatue von Buddha errichtet. Sie ist seither ein nationaler Kunstschatz.

Der Große Buddha, Kamakura, Honshu, Japan

Tempelskulpturen

Bei Religionsfesten in Indien gab und gibt es noch heute Prozessionen, bei denen das Bild einer Gottheit auf einem geschmückten *Ratha* (Wagen) gezogen wird. In Konarak im östlichen Bundesstaat Orissa wurde im frühen 13. Jh. ein Tempel in Form eines *Ratha* gebaut. Der dem Surya, dem Sonnengott, geweihte Bau stellte vielleicht die Wanderung der Sonne dar. Zu den kunstvollen Skulpturen des Tempels (heute eine Ruine) gehörten zwölf Radpaare als Symbole der Tierkreiszeichen.

Reliquien und Reliquiare

Religiöse Reliquien wurden im mittelalterlichen Europa verehrt und regten auch den Aberglauben an. Oft wurden sie in ganz besonderen, reich verzierten Reliquiaren aufbewahrt. Dieses kopfförmige Exemplar aus dem Baseler Münster enthielt Reliquien von St. Eustachius (einem frühchristlichen Märtyrer) und wurde im frühen 13. Jh. aus vergoldetem Silber mit Halbedelsteinen hergestellt.

Reliquiar von St. Eustachius, Basel, Schweiz

Terrakottakunst

In Ife, der heiligen Stadt der Yoruba in Nigeria, gab es uralte Kunsttraditionen, die bis zur Zeit der Nok-Terrakotten über 1000 Jahre zurückreichten. Die meisten Skulpturen aus Ife waren Terrakottaköpfe, aber die Yoruba fertigten auch Bronzeköpfe. Die imposanten Skulpturen aus dem 13. Jh. und aus späterer Zeit belegen die aufkommende soziale Schichtung: Ihre Gesichtsriefen zeigten den Status an.

Terrakottakopf eines Mannes mit Gesichtsriefen, Ife, Nigeria

HANDEL IN OSTAFRIKA

200 V. CHR.

Die Küste Ostafrikas hatte schon seit 100 v. Chr. Verbindungen zur Region um den Indischen Ozean. Mit den Monsunwinden, die zwischen dem Roten Meer, der Arabischen Halbinsel und Indien wehen, kamen arabische Seeleute und Kaufleute an die ostafrikanische Küste, wo sie seit dem 9. Jh. Handelssiedlungen gründeten. Die arabischen Siedler mischten sich mit den einheimischen afrikanischen Bauern und Fischern, und so entstand die Swahili-Kultur, ein Gemisch afrikanischer und islamischer Traditionen. Die Küstenstädte exportierten Gold, Elfenbein, Mangrovenstämme, Eisenerz, Kupfer, Elefantenstoßzähne, Schildkrötenpanzer und Sklaven aus dem Inneren Afrikas im Tausch gegen Tuch, Kaurimuscheln, Glasperlen, Porzellangefäße, Gläser und Eisenschwerter. Das Gold stammte meist vom Simbabwe-Plateau.

QUELLE DES REICHTUMS

Die Afrikaner exportierten kostbare Rohstoffe wie Gold und Elfenbein im Tausch gegen importierte und hoch geschätzte Güter. Dank des Gold- und Elfenbeinhandels gelangten Menschen zu Wohlstand, die ihren Lebensunterhalt zuvor unter recht widrigen Bedingungen von der Landwirtschaft bestritten hatten. Afrikanische Häuptlinge handelten auch mit menschlicher Arbeitskraft; Sklaven wurden als Diener nach Arabien und zum Bau von Kanälen an den Persischen Golf exportiert.

Elefanten-stoßzahn

ELFENBEINKUNST

Afrikanische Elefantenstoßzähne sind weicher und deshalb leichter zu schnitzen als indische. In China und Indien waren sie sehr gefragt, besonders für kunstvoll geschnitzten Schmuck. Die Afrikaner selbst schätzten sie als Symbole für das Häuptlingsamt.

Goldnugget

GOLDGEWINNUNG

Die Afrikaner gewannen Gold, indem sie Nuggets aus Bächen wuschen und im Tagebau die Goldadern in engen Schächten erschlossen. Gold wurde als Staub gehandelt in Stachelschweinstacheln, als Nuggets und als kleine Perlenschnüre. Es wurde auch zu dünnen Blechen gehämmert.

Seladon-Porzellan-flakon

Abgeblätterte Glasur

Chinesische Porzellanfragmente

Blauweiße Ming-Porzellanfragmente

IMPORTE AUS CHINA

Porzellangefäße wurden aus China in großen Mengen importiert. Dieser grün glasierte Seladon-Porzellanflakon wurde im Husuni-Kubwa-Palast in Kilwa gefunden, einer islamischen Handelsstadt auf einer Insel vor der Südküste Tansanias. Solche Gefäße waren als Importwaren hoch geschätzt, da sie gestapelt und leicht transportiert werden konnten; bei Häuptlingen waren sie beliebt als Symbole von Reichtum und angesehenem Status. Seladon-Porzellanstücke und auch blauweiße Ming-Gefäße wurden bei Ausgrabungen an der Küste und tief im Inneren von Südostafrika gefunden; diese Funde belegen die engen Handelsverbindungen zwischen den Küstenstädten und den Siedlungen im Inland.

HANDELSROUTEN IM INDISCHEN OZEAN

Ein ausgedehntes System von Handelsrouten verband die ostafrikanische Küste und das Rote Meer mit Arabien, dem Persischen Golf, der Malabarküste von Indien und sogar mit China. Seetüchtige Dhaus segelten von islamischen Handelssiedlungen in Ostafrika wie Chibuene, Sofala, Kilwa, Gedi, Malindi, Manda und Shanga aus mit den Monsunwinden entlang der Küste von Somalia und Äthiopien nordwärts und auch über den Indischen Ozean. Auf den fruchtbaren inneren Plateaus zwischen den Flüssen Sambesi und Limpopo wurden weitere Landhandelsnetze nahe den Stammeszentren der Bantu sprechenden Bevölkerung errichtet. Groß-Simbabwe, Chumnungwa und Manekweni waren drei von über 100 Territorialhauptstädten der Shona.

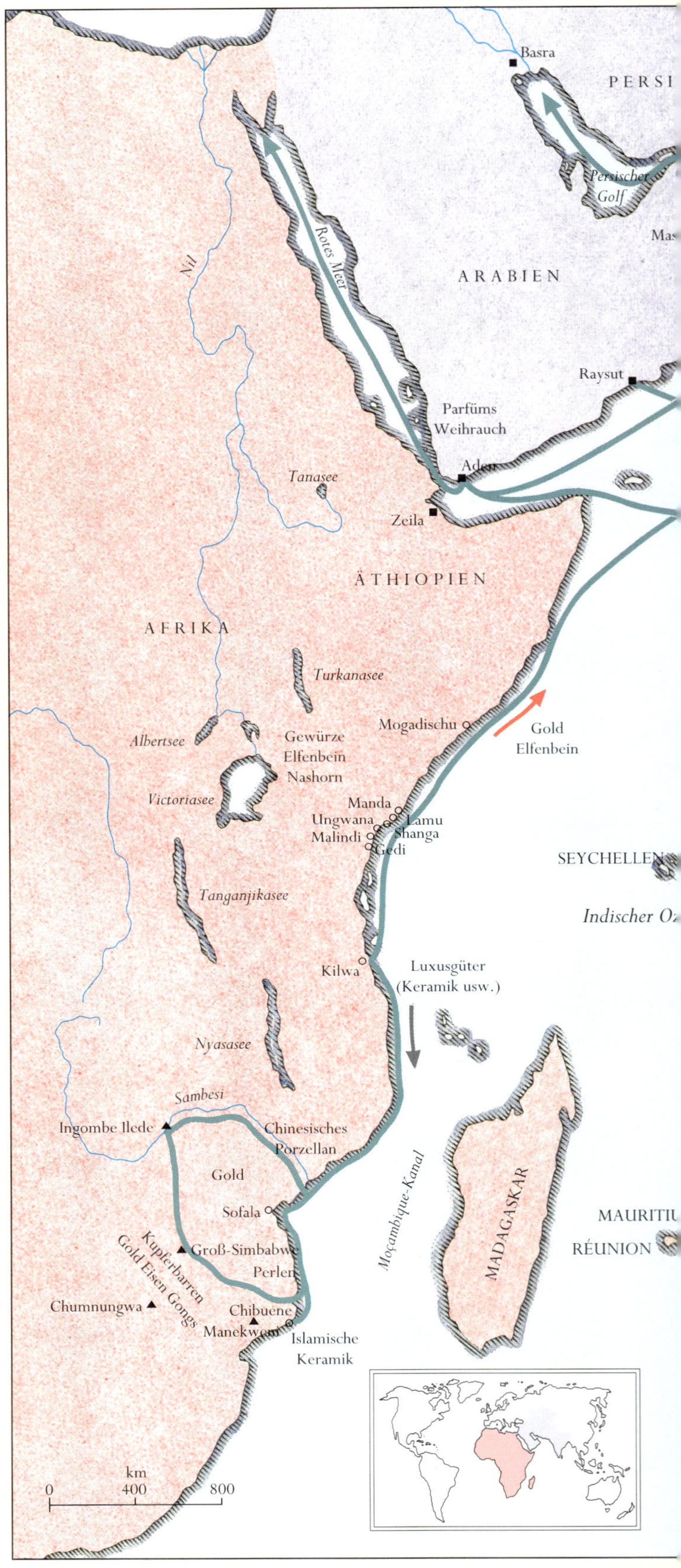

1500

1000–1250

Handelsroute

Exporte aus Afrika

Importe aus Vorderasien, Indien und China

▲ Wichtige Binnensiedlung
○ Islamische Handelsstadt
■ Wichtiger Handelshafen

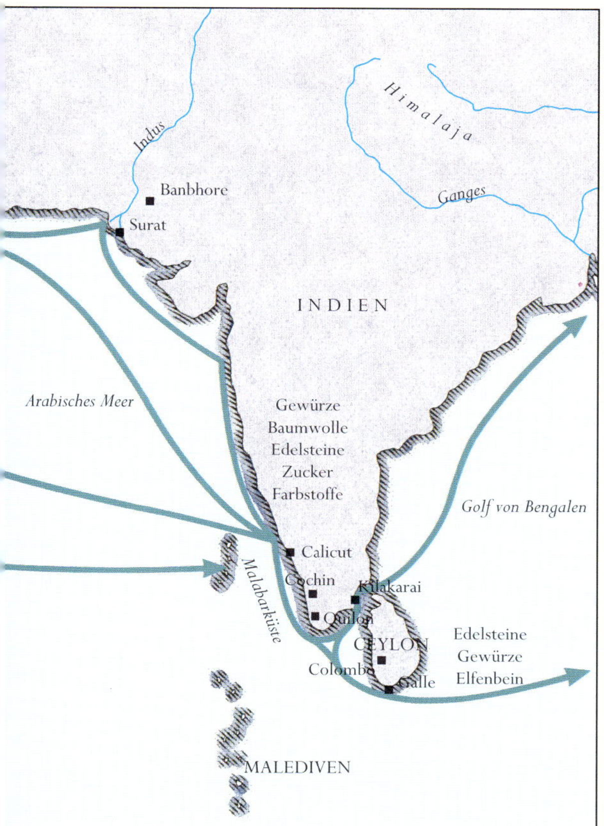

Handelszentren

Manda, von arabischen Kaufleuten an der Küste Ostafrikas gegründet, war die wohlhabendste frühe Handelsstadt. Im 13. Jh. wurde sie von Kilwa abgelöst. Viele Moscheen und Paläste wurden in diesen islamischen Städten gebaut. Wichtige Stammeszentren im Inneren des Kontinents bildeten sich um Siedlungen mit Umfassungsmauern, so wie etwa Groß-Simbabwe, die größte von über 100 Territorialhauptstädten, die zusammen den Handel mit den heimischen Goldvorkommen kontrollierten.

Abguss eines Specksteinpfeilers mit Vogelskulptur, Groß-Simbabwe, Ostafrika

Hauptstadt der Shona

Groß-Simbabwe war das Religions- und Handelszentrum der Bantu sprechenden Shona, die auf einem Plateau südlich des Sambesi lebten. Die Häuptlinge dieser Gesellschaft aus adligen Familien und einfachen Bürgern wohnten im so genannten Elliptischen Gebäude (*rechts*), einer Anlage mit hohen Trockensteinmauern. Ein kleines Tal mit Weilern und steinernen Viehgehegen trennte das Elliptische Gebäude von der Bergruine, wo sich von Steinmauern umschlossene kleine Schreine und Anlagen befanden, die Ahnenkulten und Regenmacherzeremonien dienten. In den Ruinen fand man rituelle Specksteinpfeiler mit eingemeißelten Vogelskulpturen. Die Pfeiler standen ursprünglich oben auf den Mauern des Elliptischen Gebäudes.

Elliptisches Gebäude, Groß-Simbabwe, Ostafrika

Sultanspalast *oben*

Kilwa wurde beherrscht vom Husuni-Kubwa-Palast und einer großen Moschee mit Tonnengewölbedach. Der Palast über dem Hafen diente als Sultansresidenz, aber mit seinen Speichern, Audienzhöfen und dem Schwimmbad war er auch Lagerhaus und Versammlungsort für die Händler.

Islamisches Grab

Gedi war eine ummauerte, von Swahili-Kaufleuten und -Fischern bewohnte Küstenstadt aus dem 13. Jh. Reiche islamische Händler lebten in soliden Häusern und wurden nach dem Tod in Gräbern aus Korallenzement bestattet, in die meist chinesische Porzellanschalen eingelassen waren.

Grab aus Korallenzement, Gedi, Ostafrika

Handelsschiffe *unten*

Lateinsegel-Dhaus wurden vor über 2000 Jahren von arabischen Seeleuten entwickelt. Die großen dreieckigen, im 45-Grad-Winkel am Mast hängenden Segel sorgten vor den Monsunwinden für beträchtliche Geschwindigkeiten. Um 500 segelten seetüchtige Dhaus direkt von Indien nach Ostafrika. Kleinere Dhaus verbanden abgelegene Küstenstädte mit Handelshäfen.

Lateinsegel-Dhau

RODRIGUES

Von Grabbeigaben umgebenes Skelett, Zentralafrika

Grabbeigaben

Die Kisali in Zentralafrika waren Bantu sprechende Fischer und Händler. In ihren Gräbern fand man als Grabbeigaben aus dem 12. Jh. schöne Tontöpfe, Eisenglocken und Ambosse. Die Kisali tauschten getrockneten Fisch aus den Binnenseen gegen Kupfer aus dem sambischen Kupfergürtel im Süden; Glasperlen und Kaurimuscheln als Beigaben beweisen, dass die Kisali auch Kontakt zu den Küstenhandelsstädten hatten – der Handel von dort aus reichte also bis tief ins Landesinnere.

KAPITEL 18

ENTDECKUNGEN & KONTAKTE

1250–1500

Die europäische Renaissance beginnt in Italien.

Die Azteken und Inka herrschen in Mesoamerika und Peru.

Sturz der Mongolenherrscher und Errichtung der Ming-Dynastie in China

Osmanische Türken erobern Konstantinopel und festigen ihre Herrschaft in Vorderasien.

Blütezeit der Handelsstaaten in West- und Ostafrika

Bis zum 14. und 15. Jh. hatte jede Region auf der Welt ihre eigene kulturelle Identität entwickelt, die in der Religion, der Gesellschaft und den Künsten zum Ausdruck kam. Die immer größere Bedeutung regionaler Staaten und Kulturen ging auch mit zunehmenden internationalen Verbindungen einher, die relativ isolierte Kulturen miteinander in Kontakt brachten. Allerdings war das nicht immer ein Vorteil, wie die Verbreitung epidemischer Krankheiten bewies.

INTERKONTINENTAL-HANDEL
Dieser in Kumasi in Westafrika gefundene Bronzekrug kam durch Händler nach Afrika. Er wurde in England zur Zeit Richards II. (1377–99) hergestellt.

GEWALT IN DER FRÜHAMERIKANISCHEN KUNST
Die Figur auf dieser Kupferplatte aus Georgia schwingt eine Kriegskeule und einen abgeschlagenen Menschenkopf.

1346 brach die Beulenpest auf der Krim und in Kleinasien aus. 1348 gelangte die Krankheit nach Italien und war bald auch in ganz Europa verbreitet – ein Drittel der Bevölkerung fiel ihr zum Opfer. In den nächsten 300 Jahren brachen in Europa immer wieder große Epidemien aus. Es erstaunt, dass vor diesem düsteren Hintergrund sich im 14. Jh. die Renaissance entfaltete. Sie nahm in Italien ihren Ausgang und war gekennzeichnet durch ein neues Interesse an den klassischen Kulturen von Griechenland und Rom, ferner durch neuartige wissenschaftliche Entdeckungen und politische Ideen, die zusammen mit einem raschen Wirtschaftswachstum zu einer Reform der Gesellschaft führten.

AZTEKEN-GÖTTIN
Auf diesem Relief taucht die Azteken-Göttin Chalchiuhtlicue aus dem Rachen des Erdungeheuers auf.

Chinesisches Porzellan
Das für das Ming-China typische blauweiße Porzellan wurde bis nach Europa und Ostafrika exportiert.

Wichtige Ereignisse 1250–1500

- **1275** Marco Polo besucht das China der Mongolen.
- **1325** Azteken gründen Hauptstadt Tenochtitlán, Mexiko.
- **1340** Das Reich von Songhai in Westafrika wird gegründet.
- **1368** Die Ming-Dynastie vertreibt die Mongolen aus China.
- **1453** Konstantinopel fällt an die osmanischen Türken.
- **1465** Inka erobern Chimu-Staat in Peru.
- Kolumbus erreicht die Karibik. **1492**
- Vasco da Gama umrundet das Kap der Guten Hoffnung. **1498**

1250 | 1300 | 1350 | 1400 | 1450 | 1500

Die Handelskulturen in Afrika

In Westafrika gab es südlich der Sahara eine Reihe blühender autonomer Staaten: Benin und Ife in der Waldzone sowie die Reiche von Mali und Songhay in der nördlich gelegenen Savanne. In diesen Ländern blieb der Trans-Sahara-Handel ein wichtiger Wirtschaftsfaktor. Eine wichtige Ware waren Sklaven; den Sklavenhandel betrieben seit langem arabische Kaufleute, die Sklaven für den Export nach Nordafrika und Vorderasien kauften. In Nordafrika gab es seit dem 7. Jh. wohlhabende islamische Gemeinden. Die Ankunft der Portugiesen an der Südküste von Westafrika im 15. Jh. öffnete neue Märkte und forcierte den Sklavenhandel durch einheimische Händler. Handel spielte auch in Ostafrika eine wichtige Rolle, wo die islamischen Küstenstädte und die Gold erzeugenden Binnenstaaten ihren Wohlstand halten konnten. Im Süden hatten Bantu-Bauern und -Hirten große Teile von Südafrika erobert, nur nicht den Südwesten, wo an den Rändern der Kalahari-Wüste Völker von Jägern und Sammlern lebten.

Meister der Perspektive
Die von dem Italiener Carlo Crivelli 1486 in Eitempera und Öl gemalte *Verkündigung an Maria* beweist, wie meisterhaft die Renaissancekünstler die Perspektive beherrschten.

Azteken und Inka

Das in Mesoamerika im 14. Jh. entstandene Azteken-Reich erweiterte allmählich seinen Macht- und Einflussbereich. Die Azteken oder Mexica, wie sie sich selbst nannten, ließen sich als eine von mehreren ethnischen Gruppen im Hochtal von Mexiko nieder. 1325 gründeten die Azteken ihre Hauptstadt Tenochtitlán auf einer Seeinsel und beherrschten bereits nach knapp einem Jahrhundert einen Großteil des heutigen Mexiko. Eroberte Regionen mussten Tribut in Form von Dienstleistungen und Waren entrichten; so wurden weitere Eroberungen und die ständig wachsenden Handelsnetze finanziert. Um 1500 hatte Tenochtitlán eine Fläche von 25 km^2 und war mit dem Festland durch eine Reihe von Dämmen verbunden. Kriege waren ein wichtiger Aspekt im Leben der Azteken; sie dienten dem Landerwerb und lieferten Gefangene für die Rituale mit Menschenopfern. So rühmten sich die Azteken etwa, 1487 bei der Einweihung des Großen Tempels von Tenochtitlán 80 000 Gefangene geopfert zu haben, um ihren Sonnengott Huitzilopochtli zu besänftigen.

Das Inka-Reich dominierte Südamerika im 14. und 15. Jh. Es reichte vom Kernland um die Hauptstadt Cuzco in den peruanischen Anden bis an die Grenzen des heutigen Kolumbien im Norden und im Süden bis nach Chile und Argentinien. Um 1500 war das Reich in Nord-Süd-Richtung etwa 3500 km lang und hatte ein Straßennetz von insgesamt 23 000 km Länge. Das Inkareich war in hohem Maße durchorganisiert, und die als Steuer eingetriebenen Nahrungsmittel und Güter wurden in zentralen Lagerhäusern aufbewahrt.

1250–1500

200 V. CHR.

Die Mongolen und die Ming-Dynastie

Im Fernen Osten war die große Regionalmacht China zu Beginn des 13. Jh. von den Mongolen unter Dschingis Khan besiegt worden. Seine Nachfolger, vor allem Kubilai Khan (1260–94), dehnten die Mongolenherrschaft auf Südchina und Teile von Südostasien aus. Von der Pracht des Mongolenhofs unter Kubilai berichtete der venezianische Reisende Marco Polo, der 1275 nach China kam. Kubilais Nachfolger waren schwächere Herrscher, und der Widerstand der Chinesen gegen ihre fremden Oberherren nahm bis 1368 stetig zu, als die Mongolen schließlich gestürzt wurden und die Ming-Dynastie (1368–1644) errichtet wurde. Bald erlangte China seinen einstigen Ruhm großenteils zurück – die Ming-Hauptstadt Peking wurde die größte Stadt der Erde.

Asiatische Reiche

Indien bestand in dieser Zeit im Norden aus muslimischen Königreichen und Sultanaten und im Süden aus Hindu-Königreichen. Mitte des 15. Jh. wurden die südlichen Königreiche vom Vijayanagara-Reich im Krishna-Tal kontrolliert. Die Reichshauptstadt Vijayanagara (das heutige Hampi) war eine Großstadt mit Königsresidenzen und Tempeln.

In Südostasien folgten neue Königreiche in Birma, Thailand und Kambodscha auf die Reiche der Pagan und der Khmer, die im 13. Jh. zerfielen. Am bedeutendsten waren die Thai-Königreiche, vor allem Ayutthaya, sowie Ava und andere Königreiche in Birma. Auf den Inseln der Region wurden muslimische Sultanate an strategischen Handelspunkten wie Malakka im südlichen Malaysia errichtet.

Der Drang nach Entdeckungen

Die Hauptentwicklung im westlichen Asien war der Aufstieg der osmanischen Türken. Das osmanische Reich war anfangs ein kleines islamisches Fürstentum in der heutigen Westtürkei, aber bald hatte es fast ganz Kleinasien und den Balkan unter Kontrolle. Die byzantinische Hauptstadt Konstantinopel fiel 1453 an die Osmanen und hieß fortan Istanbul. Die Osmanen schlossen vorderasiatische Häfen für Europäer und blockierten damit Fernhandelsrouten in den Osten. Dies war ein Grund für die Suche der Europäer nach neuen Seerouten in den Osten um die Südspitze Afrikas herum und westwärts über den Atlantik. Die Verknüpfung verschiedener Kulturen beschleunigte sich am Ende des 15. Jh. mit den Fahrten der portugiesischen Seefahrer Bartolomeu Diaz und Vasco da Gama nach Südafrika und in den Indischen Ozean sowie mit Kolumbus' erster Reise in die Karibik. Im Laufe von nur 80 Jahren (1440–1520) legten europäische Entdecker Seerouten fest, die fast die ganze Welt in einem riesigen Handelssystem umspannten. Für viele Regionen war der Kontakt mit Europa eine Katastrophe, da er mit der Ausbeutung der einheimischen Bevölkerung und mit Krankheiten einherging, vor allem mit den Pocken, die Bevölkerungsgruppen ohne Immunität stark dezimierten. Gewaltiges menschliches Leid und ein Verlust der kulturellen Vielfalt waren insgesamt die Folgen. Aber auch die Fundamente der neuzeitlichen Welt wurden gelegt.

Europäische Entdecker

Die europäischen Entdeckungsreisen des 15. und 16. Jh. waren durch die Aussicht auf wirtschaftlichen Profit motiviert und durch Fortschritte im Schiffbau ermöglicht. Die frühen Seefahrer benutzten dreimastige Karavellen mit einem mächtigen Rumpf und einer Kombination von Rahsegeln und Lateinsegeln (im 45-Grad-Winkel am Mast aufgehängt). Diese Schiffe kamen damit unter allen möglichen Windverhältnissen voran und waren sehr manövrierfähig. Ein Anreiz für die Entdeckungsfahrten waren die hohen Preise, die ostasiatische Produkte wie Seide und Gewürze auf europäischen Märkten erzielten. Die Häfen des östlichen Mittelmeers wurden im 15. Jh. durch das expandierende osmanische Reich blockiert, was europäische Kaufleute zwang, alternative Routen zu suchen. Zuerst erkundeten die Portugiesen um 1430 die westafrikanische Küste, und 1498 umrundeten sie das Kap der Guten Hoffnung, um nach Osten in den Indischen Ozean zu segeln. 1492 versuchte Kolumbus, Ostasien auf der Westroute über den Atlantik zu erreichen, landete aber auf den Karibikinseln. Die Ost- und Westrouten wurden 1522 von Magellan (port. Magalhães) und Elcano verknüpft, als sie den Globus erstmals umrundeten.

Die *Santa Maria*, Kolumbus' Karavelle

Route von Bartolomeu Diaz 1487/88

Route von Vasco da Gama 1497/98

Route von Christoph Kolumbus 1492/93

Amerika

Das Azteken-Reich

Auf seinem Höhepunkt beherrschte das Azteken-Reich (14.–16. Jh.) mit seiner Hauptstadt Tenochtitlán große Teile des heutigen Mexiko. Die aztekische Gesellschaft war in Adel, Krieger, Bürger und Sklaven eingeteilt. Die Azteken eroberten und kolonisierten Gebiete entweder oder machten sie einfach für ihre Händler sicher, die neben Tributeintreibern die Hauptstadt ständig mit Luxusgütern versorgten. Die Azteken hatten jedoch nie eine völlige Kontrolle: Im Norden verteidigten sich die Tarasken mit Festungen gegen ihre imperialistischen Nachbarn, im Süden bewahrten die kleineren Tlaxcalan- und Mixteken-Staaten ihre Unabhängigkeit.

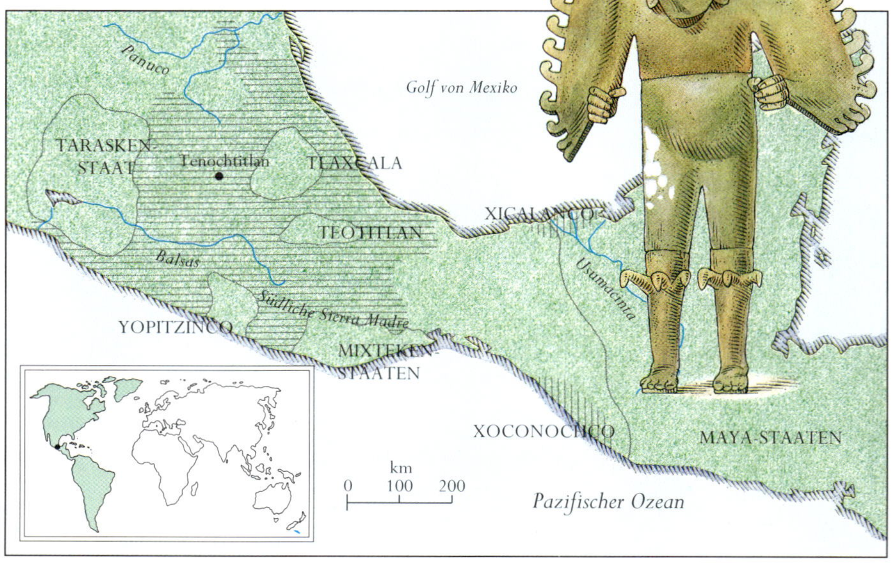

Terrakotta-Aztekenkrieger, Templo Mayor, Mexico City

1500

1250–1500

Entdeckungsfahrten

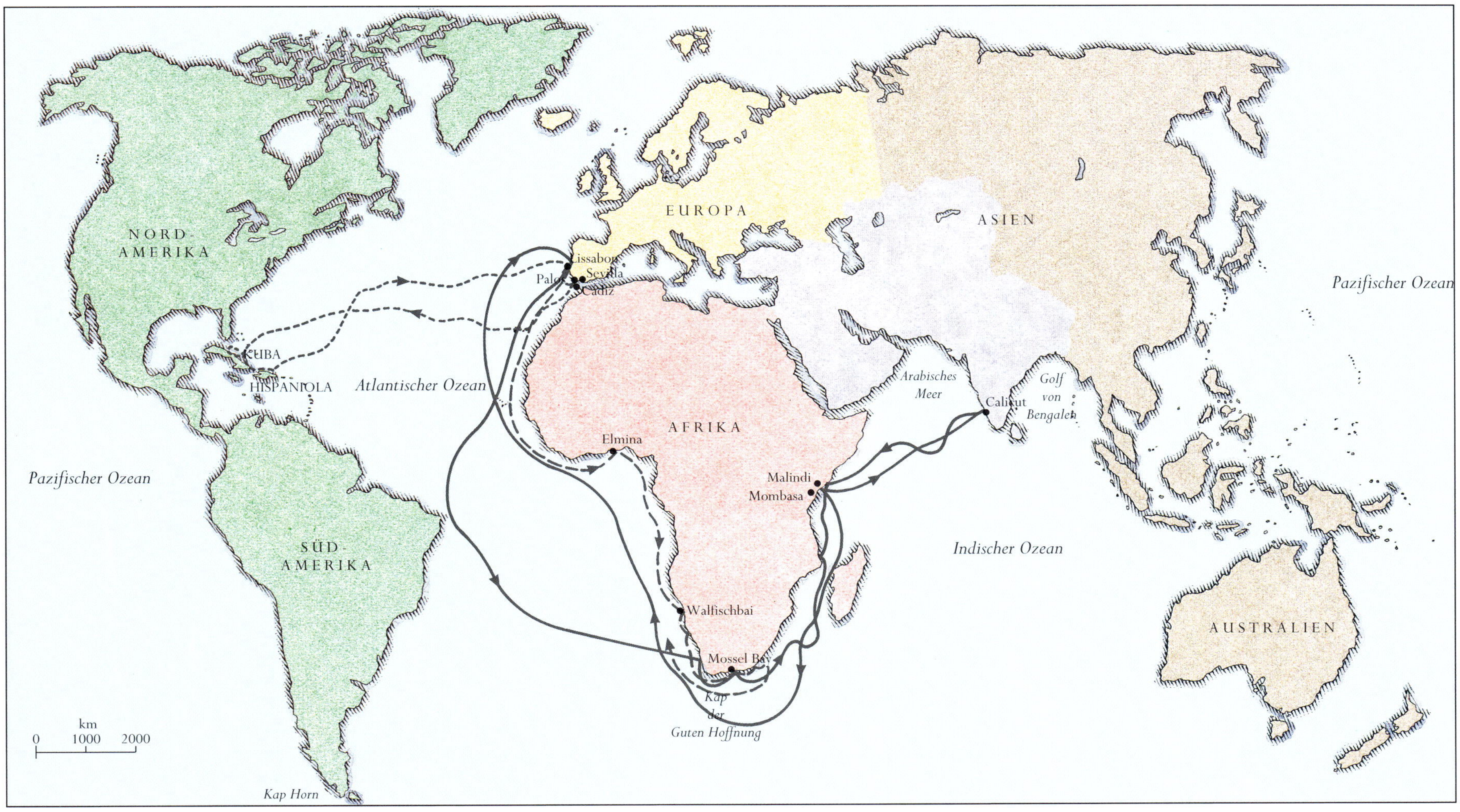

Ostasien

Das Ming-China

Nach einem Jahrhundert der Yuan-Herrschaft (Mongolen) kam China 1368 wieder unter die Kontrolle einheimischer Herrscher, der Ming. Die Ming-Kaiser bauten die chinesische Wirtschaft wieder auf und schmückten ihre Hauptstadt Peking mit Parks und Palästen. Sie förderten auch den Export und stützten sich dabei vorwiegend auf ausländische Kaufleute. Im Ausland sehr begehrte typische Ming-Produkte wie das blauweiße Porzellan und das Emaillegeschirr gelangten bald nach Afrika und Europa sowie seit etwa 1560 über die Philippinen nach Mittelamerika.

Gebiet des Ming-Reichs

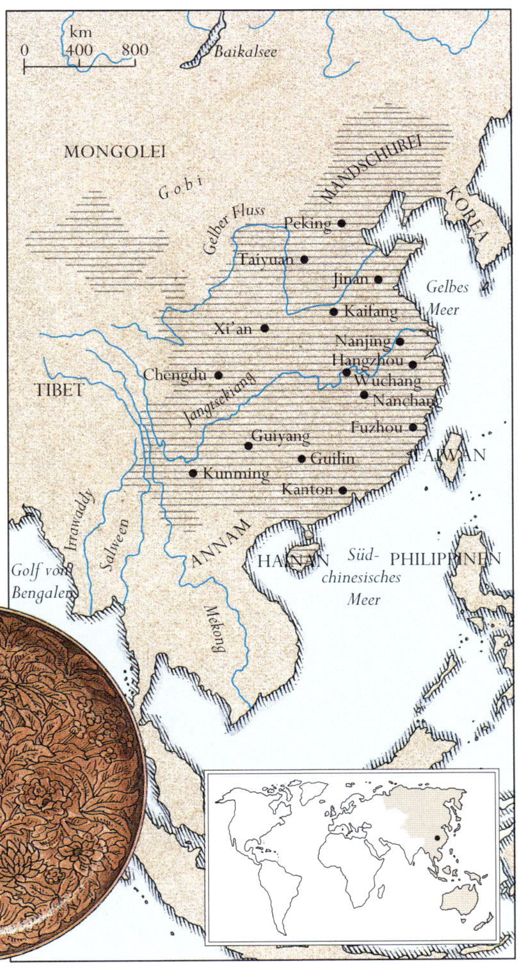

Rotes Ming-Lacktablett, China

Australasien

Maori-Neuseeland

Neuseeland, eine der größten polynesischen Inselgruppen, wurde wohl zuletzt kolonisiert. Erste Siedlungen konzentrierten sich auf die Nordinsel, wo die meisten frühen Maori-Stätten gefunden werden. Im 14. Jh. führten Gruppenrivalitäten aufgrund des Bevölkerungszuwachses zum Bau von *Pas* (befestigten Siedlungen). Viele *Pas* waren noch immer in Gebrauch zur Zeit des Kontakts mit Europäern im späten 18. Jh., als die einheimische Bevölkerung um die 250 000 Menschen lag. Doch große Teile der Südinsel, besonders die zerklüftete Westküste, waren noch immer dünn besiedelt.

Befestigte Siedlung ▲

Verziertes Holzpaddel, Neuseeland

1250–1300

200 V. CHR.

Ernährung & Lebensraum	Wohnen & Bauen

Amerika

Geeignete Kleidung

Unter den an der Hügelausgrabungsstätte von Spiro in Oklahoma gefundenen Artefakten befanden sich Meeresmuscheln aus dem rund 1300 km entfernten Golf von Mexiko. Sie weisen dekorative Ritzzeichnungen auf, die meist Figuren in Kleidern zeigen, die dem wechselhaften Klima der Region gut angepasst waren. Die Gravur auf dieser Muschel (zwischen 1100 und 1300) zeigt eine Figur in einer Tunika mit einem breiten, gestreiften Gürtel. Am häufigsten werden die Menschen in Lendenschurzen dargestellt.

Muschel mit Ritzzeichnung, Oklahoma

Moundzentrum

Powers Fort (um 1300) war ein kleines Zeremonialzentrum im Mississippital im Südosten Nordamerikas. Die Stätte bedeckte eine Fläche von rund 5 ha innerhalb ihrer Festungsmauern und war um eine zentrale Plaza und vier benachbarte Mounds (Grabhügel) angelegt. Dies war das Zentrum für eine örtliche Gemeinschaft, deren Mitglieder meist in nahen Dörfern und Gehöften lebten.

Powers Fort, Butler County, Missouri

Ostasien & Australasien

Eine ausgezeichnete Feldfrucht

Sorghum, ursprünglich eine in Afrika kultivierte Hirseart, wurde im Südwesten Chinas aus Vorderasien über Indien eingeführt. Sie war wie Soja eine ausgezeichnete Feldfrucht mit guten Erträgen auf Böden, die zu arm für Weizen oder normale Hirse waren, und diente der Ernährung von Mensch und Tier sowie zur Alkoholbereitung. Die Halme wurden als Brennstoff verwendet.

Sorghumpflanze

Mongolenhauptstadt

China wurde von Kubilai Khan (1215–94), dem ersten Kaiser der mongolischen Yuan-Dynastie (1279–1368), erobert und wiedervereint. Seine neue Hauptstadt Dadu (das heutige Peking), die den venezianischen Reisenden Marco Polo so beeindruckte, wurde nach klassischen chinesischen Plänen erbaut. Der Kaiserpalast im Südteil war von einer kaiserlichen Stadt mit Parks und künstlichen Seen und Hügeln umgeben. In den Ost- und Westteilen standen Tempel, während der Norden in Ladenstraßen und kleinere Wege für Häuser mit geräumigen Höfen eingeteilt war. Vor dem Bau jedes Viertels wurden den Kanalisationssysteme angelegt, und ein Kanalnetz verband den Großen Kanal mit den künstlichen Seen der kaiserlichen Stadt, sodass Waren direkt dorthin transportiert werden konnten.

Vorderasien & Südasien

Niedergang der Landwirtschaft

Die Eroberung des Iran und von Mesopotamien 1258 durch die Mongolen wirkte sich verheerend auf die Landwirtschaft aus. Die nomadischen Mongolen ließen Pferde, Schafe und Kamele stets auf Grasland weiden. Folglich wandelten sie eine Menge Ackerland in Weideflächen um, und viele Bauern mussten fliehen. Die Vernachlässigung des Landes und der Zusammenbruch der Bewässerungssysteme führten zum Niedergang der Landwirtschaft in den meisten Gebieten von Vorderasien.

Tragbare Zelte

Die Mongolen-Herrscher in Vorderasien setzten ihr nomadisches Leben im Iran auch dann noch fort, als sie Sultane geworden waren. Ihr königliches Lager war, Augenzeugen zufolge, eine bewegliche Stadt – einige Jurten (Fellzelte) waren so groß, dass sie auf Karren transportiert wurden. Es gab große Audienzzelte, getrennte Quartiere für Frauen, Königsgemächer und sogar tragbare Schreine und Tempel.

Europa

Weinhandel

Im Spätmittelalter florierte der Seehandel an der europäischen Atlantikküste. Ein wichtiges Handelsgut war Wein. Er wurde von den Reichen in England getrunken und meist aus der Region Bordeaux in Südwestfrankreich importiert. Dieser Handel erlebte seinen Höhepunkt vom 13. bis zum 15. Jh., als Bordeaux unter englischer Herrschaft war. In mittelalterlichen englischen Städten wurden viele Bordeauxweinkrüge ausgegraben.

Weinkrug, Bordeaux, Frankreich

Paläste am Wasser

Durch den Mittelmeerhandel im 13. Jh. wurden viele Städte in Italien reich. Der Reichtum Venedigs spiegelte sich in den Palästen an seinen Kanälen wider. In den Kolonnaden im Erdgeschoss konnten Waren entladen werden, und die Geschäfte wurden in einer großen, von Lagerräumen und Büros flankierten Halle abgewickelt. Die Fassaden mit eleganten Fenstern demonstrierten den Status des Besitzers.

Palazzo Ca' Da Mosto, Venedig, Italien

Afrika

Wald-Nahrungsmittel

Die Völker der westafrikanischen Waldkönigreiche bauten Feldfrüchte wie Jams, Ölpalmen, Kolanüsse, Akifrüchte und Kürbisse an. Jams und Ölpalmen lieferten Kohlehydrate, Fette und Vitamin A. Afrikanischer Reis war ein Hauptnahrungsmittel in den Waldrandregionen. Meleguetapfeffer (*Aframomum melegueta*), die in Westafrika heimischen »Paradieskörner«, war als Gewürz sehr geschätzt und weit verbreitet.

Melegueta-pfefferkörner

Moscheen und Paläste

Die Errichtung neuer Moscheen und Paläste in den islamischen Küstenstädten von Ostafrika im 13. und 14. Jh. spiegelte den wachsenden Reichtum und die Kultivierung dieser Handelskolonien wider. Die Moschee von Fakhr al Din in Mogadischu, Somalia, wurde um 1269 erbaut; ihre Kuppeln waren aus Korallenzement (hergestellt mit pulverisierten Korallen statt mit Sand). Ein komplexes System von Holzbalken teilte das Dach in neun Stützfelder ein, und über dem zentralen Feld erhob sich eine hohe, einfache Kuppel. Über dem Eingang befand sich ein verziertes achteckiges Gewölbe, und eine *Mihrab* (Nische) aus Marmor, die nach Mekka wies, war wohl in Norditalien hergestellt worden – ein Beweis für die guten Handelsverbindungen über den Indischen Ozean.

Erfindungen & Entdeckungen

Pfeil und Bogen

Aus dem Craig Mound in Spiro, Oklahoma, grub man sorgsam angeordnete Haufen kleiner Pfeilspitzen aus – die einzigen Überreste alter Köcher voller Pfeile. In weiten Teilen von Nord- und Südamerika benutzte man Pfeil und Bogen. Zwar findet man Pfeilspitzen auf dem ganzen Kontinent, doch wir wissen wenig über die Beschaffenheit der Bögen. In einigen Regionen wurden Bögen jedoch auf Felszeichnungen dargestellt, und Pfeile wurden in Muschelschalen eingeritzt, die über den Handel aus dem Golf von Mexiko kamen. Diese Ritzzeichnungen deuten an, dass die Bögen im Allgemeinen etwa drei Viertel so groß wie die Schützen waren.

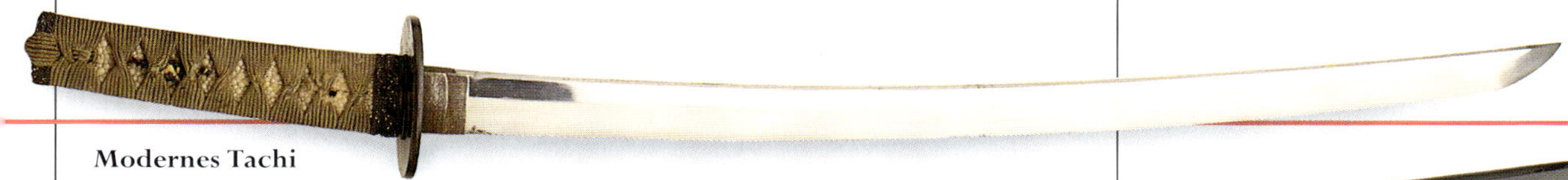

Modernes Tachi (Hiebschwert) mit Scheide, Japan

Hiebschwerter

Die Kunst japanischer Schwertschmiede erreichte ihren Höhepunkt in der Kamakura-Zeit (1185–1333), als sie lange *Tachi* (Hiebschwerter) schmiedeten, die so scharf waren, dass man damit einen Menschenkopf mit einem Streich abschlagen konnte. Das Schmieden von Schwertern war mit rituellen Auflagen verbunden: Der Schwertschmied musste wie ein buddhistischer Mönch enthaltsam und vegetarisch leben und während des religiösen Akts des Schmiedens vornehme Gewänder tragen.

Spinnen und Weben

Das *Charkha* (Spinnrad) ist typisch für die traditionelle indische Industrie, die stets einfache Techniken überaus effizient umgesetzt hatte. Das *Charkha* wurde um 1200 aus Indien in Europa eingeführt, der horizontale Webstuhl mit einem Schnur- oder Drahtrahmen zum Trennen der Garnfäden um 1300.

Europäerinnen arbeiten an einem horizontalen Webstuhl.

Kettenpanzer

Europäische Ritter kämpften in Kettenpanzern und schweren Eisenhelmen mit schmalen Sehschlitzen, und in der Hitze des Kampfes waren sie an ihrem verzierten Wappenrock zu erkennen. Dieses außergewöhnliche Kupferaquamanile (Wasserkrug) aus dem 13. Jh. in Form eines Ritters in voller Montur (aus Hexham in Nordengland) stand einst auf dem Tisch eines Adligen. Ursprünglich trug der Ritter eine Lanze in der rechten Hand und einen Schild am linken Arm.

Kupferaquamanile, Hexham, England

Zentrum des Kunsthandwerks

Die Stadt Benin in der Waldregion des heutigen Nigeria war einst die bedeutendste der vielen ummauerten Siedlungen, die von den Edos gegründet wurden. Benin kontrollierte die Flusshandelsrouten nach Norden und die Küste und war ein Kunsthandwerkszentrum für Eisen-, Holz-, Leder- und Perlenarbeiten sowie für Elfenbeinschnitzereien.

Geschnitzter Elfenbeinarmreif, Benin, Nigeria

Kunst & Religion

Begräbnisfigurine

Zu den Bestattungszeremonien im mittleren Westen von Nordamerika gehörten im 13. Jh. auch kleine rituelle Figurinen. Diese in einem Mound bei Spiro, Oklahoma, gefundene Figurine im Schneidersitz ist in naturalistischem Stil aus Zedernholz geschnitzt. Solche Figurinen findet man selten in den östlichen Waldländern, da Holz kaum konserviert ist.

Zedernholzfigurine, Oklahoma

Religiöse Toleranz

In China herrschte unter dem ersten Yuan-Kaiser Kubilai Khan ein hohes Maß an religiöser Toleranz. Kubilais Verwaltung setzte sich aus Menschen aller Glaubensrichtungen zusammen, und buddhistische, daoistische und konfuzianische Tempel, christliche Kirchen und muslimische Moscheen waren von Steuern befreit. Der führende buddhistische Mönch Tibets genoss spirituelle Autorität im ganzen Reich, da er Kubilais weltliche Herrschaft in China anerkannte.

Lüsterkachel mit chinesischem Drachendekor, Iran

Dekorative Symbole

Unter Ghazan Khan (er regierte 1295–1304), einem Untertan des Mongolen-Kaisers Kubilai Khan, wurde der Islam zur Staatsreligion im Iran erhoben. Doch viele Angehörige der mongolischen Elite behielten ihren buddhistischen Glauben bei und verwendeten weiterhin dekorative chinesische Symbole wie Drachen und Phönix, die bis 1300 dem höfischen Gebrauch vorbehalten blieben.

Herkunft der Laute

Die klassische Laute, die im Spätmittelalter in ganz Europa gespielt wurde, basierte auf einem arabischen Prototyp, der *al-'ud*. Er wurde im 13. Jh. durch die Christen in Nordspanien von ihren maurischen Nachbarn im Süden übernommen.

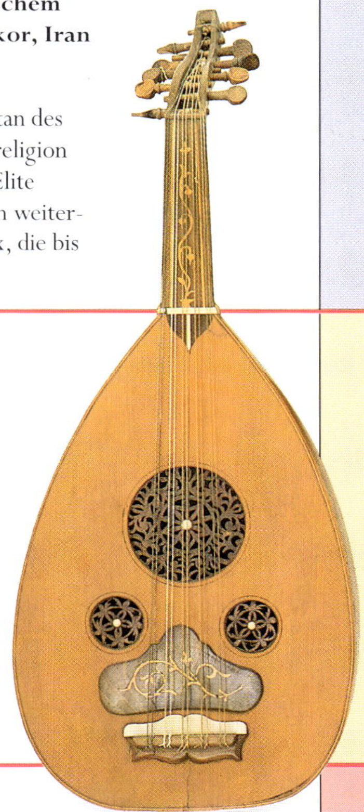

Zeitgenössische marokkanische al-'ud

Specksteinfigur, Groß-Simbabwe, Simbabwe

Specksteinfiguren

An der Stätte von Groß-Simbabwe, in der Nähe des Sabi-Flusses im heutigen Simbabwe, wurde eine Reihe anthropomorpher (menschenähnlicher) Specksteinfiguren gefunden. Sie stellen neben Menschen auch Vögel dar und weisen geometrische Muster auf. Sie dienten wohl zu Ritualen und stammen aus der Zeit vor der intensivsten Bauphase der Stätte im 14. und 15. Jh.

1300–1350

Ernährung & Lebensraum | Wohnen & Bauen

Amerika

Schwimmende Gärten

Die Azteken legten *Chinampas* (künstliche Gartenparzellen) in Form rechteckiger Inseln in den Sümpfen und seichten Seen um ihre Hauptstadt Tenochtitlán im Hochtal von Mexiko an. Die bereits um 1000 existierende *Chinampa*-Landwirtschaft wurde von den Azteken im 14. und 15. Jh. zur intensivsten Form des Gartenanbaus in Mesoamerika entwickelt.

Mosaikmauerwerk

Das alte Zeremonialzentrum Mitla in der mexikanischen Region Oaxaca wurde etwa um diese Zeit von den Mixteken übernommen. Sie applizierten auf die Wände bestehender Gebäude ornamentales Mauerwerk, darunter bunte geometrische Mosaiken, die an mixtekische Bilderschriften und Keramiken erinnern.

Mixtekisches Mauerwerk, Mitla, Mexiko

Ostasien & Australasien

Jams

Teichfelder

Im 14. Jh. wurden auf mehreren östlichen polynesischen Inseln Terrassenfeldsysteme errichtet, um mehr Nahrung für eine wachsende Bevölkerung zu produzieren. Auf den Terrassen legte man Teichfelder und Bewässerungssysteme an, bei denen das Wasser von Parzelle zu Parzelle floss. Darauf wurde Taro angebaut, eine nahrhafte Knolle, die auf überschwemmten Böden gedeiht. Auf den westlichen polynesischen Inseln wie Tonga war die Hauptfeldfrucht Jams, eine für trockenen, gut entwässerten Boden geeignete Pflanze. Dafür war kein Terrassenanbau erforderlich.

Befestigte Fluchtburgen

Seit dem 14. Jh. wurden in Neuseeland, besonders auf der stärker besiedelten Nordinsel, Festungen gebaut – Zeugen der ständigen Kriege, die für die damalige Maori-Gesellschaft typisch waren. Diese so genannten *Pas* weisen eine Vielzahl von Verteidigungsvorrichtungen auf. Einige wurden auf steilen Hangterrassen errichtet, die nur gegen Angriffe von unten verteidigt werden mussten, andere auf Kaps, die durch einen Graben in der Landenge gesichert waren. Die kunstvollsten *Pas* besaßen einen ganzen Ring aus Wällen und Gräben. An allen Stätten wurden die Erdschanzwerke durch Holzpalisaden und erhöhte Holzbastionen verstärkt. Manche *Pas* waren vielleicht ständig besetzt – an vielen Stätten gibt es Überreste von Häusern und Speichergruben –, aber meist waren sie wohl nur Fluchtburgen in gefährlichen Zeiten.

Vorderasien & Südasien

Landpachtreformen

Um 1300 wurde der Niedergang der Landwirtschaft in Vorderasien unter der Mongolen-Herrschaft vorübergehend gestoppt. Rashid al-Din, oberster Minister des Mongolenherrschers Ghazan Khan (er regierte von 1295 bis 1304), verringerte die Steuerlast, untersagte die Einquartierung von Soldaten bei Zivilisten und reformierte das Landpachtsystem.

Bauern zusammen mit einem Mongolen; aus einer Handschrift, Iran

Kuppelgrab

Die Mongolen-Herrscher in Vorderasien ließen sich im heutigen Aserbaidschan nieder. Ihre Hauptstadt Sultaniyya wurde 1306 von Oljaitu Khan erbaut. Oljaitu wollte sie zu einem Pilgerzentrum wie Mekka und Jerusalem machen, und daher ließ er das Gunbad-i Oljaitu errichten, ein eindrucksvolles Grab, das die Überreste des Märtyrers Ali, Mohammeds Schwiegersohn und Begründer der islamischen Schiitensekte, beherbergen sollte. Die Grabanlage ähnelt dem Jerusalemer Felsendom.

Europa

Vertreibung der Bauern

Im 14. Jh. wurden viele kleine Dörfer in Nordwesteuropa aufgegeben. Dazu mag die Pest von 1347–50 beigetragen haben, aber auch der Wirtschaftsboom des vorigen Jahrhunderts, als mehr Land als zuvor intensiv bewirtschaftet wurde, um die wachsende Bevölkerung zu ernähren. Manche Böden vertrugen diesen Intensivanbau nicht, und die Ernten wurden geringer, als die natürliche Fruchtbarkeit des Landes erschöpft war. Englische Grundbesitzer wandelten unergiebiges Ackerland in überaus profitable Schafweiden um. Schafwolle war auf den internationalen Märkten geschätzt, und große Bestände wurden über Calais nach Kontinentaleuropa exportiert. Für das Halten der Herden brauchte man weniger Menschen, und viele Bauern wurden vertrieben und suchten Zuflucht und Arbeit in den Städten.

Verwaltungspaläste

Die blühenden italienischen Städte des 14. Jh. wie Florenz und Siena wurden von Ratsherren aus den Reihen der Bürger regiert. Ihr Bürgerstolz drückte sich im Bau eindrucksvoller Paläste aus, in denen Verwaltungsbehörden und Stadtarchive untergebracht waren, wie der zwischen 1299 und 1314 erbaute Palazzo Vecchio in Florenz.

Palazzo Vecchio, Florenz, Italien

Afrika

Fleisch für königliche Feste

Rinder waren im 14. und 15. Jh. für die Elite südafrikanischer Gesellschaften eine wichtige Quelle für Reichtum und Nahrung. Tierknochenfunde an der Stätte von Groß-Simbabwe am Sabi im heutigen Simbabwe belegen, dass große Mengen überschüssiger Rinder aus der Umgebung herbeigeschafft und wahrscheinlich für Feste oder als Opfer geschlachtet wurden. Die Herden zogen das ganze Jahr weiter zu neuen Weideflächen. Einfache Menschen aßen wohl nur selten Fleisch, sondern eher Hirse, Sorghum und Gemüse.

Herrscherpalast

In der ersten Hälfte des 14. Jh. hatte die arabische Handelsstadt Kilwa, auf einer strategisch günstigen Insel vor der Südküste von Tansania gelegen, das Monopol im Gold- und Elfenbeinhandel Ostafrikas inne. Der Herrscher von Kilwa residierte im Husuni Kubwa, einem Palastkomplex auf einem Felsen mit Höfen, Pavillons und Arkaden. Zu den über 100 Räumen zählten ein imposanter Audienzsaal, Bäder und Wohnquartiere sowie ein Lagerkomplex.

Innenansicht des Husuni-Kubwa-Palastes, Kilwa

Erfindungen & Entdeckungen

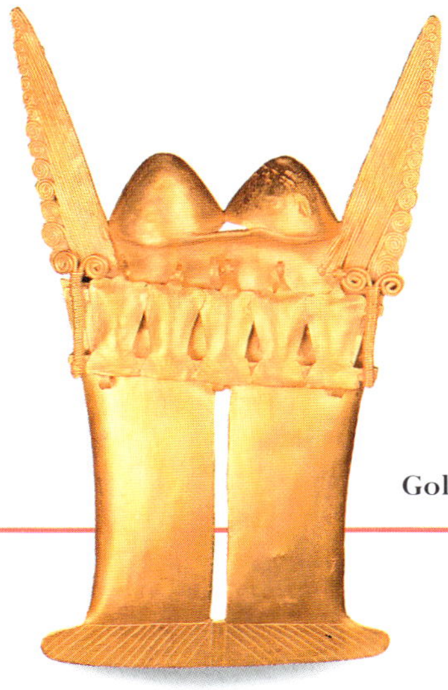

Goldpektoral, Kolumbien

Metalllegierungen

Um 1300 hatten die Völker von Kolumbien und Ecuador mehrere Techniken für Metalllegierungen entwickelt. Weit verbreitet war die Produktion von *Tumbaga*, einer Legierung von Kupfer, Silber und Gold. Daraus wurde Schmuck hergestellt wie Pektoralien (Brustschmuck), Armreife, Ohr- und Nasenringe.

Baumbasttextilien

Die Bewohner der Pazifikinseln fertigten ihre Kleidung meist aus Baumbast. Das feinste Material stammte vom Papiermaulbeerbaum, der eigens für diesen Zweck angepflanzt wurde. Die Rinde wurde abgeschält und der innere Bast in Wasser eingeweicht. Dann bearbeitete man ihn mit einem Holzstampfer und ließ ihn in der Sonne trocknen und bleichen. Die Stücke wurden verfilzt, verklebt und zusammengenäht.

Erneuerer der Musik

Der indische Dichter und Historiker Amir Khusram (1253–1325) war auch ein großer Erneuerer der Musik, dem die Komposition einer Reihe früher *Ragas* (traditioneller indischer Musikformen) zugeschrieben wird – rhythmisch-melodische Grundstrukturen zur Improvisation eines Musikstücks. Ferner soll Khusram der Erfinder der *Sitar*, eines Metallsaiteninstruments der Lautenfamilie, und der *Tabla*, einer Trommel, sein.

Moderne Tabla

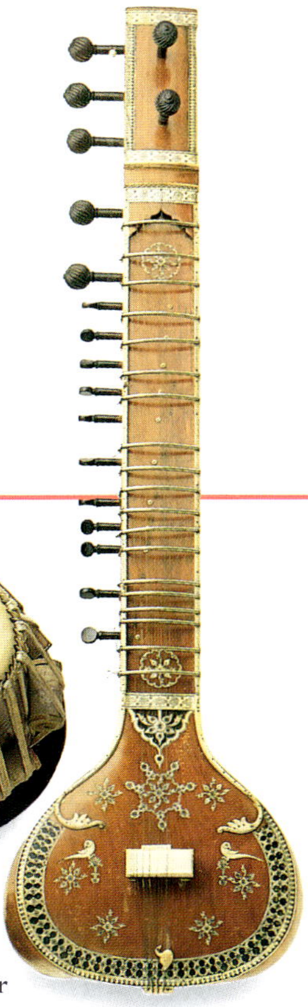

Moderne Sitar

Raffinierte Waffen

Das Schießpulver wurde zwar schon im 9. Jh. in China erfunden, doch den ersten eindeutigen Beleg für den Gebrauch einer Kanone liefert diese Illustration aus einer westeuropäischen Handschrift von 1326. Die anfangs plumpen und zuweilen unberechenbaren Kanonen wurden im 14. Jh. immer wichtiger auf den Schlachtfeldern Europas.

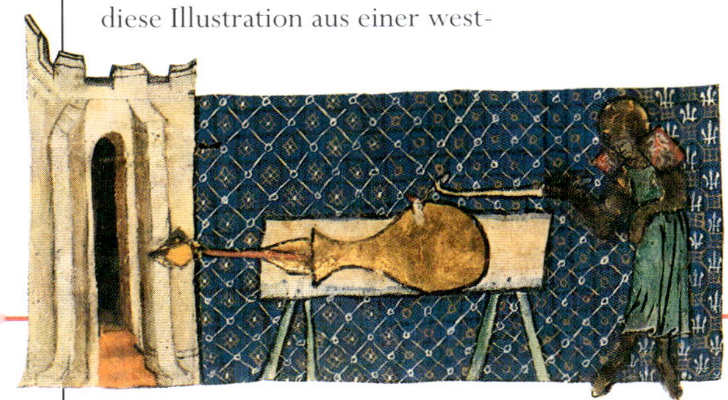

Illustration einer Kanone aus dem *Treatise of Walter of Milemetre*

Goldgewinnung

Im Inneren Südafrikas hing die Errichtung steinerner Umfriedungen im 14. und 15. Jh. direkt mit der zunehmenden Ausbeutung von Metalllagerstätten, vor allem von Gold, zusammen. Zum Teil wurde Gold durch einfache Bergbautechniken gewonnen – enge Gruben oder Schächte, die in Gold tragende Flöze getrieben wurden –, meist aber wohl aus Bächen gewaschen. Doch die in dieser Region gewonnene Goldmenge war gering im Vergleich zu den riesigen Mengen, die in Westafrika gehandelt wurden. Selten wie es war wurde Gold den Gräbern der reichen Elite beigegeben, meist in Form von Blattgold an Holzobjekten wie Keulen oder Schalen.

Kunst & Religion

Bestickte Textilien

Ponchos wurden von den Menschen in Peru für spezielle Zeremonien getragen und auch als Begräbnisdecken verwendet. Dieser Poncho ist mit Federn im Chancay-Stil (1000–1400) bestickt, mit den typischen geometrischen Mustern und Abbildungen von Pflanzen, Tieren und Menschen. Die Figur in der Mitte trägt einen Kopfschmuck und große Ohrgehänge, die auf beiden Seiten des Gesichts herabhängen.

Poncho, Chancay-Hochtal, Peru

Frühes Theater

Das japanische *No*-Drama verbindet Musik, Gesang, Tanz und Dichtkunst. Einer seiner Vertreter war der Künstler Kan-ami (1334–85). Als traditionelle Unterhaltung für die herrschenden Schichten wurden *No*-Stücke auf einer kahlen Bühne aufgeführt, und das Publikum war zur Teilnahme aufgefordert. Die Schauspieler trugen Masken, um anonym zu bleiben. Das *No*-Drama existiert noch heute in Japan.

No-Maske, Japan

Handschriftenillustration

Unter dem Mongolen-Herrscher Oljaitu Khan (1304–16) wurden mehrere illustrierte Handschriften in Täbris im Nordwesten des Iran hergestellt. Einflüsse aus Irak, Zentralasien und China führten zu einem eklektischen (aus verschiedenen anderen Elementen zusammengetragenen) Stil, den am besten die *Weltgeschichte* von Oljaitus oberstem Minister Rashid al-Din veranschaulicht. Zu den späteren Werken zählt das zwischen 1330 und 1340 entstandene reich illustrierte *Buch der Könige*.

Rudimentäre Perspektive

Der florentinische Maler Giotto di Bondone (1266–1337) führte neue Prinzipien und Techniken in die europäische Kunst ein, vor allem mit der Entdeckung und rudimentären Verwendung der Perspektive, die seinen Bildern eine nie da gewesene Dreidimensionalität verlieh. Am berühmtesten sind seine religiösen Freskenzyklen in der Cappella degli Scrovegni in Padua.

Anbetung der Könige von Giotto di Bondone, Padua, Italien

Illustrierte Handschriften

Im 14. und 15. Jh. schufen christliche Künstler in Äthiopien reich verzierte Evangelienhandschriften. Der Nachwelt erhaltene Illustrationen stellen Szenen aus dem Leben Christi dar, insbesondere die Passion und die Kreuzigung.

Detail der Kreuzigung, illustriertes Evangeliar, Äthiopien

1350–1400

Ernährung & Lebensraum | Wohnen & Bauen

Amerika

Kakaofrucht

Trinkschokolade
Kakaobohnen wurden von den Adligen und Priestern der Azteken hoch geschätzt. Sie waren die Hauptzutat von *Chocolatl*, einem schaumigen Getränk, dem Maismehl, Gewürze oder Chili zugefügt wurden und das nur die Elite trinken durfte. Kakaobohnen dienten auch als Handelswährung. Ein Hauptanbaugebiet von Kakaobohnen war die Region Soconusco im heutigen Guatemala.

Gemeinschaftslanghäuser
Die Irokesen im Nordosten von Nordamerika bauten Gemeinschaftslanghäuser innerhalb einer befestigten Anlage. Am Howlett Hill wurden die Überreste eines Langhauses von über 100 m Länge entdeckt. Das im 14. Jh. erbaute Haus bestand aus einem mit Rinde bedeckten Stangengerüst. Jede Familie hatte darin ihren eigenen Bereich samt Feuerstelle.

Vorder- und Seitenansicht eines Langhauses, Howlett Hill, New York

Ostasien & Australasien

Baumwollanbau
Ende des 14. Jh. war Baumwolle die wichtigste Faserfeldfrucht in China geworden. Sie war im Süden und Westen Chinas aus Indien eingeführt worden. Der Staat regte den Baumwollanbau an, indem er den Bauern erlaubte, damit ihre Steuern auf Textilien zu erstatten; diese Steuern waren zuvor mit Seide bezahlt worden. Folglich gab es mehr Seide für den Export nach Asien und in den Westen. Baumwolle wurde das verbreitetste Material für Kleidung und ersetzte das rauere Hanftuch. Die Produktion von Baumwolle, vom Anbau bis zum Spinnen und Weben, war arbeitsintensiv und wurde von Frauen übernommen; so entstand eine wichtige zusätzliche Einnahmequelle.

Mit versetzten Geschossen
Die Wohngebäude auf den Marquesasinseln im Südpazifik standen auf Plattformen aus Basaltgestein und waren ohne Mörtel sorgfältig zusammengefügt. Der Aufbau bestand aus einem leichten Rahmen aus Holzstangen und einem Reetdach. Meist gab es zwei versetzte Geschosse – der leicht erhöhte hintere Teil diente als Schlafbereich, der niedrigere Vorderteil war offen wie eine Veranda.

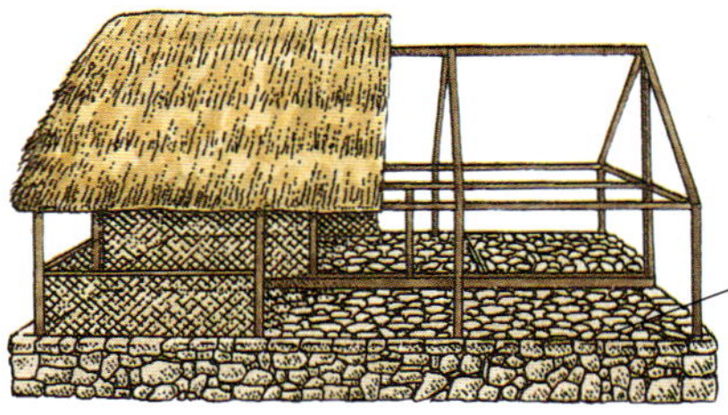

Haus, Marquesasinseln, Südpazifik

Vorderasien & Südasien

Zimtstangen

Zimtexporte
Im 14. Jh. führten politische Probleme zum Zusammenbruch der Wirtschaft von Sri Lanka, die auf riesigen künstlichen Wasserspeichern und Bewässerungssystemen basierte. Das politische Zentrum im Norden des trockenen Mittelteils der Insel wurde in die regenreiche Landwirtschaftszone im Südwesten verlagert. Die Bedeutung des Handels nahm zu; er wurde großenteils von arabischen Kaufleuten kontrolliert, die sich auf der Insel niederließen. Eines der Hauptexportgüter der Insel war Zimt.

Kombination der Stile
Ein indo-muslimischer Architekturstil entwickelte sich im 14. Jh. in Nordindien. Einheimische Architekten passten ihre Konstruktionen islamischen Bedürfnissen an, indem sie vor allem auf figurative Darstellungen verzichteten. In Tuqhluqabad, einer Moslemstadt bei Delhi, hat das 1368/69 erbaute Grab für Khan-i-Jahan Tilangani, den Premierminister von Sultan Firuz Shah Tuqhluq, noch vorspringende Dächer, ein typisches Hindu-Merkmal.

Grab von Khan-i-Jahan Tilangani, Tuqhluqabad, Indien

Europa

Medizingefässe
Seit dem späten 14. Jh. standen auf den Regalen von Apotheken in Italien kleine Tongefäße, so genannte *Albarelli*. Sie enthielten getrocknete Arzneimittel und Elixiere zum Schutz gegen die Pest, und ihre zylindrische Form mit den leicht nach innen gekrümmten Seiten war abgeleitet von den hohlen Bambusabschnitten, die traditionell für den Transport von Arzneien und Gewürzen aus dem Osten verwendet wurden.

Innenausstattung
Im 14. Jh. wurden herrliche neue Gebäude in der Alhambra in Granada errichtet, der letzten Hauptstadt der islamischen Mauren-Herrscher in Südspanien. Ihre kunstvolle Innenausstattung wird der Herrschaft von Yusuf I. (gest. 1354) zugeschrieben. Maurische Architekten arbeiteten mit geschnitzten und gemalten geometrischen und arabesken Motiven und fügten Koranverse in ihre Muster ein.

Verziertes Fenster, Alhambra, Granada, Spanien

Afrika

Bewässerte Feldsysteme
Raffinierte bewässerte Feldsysteme wurden im 14. Jh. in Teilen des ostafrikanischen Grabensystems angelegt. Während die Bewässerung in anderen Regionen der Welt seit langem praktiziert wurde, waren diese Felder die Ersten ihrer Art südlich der Sahara. Ihre ausgedehntesten Überreste befinden sich in Engaruka im Norden Tansanias, wo Wasser aus Bächen über mit Steinen ausgelegte Kanäle geleitet und zur Bewässerung von über 20 km^2 großen, mit Steinmauern umgebenen Feldern verwendet wurde. Wie viele Arten von Feldfrüchten angebaut wurden, ist unbekannt, Sorghum aber war eine der wichtigsten.

Bruchsteinmauern
Die Viehhirtenkönigreiche im Inneren des südlichen Afrika erlebten im 14. Jh. ihre Blütezeit. Für wichtige Bauwerke verwendete man Stein, und die Entwicklung von Bautechniken in Stein lässt sich an Stätten wie Groß-Simbabwe am Sabi im heutigen Simbabwe nachvollziehen. Vor dem Bau frei stehender Steinmauern, die meist einen Bruchsteinkern hatten, wurden Steinwände um natürliche Felsnasen errichtet, und Steinmauern füllten verbleibende Lücken.

Erfindungen & Entdeckungen

Sportgerät

Das im mexikanischen Hochland zwischen 1200 und 1500 v. Chr. entstandene mesoamerikanische Ballspiel wurde schließlich auch in der Karibik gespielt. Auf Puerto Rico trugen die Spieler geschnitzte Stein- und Holzgürtel. Dieser Steingürtel (um 1350) wurde wahrscheinlich in den mit dem Spiel verbundenen Zeremonien verwendet.

Steingürtel, Puerto Rico

Blauweißes Porzellan

Die staatlichen Brennereien in Jingdezhen im östlichen China erhöhten ihren Ausstoß an blauweißer Keramik bald nach der Errichtung der Ming-Dynastie (1368–1644). Dieses feine Porzellan war zwar für Märkte in Vorderasien entwickelt worden, wurde aber nun für den Gebrauch am Ming-Kaiserhof ebenso wie für den Export produziert.

Blauweißes Porzellangeschirr, Jingdezhen, China

Zentren der Glasherstellung

Im 14. Jh. erreichte die Glasherstellung unter der Mameluken-Dynastie, die in Ägypten und Syrien von 1250 bis 1570 herrschte, einen Höhepunkt. In Kairo und Damaskus wurde Glas mit polychromer (vielfarbiger) Glasur und Lüster (einem extrem dünnen Metallfilm) verziert, meist mit chinesischen Motiven, Blumenmustern und Koraninschriften. Moscheelampen trugen oft den Namen und das Wappen ihrer Stifter.

Glasmoscheelampe, Syrien

Uhrwerk der mechanischen Uhr der Wells Cathedral, Somerset, England

Mechanische Uhren

Ein Beleg für die technische Entwicklung Europas im Spätmittelalter war die Erfindung der mechanischen Uhr (um 1280). Die frühesten erhaltenen Beispiele, wie die Uhr der Wells Cathedral aus Somerset in England, stammen aus dem späten 14. Jh.; nach ihnen richtete sich in den Klöstern der Tagesablauf.

Aus Stein gehauene Hocker

Die Kunsthandwerker der westafrikanischen Waldkönigreiche arbeiteten mit Terrakotta, Bronze und Stein. Dieser Quarzhocker aus der Ashanti-Region im heutigen Ghana ist aus einem einzigen Stein gearbeitet und wurde von einem bedeutenden Würdenträger oder Herrscher benutzt.

Ashanti-Quarzhocker, Ghana

Kunst & Religion

Frühlingsgott

Das Pantheon der Azteken bestand aus über 200 Gottheiten, die mit bestimmten Richtungen, sozialen Gruppen, Tagen und Monaten, Nahrung und Blumen symbolisch verknüpft waren. Xipe Totec, der Gott der Erneuerung, stand für den Frühling und die aufgehende Sonne und war ein Schutzgott der Kaufleute und der Handwerker, die mit Edelmetallen und Steinen arbeiteten. Seine Priester ehrten ihn, indem sie sich in die abgezogenen Häute geopferter Menschen hüllten. Diese Figur von Xipe Totec stammt aus der Azteken-Hauptstadt Tenochtitlán.

Xipe Totec, der Frühlingsgott, Tenochtitlán, Mexiko

Grabskulptur

Die klassische Tradition der chinesischen Steinskulptur wurde von der Ming-Dynastie weitergeführt, vor allem in den »Geisterstraßen« – von Steinfiguren gesäumten Zugängen zu wichtigen Gräbern. Statuen an Kaisergräbern standen für ein ideales Kaiserreich, die Figuren stellten die höchsten Beamten dar, und Tiere symbolisierten einzelne Tugenden.

Steinstatuen von Militärbeamten, Ming-Kaisergräber, Peking, China

Königliche Werkstätten

Timur (1336–1405), auch Tamerlan genannt und in Kesh im heutigen Usbekistan geboren, eroberte große Teile Vorderasiens, in denen zuvor die Mongolen geherrscht hatten; er gründete die Timuriden-Dynastie (1370–1506). In seiner Hauptstadt Samarkand arbeiteten Handwerker für die königlichen Werkstätten; sie waren sehr experimentierfreudig und hatten unbegrenzte Mittel zur Verfügung. Große Objekte wurden hier produziert wie dieser 2 t schwere Bronzegusskessel.

Bronzegusskessel für Timur, Samarkand, Usbekistan

Pilgersouvenirs

Im spätmittelalterlichen Europa waren Pilgerfahrten zu den Stätten bedeutender Heiliger beliebt – etwa zum Grab von St. Thomas à Becket in Canterbury in Kent. Auf Geheiß König Heinrichs II. war Becket 1170 in der Kathedrale von Canterbury ermordet worden. Pilger konnten preiswerte Souvenirs in Form von Bleiplaketten erwerben, die Ereignisse aus den letzten Tagen des Heiligen darstellten. Ähnliche Plaketten wurden an Stätten in ganz Großbritannien gefunden.

Bronzeporträts

Die von Kunsthandwerkern in Ife, der Yoruba-Stadt im westlichen Nigeria, verwendete Bronze wurde großenteils aus der Tada-Region im Nigertal direkt importiert. Einige der äußerst lebensechten Bronzeköpfe aus Ife tragen eindrucksvollen Kopfschmuck, der die Position des Trägers in der sozialen Hierarchie der Yoruba verdeutlichte.

Bronzekopf, Ife, Nigeria

1400 – 1450

200 V. CHR.

Amerika

Ernährung & Lebensraum

Tieropfer

Neben dem Ackerbau war die Weidewirtschaft die wirtschaftliche Basis des Inka-Reichs. Lamas wurden als Transporttiere, Alpakas vorwiegend wegen ihrer Wolle gehalten. Beide Tierarten lieferten Fleisch. Diese Steinfigurinen aus dem 15. Jh., so genannte *Conopas*, waren Fruchtbarkeitsamulette bei Viehritualen.

Steinfigurinen von Alpakas, Peru

Wohnen & Bauen

Inka-Steinmauern

Megalithbauweise und feines Mauerwerk sind typisch für die Inka-Architektur. Die Steinblöcke waren so exakt zusammengefügt, dass nicht einmal eine dünne Klinge dazwischen passte. Stützmauern wurden sorgfältig ausgeführt, meist mit kissenförmigen Steinen, mit Trapezoidöffnungen und Nischen. Der Stein wurde mit Steinmeißeln und Hämmern sowie mit Sandschleifmitteln bearbeitet.

Inka-Steinmauer, Peru

Ostasien & Australasien

Ernährung & Lebensraum

Kaiserliche Menagerien

Die kaiserlichen Sammlungen fremdländischer Tiere in Menagerien oder Parks in China entstanden zum Teil aufgrund des Glaubens, dass bestimmte Tiere übernatürliche Kräfte besäßen. Im frühen 15. Jh. belebte sich das Interesse an der Naturkunde nach den Expeditionen des großen Eunuchenadmirals Zheng He (1371 – 1433), der von seinen Reisen zuvor unbekannte Tiere mitbrachte. Die erste Giraffe, die nach China kam, wurde vom Ming-Kaiser Yongle (er regierte 1402 – 24) willkommen geheißen. Von späteren Reisen kehrte der Admiral mit Löwen, Elefanten, Flusspferden, Zebras und Straußen zurück.

Wohnen & Bauen

Stufendächer in abnehmender Größe

Tempel des Himmels, Peking, China

Tempel des Himmels

Die chinesischen Ming-Kaiser hielten ihre Gottesdienste im Tempel und am Altar des Himmels ab, die zwischen 1420 und 1430 in Peking, der Ming-Hauptstadt, errichtet worden waren. Sie opferten für gute Ernten und berichteten dem Himmel über den Zustand des Reiches. Tempel und Altar, beide kreisförmig, sind von einer quadratischen Mauer umschlossen, worin sich der uralte Glaube widerspiegelt, der Himmel sei rund und die Erde quadratisch.

Vorderasien & Südasien

Ernährung & Lebensraum

Indische Seidenraupenzucht

Frühe indische Seidenweber brauchten noch Seide aus China. Doch im 15. Jh. wurde die Seidenraupenzucht in Bengalen eingeführt, während das Königreich Gujarat im westlichen Indien, wo das feinste Seidentuch herkam, weiterhin chinesische Seidenfäden verwendete. Zu den Gujarati-Seiden zählte das *Patoli*-Tuch, für das Seidenfäden vor dem Weben gefärbt wurden.

Patoli-Seidentuch, Gujarat, Indien

Wohnen & Bauen

Gemisch aus Traditionen

Die Jami Masjid (Freitagsmoschee) in Ahmadabad im Königreich von Gujarat wurde von Ahmad Shah erbaut und 1424 vollendet. Sie ist ein Gemisch aus heimischen indischen und übernommenen islamischen Traditionen und besteht aus einem von einem Kreuzgang umgebenen großen Hof. An der Westseite liegt ein riesiger Gebetssaal mit Steinpfeilern. Die durchbrochenen Blenden in den oberen Stockwerken sind typische Gujarati-Merkmale.

Durchbrochene Steinblende, Jami Masjid, Ahmadabad, Gujarat, Indien

Europa

Ernährung & Lebensraum

Gute Zeiten für Bauern

1450, nachdem die Pest über ein Jahrhundert gewütet hatte, war die Bevölkerung von Westeuropa gegenüber 1330 um 30 bis 35 Prozent zurückgegangen. Die für das frühe 14. Jh. typische Belastung des Landes wurde nun von einer Knappheit an Arbeitskräften abgelöst. Das führte zu günstigen Bedingungen für viele Bauern, denn wo Arbeitskräfte knapp und Felder aufgegeben waren, gaben die Grundbesitzer bei Pacht oder bei anderen Pflichten nach. Versuche, die Bauern daran zu hindern, auf der Suche nach besseren Pachtabkommen von einem Gut zum anderen zu ziehen, schlugen meist fehl. Folglich waren am Ende des Mittelalters die westeuropäischen Bauern so frei und wohlhabend wie nie zuvor.

Wohnen & Bauen

Frührenaissance

Die Renaissancearchitektur entwickelte sich in den Städten von Norditalien im frühen 15. Jh. Einer ihrer führenden Vertreter, Filippo Brunelleschi (1377 – 1446), griff auf römische Baumethoden zurück. Sein Meisterwerk, die 1446 fertiggestellte Kuppel des gotischen Domes von Florenz, war ein Triumph der Technik.

Kuppel des Domes von Florenz, Italien

Afrika

Ernährung & Lebensraum

Importierte Baumwolle

Begräbnisse im frühen 15. Jh. im Sambesital liefern Beweise für die in dieser Zeit vorwiegend verwendeten Bekleidungsmaterialien: Bast- und Baumwolltuch. Baumwolle wurde meist vor Ort erzeugt, da sie in Afrika mindestens seit 1200 angebaut wurde, aber besonders feine Baumwolle wurde noch immer aus Indien importiert.

Modernes Kleidungsstück aus indischer Baumwolle, Afrika

Wohnen & Bauen

Atriumhäuser

Im 15. Jh. wurden im ägyptischen Kairo Luxushäuser gebaut, die den anhaltenden Reichtum dieses dicht besiedelten und bedeutenden Handelszentrums widerspiegelten: Atriumhäuser aus feinem Ashlar (schnurgeradem Steinblockmauerwerk) mit prächtigen schmiedeeisernen Fenstergittern und schön geschnitzten Holzbalkonen in den oberen Etagen. Das Leben der Bewohner spielte sich im Innenhof ab, und aus Gründen der Sicherheit und Abgeschlossenheit wies die relativ nackte Straßenfassade wenige Eingänge oder andere Öffnungen auf.

Erfindungen & Entdeckungen

Buchhaltungssystem

Erst im 16. Jh. entwickelten die Inka ein Schriftsystem, aber sie besaßen ein mnemotechnisches (ein das Gedächtnis unterstützendes) Buchhaltungssystem, das mit einem so genannten *Quipu* arbeitete. Es bestand aus einer Reihe von Knoten, die in zu Gruppen angeordnete Schnüre geknüpft waren. *Quipus* wurden nach der spanischen Eroberung offiziell abgeschafft, sind aber teilweise noch heute in Gebrauch.

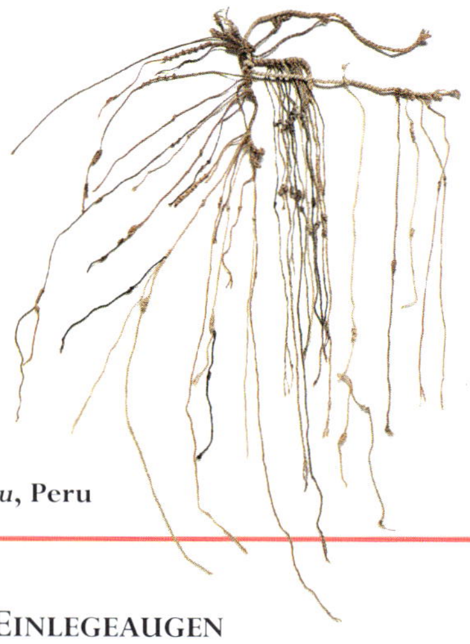

***Quipu*, Peru**

Einlegeaugen

Zwischen 1000 und 1650 wurden auf der polynesischen Osterinsel die Riesenstatuen (*Moai*) errichtet. Jede hat Augenhöhlen, die vielleicht zum Teil ursprünglich künstliche Augen enthielten. Das Weiß war aus weißer Koralle, in das eine Iris aus roter Vulkanschlacke oder aus Obsidian eingelegt war.

Kopf einer Statue, Osterinsel

Astronomische Tabellen

Der Timuriden-Sultan Ulugh Beg (1405–47), der als Knabe das 1258 erbaute Observatorium in Maragheh im Iran besucht hatte, ließ 1420 in Samarkand, der Timuriden-Hauptstadt im heutigen Usbekistan, sein eigenes Observatorium errichten. Es war mindestens bis 1511 in Gebrauch und bestand aus drei in einen Rundbau eingebauten astronomischen Instrumenten: einem Sextanten in einem tiefen Graben zum Aufzeichnen der Bewegungen der Himmelskörper, einer Sonnenuhr und einem Quadranten zur Winkelberechnung. Ein neuer Satz an astronomischen Tabellen befand sich im *Zij-i Sultani* (dem Sultansalmanach). Nach Ulughs Tod setzten der Astronom Ghiyath al Din und der Mathematiker Al-Kashi die Forschungen fort.

Seefahrer als Entdecker

Portugiesische Seefahrer erkundeten die Küste von Westafrika im frühen 15. Jh. in kleinen, aber gut konstruierten Holzsegelschiffen, den Karavellen. Mit ihren stämmigen Rümpfen konnten diese den Atlantikstürmen standhalten und mit ihren dreieckigen, im 45-Grad-Winkel am Mast aufgehängten Lateinsegeln seitliche wie achterliche Winde nutzen.

Modell einer portugiesischen Karavelle

Kreuzförmige Barren

Aus Lagerstätten nördlich und südlich des Sambesi abgebautes Kupfer war im 15. Jh. eine wichtige Quelle des Reichtums im südlichen Afrika und durch den Handel weit verbreitet. In einer Grabstätte aus dem frühen 15. Jh. in Ingombe Ilede im Sambesital gefundene Kupferbarren waren kreuzförmig gegossen und ließen sich so von Trägern mit Schulterstöcken leicht transportieren.

Kupferbarren, Ingombe Ilede, Sambia

Kunst & Religion

Katzenbildfigur

Diese 12 cm hohe Katzenbildfigur (um 1450) ist eines von vielen gut erhaltenen Holzartefakten aus der von Wasser gesättigten Stätte von Cushing bei Key Marco im südwestlichen Florida. Diese Region wurde damals von den Calusa kontrolliert, einem Volk im südlichen Florida, das ein komplexes Stammesreich errichtete und vor allem von dem lebte, was das Meer bot. Die Key-Marco-Katze ist ein ritueller Gegenstand, der wohl eine spirituelle Verbindung zwischen Mensch und Tier symbolisiert.

Katzenbildfigur, Key Marco, Florida

Verzierter Holzschild, New South Wales, Australien

Symbolischer Dekor

Australische Aborigines benutzten eine Vielzahl von Artefakten aus Holz, etwa Bumerangs, Speere, Speerschleudern, Keulen und Nahkampfschilde wie dieses Exemplar aus Braidwood in New South Wales. In die Schilde waren oft Muster wie Kreise, Spiralen, Rauten und Wellenlinienmotive geschnitzt. Ähnliche Muster auf der Innenseite von Hautumhängen signalisierten das Totem (Clansymbol) des Trägers und befanden sich auch auf *Tjuringa* (heiligen Brettern) für Geheimrituale.

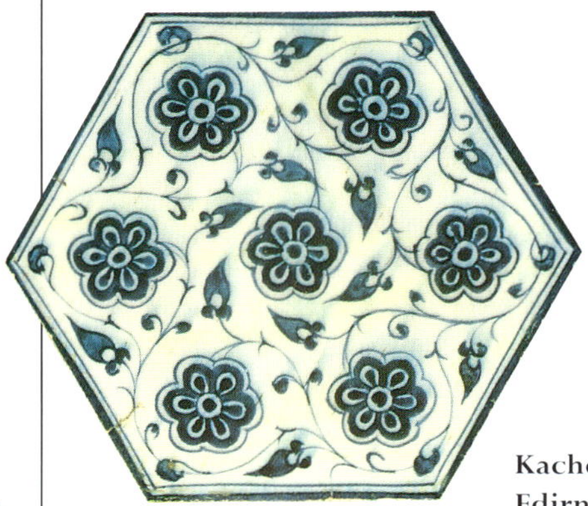

Blauweiße Kacheln

Im frühen 15. Jh. wurde in den Zentren der Keramikproduktion in Vorderasien das in China im frühen 14. Jh. entwickelte blauweiße Porzellan imitiert. Diese Kachel aus der Moschee des osmanischen Sultans Murad II. (er regierte 1421–51) in Edirne, einer osmanischen Hauptstadt auf dem türkischen Balkan, entstand um 1425.

Kachel mit Unterglasurdekor, Edirne, Nordwesttürkei

Zunehmender Realismus

Die Malerei erlebte im 15. Jh. besonders in Italien und Nordeuropa wichtige Entwicklungen. Entscheidend war die Beherrschung der Perspektive, was zuerst dem florentinischen Maler Masaccio (1401–28) in seinem Werk gelang. Flämische Maler, vor allem Jan van Eyck, benutzten ein neues Malmedium – Ölfarben. Damit konnte der Künstler dynamische Lichteffekte erzielen, die die von den gotischen Miniaturmalern und Handschriftenillustratoren eingeführte Genauigkeit im Detail erhöhten.

Bronzeskulptur

Wahrscheinlich ab dem 15. Jh. beherrschten die Künstler in Benin, der Hauptstadt des Edo-Königreichs in der Waldzone des heutigen Nigeria, den Bronzeguss. Die Bronzeskulptur war eine der vielen künstlerischen Traditionen, die sich von der alten Yoruba-Stadt Ife aus nach Süden verbreitet hatten und die weiterhin ihre Blüte in Benin unter dem *Oba* (König) erlebten.

Bronzekopf, Benin, Nigeria

1450–1500

200 V. CHR.

ERNÄHRUNG & LEBENSRAUM

AMERIKA

AZTEKEN-MARKTPLATZ

Tlatelolco in Mexiko, die Schwesterstadt der aztekischen Hauptstadt Tenochtitlán, war vom 14. bis zum frühen 16. Jh. das Handelszentrum des Azteken-Reichs – eines der größten in ganz Amerika. Hunderte von Kaufleuten und Bauern bedienten täglich Zehntausende von Kunden.

Der Große Markt, Tlatelolco, Mexiko

OSTASIEN & AUSTRALASIEN

TEEZEREMONIE

Die in speziellen Teeräumen oder -häusern stattfindende Teezeremonie spielte eine wichtige Rolle in der japanischen Gesellschaft, Beamte wurden etwa in den Rang eines Großen Teemeisters erhoben. Die Zeremonie geht auf Zusammenkünfte zurück, bei denen die Qualität verschiedener Teesorten und die Schönheit der Gerätschaften zum Zubereiten und Servieren beurteilt wurden. Dabei ging man auch auf andere Dinge ein wie Gartenbau, Architektur, Möbeldesign, Kalligraphie, Geschichte und Religion. Unter dem Einfluss des Zen-Buddhismus wurde die Zeremonie so ein guter Anlass, den Sinn für praktische Schönheit mit Genuss und Unterhaltung zu verbinden.

VORDERASIEN & SÜDASIEN

KÖNIGLICHE ELEFANTEN

Mitte des 15. Jh. entstand das große hinduistische Vijayanagara-Reich in Südindien. Eines der Gebäude in Vijayanagara (»Stadt des Sieges«) bestand aus elf gewölbten Kammern, vermutlich die Ställe der königlichen Elefanten. Elefanten wurden für Transporte und im Krieg eingesetzt, obwohl sie im Kampfgetümmel auch die eigenen Kämpfer zertrampeln konnten.

Steinrelief, Vijayanagara, Indien

EUROPA

WEIT REICHENDER AUSTAUSCH

Als Kolumbus 1493 aus der Neuen Welt nach Spanien zurückkehrte, brachte er viele in der Neuen Welt heimische Pflanzen wie Ananas mit. Das war der Beginn eines weit reichenden Austausches von Pflanzen und Tieren zwischen den beiden Welten. Kaum ein Jahrhundert später waren Feldfrüchte der Neuen Welt wie Mais, Kartoffeln und Tabak in Europa weit verbreitet.

Ananas

AFRIKA

ZUCKERROHR

Spanische Abenteurer eroberten 1478 die Kanarischen Inseln, und innerhalb von fünf Jahren gelangte Gran Canaria, die größte Insel, unter spanische Kontrolle. Pedro de Vera, der Anführer der Eroberer, profitierte bald von dem Eroberungszug, indem er nämlich den Anbau von Zuckerrohr einführte. 1484 baute er seine erste Zuckerrohrmühle, und auf allen Inseln wurden bald die Wälder für Zuckerrohrplantagen gerodet. Die Stängel des Zuckerrohrs wurden gemahlen, um den Saft zu entziehen, der dann gekocht und eingedickt wurde. Rohrzucker von den Kanaren und aus Amerika löste im 16. und 17. Jh. allmählich den Honig als Hauptsüßstoff ab.

WOHNEN & BAUEN

AMERIKA

INSELDÖRFER

Die Taino waren einst in der Karibik weit verbreitet. Auf der Insel Hispaniola hatten die größeren Taino-Dörfer 1000 bis 2000 Einwohner, die in Mehrfamilienbehausungen um eine Plaza wohnten. Frühe spanische Eroberer beschrieben die Häuser als rund und aus Holz mit Reetdächern gebaut.

Taino-Haus, Hispaniola

OSTASIEN & AUSTRALASIEN

MING-STEINTÜRME

Im Ming-China (1368–1644) wurden die über der Erde liegenden Teile von Kaisergräbern so angelegt, dass sie Kaiserpaläste nachempfanden, mit prächtigen Sälen und Höfen. Viele dieser Gebäude stehen noch immer, wie auch die meisten Steinwachtürme an den Eingängen von Friedhöfen. Hier ein Beispiel aus dem 15. Jh.

Steingrabturm, Peking, China

VORDERASIEN & SÜDASIEN

ABGESTUFTER PAVILLON

Eines der schönsten Gebäude in Vijayanagara in Südindien war das Lotus Mahal, ein zweistöckiger Pavillon – vermutlich eine Königsresidenz. Der auf einer Steinplatte errichtete Bau bestand aus neun symmetrisch angelegten Türmen, die 13 Räume bildeten; ein zusätzlicher Raum enthielt ein Treppenhaus. Die abgestuften Turmdächer hatten vorspringende Traufen zum Schutz vor der Sonne.

Lotus Mahal, Vijayanagara, Indien

EUROPA

KREML-KATHEDRALEN

Stilformen der Renaissance kamen nach Russland, als Iwan III. (»Iwan der Große«, 1462–1505), der erste Zar aller Russen, vom italienischen Architekten Aristotele Fioravanti eine Reihe von Kathedralen im Kreml erbauen ließ. Die 1484–89 errichtete Verkündigungskathedrale spiegelt Fioravantis Theorien von Symmetrie und Struktur wider.

Verkündigungskathedrale, Moskau, Russland

AFRIKA

VORGEFERTIGTE FESTUNG

Als die Portugiesen 1471 an der Küste Westafrikas landeten, errichteten sie sofort eine Kette von Festungen an strategischen Punkten. An der Goldküste von Ghana wurde ab 1482 das Fort São Jorge de la Mine, das heutige Elmina, portugiesischer Haupthandelshafen im Golf von Guinea. Es war größtenteils mit Steinen aus örtlichen Steinbrüchen erbaut, aber manche Bestandteile wie die Formsteineinfassungen von Türen, Toren und Fenstern, ferner der Kalkmörtel sowie Sparren und Schindeln für die Dächer wurden vorgefertigt aus Portugal importiert.

1500

1450–1500

Erfindungen & Entdeckungen

Holzthron
Dieser *Duho* (Holzsitz) diente einem Taino-Häuptling auf den Bahamas als Statussymbol. Er ist aus einem einzigen Stück Hartholz geschnitzt, was ein beachtliches Geschick bei der Holzbearbeitung mit Steinwerkzeugen verrät.

Holzsitz, Bahamas

Seidenbrokat
Im Ming-China wurden Tapisserie- und Seidenwebtechniken zu Seidenbrokat kombiniert – einem der vielen Seidengewebe, die zu dieser Zeit bereits von den staatlichen Werkstätten hergestellt wurden. Brokatgewänder waren oft mit Glück bringenden Fabelwesen verziert.

Ming-Seidenbrokatjacke mit Rekonstruktion eines Details, China

Kanonen und Feuerwaffen
Als die muslimischen osmanischen Türken die byzantinische Hauptstadt Konstantinopel (das heutige Istanbul) 1453 mit Hilfe von Artillerie einnahmen, beendeten sie eine über 1000 Jahre währende christliche Herrschaft. Die Artillerie – sie ist oft von den in schriftlichen Quellen erwähnten Brandsätzen nur schwer zu unterscheiden – dürfte zwar bereits 1204 in Nordafrika eingesetzt worden sein, ist aber in westeuropäischen Handschriftenillustrationen aus dem frühen 14. Jh. erstmals verlässlich dokumentiert. 1453 führten die osmanischen Türken Geschütze mit einem Kaliber von 88 cm ein, die Geschosse von je 270 kg abfeuerten. Diese großen Kanonen wurden in den türkischen Eroberungskriegen auf dem Balkan und in Vorderasien erfolgreich eingesetzt. Damals verwendete das osmanische Heer auch Handwaffen wie die langläufige Arkebuse.

Karten für Seefahrer
Für küstennahe Fahrten im Mittelmeer und im europäischen Atlantik waren Seefahrer im Spätmittelalter auf portolane (Häfen verzeichnende) Karten angewiesen. Ein Netz von sich kreuzenden Linien auf den Karten diente der Kursermittlung mit Hilfe eines Magnetkompasses. Nach 1450 kamen durch die portugiesischen Entdeckungsreisen große Gebiete von Westafrika auf den vorwiegend in Barcelona, Venedig und Genua hergestellten Karten hinzu.

Detail einer portolanen Karte, Italien

Gold wiegen
In Akanland (etwa das heutige Ghana) hatte der Goldbergbau im frühen 15. Jh. nach dem Eintreffen islamischer Kaufleute aus dem Norden sehr stark zugenommen. Die Portugiesen erreichten das Gebiet 1471, und Gold wurde von nun an eine Haupthandelsware. Um 1500 löste ein portugiesisches Goldwiegesystem das islamische ab.

Kunst & Religion

Masken und Puppen
Miniaturmasken und -köpfe, wie sie häufig an Stätten der Koniag-Kultur (1400–1700) an der Pazifikküste von Alaska zu finden sind, könnten echte Menschen darstellen und bei Schamanenheilungen oder anderen Ritualen benutzt worden sein. Mit solchen austauschbaren Köpfen und Masken veränderte man die Identität kopfloser Puppen. Kinder spielten mit diesen Puppen die Rollen von Erwachsenen und erlernten damit zudem das Gestalten und Nähen.

Koniag-Masken, Kodiak Island, Alaska

Regenzauber-Zeremonien
Felszeichnungen wie diese von Ahnenblitzwesen, angefertigt von den australischen Aborigines im Northern Territory, dienten dem Regenzauber. Der Überlieferung nach kämpften zwei Brüder so wild, dass sie dabei Blitze erzeugten, Regen anlockten und sich dann auf der Felswand »selbst malten«. Bei diesen Zeremonien wurde gesungen, getanzt, und man ritzte Rillen in die Felsen, »um den alten Regenmann zu schneiden, damit er blutet«.

Felszeichnung der Lightning Brothers, Australien

Die Handschrift des Künstlers
In Vorderasien wurden im frühen 14. Jh. viele Miniaturen in Handschriften anonym gemalt, aber am Ende des 15. Jh. gab es häufiger signierte Werke. Der berühmteste Künstler war Bihzad (1440–1514), der besonders Alltagsszenen in einem expressiven Stil malte. Diese Illustration (um 1494) zeigt Bauarbeiter bei der Arbeit.

Handschriftenillustration von Bihzad, *Die Erbauung der legendären Burg Khavarnaq*, Herat, Afghanistan

Renaissanceskulptur
Erstmals in Deutschland im 13. Jh. wurden als Andachtsbilder so genannte *Pietàs* geschaffen, Steinskulpturen, welche Maria mit dem Leichnam Christi darstellen. Die *Pietà* von Michelangelo (1475–1564) ist eines der schönsten Beispiele der italienischen Renaissanceskulptur. Die meisterhaft realistische Darstellung in hartem weißem Marmor findet kaum ihresgleichen.

Steinskulptur mit dem Leichnam Christi aus der Renaissancezeit

Äthiopische Kalender
Zwei der drei in Äthiopien im Mittelalter parallel verwendeten Kalender basierten auf einem Zyklus von 532 Jahren (dem so genannten »Großen Mondzyklus«). Der eine setzte mit dem Datum der biblischen Schöpfung (5500 v. Chr.) ein, der andere mit der Verfolgung der Christen durch den römischen Kaiser Diokletian (284). Der dritte ähnelte dem ersten, war aber nicht nach einem Jahreszyklus aufgebaut.

STRASSEN DER INKA

200 V. CHR.

Das Inka-Reich war der größte vorindustrielle Staat der Neuen Welt – auf seinem Höhepunkt umfasste es das heutige Peru, das südliche Kolumbien, Ecuador, Bolivien, Nordchile und das argentinische Hochland. Die Inka selbst waren die Herrscherelite in einem Vielvölkerstaat mit rund 10 Mio. Einwohnern. Die Inka-Kaiser verwalteten ihr hoch organisiertes Land, *Tahuantinsuyu* genannt (»Die vier Regionen«), ohne ein Schriftsystem und kannten weder Rad noch Eisen. Das weitläufige Straßensystem hatte eine dreifache Funktion: Waren zu befördern, politische und militärische Kontrolle über das Völkergemisch zu gewährleisten und die Inka-Hauptstadt Cuzco mit den Hochland- und Küstenprovinzen zu verbinden.

INKA-NETZWERK *rechts*
Die Inka bauten rund 23 000 km Straßen, die zwischen 2 und 16 m breit waren. *Tampus* (Zwischenstationen) gab es in Abständen von 25–40 km, Stoppstellen alle 5–8 km. Botschaften wurden von *Chasquis* (Botenläufern) in Staffeln von 2–5 km Länge weiter gebracht.

INKA-STRASSE HEUTE *oben*
Dieser Straßenabschnitt befindet sich an der Westseite des Chinchaycocha-Sees südlich von Pumpu im zentralen Hochland von Peru. Sie ist 6–8 m breit und wird noch heute benutzt.

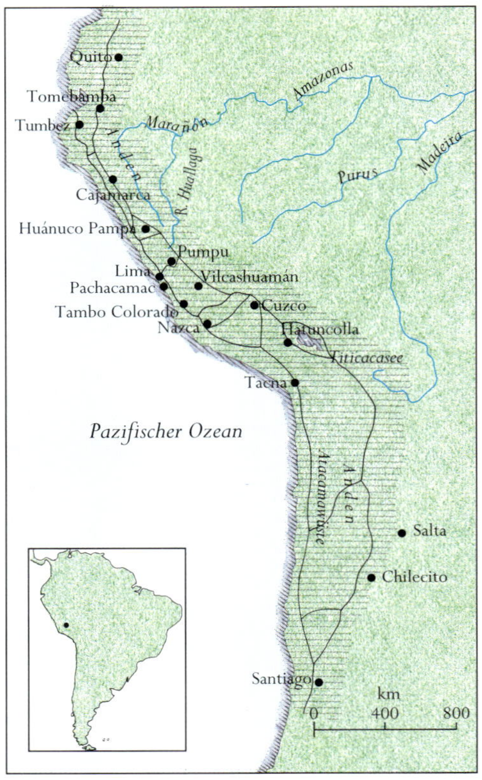

Ausdehnung des Inka-Reichs (*Tahuantinsuyu*) — Straßensystem

TAUSCHSYSTEM *unten*
Da die Andengesellschaft keine Währung kannte, tauschte man Waren nach einem System namens *Trueque*. Menschen aus den Andenhochländern tauschten *Chuñu* (gefriergetrocknete Kartoffeln) und *Charki* (gefriergetrocknetes Fleisch) gegen Tiefland- und Küstenprodukte wie Salz, Fisch, Mais, Baumwolle, Früchte und Bohnen. Auch mit Textilien, *Chicha* (Maisbier), Meerschweinchen und Keramik wurde gehandelt – am lebhaftesten zur Erntezeit. Märkte waren auch eine gute Gelegenheit für geselligen Austausch.

Typische Andenmarktszene

MIT DEM KÖNIG UNTERWEGS *unten und rechts*
Um sein Reich politisch zusammen zu halten, besuchte der Inka-Herrscher abgelegene Provinzen in Begleitung von Angehörigen des Hofes. Er und die *Coya* (Königin) wurden in feierlicher Prozession auf einem mit exotischen Vogelfedern, Gold, Silber und Edelsteinen geschmückten Thron von den Soldaten der königlichen Wache getragen. Auserwählte junge Mädchen sangen und tanzten. Der Herrscher galt als heiliger Sohn des *Inti* (Sonnengottes) und weihte die Produkte und die Orte, die er besuchte. Der König und sein Gefolge reisten auf den offiziellen Straßen, von denen Wege durch niedrige Steinmauern abgetrennt waren. In Wüstengebieten waren die Straßen mit Pfosten markiert, und die Gebirgsstraßen belegen, welche genialen Ingenieure die Inka waren.

BAU EINER GEBIRGSSTRASSE

Querschnitt einer Gebirgsstraße

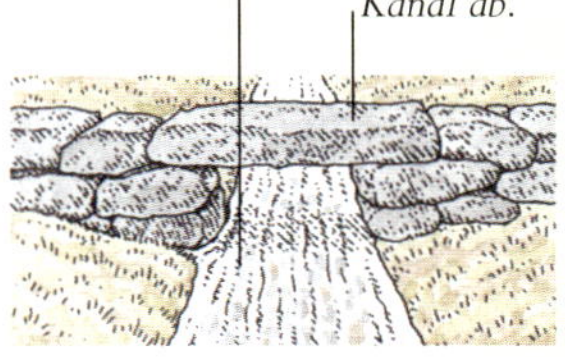

Überquerung eines Wasserkanals

ZICKZACKMUSTER *oben*
Inka-Straßen überwanden Gebirgsterrain stets in weit ausschwingenden Kehren. War eine breitere Straße erforderlich, wurde der Straßenkörper in den Hangfelsen geschnitten und dann mit einer steinernen Stützmauer befestigt. Viele solcher Straßen haben die Zeit überdauert und werden noch heute vom örtlichen Verkehr benutzt.

BAU EINER STUFENSTRASSE

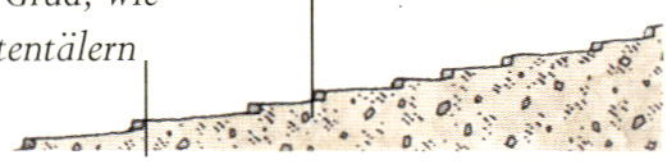

Flache Neigung

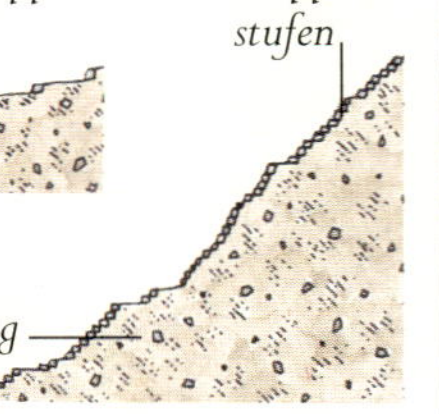

Steile Neigung

ÜBERWINDUNG VON HÖHENUNTERSCHIEDEN *oben*
Straßen waren wichtige Verbindungen zwischen dem Hochland und den Küstenwüsten. Steile Hänge bedeuteten für die Inka-Straßenbauer keine unüberwindlichen Hindernisse. Sie stuften die Straßen entsprechend der Hangneigung ab; aus den steilsten Hängen wurden kleine Steinstufen herausgehauen.

Prozession des Inka-Königs

Flüsse überqueren

Die Inka-Ingenieure entwickelten beachtliche Techniken zum Überqueren von Flüssen. Es gab unterschiedliche Brücken, je nach Gelände, wie etwa Hängebrücken und Pontonbrücken aus schwimmenden Schilfflößen. Gegebenenfalls wurden auch Kanäle, Abflussrinnen und Dämme angelegt. Hängebrücken überspannten oft breite Schluchten – die über den Apurimac ist 45 m lang. An jeder Hängebrücke gab es einen *Chakacamayoc* (Brückenwächter).

Bau einer Brücke

Organisation des Staates

Der Inka-Staat hatte eine hoch organisierte Armee, die dem Herrscher und seinen Provinzstatthaltern direkt unterstellt war. Das Militär eroberte neue Gebiete und setzte die Regierungspolitik durch; das ausgedehnte Straßensystem erlaubte zudem den raschen Zugang zu jenen Gebieten des Reiches, in denen es Unruhen oder Revolten gab. Die Soldaten waren Einzelkämpfer mit einfachen Waffen.

Rituelle Waffen

Metallene Keulenköpfe hatten die Form von Ringen oder Sternen. Keulen, seit alter Zeit in der Andenkultur für Rituale verwendet, wurden von den Inka vorwiegend als Waffen benutzt.

Sternförmige Keulenköpfe

Bolas und Schleudern

Inka-Soldaten benutzten Bolas und Schleudern als Waffen, aber diese wurden auch zur Jagd und bei Ritualen verwendet. Bolas bestanden aus drei geflochtenen Schnüren mit jeweils einer Steinkugel an einem Ende. Die Schnüre hießen *Ayllu* – so nannte man auch eine Verwandtengruppe, die Grundeinheit der Inka-Gesellschaft. Schleudern bestanden aus einem Seil, das aus Lamawollsträngen oder Naturfasern der Agave geflochten war. Man benutzte sie in Ritualen zum Bekämpfen böser Geister und bei Zeremonialtänzen.

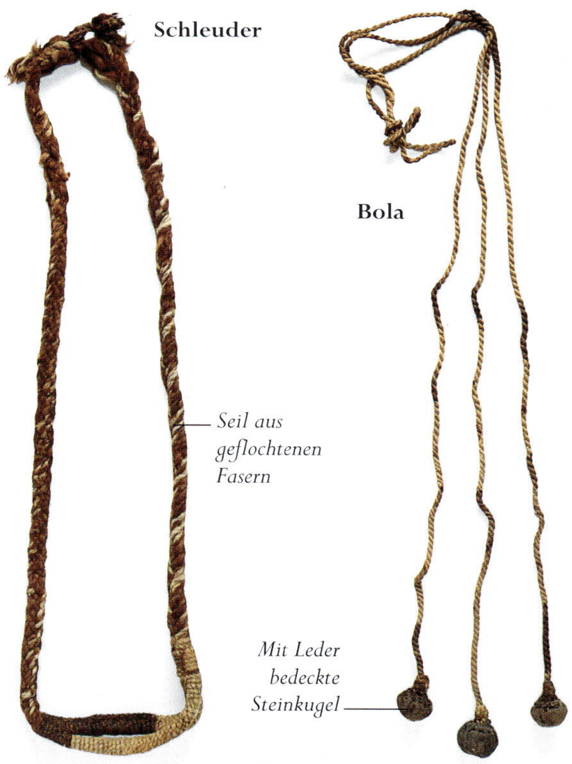

AMERIKA

Nordpolarmeer
Point Hope
USA
Bluefish
Cape Denbigh
ALASKA
Yukon R.
Bering
ST. LAWRENCE ISLAND
Beringmeer
KODIAK ISLAND
Mackenzie
VICTORIA ISLAND
BAFFINLAND
Baffinmeer
GRÖNLAND (DÄNEMARK)
ISLAND
Gr. Bärensee
Gr. Sklavensee
Peace
Athabasca
Hudsonbai
KANADA
LABRADOR
Winnipegsee
NEUFUNDLAND
NORD-AMERIKA
Columbia
Rocky Mts
The Dalles
Oberer See
Huronsee
St.-Lorenz-Strom
Missouri
Michigansee
Ontariosee
Eriesee
Great Plains
Hell Gap
USA
Großes Becken
Lovelock Cave
Cowboy Cave
Evans Mound
Lost City
Colorado
Mesa Verde
Chaco Canyon
Buena Vista Lake
Stewart's Cattle Guard
Arkansas
Folsom
Graham Cave
Hopewell
Chillicothe
Newark
Cahokia
Ohio
Afton
Spiro
Toltec
Icehouse Bottom
Appalachen
Red R.
Clovis
Poverty Point
Marksville
Mississippi
Naco
Casas Grandes
Rio Grande
Sierra Madre Occidental
Atlantischer Ozean
BERMUDA-INSELN
Key Marco
Golf von Mexiko
BAHAMAS
KUBA
MEXIKO
YUCATÁN
HISPANIOLA
HAITI
DOMINIKANISCHE REPUBLIK
PUERTO RICO (USA)
ANTIGUA UND BARBUDA
JAMAIKA
ST. KITTS UND NEVIS
DOMINICA
BELIZE
Sierra Madre del Sur
MESOAMERIKA
HONDURAS
Karibisches Meer
GUATEMALA
ST. LUCIA
ST. VINCENT
BARBADOS
EL SALVADOR
NICARAGUA
GRENADA
MITTEL-AMERIKA
TRINIDAD UND TOBAGO
Chiriquí
COSTA RICA
PANAMA
VENEZUELA
SURINAM
FRZ. GUYANA
GUYANA
Pazifischer Ozean
KOLUMBIEN
Orinoko
Anden
R. Branco
Esmeraldas
GALAPAGOS-INSELN
ECUADOR
Valdivia
Chorrera
Amazonas
PERU
Chan Chan
Moche
Marcahuamachuco
La Galgada
Huari
Huanuco
Chavín de Huantar
Kotosh
Huarmey
El Aspero
Chancay
Junin
La Florida
Asia
Chilca
Paracas
Cuzco
Chiclayo
Tapajós
Xingu
BRASILIEN
Araguaia
Tocantins
Titicacasee
Tiahuanaco
BOLIVIEN
R. Paraguay
PARAGUAY
Anden
ARGENTINIEN
Paraná
URUGUAY
SÜD-AMERIKA
CHILE
Colorado
Atlantischer Ozean
Monte Verde
PATAGONIEN
Fell's Cave
km
0
800
1600
USA
Rio Grande
Westliche Sierra Madre
MEXIKO
Östliche Sierra Madre
Golf von Mexiko
KUBA
Lerma
Chichén Itzá
Uxmal
El Openo
Tula
Teotihuacán
Tzintzuntzán
Tlatilco
Edzná
YUCATÁN
Tenochtitlán
Cuicuilco
TehuacanValley
Tres Zapotes
Karibisches Meer
Balsas
Monte Negro
La Venta
San Lorenzo
Usumacinta
Uaxactun
Tikal
Sierra Madre del Sur
Monte Albán
Mitla
Palenque
BELIZE
GUATEMALA
Copán
Ocós
HONDURAS
Pazifischer Ozean
EL SALVADOR
NICARAGUA
km
0
200
400
MESOAMERIKA
Nicoya
COSTA RICA

Ostasien & Australasien

Vorderasien & Südasien

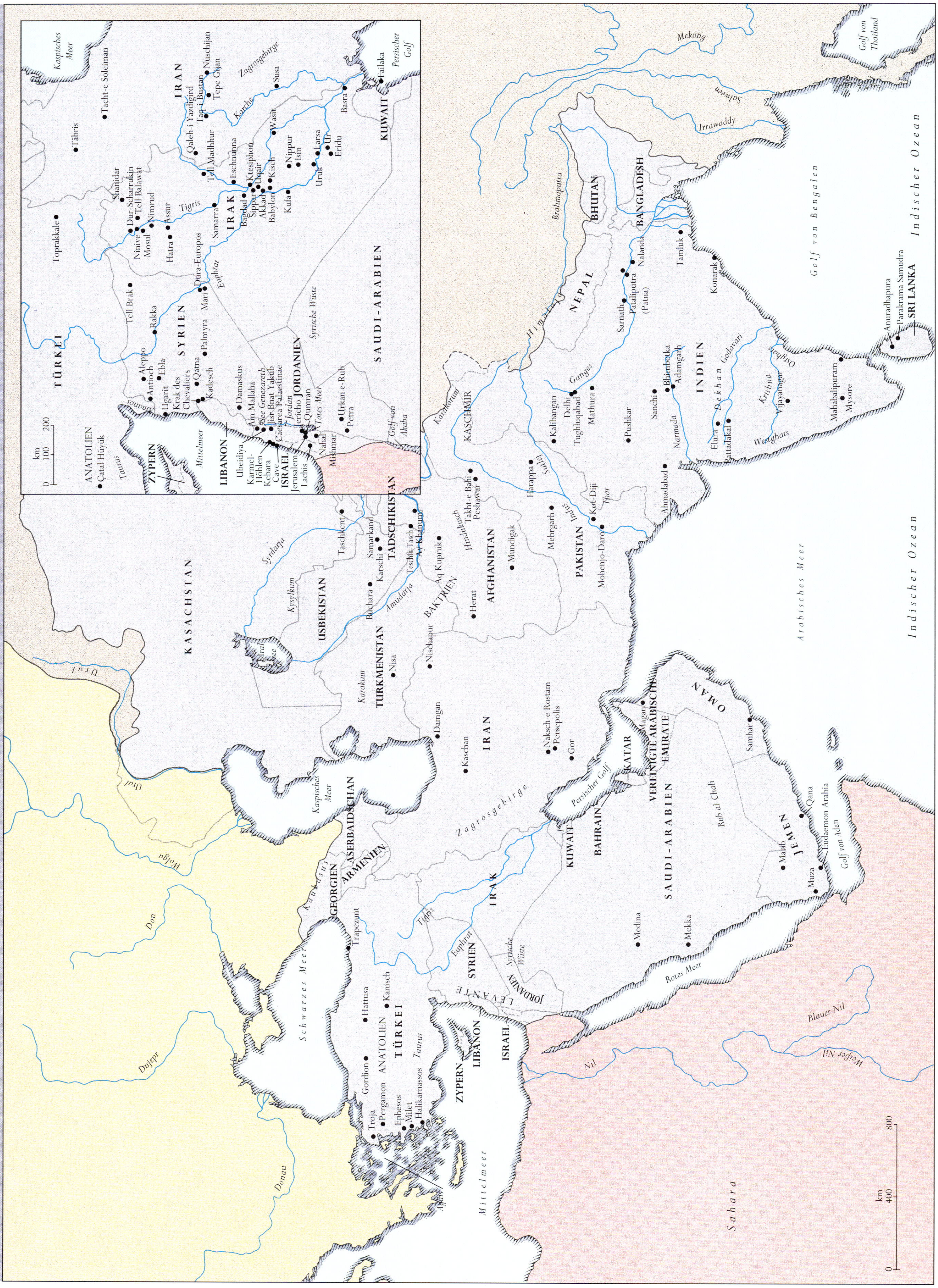

Europa

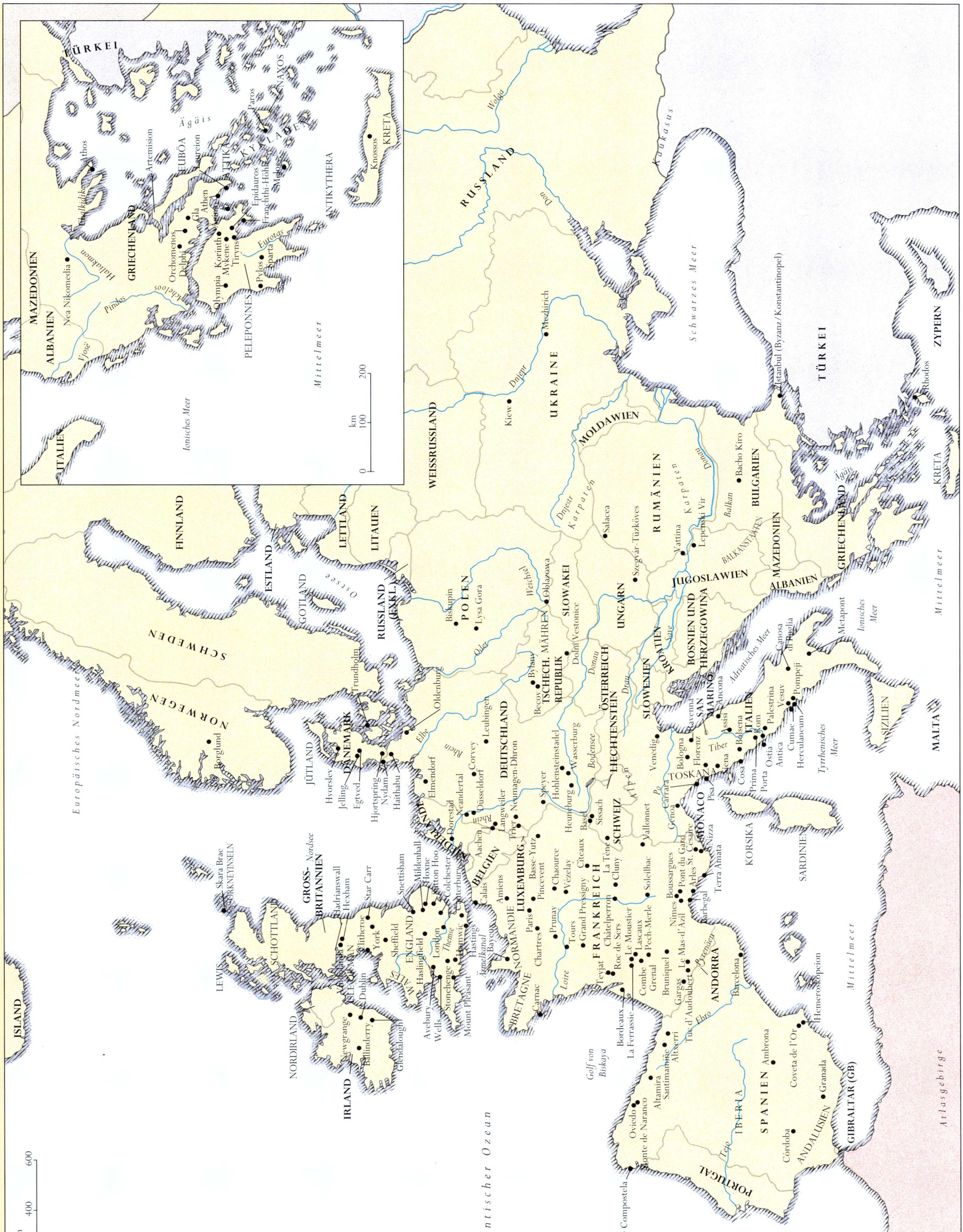

TÜRKEI
MAZEDONIEN
ALBANIEN
GRIECHENLAND
EUBÖA
ATTIKA
KYKLADEN
NAXOS
Paros
Ägäis
KRETA
Knossos
ANTIKYTHERA
PELEPONNES
Mittelmeer
Ionisches Meer
ITALIEN
Nea Nikomedia
Haliakmon
Pindos
Vjosë
Acheloos
Athos
Chalkidike
Artemision
Laurion
Athen
Gla
Orchomenos
Delphi
Olympia
Korinth
Mykene
Tiryns
Epidauros
Pylos
Sparta
Eurotas
km
0
100
200
ISLAND
IRLAND
NORDIRLAND
SCHOTTLAND
GROSS-BRITANNIEN
ORKNEYINSELN
Skara Brae
LEWIS
ENGLAND
WALES
Newgrange
Dublin
Ballinderry
Glendalough
Hadrianswall
Hexham
Star Carr
Clitheroe
York
Sheffield
Haslingfield
London
Themse
Stonehenge
Avebury
Wells
Mount Pleasant
Hastings
Snettisham
Mildenhall
Hoxne
Sutton Hoo
Colchester
Canterbury
Nordsee
Europäisches Nordmeer
NORWEGEN
SCHWEDEN
Borglund
Trundholm
DÄNEMARK
JÜTLAND
Hvorslev
Jelling
Egtved
Hjortspring
Nydam
Haithabu
GOTLAND
Ostsee
FINNLAND
ESTLAND
LETTLAND
LITAUEN
RUSSLAND (EXKL.)
WEISSRUSSLAND
RUSSLAND
Wolga
Don
Kaukasus
UKRAINE
Kiew
Dnjepr
Mezhirich
MOLDAWIEN
Dnjestr
Karpaten
RUMÄNIEN
Salacea
Szegvár-Tüzköves
Vattina
Lepenski Vir
Donau
BULGARIEN
Bacho Kiro
Balkan
BALKANSTAATEN
JUGOSLAWIEN
MAZEDONIEN
ALBANIEN
GRIECHENLAND
Schwarzes Meer
Istanbul (Byzanz/Konstantinopel)
TÜRKEI
ZYPERN
Rhodos
KRETA
Ägäis
POLEN
Biskupin
Lysa Gora
Oder
Weichsel
Oblazowa
SLOWAKEI
UNGARN
TSCHECH. REPUBLIK
MÄHREN
Dolni Vestonice
Byci skala
Becov
ÖSTERREICH
Drau
Save
SLOWENIEN
KROATIEN
BOSNIEN UND HERZEGOWINA
DEUTSCHLAND
Elbe
Rhein
Oldenburg
Leubingen
Corvey
Elmendorf
Neandertal
Düsseldorf
Dorestad
Aachen
Langweiler
Neumagen-Dhron
Trier
Speyer
Hohlensteinstadel
Wasserburg
Heuneburg
Bodensee
Basel
Sissach
LIECHTENSTEIN
SCHWEIZ
Alpen
La Tène
Vallonnet
NIEDERLANDE
BELGIEN
LUXEMBURG
Calais
Amiens
Ärmelkanal
NORMANDIE
Bayeux
BRETAGNE
Carnac
FRANKREICH
Paris
Basse-Yutz
Pincevent
Chartres
Pruvay
Chaource
Vézelay
Cîteaux
Cluny
Tours
Grand Pressigny
Châtelperron
Loire
Le Moustier
Roc de Sers
Teyjat
Lascaux
Pech-Merle
Combe Grenal
Bruniquel
Soleilhac
Nîmes
Boussargues
Pont du Gard
Arles
St. Césaire
Le Mas-d'Azil
Gargas
Tuc d'Audoubert
Pyrenäen
Barbegal
Terra Amata
Nizza
MONACO
Genua
Carrara
Po
Venedig
Bologna
Florenz
Ravenna
SAN MARINO
Ancona
TOSKANA
Pisa
Siena
Assisi
Tiber
Bolsena
ITALIEN
Rom
Cosa
Prima Porta
Ostia Antica
Palestrina
Vesuv
Pompeji
Cumae
Herculaneum
Canosa di Puglia
Metapont
Adriatisches Meer
Ionisches Meer
Tyrrhenisches Meer
KORSIKA
SARDINIEN
SIZILIEN
MALTA
Mittelmeer
Bordeaux
La Ferrassie
Golf von Biskaya
ANDORRA
Barcelona
Ebro
Altxerri
Santimamiñe
Altamira
Oviedo
Monte de Naranco
Santiago de Compostela
SPANIEN
IBERIA
Ambrona
Coveta de l'Or
Hemeroskopeion
Granada
Córdoba
ANDALUSIEN
GIBRALTAR (GB)
Tejo
PORTUGAL
Atlasgebirge
Atlantischer Ozean
km
0
200
400
600

AFRIKA

Atlantischer Ozean
Schwarzes Meer
Persischer Golf
Mittelmeer
Golf von Tunis
Malou-bou-Rhummel
Karthago
Cirta Sicca
Thapsus
Taforalt
MAROKKO
Marrakesch
Igli
Atlasgebirge
KANARISCHE INSELN
GRAN CANARIA
TUNESIEN
Leptis Magna
Haua Fteah
Siwa
ALGERIEN
LIBYEN
ÄGYPTEN
Tassili-Massiv
Sahara
Hoggar
Tibesti
WESTSAHARA
MAURETANIEN
MALI
Timbuktu
NIGER
TSCHAD
Nil
Rotes Meer
SENEGAL
Kumbi-Saleh
GAMBIA
Sahel
Jenne-jeno
BURKINA FASO
GUINEA
GUINEA-BISSAU
SIERRA LEONE
ELFENBEIN-KÜSTE
GHANA
TOGO
BENIN
Elmina
Niger
Jos
NIGERIA
Tada
Taruga
Ife
Benin
Nsukka
Igbo-Ukwu
KAMERUN
ÄQUATORIALGUINEA
ZENTRALAFRIKANISCHE REPUBLIK
Darfur
SUDAN
Meroë
Naka
Khartum
Blauer Nil
Weißer Nil
ERITREA
Aksum
Mekele
Roha (Lalibela)
DJIBOUTI
Golf von Aden
Mundus
Äthiopisches Hochland
ÄTHIOPIEN
Ostafrik. Grabensys.
SOMALIA
Mogadischu
UGANDA
Matupi
Ishango
KENIA
Gamble's Cave
Olorgesailie
Victoriasee
Olduvai Gorge
Engaruka
Manda
Lamu
Gedi
GABUN
REP. KONGO
Kongo
Kasai
DEM. REPUBLIK KONGO
RUANDA
Kalemba
BURUNDI
SÃO TOMÉ UND PRÍNCIPE
Tanganjikasee
Kisese
SANSIBAR
Indischer Ozean
TANSANIA
Kilwa
Malawisee
MALAWI
KOMOREN
ANGOLA
SAMBIA
Sambesi
Ingombe Ilede
MOÇAMBIQUE
SIMBABWE
Sofala
Straße von Moçambique
MADAGASKAR
Pomongwe
Leopard's Kopje
Simbabwe
NAMIBIA
BOTSWANA
Kalahari
Limpopo
Atlantischer Ozean
Apollo-11-Höhle
Taung
Border Cave
SWASILAND
Oranje
SÜDAFRIKA
Drakensberge
Orangia
LESOTHO
Eland's Bay Cave
Boomplaas Cave
Klasies River Mouth
Nelson Bay Cave
Kap der Guten Hoffnung
km
0
500
1000
Alexandria
Nildelta
Pi-Ramesse
Tanis
Bubastis
Heliopolis
Giseh
Kairo
Sakkara
Memphis
Dahschur
Lischt
Medum
Faijum-Becken
Golf von Akaba
Sinai
Golf von Suez
Roda
Amarna
Al-Badari
Rotes Meer
ÄGYPTEN
Abydos
Dendera
Nagada
Tal der Könige
Theben
Karnak
Luxor
Hierakonpolis/Nekhen
Idfu
1. Katarakt
Sahara
Nil
Bir Tarfawi
Ballana
Abu Simbel
Faras
Buhen
2. Katarakt
SUDAN
Nubische Wüste
km
0
200
400
Dschabal Barkal
Nuri
Napata

KAPITEL 19

DIE EUROPÄISCHE OBERHERRSCHAFT 1500–1700

Europäische Kaufleute errichten Niederlassungen auf allen Kontinenten.

In Europa bilden sich zentralisierte Nationalstaaten heraus.

Die Reformation bringt große politische und kulturelle Veränderungen.

Im osmanischen Reich, in Persien und im Mogul-Reich herrscht der Islam.

Unter den Mandschu-Kaisern erlebt China eine neue Blütezeit.

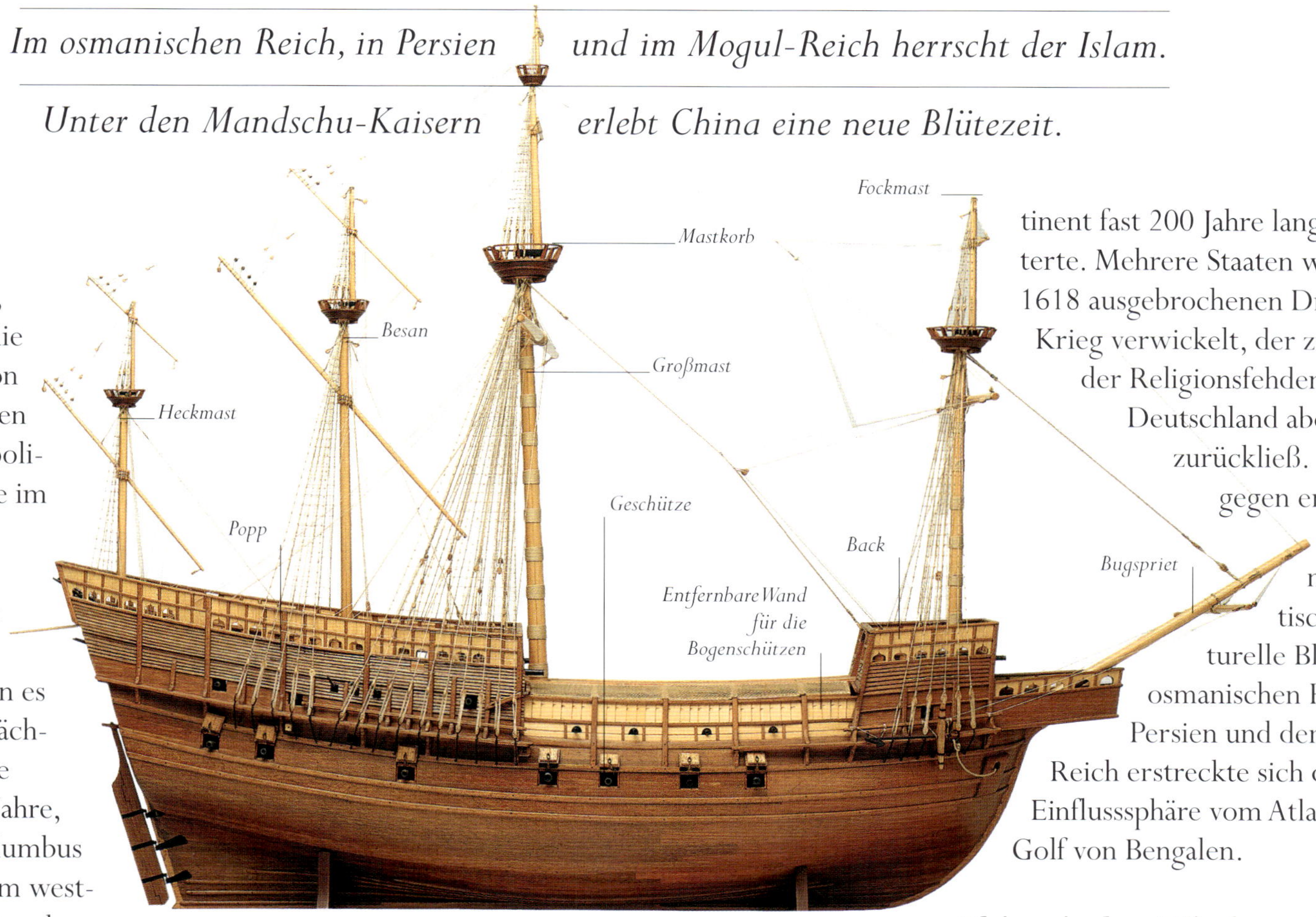

VIERMASTER
Dank ihrer Stabilität und Manövrierfähigkeit galten diese Schiffe im 16. und 17. Jh. als ebenso gute Handels- wie Kriegsschiffe.

In der Weltgeschichte bedeuteten das 16. und 17. Jh. eine Wende, gekennzeichnet durch die unaufhaltsame Expansion Europas und durch seinen Sieg über alle anderen politischen Weltmächte. Die im 15. Jh. von den Portugiesen erzielten Fortschritte auf dem Gebiet der Seefahrt und des Schiffsbaus ermöglichten es den europäischen Seemächten, ihre Schiffe über die Meere zu schicken. 50 Jahre, nachdem Christoph Kolumbus auf der Suche nach einem westlichen Seeweg nach Indien den Atlantik überquert hatte, hatten die Europäer den Globus umsegelt, sich eines bis dahin unbekannten Kontinents bemächtigt und eine Vielzahl von Stützpunkten und Handelsniederlassungen in allen Erdteilen außer Australien gegründet. Der Welthandel wurde so immer stärker von europäischen Interessen bestimmt.

Die Nationalstaaten

In der zweiten Hälfte des 15. und im 16. Jh. änderte sich die Struktur der europäischen Staatsgebilde. Die von eher schwachen Zentralregierungen zusammen gehaltenen Zusammenschlüsse unterschiedlicher Völker wurden durch stark zentralisierte, monarchisch regierte Nationalstaaten abgelöst, in denen die gleiche Sprache und Kultur herrschten. Spanien, Frankreich und Großbritannien setzten sich als politische Mächte durch, alsbald gefolgt von Schweden, den Niederlanden und Russland.

Die Bedeutung der Religion

Nach 1517 spaltete sich die römisch-katholische Kirche, die mittlerweile in ganz Westeuropa dominierte. Zwischen Katholiken und Protestanten brach ein gnadenloser Kampf um die religiöse Vorherrschaft aus, der den Kontinent fast 200 Jahre lang erschütterte. Mehrere Staaten wurden in den 1618 ausgebrochenen Dreißigjährigen Krieg verwickelt, der zwar das Ende der Religionsfehden bedeutete, Deutschland aber zerstört zurückließ. Der Islam dagegen erlebte in jener Zeit eine neue politische und kulturelle Blüte: Mit dem osmanischen Reich, mit Persien und dem Mogul-Reich erstreckte sich die islamische Einflusssphäre vom Atlantik bis zum Golf von Bengalen.

Chinesischer Wiederaufstieg

Der Niedergang des chinesischen Reiches unter der Ming-Dynastie fand 1644 ein Ende, als diese von den eindringenden Mandschu gestürzt wurde. Eine starke und dynamische Regierung sowie der Handel mit dem Westen brachten dem Land neuen Wohlstand. Japan hingegen kapselte sich für eine längere Zeit vollständig von der restlichen Welt ab.

DIE GANZE WELT
Bis 1700 waren europäische Seeleute auf allen Kontinenten der Welt außer Australien und der Antarktis gelandet.

1500–1575

1500

1500–1575

Gleichzeitige Ereignisse

Amerika

Die spanischen Eroberungen

Das Azteken- und das Inka-Reich wurden im Handstreich zerstört. 1519 gelang es dem spanischen Konquistador Cortés mit nur 500 Mann, das riesige Azteken-Reich zu unterwerfen: Feuerwaffen und Pferde, die der auf vielen Gebieten hoch entwickelten einheimischen Zivilisation unbekannt waren, erleichterten das Unternehmen. 168 Reiter unter der Führung von Francisco Pizarro eroberten 1532 das Inka-Reich. In den nachfolgenden Jahren wurde die einheimische Bevölkerung durch Epidemien und Ausbeutung fast völlig ausgerottet.

Dublone, eine spanische Münze aus in Südamerika gewonnenem Gold

Französischer Entdecker

Während Spanier und Portugiesen die Reichtümer Südamerikas ausbeuteten, erforschten die anderen europäischen Seemächte Nordamerika. 1534 erreichte Jacques Cartier (1491–1557) den Sankt-Lorenz-Golf und fuhr im nächsten Jahr den gleichnamigen Strom hinauf. 1541 scheiterte der Versuch einer Ansiedlung auf dem Gebiet des heutigen Montreal. Schon zu Ende des Jahrhunderts jedoch beherrschten die Franzosen das Sankt-Lorenz-Becken.

Jacques Cartier

Ostasien & Australasien

Die Fahrt des Magellan

1520 erreichte Magellan (port. Magalhães) mit drei spanischen Schiffen den Pazifik. Magellan suchte einen westlichen Seeweg zu den Molukken im heutigen Indonesien. Der von Spanien und Portugal 1494 unterzeichnete Vertrag von Tordesillas teilte die noch unentdeckte Welt unter den beiden Nationen auf. Dabei war den Portugiesen die östliche Route entlang des Indischen Ozeans zugesprochen und Spanien somit gezwungen worden, nach einer westlichen Route zu suchen. Magellan hoffte, gleich hinter Amerika auf Asien zu stoßen. Stattdessen sah er sich mit der Unendlichkeit des Pazifiks konfrontiert. Er war der erste Europäer, der den Pazifischen Ozean durchquerte. Nach seinem Tod auf den Philippinen vollendete der Rest seiner Flotte die erste Weltumseglung.

Die Jesuiten in Japan

Anders als die Spanier, deren koloniale Unternehmungen durch gewaltsame Eroberungen gekennzeichnet waren, trieben die Portugiesen vor allem Handel. Den europäischen Kaufleuten und Soldaten folgten alsbald fast immer die Missionare. Die ersten portugiesischen Kaufleute erreichten Japan in der ersten Hälfte des 16. Jh., und 1549 begann der heilige Franz Xaver, einer der Gründer des Jesuitenordens, die dortige Bevölkerung zu missionieren. Die Japaner empfingen die Fremden herzlich, blieben aber größtenteils ihrer Religion treu. Ihr Interesse galt vor allem dem Austausch von Ideen und Waren – vor allem der Musketen.

Vorderasien & Südasien

Das Mogul-Reich

Um 1500 gab es in Indien zahlreiche verfeindete hinduistische und islamische Staaten. Im heutigen Afghanistan lag das Reich Kabul. Im Jahr 1504 gelangte Babur, ein Nachfahre des mongolischen Führers Dschingis Khan, an die Macht und begann mit der Expansion seines Reiches. 1526 fiel der neue Herrscher in Indien ein, besiegte den Sultan von Delhi und dehnte die Grenze seines Reiches im Osten bis nach Bengalen aus. Der Name des von ihm begründeten Mogul-Reichs verweist auf die mongolische Abstammung Baburs. Nach seinem Tod 1530 wankte das Reich, festigte sich aber 1556 wieder mit der Thronbesteigung Akbars.

Mogul-Dolch

Die osmanische Vorherrschaft

Unter Süleiman dem Prächtigen (1520–66) erreichte das osmanische Reich den Gipfel seiner Glanzzeit und seine größte Ausdehnung. 1529 lagen die osmanischen Heerscharen vor den Toren Wiens. Nach Südosten drangen sie bis zum Persischen Golf, zum Roten Meer und zum Indischen Ozean vor. Im Westen eroberten die Osmanen die nordafrikanische Küste bis nach Marokko. Ihre Flotte beherrschte das Mittelmeer und zwang die europäischen Handelsflotten, auf dem Weg nach Indien Afrika zu umsegeln. Obgleich Süleiman und seine Nachfolger die absolute Macht besaßen, schuf ein leistungsfähiger Verwaltungsapparat recht gute Bedingungen in diesem Vielvölkerstaat, der im Gegensatz zu europäischen Staaten verschiedene Religionen tolerierte.

Europa

Die Reformation

Die 95 Thesen von Martin Luther (1483–1546) über den Ablass lösten 1517 die Reformationsbewegung aus, die zur Abspaltung mehrerer protestantischer Kirchen von der katholischen führte. Im Verlauf von 20 Jahren konvertierten ganze Länder zum Protestantismus. Hierdurch wurde eine Periode von Religionskriegen eröffnet, die 150 Jahre dauern sollte.

Dieser Vorgang ist nicht belegt: Martin Luther schlägt seine 95 Thesen an.

Das Habsburgerreich

Im 16. Jh. gelang es dem Hause Habsburg durch Heiratspolitik, durch Eroberungen und geschickte Diplomatie, die politische Szene in Europa zu beherrschen. Während der Regierungszeit Karls V. (1519–56) umfasste das habsburgische Reich die deutschen und österreichischen Erblande, die durch Heirat erworbenen Länder wie Burgund und die Niederlande, sowie Spanien und dessen Besitzungen in Italien und Südamerika. Nach Karls Tod im Jahr 1558 wurde dieses riesige Reich in zwei Hälften geteilt. Bis zum Zusammenbruch des Reiches nach dem 1. Weltkrieg (1918) blieb Habsburg eine vorherrschende Macht in Europa. Der Widerstand anderer Staaten gegen diese Vorherrschaft war 200 Jahre lang einer der häufigsten Kriegsgründe in Europa.

Afrika

Songhais Aufstieg

Im Laufe des 15. Jh. bildeten sich in Schwarzafrika unabhängige Staaten, die an die Stelle von untergehenden Reichen wie Ghana und Mali traten. 1464 übernahm Ali Ber die Herrschaft über das Reich Songhai im Nigertal und dehnte dessen Einflussbereich aus. Von 1493 an wurde Songhai von Askia Mohammed Touré regiert, der Verwaltung, Ordnungskräfte und ein stehendes Heer aufbaute, sowie ein genormtes Steuersystem und vereinheitlichte Maß- und Gewichtseinheiten einführte. Um die Landwirtschaft zu fördern, ließ er außerdem ein System von Bewässerungskanälen am Niger bauen. Askia Mohammeds Armeen erweiterten das Reich im Norden bis Timbuktu und Djenne und im Westen bis zum Atlantik.

Der Sklavenhandel

Der arabische Sklavenhandel in Ostafrika gewann 1518 eine neue Dimension, als ein spanischer Kaufmann die Genehmigung erhielt, 4000 afrikanische Sklaven in Spaniens amerikanische Kolonien zu importieren. Portugiesen, Holländer, Engländer und viele andere schlossen sich an und deportierten bis zur Abschaffung der Sklaverei im 19. Jh. Millionen Afrikaner in die amerikanischen Kolonien.

Peitsche und Brandeisen eines Sklaventreibers

Kunst & Architektur

Die Inka-Stadt

Kurz vor der Ankunft der Spanier erreichte das Inka-Reich Anfang des 16. Jh. seine größte Machtfülle. Die wichtigsten Städte, unter ihnen die Hauptstadt Cuzco und die abgelegene Bergstadt Machu Picchu, waren Meisterwerke des Städtebaus und des Ingenieurwesens. Cuzco wurde durch enge, gepflasterte Straßen in Sektoren aufgeteilt, wobei die Straßen dergestalt angeordnet waren, dass sie das Bild der vier Teile des Inka-Reiches darstellten. Die Festung Sacsayhuamán wurde auf einem Felssporn errichtet; für ihren Bau verwendete man große, zugeschnittene Felsblöcke.

Inka-Kelch (*Kero*) mit dem Bildnis Pizarros

Maori-Festungen

Die *Pas*, befestigte Zufluchtstätten, welche die neuseeländischen Maori im 14. Jh. errichteten, wurden im Laufe der Zeit immer uneinnehmbarer ausgebaut und zudem vehement verteidigt. Zu Beginn des 16. Jh. hatten fast alle *Pas* ständig bewohnte Häuser und Lagerhäuser. Einige Befestigungen verfügten auch über bebaute Parzellen, die von Erdwällen und Erdgräben umgeben waren. In *Pas* gefundene Kanus, Haustürriegel, kunstvoll bemalte Waffen und Kämme vermitteln das Bild einer komplexen und hoch entwickelten Gesellschaft mit einer ausgeprägten Kultur.

Das Steingut aus Iznik

Die Keramikhandwerker des osmanischen Reiches verfeinerten ihre Techniken ständig und ließen sich von Importwaren anregen. Besonders starken Einfluss hatten die weißblauen Ming-Keramiken und die ausgefallenen Stücke des safawidischen Kunstgewerbes. Die Handwerker der türkischen Stadt Iznik schufen bald selbst wertvolles Steingut, das häufig mit Farben aus Türkisen und Korallen bemalt war.

Teller aus Iznik

Der Petersdom

1506 wurde auf Befehl des Papstes Julius II. mit dem Bau des Petersdoms begonnen. Der bedeutende Renaissancearchitekt Donato Bramante war für die Originalzeichnungen verantwortlich. 1547 übernahm Michelangelo die Leitung der Arbeiten. Neben vielen architektonischen Einzelheiten des Bauwerks fügte er die berühmte 132,5 m hohe Kuppel hinzu. Die riesige Kirche wurde zum geistlichen Zentrum der katholischen Konfession. Viele Kirchen sind ihr nachempfunden.

Der Petersdom

Die Dogon-Dörfer

Die Dogon aus Mali bauten ihre Dörfer an den Hängen des Bandiagara-Plateaus oberhalb des Flusses Niger in Westafrika. Die Ortschaften waren in maximal 20 Bezirke aufgeteilt, wobei jeden Bezirk eine Steinmauer umgab. Der einzige Zugang zum Dorf führte durch ein enges Tor in der Außenmauer. Alle Häuser befanden sich innerhalb der Mauern, mit Ausnahme des Männerhauses, das als ausreichend sicher galt, um außerhalb des befestigten Dorfes zu stehen. Solche Verteidigungsmaßnahmen waren erforderlich – als Schutz vor den kämpferischen Nachbarvölkern. Die Wohnhäuser bestanden aus einem Holzrahmen, der mit Sandstein und Lehm ummantelt war und besaßen ein kegelförmiges, nach oben spitz zulaufendes Dach aus Gräsern.

Erfindungen & Entdeckungen

Trinkschokolade

Nach der Eroberung Mexikos kehrte Hernán Cortés im Mai 1528 nach Spanien zurück. Zusätzlich zu der Beute aus Gold und Silber, die dem Kaiser Karl V. vorbehalten war, brachte der Konquistador auch die aus der Kakaobohne gewonnene Schokolade nach Spanien, mit der die Azteken ein der heutigen Trinkschokolade ähnliches Getränk zubereiteten. Für die Azteken war Schokolade ein Luxusgut, das sie den bei der Erweiterung des Reiches eroberten Völkern verdankten. Die spanische Aristokratie nahm das Getränk mit Begeisterung auf.

Cloisonné-Technik

Die chinesische Ming-Dynastie ist für die charakteristische Produktion ihres weißblauen Porzellans und die Zellenschmelztechnik (Cloisonné) berühmt. Diese Technik besteht darin, dass man schmale Metallstege auf dem Gegenstand anbringt, sodass kleine Zwischenräume (Zellen) entstehen, die mit verschiedenfarbigem Glasfluss gefüllt werden. Anschließend wird die Keramik dann gebrannt.

Cloisonné-Vase aus der Ming-Zeit

Osmanische Seefahrer

Der türkische Admiral Piri Re'is segelte entlang der südlichen und östlichen Küste der Arabischen Halbinsel und eroberte dabei 1547 Aden und 1551 Maskat. Außer auf die Erfahrungen arabischer Seeleute stützte er sich sehr wahrscheinlich auch auf portugiesische Erkenntnisse. Seinen Wissensstand legte er in einem Navigationshandbuch und in Karten (unter anderem vom Atlantischen Ozean und von Amerika) nieder. Seefahrer wie Piri Re'is stärkten die Macht des osmanischen Reiches und trugen dazu bei, dass es in dieser Zeit unter der Regierung des Sultans Süleiman des Prächtigen (1520–66) den Gipfel seiner Macht erreichte.

Das heliozentrische Universum

In der überlieferten Beschreibung des Universums, die wir dem griechischen Wissenschaftler Ptolemäus verdanken, bildet die Erde den Mittelpunkt des Sonnensystems. Der ostpreußische Astronom Nikolaus Kopernikus (1473–1543) zweifelte dies an. 1512 formulierte er die Theorie, nach der die Erde zusammen mit anderen Planeten um die Sonne kreist. Sein Buch *De Revolutionibus Orbium Coelestium* erschien erst in seinem Todesjahr 1543. Seine Aussagen wurden von Galileo Galilei (1564–1642) wieder aufgegriffen, dem wir auch die Erfindung des Teleskops und der Pendeluhr verdanken.

Modell von Galileis Pendeluhr aus dem 19. Jh.

Elfenbeinausfuhr

Mit der wachsenden europäischen Präsenz in Westafrika im 16. Jh. stellten sich die örtlichen Händler darauf ein, die Märkte des alten Kontinents mit allen nachgefragten Gütern zu beliefern. Die geschickten Handwerker, die an der Küstenebene von Sierra Leone lebten, wurden beauftragt, Jagdhörner aus Elefantenzähnen zu schnitzen. Diese Hörner, die bis zu 50 cm lang sein konnten, waren mit Jagdszenen und portugiesischen Wappen geschmückt, da sie ausdrücklich für eine Kundschaft aus diesem Land hergestellt wurden.

1575–1648

1500

Gleichzeitige Ereignisse

Amerika

Die Entstehung Quebecs

1593 nahm der Franzose Samuel de Champlain (1567–1635) an einer Expedition nach Kanada teil, um den Sankt-Lorenz-Strom zu erforschen. Nach Frankreich zurückgekehrt, überzeugte er Heinrich IV. (1589–1610), die Kolonisierung dieses Flusstales zu finanzieren. 1608 schifften sich Champlain und 28 weitere Seeleute ein und gründeten flussaufwärts eine Handelsniederlassung, aus der Quebec entstand, die erste europäische Stadt in Kanada und von 1663 an Hauptstadt von »Neu-Frankreich«.

Samuel de Champlain

Die Pilgerväter

Im September 1620 schifften sich etwa 100 englische Puritaner, die sich gegen die anglikanische Kirche aufgelehnt hatten, auf der *Mayflower* ein, um in Virginia eine eigene religiöse Gemeinschaft zu gründen. Heftige Stürme trieben sie nach Norden; sie erreichten die Cape Cod Bay und gründeten dort die Stadt Plymouth. Viele Einwanderer starben, doch im Laufe von zehn Jahren wuchs die Bevölkerung durch die Ankunft von immer mehr Puritanern.

Der Thanksgiving-Tag nach der ersten Ernte

Ostasien & Australasien

Japan zur Edo-Zeit

Nach dem Tod des Diktators Hideyoshi brach 1600 in Japan ein Bürgerkrieg aus. Als Sieger ging daraus Tokugawa Ieyasu hervor, der als Shogun bald das gesamte Land unter seine Kontrolle brachte. Seine Hauptstadt war Edo (das heutige Tokio). Die christlichen Missionare wurden 1612 vertrieben, Auslandsreisen untersagt und lediglich eine einzige niederländische Handelsniederlassung bei Nagasaki zugelassen. So folgte für Japan eine lange Periode der Isolation.

Das Schloss von Himeji, um 1610

Nach Australien

Die erste Landung von Europäern in Australien war eher zufällig. Der Niederländer Willem Jansz segelte 1606 in den Golf von Carpentaria, vermutete sich aber in Neu-Guinea. Zahlreiche niederländische Kaufleute erlitten auf ihrem Seeweg nach Indien Schiffbruch an der Westküste des Kontinents. 1616 ging der holländische Kapitän Dirck Hartog in Westaustralien an Land, doch es dauerte noch 150 Jahre, bis die Europäer den Rest des weiten Kontinents entdeckt hatten.

Vorderasien & Südasien

Handelsgesellschaften

Portugals enorme Profite aus dem Indienhandel forderten andere europäische Nationen dazu heraus, das portugiesische Beinahe-Monopol für diesen gewinnträchtigen Handel zu brechen. 1600 gewährte Elisabeth I. (1558–1603) der Ostindischen Kompanie in London ihr Privileg. Zwei Jahre später schlug in den Niederlanden die Geburtsstunde der niederländischen Ostindischen Kompanie. 1614 gründeten Dänemark und Frankreich eigene Handelsgesellschaften.

Statue eines Beamten der niederländischen Ostindischen Kompanie

Die Safawiden in Persien

Das 1501 begründete Reich der Safawiden umfasste den Großteil des heutigen Afghanistan, Iran und Irak. Shah Abbas (1587–1629) bescherte dem Reich eine Blütezeit; er reformierte die Verwaltung und das Heer und eroberte Gebiete zurück, die im vorherigen Jahrhundert an die Osmanen gefallen waren. In den ersten Jahrzehnten des 17. Jh. ließ Shah Abbas die Stadt Isfahan erbauen, welche die Hauptstadt und das Handelszentrum seines florierenden Staates wurde.

Europa

Die Niederlande

Bei der Aufteilung des Habsburgerreiches fielen 1558 die protestantischen Niederlande an den Katholiken Philipp II. von Spanien. 1568 kam es zum Aufstand gegen den verhassten spanischen Hof. Nach einem langen, von Wilhelm von Oranien und seinem Sohn Moritz geführten Unabhängigkeitskrieg, sicherte der Westfälische Friede 1648 die Unabhängigkeit der Niederlande, die zu einer führenden See- und Handelsmacht aufstiegen.

Niederländische Kaufmannshäuser

Der Dreißigjährige Krieg

100 Jahre nach Beginn der Reformation versuchten die Habsburger den Katholizismus in ihrem Reich wiederherzustellen. 1618 kam es deshalb zum Aufstand böhmischer Protestanten. Die habsburgischen Truppen schlugen sie 1620 vernichtend, 1629 besiegten sie weitere, deutsche Protestanten und deren dänische Verbündete. Das protestantische Schweden und das katholische Frankreich traten aus Angst vor der Vorherrschaft Habsburgs in den Krieg ein, der nun ganz Europa erfasste und erst 1648 mit dem Westfälischen Frieden von Münster und Osnabrück beendet wurde. Zwar wurde dadurch Habsburgs Macht sehr beschnitten, doch Deutschland blieb zwei Jahrhunderte lang verarmt und zersplittert.

Ein deutscher Degen

Afrika

Kanem Bornu

Das Reich Kanem Bornu entstand im 8. oder 9. Jh. durch die Vereinigung einzelner Staaten rund um den Tschadsee. Die Könige von Kanem Bornu nahmen 1086 den islamischen Glauben an und traten in Kontakt zu den islamischen Staaten nördlich der Sahara. Das Reich dehnte sich aus und wurde zu einem Knotenpunkt des Handels zwischen Schwarzafrika und dem islamischen Afrika. Pferde, Metallwaren, Salz und Kupfer wurden nach Süden exportiert, während Elfenbein und Kola nach Norden gelangten. An der Schwelle zum 17. Jh. stand Kanem Bornu auf dem Gipfel seiner Macht. Ein Bündnis mit dem osmanischen Reich ermöglichte die Einfuhr von Feuerwaffen und ausgebildeten Soldaten und damit die Unterwerfung von Feinden.

Der portugiesische Kolonialismus

Im 16. Jh. errichteten portugiesische Kaufleute Handelsplätze entlang der afrikanischen Küste, um mit den dortigen Königreichen zu handeln und um die Lieferung von Sklaven an ihre brasilianischen Kolonien sicherzustellen. Um 1570 kolonisierten die Portugiesen auch Angola. Angeführt vom Königreich Ndongo setzten sich die Afrikaner gegen die europäischen Eindringlinge zur Wehr. Nach 1620 verbündete sich Nzinga, die Königin von Ndongo, mit den Nachbarstaaten gegen die Portugiesen. Als Ndongo endgültig geschlagen war, zog sich die Königin ins Hinterland zurück, wo sie bis zu ihrem Tode 1633 den portugiesischen Einfällen standhielt.

Kunst & Architektur

John White
1585 ließ sich eine Gruppe englischer Siedler auf der Insel Roanoke vor der Küste Virginias nieder. Der Gouverneur, John White, war ein talentierter Künstler, der in seinen Aquarellen und Stichen zahlreiche Aspekte des Lebens der nordamerikanischen Indianer wiedergab und so die ersten ethnographischen Zeugnisse dieser Region schuf. Seine Zeichnungen zeigen, wie die amerikanischen Einheimischen im Einklang mit ihrer Umgebung lebten: So verzehrten sie im Frühjahr Fisch und jagten im Winter mit Fallen. Viele seiner Werke hat White mit Bildunterschriften versehen, in denen er die Bräuche der abgebildeten Volksstämme beschreibt. White zeichnete auch einige Indianerdörfer, deren Häuser aus Pflöcken bestanden, die mit Baumrinde gedeckt wurden. Whites Zeichnungen beweisen ein Verständnis für die indianische Kultur, das zahlreiche spätere Forschungsreisende vermissen ließen.

Bebilderte Bücher
Die Erweiterung des Verlagswesens in China unter der Ming-Dynastie (1368 – 1644) bedeutete auch den Aufschwung der Buchillustration. Die Verleger stellten Künstler als Buchillustratoren an, um sich gegen die Konkurrenz zu behaupten. Die Zeichnungen wurden in Holzblöcke geschnitten und konnten so mehrfach gedruckt werden.

Farbdruck aus der Ming-Zeit

Das Taj Mahal
Das Taj Mahal in Indien wurde im Auftrag des Mogul-Kaisers Shah Jahan (1628 – 58) erbaut als Grabmahl für seine 1631 verstorbene Gattin Mumtaz Mahal. Das von dem persischen Architekten Ustad Isa Afandi entworfene Grabmonument steht am Ufer des Flusses Yamuna und weist in seinen Stilelementen auf die islamischen Ursprünge der Mogul-Dynastie hin: Die Kuppel zeigt türkische, die Gärten afghanische Einflüsse, die Ornamente ähneln denen aus dem persischen Shiraz, und die Nutzung des Wassers erinnert an Kaschmir. Dank seiner symmetrischen Proportionen, der schlanken Kuppeln und der vielfältig verschlungenen Ornamente mit ihren Intarsien aus Marmor und Edelsteinen erwarb sich dieses Mausoleum bald den Ruf, das schönste Bauwerk der Welt zu sein – und sicherlich hat es die islamische Architektur stark beeinflusst.

William Shakespeare
William Shakespeare schrieb 36 Theaterstücke, darunter Komödien, Tragödien und historische Dramen. Noch heute gilt Shakespeare nicht nur als größter englischer Dramatiker, sondern als einer der wichtigsten Autoren der abendländischen Literaturgeschichte überhaupt. Er schrieb übrigens nicht nur für die Bühne, sondern war auch der Mitbetreiber des Londoner Globe Theatre, in dem man noch heute Aufführungen beiwohnen kann.

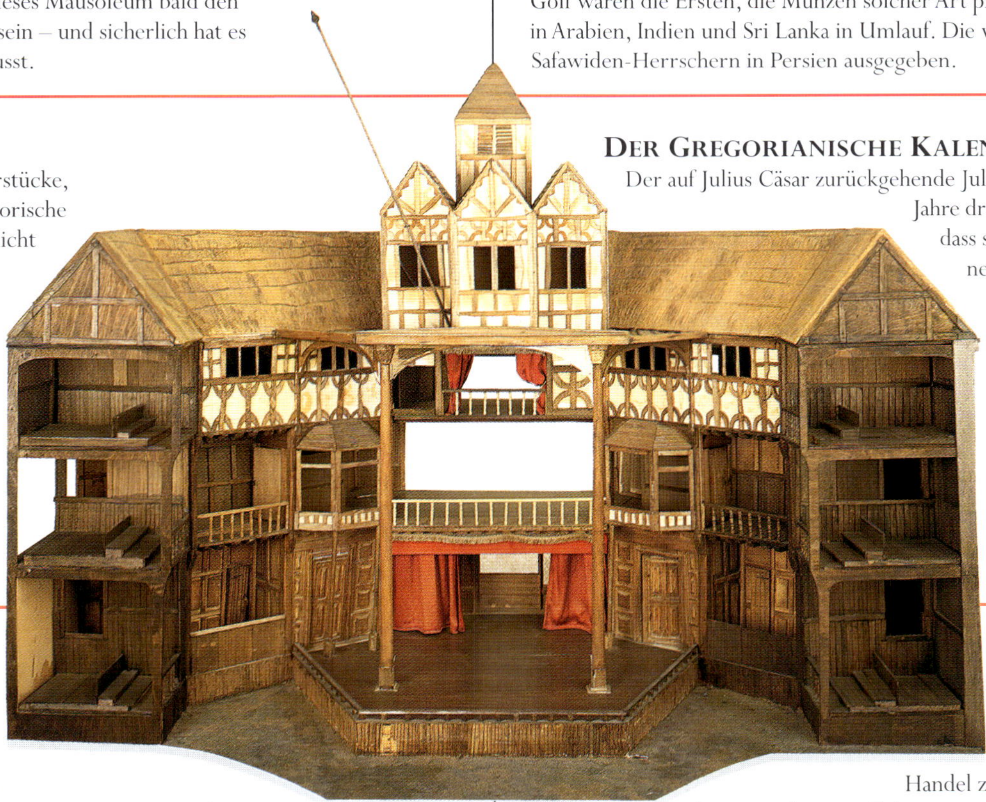

Das Globe Theatre in London

Fort Jesus
Einen für jene Zeit beispielhaften europäischen Festungsbau errichteten die Portugiesen in Ostafrika: 1593 – 96 erbauten sie Fort Jesus an der Küste bei Mombasa im heutigen Kenia. Mit ihm beherrschten die Portugiesen die ostafrikanische Küste und die ertragreichen Handelswege des Indischen Ozeans. In den völlig senkrechten Mauern von Fort Jesus befanden sich Öffnungen für Kanonen. Die Quartiere der Soldaten und der Zivilbevölkerung waren im Festungsinneren untergebracht. Die strategische Lage der Festung machte sie praktisch uneinnehmbar, doch wurde sie 1699 bei einer Belagerung ausgehungert.

Erfindungen & Entdeckungen

Die Universität Harvard
Die älteste nordamerikanische Universität wurde 1636 gegründet, als der höchste Gerichtshof in Massachusetts 400 Pfund Sterling für das neue College in Cambridge bestimmte. Zunächst studierten dort zwölf bis 14 Jungen. Sie traten mit 14 Jahren in das College ein und studierten fünf Jahre lang Theologie, Mathematik und Logik. 1638 hinterließ der Geistliche John Harvard der Universität fast 800 Pfund und seine mehr als 300 Bücher. Infolgedessen wurde die Universität nach ihm benannt. Harvard und die vielen Vorbereitungsschulen in ganz Neuengland begünstigten die Verbreitung von Kultur und Bildung in ganz Nordamerika. Schon im 17. Jh. konnte die Mehrheit der Einwohner dieses Staates lesen und schreiben. 1638 wurde in Cambridge die erste Druckerei gegründet.

Die Brennöfen von Jingdezhen
Während der Ming-Periode wurde in den Brennöfen von Jingdezhen, wo es eine Jahrhunderte lange Tradition der Porzellanherstellung gab, in großem Umfang feinstes Porzellan für den Hof hergestellt. Das prachtvolle weißblaue Geschirr wurde auch nach ganz Europa exportiert.

Weißblauer Porzellanteller

Der Silberlarin
Der Silberlarin war eine der ersten internationalen Währungen. Er wurde vom 16. bis ins 18. Jh. im Handel rund um den Indischen Ozean verwendet. Die Münze erhielt ihren Namen nach der persischen Stadt Lar, obgleich sie wahrscheinlich dort nie geprägt worden ist.
Der Larin wurde aus einem zusammengebogenen feinen Silberdraht hergestellt und mit rechteckigen oder runden Matrizen geprägt. Die Herrscher von Hormus am Persischen Golf waren die Ersten, die Münzen solcher Art prägten; in der Folge kamen diese auch in Arabien, Indien und Sri Lanka in Umlauf. Die wertvollsten Larin wurden von den Safawiden-Herrschern in Persien ausgegeben.

Der Gregorianische Kalender
Der auf Julius Cäsar zurückgehende Julianische Kalender bestimmte alle 385 Jahre drei Schaltjahre zu viel. Dies führte dazu, dass sich dieses System allmählich vom Sonnenjahr entfernte. Außerdem bereitete es der katholischen Kirche keine geringen Sorgen, dass sich der Ostertermin nur schwer ausrechnen ließ. Mit Hilfe eines Astronomen führte Papst Gregor XIII. (1572 – 85) einen neuen Kalender ein, in dem die Schaltjahre jene Jahre sind, deren zwei letzte Zahlen durch vier teilbar sind, wobei dieser Schalttag bei dem vollen Jahr ausfällt, mit Ausnahme des durch 400 teilbaren (1600, 2000 usw.).

Afroasiatischer Handel
Gegen Ende des 16. Jh. begannen einige afrikanische Völker wie die Kanem und die Bornu mit dem Handel zwischen ihren um den Tschadsee herum gelegenen Gebieten und Nordafrika sowie Ägypten. Tierhäute, Elfenbein, Eisenmetall- und Kupferwaren wurden zudem nach Westasien verfrachtet; im Gegenzug verbreitete sich das technologische Know-how der Araber in ganz Afrika. Diese Tauschgeschäfte unterstützten die Schmiede, Handwerker und Viehzüchter in Schwarzafrika. Außerdem ebneten sie dem Islam den Weg, der sich von nun an auch jenseits der Sahara in Zentralafrika ausbreiten sollte.

1648–1700

1500

Gleichzeitige Ereignisse

Amerika

Die 13 Kolonien

In den Jahren zwischen der Gründung von Jamestown in Virginia (1607) und der Gründung des Staates Georgia (1733) errichtete Großbritannien an der nordamerikanischen Ostküste 13 Kolonien, die sich von Maine nach Georgia erstreckten. Andere Kolonialmächte wurden verdrängt, allen voran die Niederlande, die 1644 Neu-Amsterdam an die Engländer abtreten mussten, die der Stadt den Namen New York gaben. Zahlreiche Siedler waren vor religiösen Verfolgungen aus Europa geflohen. Andere setzten darauf, durch den Kolonialhandel zu Reichtum zu kommen. Sie alle aber waren auf die einheimische Bevölkerung angewiesen, etwa um zu erfahren, welche Pflanzen sich am besten für Bodenart und Klima eigneten.

Französische Entdeckungsreisen

Während die Engländer die nordamerikanische Ostküste kolonisierten, fuhren französische Entdeckungsreisende immer wieder den Sankt-Lorenz-Strom hinauf. 1672 erreichte der französische Jesuitenmissionar Marquette den Mississippi und eröffnete auf diese Weise einen Weg in das Innere des Kontinents. Etwa zehn Jahre später segelte Robert Chevalier de la Salle (1643–87) diesen Fluss bis zu seiner Mündung hinab. Er nahm das gesamte Gebiet für Frankreich in Besitz und nannte es zu Ehren von König Ludwig XIV. Louisiana. 1684 schiffte sich der französische Abenteurer erneut in Frankreich ein, mit der Absicht, das Mississippi-Delta vom Meer aus zu erforschen. Er konnte jedoch das Delta nicht finden, kam vom Kurs ab und wurde 1687 von seiner meuternden Besatzung ermordet.

Ostasien & Australasien

Das Mandschu-China

Als die Ming-Dynastie in China infolge von Bankrott und Rebellion zusammenbrach, beging der letzten Ming-Kaiser 1643 Selbstmord. Die Mandschu-Truppen im Norden des Landes setzten 1644 einen ihrer Anführer auf den Thron. Die Mandschu-Herrschaft in China dauerte bis 1911. Die Mandschu übernahmen chinesische Gebräuche und Sitten, stellten die nationale Einheit wieder her, förderten die Handelsbeziehungen zu Europa und festigten das riesige chinesische Reich.

Cloisonné-Statue eines Europäers aus der Mandschu-Zeit

Der Niedergang der Osterinsel

Jahrhunderte lang hatten die Bewohner der Osterinsel riesige Steinstatuen errichtet. Dies änderte sich, als im 17. Jh. der ehemals sehr große Waldbestand abgeholzt war. Ohne Holz konnten die Inselbewohner den Transport der riesigen Steinblöcke vom Steinbruch zu dem gewünschten Standplatz nicht mehr bewerkstelligen. Noch gravierender war, dass sie nicht mehr die für die Hochseefischerei erforderlichen Kanus bauen konnten. So waren sie geradezu Gefangene auf ihrer eigenen Insel. Es kam zu inneren Zwistigkeiten, und viele der Standbilder wurden niedergerissen, um die in ihnen vermuteten Zauberkräfte der Gegner zu zerstören.

Vorderasien & Südasien

Der Zerfall des osmanischen Reiches

Den Höhepunkt seiner Macht erreichte das osmanische Reich 1683, als sein gewaltiges Heer Wien belagerte. Nur das Eingreifen des polnischen Königs Johann Sobieski (1674–96) rettete Habsburg vor der Niederlage. In der Folgezeit wurden die Türken wiederholt von österreichischen und russischen Armeen geschlagen und so allmählich aus Zentraleuropa verdrängt. Trotzdem beherrschten sie den Mittelmeerraum bis weit in das 18. Jh. hinein.

Der Untergang der Moguln

Der letzte große Mogul-Herrscher, Muhi al-Din Awrangzeb Alamgir I., bestieg 1656 den Thron und dehnte das Reich fast auf den ganzen indischen Subkontinent aus. Das führte zu einer Serie von Konflikten mit den hinduistischen Marathen, die verschiedentlich in das Mogul-Gebiet einfielen und Awrangzeb zwangen, viele Jahre seiner Regierungszeit an der Spitze des Heeres und fern der Hauptstadt zu verbringen. Der strenge Herrscher war ein Anhänger des islamischen *shari'at* (Gesetz), das den nicht muslimischen Gläubigen feindlich gesonnen war. Zudem unterhöhlten Misserfolge in Verwaltung und Wirtschaft das Staatsgefüge dermaßen, dass es nach Awrangzebs Tod 1707 innerhalb von 25 Jahren auseinander brach. Die Mogul-Regierung verkam zur Bedeutungslosigkeit.

Europa

König Karl I.

Hinrichtung Karls I. von England

1603, nach dem Tode von Elisabeth I., der letzten Tudor auf dem Thron, ging die Krone auf Jakob VI. von Schottland über, der den englischen und den schottischen Thron vereinte. Jakob VI. und sein Sohn Karl I. waren gläubige Katholiken und vom Gottesgnadentum eines Herrschers voll überzeugt: Da ihnen Gott die Macht verliehen habe, glaubten sie, dem Parlament keine Rechenschaft zu schulden. Der Streit eskalierte 1642, als Karl versuchte, fünf Parlamentarier festnehmen zu lassen. Bald brach ein Bürgerkrieg aus, der 1649 zum Prozess gegen den König und zu Karls Hinrichtung führte.

Französische Hegemonie

Gegen Ende des Dreißigjährigen Krieges entwickelte sich Frankreich unter der Regierung Ludwigs XIV. (1643–1715) zu einer starken Großmacht. Ludwig ernannte umsichtige Minister, die die Streitkräfte reorganisierten und die Industrie förderten. Frankreich erweiterte sein Gebiet, obgleich die Kriege gegen die Niederlande und England hohe Verluste an Menschenleben mit sich brachten und die Regierung unbeliebt machten.

Das Schloss zu Versailles

Afrika

Handelsstützpunkt am Kap

Zur Versorgung ihrer Schiffe auf dem Seeweg zwischen Europa und Ostindien gründeten die Holländer einen Handelsstützpunkt an der Südspitze Afrikas: das heutige Kapstadt. Durch die Ankunft von Hugenotten wuchs die Hafenstadt sehr schnell.

Kapstadt

Das Königreich Ashanti in Ghana

Gegen Ende des 17. Jh. änderte sich dank neuer Staaten wie Dahomey, Denkyira und Ashanti die politische Balance in Westafrika. Das Ashanti-Reich, im Norden des heutigen Ghana, entwickelte sich zum mächtigsten und dauerhaftesten Staatsgebilde. Die ersten Einwohner von Ashanti lebten ursprünglich in der Küstenebene unter der Herrschaft des Staates Denkyira. Um sich von diesem Joch zu befreien, emigrierten die Ashantis in den Norden, wo sie bald die Handelsstadt Tafo beherrschten. Ihr Anführer Osei Tutu (1680–1717) baute eine schlagkräftige nationale Armee auf und schuf eine neue Regierung mit Sitz in Kumasi. Zu Beginn des 18. Jh. besiegten die Ashanti Denkyira und entledigten sich der Pflicht der Tributzahlung. Mit der Eroberung neuer Gebiete und Handelsrouten wurde Ashanti in dieser Region zur Großmacht.

2000

1648 – 1700

Kunst & Architektur

Kolonialmöbel

Die ersten Siedler in Nordamerika brachten stabile Holzbetten und Schränke aus England mit, die als Vorbild für das Mobiliar in den neuen Häusern dienten. Für die meist schweren und robusten Tische, Truhen und Stühle mit gedrechselten Beinen und plumpen Füßen wurden einheimische Harthölzer wie Eiche und Kiefer verwendet. Allerdings stellten die damaligen Schreiner auch elegantere Stühle aus gedrechseltem Eschen-, Ulmen- oder Nussbaumholz her. Die Sitze wurden aus Rohr geflochten oder gepolstert.

Die Geschichte Japans

Der japanische Feudalherr Tokugawa Mitsukini (1628–1701) schrieb die Geschichte seines Landes in dem Buch *Dai Nihon shi* (»Die Geschichte Großjapans«) nieder. Die Form der Abhandlung knüpfte an die Klassiker der chinesischen Geschichtsschreibung an, und Mitsukini konnte mit der Mitarbeit zahlreicher Gelehrter rechnen, unter ihnen der bekannte chinesische Patriot Zhu Shunshui. Dieses Werk stärkte nicht nur den japanischen Nationalstolz, sondern auch die Treue gegenüber dem Kaiser.

Perserteppiche

Unter der Dynastie der Safawiden (1502–1736) wurde Isfahan die Hauptstadt Persiens. Die Safawiden förderten den Handel mit dem Westen und die wirtschaftliche Entwicklung der Stadt. Zu ihren wichtigsten Produkten zählten gold- und silberverzierte Seidenstoffe und Teppiche, die bis heute für ihre hohe Qualität bekannt sind.

Perserteppich

Niederländische Malerei

Die Schicht wohlhabender, liberaler Kaufleute, die vom wirtschaftlichen Aufschwung in der niederländischen Republik profitierte, bildete im 17. Jh. ideale Bedingungen für Künstler. Zur Verschönerung ihrer Häuser bestellten die Amsterdamer Kaufleute Porträts, Stillleben, Landschaften und Interieurs (Bilder von Innenräumen). Der in dieser Zeit einflussreichste Maler war Rembrandt van Rijn (1606–69). Die Vielfalt seiner Sujets und seine Art, den Charakter seiner Modelle zu erfassen, machen ihn zu einem der größten Maler aller Zeiten. Fast alle anderen berühmten niederländischen Meister aus dieser Zeit waren auf ein bestimmtes Genre spezialisiert. So malte Jan Vermeer (1632–75) vor allem Interieurs, die häufig eine moralische Botschaft enthalten. Sie sind berühmt für ihre leuchtenden Farben und die meisterlich eingesetzten Lichteffekte.

Meknès

Der Alawiten-Sultan Moulay Ismail machte die marokkanische Stadt Meknès zu seiner Residenz. Moulay Ismail ließ mehrere Paläste und Moscheen errichten und befestigte die Altstadt durch eine dicke Mauer mit neun Toren, die von breiten, viereckigen Türmen geschützt werden. Der Hauptwohnsitz des Sultans war die innerhalb der Mauern gelegene Königsstadt.

Der Palast von Meknès

Erfindungen & Entdeckungen

Aufforderung zur Auswanderung

Viele Europäer wanderten nach Amerika aus, um sich geschäftlich zu betätigen, andere, um Armut oder religiöser Verfolgung zu entgehen. Wieder andere kamen infolge einer erfolgreichen Werbeaktion. William Penn (1644–1718), der Gründer von Pennsylvania, verfasste eine Flugschrift, in der er zur Auswanderung ermutigte. Er ließ sie auch ins Deutsche übersetzen und im Rheinland verteilen, wo die Schrift einen riesigen Erfolg hatte und zahlreiche arme und unterdrückte Deutsche bewog, nach Philadelphia, in die Hauptstadt der neuen Kolonie, auszuwandern.

William Penn

Landwirtschaft der Maori

Die Maori-Bevölkerungsgruppen auf der Nordinsel Neuseelands mussten keine komplexen landwirtschaftlichen Anbaumethoden erlernen. Der Laufvogel Moa, Seehunde, Fisch und Meeresfrüchte sowie eine Vielzahl wild wachsender Obst- und Gemüsearten sicherten ihre Ernährung. Eine der wenigen Kulturpflanzen, die die Maori aus ihrem Ursprungsland Polynesien mitgebracht hatten, war die Süßkartoffel. Die Kartoffeln wurden bei gleichmäßiger Temperatur in Erdlöchern gelagert.

Islamische Astronomie

Aus der islamischen Welt kamen viele grundlegende Erkenntnisse zur Astronomie. Bereits seit dem 9. Jh. hatten islamische Astronomen anhand griechischer, indischer und persischer Quellen das ptolemäische Weltbild überwunden, demzufolge die Erde im Mittelpunkt des Universums steht. Ihre Theorien der Planetenbewegung nahmen das heliozentrische Weltbild bereits vorweg. In Byzanz wurden die astronomischen Werke ins Griechische übersetzt. Dadurch war das Wissen der moslemischen Gelehrten auch dem christlichen Abendland zugänglich und beeinflusste so u. a. Kopernikus. Im 17. Jh. stagnierte die Entwicklung der islamischen Astronomie, neue Forschungsansätze wurden nicht weiterverfolgt.

Isaac Newton

Der Engländer Isaac Newton (1643–1727) gilt zu Recht als einer der größten Wissenschaftler aller Zeiten. Er studierte die Natur des Lichts, entdeckte, wie sich die Schwerkraft auf die Erde, auf den Mond und auf die anderen Planeten auswirkt, und er fand mit der Infinitesimalrechnung eine neue mathematische Methode. In seinem Buch *Philosophiae naturalis principia mathematica* (»Mathematische Prinzipien der Naturlehre«) erörtert Newton seine Forschungen und Schlussfolgerungen über die Bewegung der Körper sowie über die Gezeiten und die Schwerkraft.

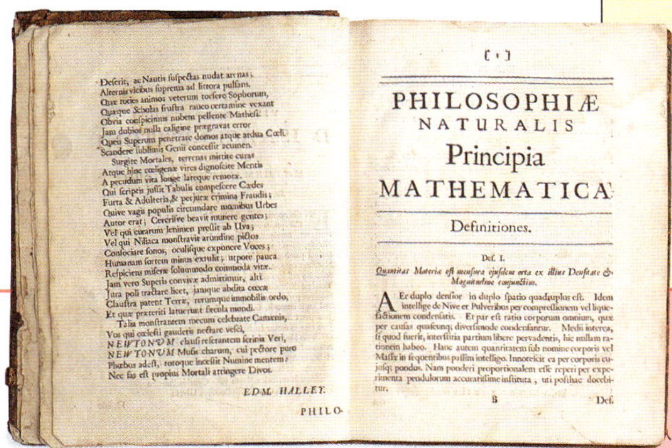

***Philosophiae naturalis principia mathematica* von Isaac Newton**

Salz als Geld

Südlich der Sahara war Salz von jeher ein kostbares Gut, das unter anderem zur Konservierung von Fleisch benutzt wurde. Die Araber tauschten es etwa gegen Elfenbein ein; in ganz Zentral- und Westafrika wurde Salz als Zahlungsmittel verwendet. Man baute es in Unmengen ab, es wurde in rechteckige Blöcke geschnitten und zum Schutz während des Transports in Rohrgeflecht eingepackt. Ein Europäer, der im 16. Jh. Äthiopien bereiste, schrieb: »Man sagt, das Salz werde in den Bergen gewonnen und dann in anderthalb Spannen lange, vier Finger breite und drei Finger dicke Stücke geschnitten.«

INTERNATIONALER HANDEL

Die Fortschritte der Europäer in der Seefahrt eröffneten nach 1500 dem internationalen Handel neue Perspektiven. Portugiesen und bald auch Niederländer und Briten gründeten Handelsposten entlang der afrikanischen Küste, am Indischen Ozean und in Indien, während die Spanier Zentral- und Südamerika kolonisierten. Indische Händler lieferten Gewürze, nach denen in Europa große Nachfrage bestand. Für die Arbeit auf den Plantagen in Amerika, die ebenfalls den europäischen Markt belieferten, wurden aus Afrika Menschen als Sklaven verschleppt.

Portugiesische Karavelle

Obst und Gemüse aus der Neuen Welt

FRÜCHTE AUS AMERIKA

Die Importe aus den amerikanischen Kolonien brachten auch eine Erweiterung des europäischen Speisezettels mit sich. Entdeckungsreisenden und Kaufleuten ist es zu verdanken, dass bis dahin unbekannte Obst- und Gemüsearten nach Europa gelangten, darunter Bohnen, Paprikaschoten, Süßkartoffeln, Ananas, Erdnüsse, Tomaten, Mais und Kartoffeln. Im Verlauf eines Jahrhunderts waren sie aus den europäischen Küchen nicht mehr wegzudenken. Auf dem umgekehrten Weg gelangten unter anderem der Kaffee und die Weinrebe nach Amerika.

DER TABAK

Der Tabak kam um 1550 aus Amerika nach Spanien und Portugal, 1565 auch nach England. Die Tabaknachfrage im Europa des 17. Jh. war so stark, dass der Sklavenbedarf in den Tabakplantagen in Virginia und anderen Kolonien drastisch anstieg. Allerdings hielten nicht alle dieses Kraut für eine Segnung; so schrieb der britische König Jakob I. (1603–25) eine wohl durchdachte Streitschrift gegen das Rauchen, das er als eine Beleidigung seines guten Geschmacks empfand.

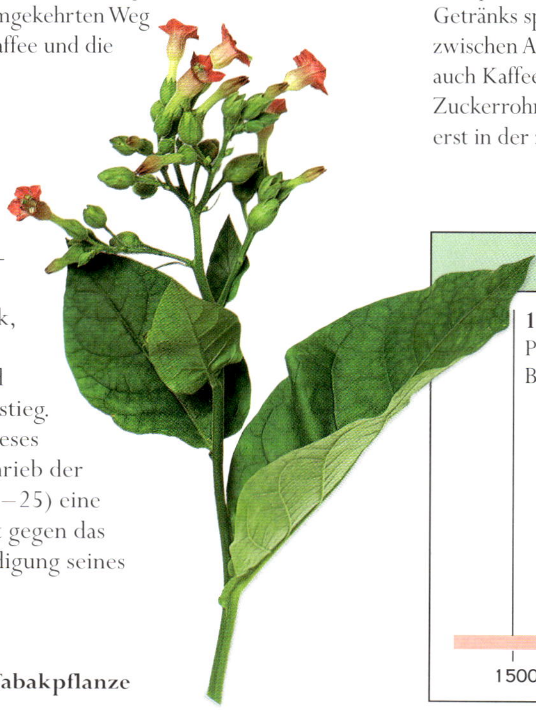

Tabakpflanze

SEEFAHRERVOLK

Portugal war das erste Land Europas, das durch Seehandel reich wurde. Seine Machtstellung verdankte es vor allem der Karavelle, einem robusten Viermaster, der enorme Lasten und schwere Bewaffnung tragen konnte. Unbewaffnete Handelsschiffe, die den Indischen Ozean durchfuhren, konnten es mit den Karavellen nicht aufnehmen, sodass die Portugiesen ein Jahrhundert lang die unangefochtenen Herren dieses Ozeans blieben, bis ihnen gegen Ende des 16. Jh. die Engländer und Holländer Konkurrenz zu machen begannen.

Kaffeebohnen

Rohrzucker

Teeblätter

TEE, KAFFEE UND ZUCKER

Im 17. Jh. importierte die Ostindische Kompanie der Niederländer erstmals Tee aus China nach Europa. Die Beliebtheit des aus den Teeblättern zubereiteten Getränks spielte eine große Rolle in den Handelsbeziehungen zwischen Asien und der westlichen Welt. Aus Ostindien kamen auch Kaffee und Zucker. 1493 brachte Christoph Kolumbus das Zuckerrohr über Europa nach Westindien, während der Kaffee erst in der zweiten Hälfte des 17. Jh. in Amerika eingeführt wurde.

Gewürznelken

Muskatnuss

ORIENTALISCHE GEWÜRZE

Vor der Entwicklung der Winterfütterung im 17. Jh. mussten in Nordeuropa die Herden im Herbst geschlachtet werden, um das Fleisch für die kalte Jahreszeit zu konservieren. Deswegen waren Gewürze sehr gefragt, denn sie dienten dazu, den scharfen Geschmack des abgehangenen und manchmal auch verdorbenen Fleisches zu verdecken. Die Einfuhr der Gewürze nach Europa war für Kaufleute ein äußerst lohnendes Geschäft. Die meisten Gewürze kamen aus Südasien. So wuchsen auf den Molukken Gewürznelken, die Muskatnuss stammte von den Banda-Inseln, und Pfeffer gedieh in der gesamten Region. Im 16. Jh. lag der Gewürzhandel in den Händen der Inder, Perser, Araber und Portugiesen, doch vom 17. Jh. an wurde er de facto zum niederländischen Monopol.

Schwarze Pfefferkörner

WICHTIGE EREIGNISSE 1500–1700

1500 Portugal beansprucht Brasilien.

1509 Portugal erobert Goa in Indien.

1521 Spanien erobert das Azteken-Reich.

um 1550 Tabak gelangt nach Europa.

1600 Ostindische Kompanie in London gegründet.

1602 Ostindische Kompanie der Niederlande

1612 Erste Tabakplantage in Virginia

um 1660 Kaffee gelangt nach Nordamerika.

1500 1550 1600 1650 1700

KAPITEL 20

DIE WELTREICHE 1700–1900

Die industrielle Revolution verändert die Wirtschaftsverhältnisse.

Nationalismus und soziale Unzufriedenheit lösen politische Unruhen aus.

Europäische Staaten erobern riesige Reiche in Afrika und in Asien.

Viele Europäer wandern nach Amerika, Australien und Neuseeland aus.

Die Elektrizität verändert das Alltagsleben.

Die industrielle Revolution veränderte die Welt grundlegend. Weil große Nachfrage nach Arbeitern für die neuen Fabriken herrschte, zog es die Landbevölkerung scharenweise in die Städte, die bald überbevölkert waren. Angesichts des Elends, das aus den sozialen Umwälzungen entstand, stellte sich den Regierenden die brisante Frage nach menschlicheren Lebens- und Arbeitsbedingungen und nach mehr Demokratie. Hinzu kamen nationalistische Bestrebungen und Unruhen, die im 19. Jh., im Gefolge der Französischen Revolution, überall in Europa auftraten.

Das Zeitalter des Dampfes

Die 1782 von James Watt erfundene Rotationsdampfmaschine ersetzte die Wasserräder, die bis dahin verwendet wurden, um die Maschinen in Bewegung zu setzen.

Die Weltwirtschaft

Der Rohstoffbedarf der europäischen und später der nordamerikanischen Fabriken brachte es mit sich, dass die Industrienationen sich die Wirtschaft der restlichen Welt unterordneten. Dampfschiffe und Dampfzüge ermöglichten den Transport von Rohstoffen und Waren auf langen Strecken. Das Telefon und der internationale Postdienst verbesserten die Kommunikation. Zur Sicherung der regelmäßigen Versorgung mit Rohstoffen, aber auch aus Gründen des nationalen Ansehens lagen Frankreich und Großbritannien in der ganzen Welt im Wettstreit, um sich immer mehr Kolonien in Indien, Afrika, Asien und Australien zu sichern. Ende des 19. Jh. begannen auch die neu gegründeten Staaten Italien und Deutschland sowie die USA, früher selbst eine Kolonie, eigene Kolonien zu erwerben. Der starke Einfluss der Industrialisierung bewirkte in Europa einen erstaunlichen Bevölkerungszuwachs. Die daraus resultierende Armut führte zu Massenauswanderungen vor allem in die USA, nach Kanada, Australien, Neuseeland und Südamerika. Die Nachfrage nach Arbeitskräften bewegte aber auch zahlreiche Chinesen, den Pazifik zu überqueren und auf der Suche nach Arbeit an der amerikanischen Westküste zu landen. Nur wenige Länder blieben von diesen radikalen Veränderungen unberührt. China stürzte unter dem wachsenden europäischen Einfluss in ein politisches und wirtschaftliches Chaos. In Japan begann ein rascher Modernisierungsprozess, während das osmanische Reich langsam aber unaufhörlich auseinander brach. Die wenigen noch unabhängigen Staaten in Asien und Afrika fielen einer nach dem anderen unter die Herrschaft der europäischen Mächte.

Neue Techniken

Der technologische Fortschritt, der den Beginn der industriellen Revolution begünstigt hatte, setzte sich ungebrochen durch das ganze 19. Jh. hindurch fort. Dank der Elektrizität waren bald Städte und Häuser beleuchtet, und ab 1885 konnten sich die Reichen ein eigenes Automobil leisten.

1700–1789

1500

Gleichzeitige Ereignisse

Amerika

Grossbritannien erobert Kanada

Im frühen 18. Jh. kam es in Nordamerika ständig zu Konflikten zwischen Briten und Franzosen wegen Handelsfragen oder Grenzstreitigkeiten in den Kolonien. Der 1756 in Europa ausgebrochene Siebenjährige Krieg gab den Briten Gelegenheit, die Franzosen aus Nordamerika zu vertreiben. 1759 nahm General Wolfe Quebec ein, die französische Hauptstadt Kanadas. Im 1763 unterzeichneten Pariser Vertrag trat Frankreich alle Besitzungen in Kanada und östlich des Mississippi an England ab, während das westlich des Flusses gelegene Louisiana in die Hände der Spanier überging. Damit verlor Frankreich seinen Einfluss in Nordamerika.

Ein »Rotrock« (britischer Soldat)

Die amerikanische Unabhängigkeit

Die 1763 vom Pariser Vertrag sanktionierte britische Herrschaft über Nordamerika war nur von kurzer Dauer. Die 13 britischen Kolonien rebellierten gegen Steuern, die London ihnen ohne demokratische Zustimmung auferlegt hatte. 1774 bestimmten die Einwohner dieser Kolonien einen Kongress zur Vertretung ihrer Interessen. 1775 kam es zum Krieg. Am 4. Juli 1776 erklärte der Kongress die Unabhängigkeit von Großbritannien, das durch den langen Nachschubweg über den Atlantik gravierende militärische Nachteile hatte. 1781 kapitulierten die Briten. 1783 erkannten sie die Unabhängigkeit der Vereinigten Staaten an. Eine echte Einheit der jungen Nation kam erst 1787 mit der Einführung einer neuen Verfassung zustande.

Ostasien & Australasien

Das Mandschu-China

Unter der Regentschaft des Kaisers Qianlong (1736–96) erreichte China den Gipfel seiner Macht. In Zentralasien wurde der mongolische Widerstand gegen die chinesische Oberherrschaft gebrochen, und China erweiterte sein Gebiet, indem es sich im Westen Tibet und Turkestan und im Norden die Mongolei einverleibte. Qianlongs Innenpolitik förderte die landwirtschaftliche Produktion, den industriellen Fortschritt sowie den Handelsverkehr mit Europa.

Ein kaiserliches Mandschu-Szepter

Die thailändische Wiedergeburt

Das gesamte 18. Jh. hindurch wurde Siam (das heutige Thailand) vom Nachbarstaat Birma und von französischen Kolonialunternehmungen bedroht. 1777 vertrieb König Taksin die Birmanen und vereinte das Land. 1782 bestieg sein Nachfolger Rama I. den Thron; er begründete die bis heute herrschende Chakri-Dynastie. Bis zu seinem Tode im Jahre 1809 arbeitete er daran, das Reich zu stärken.

Goldene thailändische Ohrringe

Vorderasien & Südasien

Das Ende der Safawiden

1722 lehnten sich die Afghanen gegen ihren Gouverneur auf und bemächtigten sich bald der persischen Hauptstadt Isfahan, da die politisch, militärisch und wirtschaftlich schwache Regierung Persiens ihnen wenig entgegensetzen konnte. Die Anführer des Aufstands waren aber außerstande, das riesige Reich zu verwalten, und so kam 1736 Nadir Kuli, das Stammesoberhaupt der Afsah, an die Macht. Er eroberte Afghanistan zurück, fiel in Indien ein und besetzte Delhi, den Sitz des Moguls. Nach Nadir Kulis Ermordung 1747 brach sein Reich schnell zusammen. Die schwachen Nachfolger konnten Persien und dessen Handelswege nicht vor Überfällen der mächtigen Nachbarstaaten schützen.

Britisch-Indien

Im Laufe des 18. Jh. kämpften Frankreich und England auch um die wirtschaftliche Vormachtstellung in Indien. Beide Länder hatten es vor allem auf die Küste von Karnataka südlich von Goa abgesehen sowie auf Bengalen. Dort hatte die Ostindische Kompanie 1690 in der Nähe von Kalkutta einen Stützpunkt gegründet. 1744 kam es zum Krieg, doch erst 13 Jahre später gelang es Robert Clive, die Franzosen in der Schlacht von Plassey endgültig zu schlagen. Der Friedensvertrag von 1763 sicherte den Briten die Herrschaft über Bengalen. Damit begann die Kolonisierung, die im folgenden Jahrhundert zur Unterwerfung des gesamten indischen Subkontinents führte.

Europa

Die Expansion Russlands

Trotz seiner Größe und seines Reichtums an Bodenschätzen griff Russland Jahrhunderte lang nicht in die europäische Politik ein. Erst Zar Peter der Große, der 1682–96 gemeinsam mit seinem Halbbruder Iwan V. und dann bis 1725 allein regierte, machte das Land zur Großmacht. 1697 und 1698 bereiste Peter Westeuropa und eignete sich Wissen über die westlichen Regierungsformen und deren Verwaltung an, das er zur Modernisierung seines Landes einsetzte. Kirche, Bildungssystem und Zentralverwaltung wurden reorganisiert. Begabte junge Russen schickte man in den Westen, damit sie technische und militärische Kenntnisse erwarben. Der Zar baute die erste russische Kriegsmarine und eine 300 000 Mann starke Berufsarmee auf. 1700–21 führte er Krieg gegen Schweden, wodurch er Russland Zugang zum Baltikum verschaffte und es als ernst zu nehmende Militärmacht etablierte. 1703 begann er mit dem Bau seiner Hauptstadt Sankt Petersburg, deren Pracht Metropolen wie Paris und Wien in nichts nachsteht.

Der Aufstieg Preussens

1713 wurde Friedrich Wilhelm König der verstreuten preußischen Gebiete. Er baute eine leistungsfähige Zentralregierung und eine der schlagkräftigsten europäischen Armeen auf. Friedrich Wilhelm verbesserte auch die Wirtschaftslage durch eine große Agrarreform und führte die Schulpflicht für die Grundschule ein. Unter seinem Sohn Friedrich II. (1740–86) stieg Preußen zu einer der größten Militärmächte Europas auf.

Friedrich II.

Afrika

Die algerische Unabhängigkeit

Jede Provinz des riesigen osmanischen Reiches unterstand einem örtlichen Pascha (Gouverneur). Algerien lag an der Westgrenze des Reiches und war eine der selbstständigsten Provinzen. Der Kommandant der dortigen Garnison, der sich auf Kosten der von ihm hoch besteuerten Wüstenstämme und durch Piraterie bereichert hatte, rief sich 1710 selbst zum Pascha aus und erklärte die Unabhängigkeit Algeriens. Dadurch verloren die Osmanen einen großen Teil ihrer nordafrikanischen Besitzungen.

Europäer in Zentralafrika

Die europäischen Seefahrer und Händler kannten die afrikanische Küste schon zu Ende des 18. Jh. recht gut. Doch das Innere des Kontinents war noch völlig unerforscht geblieben. Das galt besonders für die großen Binnenwasserwege Nil und Niger. Zwischen 1768 und 1773 wagte sich der Schotte James Bruce in das christliche Reich Äthiopien vor. 20 Jahre später erforschte ein anderer Schotte, Mungo Park, die Flüsse Gambia und Niger in Westafrika. Dabei entdeckte er, dass der Niger nach Osten und nicht nach Westen fließt.

James Bruce auf Entdeckungsreise in Äthiopien

2000

1700–1789

Kunst & Architektur

Die Shaker-Möbel

Die Religionsgemeinschaft der Shaker hatte sich von den englischen Quäkern abgespalten. Sie waren von der Gleichheit der Menschen überzeugt und kannten kein Privateigentum. Auch glaubten sie, dass das sorgfältige Herstellen eines Gegenstandes ein Akt der Gottesverehrung sei, wobei die Form sich der Funktion unterordnen müsse. Ihre Möbel aus einheimischen Holzarten zeichnen sich infolgedessen durch einfache, klare Formen und hohe Funktionalität aus. Ein Beispiel sind die stabilen, aber leichten Shaker-Stühle, die so gebaut waren, dass man sie, während man den Boden putzte, an einem Wandhaken aufhängen konnte.

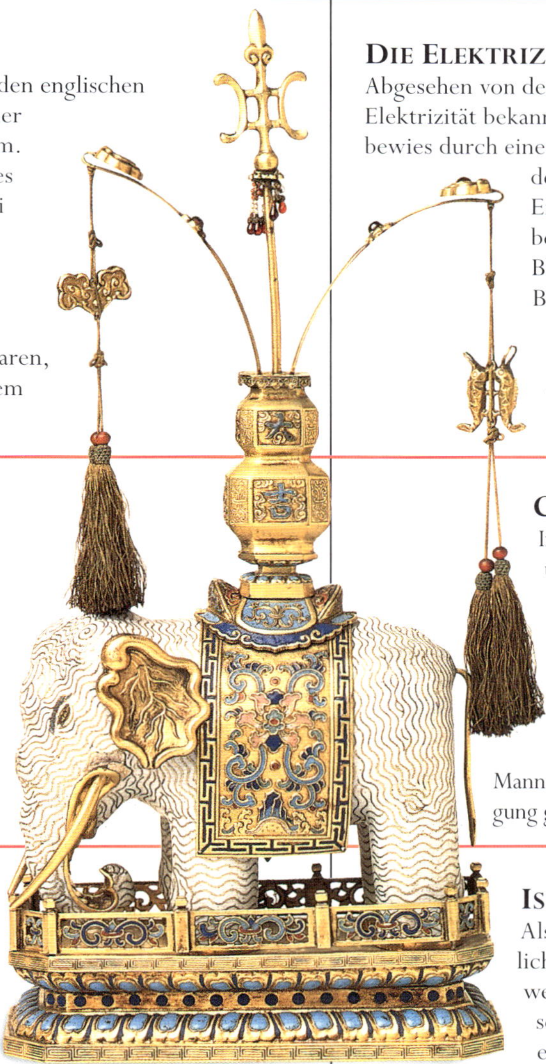

Mandschu-Elefant aus Kupfer, vergoldet und emailliert

Mäzenat der Mandschu

Der Bevölkerungszuwachs unter Kaiser Qianlong (1736–96) steigerte die Staatseinnahmen, mit denen der Kaiser verschiedene Projekte zum Nachruhm seiner Dynastie fördern konnte. Unter diesen ist eines der wichtigsten die Gründung einer 36 000 Bände umfassenden Bibliothek, die unter anderem historische und philosophische Werke enthielt. Auch die bildenden Künste erlebten eine Zeit der größten Blüte.

Indische Dichtkunst

Die Moguln waren großzügige Förderer der Künste, vor allem der Literatur. Dies zog viele persische Dichter ins Mogul-Reich und machte in beiden Staaten den indischen Stil (*Sabk-i hindi*) populär, eine mit originellen Metaphern ausgeschmückte Lyrik, die trotz ihres Namens in persischer Sprache geschrieben wurde. Unter Shah Awrangzeb (1656–1707) ließ die Unterstützung der Künste nach, obgleich in jener Zeit Bedil (1644–1720), der bedeutendste Dichter dieser Schule, einige seiner schönsten Werke schrieb. Der indische Stil kam vollends aus der Mode nach dem Untergang des Mogul-Reiches, als Urdu das Persische als Literatursprache ablöste.

Sessel aus der Zeit von Ludwig XVI.

Das Rokoko

Vom Anfang bis in die zweite Hälfte des 18. Jh. dominierte in Frankreich und an allen anderen europäischen Höfen das Rokoko. Dieser Stil zeichnete sich durch ein Übermaß an Kurven, asymmetrischen Details und reicher Ornamentierung aus, sodass die Möbel aus dieser Zeit einen starken Kontrast zu den einfachen und eher schweren Einrichtungsstücken der vorausgegangenen Jahrhunderte bildeten. Zu Beginn des 18. Jh. gehörten Verzierungen aus vergoldeter Bronze zu den typischen Stilelementen: Muscheln, Rollwerk, Blätter, Blumen, Bänder und Musikinstrumente. Später wurden Intarsienarbeiten hoch geschätzt.

Das Kunstgewerbe der Luba

Die Volksgruppe der Luba (oder Baluba) im Kongo verwendete das Hartholz der Region für äußerst kunstvolle Schnitzarbeiten. Unter den aus dieser Zeit stammenden Holzskulpturen finden sich Gegenstände für religiöse und zeremonielle Praktiken sowie besondere Kopfstützen. Die Luba-Frauen trugen komplizierte Haartrachten und benötigten diese Kopfstützen, um die Frisur während der Nacht zu schonen. Häufig stellen diese Kopfstützen ein vereintes Paar dar, wobei die Frauenfiguren durch eben diese charakteristische Haartracht besonders auffällig sind.

Erfindungen & Entdeckungen

Die Elektrizität

Abgesehen von der statischen Elektrizität war im 18. Jh. nur sehr wenig über die Elektrizität bekannt. Der Staatsmann und Gelehrte Benjamin Franklin (1706–90) bewies durch eine Reihe von Experimenten, dass der Blitz die Entladung der in den Wolken entstandenen Elektrizität ist. Sein eindrucksvollstes Experimente führte Franklin mit einem Drachen durch, den er bei einem Gewitter in die Wolken hochfliegen ließ – als er vom Blitz getroffen wurde, leitete die Schnur die Elektrizität in den Boden hinein. Dies führte dazu, dass sich die Wissenschaftler dem Phänomen der Elektrizität unter einem anderen Gesichtspunkt näherten, und es ermöglichte Franklin die Entwicklung des Blitzableiters.

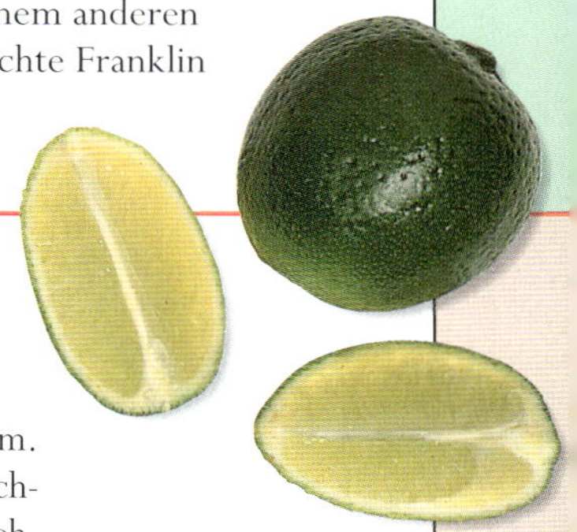

Limonen zur Skorbutvorbeugung

Cooks Reisen

In den 60er und 70er-Jahren des 18. Jh. unternahm der englische Seefahrer James Cook drei Seereisen in den pazifischen Raum. Cook schrieb seine astronomischen Beobachtungen auf und ließ sich außerdem von mehreren Wissenschaftlern begleiten, die die örtliche Fauna und Flora erfassen sollten. Cook kümmerte sich vorbildlich um seine Mannschaft. So befahl er z. B. den Verzehr von Zitrusfrüchten zur Vorbeugung gegen Skorbut, eine durch Vitamin-C-Mangel verursachte Krankheit.

Islamischer Skeptizismus

Als im Laufe des 18. Jh. die weltliche Macht der Muslime allmählich zurückging, reagierten viele Gelehrte darauf mit einer Rückwendung zu den vom Koran und den *Hadith* (mündlichen und schriftlichen Überlieferungen) vorgeschriebenen Grundsätzen einer islamischen Gesellschaftsordnung. Damit einher ging ein wachsender Skeptizismus gegenüber den rationalen Wissenschaften wie Mathematik und Astronomie. Im Sinne einer Rückkehr zur reinen Lehre des Koran verwarfen die Gelehrten Erkenntnisse aus westlichen Gesellschaften. Ihre einzige Sorge galt nunmehr der Umsetzung der göttlichen Lehren auf Erden, wodurch die islamischen Gesellschaften ihre frühere Weltoffenheit teilweise verloren.

Frühe Sämaschine nach einem Entwurf des Erfinders Jethro Tull

Landwirtschaftliche Revolution

Im Laufe des 18. Jh. wurde die Landwirtschaft durch neue Formen der Fruchtfolge, bessere Zuchttiere und vermehrten Einsatz von Maschinen, etwa Sämaschinen und verbesserte Pflüge, optimiert. Die Bauern gingen außerdem dazu über, einen großen Teil ihrer nicht abgegrenzten Felder, die bis dahin in einzelnen Streifen bebaut wurden, zusammenzulegen und als kleinere Gesamteinheiten zu nutzen. Dank dieser Änderungen stieg der Ertrag der Felder beträchtlich, wodurch die Arbeit nicht mehr so mühsam war.

Goldmaske eines Ashanti-Generals

Goldschmiede

Die Ashanti in Westafrika verfügten über fortschrittliche Techniken der Goldverarbeitung. Das Metall wurde in der Region gewonnen und zu Goldblech verschmolzen, das zu Schmuckstücken und rituellen Gegenständen verarbeitet wurde. Die Ashanti erreichten bei der Verarbeitung im Wachsausschmelzverfahren ein hohes künstlerisches Niveau. Das Gold war ein Symbol der Macht, und so war der Thron des Ashanti-Herrschers mit Goldstatuen geschmückt. Goldmasken besiegter Gegner erinnerten an militärische Siege. Einige Objekte gelangten im Tauschhandel an europäische Sklavenhändler.

1789–1848

1500

Gleichzeitige Ereignisse

Amerika

Aufstände gegen die Europäer

Der erste bedeutende Aufstand gegen die europäische Herrschaft brach 1782 in Peru aus, als sich die Einheimischen im Andenstaat gegen die unerträglichen Arbeitsbedingungen in den spanischen Bergwerken und Fabriken auflehnten. Eine noch schwerere Revolte gab es auf der französischen Karibikinsel Haiti, als sich Sklaven zuerst unter der Führung von Toussaint L'Ouverture und nach dessen Tod unter der Führung von Jacques Dessalines erhoben. 1804 riefen die Aufständischen eine unabhängige Republik aus.

Indianisches Federdiadem

Ende der Herrschaft Spaniens

Ermutigt durch die Unabhängigkeit der USA und durch die Französische Revolution begannen die spanischen Kolonien in Südamerika nach 1808, um ihre Freiheit zu kämpfen. Angeführt von Männern wie San Martin, Simon Bolivar und Bernardo O'Higgins konnten bis 1825 alle spanischen Kolonien in Amerika ihre Unabhängigkeit proklamieren. 1822 waren bereits die Portugiesen aus Brasilien vertrieben worden.

Bernardo O'Higgins, der Befreier Chiles

Ostasien & Australasien

Der Opiumkrieg

Der Opiumkonsum in China wurde von den Briten unterstützt, die Opium aus Indien zum Tauschhandel gegen Silber, Tee und Seide mitbrachten. 1839 verbot die chinesische Regierung jeden Handel mit Großbritannien, 1840 brach der so genannte Opiumkrieg aus. China unterlag und musste im Vertrag von 1842 Hongkong an die Briten abtreten.

Zwei chinesische Opiumraucher

Die britischen Kolonien

Das britische Interesse an Australasien war mit den Reisen Cooks zwischen 1768 und 1779 entstanden. 1788 wurden die ersten Strafgefangenen in die australischen Strafkolonien verschickt, und 1829 befand sich der gesamte Kontinent unter der Herrschaft der englischen Krone. Obgleich Cook auch Neuseeland besucht hatte, schien sich Großbritannien für diese Insel nicht zu interessieren, bis sich 1840 die ersten Siedler in Wellington auf der Nordinsel niederließen. Im gleichen Jahr sicherte der Vertrag von Waitangi den einheimischen Maori ihre Landrechte zu; die Maori ihrerseits anerkannten im Gegenzug die britische Oberhoheit.

Vorderasien & Südasien

Grossbritannien im Persischen Golf

Die Schiffe, die die wichtige Seehandelsroute entlang des Persischen Golfes befuhren, waren schon immer eine lohnende Beute gewesen für Piraten aus den zahlreichen Scheichtümern in der südlichen Küstenregion des Persischen Golfes. 1820 unterzeichneten Großbritannien und verschiedene Scheichtümer, unter ihnen Bahrain, eine Vereinbarung, in der die Scheichs die englische Krone als die höchste Autorität in der Region anerkannten und sich verpflichteten, jeden Angriff auf britische Schiffe zu unterbinden. Dieser 1837 und 1853 bestätigte Vertrag sicherte für anderthalb Jahrhunderte den britischen Einfluss im Persischen Golf. Aus den Vertragsstaaten gingen 1971 die Vereinigten Arabischen Emirate hervor.

Britisch-Indien

Die britische Ostindische Kompanie musste gegen zwei Gegner kämpfen, die sie daran hinderten, sich des ganzen Landes zu bemächtigen: gegen Frankreich und die Konföderation der Marathen, einen einflussreichen Staatenbund, der das Mogul-Reich praktisch abgelöst hatte. Nach der Revolution von 1789 konzentrierte sich Frankreich auf seine Innenpolitik, was es den Engländern ermöglichte, die Marathen-Anführer in mehreren Schlachten zu schlagen. 1803 unterstellte der Mogul sein untergehendes Reich dem britischen Protektorat. Zu dieser Zeit kontrollierte die Ostindische Kompanie die indische Ostküste, Bengalen und große Teile Nordindiens. Mit der endgültigen Niederlage der Marathen 1823 wurde der gesamte Subkontinent der Kontrolle der Briten unterworfen.

Türkische Muskete

Europa

Die Französische Revolution

Erdrückende Steuerlasten, fehlende Demokratie und totale Verelendung der breiten Massen steigerten in Frankreich die Unzufriedenheit des Volkes, die sich in der Erstürmung der Bastille, des alten Staatsgefängnisses in Paris, entlud. 1792 wurde die Republik ausgerufen. Napoleon Bonaparte gelang es ab 1799, die Macht zu übernehmen, 1804 ließ er sich zum Kaiser krönen. Er führte die Franzosen in ganz Europa von Sieg zu Sieg, wurde aber 1815 von den gegen ihn verbündeten Staaten besiegt.

Französisches Regimentszeichen

Die griechische Unabhängigkeit

Über 400 Jahre lang stand Griechenland unter osmanischer Herrschaft. Als das Land Anfang des 19. Jh. dank sich ausweitender Handelsbeziehungen, vor allem zu Russland, wirtschaftlich aufblühte, wuchs der Wunsch nach Unabhängigkeit. Ermuntert von der Französischen Revolution rebellierten die Griechen 1821 und schwächten die Armee der Osmanen bis 1824 dermaßen, dass diese sich Hilfe suchend an Ägypten wandten. Das beunruhigte die anderen europäischen Staaten. 1826 drohten Großbritannien und Russland damit, den Osmanen den Krieg zu erklären, falls Griechenland nicht die Unabhängigkeit gewährt würde. 1827 schloss sich Frankreich den beiden Mächten an. Eine gemeinsame Flotte vernichtete bei Navarino die türkische Marine. 1829 beendete der Friedensvertrag von Adrianopel den Konflikt und garantierte die Unabhängigkeit der Griechen.

Afrika

Die Unabhängigkeit Ägyptens

1805 wurde gegen den Widerstand des osmanischen Sultans und der mameluckischen Militäroligarchie ein albanischer Offizier des osmanischen Heeres, Mohammed Ali, zum ägyptischen Vizekönig ernannt. 1811 lud Ali die Befehlshaber der Mamelucken nach Kairo ein und ermordete sie. Anschließend brach er jede Beziehung zum osmanischen Reich ab, und dehnte die ägyptische Herrschaft bis in den Sudan aus.

Die Kapkolonie

Nachdem die Briten 1814 die Kolonie am Kap der Guten Hoffnung von den Niederländern übernommen hatten, widersetzten sich viele niederländische Siedler (die so genannten Buren) den britischen Reformen. 1836 zogen 6000 Buren in das Innere des Kontinents und gründeten einen eigenen Staat.

Der Treck der Buren

Kunst & Architektur

Regierungsgebäude

1790 wurde der Standort für die neue Stadt Washington D.C. bestimmt. Nach einer Ausschreibung erhielt der irischstämmige Architekt James Hoban (1756 – 1821) den Auftrag zum Bau des Weißen Hauses, während der Arzt und Amateurarchitekt William Thornton (1759 – 1828) den Wettbewerb für das Kapitol gewann. In kurzer Zeit wurden das Weiße Haus und das Kapitol zu Wahrzeichen der neu gegründeten Nation.

Das Kapitol, Washington

Die Hokusai-Holzschnitte

Der Japaner Katsushika Hokusai (1760 – 1849) gilt als der größte Zeichner seiner Zeit. Fast alle seiner 30 000 Blätter wurden gedruckt oder als Buchillustrationen verwendet. Bekannt geworden ist der Künstler wegen seiner Landschaften, und hier vor allem durch seine Darstellungen des Berges Fuji. Seine Meisterschaft in der Wiedergabe natürlicher Formen und in der Landschaftskomposition stellt einen Wendepunkt der japanischen Holzschnittkunst dar und inspirierte auch viele europäische Künstler.

Rückkehr zur klassischen Literatur

In der gesamten arabischen Welt kam es im 19. Jh. zu einer Reihe von Versuchen, traditionelle Formen der Literatur wiederzubeleben. Zahlreiche Schriftsteller in Ägypten, im Libanon und anderswo wandten sich wieder der klassischen arabischen Sprache und Literatur zu, insbesondere der *Maqama* (Reimprosa), einer Literaturgattung, die in gereimter Prosa die Abenteuer eines Helden erzählt. Eine ähnliche Strömung gab der persischen Nationalliteratur neue Impulse.

Die klassische Musik

Mozart

Das späte 18. Jh. ist die klassische Epoche der europäischen Musikgeschichte. Zu ihren wichtigsten Vertretern gehören österreichische Komponisten wie Joseph Haydn (1732 – 1809) und Wolfgang Amadeus Mozart (1756 – 91). Haydn komponierte 106 Symphonien und viele weitere Werke, Mozart verdanken wir zahlreiche Konzerte und Klaviersonaten (er war selbst ein bedeutender Pianist) und verschiedene Opern, die noch heute weltweit in allen Theatern vom Publikum gefeiert werden. Der Deutsche Ludwig van Beethoven (1770 – 1827) erweiterte die musikalische Formensprache, indem er die Symphonie, das Konzert, die Sonate und das Quartett zu einer bis dahin unbekannten Gefühlsintensität steigerte und musikalische Neuerungen einführte. Insbesondere Beethovens Symphonien schockierten die Zuhörer zunächst durch den revolutionären Einsatz von Struktur und Harmonie.

Beethoven

Die Architektur der Zulu

In den ersten Jahrzehnten des 19. Jh. gründeten die Zulu im nordöstlichen Natal einen mächtigen Staat. Die Stämme wohnten in kuppelförmigen Hütten, die mit Gras und Rohrgeflecht auf einem Gerüst von Ästen erbaut waren. Jedes Dorf bestand aus mehreren Hütten, die sich meistens um einen eingefriedeten Platz für das Vieh befanden und von einem robusten Zaun aus Pfählen und Flechtwerk geschützt waren. Die Lebensmittel wurden in den Hütten auf Stelzen aufbewahrt und auf einer Feuerstelle im Freien zubereitet.

Zulu-Dorf

Erfindungen & Entdeckungen

New Harmony

1825 gründete der britische Unternehmer Robert Owen (1771 – 1858), Anhänger eines utopischen Sozialismus, in New Harmony im Staat Indiana eine Art sozialistische Genossenschaft. Er strebte an, eine auf der Basis rationalen Denkens und allgemeiner Schulbildung aufgebaute neue Gemeinschaft zu entwickeln. Unterstützt wurde Owen von William Maclure, der Schulen und eine Bibliothek finanzierte. Obwohl sich 1000 Menschen in New Harmony ansiedelten, konnte man keine Einigung über die Verwaltung und die Arbeitsverteilung in der Gemeinschaft erzielen. 1828 ging Owen das Geld aus, er kehrte nach England zurück. New Harmony überließ er seinen drei Söhnen und Maclure. Obwohl seine Vision nicht realisiert wurde, regte sein mutiges Unternehmen viele andere soziale Experimente an und lieferte Argumente für eine kostenlose allgemeine Schulbildung in Amerika und anderen Ländern der westlichen Welt.

Darwin und die Beagle

1832 – 36 fuhr der britische Naturforscher Charles Darwin (1809 – 82) an Bord der *Beagle* um die Welt. Auf den Galapagos-Inseln fiel ihm auf, dass es auf den verschiedenen Inseln Variationen einer Finkenart gab, die sich nur in der Form ihres Schnabels voneinander unterschieden. Er folgerte hieraus, dass die Tiere sich dem jeweiligen Futter angepasst hatten, das auf ihren Inseln zu finden war. Diese Beobachtungen führten Darwin zur seiner Theorie der natürlichen Auslese, die er in *Die Entstehung der Arten durch natürliche Zuchtauswahl* (1859) formulierte.

Darwins Notizbücher von der *Beagle*

Militärische Ausbildung

Das Problem des Truppennachschubs über lange Seewege erschwerte die koloniale Expansion in Asien. Großbritannien und Frankreich begannen deshalb in Indien einheimische *Sepoy*-Regimenter zu rekrutieren. Nachdem diese militärisch ausgebildet waren, erwiesen sie sich als schlagkräftige Kämpfer sowohl gegen indische als auch gegen feindliche europäische Truppen.

Die Bahnstrecke Liverpool – Manchester

Die erste Bahnstrecke für Personenzüge wurde 1830 in England eingeweiht. Sie verband den Hafen von Liverpool mit dem Industriezentrum Manchester. Die von den Ingenieuren George und Robert Stephenson entworfene berühmte Lokomotive *Rocket* (Rakete) erreichte eine Geschwindigkeit von 49 km/h, war also doppelt so schnell wie jedes andere Fahrzeug der damaligen Zeit. Das Zeitalter der Eisenbahn brach an, denn der Zug war ein billigeres, schnelleres und bequemeres Reisemittel als die Pferdekutsche. Im Laufe von 50 Jahren hatte sich das revolutionäre Transportmittel weltweit durchgesetzt.

Die *Rocket* der Stephensons

Die Gründung Liberias

Zwischen 1821 und 1822 errichtete die American Colonization Society eine kleine Siedlung für in den USA freigelassene Sklaven in der Nähe von Kap Mesurado in Westafrika. Dorfoberhaupt war der methodistische Pfarrer Jehudi Ashman, doch die früheren Sklaven beteiligten sich auch selbst aktiv an der Verwaltung der Siedlung. Ab 1824 hieß die Siedlung Liberia, die Hauptstadt, zu Ehren des amerikanischen Präsidenten Monroe, Monrovia. 1847 wurde Liberia die erste von Farbigen regierte afrikanische Republik.

1848–1900

1500

Gleichzeitige Ereignisse

Amerika

Der amerikanische Sezessionskrieg

In den nördlichen Bundesstaaten der USA war die Sklaverei praktisch schon abgeschafft, in den Südstaaten bestand sie aber weiter. Der 1860 zum ersten Mal gewählte Präsident Abraham Lincoln widersetzte sich der Ausweitung der Sklaverei auf die seit kurzem eingegliederten westlichen Staaten. Viele befürchteten sogar, er wolle sie ganz aufheben. 1861 traten sieben Südstaaten aus der Union aus und schlossen sich zu einer Konföderation zusammen. Bei Ausbruch des Krieges schlossen sich weitere vier Staaten den Konföderierten an. Zunächst errangen die Konföderierten mehrere Siege, doch letztendlich unterlagen sie 1865 den Nordstaaten; die Sklaverei wurde abgeschafft.

Mütze eines Nordstaatlers

Die amerikanischen Indianer

Ab Mitte des 19. Jh. errichteten die ersten bewaffneten Siedler, unterstützt von der amerikanischen Armee, ihre Farmen in den Ebenen des mittleren Westens der USA und vertrieben die dort lebenden Menschen, obwohl viele dieser Bevölkerungsgruppen erbitterten Widerstand leisteten. Nach dem Massaker an wehrlosen Sioux am Wounded Knee in South Dakota im Jahre 1890 wurden die Indianer in Reservaten angesiedelt.

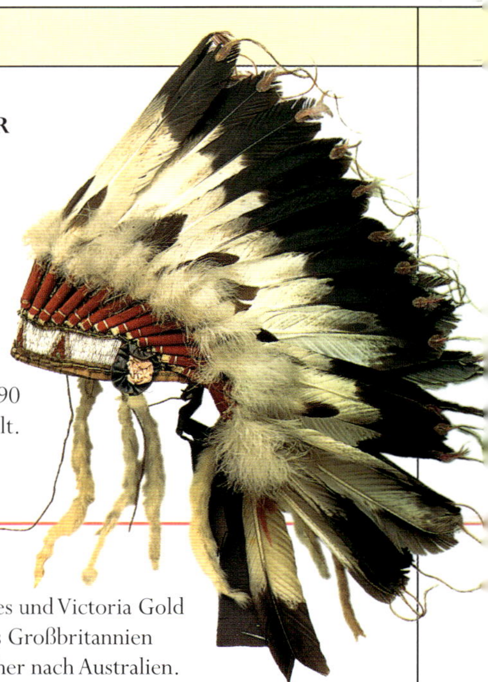

Traditioneller Indianer-Kopfschmuck

Ostasien & Australasien

Die Modernisierung Japans

Nach zwei Jahrhunderten der Isolation schloss Japan 1854 seinen ersten Handelsvertrag mit den USA. Bald folgten weitere Verträge mit europäischen Staaten, darunter England und Russland. Die völlig neue Situation schwächte die Macht der Shogun-Herrscher. 1868 wurde das Shogunat aufgelöst. Der Kaiser erlangte wieder die volle Autorität und startete ein Modernisierungsprogramm, das Japan bis Ende des Jahrhunderts zur wirtschaftlichen Großmacht in Asien aufsteigen ließ.

Goldrausch

1851 wurde in New South Wales und Victoria Gold gefunden. Daraufhin kamen aus Großbritannien und den USA zahllose Goldsucher nach Australien. Die Regierung versuchte die Goldsuche zu kontrollieren, indem sie den Kauf von Prospektoren-Lizenzen vorschrieb, was bei den Goldgräbern auf erbitterten Widerstand stieß. Im November 1854 kam es deswegen zu einem Aufstand in der Eureka-Mine, bei dessen Niederschlagung 30 Goldgräber getötet wurden.

Fahne der Goldgräber von Eureka

Vorderasien & Südasien

Rückzug der Osmanen

In der zweiten Hälfte des 19. Jh. büßte das osmanische Reich einen großen Teil seiner Macht ein. 1876 gingen die Osmanen mit grausamer Härte gegen die Freiheitsbewegung der Bulgaren vor, sodass Russland 1877 Partei für Bulgarien ergriff und den Osmanen den Krieg erklärte. Auf dem Berliner Kongress von 1878 teilten die europäischen Großmächte den europäischen Teil des besiegten osmanischen Reiches unter sich auf. Rumänien, Serbien und Montenegro wurden unabhängige Staaten; Österreich besetzte Bosnien, Großbritannien besetzte Zypern. Trotz einiger Reformen stand das osmanische Reich um 1900 vor dem finanziellen und politischen Zusammenbruch.

Der Indische Nationalkongress

Nach dem indischen Aufstand gegen die Engländer im Jahre 1857 wurde die Ostindische Kompanie durch eine eigenständige Regierung ersetzt. 1876 nahm Königin Victoria den Titel einer Kaiserin von Indien an, die vor Ort von einem Vizekönig vertreten wurde. Inder waren von militärischen Posten ebenso ausgeschlossen wie von Regierungsämtern. 1883 rief ein pensionierter englischer Zivilbeamter in einer Rede vor Absolventen der Universität Kalkutta dazu auf, eine Erneuerung und innere Einigung Indiens zu organisieren. Auf sein Betreiben hin wurde 1885 der Indische Nationalkongress einberufen. Das anfänglich pro-britische Gremium vertrat nach und nach immer radikalere Positionen.

Europa

Das Revolutionsjahr

1848 kam es in ganz Europa zu häufig spontanen Unruhen und Aufständen, die sich zwar unabhängig voneinander ereigneten, letztendlich aber auf ähnliche Ursachen zurückzuführen waren: Unzufriedenheit über schlechte Ernten, Hungersnöte und Arbeitslosigkeit in den Städten, Forderungen nach politischen und sozialen Reformen und Widerstand gegen konservative Regime – all das entlud sich in unzähligen Revolten. Die erste brach im Februar in Frankreich aus: Der König wurde entthront und die Zweite Republik ausgerufen. Die »Märzrevolution« in den deutschen Staaten führte am 18. Mai 1848 zur Bildung einer Nationalversammlung in der Frankfurter Paulskirche.

Kampf gegen Aufständische

Das Deutsche Reich

1834 wurde mit der Gründung des Deutschen Zollvereins unter preußischer Führung eine größere wirtschaftliche Einheit geschaffen. Der aus der Märzrevolution von 1848 hervorgegangenen Frankfurter Nationalversammlung gelang es nicht, auch eine politische Einheit herbeizuführen. Diese wurde jedoch von Otto von Bismarck (1815–98), seit 1862 preußischer Ministerpräsident, vorangetrieben. Nachdem er im »Deutschen Krieg« von 1866 den Einfluss Österreichs ausgeschaltet hatte, forcierte er den engen Zusammenschluss der anderen deutschen Staaten mit Preußen. 1870 erklärten Preußen und seine Verbündeten Frankreich den Krieg. Die siegreichen deutschen Staaten erklärten sich danach zum Deutschen Reich und proklamierten 1871 in Versailles den preußischen König Wilhelm I. zum Deutschen Kaiser.

Afrika

Der Wettlauf um Afrika

Schon seit 400 Jahren waren die Europäer in Afrika, beherrschten aber nur die Küstenregionen (mit Ausnahme von Südafrika). Dies änderte sich nach 1880, als die europäischen Großmächte den Kontinent nach und nach endgültig unter sich aufteilten. In ihrem Bestreben, sich einen Zugang zu den verschiedenen Rohstoffquellen zu verschaffen, nahmen sie keinerlei Rücksicht auf die einheimischen Bevölkerungsgruppen. 1913 waren nur noch Äthiopien und Liberia unabhängige Staaten.

Yoruba-Holzstatuette der Königin Victoria

Die Burenkriege

Im 19. Jh. waren die Beziehungen zwischen Briten und Buren vor allem wegen des Gebrauchs der englischen Sprache, der Territorialpolitik und der Sklaverei belastet. Zweimal eskalierten diese Rivalitäten bis hin zum offenen Krieg – 1867 nach der Entdeckung von Diamanten im Oranje-Freistaat und 1886 nach Goldfunden in Transvaal, als Scharen englischsprachiger Goldgräber in das Gebiet eindrangen. Nach dem ersten Krieg von 1880/81 erkannte Großbritannien die Unabhängigkeit dieser beiden burischen Regionen an. Nachdem die Briten 1895 versucht hatten, die Regierung von Transvaal zu stürzen, kam es 1899 erneut zum Krieg. Nach mehreren Niederlagen gewannen die Briten 1902 die Oberhand und gliederten die beiden Burenstaaten dem Empire ein.

Kunst & Architektur

Die ersten Wolkenkratzer

Gegen Ende des 19. Jh. versetzten vielfältige technologische Fortschritte Ingenieure und Architekten in die Lage, die ersten Wolkenkratzer zu bauen. Die Entwicklung von Stahlträgerkonstruktionen, die Erfindung des Sicherheitsaufzuges 1854 und der Einsatz von Dampfmaschinen ermöglichten die Errichtung solch gewaltiger Metallskelettbauten. Eine ständig wachsende Nachfrage nach Geschäftsräumen in den Großstädten begünstigte den Bau der ersten Wolkenkratzer in den Vereinigten Staaten. Die ersten gab es in Chicago, das nach einem verheerenden Brand im Jahre 1871 wieder aufgebaut wurde. Das zehnstöckige Chicago Home Insurance Building (1883–85) wurde von William Le Baron Jeney (1832–1907) entworfen, der dafür zum ersten Mal ein Metallskelett verwendete. Zahlreiche andere Architekten folgten seinem Beispiel. So entstand ein Stil, der die Silhouette der Metropolen des 20. Jh. bestimmen sollte.

Paul Gauguin und die Südsee

1891 verließ der französische Maler Paul Gauguin (1848–1903) Europa und übersiedelte nach Tahiti. Durch die Darstellung der einheimischen Bevölkerung und ihrer religiösen Mythen erfuhr Gauguins Kunst eine starke Belebung, vor allem was die Farbgebung und die Komposition angeht. Dieser neue Stil trug ihm, wenngleich erst nach seinem Tod, den Ruf eines der bedeutendsten postimpressionistischen Maler ein.

***Kopf einer Tahitianerin*, Skulptur von Gauguin**

Die Raj-Architektur

Die britischen Kolonialherren übertrugen ihren Baustil nach Indien und passten ihn den dortigen Bedingungen an. Sie wohnten dort in einstöckigen Bungalows, umgeben von weiträumigen, Schatten und Kühle spendenden Veranden. In vieler Hinsicht ähnelten diese Häuser den südenglischen Villen, denen die meisten der britischen Kolonialbeamten in Indien entstammten. Unter Ausnutzung der billigen einheimischen Arbeitskraft ließen die Briten auch riesige Sommerrefugien zu Füßen des Himalaja erbauen, die viele Versatzstücke des Renaissancestils aufweisen, etwa Holzpaneele und korinthische Säulen.

***Canal Saint-Martin* von Alfred Sisley**

Der Impressionismus

Um 1860 begannen französische Künstler wie Claude Monet (1840–1926) und Auguste Renoir (1841–1919) im Freien zu malen. Sie versuchten durch feine Farbabstufungen und verwischte Konturen das Licht so einzufangen, wie es ihnen im Augenblick des Malens erschien. Ein Kritiker nannte den neuen Stil verächtlich »Impressionismus« – nach Monets Bild *Impression, soleil levant*. Trotz anfänglicher Ablehnung wurde der Impressionismus alsbald zu einer der bedeutendsten Kunstströmungen.

Der Assuan-Staudamm

Der erste große Nil-Staudamm war eines von vielen Bauprojekten der europäischen Kolonialmächte in Afrika. Der Stausee hinter dem 1899–1902 südlich von Assuan errichteten Staudamm enthält 1 Mrd. t Wasser, die zur Bewässerung der Felder in Dürrezeiten verwendet werden können. Dieses beeindruckende Bauwerk ist 2 km lang und mit 18 Schleusen versehen, die 15 000 t Wasser pro Sekunde (die maximale Wassermenge des Flusses) abgeben können.

Blick auf den Sues-Kanal

Erfindungen & Entdeckungen

Elektrizität im Haus

Zum Ende des 19. Jh. hin veränderte die Elektrizität den Alltag nachhaltig. 1876 erfand der Schotte Alexander Graham Bell (1847–1922) das Telefon, das es ermöglichte, die Schwingungen der menschlichen Stimme in elektrische Energie zu verwandeln und diese durch ein Kabel zu leiten. Die erste Telefongesellschaft wurde 1878 gegründet. Ab 1879 führte der Amerikaner Thomas Alva Edison (1847–1931) die elektrische Glühbirne, bestehend aus einer einzigen Kohlefaden-Spirale in einem Vakuum, zum wirtschaftlichen Erfolg. Als eigentlicher Erfinder der Glühlampe gilt der deutsch-amerikanische Mechaniker H. Goebel (1854). Joseph Swan entwickelte in Großbritannien einen ähnlichen Beleuchtungskörper.

Edisons Glühlampe

Tropenmedizin

Um 1880 entdeckte der Admiral Kanehiro Takaki, der oberste japanische Marinearzt, einen Zusammenhang zwischen der asiatischen Beriberi-Krankheit und der Form der Ernährung. Dies wurde im Jahr 1900 bestätigt, als der auf Java tätige niederländische Arzt Christiaan Eijkmann als Krankheitsursache den weißen Reis ermittelte. In der Folgezeit stellte man fest, dass durch das Schälen von Reis die Menschen der einzigen verfügbaren Quelle des Vitamins Thiamin beraubt wurden, das zur Umwandlung von Kohlehydraten in Energie unerlässlich ist.

Erforschung der Malaria

Das Rätsel der Malaria, einer der schlimmsten tropischen Krankheiten, wurde 1897 in Indien von Ronald Ross (1857–1932) gelöst. Ross ging von der Annahme aus, dass die Malaria durch Mückenstiche übertragen wird. Im Magen der Insekten entdeckte er den Parasiten *Plasmodium* und stellte fest, dass dieser die Krankheit verursacht. Diese Erkenntnis machte es möglich, vorbeugende Maßnahmen gegen Malaria zu entwickeln. Für seine Forschungsarbeiten in Indien erhielt Ronald Ross 1902 den Nobelpreis für Medizin.

Das Bessemer-Verfahren

1855 markiert einen wichtigen Fortschritt in der Stahlproduktion, die bis dahin stark beeinträchtigt war durch die Schwierigkeit, das Erz von Verunreinigungen zu befreien. Der britische Ingenieur Henry Bessemer (1813–98) entwickelte einen Konverter – einen dicken, durch Ziegel umkleideten Behälter, dessen Boden mit Luftöffnungen versehen ist. Das geschmolzene Roheisen wird in den Behälter gegossen und von unten mit Luft durchblasen. So verbrennen die Eisenbegleiter. Durch Zuführung der angemessenen Kohlenstoffmenge wird anschließend der Stahl gewonnen. Dieses Verfahren brachte vielen Industriezweigen enorme Vorteile.

Bessemer-Konverter

Der Sues-Kanal

Der Sues-Kanal, der das Mittelmeer mit dem Roten Meer verbindet, war zur Zeit seiner Entstehung eine technische Meisterleistung. Seine Eröffnung am 17. November 1869 veränderte das Transportwesen, da er die Route von Westeuropa nach Indien um etwa 6000 km verkürzte. Zum Bau des Sues-Kanals mussten 61 Mio. km^3 Erde und Felsen bewegt werden – möglich war dies nur dank der neuesten Technologien der damaligen Zeit.

DIE INDUSTRIELLE REVOLUTION

Um 1760 begann in Großbritannien eine Umwälzung, die im Laufe der Zeit die Herstellung von Gütern und die Organisation von Arbeit in aller Welt von Grund auf verändern sollte. Neue Maschinen und Energiequellen, so der Dampf, ermöglichten den Übergang von Heimarbeit zur Fabrikarbeit. Bald war die Weltwirtschaft eher industriell als landwirtschaftlich geprägt. 1850 war Großbritannien die wichtigste Industrienation; um 1870 hatte die Industrialisierung in Deutschland, Frankreich, Belgien, Japan und den USA Fuß gefasst, um 1900 auch in Russland und Italien.

Eine Industriestadt

NEUE TRANSPORTMITTEL

Die ersten Dampfmotoren tauchten im 18. Jh. auf. Anfang des 19. Jh. hatten englische Ingenieure wie Richard Trevithick und George Stephenson damit begonnen, die Dampfkraft in Lokomotiven einzusetzen. Ab 1825 wurden in Großbritannien die ersten Bahnstrecken gebaut. 1870 verfügte Europa über ein Streckennetz von mehr als 100 000 km, in den USA waren es zur gleichen Zeit ungefähr 90 000 km. Die Eisenbahnen förderten den Handel, die Industrie und die Entwicklung der Städte. Vor allem aber erlaubten sie einen Austausch von Personen, Waren und Ideen, wie er bis dahin nicht vorstellbar gewesen war. In den 70er-Jahren des 19. Jh. lösten Dampfschiffe die Segelschiffe ab, wodurch sich der Transport von Rohstoffen und Fertigprodukten zu Wasser über alle Weltmeere hinweg beschleunigte.

Die Trevithick-Lokomotive (1803)

DAS FABRIKSYSTEM

Die Textilherstellung, vor allem die Baumwollspinnerei, wurde als Erste mechanisiert. Vor der industriellen Revolution gab es nur »Heimarbeit«: Die Familien spannen und webten mit der Hand. Im Laufe des 18. Jh. wurde die Handarbeit durch verschiedene Maschinen ersetzt: so u. a. durch die Baumwollspinnmaschine von Arkwright (*rechts*) und die periodisch arbeitende Spinnmaschine (Mule Jenny) von Crompton. Auf diese Weise wurde die Stoffproduktion enorm gesteigert. Diese neuen Maschinen, anfangs mit Wasser und später mit Dampf betrieben, erhielten ihren Standort in trostlosen Fabriken in neu entstandenen städtischen Industriezentren. So begann das Zeitalter der Massenproduktion.

Baumwollspinnmaschine von Arkwright (1769)

DIE SOZIALEN FOLGEN

Der Wechsel zur Industriegesellschaft brachte soziales Elend in ungeahntem Ausmaß mit sich. Handwerkliche Arbeiten, z. B. am Handwebstuhl, wurden von Maschinen übernommen; verzweifelte Handwerker versuchten die Maschinen zu zerstören, die sie in die Armut stürzten. Die Arbeit in Fabriken und Gießereien war zeitlich nahezu unbegrenzt, miserabel bezahlt und äußerst gefährlich. Frauen und Kinder wurden als billige Arbeitskräfte besonders ausgebeutet. Die neuen Industriestädte waren übervölkert und unhygienisch. Ab Mitte des 19. Jh. begann man mit Hilfe der Gesetzgebung, die soziale Lage und die Arbeitsbedingungen zu reformieren. Auch die Arbeiter organisierten sich, um ihre Lage zu verbessern, und erzielten bis Anfang des 20. Jh. sichtbare Erfolge.

Kinderarbeit im Bergwerk

WICHTIGE EREIGNISSE 1700–1900

Um 1760 Industrielle Revolution setzt in Großbritannien ein.

1771 Richard Arkwright gründet erste Textilfabrik in England.

1779 Samuel Crompton erfindet die Mulemaschine zum gleichzeitigen Spinnen mehrerer Fäden.

1793 Baumwollproduktion in den USA wird mechanisiert.

1803 Erste Dampflokomotive

1843 Erstes Dampfschiff überquert Atlantik.

um 1850 Bildung von Gewerkschaften.

1855 Bessemer-Verfahren für Stahl

1883 Krankenversicherung im Deutschen Reich eingeführt.

1700 1750 1800 1850 1900

KAPITEL 21

DAS 20. JAHRHUNDERT

1900–2000

Zwei Weltkriege verändern die globalen Machtverhältnisse.

Kolonialreiche werden von Bündnissystemen abgelöst.

Die Rivalität der Supermächte prägt die gesamte Weltpolitik.

Ab 1989 bricht der kommunistische Ostblock zusammen.

Umweltprobleme werden zu einer immer größeren Bedrohung.

Beide Weltkriege im 20. Jh. wurden durch Konflikte unter europäischen Staaten ausgelöst, doch wurde die gesamte Welt in die Auseinandersetzungen hineingezogen. Der 1. Weltkrieg brachte eine Schwächung der weltpolitischen Rolle Europas. Am Ende des 2. Weltkriegs bewies der Abwurf der Atombombe auf Hiroshima, dass die Menschheit über Mittel verfügt, sich selbst zu zerstören.

Die Supermächte

Der erste Einsatz von Atomwaffen im Jahre 1945 war der Beginn einer neuen Epoche in den internationalen Beziehungen. Der Kalte Krieg zwischen den USA und der UdSSR wurde in Stellvertreterkriegen in Korea und Vietnam sowie in zahlreichen postkolonialen Konflikten in der ganzen Welt ausgetragen. Mit dem ersten Satellitenstart 1957 wurde auch der Weltraum zum Schauplatz dieser Auseinandersetzung, die schließlich selbst so friedliche Ereignisse wie die Olympischen Spiele beeinflusste.

Entkolonialisierung

Die Kolonialreiche lösten sich spätestens nach dem 2. Weltkrieg auf. In der Zeit des Kalten Krieges versuchten die beiden großen Machtblöcke jedoch, nicht nur politischen und militärischen, sondern auch wirtschaftlichen Einfluss auf möglichst viele Länder der so genannten Dritten Welt zu nehmen. Seit dem Zusammenbruch des Ostblocks haben wirtschaftlich-politische Zusammenschlüsse wie etwa die Europäische Union an Einfluss gewonnen, die Dominanz der Wirtschaft über die Politik tritt klarer hervor.

Eine einzige Welt
Die Menschheit hat zwar die Erde und sogar das Weltall erforscht, aber immer noch nicht in ganzem Ausmaß begriffen, wie sehr sie ihren Planeten gefährdet.

Das neue Jahrtausend

In diesem Zusammenhang hat sich zum Ende des 20. Jh. hin abgezeichnet, dass die zukünftigen Konfliktlinien der Weltpolitik nicht mehr zwischen Ost und West, sondern zwischen Industrienationen und Entwicklungsländern verlaufen. Armut, Seuchen, Überbevölkerung, Umweltverschmutzung, der Treibhauseffekt und der Raubbau an Ressourcen und Überbevölkerung sind weitere Probleme, die uns über das 20. Jh. hinaus auch in Zukunft beschäftigen werden. Die Ereignisse des 11. September 2001 mit den Terroranschlägen in New York und Washington lenkten schlaglichtartig alle Aufmerksamkeit auf neue Formen des nicht-staatlichen Terrorismus und die Probleme, die sich unter dem Stichwort »Globalisierung« zusammenfassen lassen.

1900–1933

1500

Gleichzeitige Ereignisse

Amerika

Serienproduktion
Der amerikanische Automobilhersteller Henry Ford läutete das Zeitalter der Serienproduktion ein, indem er ein wirtschaftlich effizienteres System der Autoproduktion einführte. Dabei verwendete er Fertigteile, die von ungelernten Arbeitskräften zusammengebaut werden konnten. Dieser Arbeitsprozess wurde außerdem entlang eines Montagebands durchgeführt, an dem jeder Arbeiter dieselbe kleine Verrichtung Tag für Tag wiederholte. So verkürzte Ford die Produktionszeiten für ein Auto von mehreren Tagen auf zwölf Stunden oder noch weniger.

Das in Serie gefertigte T-Modell von Ford

Die Grossmacht USA
In den letzten Jahren des 19. Jh. hatten sich die Vereinigten Staaten als imperialistische Großmacht etabliert. Dank ihrer wirtschaftlichen Stärke wurden die USA zur auch ersten Industriemacht der Welt und machten den Engländern die Herrschaft über die Weltmärkte streitig. Anfangs hielten sich die USA von den internationalen Verwicklungen fern. Sie zogen es vor, sich um ihre inneren Angelegenheiten zu kümmern. 1917 jedoch, nachdem deutsche U-Boote amerikanische Schiffe angegriffen hatten, traten die Vereinigten Staaten in den Krieg ein und waren ein Jahr später endgültig eine Weltmacht.

Ostasien & Australasien

Die chinesische Revolution
Zahlreiche Aufstände, eine unfähige Regierung sowie ausländische Einmischungen schwächten das Mandschu-Reich und führten im Oktober 1911 zur Absetzung der Dynastie durch die von Sun Yat-sen gegründete Kuomintang-Partei. Sun Yat-sen wurde zum provisorischen Präsidenten der neuen Republik ausgerufen, doch seine Macht blieb, infolge des Widerstandes zahlreicher Militärgouverneure der Provinzen, auf die Gegend um Kanton beschränkt. Vergebens versuchte Sun Yat-sen China wieder zu vereinigen. Er starb im Jahr 1925.

Japan überfällt die Mandschurei
Nach der Annexion Koreas im Jahre 1910 verstärkte sich der Einfluss Japans in Nordchina immer mehr. Japan investierte enormes Kapital in die industrielle Entwicklung der Mandschurei, einer halbautonomen Provinz, und entsandte sogar Truppen dorthin, um das Eisenbahnnetz und weitere Anlagen zu kontrollieren. 1928 ermordeten einige japanische Offiziere den chinesischen Gouverneur, da sie befürchteten, dieser plane, die Mandschurei mit China zu vereinigen. 1931 besetzten die Japaner die gesamte Provinz. 1932 setzten sie ein Marionettenregime ein und proklamierten die »Republik« Manchukuo.

Vorderasien & Südasien

Die Balfour-Deklaration
Als Reaktion auf den starken Antisemitismus in den letzten Jahrzehnten des 19. Jh. verpflichtete sich der 1897 in Basel zusammengetretene erste Zionistische Kongress, »dem jüdischen Volk ein rechtmäßiges Vaterland in Palästina« zu sichern. Vor allem in Großbritannien waren die Zionisten sehr einflussreich, und so gelang es ihnen 1917, den damaligen britischen Außenminister Arthur Balfour zu einer Erklärung zugunsten der Gründung eines jüdischen Nationalstaates zu bewegen. 1920 erteile der Völkerbund Großbritannien das Palästina-Mandat. Dies war, trotz des Widerstands von arabischer Seite, der Beginn einer Masseneinwanderung der Juden nach Palästina.

Untergang des osmanischen Reichs
1912/13 verlor das osmanische Reich seine europäischen Gebiete an eine Allianz europäischer Staaten. Die Türkei nahm als Verbündeter Deutschlands am 1. Weltkrieg teil und wurde 1918 geschlagen. Durch den Vertrag von Sèvres (1920) verlor sie alle arabischen Gebiete, sodass das Reich entgültig auseinander brach und eine provisorische Regierung unter Kemal Atatürk an die Macht kam. 1922 setzte er das Sultanat ab, 1923 wurde die Republik ausgerufen.

Wladimir Iljitsch Lenin

Europa

Der 1. Weltkrieg
Militärische, wirtschaftliche und koloniale Rivalitäten unter den europäischen Großmächten waren die Ursachen des Krieges, der im August 1914 ausbrach. Da auch die Kolonien in die Kämpfe verwickelt waren, wurde der Krieg tatsächlich im globalen Maßstab ausgetragen. In Europa kostete der Krieg Millionen von Menschen das Leben. Am Ende des Krieges hatte sich die politische Landkarte Europas drastisch geändert: Alte Monarchien waren verschwunden; Frankreich und Großbritannien sehr geschwächt, die USA als neue Großmacht etabliert.

Gasmaske aus dem 1. Weltkrieg

Die Russische Revolution
Nach einem Aufstand im Jahre 1905 führte der russische Zar Nikolaus II. einige demokratische Reformen ein, die später aber widerrufen wurden. Der katastrophale Verlauf des Militäreinsatzes im 1. Weltkrieg, der Russland mehr als 5 Mio. Menschenleben kostete, steigerte den Hass auf die zaristische Regierung. Im Februar 1917 kam es wegen der drastischen Kürzung der Brotrationen zu Unruhen. Der Zar wurde zur Abdankung gezwungen (und einige Zeit später ermordet) und eine provisorische Regierung eingesetzt. Der ständig wachsende Widerstand gegen den Krieg ermöglichte es der Kommunistischen Partei unter der Führung Lenins (1870–1924), im Oktober 1917 die Macht an sich zu reißen.

Afrika

Südafrika
1910 vereinigte die britische Krone die Kapkolonie und Natal mit den ehemaligen Burenstaaten Transvaal und Oranje und gründete die selbstständige Südafrikanische Union. Der neu gegründete Staat gestand seinen farbigen Einwohnern keinerlei Rechte zu: So wurde die schwarze Bevölkerung umgesiedelt und auf 13 % des Gebietes zusammengedrängt, außerdem durften Schwarze nur reisen oder arbeiten, wenn auf ihren Papieren eine entsprechende Erlaubnis vermerkt war. Zur Verteidigung ihrer Rechte gründete eine Gruppe farbiger Afrikaner 1912 den African National Congress.

Äthiopien
Zwischen 1889 und 1913 herrschte Kaiser Menelik über den ostafrikanischen Staat Äthiopien. Obwohl die Europäer den gesamten Kontinent kolonisierten, gelang es ihm, seine Gebiete um das Doppelte zu erweitern und 1896 die Italiener bei Addis Abeba zu besiegen. Nach seinem Tod übernahm ein Verwandter Meneliks, Ras (Prinz) Tafari die Macht. Zuerst vertrat er nur Meneliks Tochter Judith, bestieg aber 1930 selbst unter dem Namen Haile Selassie den Thron. Der neue Kaiser setzte all seine Kraft ein, das Land zu modernisieren (vor allem Armee und Verwaltung), verbesserte das Schulwesen und schaffte die Sklaverei ab. Der neue Monarch wurde zu einer Art Mythos für farbige Einwohner der Karibik, die sich zu seinen Ehren Rastafarians nannten.

2000

1900–1933

Kunst & Architektur

Die moderne Architektur

In den ersten Jahrzehnten des 20. Jh. entwickelten sich in den Vereinigten Staaten viele wichtige architektonische Stilrichtungen. Frank Lloyd Wright (1869–1959) entwarf die berühmten *prairie houses*, gekennzeichnet durch eine starke Betonung der waagerechten Linien, und entwickelte das Konzept einer organischen Architektur. In Chicago und New York entstanden Wolkenkratzer, darunter in New York im Art-Déco-Stil das Chrysler Building (1930) und das schlichtere Empire State Building (1930/31).

Das Chrysler Building

Die australische Literatur

Das Werk *My Brilliant Career* (1901) von Miles Franklin (1879–1954) ist einer der ersten wichtigen australischen Romane. Die Handlung, die autobiografische Züge aufweist, erzählt von einer Frau, die im australischen Busch aufwächst und später als Kindermädchen arbeitet. Die Autorin, eine Feministin, die eigentlich Stella Franklin hieß, bereiste mehrmals Europa und die USA; sie bewies auch in ihren anderen Werken um australische Themen und Schauplätze ihr literarisches Potenzial. So ebnete sie den Weg für Landsleute wie Christina Stead (1902–1983) und Patrick White (1912–90), den Literaturnobelpreisträger von 1973.

Die Errichtung von Neu-Delhi

Als im Jahre 1912 Neu-Delhi anstelle von Kalkutta die Hauptstadt von Indien wurde, beauftragte die Kolonialregierung Sir Edwin Lutyens (1869–1944) mit dem Bau des neuen Regierungskomplexes und der Residenz des Vizekönigs. Lutyens entwarf einen geometrischen Plan, in dem eine große Hauptstraße, gesäumt von Regierungsgebäuden (darunter das Council Chamber, heute Sitz des indischen Parlaments), das Indian Gate mit dem Palast des Gouverneurs verband. Um dieses Herzstück waren die Handels- und Wohngebiete fächerförmig angeordnet. Lutyens' Stil ist eine Mischung aus englischen und fernöstlichen Elementen, in dem sich Details aus der Tudor-Renaissance mit orientalisch anmutenden Elementen abwechseln.

Moderne Kunst

Zu Beginn des 20. Jh. wechselte die europäische Kunst von der gegenständlichen hin zur abstrakten Darstellung. Schon der Kubismus, der in seinen Bildern dreidimensionale geometrische Formen zusammenfügte, war ein Schritt in diese Richtung. Bald malten Maler wie Wassily Kandinsky (1866–1944) und Piet Mondrian (1872–1944) Bilder, die in keinerlei Zusammenhang mehr zu konkreten Gegenständen standen – die reine Abstraktion war erreicht. In Russland gab es zahlreiche abstrakte Künstler: Hervorragende Vertreter dieser Stilrichtung sind El Lissitzky (1890–1941) und Kasimir Malewitsch (1878–1935), ferner die Konstruktivisten, denen wir zahlreiche abstrakte Plastiken verdanken. In West- und Südeuropa versuchten die Maler des Surrealismus, wie Salvador Dalí (1904–89) und René Magritte (1898–1967), die Verschmelzung des Traumhaften mit der Wirklichkeit darzustellen.

Afrikanische Masken

Die Wertschätzung der traditionellen afrikanischen Kunst in Europa begann erst, nachdem Kolonialbeamte und Gouverneure ihre Sammlungen afrikanischer Masken und Gegenstände an Museen oder Kunstgalerien weitergegeben hatten. Der einfache aber ausdrucksvolle Stil dieser Masken und Plastiken hat viele Künstler beeinflusst, so auch Pablo Picasso (1881–1973) und Georges Braque (1882–1963).

Afrikanische Maske

Erfindungen & Entdeckungen

Motorflug

1903 startete das erste Motorflugzeug mit einem Menschen an Bord zu einem kontrollierten Flug. Orville Wright (1871–1948) steuerte den von ihm und seinem Bruder Wilbur (1867–1912) entwickelten und gebauten *Flyer I*. Die beiden Flugpioniere nutzten ihr Geschick und ihr Können als Fahrradhersteller, um eine leichte Konstruktion herzustellen, die sie mit einem Benzinmotor und einem Propeller ausstatteten. In kürzester Zeit fanden sich Nachahmer.

Flugzeug der Brüder Wright

Planet Erde

1929 entdeckte der japanische Geologe Motonori Matuyama (1884–1958), dass von Zeit zu Zeit die Polarität des magnetischen Feldes der Erde ihre Richtung wechselt. Da man wusste, dass bei Entstehung von Felsenmassiven die im Gestein enthaltenen Eisenoxid-Teilchen immer in die gleiche Richtung ausgerichtet sind wie das aktuelle Magnetfeld, konnte man nun beweisen, dass die in unterschiedlichen Epochen entstandenen Felsen sich voneinander abstoßen. So wurde die Theorie der Kontinentaldrift und der Ausdehnung der Meeresböden untermauert.

Weisse Zwerge

Die Astronomen wussten bereits seit einigen Jahren von der Existenz so genannter weißer Zwerge – sterbenden, d. h. nicht mehr leuchtenden Sternen, die nur noch aus einem freien Kern bestehen. Obgleich nicht sehr viel größer als die Erde, haben diese Sterne eher die Masse der Sonne. 1931 errechnete der indische Mathematiker und Astronom Subrahmanyan Chandrasekhar (1910–95) die Masse, unterhalb der ein Stern sich in einen weißen Zwerg verwandeln kann. Sterne, deren Masse den Grenzwert (ca. 1,44 mal die Masse der Sonne) überschreitet, explodieren als Supernova. 1983 erhielt der indische Wissenschaftler den Nobelpreis für Physik.

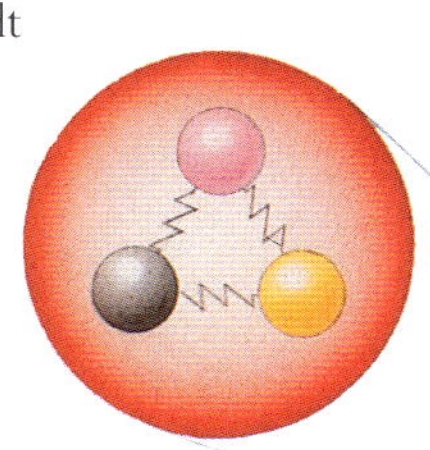

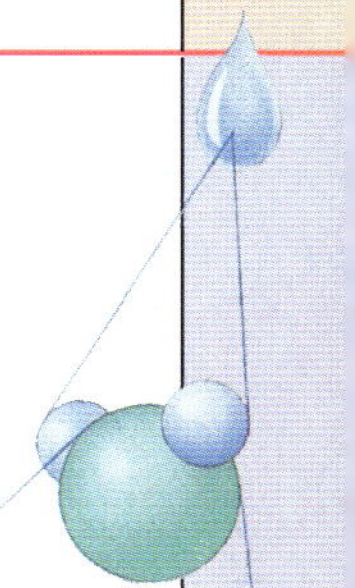

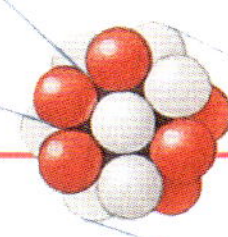

Das Atom

Der Physiker Albert Einstein (1879–1955) entwickelte 1905 die spezielle Relativitätstheorie und 1916 die allgemeine Relativitätstheorie, die einen entscheidenden Beitrag zur Erklärung der Schwerkraft und des Raumes leisteten. Zur gleichen Zeit versuchte der englische Physiker Ernest Rutherford (1871–1937) die Struktur des Atoms zu ergründen. Er zeigte, dass sich die Masse des Atoms in dessen Kern konzentriert, der seinerseits von Teilchen umgeben ist, den Elektronen. Diese Forschungen haben unsere Kenntnis des Universums enorm vertieft, aber auch die Atombombe ermöglicht.

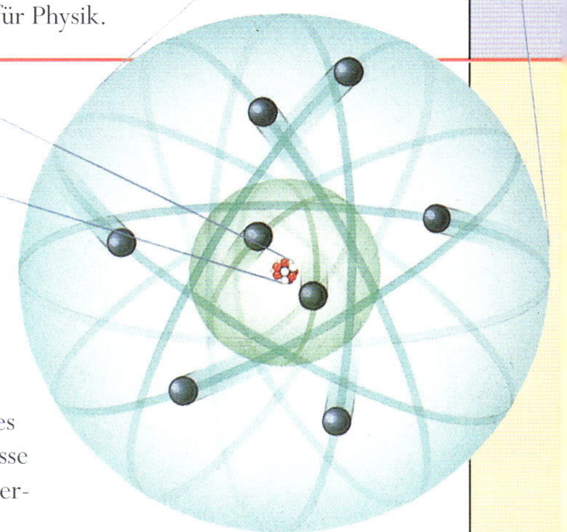

Struktur des Atoms

Das Grab des Tutanchamun

1922 entdeckte der britische Ägyptologe Howard Carter (1873–1939) im Tal der Könige oberhalb von Luxor das Grab des früh verstorbenen Pharaos Tutanchamun aus der 18. Dynastie. Im Unterschied zu anderen, früher entdeckten pharaonischen Grabmälern war dieses Grab fast unversehrt. Außer der Mumie des Herrschers in einem reich geschmückten Sarkophag fand man reiche Grabbeigaben wie Möbel, Gerätschaften, Speisen usw. Carters Entdeckung vertiefte das Wissen über viele Aspekte der altägyptischen Zivilisation: Kunst, Handwerk, Begräbnisbräuche, aber auch Verwendung von Samen und essbaren Pflanzen. Außerdem wurde das Interesse für die Ägyptologie und die Archäologie im Allgemeinen angeregt, was die Finanzierung weiterer Ausgrabungen erleichterte.

1933 – 1957

1500

Gleichzeitige Ereignisse

Amerika

Der »New Deal«

Der Zusammenbruch der New Yorker Börse im Jahre 1929 löste eine weltweite Wirtschaftskrise aus, die auch politische Folgen in aller Welt nach sich zog. Das amerikanische Volk reagierte darauf mit der Wahl Franklin Delano Roosevelts zum Präsidenten im Jahr 1932. Roosevelt versprach einen »New Deal« und betrieb eine staatsinterventionistische Politik: Unter Beibehaltung des bestehenden Wirtschaftssystems sollte durch eine Reihe von Finanzreformen das Vertrauen in die Wirtschaft wiederhergestellt sowie der Landwirtschaft, den Armen und den Arbeitslosen staatliche Unterstützung gewährt werden. Durch große öffentliche Bauprojekte wie den Hoover-Staudamm wurden Tausende Arbeitsplätze geschaffen.

Hoover-Staudamm am Colorado

Die USA als Supermacht

Die Wiederbelebung der amerikanischen Wirtschaft während des 2. Weltkriegs und der militärische Sieg 1945 ließen die Vereinigten Staaten zur Weltmacht aufsteigen. Ihr einziger Rivale war die Sowjetunion. Anfangs verfügten nur die USA über Atomwaffen. Die Rivalität mit der UdSSR führte ab den 1950er-Jahren zu einem Wettrüsten, das zu einem wichtigen Aspekt des »Kalten Krieges« zwischen den beiden Supermächten wurde. Trotz der hohen Verteidigungsausgaben boomte die Wirtschaft in den USA in den 1950er-Jahren und sicherte der gesamten Bevölkerung Arbeit und einen bis dahin ungeahnten Wohlstand.

Ostasien & Australasien

Der lange Marsch

In der Zeit des Bürgerkriegs mussten die gegen die Nationalisten kämpfenden Kommunisten ihr Hauptquartier im Süden des Landes aufgeben. Daraufhin brachen sie nach Nordwesten auf. Nach einem mühseligen einjährigen Marsch, in dem sie über 12000 km zurücklegten, erreichten im Oktober 1935 fast 100000 Menschen das Ziel.

Der lange Marsch

Japan erobert den Pazifik

Nach der Besetzung der Mandschurei im Jahre 1931 baute Japan seine Macht in China aus, indem es 1937 den Rest des Landes überfiel und besetzte. Im Dezember 1941 griffen die Japaner die amerikanische Flotte in Pearl Harbour auf Hawaii an und übernahmen die militärische Kontrolle über den ostasiatischen und pazifischen Raum zu Wasser und in der Luft. Die japanische Offensive erreichte die indische Grenze und die Nordküste Australiens, bevor die amerikanische Marine sie stoppen konnte. Im August 1945 beendeten die beiden amerikanischen Atombomben auf Hiroshima und Nagasaki Japans Expansionsbestrebungen.

Vorderasien & Südasien

Die Teilung Indiens

Um blutige Unruhen zu verhindern, entließ die britische Regierung 1947 Indien im Eilverfahren in die Unabhängigkeit: Im Juni verabschiedete das britische Parlament das entsprechende Gesetz, und am 15. August wurden Indien, mit vorwiegend hinduistischer Bevölkerung, und Pakistan, mit vorwiegend moslemischer Bevölkerung, unabhängig. Die verschiedenen Fürstentümer wurden angewiesen, sich einem dieser neuen Staaten anzuschließen. Es kam zu einer Massenflucht in beide Richtungen, die zahllose Menschen das Leben kostete. Birma und Ceylon (das heutige Sri Lanka) erhielten ein Jahr später die Unabhängigkeit.

Der Staat Israel

Nach dem Erlöschen des britischen Palästina-Mandats empfahlen die neu geschaffenen Vereinten Nationen (UNO) in einer Resolution die Teilung Palästinas in einen jüdischen und einen arabischen Teil. Am 14. Mai 1948 wurde der Staat Israel ausgerufen, der allerdings sogleich von seinen arabischen Nachbarn angegriffen wurde. Der neu geschaffenen israelischen Armee gelang es, die Angreifer zurückzudrängen und das israelische Gebiet um ein Viertel zu vergrößern, bevor es dann im folgenden Jahr zu einem Waffenstillstand kam.
Dank großzügiger Unterstützung durch die USA konnte Israel wirtschaftlich wie politisch wachsen und in Kriegen gegen die arabischen Staaten 1956, 1967 und 1973 seine Position stärken.

Europa

Hitlers Machterübernahme

Politische und wirtschaftliche Krisen brachten Adolf Hitler (1889 – 1945) und seine faschistische NSDAP 1933 in Deutschland an die Macht.
Die massive Aufrüstung unter dem NS-Regime ging einher mit einer völligen Gleichschaltung des politischen Lebens, der Verfolgung politisch Andersdenkender und dem beispiellosen Massenmord an der jüdischen Bevölkerung, an Sinti und Roma, an missgebildeten Kindern und erwachsenen Geisteskranken und an anderen Gruppen. 1938 besetzte Deutschland Österreich und die Tschechoslowakei. 1939 folgte der Angriff auf Polen und damit der Beginn des 2. Weltkriegs.

Adolf Hitler

Der 2. Weltkrieg

Der deutsche Einmarsch in Polen im Jahr 1939 führte zur Kriegserklärung Großbritanniens und Frankreichs gegen Deutschland. Im Jahr 1941 weitete sich der Konflikt infolge des deutschen Angriffs auf Russland und des japanischen Angriffs auf Pearl Harbour auf die ganze Welt aus – rund 20 Jahre nach dem Ende des 1. Weltkriegs. Ein weiteres Mal starben Millionen von Menschen, unter ihnen zahllose zivile Opfer der Bombenangriffe und der Kriegswirren. Etwa sechs Millionen Juden und viele andere Menschen wurden in den Konzentrationslagern umgebracht. Südostasien litt unter der brutalen Okkupation der Japaner. Der Konflikt wurde in Europa durch den Sieg der Alliierten, in Asien erst durch den Einsatz zweier Atombomben beendet.

Der Davidstern, den Juden in Nazi-Deutschland tragen mussten

Afrika

Die Apartheid

Die rassistische Politik der südafrikanischen Regierung gegenüber der farbigen Bevölkerung, die gleich nach der Unabhängigkeit des Landes von Großbritannien 1910 ihren Anfang genommen hatte, verschärfte sich 1936, als die wenigen noch wahlberechtigten Afrikaner aus den Wählerverzeichnissen gestrichen wurden. Als 1948 die National Party an die Macht kam, führte sie das Apartheid-System ein, das eine strikte Trennung zwischen Schwarzen, Weißen und anderen Bevölkerungsgruppen einführte und so die Vorherrschaft der Weißen sichern sollte. Das Land, die Schulen und die öffentlichen Gebäude wurden regelrecht aufgeteilt, Mischehen verboten. Die Apartheid führte international zu einer weitgehenden Isolation Südafrikas.

Die Sues-Krise

1956 zogen Großbritannien und die USA ihre finanzielle Unterstützung für den Bau des Assuan-Hochdamms ab. Darauf verstaatlichte der ägyptische Präsident Nasser den Sues-Kanal. Die Krise eskalierte, als Israel die Halbinsel Sinai angriff und Frankreich sowie England Truppen entsandten, um den Kanal zu besetzen. Auf internationalen Druck hin mussten die Truppen wieder abgezogen werden.

Der ägyptische Präsident Nasser

2000

1933–1957

Kunst & Architektur

Der Jazz

In den ersten Jahrzehnten des 20. Jh. entwickelte sich in den USA aus Blues, Spirituals, Ragtime und Work Songs eine neue Art von populärer Musik, die als Jazz bekannt wurde. Ein charakteristisches Merkmal des Jazz ist die zentrale Rolle der Improvisation eines Solisten – einer der großen Stars war etwa der Trompeter Louis Armstrong (1900–71) – über eine bestimmte Harmonie oder Melodie. In den 1940er-Jahren nahm der Jazz mit den komplexen Formen des Bebop eine revolutionäre Wende. Wohl der berühmteste Vertreter dieser Stilrichtung ist der Saxophonvirtuose Charlie Parker (1920–55).

Das Saxophon: ein wichtiges Jazzinstrument

Sozialistischer Realismus in China

Nach der Übernahme der Macht durch die Kommunistische Partei in China im Jahre 1949 wirkten die Politiker darauf hin, dass die Kunst sich den Geboten des sozialistischen Realismus anpasse. Künstlerische und literarische Werke sollten die breiten Massen im Einklang mit dem sozialistischen Gedankengut zu einer sozialistischen Lebensweise erziehen und daher eine »positive« Botschaft vermitteln. Arbeiter, vor allem Landarbeiter, sollten verherrlicht und die Ideale der sozialistischen Revolution propagiert werden.

Ravi Shankar

Dem Musiker Ravi Shankar (geb. 1920) gelang es in den 1950er-Jahren, die klassische indische Musik wieder zu beleben und ihr weltweite Anerkennung zu verschaffen. 1938 hatte er seine Ausbildung bei dem berühmten Instrumentalisten Ustad Allaudin Khan begonnen. Er spezialisierte sich auf gleich mehrere Instrumente, darunter die Sitar, eine Art Laute. Shankar lebte lange in Paris und trat in Europa und den USA auf. Der Kontakt zur westlichen Musik half ihm, die indische Klangwelt zu verändern, unter anderem als Direktor des »All India Radio« (1949–56). In den 1950er-Jahren stand Shankar in engem Kontakt mit dem Geiger Yehudi Menuhin. Ein internationaler Star wurde er aber erst dank seiner Zusammenarbeit mit den Beatles in den 1960er-Jahren.

Der »New Look«

Als sich nach dem Ende des 2. Weltkriegs das Leben allmählich wieder normalisierte, suchten die Frauen nach Alternativen zu den einfachen Kleidern mit eckigen Schultern und kurzen Röcken, die sie in den Kriegsjahren getragen hatten. 1947 gründete der Franzose Christian Dior (1905–57) sein Modehaus und entwarf als Antwort auf die aktuellen Bedürfnisse den »New Look«. Diors neue Linie zeichnete sich durch schmale Schultern, die Betonung von Taille und Büste sowie lange, schwingende Röcke aus und unterschied sich damit radikal von der schlauchförmigen Vorkriegsmode. Jahrelang galt Diors New Look als richtungsweisend für die Mode.

Diors »New Look«

Nagib Mahfus

1956 veröffentlichte der ägyptische Schriftsteller Nagib Mahfus (geb. 1911) den Roman *Zwischen den Palästen*, den ersten Teil seiner *Kairoer Trilogie*, in der er die Geschichte einer moslemischen Familie der ägyptischen Mittelschicht von 1917 bis 1952 erzählt. Die Trilogie ist geprägt von der realistischen Schilderung des sozialen und politischen Lebens in Ägypten mit einer besonderen Hervorhebung der Probleme, die mit der Situation der Frauen und der Gefangenen zusammenhängen. Mahfus erhielt 1988 den Nobelpreis für Literatur.

Erfindungen & Entdeckungen

Die Farbfotografie

Anfang der 30er-Jahre des 20. Jh. brachte die Gesellschaft Technicolor ihre Dreifarben-Kamera auf den Markt und ermöglichte damit zum ersten Mal die Produktion von Farbfilmen. Die schwere Filmkamera benötigte drei Filmrollen, eine für jede Farbe. Wegen der aufwändigen Technik konnte man diese Filme nur im Studio drehen, was die Produktion gegenüber der Schwarz-Weiß-Technik sehr verteuerte. Aus diesem Grund entwickelte sich der Farbfilm in nennenswertem Umfang erst nach Ende des 2. Weltkriegs. In den 1950er-Jahren wurden jedoch bereits viele Filme in Farbe gedreht.

Technicolor-Filmkamera

Die Atomwaffen

Die im Zuge des so genannten Manhattan-Projekts von der US-Armee entwickelte erste Atombombe wurde am 6. August 1945 auf die japanische Stadt Hiroshima abgeworfen. Drei Tage später zerstörte eine zweite Bombe Nagasaki. Diese drastischen Militärschläge beschleunigten das Ende des Konflikts im Pazifik, schufen aber eine ganz neue Bedrohung.

Nach einem Atomangriff

Gipfelstürmer

Am 29. Mai 1953 bestiegen der Neuseeländer Sir Edmund Hillary (geb. 1919) und der Nepalese Tenzing Norgay (1914–1986) als Erste den Gipfel des Mount Everest, des höchsten Berges der Erde. Ihr Erfolg spornte viele andere mutige Bergsteiger an, und im Laufe von zehn Jahren wurden die 14 schwierigsten Gipfel der Erde bezwungen, die alle zur Himalaja-Kette gehören. Die Erfolge dieser Pioniere machten aus dem Bergsteigen mehr als einen Sport: Umweltforscher und Geologen untersuchten die Bergwelt und waren bald in der Lage, Informationen zu sammeln und Schlussfolgerungen hieraus ziehen, z. B. über die katastrophalen Folgen des Abholzens für den Boden, oder sie schlossen auf die Entwicklung der Kontinentalmasse der Erde durch die Untersuchung von Felsspalten.

Der Düsenmotor

Der britische Ingenieur Frank Whittle (1907–96) ließ im ersten Düsenmotor im Jahre 1930 patentieren. Sieben Jahre später hatte er ein laborgetestetes Düsentriebwerk fertig gestellt. Auch nach dem Ausbruch des 2. Weltkriegs arbeitete Whittle weiter an der Entwicklung seines Triebwerks. Zur gleichen Zeit betrieb auch eine deutsche Forschungsgruppe unter der Leitung von Hans von Ohain (1911–98) die Entwicklung des gleichen Motortyps. Das erste deutsche Düsenflugzeug, die *Heinkel He 178*, startete 1939. 1941 stellte die Firma Gloster in England mit Whittles Triebwerk eine Düsenmaschine fertig. Die Weiterentwicklung dauerte auf beiden Seiten jedoch zu lang, um den Luftkrieg noch entscheidend zu beeinflussen, doch nach dem Krieg erlebte der Düsenmotor einen riesigen Erfolg. Mit ihm begann das Zeitalter der interkontinentalen Flüge und, auf militärischem Gebiet, der immer leistungsstärkeren Jagdflugzeuge.

Der Assuan-Hochdamm

Der Assuan-Hochdamm, südlich des schon vorhandenen Staudamms gelegen, war eines der kühnsten Bauvorhaben des 20. Jh. Der neue Staudamm sollte 360 000 ha Wüste bewässern sowie durch Wasserkraft 25 % des gesamten ägyptischen Strombedarfs decken. Der zu Beginn der 1950er-Jahre geplante, aber erst 1970 fertig gestellte Staudamm erfüllte die Erwartungen nicht. Zwar wurden die Ziele hinsichtlich der Stromproduktion und der Bewässerung erreicht, doch verhinderte der Staudamm die alljährliche Überschwemmung des Niltals, die den als Dünger für die neue Saat wirkenden Schlick mit sich gebracht hatte. Darum musste man nunmehr kostspielige Düngemittel einsetzen, die den Fluss verseuchten und die verarmten Bauern mit zusätzlichen Ausgaben belasteten.

1957–2000

1500

Gleichzeitige Ereignisse

Amerika

Die Kuba-Krise

1959 gelang es einer von Fidel Castro (geb. 1927) und Ernesto Che Guevara (1928–67) geführten Guerilla-Armee, die verhasste Militärdiktatur Batistas auf Kuba zu stürzen. Zunächst akzeptierten die USA die neue Regierung, doch kam es schon bald zu Spannungen, weil die Sowjetunion und China Kuba unterstützten. Der amerikanische Versuch, Castro zu entmachten, schlug 1961 mit der Landung in der Schweinebucht fehl. Am 16. Oktober 1962 entdeckte der amerikanische Geheimdienst, dass sowjetische Atomraketen auf Kuba stationiert wurden. Die US-Marine verhängte eine Seeblockade gegen Kuba, und einen Monat lang bangte die ganze Welt, bis die Sowjets einwilligten, ihre Atomsprengköpfe abzuziehen. Die Kuba-Krise brachte die Welt an den Rand eines Atomkriegs.

Nordvietnamesischer Soldat

Die Bürgerrechtsbewegung

In den 1950er-Jahren bildete sich in der farbigen US-Bevölkerung eine Bewegung zur Durchsetzung ihrer Bürgerrechte. 1955/56 kam es zum Boykott der nach Hautfarben getrennten Autobusse in Montgomery, Alabama, und 1957 musste die Regierung Truppen nach Little Rock, Arkansas, entsenden, um gemischte Schulen durchzusetzen. Einige Zeit später kam es zu Kampagnen, die farbige Bürger aufforderten, an Wahlen teilzunehmen. Führer der Bürgerrechtsbewegung war Dr. Martin Luther King (1929–68). Mit seiner Strategie des friedlichen Protests trug der charismatische Redner King zur Verabschiedung des Civil Rights Act 1964 und des Voting Rights Act 1965 bei. Diese beiden Gesetze verboten die Diskriminierung in Sachen Arbeit, Schulbildung, sozialer Wohnungsbau und Wahlrecht. Trotz dieser Erfolge hat die schwarze Bevölkerung in den USA weiterhin mit mangelnder Chancengleichheit zu kämpfen.

Ostasien & Australasien

Der Vietnam-Krieg

Um die Ausbreitung des Kommunismus in Südostasien zu stoppen, entsandten die USA 1961 Truppen nach Südvietnam. Ende 1966 kämpften mehr als 400 000 amerikanische Soldaten in Vietnam. Trotz ihrer Überzahl gelang es den Amerikanern nicht, die kommunistische nordvietnamesische Vietcong-Guerilla zu besiegen, und so zogen sie sich allmählich zurück. Nach dem Waffenstillstand 1973 wurde Vietnam unter kommunistischer Führung 1975 vereinigt.

Die asiatischen »Tigerstaaten«

Nach der Niederlage von 1945 baute Japan seine Wirtschaft wieder auf, mit den besonderen Schwerpunkten Schwerindustrie und Hightech. In den 1950er-Jahren lag das jährliche Wirtschaftswachstum bei 9,5 %, in den 1960er-Jahren sogar bei 10,5 %. Der japanische Erfolg kam dem gesamten pazifischen Raum zugute, so auch Südkorea, Taiwan, Hongkong und Singapur sowie in neuerer Zeit Thailand, Malaysia und den Philippinen, deren wirtschaftliches Wachstum u. a. durch niedrige Kosten und Steuern enorm war. Allerdings traf diese Tigerstaaten Ende der 1990er-Jahre eine tiefe Wirtschaftskrise.

Vorderasien & Südasien

Der islamische Fundamentalismus

Im Januar 1979 wurde der persische Schah durch eine Serie von Demonstrationen zu Gunsten des im Exil lebenden Geistlichen Ayatollah Khomeini gezwungen, ins Ausland zu flüchten. Nach seiner Rückkehr aus Paris errichtete Khomeini die fundamentalistische islamische Republik Iran. Eine extreme Auslegung islamischer Sittengebote drängte unter anderem die Frauen aus dem öffentlichen Leben zurück und zwang sie zum Tragen des Schleiers. Dieser Fundamentalismus fand auch in anderen arabischen Ländern Anhänger und ist nach wie vor ein Faktor, der die Politik dieser Region mit bestimmt. Nach den Terroranschlägen vom 11. September 2001 und durch den Kampf einer weltweiten Staatenkoalition gegen den Terror rückte vor allem Afghanistan in den Mittelpunkt.

Die Golfkriege

Seit 1980 war der Persische Golf Schauplatz zweier Kriege. Der erste Krieg zwischen dem Iran und dem Irak brach 1980 aus, als der Iran versuchte, sich der Schifffahrtsstraße des Schatt el-Arab zu bemächtigen. Nach achtjährigen Kampf schließlich konnte Frieden geschlossen werden. 1990 überfiel der Irak Kuwait, um sich der zahlreichen Erdölquellen zu bemächtigen. Ein Jahr später, nach dem Einsatz internationaler Streitkräfte, war der Konflikt beendet.

US-Soldat mit Gasmaske

Europa

Die Römischen Verträge

Frankreich und Deutschland begannen 1950, über die Vereinigung ihrer Schwerindustrie zu verhandeln, und gingen so daran, ihre Jahrhunderte alte Rivalität zu überwinden. Italien und die Benelux-Staaten schlossen sich den Verhandlungen an, was 1951 zur Bildung der Europäischen Gemeinschaft für Kohle und Stahl (Montanunion) führte. Die Unterzeichnung der Römischen Verträge von 1957 markiert die Geburtsstunde der Europäischen Wirtschaftsgemeinschaft (EWG), mit der Frankreich, Deutschland, Italien, die Niederlande, Luxemburg und Belgien einen gemeinsamen Markt innerhalb ihrer Grenzen errichteten. Mittlerweile ist aus der EWG die EU (Europäische Union) geworden. Ein großen Schritt in der Entwicklung der EU war die Einführung der gemeinsamen Währung, des Euro, im Jahr 1999.

Zusammenbruch des Kommunismus

Als 1985 Michail Gorbatschow an die Spitze der Kommunistischen Partei der Sowjetunion gewählt wurde, begann ein Entwicklungsprozess, der 1990 nach Massenprotesten gegen die realsozialistischen Regime in Europa zu deren Zusammenbruch führte, weil sie sich der Forderung nach sozialen und wirtschaftlichen Reformen nicht mehr widersetzen konnten. Im Zuge dieser Entwicklung kam es, nach dem Fall der Berliner Mauer 1989, im Jahre 1990 zur Wiedervereinigung der beiden deutschen Staaten. Ab 1991 wurde die UdSSR in 15 Staaten aufgeteilt, von denen die Russische Föderation der größte ist.

Der Fall der Berliner Mauer

Afrika

Die Entkolonisierung

Nach Ende des 2. Weltkriegs begannen die europäischen Mächte, ihre afrikanischen Kolonien in die Unabhängigkeit zu entlassen – ein Prozess, dem häufig blutige Kämpfe vorangingen. 1951 erlangte die ehemalige italienische Kolonie Libyen die Souveränität, 1956 gefolgt vom Sudan sowie von Tunesien und Marokko. Das vormals britische Ghana war 1957 der erste schwarzafrikanische Staat, der unabhängig wurde. Im folgenden Jahrzehnt wurden andere Kolonien unabhängig, was durch eine Anzahl von Bürgerkriegen wie in Algerien und im belgischen Kongo erschwert wurde. Portugal versuchte seine Kolonien zu halten, bis 1974 eine Revolution das koloniale Engagement Portugals in Afrika beendete. Zuletzt haben auch Simbabwe (früher Rhodesien) im Jahr 1980 und Namibia im Jahr 1990 ihre Unabhängigkeit erlangt.

Das schwarze Südafrika

Internationaler Druck zwang die südafrikanische Regierung 1990, den Vorsitzenden des African National Congress (ANC), Nelson Mandela, aus der Haft zu entlassen und den ANC sowie andere Parteien zu legalisieren. Die Apartheid-Gesetze wurden nach und nach außer Kraft gesetzt. 1993 kam es zur Verabschiedung der ersten Verfassung, die die Gleichberechtigung der Rassen garantiert. 1994 gewannen Nelson Mandela und der ANC die ersten gleichberechtigten Wahlen in der Geschichte des Landes. Eine »Wahrheitskommission« begann mit der Aufarbeitung der Verbrechen des Apartheid-Regimes.

Nelson Mandela

2000

1957–2000

Kunst & Architektur

Die Rockmusik

Sänger wie Chuck Berry und Elvis Presley waren es, die unter Rückgriff auf vorhandene Stilrichtungen wie Rhythm'n'Blues und Country Pionierarbeit leisteten, indem sie den Rock'n'Roll prägten. Die immense Wirkung dieser Musik besteht aber nicht nur in der Schaffung einer neuen Musikform; sie brachte auch neue Formen der Jugend- und Populärkultur hervor, deren kommerzielle Verwertung nicht zuletzt zu einem bedeutenden Wirtschaftsfaktor wurde. Trotz der weltweiten Verbreitung der Rockmusik hatten amerikanische Musiker stets großen Einfluss auf deren Entwicklung. Künstler wie Bob Dylan, der die Brücke vom Folksong zum Rock schlug, stehen auch für die immer wieder diskutierten Zusammenhänge zwischen Rockmusik und politischem Protest.

Die Oper von Sydney

1956 gewann der dänische Architekt Jörn Utzon (geb. 1918) den Wettbewerb für die neue Oper in Sydney. Nach Überwindung einer Reihe baulicher Schwierigkeiten konnte das Gebäude 1973 fertig gestellt werden. Dank ihrer herrlichen Lage am Hafen und ihres charakteristischen segelförmigen Daches ist die Oper eines der berühmtesten Bauwerke der Welt.

Opernhaus von Sydney

Bollywood

Da sich viele Familien in Indien den Luxus eines Fernsehgeräts nicht leisten können, ist das Kino eines der Hauptfreizeitvergnügen. Filme wurden in Indien schon zu Beginn des 20. Jh. gedreht. Seither wurden mehrere 10 000 produziert, die meisten davon in Bombay (»Bollywood«). Viele Filme werden in Hindi, der offiziellen Sprache Indiens gedreht, doch in einigen sprechen die Schauspieler lokalen Dialekt und werden später synchronisiert. Mit Rücksicht auf den Geschmack des indischen Publikums werden meistens Familiengeschichten oder dramatische Liebesgeschichten gezeigt, doch in letzter Zeit verlangt die junge Generation immer mehr auch nach Actionfilmen. Filmschauspieler genießen in Indien eine riesige Popularität, ebenso die Sänger der Filmmusik, die wie internationale Rockstars vergöttert werden.

Das Centre Pompidou

In den 70er und 80er-Jahren des 20. Jh. haben sich die europäischen Architekten vom Stil der vorausgegangenen Jahrzehnte distanziert und sich für völlig neue Richtungen entschieden. Bei den postmodernen Bauwerken, wie dem von Renzo Piano und Richard Rogers entworfenen Centre Pompidou (1971–77) in Paris oder dem ebenfalls von Rogers entworfenen Lloyd's Building in London werden funktionelle Elemente außen angeordnet.

Das Centre Pompidou, Paris

Afrikanische Musik

In den letzten Jahren hat die afrikanische Musik ihren Siegeszug durch die Welt angetreten. Die vitale Musik aus den südafrikanischen Townships hat in den 1960er-Jahren den europäischen und amerikanischen Jazz beeinflusst. In Nigeria kreierte Fela Kuti (1938–97) den Afro-Beat, indem er in teilweise improvisierten Liedern den afrikanischen Sound mit Jazz verband. Gleichzeitig brachte der Senegalese Youssou N'Dour (geb. 1959) die afrikanische Vokalmusik auf die internationalen Bühnen.

Traditionelle Trommel aus Afrika

Erfindungen & Entdeckungen

Die Mikrochips

Ende der 50er-Jahre des 20. Jh. begann die US-Firma Texas Instruments mit der Entwicklung einer integrierten Schaltung, die die Größe und den Energieverbrauch von Computern dramatisch reduzierte. Ende der 1960er-Jahre waren die Wissenschaftler in der Lage, Mikroprozessoren herzustellen: einzelne Chips, die alle für das Funktionieren eines elektronischen Rechners erforderlichen Schaltungen enthalten. Das Ergebnis dieser Entwicklung war nicht nur der Personal Computer, sondern auch zahllose elektronisch gesteuerte Haushalts- und andere Maschinen.

Integrierte Schaltung

Die Mikroelektronik

Ab 1970 dominierte Japan 20 Jahre lang den Elektronikmarkt, indem es Fernseher und Stereoanlagen in großem Maße herstellte, um die ständig wachsende internationale Nachfrage zu befriedigen. Firmen wie Sony haben die Mikrotechnologie vervollkommnet, indem sie winzige tragbare Geräte wie Recorder und Radios mit Kopfhörern auf den Markt brachten.

Sony-Walkman

Die grüne Revolution

Die herkömmliche Landwirtschaft im Nachkriegsindien war außer Stande, die ständig wachsende Bevölkerung zu ernähren. Hunger und Elend waren die Folge. Anfang der 1950er-Jahre produzierte Indien 50 Mio. t Getreide jährlich, bis eine ökologische Revolution (die »grüne Revolution«) die Lage gründlich änderte. Ende 1987 war die landwirtschaftliche Produktion auf 167 Mio. t Getreide jährlich angestiegen. Dies verdankte man vor allem der Aussaat überaus ertragreicher Sorten, die teilweise so schnell heranreiften, dass mehr als eine Ernte pro Jahr möglich war. Diese fast einmalige landwirtschaftliche Ertragssteigerung war aber mit der systematischen Anwendung von chemischen Düngemitteln und Pestiziden erreicht worden, die schwer wiegende Folgen für die Ökologie hatten.

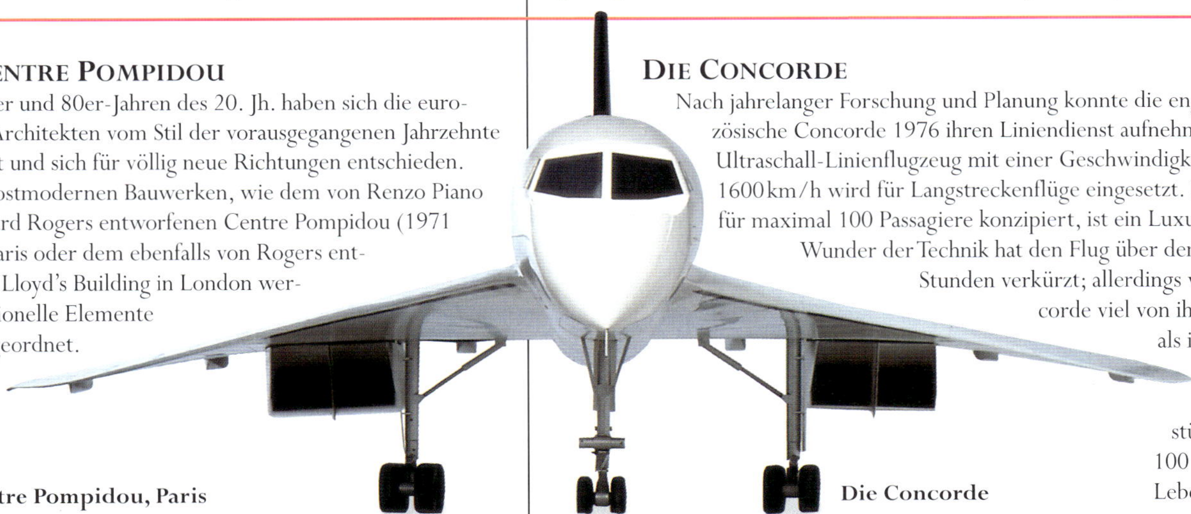

Die Concorde

Nach jahrelanger Forschung und Planung konnte die englisch-französische Concorde 1976 ihren Liniendienst aufnehmen. Das erste Ultraschall-Linienflugzeug mit einer Geschwindigkeit von über 1600 km/h wird für Langstreckenflüge eingesetzt. Die Concorde, für maximal 100 Passagiere konzipiert, ist ein Luxusflugzeug. Dieses Wunder der Technik hat den Flug über den Atlantik um drei Stunden verkürzt; allerdings verlor die Concorde viel von ihrem Mythos, als im Jahr 2000 eine der Maschinen nahe Paris abstürzte, was über 100 Menschen das Leben kostete.

Die Concorde

Ausrottung der Pocken

Als die Weltgesundheitsorganisation WHO 1967 ihre Kampagne gegen die Pocken startete, gehörte diese Seuche fast schon der Vergangenheit an. In den meisten Industrienationen waren die Pocken seit längerer Zeit praktisch verschwunden. Gleichwohl ist diese Krankheit noch immer sehr gefürchtet und verläuft in 40 % der Fälle tödlich. Das Virus mutiert nicht sehr häufig und erfahrungsgemäß ist die Ansteckungsgefahr nicht sehr groß. Die Impfung reicht aus, den Körper zu immunisieren. Von 1976 an waren die hygienischen Bedingungen und die kulturellen Barrieren, besonders in den Kriegsgebieten, die größten Hindernisse, mit denen die WHO bei der Durchführung der Impfkampagne unter der afrikanischen Bevölkerung zu kämpfen hatte. Seit 1977 sind die Pocken auf der ganzen Erde ausgerottet.

RAUMFAHRT

Der Start des russischen Satelliten *Sputnik I* im Jahre 1957 markierte den Beginn des Weltraum-Zeitalters. Das Wetteifern zwischen den USA und der UdSSR fand 1969 mit der Landung des ersten Menschen auf dem Mond seinen vorläufigen Höhepunkt. Zehn Jahre später verließ eine Raumsonde das Sonnensystem. Inzwischen haben die Raumsonden alle Planeten außer Pluto erforscht, verschiedene Monde, Kometen und Asteroiden untersucht und sich sogar der Sonne genähert; die Internationale Raumstation ISS wird Stück für Stück zusammengesetzt. Neben neuen Kenntnissen über das Sonnensystem hat die Raumfahrt der Menschheit auch einige nützliche technische Produkte beschert.

Die ersten Schritte auf den Mond, 1969

Sputnik I

MONDLANDUNG

Auf den Vorsprung der Sowjets im Weltall reagierte Präsident Kennedy, indem er versprach, vor dem Ende der 1960er-Jahre den ersten Menschen auf den Mond zu entsenden. Die Mannschaft von *Apollo 11* machte das Versprechen am 21. Juni 1969 wahr. Sechs Expeditionen und die Entsendung zahlreicher unbemannter Sonden haben uns sehr viele Informationen über unseren nächsten Nachbarn im Weltall geliefert.

DIE SATELLITEN

Sputnik I bestand aus einer Aluminiumkugel mit einem Durchmesser von 58 cm und war ausgerüstet mit vier kleinen Antennen. Der Satellit konnte die Erde in 96 Minuten umkreisen. Seine beiden Radiosender sandten ein einfaches »bip-bip« zur Erde. Heute beschreiben Satelliten wie der amerikanische *Landsat*-7-Satellit Umlaufbahnen um unseren Planeten und fotografieren die Erdoberfläche für geographische Forschungszwecke. Kommunikationssatelliten übertragen gleichzeitig Tausende von Telefonanrufen und TV-Sendungen, andere sammeln Daten für Wettervorhersagen und Navigation sowie für Spionagezwecke.

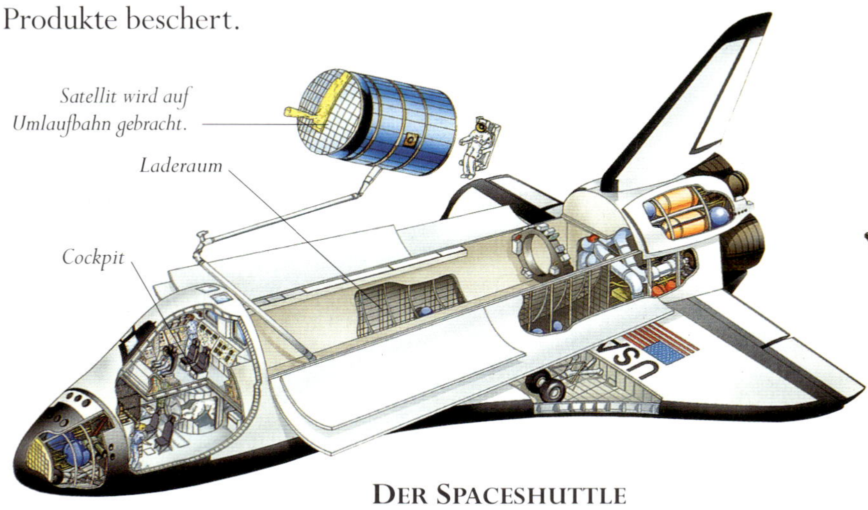

Der Spaceshuttle

DER SPACESHUTTLE

Bevor 1981 der erste amerikanische Raumtransporter (Spaceshuttle) startete, war die nur einmal verwendbare Rakete die einzige Möglichkeit, einen Menschen oder einen Satelliten ins Weltall zu befördern. Der Spaceshuttle indessen ist wiederverwendbar und wird mit Feststoff-Triebwerken ins All geschossen, die – anders als der nicht wieder nutzbare Treibstoff-Außenbehälter – nach dem Start abgeworfen und wieder verwendet werden. Nach Beendigung seiner Mission landet der Spaceshuttle wieder auf der Erde.

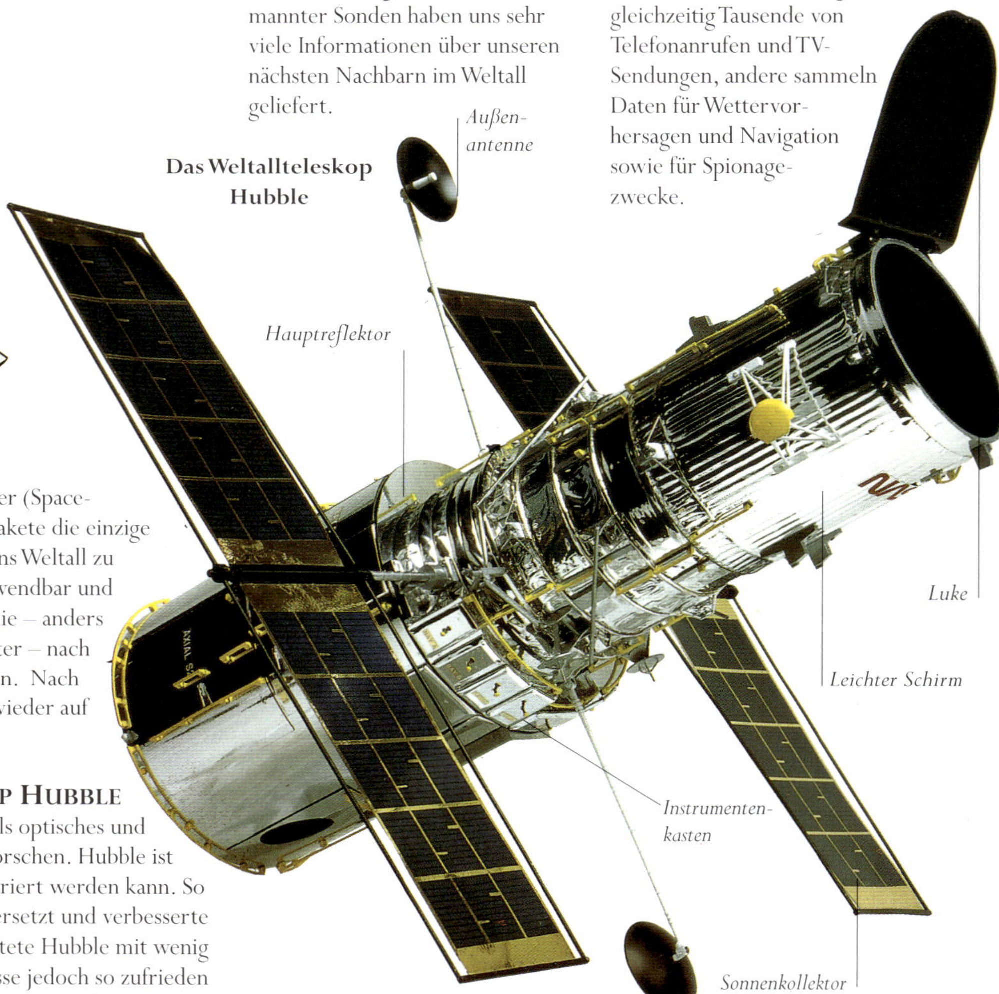

Das Weltallteleskop Hubble

DIE RAUMSONDEN

Zusammen mit den Mondprogrammen haben die Amerikaner und die Sowjets auch eine Anzahl von Raumsonden zur Erforschung des Sonnensystems ins Weltall geschickt. Die amerikanischen *Mariner*-Sonden haben Venus und Mars erforscht, während die sowjetischen *Venera*-Sonden sich ausschließlich mit der Erforschung des Planeten Venus befassten. Einige Jahre nach ihrem ersten Start ins All im Jahre 1973 war die amerikanische Raumsonde *Pioneer 10* die erste Sonde, die das Sonnensystem verließ.

DAS WELTRAUMTELESKOP HUBBLE

Hubble wurde 1990 ins Weltall geschossen, um als optisches und ultraviolettes Observatorium das Universum zu erforschen. Hubble ist so gebaut, dass es von Astronauten im All repariert werden kann. So konnten im Laufe der Jahre beschädigte Teile ersetzt und verbesserte Instrumente eingebaut werden. Anfangs arbeitete Hubble mit wenig Erfolg, nach zwei Eingriffen sind seine Ergebnisse jedoch so zufrieden stellend, dass sich die Investitionen in das Projekt gelohnt haben.

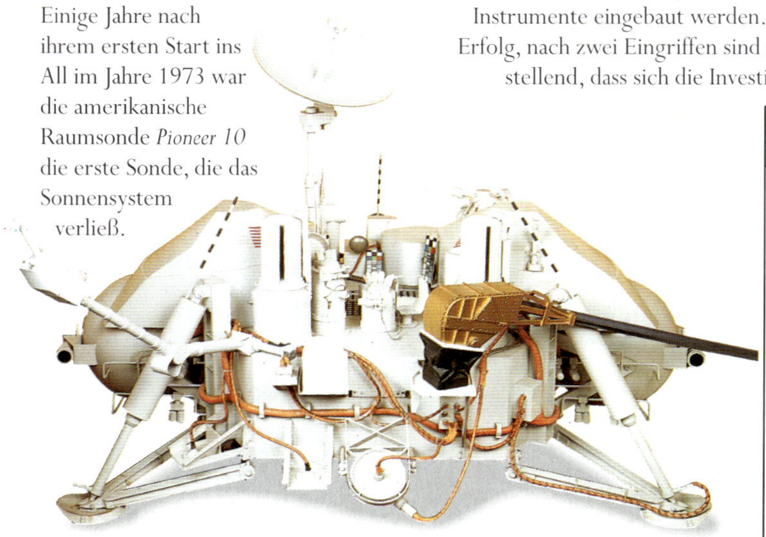

Die Marssonde Viking

WICHTIGE EREIGNISSE 1950–2000

- **1957** Start von *Sputnik I*
- **1960** *Tiros I*, erster Wettersatellit
- **1961** Yuri Gagarin ist der erste Mensch im All.
- **1965** *Mariner 4* sendet erste Bilder von einem fremden Planeten (Mars).
- **1969** Erste Mondlandung
- **1971** *Saljut I*, erste Raumstation
- **1981** Start des ersten Spaceshuttles
- **1990** Weltraumteleskop *Hubble*
- **1994** *Ulysses* überfliegt Südpol der Sonne.
- **1997** Raumsonde *Cassini* startet zum Saturn.
- **2000** Erste Crew geht an Bord der *ISS*.

1950 1960 1970 1980 1990 2000

REGISTER

Das Ordnungsprinzip der Zeitleisten in *Bildchronik der Weltgeschichte* ermöglicht dem Leser den direkten Zugang zu Informationen über einen bestimmten Zeitabschnitt, der jeweils untergliedert ist in fünf geographische Bereiche und vier Themenkomplexe. In Ergänzung zu diesem System bietet das Register einen alphabetischen Überblick über alle Themen, vom allgemeinen Überbegriff wie Architektur oder Schrift bis hin zu speziellen Kulturen, Tätigkeiten oder Kunstgegenständen. Wo dies sinnvoll ist, werden außerdem Orte mit angegeben. Auf diese Weise führt das Register den Leser, der sich den besonderen Aufbau des Buchs zunutze macht, zu ausgewählten Stellen, die der Ausgangspunkt für weitere Entdeckungen und vergleichende Betrachtungen sein können.

A

B

N

O

P

Dank und Bildnachweis

Der Herausgeber dankt allen, die dieses Buchprojekt mit Rat und Tat unterstützt haben, insbesondere den Mitarbeitern des Verlags Dorling Kindersley.

Dorling Kindersley dankt Tim Scott (Gestaltung); Nicola Rawson (Gestaltung); Mike Snell (Gestaltung); Kate Sarluis (Gestaltung); Karen Mackley (DTP-Design); Alistair Wardle (Karten-DTP); Milly Trowbridge (Bildrecherche); Alexa Stace (Redaktion/Korrektorat); David Harding (Register); Roger Bullen, Andrew Heritage & Iorwerth Watkins von der Dorling-Kindersley-Kartographie-Abteilung; Graham Javes, Paul Gardner, Ivor Kerslake (British Museum); dem Personal des Ashmolean Museum; Dr. Leslie Aiello vom University College, London, Anthropology Department.

Die Smithsonian Institution dankt dem Personal folgender ihr angegliederter Einrichtungen für die Unterstützung dieses Projekts: National Museum of Natural History, National Museum of the American Indian, National Anthropological Archives, Smithsonian Books.
Die Smithsonian Institution dankt insbesondere folgenden Mitarbeiterinnen und Mitarbeitern des National Museum of Natural History: Mary Jo Arnoldi, Marcia Bakry, Kathleen Baxter, Anna K. Behrensmeyer, Jennifer Clark, Kristin M. Coxson, Susan B. Crawford, Catherine Creek, Natalie Firnhaber, James B. Griffin, Greta Hansen, Deborah A. Hull-Walski, David R. Hunt, Adrienne Kaeppler, Thomas Killion, James Krakker, Roxy Laybourne, Stephen Loring, Karen Moran, Felicia Pickering, Abelardo Sandoval, Stanwyn G. Shetler, William C. Sturtevant, Robert D. Sullivan, Frank H. Talbot, Vyrtis Thomas, William B. Trousdale, Javier Urcid, Gus Van Beek, John Verano und Scott L. Wing.
Sie dankt außerdem: Timothy G. Baugh, Western Cultural Resource Management, New Mexico; Elizabeth Boone, Dumbarton Oaks; Pete Bostrom, Lithics Casting Lab, Illinois; Carol Callaway, Dumbarton Oaks; Michael Coe, Yale University; Sally Cole; Sharon Dean, National Museum of the American Indian; Thomas Dillehay, University of Kentucky; Richard R. Drass, Oklahoma Archaeological Survey; George Frison, University of Wyoming; Patricia Gallagher, Smithsonian Books; Glen Goode, Texas Department of Transportation; Kelley Hays, Museum of Northern Arizona; Patrick Hogan, University of New Mexico; Janine Jones, National Museum of the American Indian; Margaret Jodry, American University; Randi Korn; Robert Mallouf, Texas State Archaeologist; Juan Mesas, Federal Bureau of Investigation; René Millon, University of Rochester; Dan Morris, University of Arkansas; Pat Olson; Rocky Mountain Bison Company; Frances Rowsell, Smithsonian Books; Inge Schjellerup, National Museet, Denmark; Christine Steiner, Smithsonian Institution; Yoko Sugiura, Universidad Nacional Autonoma de México; Samuel M. Wilson, University of Texas.

ILLUSTRATIONEN: David Ashby, Will Giles, Gillie Newman, Sandra Pond, Jim Robins, John Woodcock.
KARTEN: John Woodcock, Kuo Kang Chen.
REKONSTRUKTIONSZEICHNUNGEN: Stephen Conlin: Seiten 40-41, 92-93, 104-105, 114-115, 127, 155 (2 x), 194-195, 210-211; Richard Phipps: Seiten 58-59, 68-69, 242-243; Stephen Gyapay: Seiten 168-169; Jim Robins: Seiten 32, 48-49.

BILDNACHWEIS (Legende)
m = Mitte
u = unten
r = rechts
l = links
o = oben
Ziffern in Klammern hinter der Seitenzahl geben die Position eines Bildes auf einer Zeitleisten-Seite gemäß dem rechts abgebildeten Diagramm an.

1	2
3	4
5	6
7	8
9	10

Der Verlag dankt folgenden Personen und Organisationen für die freundliche Erlaubnis zum Abdruck ihres Bildmaterials:
Ashmolean Museum, Oxford: 65(6), 74(6), 75(3,5,6), 89(9), 91(5), 93ul, 99(7), 111(6), 113(5), 121(3,5), 134(5), 135(4), 139(6), 151(4) 153(5), 156mr, 161(6), 162(4), 165(3), 166(3), 176(3), 179(6), 185m, 190(3), 191(4), 196-197, 205(8), 209(4), 221(4), 224(5), 229ol, 235(4), 237(3)
British Museum, London (Ivor Kerslake, Peter Hayman, Nick Nicholls, Tom Cochrane):1, 2, 3m, 39(7), 45(5,7), 47(5,7), 55(7), 57(5,7,8), 61ol/ur, 65(7,9), 67(8,9), 70mu, 71ul, 74(9,10), 75(7,9), 77(9), 79(5), 82-83, 85ol/ul, 88(9), 90(9,10), 91(9), 92ml/ul, 93ol, 94m/ul, 95mr/mu, 98(5), 99(4,5,6,9,10), 100(5), 101(5,6,7,8,9), 102(5,7), 103(7,9,10), 105mr, 106mr/ml, 107ol, 110(9), 111(5,7,9,10), 112(9), 113(10), 117ol/mu/ul, 120(7), 121(7,10), 123(3,4,6,8,9,10), 124(5,9), 125(3), 126-127, 127ol/ul, 132(5,6,8), 133(5,6,8,10), 134(6), 135(7,8,9,10), 136(6,7,10), 137(3,7,8,9,10), 138(6), 139(5,7,9), 148(7), 149(5,6,8), 150(7), 151(3,5,7,8), 152(7,8,10), 154ul/or, 155ul/o, 160(7), 161(7,8,9), 162(5,7), 163(4, 8,10), 164(4), 165(7,8,9), 166(9), 167(6,7,9,10), 174(9), 175(8,9), 176(7), 177(3,8,9,10), 179(5,8,9), 181(4,7,8,10), 182ur, 182-183o, 183mr/mu, 184ur, 185mu, 188(5,7), 189(3,4,5,7,8,10), 190(6,7), 191(8,9), 192(9), 193(4,8,9,10), 199ur, 203(5,6,7,10), 205(5,6,7), 207(6), 209(6), 213ur, 216(5), 217(10), 219(6), 221(6,9,10), 223(3,6,7), 225(5,8,9,10), 227or, 228ul, 232(7), 233(7,9,10), 237(5,9,10), 238(9), 239(10), 250(1), 251(4), 251(1).
Ancient Art & Architecture Collection: 154m; **Peter Andrews:** 28m/mr, 29ml; **Archivio Veneziano:** 232(8); **Ashmolean Museum:** 251(5), 252(5), 254(3), **Paul Bahn:** 39(5), 40ur, 65(4); **Beaulieu Motor Museum:** 266(1); **Bible Society:** 177(5); **Bibliothèque Municipale, Dijon:** 220(7); **Bibliothèque Nationale, Paris:** 233(5) (Bridgeman Art Library, London); **Bodleian Library, Oxford:** 217(6), 235(7) (Christchurch College); **Bridgeman Art Library:** 183ur, 241(10); **British Institute in Eastern Africa, Nairobi:** 226ul/ur; **British Library:** 185ol, 193(3), 202(5,7), 205(3), 218(7), 234(5), 235(10), 241(6); **Jane Callender:** 44(6); **John Carswell:** 239(6); **J. Allan Cash:** 41ol, 222(8); **Al Chernak Collection:** 270(3); **Civil War Library:** 262(1); **Photo Peter Clayton:** 104ul; **Bruce Coleman Limited:** 191(10) (Gerald Cubitt); **Commonwealth Institute:** 30ul; **Corbiss-Bettmann:** 269(4); **Charles Darwin Museum:** 261(4); **C. M. Dixon:** 116u; **E. T. Archive:** 223(7) (Bodleian Library); **Editions La Goélette:** 221(8); **Mary Evans:** 49ur; **Brian Fagan:** 239(9); **Josephine Flood:** 47(3,4), 54(3), 55(4), 57(4), 61m, 71mr, 74(4), 77(4), 84u, 88(4), 91(4), 100(4), 113(4), 161(3), 178(3), 225(3), 239(4), 241(4); **Bob Gathany:** 272mr; **Getty Images:** 255(2); **Gordon Models:** 252(3); **Sonia Halliday & Laura Lushington:** 212m, 168ul, 168-169u; **Robert Harding:** 104mu (Cairo Museum), 199mr, 220(4), 222(3), 223(10), 224(10), 225(4), 227mr, 238(6); **John Hillelson Agency:** 190(10) (© Dr. Georg Gerster); **Michael Holford:** 125(9), 218(4), 212ur, 219(7), 224(8), 233(6), 238(8); **David Horwell:** 209(3); **Hulton Deutsch:** 261(7r); **Hulton Getty:** 261(7l); **Hutchison Library:** 139(10) (National Museum, Jos, Nigeria), 227ml ((c) Mick Csaky), 235(10) (© Mick Csaky); **The Image Bank:** 234(8) (© G. Colliva); **Imperial War Museum:** 268(7); **Israel Museum, Jerusalem:** 91(6), 165(6); **Keir Collection, Ham, London:** 219(10); **Jane MacIntosh:** 24(5); **Pierre de Maret:** 227ul; **Professor Alex Marshack:** 39(8), 43ol, 47(10), 48um/ur, 55(8), 65(8); **Musée de l'Empire:** 258(1); **Musée Gauguin:** 263(3); **Musée d'Orsay:** 263(8); **Museum of Mankind:** 262(1); **National Army Museum:** 260(7); **National Gallery:** 229mr; **National Maritime Museum:** 249om, 249ur; **National Museum of Ireland, Dublin:** 207(7); **National Museum of Scotland:** 175(4); 179(4); 180(3); 181(3); **Nationalmuseet, Kopenhagen:** 75(8), 113(8); **National Railway Museum of York:** 261(8); **G. Newlands:** 30m; **Novosti Press Agency:** 40ul, 163(5); **Ann Paludan:** 153(4), 166(4), 206(4), 223(4), 219(3), 237(4), 240(4); **Dr. David Phillipson:** 46(10), 71ol, 79(9); **Photo RNM, Frankreich:** 59ul (Musée des Antiquités Nationales), 103(6) (Louvre); **Pictor International:** 255(9), 261(1), 263(10); **Pitt Rivers Museum:** 250(5), 258(4), 260(1,3), 262(9); **Josephine Powell, Rom:** 216(6); **Rex Features:** 266(8), 268(10), 270(6,8,10); **Dr. Michael Roaf:** 148(5,6), 164(6), 166(6), 175(6), 176(6), 204(6), 218(6), **Dr. Robert Rodden:** 77(7,8); **Roemer-Pelizaeus-Museum, Hildesheim:** 149(10); **Ann Ronan Collection:** 218(3); **Royal Geographical Society:** 241(7) (Bridgeman Art Library, London); **Royal Ontario Museum:** 155mr; **Royal Pavilion and Gallery Museum, Brighton:** 267(9); **Scala, Florenz:** 92m (Iraq Museum, Bagdad), 152(9), 209(8), 235(8), **Dr. Chris Scarre:** 79(10), 91(8), 98(8), 168mu, 169om/ol/mr; **Bill Schopf:** 20ol/om/or, 21ol; **Science Museum, London:** 237(7), 257m, 263(8), 264ml/mr, 272ul; **Shakespeare Globe Trust:** 253(7); **Professor Thurstan Shaw:** 199ol; **Andrew Sibbald:** 160(6); **Tony Stone Worldwide:** 240(8); **Christopher Tadgell:** 236(6); **Paul Taylor:** 21mu, 23ml, 25mr, 27m; **J. Thackeray:** 30mu; **Ann Thackeray:** 54(10); **Trinity College, Cambridge:** 224(7); **Frank Valla:** 54(6); **Jean Vertut:** 16-17, 51ol, 58ul/or/ol/mr/ur; **Victoria & Albert Museum:** 238(5); **Wallace Collection:** 252(8), 254(7), 258(8), 259(7,10); **Werner Forman Archive:** 89(10), 91(10), 141r, 153(8), 203(8), 207(10), 227mo; **York Archaeological Trust:** 209(7); **York Castle Museum:** 193(7).

WEITERE FOTOS: University Museum of Archaeology and Anthropology, Cambridge; Pitt-Rivers Museum, Oxford; British Museum (Natural History) - Harry Taylor, Colin Keates; Philip Dowell, Dave King, Steve Gorton, Karl Shone, Andrew McRobb, Kim Taylor, Nina M. de Garis Davies, Stephen Oliver, Matthew Ward, Jerry Young, Martin Norris.

BILDNACHWEIS DER SMITHSONIAN INSTITUTION
National Museum of Natural History: Mit Ausnahme der unten aufgeführten Motive wurden alle Aufnahmen von Exponaten des National Museum of Natural History, die in der »Amerika«-Zeitleiste und auf den nachstehend aufgeführten Sonderseiten abgedruckt sind, von Mark Gulezian (QuickSilver Photography) angefertigt: Seiten 32-33, 68-69, 114-115, 140-141 (außer Seite 141r), 194-195, 210-211, 242-243. Außerdem Seiten 43u, 60r/m, 85m/r, 94u, 95o, 107m/u, 117r, 128l, 142-143, 145o/ul, 157 r/m, 170r, 184l, 198l, 213o, 228o.
Weiteres Bildmaterial aus Smithsonian-Beständen, das von Mark Gulezian (QuickSilver Photography) speziell für die Zeitleisten angefertigt wurde: Seiten 3l/r, 5 ganz rechts, 6 zweites Motiv von rechts, 8ml/mr, 10m erstes Motiv von rechts, 11 ganz rechts, 12 ganz links/mr, 13 ganz rechts.
Weiteres Bildmaterial aus dem National Museum of Natural History: 2401 Foto Chip Clark, Mural McKay Studios; 213o Foto Harold Dougherty; 1391, 2231, 2251 Foto Victor Krantz.
National Museum of the American Indian: 123(1) Foto David Heald; 128r Foto Karen Furth; 137(1) Foto Karen Furth; 153(2) Foto David Heald; 170(1) Foto David Heald; 191(1) Foto Pamela Dewey; 203(2) Foto David Heald; 205(2) Foto Pamela Dewey; 214m Foto Pamela Dewey; 228 r Foto David Heald; 235(2) Foto David Heald; 237(2) Foto David Heald.
Die Smithsonian Institution dankt folgenden Personen und Organisationen für die freundliche Erlaubnis zum Abdruck ihres Bildmaterials: © **Walter Alva,** Bruning Museum, Lambayeque, Peru: 195ul/um/ur; **Dumbarton Oaks Research Library and Collections, Washington, D.C.:** 141o, 2021; **Dr. Clifford Evans:** 195o/or; **Kenneth Garrett:** 68l; **Margaret Jodry** (Rocky Mountain Bison Company): 68o; **Jordan Archaeological Museum,** Department of Antiquities, Amman, Jordanien: 81m; **Dr. Ramiro Matos:** 242ol; **National Anthropological Archives,** Smithsonian Institution, Robert Heizer: 140lm; **National Anthropological Archives,** Cosmos Mindeleff: 210lo; **Dr. Richard B. Potts:** 32o, 33; **Dr. J. Daniel Rogers:** 210ul; (c) **Scientific American,** René Millon: 152(2); **Smithsonian Books,** Smithsonian Institution, Foto Mark Gulezian, Gemälde John Douglass: 232(2); **Utah Museum of Natural History,** University of Utah: 77(2); **Dr. Melinda Zeder:** 81o.

UMSCHLAGABBILDUNGEN
Royal Museum of Scotland: Rückseite ol (Aztekische Keramikfigur).
Weitere Umschlagabbildungen: Andy Crawford, Alistair Duncan, Andreas Einsiedel, Colin Keates, Dave King, Mike Linley, Liz McAulay, Kim Sayer, Anthony Souter, Harry Taylor, Pawel Wojcik (Fotos); Stephen Conlin, Nick Hall, Robbie Polley (Illustrationen); Wisdom Omoda Omodamwe (Modellanfertigung); National Museum, New Delhi (Archivbilder).